17th Edition 증보판

2025
백광훈
풀어쓴 형사법전

수 / 험 / 법 / 전 / 의 / 표 / 준

백광훈 편저

KB038972

메가 공무원 × 경단기

박영사

INTRO

2025년 시험대비 제17판 증보판

2023년 4월 제16판을 출간한 지 불과 10개월 만에 독자 여러분의 과분한 호응으로 2025년 시험 대비 제17판 증보판을 출간하게 되었다.

이번 제17판 증보판에서는 2023.8.8. 일부개정 형법, 2024.1.16. 일부개정 성폭력범죄의 처벌 등에 관한 특례법, 2024.2.13. 일부개정 형사소송법, 2024.1.16. 일부개정 소송촉진 등에 관한 특례법, 2023.8.31. 일부개정 소송촉진 등에 관한 특례규칙, 2024.1.30. 일부개정 경찰관 직무집행법, 2023.10.17. 일부개정 검사와 사법경찰관의 상호협력과 일반적 수사준칙에 관한 규정 등의 최근 법령의 개정내용을 반영하였다. 나아가 형사소송법과 성폭력범죄의 처벌 등에 관한 특례법에 대해서는 2024.1.16. 입법예고 내용도 수록하였다.

끝으로 예년과 다름 없이 본 개정판의 출간을 맡아주시고 편집과 교정 작업에 정성을 기울여주신 도서출판 박영사의 임직원님들에게 깊은 감사를 드린다.

2024년 2월

백광훈

학습문의 http://cafe.daum.net/jplpexam(백광훈형사법수험연구소)

INTRO

2024년 시험 대비 제16판 증보판

2022년 7월 제15판을 출간한 지 불과 10개월 만에 독자 여러분의 과분한 호응으로 2024년 시험 대비 제16판 증보판을 출간하게 되었다.

이번 제16판 증보판에서는 형사법전 전반에 걸쳐서 대대적인 오탈자 수정작업을 진행하였다. 이는 필자의 강의를 듣는 제자 여러분들이 강의실과 인터넷 카페 등에서 본 법전에 대한 많은 질문을 해주었기에 가능한 일이었다. 지면을 빌려 감사의 마음을 전하고 싶다. 또한 특정범죄 가중처벌 등에 관한 법률, 성폭력범죄의 처벌 등에 관한 특례법, 소송촉진 등에 관한 특례법의 문구 수정 등 법령 개정사항도 반영하였다.

아무쪼록 본 법전이 법률을 공부하여 시험에 응시하거나 현재 법률 관련 업무에 종사하고 있는 독자 여러분의 법학 공부에 도움이 되기를 바란다. 끝으로 제15판에 이어 제16판의 출간을 기꺼이 승낙해주시고 편집과 교정작업에 열과 성을 쏟아주신 도서출판 박영사의 임직원님들에게 깊은 감사를 드린다.

2023년 4월

백광훈

학습문의 http://cafe.daum.net/jplpexam(백광훈형사법수험연구소)

2023년 시험 대비 제15판 전면개정판

2021년 3월 제14판을 출간한 지 불과 1년 3개월 만에 2023년 시험 대비 제15판 전면개정판을 출간하게 되었다.

이는 주로 아래의 형사소송법 관련 개정사항을 반영하기 위함에 다름 아니다.

첫째, 2022년 2월 3일 개정 형사소송법(법률 제18799호, 시행 2022.2.3.)은 체포 · 구속 · 압수 · 수색영장을 집행함에 있어서 피의자 · 피고인의 방어권을 실질적으로 보장하기 위하여 피의자 · 피고인에게 해당 영장을 제시할 뿐만 아니라, 그 사본을 교부하여야 한다는 내용을 담고 있다.

둘째, 2022년 5월 9일 개정 형사소송법(법률 제18862호, 시행 2022.9.10.)은 사법경찰관의 수사종결처분으로서 불송치결정에 대한 고소인 등의 이의신청 등에 따라 검사가 사법경찰관으로부터 송치받은 사건 등에 관해서는 검사가 동일성을 해치지 아니하는 범위 내에서만 수사할 수 있도록 하고, 수사기관이 수사 중인 사건의 범죄혐의를 밝히기 위한 목적으로 합리적인 근거 없이 별개의 사건을 부당하게 수사하는 것을 금지하는 등의 내용을 담고 있다. 다만, 위 개정에 의하여 사법경찰관으로부터 수사결과 불송치결정을 받아 이의신청을 할 수 있는 주체에서 고발인이 제외되었는바, 이에 대해서는 여러 비판이 있어 향후 후속입법이 예상되고 있다.

셋째, 2022년 5월 9일 개정 검찰청법(법률 제18861호, 시행 2022.9.10.)은 검사가 수사를 개시할 수 있는 6대 범죄 중에서 공직자범죄, 선거범죄, 방위사업범죄, 대형참사 등 4개의 범죄를 제외하고(선거범죄에 대해서는 2022년 12월 31일까지 수사권 유지), 다른 법률에 따라 사법경찰관리의 직무를 행하는 자 및 고위공직자범죄수사처 소속 공무원이 범한 범죄는 수사를 개시할 수 있도록 하며, 검사는 자신이 수사개시한 범죄에 대하여는 공소를 제기할 수 없도록 하는 등의 내용을 담고 있다. 이에 형사소송법 관련 부속법령에 검찰청법을 새로이 수록하고 중요사항을 정리하였다.

이외에도 그동안 강의를 하면서 발견된 오탈자를 바로잡았음은 물론이다.

INTRO

모쪼록 본 법전이 법률을 공부하거나 법률 관련 업무에 종사하는 독자들의 공부에 도움이 되기를 바라는 마음뿐이다. 끝으로 이전 판에 이어 본 개정판의 출간을 맡아 준 도서출판 박영사의 임직원분들의 노고에 깊은 감사를 드린다.

2022년 6월

백광훈

학습문의 http://cafe.daum.net/jplpexam (백광훈형사법수험연구소)

2022년 시험 대비 제14판 전면개정판

2019년 4월 출간된 제13판에 대한 독자 여러분의 과분한 호응에 본서는 쇄를 거듭하다가, 이제 2022년 시험 대비 제14판 전면개정판을 내어 놓게 되었다.

본 개정판은 대대적인 개정작업이 반영된 것임을 밝혀두고자 한다. 이는 특히 2020년의 중요한 법령 제 · 개정들을 반영하였음을 말한다. 지면을 빌려 주요 개정사항들을 소개해보겠다.

첫째, 형법에서는 2020년 10월 20일 개정 형법(법률 제17511호, 시행 2020.10.20.)과 2020년 12월 8일 개정 형법(법률 제17571호, 시행 2021.12.9.)을 반영하였다. 전자의 2020년 10월 개정 형법은 형법불소급 원칙에 따라 헌법재판소에서 위헌판결을 받은 노역장유치 관련 기존 부칙을 정비함으로써 개정 법률의 적용례를 명확히 하려는 내용이어서 간단하다. 그런데 후자의 2020년 12월 개정 형법의 내용은 일단 그 범위가 상당히 넓다. 이는 1953년 제정되어 시행된 현행 형법에 계속 남아있는 제정 당시의 어려운 한자어, 일본식 표현, 어법에 맞지 않는 문장, 일상적인 언어 사용 규범에도 맞지 않는 내용을 일반 국민들이 그 내용을 쉽게 이해할 수 있도록 바꾸는 것에 대체적인 개정 취지가 있다고 볼 수 있다(이러한 개정의 취지는 같은 날 개정된 형사소송법도 마찬가지이다). 필자의 강의에서는 이 개정 형법을 '우리말 순화 개정 형법'이라고 부르고 있는데, 2020년 12월 개정 형법의 시행은 2021년 12월 9일부터이지만, 본 법전을 보는 독자들의 경우는 2022년 이후의 시험을 준비하는 분들일 것이기에, 금번 개정에 2020년 12월 개정 형법을 모두 반영한 것이다. 다만, 앞으로 공부를 해보면 아실 테지만 '우리말 순화 개정 형법'의 내용을 꼼꼼히 살펴보면 어떤 부분은 개정이 되었는데 동일한 표현을 사용한 다른 부분은 개정이 안 되어 있거나, 다소 무리한 개정으로 보이는 부분도 없지 않다. 법률을 지도하는 입장에서 아쉬운 부분이 아닐 수 없다.

둘째, 형법 관련 법률 부분의 최근 개정사항도 반영하였다.

셋째, 형사소송법의 경우는 더욱 개정의 폭이 크다. 본 개정판에서는 이를 모두 반영하였는데, 그 내용을 아래에서 간단히 정리해보겠다.

① 2019년 12월 31일 개정 형사소송법을 반영하였는데, 이는 ㉠ 체포영장과 구속영장 집행을 위하여 영장 없이 타인의 주거 등을 수색하려는 경우에는 미리 수색영장을 발부받기 어려운 긴급한 사정이 있어야 한다는 내용(형사소송법 제137조, 제216조 제1항 제1호)과 ㉡ 즉시항고 및 준항고 제기기간을 3일에서 7일

로 연장한다는 내용(형사소송법 제405조, 제416조)을 담고 있다(법률 제16850호, 시행 2019.12.31.).

② 2020년 2월 4일 개정 형사소송법을 반영하였다. 이는 이미 유명해졌지만, 검찰과 경찰의 수사권 조정을 위한 개정으로서 상당 수의 조문이 신설되었다(법률 제16924호). 이 중에서 형사소송법 제312조 제1항은 2022년 1월 1일 시행될 예정이며, 나머지는 모두 2021년 1월 1일 시행되고 있다(법률 제16924호, 시행 2021.1.1.). 머리말의 분량을 고려할 때 이 개정내용을 여기에 요약하는 것은 어울리지 않는 것으로 사료된다.

③ 2020년 12월 8일 개정 형사소송법(법률 제17572호)을 반영하였다. 이는 다시 2가지로 분류될 수 있는데, 우선 ㉠ 로펌 등의 변호사 경력자가 법관으로 임용되기 전에 소속되어 있던 로펌 · 기업에 대한 공정한 재판의 침해(소위 '후관 예우')를 방지하기 위한 제척사유가 신설되었고(형사소송법 제17조 제8호, 제9호, 시행 2021.6.9.), 다음으로 ㉡ 앞서 소개한 우리말로 순화한 개정 형법의 취지와 같은 취지를 가지고 있는 '우리말 순화 개정 형사소송법'의 내용이 그것이다(시행 2021.12.9.).

넷째, 형사소송법 관련 법령의 최근 개정과 제정사항을 반영하였다. 예컨대, 대법원규칙인 '형사소송규칙'이 개정되었으며, 검 · 경수사권 조정을 담은 대통령령인 '검사와 사법경찰관의 상호협력과 일반적 수사준칙에 관한 규정'이 새로 제정되었는바, 이를 모두 반영하였다. 이외에 원래 본 법전에 수록되지 않은 통신비밀보호법, 검찰청법 등도 개정되었지만, 이는 필자의 기본서 개정내용에 반영하는 선에서 정리하였다. 본서의 분량을 적정선에서 유지하기 위함이다.

다섯째, 최근 내려진 각종 판례의 입장을 반영하였다.

여섯째, 보다 산뜻한 편집으로 가독성의 증대를 도모하였다.

아무쪼록 본 법전이 독자 여러분의 법률 공부에 도움이 되기를 바라는 마음뿐이다. 끝으로 이번 개정에는 특히 도서출판 박영사의 임직원 분들의 노고가 컸다. 이 자리를 빌려 심심한 감사를 드리고 싶다.

2021년 3월

법검단기 · 공단기 · 형법 · 형사소송법 대표교수

백광훈

(Daum '백광훈공무원수험연구소')

2020년 시험 대비 제13판

작년 1월에 출간된 제12판에 대한 독자 여러분의 과분한 호응에 힘입어 2020년 시험 대비 제13판을 내어 놓는다.

본 개정판에서는, 업무상 위력 등에 의한 간음죄 등의 법정형을 상향 조정한 2018.10.16. 개정 형법(법률 제15793호)과 심신미약자에 대한 필요적 감경규정을 임의적 감경규정으로 개정한 2018.12.18. 개정 형법(법률 제15982호)을 반영하였으며, 관련되는 최근 형사특별법의 개정사항도 반영하였다.

또한 최근에 내려진 헌법재판소의 사전영장을 받기 어려운 긴급성을 요건으로 정하지 않은 형사소송법 제216조 제1항 제1호는 영장주의에 위반되어 헌법에 합치되지 아니한다는 결정(헌법재판소 2018.4.26, 2015헌바370, 2016헌가7), 변호인의 피의자신문 참여권이 헌법상 기본권이라는 결정(헌법재판소 2017.11.30, 2016헌마503), 변호인 되려는 자의 피의자 등과의 접견교통권도 헌법상 기본권이라는 결정(헌법재판소 2019.2.28, 2015헌마1204), 통신비밀보호법상 소위 패킷감청 규정은 헌법에 합치되지 아니한다는 결정(헌법재판소 2018.8.30, 2016헌마263), 즉시항고 제기기간을 3일로 제한한 형사소송법 제405조는 헌법에 합치되지 아니한다는 결정(헌법재판소 2018.12.27, 2015헌바77, 2015헌마832) 등 최근 판례의 변화도 반영하였다.

이외에는 이전 판까지의 본서의 집필원칙을 준수하고자 하였다. 끝으로 제13판의 출간에도 열과 성을 쏟아 부어준 도서출판 박영사의 임직원님들에게 심심한 감사를 드린다.

2019년 4월

법검단기 총괄대표
법검단기 · 공단기 · 형법 · 형사소송법 대표교수
백광훈
www.logoslaw.net

INTRO

2019년 시험 대비 제12판 전면개정판

LOGOS 형사법전 제11판을 작년 1월에 출간한 후 독자들의 호응에 힘입어 쇄를 거듭한 끝에 이제 2019년 시험에 대비하는 제12판 전면개정판을 펴내게 되었다.

이번 제12판에서 전면개정을 시도한 이유는 독자들의 입장에서 본서를 보다 직관적으로 활용하게 하고자 함에 있다. 즉, 종래 법조문의 핵심사항을 요약·정리하는 기능을 하는 조문별 주석(註釋)의 양이 방대해짐에 따라, 이전 판까지의 방식인 조문에 밑줄을 긋고 주석과 선으로 연결하는 방식을 원칙적으로 폐기하고, 조문에 방주(旁註/傍註, marginal notes) 번호를 넣고 주석에는 번호별 방주를 달아 독자들로 하여금 더욱 분명하고 편리하게 주석을 읽을 수 있도록 도모한 것이다. 이러한 주석 작성방식의 전환은 상당히 긴 시간을 요하는 대규모의 작업이었음을 지면을 빌려 확인해두고자 한다.

또한 제11판 출간 이후에는 2017년 12월 12일에 형법[법률 제15163호, 2017.12.12., 일부개정, 시행 2017.12.12.]이, 2017년 12월 19일에 형사소송법[법률 제15257호, 2017.12.19., 일부개정, 시행 2017.12.19.]이 개정되었으므로 이를 반영하였다. 최근 개정법령만 읽어보고자 하는 독자들은 본서의 권말부록을 활용하면 쉽게 정리할 수 있을 것이다.

끝으로 교정작업에 소중한 시간을 내어준 연구원님과 필자의 제자인 강경은, 김영재, 박은진, 박혜령, 현진우에게 감사드리며, 앞날에 행운이 깃들기를 기원한다. 한편, 본서는 이번 판부터 새로운 출판사인 박영사에서 출간하게 되었다. 본서의 출간을 기꺼이 허락해주시고 편집과 제작에 열과 성을 쏟아주신 박영사의 안종만 회장님, 안상준 전무님, 조성호 이사님, 문선미 과장님, 이승현 대리님에게 심심한 감사의 마음을 전하고 싶다. 아무쪼록 새로운 체제의 형사법전 제12판이 독자 여러분들의 실력 향상에 조그만 도움이라도 되길 바라는 마음뿐이다.

2018년 1월

법검단기 총괄대표 겸 법검단기 · 공단기 형법 · 형사소송법 대표교수

백 광 훈

제11판 머리말

LOGOS 형사법전 제10판을 작년 1월에, 그 개정증보판은 작년 7월에 내고, 2017년 새해 들어 제11판을 펴내게 되었다. 작년 7월 개정증보판 출간 이후에도 2016년 9월 6일에 형사소송규칙(대법원규칙 제2678호, 2016.9.6., 일부개정, 시행 2016.9.6.)이, 2016년 12월 20일에는 형법(법률 제14415호, 2016.12.20., 일부개정, 시행 2016.12.20.)과 성폭력범죄의 처벌 등에 관한 특례법(법률 제14412호, 2016.12.20., 일부개정, 시행 2016.12.20.)이 개정되어 이를 반영하였다. 또한 헌법 부분에서 관련법률 개정사항을 반영하고 오탈자를 바로 잡았다. 이외에는 독자들의 요청을 받아들여 형사소송법 관련법령으로서 소송촉진 등에 관한 특례법, 소송촉진 등에 관한 특례규칙, 국민의 형사재판 참여에 관한 법률을 수록하였다. 끝으로 도서출판 더채움의 임완기 편집장님에게 감사의 말씀을 전한다.

2017년 1월

백광훈

제10판 개정증보판

LOGOS 형사법전 제10판을 올 1월에 출간하였음에도 불구하고 다시 같은 해 7월에 제10판 개정증보판을 낼 수 밖에 없었던 것은, 2016년 2월 19일에 형사소송규칙(대법원규칙 제2641호, 2016.2.19., 일부개정, 시행 2016.3.1.)이, 5월 29일에 형법(법률 제14178호, 2016.5.29., 일부개정, 시행 2016.5.29.) 및 형사소송법(법률 제14179호, 2016.5.29., 일부개정, 시행 2016.5.29.)이, 6월 27일에 형사소송규칙(대법원규칙 제2667호, 2016.6.27., 일부개정, 시행 2016.7.1.)이 개정되어 이를 반영하기 위함에 다름이 아니다. 더불어 이 기회를 빌려 올 1월 6일 개정된 형법·형사소송법·폭처법·특가법의 내용도 다시 한 번 다듬고, 권말부록을 새롭게 만들어 최근 5년간 빈번하게 개정되었던 형법·형사소송법·형사소송규칙의 내용을 정리하고 최근 2년간 대법원 전원합의체 판례의 내용도 정리하고자 하였다.

이번 개정증보판에 추가된 내용들은 추록으로 정리하여 필자의 인터넷 카페 형사법교실 게시판에 올려놓을 것이니, 기존 제10판의 독자들께서는 활용하시길 바란다. 끝으로 이번 개정증보판 작업에는 성균관대 대학원에 재학 중인 안병준군의 도움이 컸음을 이 자리를 통해 기억해 두고 싶다.

2016년 7월

백광훈

http://cafe.daum.net/jplpexam

INTRO

LOGOS 새로운 형사법전 the Black

본서는 사법시험, 변호사시험, 행정고시, 검찰 7·9급 공무원 채용 및 승진시험, 법원공무원 채용 및 승진시험, 경찰간부후보생선발시험, 경찰공무원 채용 및 승진시험 등의 국가시험을 준비하는 수험생들을 위한 법조문 정리집이자 현직 공무원들의 업무능력을 제고시키기 위한 기능성 법조문집으로서, 2014년 11월에 출간된 법전을 1년 만에 개정하여 펴내는 새로운 형사법전 제10판(2016년판)이다.

제10판의 특징을 요약하자면 다음과 같다.

① 최신 개정법령을 충실하게 반영하였다. 즉 2014년 12월 개정 형법(법률 제12898호, 2014.12.30., 일부개정, 시행 2014.12.30.)과 2016년 1월 개정 형법(법률 제13719호, 2016.1.6, 일부개정, 시행 2016.1.6), 2015년 7월 개정 형사소송법(법률 제13454호, 2015.7.31., 일부개정, 시행 2015.7.31.) 2016년 1월 개정 형사소송법(법률 제13720호, 2016.1.6., 일부개정, 시행 2016.1.6.)을 비롯하여, 폭력행위 등 처벌에 관한 법률, 특정범죄가중처벌 등에 관한 법률, 성폭력범죄의 처벌 등에 관한 특례법 등의 특별법과 매년 개정되는 형사소송규칙의 개정 내용 등을 철저히 반영하였다.

② 본서의 가장 특징적인 콘텐츠인 법조문의 주석·도표 등 핵심정리사항에 최근 강의내용을 반영함과 동시에 그동안 발견된 오탈자를 바로 잡았다.

③ 이전 판의 디자인이나 편집체제를 개선하여 보다 보기 편한 수험법전이 되고자 하였다.

④ 이외에는 종전 판의 집필원칙을 그대로 유지하여 'LOGOS 형사법전 고유의 일관성'을 지켰다. 법조문에 대한 완벽한 정리의 효용은 기본이론의 이해뿐만 아니라 특히 객관식 시험에서의 점수로 고스란히 반영되는 것이다. 법학공부·수험공부를 하는 독자들이 법조문의 체계와 내용을 올바르게 이해하고 정리하는 데 시간을 아껴서는 안 되는 까닭이 바로 여기에 있다.

끝으로 필자와 같은 학원에서 제자들을 지도하고 있는 신영식·이선재에게 늘 고마움을 표하고 싶고, 윤우혁·황보수정 두 분 교수님과 연세고운미소치과 차상권 원장 그리고 법검단기의 살림을 도맡아 애쓰는 이동연 파트장과도 법전 개정판 출간의 기쁨을 나누고 싶다. 더불어 본서의 교정을 헌신적으로 도와준 제자 김기백, 정해림, 이희상, 임한울, 김용범, 조영민에게 진심으로 감사드리고 앞날에 행운이 깃들기를 기원한다. 또한 이전 판에 이어 본서의 출간을 기꺼이 맡아준 도서출판 더채움의 박원준 사장님과 조민혜 실장님, 성장현 팀장님을 비롯한 임직원님들에게 심심한 사의를 표하는 바이다.

2016년 1월

노량진 연구실에서 백광훈

구판 머리말

로마법의 성립은 저 옛날의 일이다. 로마법의 법전화(法典化)도 일찍부터 시작되어 그것이 완성된 것은 유스티니아누스(Justinianus) 황제(재위 527-565년) 때의 일이다. 이 법전은 16세기부터 「로마법대전-시민법대전 Corpus Iuris Civilis」이라고 불렸고 법학자의 교과서로 쓰여졌다. 독일에서는 19세기에 판덱텐학(Pandektenwissenschaft)이라는 분야로 연구되어 그 영향 하에 1900년부터 시행된 독일 민법전(Bürgerliches Gesetzbuch : BGB)이 제정되었다. 따라서 총칙과 각칙을 구분하여 총칙에 기본적이고 일반적인 원칙을 규정하고 각칙에서 각 개별적인 경우를 규율하는 판덱텐체제는 위와 같은 독일법의 영향을 많이 받은 우리나라나 일본의 법전에 계수된 것이다(José Llompart, 「법철학의 길잡이」, 정종휴 옮김, p.51).

법학을 학습하고 이해하기 위한 기본적 수단으로서 위와 같은 판덱텐체계의 '법전'의 구조와 '법조문'의 체계와 구체적 내용에 대한 이해 및 숙지의 비중은 아무리 강조해도 지나치지 않다. 더욱이 해마다 중요한 법령이 개정되고 또 그 개정되는 폭이 대폭적이 됨에 따라, 해당 개정 법률에 대한 새로운 학습의 중요성은 법학을 공부하는 사람이라면 어느 누구도 부정할 수 없을 것이다.

필자는 일찍이 이러한 법조문 공부의 필요성을 실감한 나머지 2004년도에 「LOGOS 알기 쉬운 형사법전」 초판을 출간한 이래 5년간을 매년 말 그대로 "알기 쉬운" 형법전, 형사소송법전, 헌법전을 만드는 데 온 힘을 쏟아왔다. 특히 출간 당시부터 단순한 법조문의 수록과는 완전히 차원을 달리하여 법전의 구조적 체계를 알기 쉽게 표시하고 각 개별규정들의 핵심적 내용과 간과하기 쉬운 학습 포인트를 선정하고 이를 일목요연하게 정리하고자 하는 필자의 의도는 많은 독자들의 공감과 비판을 동시에 낳게 한 것도 사실이다.

사실 법전이란 간행되면서부터 개정작업이라는 숙명을 안고 있기에, 2004년 초판 발행 이래 5번의 개정을 거듭하면서 「LOGOS 알기 쉬운 형사법전 -형법 · 형사소송법 · 형사소송규칙 · 헌법 및 관련법령-」은 독자들의 많은 요구사항과 비판을 수용하면서 정확성과 실용성을 추구하는 방향으로 발전해 왔다. 이 법전이 많은 독자층을 확보하게 된 데에는 강의 현장에서 그때그때 제기되는 위와 같은 독자들의 의견을 충분히 반영하고자 하는 개정작업에서 그 이유를 찾을 수 있을 것이다.

특히 공교롭게도 2007년에는 제5판 개정판을 출간하자마자, 형사소송법이 2007.5.17 개정되고 (법률 제8435호) 2007.6.1 또 개정되었으며(법률 제8496호) 또 다시 2007.12.21 개정되는(법률 제8730호) 등 무려 세 차례에 걸친 법률개정이 있었다. 형사소송규칙도 2007.10.29 개정되었고(대법원 규칙 제2106호) 이어서 2007.12.31일 또다시 개정되었다(대법원 규칙 제2144호). 소년법도 2007.12.21 개정되었다(법률 제8722호). 청소년의 성보호에 관한 법률은 2007.8.3 전부 개정(법률 제8634호)된 데 이어 최근 새 정부 출범과 맞물려 2008년 2월 29일에도 일부 개정되었다(법률 제8852호). 이외에도 2007년과 2008년 3월 현재 시점까지 수많은 형사관련법령들의 개정이 이루어졌다. 또한 헌법에 밀접하게 연관된 여러 법률에 대한 개정도 있었다. 제5판을 출간한 지 채 1년도 되지 않아 서둘러 제6판을 내게 된 까닭은 바로 여기에 있다.

또한 이번 제6판의 개정에서는 어느 한 부분을 점검하는 데에서 그치지 않고, 지금까지 개정해 온 것들을 전체적으로 총 점검하여 오해의 소지가 있거나 내용상 어색한 것은 과감히 삭제하였으며 부족하다고 생각되는 내용은 대폭적으로 보강하였다. 이 과정은 약 6개월간의 집중적인 노력이 필요했었던 부분이었다. 이러한 총체적 재집필의 개정작업을 통하여 전반전인 법조문에 대한 내용 정리가 보강되었고 중요한 대법원 최신판례의 업데이트가 이루어질 수 있었다.

위와 같은 혁신적 개정작업은 편저자 혼자만의 힘으로는 어림도 없었을 것이다. 형사법과 헌법 및 각 특별법 전반에 관한 개정사항 검토는 차미경 변호사님(서울대 국어국문학과 졸, 대한법률구조공단 인천지부 구조부장, 부천출장소 출장소장, 現 법무법인 승 변호사), 바른 언어의 사용과 법과 언어의 관계에 대해서는 전용태 소장님(現 Critical-Thinkers Institute 연구소장, 사단법인 "바른 사회 바른 정치 시민 연합"이사 - 국어 사랑 분과장, 「한국어의 모든 것」, 「표준한국어」의 저자)과의 공동작업을 통해서 이루어졌다. 또한 필자와 같은 학원에서 미래의 공무원들을 지도하고 있는 국어의 이선재와 한국사의 신영식은 후배들이면서도 많은 배울 점을 시사하는 동료들이다.

끝으로 필자의 조교로 형법, 형사소송법, 형사소송규칙의 전반적인 수정사항 정리와 개정 조문 대조 및 교정과 재교정 작업에 헌신적인 노력을 기울여 준 곽현식 님(검찰 7급 공무원 합격, 현직)과 김진원 님(경찰공무원 합격, 현직)에게 깊은 감사의 말씀을 드리고 싶다. 이 두 분이 아니었더라면 이 법전은 때맞춰 개정되기 어려웠을 것이다. 아무쪼록 두 분의 앞날에 행운이 깃들기를 기원한다. 더불어 헌법 관련 법률 정리사항 검토를 도와준 하재덕 조교에 감사드린다. 오타 수정에 힘을 쏟은 이일행 조교, 이상진 조교, 박철민 조교에게도 감사의 말씀을 전한다.

2008년 5월

백광훈

CONTENTS

PART 01 대한민국헌법

PART 02 형법

CONTENTS

PART 05 형사소송법 관련 부속법령

권말부록 검·경 수사권 조정 개정법령 핵심조문

부록 QR

부록

1. 형사소송법 주요 개정법령(시행 2024.02.13. | 개정 2024.02.13.)
2. 형사소송법 주요 개정법령(시행 2022.09.10. | 개정 2022.05.09.)
3. 형사소송법 주요 개정법령(시행 2022.02.03. | 개정 2022.02.03.)
4. 형사소송법 주요 개정법령(시행 2021.11.18. | 개정 2021.08.17.)

이 QR코드를 스캔하면 『2025 백광훈 풀어쓴 형사법전』의 부록을 열람할 수 있습니다.

PART 01

형사법전

高기능성 법전 시리즈

대한민국헌법

전부개정 1987.10.29 헌법 제10호

PART 01

전부개정 1987.10.29 헌법 제10호

대한민국헌법

전 문❶

유구한 역사와 전통에 빛나는 우리 대한국민은 3·1 운동으로 건립된 대한민국 임시정부의 법통❷과 불의에 항거한 4·19 민주이념을 계승하고, 조국의 민주개혁과 평화적 통일의 사명에 입각❸하여 정의·인도와 동포애로써 민족의 단결을 공고히 하고, 모든 사회적 폐습과 불의를 타파하며, 자율과 조화를 바탕으로 자유민주적 기본질서를 더욱 확고히 하여 정치·경제·사회·문화의 모든 영역에 있어서 각인의 기회를 균등히 하고, 능력을 최고도로 발휘하게 하며, 자유와 권리에 따르는 책임과 의무를 완수하게 하여, 안으로는 국민생활의 균등한 향상❹을 기하고 밖으로는 항구적인 세계평화와 인류공영에 이바지함으로써 우리들과 우리들의 자손의 안전과 자유와 행복을 영원히 확보할 것을 다짐하면서 1948년 7월 12일에 제정❺되고 8차❻에 걸쳐 개정된 헌법을 이제 국회의 의결을 거쳐 국민투표❼에 의하여❽ 개정한다.

(밑줄 주석: 유구한 역사와 전통 — 새로운 역사와 전통 ×; 대한국민 — 대한민국×; 불의에 항거한 — 저항권 간접규정; 4·19 민주 — 4·19 혁명×; 계승하고 — 정통성 계승; 조국의 민주개혁 — 9차 개헌 신설; 민족의 단결 — 민족주의; 자율과 조화 — 9차 개헌 신설; 자유민주적 기본질서 — 7차, 민주주의 원리; 각인의 기회를 균등히 하고 — 평등권; 세계평화와 인류공영 — 국제평화주의; 국회의 의결 — 대의제 명시)

❶ • 효력긍정설(判)
• 1989.9.8. 88헌가6

❷ • 헌법의 특징
–헌법의 역사성

❸ • 7차 개헌 신설
• 유신 때 도입, 평화통일 지향

❹ • 사회국가원리
• 복지국가

❺ • 7월 17일(공표일)×
• 개정일자

❻ • 횟수규정 → 건국헌법과의 관련성

❼ • 개정절차로 밝히고 있는 것이 아님
• 제정·개정권자가 국민임을 밝히고 있음
• 국민주권주의
• 정당한 절차에 의한 헌법의 제정·개정
• 직접민주정치 요소

❽ • 9차×/9차에 진행함을 의미

❶ • 건국이념명시
민족주의
민주주의
국제평화주의
• 헌법개정 한계○
8차에 걸쳐 개정
5차 : 단기→서기연호
7차 : 평화통일신설
8차 : 4·19 삭제
9차 : 조국민주개혁임시정부법통불의에 항거한
• 헌법소원 제기×
1. 영토매개
2. 법원의 재판
3. 검사의 불기소처분
–고등법원 재정신청으로 구제
–헌재 : 인정

▸ 헌법 전문 ❶

효력긍정설	효력부정설
• 한국의 통설 • 결단주의 : 칼 슈미트 • 통합주의 : 루돌프 스멘트 헷세 • 한국 : 헌재 판례 입장 • 독일 판례	• 법실증주의 : 옐리네크, 안쉬츠 • 미국연방대법원 판례 * 미국 : 헌법 전문 有 cf) 헌법 전문 없는 국가 – 오스트리아 – 우루과이 – 구소련

▸ 헌법 전문에 규정되지 않은 사항 : 법치주의, 권력분립의 원리, 경성헌법, 국가형태, 자유민주적 기본질서에 입각한 평화적 통일정책, 침략전쟁 부인, 국가의 전통문화 계승발전과 민족문화창달 의무

▸ 헌법 전문의 법적 효력 인정 여부
–부정설 : 선언적 규정
–긍정설 : 通, 判

• 관련 헌재결
–3·1 운동정신→개별적 기본권 직접도출×
–통일조항→권리도출×
• 헌법전문의 유무는 헌법의 필수성×
• 헌법전문 : 개정금지대상

제1장 총 강

제1조【국호·정체·주권】

①❷ 대한민국은 민주공화국❸이다.
(대한민국은 : 국호, 민주 : 정체, 공화국 : 국체)

②❹ 대한민국의 주권❺은 국민❻에게 있고, 모든 권력은 국민으로부터 나온다.
(모든 권력 : 통치권)

▸ 국민주권원리의 구현형태❼ : 선거제도, 국민투표, 정치적 기본권 보장(언론·출판의 자유, 청원권), 정당제도, 지방자치제도, 직업공무원제도

▸ 제2항의 국민 : 주권의 주체로서의 국민

❷ • 국민주권 간접규정

❸ • 가장 중시 : 군주제의 부정

❹ • 국민주권주의

❺ • 국민주권론(nation)
인민주권론(peuple)

❻ • 대한민국의 주권자
• 최고의 헌법 제정 권력

❼ • 사법권의 독립 無,
사법제도 無,
직접민주주의×

제2조【국민의 요건·재외국민 보호】

① 대한민국의 국민이 되는 요건은 법률❽로 정한다.
(법률 : 국적법)

② 국가는 법률이 정하는 바에 의하여 재외국민을 보호할 의무❾를 진다.
(법률 : 재외국민등록법, 재외국민을 보호할 : 법정사항(8차))

❽ • 국적법 : 부모양계주의
복수국적 예외적 인정
국적선택권
1. 부부국적개별주의
2. 처의 수반취득 삭제
3. 자의 수반취득 인정

❾ • 현행 헌법 신설(9차)

▶ 국적법의 기본원칙
- 국적단행법주의 - 부모양계혈통주의
- 부부별개국적주의 - 단일국적주의
- 속인주의(원칙)+속지주의

❶ • 북한을 반국가단체로 규정
• 국가보안법의 헌법상 근거

제3조【영 토】❶

① 대한민국의 영토는 한반도와 그 부속도서❷로 한다.
영공 · 영륙 · 영해×

❷ ∴ 헌법과 법률은 북한지역에도 미침
• 국가보안법의 근거 (유일합법정부론, 多)
• 북한지역 왕래시 통일부장관의 승인 要(합헌)

• 국제평화주의
• 관련 헌재결 : 제4조와 형식적 충돌 - 북한의 이중성 개념 인정
• 영토를 변경하려면 헌법개정 要
• 제헌헌법

❸ • 현행 헌법 신설
• 북한을 민족적 공동체로 봄
• 남북교류협력에 관한 법률의 헌법상 근거

제4조【통일정책】❸

① 대한민국은 통일을 지향하며, 자유민주적❹ 기본질서❺에 입각한 평화적 통일정책을 수립하고 이를 추진한다.

❹ • 남북교류협력에 관한 법률의 근거

❺ • 위헌정당 해산 - 민주적 기본질서(제8조 제4항)
• 헌법의 특징-헌법의 이념성 : 민주주의의 이념 내재

▶ 통일조항으로부터 권리가 도출되지 않는다.
▶ 제3조, 제4조 형식상 충돌 : 남북한 유엔 동시가입이 서로를 국가로 승인하는 것은 아니다.

구분	제3조	제4조
규정	영토	평화통일 실시 의무
신설	제헌헌법(1948.7.12)	9차 개헌 신설(1987.10)
북한규정	반국가단체	민족적 동반자(공동체)
헌법상 근거	국가보안법	남북교류협력에 관한 법률
충돌시	1. 신법우선원칙-제4조 2. 현실우선-제4조	

▶ 헌재결 : 남북합의서는 일종의 신사협정 내지 공동성명의 성격을 지님

❻ • 현대복지국가의 헌법적 특징 : 국제평화주의
• 헌법의 특징-헌법의 이념성 : 국제평화주의의 이념 내재

제5조【침략적 전쟁의 부인 · 국군의 사명 · 정치적 중립성】

①❻ 대한민국은 국제평화의 유지에 노력하고 침략적 전쟁❼을 부인한다.

❼ • 자위전쟁 가능(자위전쟁에 예방적 방위행위도 포함)

❽ • 건국 때부터 규정
• 신분보장×

② 국군은 국가의 안전보장과 국토방위의 신성한 의무❽를 수행함을 사명으로 하며, 그 정치적 중립성은 준수된다.❾

❾ • 9차 개헌 신설
cf) §5② : 9차 신설(국군)
§7② : 3차 신설(공무원)
비교

▸ 국군의 헌법상 지위규정은 공무원의 헌법상 지위를 규정한 제7조에 대하여 특별법적 규정이다.
▸ 국가의 안전보장은 제8차 개헌, 군의 정치적 중립성은 현행 헌법 신설

제6조【조약 · 국제법규의 효력 · 외국인의 법적 지위】❶

❶ • 국제법 존중주의

① 헌법에 의하여 체결·공포된 조약과 일반적으로 승인된 국제법규❷는 국내법과 같은 효력❸을 가진다.
(국내법규×)

❷ • 국제관습법+조약

❸ • 조약 vs 헌법
 –조약우위설
 –헌법우위설(多)
• 조약 vs 법률조약
 법률동위설 : 신법우선의 원칙·특별법우선의 원칙에 의한 결정

②❹ 외국인은 국제법과 조약❺이 정하는 바에 의하여 그 지위가 보장된다. ⇒ 칼 슈미트(결단주의) 입장 수용

❹ ※ 헌법의 특징
• 헌법의 이념성 : 국제평화주의 이념 내재
• 법정사항×

❺ • 상호주의
 ∴ 차별 가능
• 국가배상법 §7

▸ 조약의 국제법적 효력발생요건 : 대통령의 비준
조약의 국내법적 효력발생요건 : 국회의 동의
▸ 일반적으로 승인된 국제법규 : 공포나 국회 동의 없이 바로 국내법적 효력

> ※ 헌재가 인정한 조약
> ① 한미상호방위조약 ② 어업협정
> ③ 마라케쉬협정 ④ 국제통화기금협정

※ 외국인
• 근로기준법 일부조항만 적용 → 위헌
• 불법체류자 상태에서 산업재해 → 산재보험의 대상 인정(判)

제7조【공무원의 지위 · 책임 · 신분 · 정치적 중립성】

① 공무원❻은 국민전체에 대한 봉사자이며, 국민❼에 대하여 책임❽을 진다.
(5차 개헌 신설)

❻ • 최광의의 공무원을 의미
 –사인으로서 공무를 위탁받은 자도 포함

❼ • 주권자로서의 국민(국민주권)

❽ • 이념적·정치적·도의적 책임o
 법적 책임×

②❾ 공무원❿⓫의 신분과 정치적 중립성은 법률⓬이 정하는 바에 의하여 보장된다.

❾ • 법정사항

❿ • 경력직 공무원

⓫ • 3차 개헌 신설

⓬ • 국가공무원법·지방공무원법 ⇒ 법률유보 → 입법형성의 자유(재량)

▸ 공무원규정의 자체 최초 : 제헌 헌법
직업공무원제도는 제3차 개정 때 처음 규정
공무원의 국민전체에 대한 봉사자규정은 제5차 개정 때 규정
법률에 의해 공무원 신분제약 가능
▸ 지방자치단체의 직제폐지 시 직권면직 가능 : 합헌
▸ 집행유예선고 시 당연퇴직사유 : 모두 합헌
선고유예선고 시 당연퇴직사유 : 대부분 위헌
cf) 수뢰죄 선고유예선고 시 당연퇴직사유 : 합헌

• 공무원 정년 차별 [법관 63세 / 대법관 65세 / 대법원장 70세] 모두 합헌

• 현재 공무원정년
–법관 65세
–대법관 70세
–대법원장 70세
–헌법재판관 70세
–헌법재판소장 70세

- 공무원은 국민의 이념적 대표 : 정치적·윤리적 책임○, 법적 책임×
  예외) 탄핵제도, 국가배상책임 → 법적 책임
- 직업공무원제도의 기능
  ① 법치주의이념 실현 ② 절차적 정당성 확보
  ③ 기능적 권력통제 ④ 공무담임권을 실질적 보장

❶ • 중개적 기관설(通·判)
• 법인격 없는 사단 (判 1993.7.29. 92헌마262)
• 기본권 주체성○, 헌법소원 청구능력○ (判 1991.3.11. 91헌마21)

제8조【정 당】❶

① 정당의 설립은(3차) 자유❷이며, 복수정당제는 보장된다.(5차개헌신설)

❷ • 등록제(형식적 심사)

② 정당은 그 목적·조직과 활동이 민주적이어야 하며, 국민의 정치적 의사형성에 참여하는 데 필요한 조직을 가져야 한다.

❸ • 법정사항
• 8차 개헌 신설

③❸ 정당은 법률이 정하는 바에 의하여 국가의 보호를 받으며, 국가는 법률이 정하는 바에 의하여 정당운영에 필요한 자금을 보조할 수 있다.(의무×)

❹ • 위헌정당해산

❻ • 국가원수로서의 지위 (대통령)

④❹ 정당의 목적이나 활동이(조직 ×) 민주적 기본질서❺에 위배될 때에는 정부❻는 헌법재판소에 그 해산을 제소할 수 있고,❼❽ 정당은 헌법재판소의 심판에 의하여 해산된다.❾(3차 개헌신설)

❺ • 자유민주적 기본질서로 해석 → 비판받은 조항

❼ • 국무회의 심의 要

❽ • 재량설

❾ • 방어적 민주주의
• 국무회의 심의

▸ 위헌정당해산 ⇒ 방어적 민주주의와 관련
↓
- 위헌정당해산제
- 기본권실효(상실)제도 : 특정한 자의 기본권을 침해한 자에 대해서는 그 침해한 기본권을 상실시키는 것
  한국불인정
  - ① 국민소환 ② 주택보호(무상지급)
  - ③ 2중위험금지원칙

▸ 2중위험금지원칙 : 공판절차가 일정한 단계에 도달되면 그 절차를 다시 반복할 수 없다는 원칙(영미법계에서 인정)

- 방어적 민주주의를 표현한 판결 : SRP, KPD, 군인판결, 도청판결, 급진주의자 판결
- 후원회 관련 헌재결
  - 국회의원 입후보예정자 / 지방의회의원 → 후원회 설립금지에 대해 합헌
  - 지방자치단체장 후원회 설립금지 / 노동단체 정치자금 기부금지(법개정으로 금지됨) / 검찰총장 퇴직 후 2년 내 정당가입 금지 → 위헌

▸ 정당은 반드시 정권획득이 목적 : 국가 공정의무○, 정부 공정의무×
▸ 정당해산은 방어적 민주주의의 표현→가치구속적 민주주의관(가치상대적×)이 전제

제9조【전통문화와 민족문화】❶

국가는 전통문화❷의 계승·발전과 민족문화❸의 창달에 노력하여야(의무) 한다.

▸ 국가로부터의 자유뿐만 아니라 적극적으로 국가에 의한 문화조성적 원리가 강조됨(현대의 문화국가원리)
∴ 국가는 문화의 가치판단에 대해서는 중립적이어야 한다.

❶ • 문화국가 관련조항
• 문예진흥기금징수(명령 근거 3%) : 위헌
• 영화진흥기금징수(법률 근거 3%) : 합헌⇒기본권의 제한은 법률로만 가능함!!!

❷❸ • 특히 강조에 불과 ⇒모든 문화 포함

제2장 국민의 권리와 의무 ❹

❹ • 소극적 존엄사 : 무의미한 연명치료 중단 大判 인정(2009.5.21)
헌재 : 입법의무를 지는 것 아님⇒입법자의 재량

제10조【인간의 존엄성과 기본인권 보장】

모든 국민(외국인○)은 인간으로서의 존엄과 가치❺를 가지며, 행복을 추구할 권리❻를 가진다. 국가는 개인이 가지는 불가침의 기본적 인권(5차개헌신설)을 확인하고 이를 보장할 의무를 진다.❼

▸ 인간의 존엄과 가치
–인격주체성은 추상적·잠재적이면 족하다. 따라서 사자, 태아, 기형아에게도 인정(초기 배아는 기본권 주체×–헌재 2010.5.27, 2005헌마346)
–조세형평주의, 균등한 교육을 받을 권리 등이 도출된다.

❺ • 기본권보장의 이념적 기초
• 제5차

❻ • 제8차 포괄적 기본권 (일조권, 수면권 등 포함)

헌판	학자
소극적·방어적 권리	양면적 권리 (소극+적극)

❼ • 기본권 보장 의무 →국가의 구체적 의무는 나오지 않는다.

제11조【국민의 평등, 특수계급제도 부인, 영전의 효력】

① 모든 국민은 법 앞에(모든 일체의 법) 평등하다.❽ 누구든지 성별·종교 또는 사회적 신분❾에 의하여 정치적·경제적·사회적·문화적 생활의 모든 영역에 있어서 차별을 받지 아니한다.(지역차별×)
②❿ 사회적 특수계급의 제도는 인정되지 아니하며, 어떠한 형태로도 이를 창설할 수 없다.
③ 훈장 등의 영전은 이를 받은 자에게만 효력이 있고, 어떠한 특권도 이에 따르지 아니한다.⓫

❽ • 자의적 차별 금지

❾ • 일반적 평등권
• 예시적 차별금지사유
※ 예시적 규정
1. 헌법 §11① : 평등
2. 헌법 §59 : 조세법률주의
3. 헌법 §111①
4. 권한쟁의
• 나이×, 지역차별×

❿ • 특수계급창설금지

⓫ • 훈장일대의 원칙

> ※ 전직 대통령의 재판에서의 증언은 예우조항에 반하지 않는다.

▸ 평등권

- 모든 기본권보장의 방법적 기초
- 합리적 근거에 따른 상대적 평등
- 정치적 영역에서는 절대적 평등(多)
- 현대적 평등 : 생존의 평등, 실질적 평등, 경제적 평등에 보다 중점

제12조【신체의 자유, 자백의 증거능력】❶

① 모든 국민❷은 신체의 자유❸를 가진다. 누구든지 법률에 의하지 아니하고는 체포·구속·압수·수색❹ 또는 심문을 받지 아니하며, 법률과 적법한 절차❺에 의하지 아니하고는 처벌❻·보안처분 또는 강제노역을 받지 아니한다.

(심문: 불심김문 / 법률과 적법한 절차: 개별적 법률유보)

②❼ 모든 국민은 고문을 받지 아니하며, 형사상 자기에게 불리한 진술을 강요당하지 아니한다.❽

(형사상: 민사상×, 행정상×)

③❾ 체포·구속·압수 또는 수색을 할 때에는 적법한 절차에 따라 검사의 신청에 의하여 법관이 발부한 영장을 제시❿⓫하여야 한다. 다만, 현행범인인 경우와 장기 3년 이상의 형에 해당하는 죄를 범하고 도피 또는 증거인멸의 염려가 있을 때에는 사후에⓬ 영장을 청구할 수 있다.⓭

(체포·구속·압수 또는 수색: 심문 × / 법관: 수임판사(개개의 판사) / 현행범인: 현행범인 체포 / 3년 이상: 긴급체포)

④⓮ 누구든지 체포 또는 구속을 당한 때에는 즉시 변호인의 조력을 받을 권리⓯를 가진다. 다만, 형사피고인이 스스로 변호인을 구할 수 없을 때에는 법률이 정하는 바에 의하여 국가가 변호인을 붙인다.

(법률: 형소법 §33 국선변호인)

⑤⓰ 누구든지 체포 또는 구속의 이유와 변호인의 조력을 받을 권리가 있음을 고지받지 아니하고는 체포 또는 구속을 당하지 아니한다. 체포 또는 구속을 당한 자의 가족 등 법률이 정하는 자에게는 그 이유와 일시·장소가 지체 없이 통지되어야 한다.⓱

⑥ 누구든지 체포 또는 구속을 당한 때에는 적부의 심사를 법원에 청구할 권리를 가진다.⓲

(청구: 피고인×, 직장 동료×)

❶ • 모든 기본권 보장의 전제조건

❷ • 법률이 정하는 바에 따라× → 법률유보×

❸ • 신체의 완전성, 신체활동의 임의성

❻ • 일체의 제재(제13조 제1항)
• 적법절차원리 → 법 일반법적 원리

❼ • 고문금지조항

❾ • 영장주의

⓬ • 48시간 이내 cf) 피의자 구속하고자 하는 경우 : 지체 없이 영장신청

⓮ • 변호인의 조력을 받을 권리

⓯ • 변호인접견교통권 : 절대적 기본권, 법정사항(피고인 or 피의자)

⓰ • 고지·통지제도
• 9차 신설

⓱ • 사법제도의 성격+알권리

❹ • 신체에 대한 수색만(주거수색×)

❺ • 9차 개헌 신설–미국헌법 §5 모방(수용)
• 입법·사법·행정의 모든 국가작용에 적용(but, 탄핵소추절차에는 직접 적용할 수 없다 : 비판받는 판례)

❽ • 외국인에게도 진술거부권 보장○

❿ • 형사소송법 §70·73 법관–직권으로 영장발부(합헌) ("명령장"성격)

⓫ • "허가장"의 성격

⓭ • 영장실질심사제도 도입(구속영장발부시 관계인의 신청)

⓲ • 구속적부심사제도(모든 범죄에 대해)
• 건국헌법·7차 삭제·8차 부활·9차 확대
• 구속적부심사

헌법	형소법
누구든지	피의자만–헌법불합치(2004.3.25)

개정 : 구속적부심사 신청 후 기소된 피의자도 인정

⑦ 피고인의 자백이 고문·폭행·협박·구속의 부당한 장기화 또는 기망 기타의 방법에 의하여 자의로 진술된 것이 아니라고 인정될 때 또는 정식재판❶에 있어서 피고인의 자백이 그에게 불리한 유일한 증거일 때에는 이를 유죄의 증거로 삼거나 이를 이유로 처벌할 수 없다.

❶ • 즉결심판 : 자백만으로 처벌 가능

> ※ 범죄피해자구조청구권·형사피해자 재판절차진술권
> → 직접적으로 신체의 자유와 상관없다.

제13조【형벌불소급, 일사부재리, 소급입법 제한, 연좌제금지】

① 모든 국민은 행위시의 법률에 의하여 범죄를 구성하지 아니하는 행위로 소추되지 아니하며, 동일한 범죄에 대하여 거듭 처벌❷받지 아니한다.❸ (일체의 불이익한 것)

② 모든 국민은 소급입법에 의하여❹ 참정권의 제한을 받거나 재산권을 박탈당하지 아니한다.❺

③ 모든 국민은 자기의 행위가 아닌 친족의 행위로 인하여 ❻ 불이익한 처우를 받지 아니한다.❼

❷ • 국가의 형벌권 의미
→ 신상공개제도는 이중처벌금지원칙에 위배×

❸ • 일사부재리 → 공소기각판결, 관할위반판결 적용×

❹ • 소급입법금지원칙 : 진정소급만 금지됨

❺ • 경한 신법·공소시효적용은 소급 가능

❻ • 일체의

❼ • 연좌제금지(제8차)
• 형사책임개별화 원칙

▸ 신체자유를 보장하는 제도
- 형사소송기록의 열람등사요구권
- 신속한 공개재판을 받을 권리
- 형사보상청구권

▸ 신체자유와 직접 관련 없는 제도
- 범죄피해자구조청구권
- 형사피해자 재판절차진술권

제14조【거주·이전의 자유】

모든 국민은 거주·이전의 자유를 가진다.❽

❽ • ≠무국적의 자유 참고
• 여권법 : 해외위난지역 여행금지–합헌
• 지방의원·지방자치단체장 요건 : 90日 이상 주민등록등재–합헌
60日(개정)–합헌

> • 사생활의 자유의 성격+경제적 기본권(외국인×, 법인○)
> • 직업선택의 자유를 실질적으로 보장
> • 북한주민의 귀순은 입국의 자유로 보장받음
> • 국적변경(이탈)의 자유는 거주이전의 자유로 인정, 무국적 자유는 인정×
> • 건국헌법에서는 주거의 자유와 함께 규정, 제5차에서 독립된 조항으로 규정

제15조【직업선택】

❶ • ≠영리성, 사회적 공익성
• 인격권, 자유권, 경제질서의 성격 → 외국인×, 공법인×

모든 국민은 직업선택의 자유[1]를 가진다.[2]

❷ • 5차 개헌 신설
• 근로의무는 윤리적 의무(모순×)
• 주체 1. 국민
2. 외국인(제한적 인정)
3. 법인(공법인×)

- 공공복리에 의해 가장 많은 제한을 받음(각종 허가제). 무직업의 자유 포함+영업의 자유도 도출됨
- 직업선택의 자유에 대한 제한 : 단계이론(독일의 약국판결) → 비례원칙의 변형임
  - –1단계 : 직업수행의 자유제한
  - –2단계 : 기본권 주체에게 일정한 자격구비 요구(주관적 사유)
  - –3단계 : 거리제한, 국가에 의한 각종 전매제(객관적 사유)
  - ※3단계로 갈수록 위헌성 농후!

제16조【주거 보장】

모든 국민(법인×)은 주거의 자유를 침해받지 아니한다. 주거[3]에 대한 압수나 수색을 할 때에는 검사의 신청에 의하여 법관이 발부한 영장을 제시하여야 한다.

❸ • 동산○
• 일시적 생활을 위한 천막○
• 시간적 계속성은 요건×
• 적법절차×(→ 제12조 적용×)

- 일반영장금지 : 합법적인 체포에 있어서 합리적인 범위 내에서 영장 없이 주거에 대한 압수·수색 허용

제17조【사생활의 비밀과 자유】[4]

❹ • 8차 개헌 신설

모든 국민은 사생활의 비밀과 자유(자기정보관리통제권 포함)를 침해받지 아니한다.[5]

❺ • 소극적 성격+적극적 청구권 성격

- 외국인○, 법인×, 죽은 자는 산 자와 관계에서 문제된다.
- 1995년 1월부터 공공기관의 개인정보보호에 관한 법률이 시행
- 사생활의 비밀·자유와 언론의 자유의 충돌시 :
  권리포기의 이론(자살자의 사생활 공개○)
  공적 인물의 이론(공직후보자, 인기연예인 등)
- 사생활의 비밀과 자유가 독립한 권리로 인정된 것은 미국의 Waner–Brandeis 논문으로 프라이버시권으로 인정, 독일은 일반적 인격권, 한국은 제8차 개헌 때 규정

제18조【통신의 비밀】

❻ • 격지자 간 의사 전달 **+물품수수** 〈통신의 불가침〉

모든 국민은 통신[6]의 비밀[7]을 침해받지 아니한다.[8]

❼ • 내용, 형태, 당사자, 조달방법

❽ • 대내적 대화과정 보호
표현의 자유 : 대외적 대화과정 보호
〈비밀의 불가침〉

- 통신의 비밀의 불가침 → 열람의 금지(검열금지), 누설의 금지, 정보의 금지
- 외국인○, 법인○
- 파산법의 파산자, 행형법의 수형자 등 통신의 자유 제한
- 통신비밀보호법상 통신의 자유제한(통비법 §7) : 통신의 일방 또는 쌍방당사자가 내국인인 때에는 고등법원 수석판사의 허가, 외국인인 경우에는 대통령의 승인 要

제19조【양심의 자유】

모든 국민은 양심[1]의 자유를 가진다.[2]

- 양심결정의 자유(=절대적 자유)
- 양심유지의 자유(=침묵의 자유) → 양심추지의 금지, 충성선언서 금지
- 양심상의 결정을 실현할 자유(헌판·대판 인정, 통설 불인정)
- 양심 : 윤리적·도덕적 영역에 속하는 개념으로 양심의 영역은 다수결 원리의 대상이 될 수 없다.
- 양심의 자유와 양심적 병역 거부 : 병역의 종류에 대체복무제를 규정하지 아니한 것은 위헌(判 2018.6.28, 2011헌바379)

❶ • 사회적 양심설
: 사상의 자유 포함

제46조 제2항,
제103조 : 직업적 양심

• ⊅불리한 진술거부권, 증인·감정인의 진술거부권, 취재원의 묵비권

❷ • 외국인○, 법인×
• 5차 개헌(개별적 자유권으로 규정)

제20조【종교의 자유】

① 모든 국민은 종교의 자유[3]를 가진다.

② 국교는 인정되지 아니하며, 종교와 정치는 분리된다.[4]
(국교부인 / 정교분리)

> cf) 영국 : 국교로 성공교 인정(& 종교의 자유도 인정)
> - 국·공립학교의 일반종교 교육 – 합헌
>   국·공립학교의 특정종교 교육 – 위헌
>   일반학교의 특정(일반)종교 교육 – 합헌
> - 공립학교 일과개시 전 기도문 낭독 – 위헌(Engel 판결)
>   공직취임 시 신의 존재를 믿는다는 선서 강요 – 위헌(Torcaso 판결)
> - 종교단체의 권징결의 : 종교상 내부적인 문제로 사법부 심사 대상이 아니며 효력○

- 다른 종교를 비판할 자유 : 종교의 자유에 포함

❸ • 무신앙의 자유○,
절대적 기본권
• 기도자유×(종교적 행위 자유)

❹ • 제도적 보장으로서의 국가종교 중립성의 원칙

제21조【언론·출판·집회·결사의 자유 등, 언론·출판에 의한 피해보상】[5]

①[6] 모든 국민은 언론·출판의 자유[7]와 집회·결사의 자유[8]를 가진다.[9]

②[10] 언론·출판에 대한 허가나 검열[11]과 집회·결사에 대한 허가는 인정되지 아니한다.[12]

③ 통신·방송의 시설기준과 신문의 기능을 보장하기 위하여 필요한 사항은 법률로 정한다.[13]

④[14] 언론·출판은 타인의 명예나 권리 또는 공중도덕이나 사회윤리를 침해하여서는 아니 된다. 언론·출판이 타인의 명예나 권리를 침해한 때에는 피해자는 이에 대한 피해의 배상[15]

❺ • 알 권리 도출

❻ • 국가보안법 제7조와 충돌

❼ • 민주주의의 구성요건이면서 주관적 공권

❽ • 적극적 결사의 자유
• 소극적 결사의 자유
(cf) 상공회의소, 변호사회, 의사회, 대한안마사회)

❾ • 기능
–인격발현
–민주정치 형성(여론 형성 → 국민주권주의) : 정치적 성격
–사회적 통합

❿ 〈구분〉
• 방송사 설립허가
: 합헌(케이블)
• 광고물 허가 or 신고제 : 합헌

⓫ • 행정기관이 주체가 된 사전검열만

⓬ • 검열·허가금지

⓭ • 시설법정주의

⓮ • 대사인적 효력 직접 명시

⓯ • 보상 ×
• 언론·출판에 해당
1. 영화
2. 광고물
3. 상징적 표현
4. 나홀로 시위
(1인–집회가 ×)
5. 상업적 간판

을 청구할 수 있다.

▸ 자유권적 성격+청구권적 성격(알 권리)+제도적 보장(여론형성 · 존중의 원칙)

▸ 현대적 의미에서의 언론 · 출판의 자유는 자신의 사상이나 의견을 전달하는 자유뿐만 아니라 알 권리 · 액세스권 · 언론기관 설립 · 언론기관의 취재의 자유와 편집 · 편성권 및 언론기관의 내부적 자유까지 포함

▸ 언론 · 출판의 자유에 관한 판단기준 : 사전검열금지의 원칙, 명백하고 현존하는 위험의 원칙, 명확성 원칙, 법익교량의 원칙, 비례의 원칙, 이중적 기준이론, 합헌성 추정배제의 원칙

▸ 특별한 집회 · 결사의 자유 → 일반적 결사자유보다 우선적 보호!

1. 예술적 집회 · 결사의 자유
2. 학문적 집회 · 결사의 자유
3. 종교적 집회 · 결사의 자유

제22조【학문 · 예술의 자유와 저작권 등 보호】

① 모든 국민은 학문[1]과 예술[2]의 자유를 가진다.[3]

② 저작자 · 발명가 · 과학기술자와 예술가의 권리는 법률로써 보호한다.
(출판업자× 건축가×)

[1] • 대학의 자치 포함
• 교육권은 학문의 자유×

[2] • 예술활동을 통한 자기인격의 창조적 발현
(표현○, 전달×)
∴ 주체 : 모든 인간

[3] • 학문연구의 자유&예술 창작의 자유 : 절대적 기본권

▸ 상업광고물, 단순한 기능적 능력발휘 : 예술의 자유에서 제외
예술품은 재산권에서 보호
학문적 비판은 학문의 자유에 속하나, 예술적 비판은 언론의 자유로 보호

▸ 교육권은 학문의 자유에 포함되지 않는다.

▸ 예술적 비평의 자유는 예술의 자유에 포함되지 않는다.

▸ 강학의 자유
강의 내용 사전 규제 & 국정 교과서 채택강요
→ 초중고 교사 : 합헌(∵ 강학의 자유 주체×)
대학교수 : 위헌

제23조【재산권 보장과 제한】[4]

① 모든 국민의 재산권[5]은 보장된다. 그 내용과 한계는 법률[6]로 정한다.

②[7] 재산권의 행사는 공공복리에 적합하도록 하여야 한다.[8]
(의무)

③[9] 공공필요에 의한 재산권의 수용 · 사용 또는 제한 및 그에 대한 보상은 법률[10]로써 하되, 정당한 보상[11]을 지급하여야 한다.[12]

[4] • 헌법의 상반구조(형성, 제한)

[5] • 모든 일체의 재산
• 경제적 가치가 있는 공 · 사법상의 권리

[6] • 권리형성적 법률유보

[7] • 현대복지국가 헌법의 특징

[8] • 사회적 구속성 §23②과 §23③(양 규정의 관계)

[9] • 현대복지국가의 특징

[10] • 권리제한적
• 개별적 법률유보

[11] • 완전한 보상을 의미
• 잠정적 효력 가짐
∴ 헌법조항 자체를 근거로 보상청구 가능
• 시가보상×

[12] • 소유권 상대주의
cf) 근대입헌주의 헌법의 특징과 대비
근대 입헌주의 : 재산권의 신성불가침 ⇒ 소유권 절대주의

▸ 재산권
 –개인의 기본권 보장 – 사유재산제도 보장

> 재산권에 포함되지 않는 것 : 약사의 한약조제권 · 영업권 · 의료보험조합의 적립금(반사적 이익 등) cf. 의료보험수급권은 재산권○

제24조【선거권】

모든 국민은 법률[1]이 정하는 바에 의하여 선거권을 가진다.

▸ 선거연령은 법률에 규정(단, 대통령 피선거권→헌법)
▸ 직접참정권
 –국민발언권,국민소환권(역대 헌법상 규정×), 국민투표권, 간접참정권
 –선거권, 공무담임권
▸ 선거권 제한, 구체화는 법정사항

[1] • 선거연령–인하시 법률 개정 要
 만20세 이상–합헌 (입법자 재량)
 ↓개정
 • 공선법 : 만 18세
 1. 국민투표연령
 2. 주민소환연령
 3. 조례제정 개폐 요구
 4. 국민감사청구
 5. 주민감사청구
 cf) 국민참여재판 배심제도의 배심원 : 만 20세 이상

제25조【공무담임권】[2]

모든 국민은 법률[3]이 정하는 바에 의하여 공무담임권[4]을 가진다.
 공직취임권+피선거권

[2] • 공적인 일을 맡을 수 있는 권리

[3] • 법률에 의해 공무담임권 제한 가능

[4] • 공무담임권은 피선거권보다 더 넓은 개념임(최광의의 공무원)

제26조【청원권】

① 모든 국민은 법률이 정하는 바[5]에 의하여 국가기관[6]에 문서로 청원할 권리를 가진다.[7]

② 국가는 청원에 대하여 심사할 의무[8]를 진다.

▸ 외국인 · 법인도 청구 가능
▸ 청원의 대상은 자기의 이해관계사항에 한정하지 않고 타인의 권리구제를 목적으로 하는 청원도 허용한다.

[5] • 권리구체화적 법률유보
 • 청원법

[6] • 지방자치단체 가능(공공기관)

[7] • 적극적 권리
 • 외국인○, 법인○

[8] • 통지의무는 청원법에 있고 헌법소원 대상×
 • 수리의무×

제27조【재판을 받을 권리, 형사피고인의 무죄추정 등】

①[9] 모든 국민은 헌법과 법률이 정한 법관에 의하여 법률에 의한[10] 재판을 받을 권리를 가진다.

② 군인 또는 군무원이 아닌 국민[11]은 대한민국의 영역 안에서[12]는 중대한 군사상 기밀 · 초병 · 초소 · 유독음식물공급 · 포로 · 군용물에 관한 죄 중 법률이 정한 경우와 비상계엄이 선포된 경우를 제외하고는 군사법원의 재판을 받지 아니한다.

[9] • 외국인○, 법인○

[10] • '헌법과 법률이 정한 법관'에 의한 재판을 받을 권리
 • '법률'에 의한 재판을 받을 권리
 • '재판'을 받을 권리
 • 신속한 재판을 받을 권리
 • 공개재판을 받을 권리
 • 공정한 재판을 받을 권리
 • 형사피해자의 재판절차 진술권

[11] • 일반국민
 • 군사시설×
 • 유해음식물공급×
 • 경비계엄×

[12] • 군인 · 군무원 : 영역 내외 불문하고 모든 범죄

③[1] 모든 국민은 신속한 재판[2]을 받을 권리를 가진다. 형사피고인[3]은 상당한 이유가 없는 한 지체 없이 공개재판을 받을 권리를 가진다.

④[4] 형사피고인[5]은 유죄의 판결이 확정[6]될 때까지는 무죄로 추정된다.[7]

⑤[8] 형사피해자는 법률이 정하는 바에 의하여 당해 사건의 재판절차에서 진술할 수 있다.[9]

▸ 재판받을 권리에 대법원의 재판을 받을 권리는 포함×, 입법정책의 문제
▸ 배심원들이 사실심에만 관여하면 합헌, 참심제는 위헌
▸ 단심제 할 수 있는 경우(비상계엄하) : 군사상 간첩죄, 초병·초소·유독음식물공급·포로에 관한 죄 중 법률이 정한 경우(군용물 제외)

제28조【형사보상】

형사피의자[10] 또는 형사피고인[11]으로서 구금[12]되었던 자가 법률이 정하는 불기소처분[13]을 받거나 무죄판결[14]을 받은 때에는 법률이 정하는 바에 의하여 국가에 정당한 보상을 청구할 수 있다.[15]

(제헌헌법) (형사보상법) (완전보상)

▸ 국가의 고의·과실을 요하지 않는 손실보상
▸ 외국인○, 법인×
▸ 형사보상청구권 : 양도·압류×, 상속은 可

> • 보상청구 : 무죄판결을 한 법원에 1년 이내에 하여야 한다. (헌법불합치)
> → 무죄재판 확정된 사실 안 날부터 3년, 무죄재판 확정된 때부터 5년(개정)

• 형사보상법 가능

▸ 현행 헌법에서 피의자 추가
▸ 형사보상금 : 1일 최저임금액 이상 대통령령이 정하는 금액

제29조【공무원의 불법행위와 배상책임】[16]

① 공무원의 직무상 불법행위로 손해를 받은 국민[17]은 법률이 정하는 바에 의하여 국가 또는 공공단체[18]에 정당한 배상을 청구할 수 있다. 이 경우 공무원 자신의 책임은 면제되지 아니한다.

(객관적 직무행위의 외형 반드시 발생)

②[19] 군인·군무원·경찰공무원 기타 법률이 정하는 자[20]가 전투·훈련 등 직무집행과 관련하여 받은 손해에 대하여는 법률

---

[1] • 헌판
1. 신속한 재판을 해야 할 헌법이나 법률상 작위는 의무 없다.
2. 재판지연도 재판의 일종이므로 헌법소원을 제기할 수 없다.

[2] • 입법재량
∴ 구체적 권리 도출×

[3] • 예외적인 경우 법원의 결정으로 심리만 비공개 가능

[4] • in dubio pro reo

[5] • 명문규정이 없을 뿐 피의자도 당연 인정

[6] • 선고×
• 8차 개헌 신설

[7] • 소극적 실체진실주의

[8] • 9차 개헌 신설

[9] • 신체의 자유와 관련×

[10] • 형사보상청구권

[11] • 법인의 형사보상청구권 : 불인정

[12] • 인신의 자유
∴외국인도 가능

[13] • 9차 개헌
• 검사의 자의적 불기소처분–헌법소원 청구×
(고등법원 재정신청)

[14] • 기소중지×, 기소유예×, 공소보류×

[15] • 보상결정 : 불복×(위헌)
→ 즉시항고○
청구기각결정 : 즉시항고○

[16] • 국가배상청구권

[17] • 외국인(상호주의)

[18] • 국가배상법 : 국가 or 지방자치단체

[19] • 군인·군무원 등의 이중배상금지 국가배상법 규정에 대해 대법원의 위헌판결 이후 유신헌법에서 같은 내용을 규정함. 이후 현행헌법까지 유지됨. 위헌 논의가 있음.
• 7차 개헌 신설(1972년)
• 특별권력관계에 있는 공무원의 기본권 제한을 직접적으로 명시 → "악법"

[20] • 예비군대원·전투경찰(국가배상법)
: 법률에 규정○
헌법에 규정×

이 정하는 보상 외에 국가 또는 공공단체에 공무원의 직무상 불법행위로 인한 배상은 청구할 수 없다.

> ※ 공무원에 해당하지 않는 사람 : 시영버스운전사, 의용소방대원, 공무에 자진협력하는 사인, 소집이 종료된 예비군대원
> ㉠ 시 청소차 운전사는 공무원
> • 공익근무요원 · 경비교도대원은 제29조 제2항 군인× → 배상청구 可

❶ • 범죄피해자구조청구권
• 사회보장제도&국가책임제로서의 성격

제30조【범죄행위로 인한 피해구조】❶

타인의 범죄행위로 인하여 생명 · 신체에 대한 피해❷를 받은 국민은 법률이 정하는 바에 의하여 국가로부터 구조를 받을 수 있다.

❷ • 사망 또는 중장해+장해 또는 중상해까지 확대(범죄피해자 보호법 개정)
• 재산×

▸ 요건

① 대한민국 영역 내
② 타인의 범죄행위에 의한 생명 · 신체에 대한 피해
③ 가해자 불명 · 무자력 → 피해배상× → 피해배상 可(법 3조)
④ 생계유지 곤란 → 삭제 └ 삭제(법 개정)
⑤ 신청기한 → 범죄피해 발생을 안 날부터 3년 또는 범죄피해가 발생한 날부터 10년(법 개정으로 기간 연장)

제31조【교육을 받을 권리 · 의무 등】

① 모든 국민은 능력에 따라 균등하게 교육을 받을 권리를 가진다.❸
(능력에 따라 균등: 일신전속적 능력만)

❸ • 교육의 기회균등을 의미함
• 학습자(아동)

② 모든 국민은 그 보호하는 자녀에게 적어도 초등교육❹과 법률이 정하는 교육을 받게 할 의무를 진다.❺

❹ • 중등교육×
(법률–교육기본법)

❺ • 친권자, 후견인

③ 의무교육은 무상❻으로 한다.❼

❻ • 부분적 무상(취학 필수비 무상설)

❼ • 의무교육은 제도적 보장(헌법사항)

④ 교육의 자주성 · 전문성 · 정치적 중립성 및 대학의 자율성❽은 법률이 정하는 바에 의하여 보장된다.

❽ • 대학의 기본권(헌재)
• 대학의 자치×
• 9차 개헌 신설

⑤ 국가는 평생교육을 진흥하여야 한다.

• 법률유보가 아님을 주의! (③, ⑤)

⑥ 학교교육 및 평생교육을 포함한 교육제도와 그 운영, 교육재정 및 교원의 지위에 관한 기본적인 사항은 법률로 정한다.❾
(평생교육: 평생교육 진흥×)

❾ • 제한 가능(법정사항)

▸ 교육받을 권리 : 개인의 주관적 · 공권적인 성격, 문화국가원리 · 민주국가원리 ·

사회국가원리라는 객관적 가치질서의 성격을 동시에 갖는다.

제32조【근로할 권리 · 의무 등, 국가유공자의 기회우선】

① 모든 국민은 근로의 권리를 가진다. 국가는 사회적 · 경제적 방법으로 근로자의 고용의 증진과 적정임금[1]의 보장에 노력하여야 하며, 법률이 정하는 바에 의하여 최저임금제를 시행하여야 한다.

(권리: 생계비지급청구권× / 근로자의 고용: 완전고용× / 최저임금제: 제9차 헌법의 개정 : 증보, 신설, 9차 개헌)

[1] • 제8차
• 무노동 무임금설(대법원)

② 모든 국민은 근로의 의무[2]를 진다. 국가는 근로의 의무의 내용과 조건을 민주주의 원칙에 따라 법률로 정한다.

[2] • 강제적 의무×, 실업보험의 한계적 의무

③ 근로조건의 기준은 인간의 존엄성을 보장하도록 법률로 정한다.

④[3] 여자의 근로는 특별한 보호를 받으며, 고용 · 임금 및 근로조건에 있어서 부당한 차별을 받지 아니한다.[4]

[3] • 신체장애인× cf) §34

[4] • 동일노동 · 동일임금의 원칙

⑤ 연소자의 근로는 특별한 보호를 받는다.

(④, ⑤ • 능력주의 예외)

⑥ 국가유공자 · 상이군경 및 전몰군경의 유가족은 법률이 정하는 바에 의하여 우선적으로 근로의 기회를 부여받는다.[5]

[5] • 국가유공자 가산점 제도 근거≠국가유공자 가족 가산점 제도 근거

- ▸ 근로의 권리는 제3자간에도 직접 적용
  ∵사용자의 해고자유의 제한이 포함되기 때문
- ▸ 국민에게만 인정, 외국인×
  다만 외국인은 근로기준법과 산업재해보상법의 적용을 받는다.
- ▸ 근로기준법 : 여자, 연소자 특별보호
- ▸ 적정임금제 제8차 개헌 때 신설, 대법원은 무노동 · 무임금설 채택
- ▸ 근로의무는 실업보험의 한계적 의무를 갖는다.

제33조【근로자의 단결권 등】

①[6] 근로자[7]는 근로조건의 향상을 위하여 자주적인 단결권 · 단체교섭권[8] 및 단체행동권을 가진다.

(단체행동권: 노동쟁의행위)

[6] • 기본권의 대사인적 효력

[7] • 개인택시운전자×, 농어민×, 교원○

[8] • 주체 : 노동조합
• 단체협약체결권 포함

② 공무원인 근로자는 법률이 정하는 자[9]에 한하여 단결권 · 단체교섭권 및 단체행동권을 가진다.[10]

[9] • 공무원의 범위
• 사실상 노무에 종사하는 자

[10] • 개별적 헌법유보 (기본권 주체)
• 황견계약 – 위헌

③ 법률이 정하는 주요 방위산업체에 종사하는 근로자의 단체행동권은 법률이 정하는 바에 의하여 이를 제한하거나 인정

(방위산업체: 국영기업체× 공익사업체×)

하지 아니할 수 있다.[1]

▸ 일시 실업 중에 있는 자, 해고의 효력을 다투는 자 ⊂ 근로자
근로2권만 인정하는 자 : 1. 교사 2. 6급 이하 공무원 3. 주요 방위산업체 근로자

[1] • 개별적 법률유보

제34조【사회보장 등】

[2] • 현대 복지국가 헌법의 특징
• 사회권의 대표적 규정
• 5차 개헌
• 외국인×

① [2] 모든 국민은 인간다운 생활을 할 권리를 가진다.[3]

[3] • 제37조 제2항으로 제한 可(but, 공공복리를 위한 제한×)

② 국가는 사회보장·사회복지의 증진에 노력할 의무를 진다.

③ 국가는 여자[4]의 복지와 권익의 향상을 위하여 노력하여야 한다.

[4] • 아동×(아동보호법)

근로의 권리 중 능력주의 예외 : 여자, 연소자

④ 국가는 노인과 청소년의 복지향상을 위한 정책을 실시할 의무를 진다.

⑤ 신체장애자 및 질병·노령 기타의 사유로 생활능력이 없는 국민은 법률이 정하는 바에 의하여 국가의 보호를 받는다.[5]

(신체장애자: 현행 헌법 신설)

[5] • 구체적 권리
∴ 헌법소원 可
• 아동×

⑥ 국가는 재해를 예방하고 그 위험으로부터 국민을 보호하기 위하여 노력하여야 한다.

▸ 인간다운 생활을 할 권리는 국가기관은 기속하지만 기속의미는 각각 다른 바, 행정부·입법부는 지침(행위규범)으로 작용, 사법부는 통제규범으로 작용한다.

제35조【환경권 등】[6]

[6] • 추상적 권리설(判)
• 환경권에 기해 직접 공해배제청구권 인정×

① 모든 국민은 건강하고 쾌적한 환경에서 생활할 권리를 가지며, 국가와 국민은 환경보전을 위하여 노력하여야 한다.[7]

[7] • 제8차
• 세계 대부분의 나라는 헌법에 미규정

② [8] 환경권의 내용과 행사에 관하여는 법률[9]로 정한다.

[8] • 제9차

[9] • 권리형성적 법률유보 : 환경권은 보장하고 있는 헌법규정이 개개의 국민에게 직접적으로 적용되어 구체적인 사법상의 권리를 부여한 것으로 보는 것은 어렵다는 것이 대법원 판례의 입장이다.

③ [10] 국가는 주택개발정책 등을 통하여 모든 국민이 쾌적한 주거생활을 할 수 있도록 노력하여야 한다.

[10] • 제9차

▸ 환경권의 특성
－타기본권의 제한을 전제
－의무성이 강함
－미래세대적 성격

▸ 환경권의 이론 : 수인한도론, 개연성이론(입증책임의 전환이론), 원고적격의 완화이론

▸ 공기(대기환경)·물(수질환경) : 헌법 미규정

❶ • 혼인의 자유 도출 (사회적 측면은×)

제36조【혼인과 가족생활, 모성보호, 국민보건】❶

① 혼인과 가족생활은 개인의 존엄과 양성의 평등을 기초로 성립되고 유지되어야 하며, 국가는 이를 보장한다.❷

❷ • 일부일처제라는 제도적 보장, 혼인의 자유라는 자유권적 성격 보장

❸ • 제9차

②❸ 국가는 모성의 보호를 위하여 노력하여야 한다.

자녀를 가진 여성만

③ 모든 국민은 보건에 관하여 국가의 보호를 받는다.❹

❹ • 주체 : 국민(자연인)

> ※ 헌재결 : 의료수혜자적 지위에 있는 국민이 주장할 수 있는 권리이지 의료시행자적 지위에 있는 의사가 원용할 수 있는 기본권이 아니라고 판시

제37조【국민의 자유와 권리 존중 · 제한】

❺ • 포괄적 권리
• 기본권의 자연권성 확인
시대와 장소를 불문하고 인정

①❺ 국민의 자유와 권리는 헌법에 열거되지 아니한 이유로 경시되지 아니한다.

❻ • 7차 개헌 신설

❼ • 일본헌법 : 질서유지 미규정

② 국민의 모든 자유와 권리는 국가안전보장❻ · 질서유지❼ 또는 공공복리를 위하여 필요❽한 경우에 한하여 법률❾로써❿ 제한할 수 있으며, 제한하는 경우에도 자유와 권리의 본질적인 내용을 침해할 수 없다.⓫

목적 / 형식 / 2, 3, 5, 6 공화국

❽ • 방법(과잉금지의 원칙), 비례성의 원칙

❾ • 일반적 법률유보
• 대통령은 법률위임 없이 긴급명령으로 제한 可

❿ • 만(×)

⓫ • 기본권제한의 일반적 법률유보조항+기본권제한의 한계(목적 · 형식 · 방법 · 내용의 한계)
• 보충성×

▸ 법률유보
–권리제한적 법률유보, 권리구체화적 법률유보(청원권), 권리형성적 법률유보
–제37조 제2항에 의해 제한되는 기본권은 모든 기본권이 제한대상이다.
절대적 기본권 : 양심의 자유, 신앙의 자유, 학문연구의 자유, 예술창작의 자유

⓬ • 고전적 의무

제38조【납세의 의무】⓬

모든 국민은 법률이 정하는 바에 의하여 납세의 의무를 진다.⓭

피치자로서의 국민

⓭ • 자연인○, 법인○, 외국인○

⓮ • 고전적 의무

제39조【국방의 의무】⓮

① 모든 국민은 법률이 정하는 바에 의하여 국방의 의무를 진다.

② 누구든지 병역의무의 이행으로 인하여 불이익한 처우⓯를 받지 아니한다.

⓯ • 특혜조항×, 오로지 법적인 불이익처우만 의미
• 사실적 · 경제적 불이익×

▸ 직접적인 병력형성의무는 남성만, 간접적인 병력형성의무는 모든 국민이 부담
▸ 권리 실질화의 성질을 갖는 의무 : 교육, 근로, 재산, 환경

> ※ 환경보전의 의무는 권리대응적 성격이 강함

제3장 국 회

제40조【입법권】

입법권은 국회에 속한다.❶
국회중심입법의 원칙

❶ • 수권규범성
• 국민의 기본권 보장
• §66 행정권+§101 사법권 ⇒견제와 균형의 원리 강조

제41조【국회의 구성】

① 국회는 국민의 보통·평등·직접·비밀선거에 의하여 선출된 국회의원으로 구성한다.❷

② 국회의원의 수는 법률로 정하되, 200인 이상❸으로 한다.

③ 국회의원의 선거구와 비례대표제❹ 기타 선거에 관한 사항은 법률로 정한다.❺

❷ • 자유 선거 명문규정×

❸ • 하한선
• 300인(지역구 253인+ 전국구 47인)

❹ • 비례대표제 사항은 헌법사항이므로 법률로써 폐지할 수 없다.

❺ • 선거구 법정주의
–취지 : 게리멘더링 방지

> ※ 보궐선거·재선거는 1년에 2번 실시(대통령선거 제외)

제42조【의원의 임기】

국회의원의 임기는 4년으로 한다.
연임·중임규정×

▸ 제7차 헌법 : 6년, 통일주체 추천 : 3년
▸ 아무런 규정 없으면 연임가능

제43조【의원의 겸직제한】❻

국회의원은 법률이 정하는 직을 겸할 수 없다.

▸ 국회의원 겸직금지직 : 국가공무원, 지방공무원, 대통령, 헌법재판소 재판관, 각급선거관리위원, 지방의회의원, 정부투자기관 임직원(한국은행원), 농업협동조합·수산업협동조합·축산업협동조합 임직원, 정당 당원이 될 수 없는 교원

❻ cf) 겸직가능지위
• 사립대학 이사장
• 비영리법인 이사장
• 장관·각료직

제44조【의원의 불체포특권】❼

❼ • 불체포특권

① 국회의원은 현행범인인 경우를 제외하고는 회기 중❽ 국회의
지방의원 × 회의장 내에서는 의장 명령 要
동의 없이 체포 또는 구금되지 아니한다.
구속×

❽ • cf) §45 : 회기 이후에도 적용
• 불구속 수사·불구속 재판은 인정
• 휴회 중도 포함

❶ • 회기후 다시 체포 or 구금○

②❶ 국회의원이 회기 전에 체포 또는 구금된 때에는 현행범인이 아닌 한 국회의 요구❷가 있으면 회기 중 석방된다.

❷ • 구속력○
• 국회 재적의원 4분의 1 이상의 연서 첨부

▸ 회기 중에만 인정되는 특권으로 국회의결로 제한 가능
비상계엄이 선포된 경우 회기 중을 가리지 않고 불체포특권 인정
회기 중이라도 기소, 확정판결에 의한 자유형의 집행가능

제45조【발언 · 표결의 원외 면책】❸

❸ • 면책특권(인적 처벌조각사유)
• 회기 이후도 적용

❹ • 의정활동을 행하는 모든 장소

❺ • 직무행위에 부수된 행위 포함, 문서○

국회의원은 국회❹에서 직무상❺ 행한 발언과 표결에 관하여 국회 외❻에서 책임을 지지 아니한다.❼

지방의원×

❼ • 임기만료 후에도(영구적 특권)

❻ • 국회 내의 징계책임이나 소속정당으로부터의 징계책임은 부담

제46조【의원의 의무】

① 국회의원은 청렴의 의무가 있다.

② 국회의원은 국가이익을 우선하여 양심에 따라 직무를 행한다.❽

❽ • 사회적 양심 ⌉ =§103
• 객관적 양심 ⌋ ≠§19
• 직업적 양심, 무기속, 국민대표성

③ 국회의원은 그 지위를 남용하여 국가·공공단체 또는 기업체와의 계약이나 그 처분에 의하여 재산상의 권리·이익 또는 직위를 취득하거나 타인을 위하여 그 취득을 알선할 수 없다.

▸ 국회의원의 헌법상 의무(청 · 국 · 이 · 겸)
–청렴의 의무
–국가이익우선의 의무
–이권개입금지 의무
–겸직금지 의무

제47조【정기회 · 임시회】

① 국회의 정기회는 법률이 정하는 바에 의하여 매년 1회 집회되며, 국회의 임시회는 대통령 또는 국회 재적의원 4분의 1 이상의 요구❾에 의하여 집회된다.

매년 9월 1일 / 국회법 / 헌법의 추상성 위배

❾ • 3분의 1×
• 국회의장×
• 집회일 3일 전 공고

② 정기회의 회기는 100일을, 임시회의 회기는 30일을 초과할 수 없다.❿

❿ • 연회기 제한규정이 없다.
∴ 이론상 국회의 상설기구도 가능함

⑪ • 국무위원심의 필요
§89 제7호에 의함
구속력×

③⑪ 대통령이 임시회의 집회를 요구할 때에는 기간과 집회요구

의 이유를 명시하여야 한다.

▸ 매년 1회 → when?

9月 1日	매년 정기 집회일 이전
정기회 개회일	국정감사일 → 30일 이내(단축○, 연장×) cf) 단, 국회 본회의 의결로 정기회 기간 중 실시 가능 (위원회 의결×)

• 개정 12.3.21

▸ 정기회에서는 예산안의 심의·확정, 법률안의 심의·의결, 국정감사 등을 수행

제48조【의장·부의장】

국회는 의장 1인❶과 부의장 2인❷을 선출한다.❸

• 헌법의 추상성 위배
• 임기 : 2년(연임 可)

❶ • 당적 보유×(의원임기 만료일 전 90일부터 인정)

❷ • 당적 보유○

❸ • 헌법상 필수기관

▸ 국회에서 무기명투표로 선출, 재적의원 과반수의 찬성으로 당선
▸ 의장·부의장 사임 시 반드시 국회 동의 要
▸ 국회의장은 당선된 다음 날부터 당적을 가질 수 없다.
▸ 의장·부의장 사고 시 임시의장(재적 과반수 출석)을 선출하고 궐위된 경우는 보궐선거 실시

제49조【의결정족수와 의결방법】❹

❹ • 다수결원리 규정

국회는 헌법 또는 법률에 특별한 규정이 없는 한 재적의원 과반수의 출석과 출석의원 과반수의 찬성으로 의결한다. 가부동수인 때에는 부결된 것으로 본다.❺

❺ • 민법上 "간주"
• 볼 수 있다×(추정)

▸ 가부동수인 경우–의장결정권(casting vote)

국회의장	중앙선거관리위원회위원장	대법관회의대법원장
불인정	인정	인정

cf) 헌법재판소장 : 미규정

▸ 의사정족수 : 국회법에 규정(재적 1/5 이상)

제50조【의사공개의 원칙】❻

❻ • 일사부재의 원칙(국회법 규정)

① 국회의 회의는 공개한다. 다만, 출석의원 과반수(발의는 10인 이상)의 찬성이 있거나 의장이 국가의 안전보장❼을 위하여 필요하다고 인정할 때에는 공개하지 아니할 수 있다.

❼ • 선량한 풍속×
• 질서유지×
• 공공복리×

② 공개하지 아니한 회의내용의 공표에 관하여는 법률이 정하는 바에 의한다.

인간다운 생활을 할 권리 ↓ 국가안보 · 질서유지 위해 제한 가능 (공공복리×)	옥내집회-경찰관 출입보장 ↓ 긴급성 있을 때 (국가안보×, 질서유지×, 공공복리×)

❶ • 회기계속의 원칙

제51조【의안의 차회기계속】❶

국회에 제출된 법률안 기타의 의안은 회기 중에 의결되지 못한 이유로 폐기되지 아니한다. 다만, 국회의원의 임기가 만료된 때에는 그러하지 아니하다.

❷ • 제3공화국(5차 개헌) 신설

▸ 회기계속의 원칙❷은 입법기 내에서만 적용, 일사부재의 원칙은 국회법에 규정

> ※ 5대 국회까지는 회기불계속의 원칙을 채택

제52조【법률안제출권】

❸ 대통령 : 헌법개정 제출권자
- 국가×
- 대법원×
- 헌법재판소×

국회의원과 정부❸는 법률안❹을 제출할 수 있다.

10인 이상 발의

▸ 보류함제도 : 소관상임위원회에서 심사한 결과 본회의에 부의할 필요가 없다고 인정되는 경우에는 의안을 폐기할 수 있다.

▸ 위원회의 해임 : 위원회에서 폐기된 안건을 의원 30인 이상의 찬성으로 본회의에 부의할 수 있다.

❹ • 10인 이상의 찬성으로 법률안 제출, 법률안 실명제 도입
- 정부제출 시 국무회의심의 要(의원내각제 요소)
- 정부가 예산상 조치 수반 법률안 제출 시 비용 추계서&재원조달방안에 관한 자료 첨부 要

제53조【법률 공포, 대통령의 재의요구, 법률안 확정 · 발효】

① 국회에서 의결된 법률안은 정부에 이송되어 15일 이내에 대통령이 공포한다.❺

조례거부 20일

❺ • 정당한 사유 없이 거부하면 탄핵사유

❻ • 대통령이 이의 없이 거부하면 탄핵대상
- 철회가능

② 법률안에 이의가 있을 때❻에는 대통령은 제1항의 기간 내에 이의서를 붙여 국회로 환부하고, 그 재의를 요구할 수 있다. 국회의 폐회 중에도 또한 같다.❼

❼ • 국회의 폐회 중에도 법률안을 거부할 수 있다.

③ 대통령은 법률안의 일부에 대하여 또는 법률안을 수정하여 재의를 요구할 수 없다.❽

❽ • 일부거부×, 수정거부×
- 전부거부(환부거부)만 인정
- 보류거부 원칙적 금지(미국은 인정)

④ 재의의 요구가 있을 때에는 국회는 재의에 붙이고, 재적의원 과반수의 출석과 출석의원 3분의 2 이상의 찬성으로 전과 같은 의결을 하면 그 법률안은 법률로서 확정된다.

수정×

⑤ 대통령이 제1항의 기간 내에 공포나 재의의 요구를 하지 아니한 때에도 그 법률안은 법률로서 확정된다.❶

❶ • 효력발생×

⑥ 대통령은 제4항과 제5항의 규정에 의하여 확정된 법률을 지체없이 공포하여야 한다. 제5항에 의하여 법률이 확정된 후 또는 제4항에 의한 확정법률이 정부에 이송된 후 5일 이내에 대통령이 공포하지 아니할 때에는 국회의장이 이를 공포한다.❷

(5일 이내)

❷ • 국회의장도 법률안 공포 가능
• 부의장도 가능(국회의장이 공포하지 않는 경우)

⑦ 법률은 특별한 규정이 없는 한 공포한 날로부터 20일❸을 경과함으로써 효력을 발생한다.❹

(법률안의 절대적 효력발생요건)

❸ 국민의 권리 제한, 의무 부과 법률 → 30일

❹ • 시행일 이후 공포 시 그 법률규정은 효력 상실(大判)

제54조【예산안 심의·확정, 의결기간 도과시의 조치】

① 국회는 국가의 예산안을 심의·확정한다.❺

❺ • 예산은 법률과 다르게 확정된다.
• 국회만의 권한
cf) 예산안 제출 : 정부만의 권한

② 정부는 회계연도마다 예산안을 편성하여 회계연도 개시 90일 전까지 국회에 제출하고, 국회는 회계연도 개시 30일 전까지 이를 의결❻하여야 한다.

(회계연도: 1月 1日~12月 31日 / 30일 전: 12月 2日)

❻ • 개시일×
• 법규범의 일종
• 의결에 의해 효력발생(국가기관만 구속, 한 회계연도에만)

③ 새로운 회계연도가 개시될 때까지 예산안이 의결되지 못한 때❼에는 정부는 국회에서 예산안이 의결될 때까지 다음의 목적을 위한 경비는 전년도 예산에 준하여 집행할 수 있다.

❼ • 준예산 : 3차 개헌 신설
cf) 가예산 : 1개월간
| 임시예산편성
• 제헌헌법 신설
• 3차 개헌 삭제

1. 헌법이나 법률에 의하여 설치된 기관 또는 시설의 유지·운영❽

(법률: 법령 ×)

❽ • 동북아위원회×

2. 법률상 지출의무의 이행
3. 이미 예산으로 승인된 사업의 계속

▸ 국회는 예산안에 대해 소극적 수정은 가능(폐지·삭감), 적극적 수정은 불가(정부 동의 없이 증액 또는 신비목 설치 등)
예산안의 수정동의는 50인 이상의 찬성

제55조【계속비·예비비】

① 한 회계연도를 넘어 계속하여 지출할 필요가 있을 때에는 정부는 연한을 정하여 계속비❾로서 국회의 의결을 얻어야 한다.

❾ • 5년 이내로 책정(예산 1년 주의에 대한 예외)

② 예비비는 총액으로 국회의 의결을 얻어야 한다. 예비비의 지

❶ • 국회 승인 要
┌예비비 지출 시
├긴급명령권 행사 시
└긴급재정/경제 – 처분권 행사 시
• 통일부장관 승인 要
─북한지역 이동 시
• 지방의회 승인 要
┌결산에 관한 사항
└선결처분권 행사 시
• 대통령 승인 要
┌국가안보 위한 통신 제한 시(외국인 제한 – 정보수사기관 要)
└특별귀화 시

출은 차기국회의 승인❶을 얻어야 한다.
차년도 ×

第56條【추가경정예산】

정부는 예산에 변경을 가할 필요가 있을 때에는 추가경정예산안을 편성하여 국회에 제출할 수 있다.

第57條【지출예산 각 항 증액과 새 비목의 설치금지】❷

❷ • 국민의 기본권 보장 위함

국회는 정부의 동의 없이 정부가 제출한 지출예산 각 항의 금액을 증가하거나 새 비목❸을 설치할 수 없다.

❸ • 적극적 수정 불가(폐지, 삭감 가능)

第58條【국채모집 등에 대한 의결권】

국채를 모집하거나 예산 외에 국가의 부담이 될 계약❹을 체결하려 할 때에는 정부는 미리 국회의 의결을 얻어야 한다.

❹ • 사법상의 계약을 의미
예) 외국인의 장기고용계약

第59條【조세의 종목과 세율】

조세의 종목과 세율은 법률로 정한다.❺

▸ 조세법률주의
–과세요건법정주의
–과세요건명확주의
–소급과세금지
▸ 조세법률주의 예외 : 지방세법 부과징수에 관하여 필요한 사항은 조례로 규정, 조약에 의한 협정관세율, 긴급재정·경제처분명령

❺ • 조세법률주의–예시적 규정

第60條【조약·선전포고 등에 관한 동의】

① 국회는 상호원조 또는 안전보장에 관한 조약, 중요한 국제조직에 관한 조약, 우호통상항해조약(한미자유무역협정), 주권의 제약(보장×)에 관한 조약, 강화조약, 국가나 국민에게 중대한 재정적 부담을 지우는 조약 또는 입법사항에 관한 조약의 체결·비준에 대한 동의권을 가진다.❻

② 국회는 선전포고, 국군의 외국에의 파견 또는 외국군대의 대한민국 영역 안에서의 주류에 대한 동의권❼을 가진다.❽

❻ • 열거적 규정(多)

❼ • 국회의 권한○, 국회의원의 권한×

❽ • 어업조약×

▸ 국회동의 없이 체결가능한 조약
1. 문화협정
2. visa협정
3. 어업조약(단, 주권제약 시는 동의 要)

한미방위조약	한미행정협정	한미자유무역협정	한·미쇠고기수입 시
국회동의 要	국회동의 要	국회동의 要	고시(告示)로 가능 (헌법소원의 대상)

※ 국회의 동의는 조약의 국내법적 효력발생요건
※ 현재 판례 中 조약에 관한 것은 모두 합헌이다.

제61조【국정에 관한 감사·조사권】

❶ • 일반적 사안, 주기적 실시 (매년 정기 집회일 이전 30日 이내로 실시)

① 국회는 국정을 감사❶하거나 특정한 국정사안에 대하여 조사❷할 수 있으며, 이에 필요한 서류의 제출 또는 증인의 출석❸과 증언이나 의견의 진술을 요구할 수 있다.

② 국정감사 및 조사에 관한 절차 기타 필요한 사항은 법률❹로 정한다.

❷ • 특정한 사안, 비주기적 실시

❸ •

동행명령장	구인
위원장 발부	×

cf) MB특별검사법 : 참고인·영장 없이 동행명령 → 위헌 (2008.1)

❹ • 국정감사 및 조사에 관한 법률

▸

국정감사			국정조사권
최초	삭제	부활	• 8차 개헌 신설 • 비상설 • 재적의원 1/4 이상 요구
제헌	7차	9차	

▸ 국정감사&국정조사권 모두 인정 : 9차 개헌
공통점 1. 공개주의
2. 한계동일 (1) 사생활 비밀
(2) 재판계속 중 사건에 적용 ×
(3) 검사 공소제기 관여×

▸ 국정감사기간은 30일 이내→국회의결로 단축 가능, 연장 불가, 시기변경은 가능
국정조사는 재적의원 1/4의 요구
국정조사·감사 모두 공개

제62조【국무총리 등의 국회출석】❺

❺ • 의원내각제 요소

① 국무총리·국무위원 또는 정부위원은 국회나 그 위원회에 출석하여 국정처리상황을 보고하거나 의견을 진술하고 질문에

(대통령·검찰총장×, 경찰청장○)

응답할 수 있다.

❶ • 건의×
• 국회의원 20인 이상 이유명시 서면

② 국회나 그 위원회의 요구❶가 있을 때에는 국무총리·국무위원 또는 정부위원은 출석·답변하여야 하며, 국무총리 또는 국무위원이 출석요구를 받은 때에는 국무위원 또는 정부위원으로 하여금 출석·답변하게 할 수 있다.❷

(의무 → 탄핵소추사유○)

❷ • 대리출석 可能

▸ 국회는 대법원장, 헌법재판소장, 중앙선거관리위원회 위원장, 감사원장에 대해 출석요구 가능

▸ 검찰총장에 대한 출석요구가 있으면 법무부장관이 출석

▸ 의원내각제

1. 대통령 – 출석요구×
   자발적인 출석 가능

2. 검찰총장	3. 경찰청장
• 정부위원×	• 정부위원○
• 국회출석요구×	• 국회출석요구○
• 국무회의 심의+대통령 임명	• 경찰위원회 동의+대통령 임명

공통 1. 임기동일(2년·중임금지)
2. 법률규정에 의해 탄핵대상
3. 인사청문대상 – 소관상임위원회
4. 퇴직 후 2년간 ┌ 공직 취임 제한 : 위헌
└ 선거 출마 제한 : 위헌

제63조【국무총리·국무위원 해임건의권】❸

❸ • 구속력×
의결×, 요구×

① 국회는 국무총리 또는 국무위원의 해임을 대통령에게 건의할 수 있다.❹

❹ • 개별적 또는 일괄적

② 제1항의 해임건의는 국회 재적의원 3분의 1 이상의 발의에 의하여 국회 재적의원 과반수의 찬성이 있어야 한다.❺

❺ • 본회의에 보고된 때로부터 24시간 이후~72시간 이내 무기명투표 → 표결되지 않으면 건의안은 폐기된 것으로 본다.
• 의결정족수

▸ 해임건의 사유 : 헌법에 명문규정×
→ 직무집행이 위헌·위법, 정책의 과오·무능력

제64조【국회의 자율권】

① 국회는 법률(법령×)에 저촉되지 아니하는 범위 안에서 의사와 내부규율에 관한 규칙을 제정할 수 있다.

② 국회는 의원의 자격을 심사❻하며, 의원을 징계할 수 있다.

❻ • 30인 이상 발의, 형식적 자격심사, 무자격결정 → 소급×, 장래○

③ 의원을 제명하려면 국회 재적의원 3분의 2 이상의 찬성[1]이 있어야 한다.

④ 제2항과 제3항의 처분에 대하여는 법원에 제소할 수 없다.[2]

▸ 국회의원 징계의 종류(4종)
- 공개회의에서 사과
- 공개회의에서 경고
- 30일 이내의 출석정지
- 제명 : 재적의원 2/3 이상 찬성 要

▸ 법관 징계(3종) → 법원제소 가능, 단심제(대법원에서)
1. 정직
2. 감봉
3. 견책

제65조【탄핵소추권과 그 결정의 효력】[3]

① 대통령·국무총리·국무위원·행정각부의 장·헌법재판소 재판관·법관(일체의 법관)·중앙선거관리위원회 위원·감사원장·감사위원 기타 법률이 정한 공무원(검사, 경찰청장, 검찰총장)이 그 직무집행에 있어서 헌법이나 법률을 위배(탄핵요건 명시)한 때에는 국회는 탄핵의 소추를 의결(무기명 투표)할 수 있다.[4]

②[5] 제1항의 탄핵소추는 국회 재적의원 3분의 1 이상의 발의가 있어야 하며, 그 의결은 국회 재적의원 과반수의 찬성이 있어야 한다. 다만, 대통령에 대한 탄핵소추는 국회 재적의원 과반수의 발의와 국회 재적의원 3분의 2 이상의 찬성이 있어야 한다.

③ 탄핵소추의 의결(발의×)을 받은 자는 탄핵심판이 있을 때까지 그 권한행사가 정지된다.[6]

④ 탄핵결정은 공직으로부터 파면함에 그친다.[7] 그러나, 이에 의하여 민사상이나 형사상의 책임이 면제되지는 아니한다.[8]

▸ 요건명시

국회의원 징계	국무총리·국무위원·정부위원 출석요구	* 탄핵요건	* 법률안 거부권	* 국무총리·국무위원 해임건의권
미규정	미규정	헌법·법률위배 : 긴급명령·조약 포함(넓은 개념)	미규정	미규정

[1] • 만약 제명이 의결되지 못한 경우 → 다른 종류의 징계 가능

[2] 지방의원은 규정× ∴ 행정소송 가능

[3] • 절차법의 개입
• 재판절차를 규정
• 실체법의 특징을 벗어남
헌법 : 최고법·근본법·공법·실체법·국내법
↕
but, 탄핵 : 절차법으로써 개입된 부분이다.

[4] • 정부위원○
• 국회위원×

[5] • 제6차

[6] • 가처분제도 존재×

[7] • 징계벌적 성격
• 5년 이내 공직진출 금지

[8] • 탄핵제도는 일사부재리 적용×

▸ 헌판(2004.5.14) ❶

특정정당지지발언	중선위 비판	경제 · 파탄	측근비리
공선법 §9 위배(공무원의 정치적 중립성 의무 위배)	헌법위배 ∵ 헌법기관 폄하	탄핵사유 ×	탄핵사유 ×

❶ • 대통령-5년 이상 국내에 거주(주소×)
cf) 일반귀화 : 5년 이상 계속하여 국내에 주소

제4장 정 부

제1절 대통령

第66조【대통령의 지위 · 책무 · 행정권】

① 대통령은 국가의 원수이며, 외국에 대하여 국가를 대표한다.

② 대통령은 국가의 독립 · 영토의 보전 · 국가의 계속성과 헌법을 수호할 책무를 진다.
구속력×

③ 대통령은 조국의 평화적 통일을 위한 성실한 의무를 진다.
구속력○

④ 행정권은 대통령을 수반으로 하는 정부에 속한다. ❷

❷ • 수권규범성
• 국민의 기본권 보장
• §40 입법권+§101 사법권 → 견제와 균형의 원리 강조

▸ 조약체결권 : 국가원수로서의 지위
조약집행권 : 행정부 수반으로서의 지위

第67조【대통령 선거 · 피선거권】

① 대통령은 국민의 보통 · 평등 · 직접❸ · 비밀선거에 의하여 선출한다. ❹

❸ • 제1 · 2 · 5 · 6 · 9차(직선제)
• 자유선거×

❹ • 선거원칙 근거규정

② 제1항의 선거에 있어서 최고득표자가 2인 이상인 때에는 국회의 재적의원 과반수가 출석한 공개회의에서 다수표를 얻은 자를 당선자로 한다. ❺
직접선거 · 상대다수제
간선

❺ • 국회에서도 대통령 선거를 할 수 있음.

③ 대통령후보자가 1인일 때에는 그 득표수가 선거권자 총수의 3분의 1 이상이 아니면 대통령으로 당선될 수 없다.
투표자 총수×

④ 대통령으로 선거될 수 있는 자는 국회의원의 피선거권이 있고 선거일 현재 40세❻에 달하여야 한다. ❼
대통령의 피선거권×
선거공고일×

❻ • 만 40세
• 나머지 피선거권 연령은 모두 법률에 규정

❼ • 헌법상 유일한 기본권행사능력 조항

⑤ 대통령의 선거에 관한 사항은 법률로 정한다.
공직선거법

▸ 1인 후보자

지방자치단체장	지방의원 · 국회의원	대통령
무투표 당선 (2010. 개정)	무투표 당선	선거권자 총수의 1/3 이상 득표

▸ 선거연령 : 만 18세 이상

▸ 피선거연령

대통령	나머지(국회 · 지자체장/의원)
헌법규정(선거일 현재 만 40세 이상)	법률규정(만 18세 이상) ※ 공선법 §16 ②

제68조【대통령선거의 시기, 보궐】

① 대통령의 임기가 만료되는 때에는 임기만료 70일 내지 40일 전[4]에 후임자를 선거한다.

[4] • 임기만료 전 70일 이후 첫 번째 수요일
• 헌법의 추상성

②[5] 대통령이 궐위된 때 또는 대통령 당선자가 사망하거나 판결 기타의 사유로 그 자격을 상실한 때에는 60일 이내[6]에 후임자를 선거한다.

[5] • 사고 규정은 없음

[6] • 보궐선거에 의해 당선된 대통령은 차기 대통령이므로 임기 처음부터 개시(헌법에 미규정)
• 대통령 권한대행자의 대행기간은 명문규정 존재

제69조【대통령의 취임선서】

대통령은 취임에 즈음하여 다음의 선서를 한다.

"나는 헌법을 준수하고 국가를 보위하며 조국의 평화적 통일과 국민의 자유와 복리의 증진 및 민족문화의 창달[7]에 노력하여 대통령으로서의 직책을 성실히 수행할 것을 국민 앞에 엄숙히 선서합니다."[8]

[7] • 발전×
• 5공화국

[8] • 선서내용인 동시에 선서의무

제70조【대통령의 임기】[1]

대통령의 임기는 5년으로 하며, 중임할 수 없다.

▸ 임기규정 총정리

10년	6년	5년	4년	3년	2년
① 법관	① 대법원장 ② 대법관 ③ 중선위장 ④ 중선위위원 ⑤ 헌재소장 ⑥ 헌재재판관	① 대통령 ② UN사무총장(관행上)	① 국회의원 ② 지방자치단체장 ③ 감사원장 ④ 감사위원	① 국가인권위원회위원·위원장	① 검찰총장 ② 경찰청장 ③ 국회의장·부의장 ④ 국회상임위원회 위원·위원장

헌법 미규정 (③ 중선위장 ~ ⑤ 헌재소장)

▸

중임금지	중임가능	연임
① 대통령 ② 대법원장 ③ 검찰총장 ④ 경찰청장	① 감사원장 ② 감사위원	⇦ 나머지 모두

(중앙 : 1차에 한하여)

▸ 제1공화국 : 4년, 1차 중임(국회간선, 1차 개헌－직선)
제2공화국 : 5년, 1차 중임(국회간선)
제3공화국 : 4년, 1차 중임(직선)
제4공화국 : 6년 연임[중임에 관한 규정×(통일주체국민회의 선출)]
제5공화국 : 7년 단임(대통령선거인단 선출)
제6공화국 : 5년 단임(직선)

제71조【대통령 권한대행】

대통령이 궐위되거나 사고[2]로 인하여 직무를 수행할 수 없을 때에는 국무총리,[3] 법률이 정한 국무위원의 순서로 그 권한을 대행한다.

(궐위: 재보궐선거 실시 사유○)

▸ 비교

궐위	사고
• 대통령× • 재보궐선거 실시 사유○	• 대통령○ • 재보궐선거 실시 사유×
1. 사망 시 2. 사퇴 시 3. 당선무효 판결 확정 시 4. 탄핵결정	1. 해외순방 2. 병원입원 3. 탄핵소추 의결 시

[1] • 평화적 정권교체 위함

[2] • 재보궐선거 실시 사유×, 잠정적인 현상유지(창설적 행위×)

[3] • 대통령 권한대행자로서의 국무총리는 해임건의할 수 없음

▸ 제2공화국 대통령 권한대행
- 1순위 : 참의원의장
- 2순위 : 민의원의장
- 3순위 : 국무총리

❶ • 국민투표는 헌법에 명시된 경우만 실시할 수 있다.
• 대통령의 재신임투표는 국민투표의 대상이 아니다.
• 권력제한규범성 → 국가의 중요정책 결정 시

제72조【중요정책 국민투표】❶

대통령은 필요하다고 인정할 때에는 외교·국방·통일 기타 국가안위에 관한 중요정책을 국민투표에 붙일 수 있다.❷
판례 有 임의적 국민투표

❷ • 국민투표에 의하여 국민의 직접입법은 불가(多)

제73조【외교·선전강화권】

대통령은 조약을 체결·비준하고, 외교사절을 신임·접수 또는 파견하며, 선전포고와 강화를 한다.❸

❸ • 국무회의 심의, 국회동의 불요, 국가원수로서의 지위

❹ • 국가원수로서의 지위
• 병정통합주의

제74조【국군통수권 등】❹

① 대통령은 헌법과 법률이 정하는 바에 의하여 국군을 통수한다.
≠군사재판권

② 국군의 조직과 편성은 법률로 정한다.

제75조【대통령령】

❺ • 위임명령
• 포괄위임 금지

대통령은 법률에서 구체적으로 범위를 정하여 위임❺받은 사항과 법률을 집행하기 위하여 필요한 사항에 관하여 대통령령❻을 발할 수 있다.
집행명령

❻ • 국무회의 심의
cf) 총리령·부령 : 국무회의 심의 ×

제76조【긴급처분·명령권】

① 대통령은 내우·외환·천재·지변 또는 중대한 재정·경제상의 위기에 있어서 국가의 안전보장 또는 공공의 안녕질서를 유지하기 위하여 긴급한 조치가 필요하고 국회의 집회를 기다릴 여유가 없을 때에 한하여 최소한으로 필요한 재정·경제상의 처분을 하거나 이에 관하여 법률의 효력을 가지는 명령을 발할 수 있다.❼
국회 집회 불가능×

❼ • 국회 개회 중 발동×

❽ • 긴급명령

②❽ 대통령은 국가의 안위에 관계되는 중대한 교전상태에 있어

서 국가를 보위하기 위하여 긴급한 조치가 필요하고 국회의 집회가 불가능한 때에 한하여 법률의 효력을 가지는 명령을 발할 수 있다.❶

공공복리×

❶ • 국회 개회 중 가능 (∵사실상 불가능)

③ 대통령은 제1항과 제2항의 처분 또는 명령을 한 때에는 지체 없이 국회에 보고하여 그 승인을 얻어야 한다.

통고× 수정승인권○

④ 제3항의 승인을 얻지 못한 때에는 그 처분 또는 명령은 그때부터 효력을 상실한다. 이 경우 그 명령에 의하여 개정 또는 폐지되었던 법률은 그 명령이 승인을 얻지 못한 때부터 당연히 효력을 회복한다.

소급×

⑤ 대통령은 제3항과 제4항의 사유를 지체 없이 공포하여야 한다.

효력발생요건×

> ※ 긴급명령 등은 법률적 효력을 가지므로 헌법재판소에 의한 사법심사의 대상이 된다.

제77조【계엄선포 등】❷

❷ • 통치행위
• 법치주의의 중대한 제한

① 대통령은 전시·사변 또는 이에 준하는 국가비상사태에 있어서 병력❸으로써 군사상의 필요에 응하거나 공공의 안녕질서를 유지할 필요가 있을 때에는 법률❹이 정하는 바에 의하여 계엄을 선포할 수 있다.❺

❸ • 경찰력× (긴급명령 : 경찰력)

❹ • 계엄발동 근거 : 헌법
• 계엄발동 절차 : 법률(계엄법)

❺ • 국무회의 심의 要

② 계엄은 비상계엄과 경비계엄으로 한다.❻

❻ • 계엄의 종류 규정

③ 비상계엄이 선포된 때에는 법률이 정하는 바에 의하여 영장제도, 언론·출판·집회·결사의 자유, 정부나 법원의 권한❼에 관하여 특별한 조치를 할 수 있다.❽

일체의 영장

❼ • 입법상 조치×
• 국회 권한×
• 헌재 권한×

❽ • 계엄법상의 제한(위헌성 농후)
1. 거주이전의 자유
2. 근로자권리

④ 계엄을 선포한 때에는 대통령은 지체 없이 국회에 통고하여야 한다.

보고×

⑤ 국회가 재적의원 과반수의 찬성으로 계엄의 해제를 요구한 때에는 대통령은 이를 해제하여야 한다.❾

❾ • 의무
• 특별한 사정이 없는 한×
• 지체 없이

▸ 국회나 헌법재판소의 권한에 관하여는 특별한 조치를 취할 수 없다.

▸ 계엄선포행위는 통치행위 → 사법심사의 대상×
계엄하 구체적 포고령 → 사법심사의 대상○

제78조【공무원임면권】

대통령은 헌법과 법률이 정하는 바에 의하여 공무원을 임면한다.
보직 · 징계처분까지 포함

제79조【사면권】

① 대통령은 법률이 정하는 바에 의하여 사면·감형 또는 복권을 명할 수 있다.❶
국회의 통제가능

② 일반사면을 명하려면 국회의 동의를 얻어야 한다.
특별사면×

③ 사면·감형 및 복권에 관한 사항은 법률로 정한다.
사면법

❶ • 탄핵결정 받은 자 사면×
• 사면법

▸ 사면

구분	일반사면	특별사면
효력	• 형선고 효력상실 예외적으로 • 형집행의 면제	• 형집행의 면제 예외적으로 • 형선고 효력 상실
대통령	령	행한다(처분)
국회동의	要	不要
사면심사위원회	×	○
공통점	1. 국무회의 심의 要 2. 부서제도 적용○ 3. 통치행위…법원에 제소×	

▸ 사면심사위원회

소속	위원	위원장	비공무원
법무부장관 소속	9人	법무부장관	4人 이상 위촉

▸ 헌판 ⇒ 일부사면 : 합헌
└ "징역+벌금" 中 징역만 사면동의

제80조【영전수여권】

대통령은 법률이 정하는 바에 의하여 훈장 기타의 영전을 수여한다.❷
상훈법

❷ • 국가원수로서의 지위

제81조【국회에 대한 의사표시】

대통령은 국회에 출석하여 발언하거나 서한으로 의견을 표시할 수 있다.❶

❶ • 의무×, 권한○
∴ 국회는 대통령의 출석답변요구를 할 수 없다.

제82조【국법상 행위의 요건】

대통령의 국법상 행위는 문서로써 하며, 이 문서에는 국무총리와 관계 국무위원이 부서❷한다. 군사에 관한 것도 또한 같다.

(관계 국무위원: 행정각부의 장×)

▸ 부서권자는 부서를 거부할 수 없다(보필책임설).

▸ 부서 없는 대통령의 국법상 행위의 효력 : 무효(多)

❷ • 부서
1. 영국 : 의원내각제
2. 절차외 전당성
3. 기관 내 통제
4. 거부 가능
5. 부서× ┌무효설(多)
└유효설(少)

제83조【겸직금지】

대통령은 국무총리·국무위원·행정각부의 장 기타 법률이 정하는 공사의 직을 겸할 수 없다.

(겸할 수 없다: 국회의원×)

제84조【형사상 특권】

대통령❸은 내란 또는 외환의 죄를 범한 경우를 제외하고는 재직 중 형사상❹의 소추❺를 받지 아니한다.

(내란 또는 외환의 죄를 범한 경우: 처벌○)

❸ • 대통령도 소추가능
1. 내란죄 ┐
2. 외환죄 │ 공소시효 배제
3. 퇴직 후 ┘
4. 민사사건
5. 탄핵소추
• 헌재 : 대통령임기 중에는 공소시효가 정지된다. → 국가기관(검사)의 소추장애사유

❹ • ∴ 퇴임 후 가능
• 민사소송은 가능

❺ • 체포, 구금, 압수, 수색, 검증 등 일체의 불이익(견해대립)

> ※ 재직 중 내란·외환의 죄를 제외하고 범한 범죄에 대해 소가 제기된 경우 공소기각판결

제85조【전직대통령의 신분과 예우】

전직대통령의 신분과 예우에 관하여는 법률로 정한다.❻

❻ • 연금지급 : 지급 당시 대통령 보수연액의 100분의 95 상당액
• 탄핵결정시 불인정(탄핵소추의결시×)

제2절 행정부

제1관 국무총리와 국무위원

제86조【국무총리】

① 국무총리는 국회의 동의❼를 얻어 대통령이 임명한다.

(동의: 승인×)

② 국무총리는 대통령을 보좌하며, 행정에 관하여 대통령의 명을 받아❽ 행정각부를 통할한다.

(보좌: 보조×, 행정: 국정×)

❼ • 동의없는 때 : 국무총리서리
–헌법 미규정
–위헌(多)
–판례는 요건불비로 각하

❽ • 독자적·정치적 결정권 ×

③ 군인은 현역을 면한 후가 아니면 국무총리로 임명될 수 없다.[1]

[1] • 문민주의 원칙

▸ 국무총리 임명
– 제1공화국 : 국회승인, 대통령 임명
– 제2공화국 : 대통령 지명, 민의원 동의
– 제3공화국 : 대통령이 임명
– 제4공화국 이후 : 국회동의, 대통령 임명

▸ 대통령 보좌기관
1. 국무총리
2. 국무위원
3. 대통령 인수위원회

▸

최초	삭제	부활
제헌헌법	2차	3차

제87조【국무위원】

① 국무위원은 국무총리의 제청으로 대통령이 임명한다.

② 국무위원은 국정에 관하여 대통령을 보좌하며, 국무회의의 구성원으로서 국정을 심의한다.

③ 국무총리는 국무위원의 해임을 대통령에게 건의할 수 있다.
행정각부의 장× 요구×, 구속력×

④[2] 군인은 현역을 면한 후가 아니면 국무위원으로 임명될 수 없다.

[2] • 문민주의

제2관 국무회의

제88조【권한, 구성】

① 국무회의[3]는 정부의 권한에 속하는 중요한 정책을 심의한다.
국회×, 국가× 집행×

[3] • 헌법상 필수적 심의기관

② 국무회의는 대통령·국무총리와 (15인 이상 30인 이하)의[4] 국무위원으로 구성한다.

[4] • 헌법의 구조의 특징 –추상성

③ 대통령은 국무회의의 의장이 되고, 국무총리는 부의장이 된다.
국무위원은 아님을 주의

▸ 국무회의의 의결정족수는 구성원 과반수의 출석과 출석 구성원 2/3 찬성으로 의결

제89조【심의사항】

다음 사항은 국무회의의 심의를 거쳐야 한다.

1. 국정의 기본계획과 정부의 일반정책

2. 선전·강화 기타 중요한 대외정책

3. 헌법개정안 · 국민투표안 · 조약안 · 법률안 및 대통령령안[1]

4. 예산안 · 결산 · 국유재산처분의 기본계획 · 국가의 부담이 될 계약 기타 재정에 관한 중요사항

5. 대통령의 긴급명령 · 긴급재정경제처분 및 명령 또는 계엄과 그 해제

6. 군사에 관한 중요사항

7. 국회의 임시회 집회의 요구

8. 영전수여

9. 사면 · 감형과 복권

10. 행정각부 간의 권한의 획정

11. 정부안의 권한의 위임 또는 배정에 관한 기본계획

12. 국정처리상황의 평가 · 분석

13. 행정각부의 중요한 정책의 수립과 조정

14. 정당해산의 제소

15. 정부에 제출 또는 회부된 정부의 정책에 관계되는 청원의 심사
국가×

16.[2] 검찰총장 · 합동참모의장 · 각군 참모총장 · 국립대학교 총장 · 대사 기타 법률이 정한 공무원과 국영기업체 관리자의 임명
한국은행총재

17. 기타 대통령 · 국무총리 또는 국무위원이 제출한 사항

▸ 국무회의 심의사항이 아닌 것
- 총리령, 부령
- 헌법기관구성원 임명(국무총리, 국무위원 임명 포함)
- 법정사항
- 외교사절의 신임접수
- 대통령 선거일
- 행정 각부의 장

[1] • 총리령, 부령×

[2] • 경찰청장×, 감사위원×, 대법원장×, 대법관×

제90조【국가원로회의】

① 국정의 중요한 사항에 관한 대통령의 자문에 응하기 위하여

❶ • 현재 존재×
• 이론上으로만 존재

국가원로로 구성되는 국가원로자문회의❶를 둘 수 있다.❷

❷ • 임의기관
• 9차 개헌 신설

② 국가원로자문회의의 의장은 직전❸ 대통령이 된다. 다만, 직전 대통령이 없을 때에는 대통령이 지명한다.
현직 대통령이 지명

❸ • 전직×
• 이 외에는 현직 대통령이 의장

③ 국가원로자문회의의 조직·직무범위 기타 필요한 사항은 법률❹로 정한다.

❹ • 현재 제정되어 있지 않음

제91조【국가안전보장회의】

① 국가안전보장에 관련되는 대외정책·군사정책과 국내정책의 수립에 관하여 국무회의의 심의에 앞서 대통령의 자문에 응하기 위하여 국가안전보장회의를 둔다.
전심기관
헌법상 필수적 자문기관

❺ • 제5차

②❺ 국가안전보장회의는 대통령이 주재한다.

③ 국가안전보장회의의 조직·직무범위 기타 필요한 사항은 법률로 정한다.

▸ 국무회의의 전심기관
구성원은 대통령·국무총리·통일부장관·외교통상부장관·국방부장관·국가정보원장

❻ • 제8차 개정

제92조【민주평화통일자문회의】❻

① 평화통일정책의 수립에 관한 대통령의 자문에 응하기 위하여 민주평화통일자문회의를 둘 수 있다.❼

❼ • 의장 : 대통령
• 제8차
• 임의적

② 민주평화통일자문회의의 조직·직무범위 기타 필요한 사항은 법률로 정한다.❽

❽ • 위원수 7,000인 이상

❾ • 제9차

제93조【국민경제자문회의】❾

① 국민경제의 발전을 위한 중요정책의 수립에 관하여 대통령의 자문에 응하기 위하여 국민경제자문회의를 둘 수 있다.❿

❿ • 법률상 → 국가과학기술자문회의
• 9차 개헌 신설
• 임의적

② 국민경제자문회의의 조직·직무범위 기타 필요한 사항은 법률로 정한다.

제3관 행정각부

제94조【각부의 장】

행정각부의 장은 국무위원 중에서 국무총리의 제청으로 대통령이 임명한다.

제95조【총리령, 부령】

국무총리 또는 행정각부의 장❶은 소관사무에 관하여 법률이나 대통령령의 위임❷ 또는 직권으로 총리령 또는 부령을 발할 수 있다.
(직권: 집행명령 / 총리령 또는 부령: 동위설)

❶ • 국무위원×
• 국무위원은 부령을 발할 수×

❷ • 법률에서 위임받은 사항을 전혀 규정하지 않고 그대로 부령에 재위임 허용×

제96조【각부의 조직·직무】

행정각부의 설치·조직과 직무범위는 법률로 정한다.
(법률: 정부조직법)

제4관 감사원

제97조【직무와 소속】

국가❸의 세입·세출의 결산, 국가 및 법률이 정한 단체의 회계검사와 행정기관 및 공무원의 직무에 관한 감찰을 하기 위하여 대통령 소속하에 감사원을 둔다.❹

▸ 국회, 법원, 헌법재판소 공무원은 감찰대상에서 제외
의결은 재적 과반수의 찬성

❸ • 헌법재판소 • 국회 • 법원 — 모두 포함

❹ • 필수기관
• 대통령은 직무에 관하여 감사원에 구체적 지시를 할 수 없음

제98조【구 성】

① 감사원은 원장을 포함한 5인 이상 11인 이하❺의 감사위원으로 구성한다.

② 원장은 국회의 동의를 얻어 대통령이 임명하고, 그 임기는 4년으로 하며, 1차에 한하여 중임할 수 있다.

③ 감사위원은 원장의 제청으로 대통령이 임명하고, 그 임기는 4년으로 하며, 1차에 한하여 중임할 수 있다.
(감사위원: 국회동의×)

▸ 의결은 재적 과반수의 찬성

❺ • 신분보장은 감사원법 제8조
감사원법 : 원장 포함 7인으로 규정

▸ 임기는 헌법사항, 정년은 법률사항(정년 65세)

▸ 감사원장 직무대행 : 최장기간 재직한 감사위원, 재직기간 동일 위원이 2인 이상일 때에는 연장자

제99조【검사와 보고】

감사원은 세입·세출의 결산을 매년 검사하여 대통령과(또는×) 차년도(당해 연도×) 국회에 그 결과를 보고하여야 한다.

제100조【조직·직무범위 등】

감사원[1]의 조직·직무범위·감사위원의 자격·감사대상 공무원의 범위 기타 필요한 사항은 법률[2]로 정한다.

[1] • 규칙제정×
• 법률에 명시
• 행정규칙 성격

[2] 헌법재판소 재판관의 자격은 헌법에 규정

제5장 법 원

제101조【사법권, 법원 조직, 법관의 자격】

① 사법권은 법관으로 구성된 법원에 속한다.[3]

② 법원은 최고법원인 대법원[4]과 각급법원으로 조직된다.

③ 법관의 자격은 법률로 정한다.

[3] • 수권규범성
• 국민의 기본권 보장
• §40 입법권+§66 행정권 → 균형과 견제의 원리 강조

[4] • 헌법에 명문으로 3심제 규정은 없고 최종심은 대법원이어야 함

제102조【대법원】

① 대법원에 부를 둘 수 있다.[5]

② 대법원에 대법관을 둔다(필수적). 다만, 법률이 정하는 바에 의하여 대법관이 아닌 법관을 둘 수 있다.[6]

③ 대법원과 각급법원의 조직은 법률로 정한다.

[5] • 둔다×

[6] • 대법원의 이원적 구성○

▸ 대법원장

법관인사위원회	사법정책자문위원회
둔다(필수적)	둘 수 있다(임의적)

▸ 대법관의 수는 대법원장을 포함하여 14인으로 구성된다(법원조직법에서 일원적으로 구성).

❶ • 형법의 양형규정을 무시(기준에 불과)하고 법관은 자유롭게 심판가능(광범위한 재량권)

제103조【법관의 독립】❶

법관은 헌법과 법률에 의하여 그 양심❷에 따라 독립하여 심판한다.

❷ • 직업적·법조적 양심, 사회적·객관적 양심(개인적·주관적 양심×)
• §46②의 양심과 동일

제104조【대법원장·대법관 임명】

① 대법원장은 국회의 동의를 얻어 대통령이 임명한다.

② 대법관은 대법원장의 제청으로 국회의 동의를 얻어 대통령이 임명한다.

③ 대법원장과 대법관이 아닌 법관은(일반법관) 대법관회의❸의 동의를 얻어 대법원장이 임명한다.

❸ • 헌법상 필수기관
• 14人(법원조직법 규정)

▸ 제청

1. 행정각부의 장 : 국무총리 제청–대통령 임명
2. 국무위원 : 국무총리 제청–대통령 임명
3. 감사위원 : 감사원장 제청–대통령 임명
4. 대법관 : 대법원장 제청–대통령 임명

▸ 대법관회의의 의결사항

–판사의 임명 및 연임에 대한 동의
–대법원규칙의 제정과 개정
–판례의 수집 · 간행
–예산의 요구
–예비금 지출과 결산에 관한 사항
–특히 중요하다고 인정되는 사항으로서 대법원장이 부의한 사항

▸ 캐스팅 보트(casting vote) 인정 여부

국회의장	대법원장	중앙선관위위원장	헌법재판소장
불인정	인정	인정	미규정

제105조【법관의 임기·연임·정년】

① 대법원장의 임기는 6년으로 하며, 중임할 수 없다.❹

❹ • 단임제
(대통령도 단임제)

② 대법관의 임기는 6년으로 하며, 법률이 정하는 바에 의하여 연임할 수 있다.

③ 대법원장과 대법관이 아닌 법관의 임기는 10년으로 하며, 법률이 정하는 바에 의하여 연임할 수 있다.❺

❺ • 임기–헌법, 정년–법률

④ 법관의 정년은 법률❻로 정한다.

❻ • 법원조직법
정년 차별규정 : "합헌"
–대법원장 70세
–대법관 70세
–판사 65세

▸ 현재 정년 규정

70세		65세
• 대법원장 • 헌재소장 • 감사원장	• 대법관 • 헌법재판관	• 일반법관 • 감사위원

cf) 중앙선거관리위원회 위원 · 위원장 : 정년×

제106조【법관의 신분보장】

① 법관은 탄핵 또는 금고 이상의 형의 선고에 의하지 아니하고는 파면되지 아니하며, 징계처분에 의하지 아니하고는 정직 · 감봉 기타❶ 불리한 처분을 받지 아니한다.

❶ • 견책
• 불복 시 : 대법원(단심제)

② 법관이 중대한 심신상의 장해(신체상×)로 직무를 수행할 수 없을 때에는 법률(법원조직법)이 정하는 바에 의하여 퇴직하게 할 수 있다.❷

❷ • 퇴직사유는 헌법, 퇴직절차는 법률

▸ 감사위원, 중선위위원, 헌법재판관 — 파면규정 같음 (단, 정직, 감봉, 기타 불리한 처분규정은 ×)

제107조【법률 등 위헌제청 · 심사권 · 행정심판】

①❸ 법률이 헌법에 위반되는 여부가 재판❹의 전제가 된 경우에는 법원은 헌법재판소에 제청하여 그 심판에 의하여 재판한다.

❸ • 재판의 전제성
–구체적 사건이 법원에 계속 중
–법률이 당해 소송사건의 재판에 적용될 것
–위헌여부에 따라 재판의 내용이 다르게 되는 경우

❹ • 구체적 규범통제 (한국, 미국)
• 법원의 판결, 결정, 명령○

② 명령 · 규칙 또는 처분이 헌법이나 법률에 위반되는 여부가 재판의 전제가 된 경우에는 대법원❺은 이를 최종적으로 심사❻할 권한을 가진다.

❺ • 모든 법원(헌재포함)이 명령 · 규칙 · 심사 가능

❻ • 형식적 · 실질적(합헌성 · 합법성○, 합목적성×)

③ 재판의 전심절차로서 행정심판을 할 수 있다(임의적 전치주의). 행정심판의 절차는 법률로 정하되, 사법절차가 준용(행정절차×)되어야 한다.

▸ 명령규칙심사권에 대한 위헌여부는 헌법재판소도 판단할 수 있으나 위법여부는 오로지 대법원이 판단

제108조【대법원의 규칙제정권】

대법원(법원×)은 법률(법령×)에서 저촉되지 아니하는 범위 안에서 소송에 관한 절차, 법원의 내부규율과 사무처리에 관한 규칙을 제정할 수 있다.

※ 법규명령의 성질 → 공포(법원행정처장) 20일 후 효력발생

제109조【재판공개원칙】

❶재판의 심리와 판결은 공개한다. 다만, 심리는 국가의 안전보장 또는 안녕질서를 방해하거나 선량한 풍속을 해할 염려가 있을 때에는 법원의 결정으로 공개하지 아니할 수 있다.❷

판결×, 명령×

❶ • 방청인 수 제한 可

❷ 판결은 반드시 공개

심리 : 비공개	판결 : 반드시 공개
1. 가사사건 2. 소년사건 3. 비송절차	• 비공개 시 ─ 위헌 그 자체 위헌 절대적 상고이유(당연무효×) 대법원의 비공개 시 처분×

제110조【군사재판】

① 군사재판을 관할하기 위하여 특별법원❸으로서 군사법원을 둘 수 있다.

② 군사법원의 상고심은 대법원에서 관할한다.

③ 군사법원의 조직·권한 및 재판관의 자격은 법률로 정한다.

④ 비상계엄하의 군사재판은 군인·군무원의 범죄나 군사에 관한 간첩죄의 경우와 초병·초소·유독음식물공급·포로에 관한 죄 중 법률이 정한 경우에 한하여 단심으로 할 수 있다. 다만, 사형❹을 선고한 경우에는 그러하지 아니하다.❺

모든 범죄 / 유해×

❸ • 유일한 특별법원
cf) 특수법원
1. 행정법원
2. 가정법원
3. 특허법원
헌법에 규정×(법률–법원조직법에 규정)

❹ • 사형에 대한 헌법상 논리 (헌법上 유일한 사형 규정)

❺ • 유일한 사형 조항

제6장 헌법재판소

제111조【관장과 구성 등】

① 헌법재판소는 다음 사항을 관장한다.❻

1. 법원의 제청에 의한 법률의 위헌여부 심판❼
2. 탄핵의 심판
3. 정당의 해산심판

❻ • 사후적 헌법 보장

❼ • 연혁 : 1803. 미국 Marbury v. Madison 사건

• 예시적 규정

4. 국가기관 상호 간, 국가기관과 지방자치단체 간 및 지방자치단체 상호 간의 권한쟁의[1]에 관한 심판
(3차개헌 신설) (9차개헌 신설) (9차개헌 신설)

5. 법률이 정하는 헌법소원에 관한 심판

[1] • 국회의원은 자신의 권한 침해를 이유로 권한쟁의를 제기할 수 있음(국회의 권한 침해×)

[2] 〈헌재법 추가적용〉×
• 법조경력 15년 이상
• 연령은 40세 이상

② [2] 헌법재판소는 법관의 자격을 가진 9인의 재판관으로 구성하며, 재판관은 대통령이 임명한다.[3]

[3] • 임명직 (국회동의 얻어×)

③ 제2항의 재판관 중 3인은 국회에서 선출하는 자를, 3인은 대법원장이 지명하는 자를 임명한다.

④ 헌법재판소의 장은 국회의 동의를 얻어 재판관 중에서 대통령이 임명한다.

▸ 독일 연방헌법재판소 : 제1원 · 제2원으로 구성(각각 8명), 재판관 임기는 12년 · 연임×

제112조【재판관의 임기와 정치관여금지 · 신분보장】

[4] • 헌재소장×
• 헌재소장의 임기는 헌법에 규정×

① 헌법재판소 재판관[4]의 임기는 6년으로 하며, 법률이 정하는 바에 의하여 연임할 수 있다.

[5] • 헌법재판소 재판관, 선거관리위원 – 헌법상 규정
• 대법원장 · 대법관 · 감사원장 – 법률에 규정

② 헌법재판소 재판관[5]은 정당에 가입하거나 정치에 관여할 수 없다.

③ 헌법재판소 재판관은 탄핵 또는 금고 이상의 형의 선고에 의하지 아니하고는 파면되지 아니한다.[6]

[6] • 징계조항× cf) §106①과 비교

제113조【결정정족수, 조직운영】

① 헌법재판소에서 법률의 위헌결정, 탄핵의 결정, 정당해산의 결정 또는 헌법소원에 관한 인용결정을 할 때에는 재판관 6인 이상의 찬성이 있어야 한다.[7]

[7] • 권한쟁의결정 : 심리에 참여한 재판관 과반수 이상의 찬성

② 헌법재판소는 법률(법령×)에 저촉되지 아니하는 범위 안에서 심판에 관한 절차, 내부규율과 사무처리에 관한 규칙을 제정할 수 있다.

③ 헌법재판소의 조직과 운영 기타 필요한 사항은 법률로 정한다.

제7장 선거관리

❶ • 제5차

제114조【선거관리위원회】❶

① 선거와 국민투표의 공정한 관리 및 정당에 관한 사무를 처리하기 위하여 선거관리위원회를 둔다.
필수기관

② 중앙선거관리위원회는 대통령이 임명하는 3인, 국회에서 선출하는 3인과 대법원장이 지명하는 3인의 위원으로 구성한다. 위원장은 위원 중에서 호선❷한다.
3차개헌신설

❷ • 대통령이 임명한다×
• 인사청문특별위원회위원장
• 중앙선거관리위원회위원장
• 각급선거관리위원회위원장

③ 위원의 임기는 6년❸으로 한다.

❸ • 연임·중임규정×
cf) 헌재 재판관 규정은 연임규정 ○

④ 위원은 정당에 가입하거나 정치에 관여할 수 없다.

⑤ 위원은 탄핵 또는 금고 이상의 형의 선고에 의하지 아니하고는 파면되지 아니한다.

⑥ 중앙선거관리위원회는 법령의 범위 안에서 선거관리·국민투표관리 또는 정당사무에 관한 규칙을 제정할 수 있으며, 법률에 저촉되지 아니하는 범위 안에서 내부규율에 관한 규칙을 제정할 수 있다.
법률×

⑦ 각급 선거관리위원회의 조직·직무범위 기타 필요한 사항은 법률로 정한다.

▸ 선거관리위원회 구성원 수 및 임기
–중앙선거관리위원회 위원 : 9인
–특별시·광역시·도 선거관리위원회 위원 : 9인
–구·시·군 선거관리위원회 위원 : 9인
–읍·면·동 선거관리위원회 위원 : 7인
–각급 선거관리위원회위원회 임기 : 6년(상임이 아닌 위원 : 명예직)

제115조【선거관리위원회의 대행정기관지시권】

① 각급 선거관리위원회는 선거인명부의 작성 등 선거사무와 국민투표사무에 관하여 관계행정기관에 필요한 지시를 할 수 있다.
제5차

② 제1항의 지시를 받은 당해 행정기관은 이에 응하여야 한다.

제116조【선거운동, 선거경비】

❶ • 과도한 제한 → 참정권 침해

① 선거운동❶은 각급 선거관리위원회의 관리하에 법률이 정하는 범위 안에서 하되, 균등한 기회가 보장되어야 한다.

② 선거에 관한 경비는 법률이 정하는 경우를 제외❷하고는 정당 또는 후보자에게 부담시킬 수 없다.

❷ • 선거공영제
• 선거비용의 국가부담원칙

제8장 지방자치

제117조【자치권, 자치단체의 종류】❸

❸ • 자치권은 주관적 공권이 아니어서 그 침해만을 이유로 국가사무에 대한 헌법소원 청구×(비판받는 판례)

① 지방자치단체는 주민의 복리에 관한 사무(자치사무)를 처리하고 재산을 관리하며, 법령의 범위 안❹(법률×)에서 자치에 관한 규정을 제정(조례 · 규칙제정권)할 수 있다.

❹ • 법률 + 법규명령 + 법규명령의 기능을 하는 행정규칙

②❺ 지방자치단체의 종류는 법률로 정한다.

❺ • 광역자치단체, 기초자치단체(읍 · 면 · 동×)

▸ 범위 : 조례(포괄적 위임가능) > 명령(구체적 위임)
▸ 주민의 권리제한 의무부과에 관한 경우에는 법률의 포괄적 위임으로 가능하나, 형벌권의 제정은 법률의 구체적 · 개별적 위임을 요한다.
▸ 헌판 : 조례–포괄적인 것으로 족하다. (§117 근거로) ⇒ 비난받는 판례
▸ 우리나라 지방자치의 연혁 : 계속적으로 규정
- 제2공화국–지방자치제 가장 활성화
- 제4공화국–지방의회 통일시까지 구성×(제7차)
- 제5공화국–지방 재정자립도 고려 순차적으로 지방의회 구성

제118조【자치단체의 조직 · 운영】

① 지방자치단체에 의회를 둔다.❻ (둘 수 있다×)

❻ • 헌법 개정 없이 폐지 금지

② 지방의회❼의 조직 · 권한 · 의원선거와 지방자치단체의 장의 선임방법(법률로써 임명직 가능) 기타 지방자치단체의 조직과 운영에 관한 사항은 법률로 정한다.

❼ • 법정사항×
∴ 법률로써 임명직×

제9장 경 제[1]

[1] • 공법에서 사법영역 규정 "한국은행의 중립성 보장, 자유무역 추구, 국가의 기업 보호육성 독과점 규제" 미규정(§119~§127 : "사법" 개입영역)

제119조【경제질서의 기본 · 경제의 규제 · 조정】

①[2] 대한민국의 경제질서는 개인(제2차)과 기업의 경제상의 자유와 창의(제2차)를 존중함을 기본으로 한다.[3]

②[4] 국가는 균형 있는 국민경제의 성장 및 안정과 적정한 소득의 분배를 유지하고, 시장의 지배와 경제력의 남용을 방지하며, 경제주체 간의 조화를 통한 경제의 민주화를 위하여 경제에 관한 규제와 조정[5]을 할 수 있다.

▸ 수정자본주의, 사회시장경제체제[6]

[2] • 헌법 : 최고법 · 근본법 · 실체법 · 공법 · 국내법 but) ↕ §119~§127 사법으로서의 규정을 포함

[3] • 원칙 : 자유시장경제

[4] • 예외

[5] • 주체 : 국가 • 형식 : 법률

[6] • 케인즈이론

제120조【천연자원 채취 · 개발 특허 및 보호】

① 광물 기타 중요한 지하자원 · 수산자원 · 수력과 경제상 이용할 수 있는 자연력[7]은 법률이 정하는 바에 의하여 일정한 기간 그 채취 · 개발 또는 이용을 특허할 수 있다.

② 국토와 자원은 국가의 보호를 받으며, 국가는 그 균형 있는 개발과 이용을 위하여 필요한 계획을 수립한다.

▸ 자연자원의 부분적 사회화[8]

[7] • 원칙적 국유 • 풍력 · 태양력×

[8] • 중요 지하자원 : 반드시 국가에서만 개발 · 채취× → 민간기업에 위탁가능

제121조【소작농 금지 · 농지의 임대차 · 위탁경영】

① 국가는 농지에 관하여 경자유전의 원칙(원칙)이 달성될 수 있도록 노력하여야 하며, 농지의 소작제도는 금지된다.[9]

②[10] 농업생산성의 제고와 농지의 합리적인 이용을 위하거나 불가피한 사정으로 발생하는 농지의 임대차와 위탁경영은 법률이 정하는 바에 의하여 인정된다.

[9] 원칙적인 소작제도 (5차) 금지

[10] • 예외

제122조【국토 이용 · 개발과 보전】

국가는 국민 모두의 생산 및 생활의 기반이 되는 국토의 효율적이고 균형 있는 이용 · 개발과 보전을 위하여 법률이 정하는 바에

의하여 그에 관한 필요한 제한과 의무를 과할 수 있다.

▸ 토지공개념

제123조【농·어촌종합개발과 중소기업 보호·육성】

① 국가는 농업 및 어업을 보호·육성하기 위하여 농·어촌종합 개발과 그 지원 등 필요한 계획을 수립·시행하여야 한다.
(임업×)

❶ • 제9차

②❶ 국가는 지역 간의 균형 있는 발전을 위하여 지역경제를 육성할 의무를 진다.

❷ • 제8차 대기업×

③❷ 국가는 중소기업을 보호·육성하여야 한다.

④ 국가는 농수산물의 수급균형과 유통구조의 개선에 노력하여 가격안정을 도모함으로써 농·어민의 이익을 보호한다.
(임산물×)

⑤ 국가는 농·어민과 중소기업의 자조조직을 육성하여야 하며, 그 자율적 활동과 발전을 보장한다.
(정치적 중립성×)

▸ 농업·어업·중소기업만 헌법이 보호
임업×, 대기업×

❸ • 제8차

제124조【소비자보호】❸

국가는 건전한 소비행위를 계도하고 생산품의 품질향상을 촉구하기 위한 소비자보호운동을 법률이 정하는 바에 의하여 보장한다.
(소비자 권리보장 ×)

▸ 소비자권리로 규정하지 않고 소비자보호운동의 차원에서 법률이 정하는 바에 의해 소비자권리를 보장
▸ 소비자보호권→경제조항○, 기본권조항×(현대적 기본권, 사인 간 직접 적용)
▸ 소비자 자기결정권을 행복추구권으로부터 도출(헌·재)

제125조【무역 육성】

국가는 대외무역을 육성하며, 이를 규제·조정할 수 있다.

제126조【사기업 국·공유화와 통제 등 금지】

국방상 또는 국민경제상 긴절한 필요로 인하여 법률이 정하는 경우를 제외하고는, 사영기업을 국유 또는 공유로 이전하거나
(공공필요×) (긴급명령○)

그 경영을 통제 또는 관리할 수 없다.

제127조【과학기술 발전과 국가표준제도】

❶ • 9차 개헌 신설

①❶ 국가는 과학기술의 혁신과 정보 및 인력의 개발을 통하여 국민경제의 발전에 노력하여야 한다.

❷ • 도량형 통일
• 8차 개헌 신설

②❷ 국가는 국가표준제도를 확립한다.

③ 대통령은 제1항의 목적을 달성하기 위하여 필요한 자문기구를 둘 수 있다.❸

❸ • 과학기술자문회의 설치 근거
• 헌법상 자문기구×

제10장 헌법개정❹

❹ • 헌법 내용의 수정·삭제·증보

제128조【개정제안권】

① 헌법개정은 국회 재적의원 과반수 또는 대통령❺의 발의로 제안된다.❻

❺ • §89. 제3호 국무회의심의 要 → 위배 시 §65 탄핵사유

❻ • 국민발안× but 2~6차○
• 3공화국(5, 6차) 대통령 제안×

② 대통령의 임기연장(축소×) 또는 중임변경을 위한 헌법개정은 그 헌법개정 제안 당시의 대통령에 대하여는 효력이 없다.❼

❼ • 헌법 개정 금지조항×
• 인적 효력대상 제한
• 평화적인 정권교체 위함

제129조【개정안공고기간】

제안된 헌법개정안은 대통령이 20일 이상의 기간 이를 공고하여야 한다.

제130조【개정안 의결과 확정·공포】

① 국회는 헌법개정안이 공고된 날로부터 60일 이내에 의결하여야 하며, 국회의 의결은 재적의원 3분의 2 이상❽의 찬성을 얻어야 한다.❾

❽ • 기명투표
• 수정의결 금지

❾ • 경성헌법

② 헌법개정안은 국회가 의결한 후 30일 이내에 국민투표에 붙여(필수적 국민투표(레퍼렌덤)) 국회의원선거권자❿ 과반수의 투표와 투표자 과반수의 찬성을 얻어야 한다.

❿ • 국민투표권자×
: 비판받는 조문

③ 헌법개정안이 제2항의 찬성을 얻은 때에는 헌법개정은 확정
권력제한규범성 : 개헌안 확정
되며, 대통령은 즉시 이를 공포하여야 한다.
거부권 불인정

1. 대통령 탄핵소추 의결 시 2. 국회의원 제명처분	3. 국회의원 자격심사
헌법규정 ○	• 헌법 미규정 • 국회법 규정

60日	30日	20日	즉시
국회의결기간	국민투표 실시기간	공고기간	공포시기

▸ 국민투표법에 대한 이의제기소송(국민투표법)

형식상 요건	관할	피고적격
10만 명 이상 서명	대법원	중앙선거관리위원회 위원장

▸ 국민투표법
–일부무효 : 20日 이내 재투표
–전부무효 : 30日 이내 재투표

▸ 헌법개정의 형식

Amendment 헌법	Revision 헌법
증보헌법	수정·삭제
↓	↓
미국의 연방헌법	우리나라·세계 대부분 국가

부칙 (제10호, 1987.10.29)

제1조【시행일】

이 헌법은 1988년 2월 25일부터 시행한다.[1] 다만, 이 헌법을 시행하기 위하여 필요한 법률의 제정·개정과 이 헌법에 의한 대통령 및 국회의원의 선거 기타 이 헌법 시행에 관한 준비는 이 헌법 시행 전에 할 수 있다.

[1] • 노태우 대통령 임기시작일
• 현행 헌법을 공포함과 동시에 효력이 발생한 것은 ×

제2조【최초의 대통령선거일 · 임기】

① 이 헌법에 의한 최초의 대통령선거는 이 헌법 시행일 40일 전까지 실시한다.

② 이 헌법에 의한 최초의 대통령의 임기는 이 헌법 시행일로부터 개시한다.

제3조【최초의 국회의원선거, 이 헌법 시행 당시의 국회의원 임기】

① 이 헌법에 의한 최초의 국회의원선거는 이 헌법 공포일로부터 6월 이내에 실시하며, 이 헌법에 의하여 선출된 최초의 국회의원의 임기는 국회의원선거 후 이 헌법에 의한 국회의 최초의 집회일로부터 개시한다.

② 이 헌법 공포 당시의 국회의원의 임기는 제1항에 의한 국회의 최초의 집회일 전일까지로 한다.

제4조【이 헌법 시행 당시의 공무원 등의 지위】

① 이 헌법 시행 당시의 공무원과 정부가 임명한 기업체의 임원은 이 헌법에 의하여 임명된 것으로 본다. 다만, 이 헌법에 의하여 선임방법이나 임명권자가 변경된 공무원과 대법원장 및 감사원장은 이 헌법에 의하여 후임자가 선임될 때까지 그 직무를 행하며, 이 경우 전임자인 공무원의 임기는 후임자가 선임되는 전일까지로 한다.

② 이 헌법 시행 당시의 대법원장과 대법원판사가 아닌 법관은 제1항 단서의 규정에 불구하고 이 헌법에 의하여 임명된 것으로 본다.

③ 이 헌법 중 공무원의 임기 또는 중임제한에 관한 규정은 이 헌법에 의하여 그 공무원이 최초로 선출 또는 임명된 때로부터 적용한다.

제5조【이 헌법 시행 당시의 법령과 조약】

이 헌법 시행 당시의 법령[1]과 조약은 이 헌법에 위배되지 아니하는 한 그 효력을 지속한다.

헌법의 최고규범성 : 간접적으로 규정

[1] • 조약의 헌법우위설(조약과 헌법 충돌 시 헌법우위설)

제6조【특설기관에 관한 경과조치】

이 헌법 시행 당시에 이 헌법에 의하여 새로 설치될 기관의 권한에 속하는 직무를 행하고 있는 기관은 이 헌법에 의하여 새로운 기관이 설치될 때까지 존속하며 그 직무를 행한다.

PART 02

형사법전

高기능성 법전 시리즈

형법

제1편 총칙
제2편 각칙

PART 02

형법

제1편 총 칙

제정 1953.9.18 법률 제0293호
개정 1975.3.25 법률 제2745호
개정 1988.12.31 법률 제4040호
개정 1995.12.29 법률 제5057호
개정 1997.12.13 법률 제5454호(정부부처명)
개정 2001.12.29 법률 제6543호
개정 2004.1.20 법률 제7077호
개정 2005.7.29 법률 제7623호
개정 2010.4.15 법률 제10259호
개정 2012.12.18 법률 제11574호
개정 2013.4.5 법률 제11731호
개정 2014.5.14 법률 제12575호
개정 2014.12.30 법률 제12898호
개정 2016.1.6 법률 제13719호
개정 2016.5.29 법률 제14178호
개정 2016.12.20 법률 제14415호
개정 2017.12.12 법률 제15163호
개정 2018.10.16 법률 제15793호
개정 2018.12.18 법률 제15982호
개정 2019.5.19 법률 제17265호
개정 2020.10.20 법률 제17511호
개정 2020.12.8 법률 제17571호

제1장 형법의 적용범위

제1조【범죄의 성립과 처벌】

① 범죄의 성립과 처벌은 행위시❶의 법률❷에 따른다.❸
행위시법/소급효금지

② 범죄 후❹ 법률❺이 변경되어 그 행위가 범죄를 구성하지 아니하게 되거나❻ 형❼이 구법(舊法)보다 가벼워진 경우에는 신법(新法)에 따른다.
재판확정 전

③❽ 재판이 확정된 후 법률이 변경되어 그 행위가 범죄를 구성하지 아니하게 된 경우에는 형의 집행❾을 면제❿한다.
형 輕× / 형을 면제×

[전문개정 2020.12.8]

❶ • 행위시법주의
• 범행종료시
  행위종료시(○)
  결과발생시(×)
❹ • 구성요건에 해당하는 행위의 종료(결과발생×)
❺ • 총체적 법률상태(백지형법의 보충규범 포함)
❻ • 소송추행이익결여→면소판결
❽ • 경하게 변경된 때에도 중한 구법 적용

❷ • 관습형법금지
• 성문
❸ • 포괄일죄 도중 법률 변경 : 신법
❼ • 보호감호×
• 법정형(부가형 포함, 가장 중한 형을 비교)
  예 3년 이하(경함) → 5년 이하 또는 벌금형
• 중간시법이 있는 경우에는 가장 경한 법률적용(判)
❾ • 유죄판결, 전과 남음
❿ • 재 · 시 · 특 · 복

> ① 행위시법주의 : 원칙
> ②, ③ 행위시법주의의 예외(경한 신법우선의 원칙)－재판시법주의

▸ 죄형법정주의
－법률주의(관습형법금지)
－소급효금지
－명확성
－유추해석금지
－적정성

▸ 시간적 적용범위

원칙	제1조 제1항의 행위시법주의	
예외	범죄 후~재판확정 전 (제1조 제2항)	재판확정 후(제1조 제3항)
비범죄화	신법 소급적용 ⇒ 면소판결	신법 소급적용 ⇒ 형집행면제 (유죄판결, 전과 남음)
경한 형으로 변경	신법 소급적용 ⇒ 경한 형 적용	규정 無 ⇒ 구법(중한 형) 적용

제2조【국내법】❶

본법은 대한민국 영역 내❷에서 죄를 범한❸ 내국인과 외국인에게 적용한다.

❶ • 속지주의(원칙)

❷ • 북한 포함
• 영토, 영해, 영공

❸ • 공모지 포함(判)
• 실행행위지, 결과발생지 어느 것이라도 대한민국 영역 안에서 발생했으면 충분 ∴부분범행(○)

제3조【내국인의 국외범】❹

본법은 대한민국 영역 외에서 죄를 범한 내국인에게 적용한다.
범행 당시 대한민국 국민일 것

❹ • 속인주의의 가미(적극적 속인주의, 국적주의)

제4조【국외에 있는 내국선박 등에서 외국인이 범한 죄】❺

본법은 대한민국 영역 외에 있는 대한민국의 선박 또는 항공기❻ 내에서 죄를 범한 외국인❼에게 적용한다.

❺ • 기국주의(영토의 연장)
↓
속지주의 연장

❻ • 소유자의 국적 불문

❼ • 내국인×
↓
속인주의

제5조【외국인의 국외범】❽

본법은 대한민국 영역 외에서 다음에 기재한 죄를 범한 외국인에게 적용한다.

❽ • 국가보호주의

❶ • 각칙 제1장(§87~§91)

❷ • 각칙 제2장(§92~§104)

❸ • 각칙 제3장(§105, §106) ≠외국국기(§109) =국기국장 모독(○)

❹ • 국교(×) 국기 · 국장 모독(○) 외국 국기 · 국장 모독(×)

❺ • 각칙 제8장(§207~§213) 외국(○)

❻ • 각칙 제9장(§214~§224)

❼ • 각칙 제20장(§225~§237의2) 중 공문서에 관한 죄(§225~§230)

❽ • 사(私)~(×)

❾ • 각칙 제21장(§238~§240) 중 공인 · 공기호에 관한 죄(§238)

1.❶ ㊇란의 죄

2.❷ (외)환의 죄

3.❸ (국)기에 관한 죄❹

4. (통)화에 관한 죄❺

5.❻ (유)가증권, 우표와 인지에 관한 죄

6.❼ (문)서에 관한 죄 중 제225조 내지 제230조 ❽

7. (인)장에 관한 죄 중 제238조❾

❿ • 국가보호주의 개인보호주의(소극적 속인주의)

제6조【대한민국과 대한민국 국민에 대한 국외범】❿

본법은 대한민국 영역 외에서 대한민국 또는 대한민국 국민에 대하여 (사회적 법익 (×)) 전조에 기재한 이외의 죄를 범한 외국인에게 적용한다. 단, 행위지의 법률에 의하여 범죄를 구성하지 아니하거나 소추 또는 형의 집행을 면제할 경우에는 예외로 한다.⓫

⓫ • 本: 국가보호주의, 개인보호주의 但 : 상호주의, 현실주의

▸ 상호주의 규정

행위지의 법률에 의하여 범죄를 구성하지 않는 경우 등에 있어서는 우리 형법이 적용되지 않음을 밝혀두고 있다.

▸ 원칙 : 속지주의 가미 : 속인주의

예외 : 보호주의 신설 : 세계주의

제7조【외국에서 집행된 형의 산입】

죄를 지어 외국에서 형의 전부 또는 일부가 집행된 사람에 대해서는 그 집행된 형의 전부 또는 일부를 선고하는 형에 산입한다. (필요적 감면)

[전문개정 2016.12.20]

▸ 장소적 적용범위 개관

구분	제2조	제4조	제3조	제5조	제6조
범죄지	내국	기국	외국	외국	외국
수범자	내 · 외국인	외국인	내국인	외국인	외국인
범죄	모든범죄	모든범죄	모든범죄	제1~7호	제5조 각 호 이외의 죄

▸ 임의적 감면
–과잉방위
–과잉피난
–과잉자구행위
–불능미수
–사후적 경합범
–자수 · 자복

제8조【총칙의 적용】

본법 총칙은 타법령에 정한 죄에 적용한다. 단, 그 법령에 특별한 규정이 있는 때에는 예외로 한다.

제1조 내지 제86조 : 일반법

특별법 우선원칙

▸ 형법의 인적 적용범위

국내법상 예외		국제법상 예외	
대통령	국회의원	외교사절	주한미군
• 헌법 제84조 내란 · 외환을 제외하고는 공소제기 ×, 퇴직 후 가능	• 헌법 제45조 면책특권 → 인적처벌조각사유	• Wien협약 범죄성립+형면제 → 인적처벌조각사유	• SOFA 공무 중 범한 범죄 →미국의 재판권

제2장 죄

제1절 죄의 성립과 형의 감면

❶ • 절대적 생물학적 표준 (∴정신능력 고하 불문)

제9조【형사미성년자】❶

14세되지 아니한 자의 행위는 벌하지 아니한다.❷

❷ • 절대적 책임무능력자

구분	범죄성립조건	처벌조건	소추조건
내용	• 구성요건해당성 (객관적, 주관적) • 위법성 · 유책성	• 객관적 처벌조건 • 인적처벌조각사유	• 친고죄 • 반의사불벌죄
없을 때 효과	무죄	형면제	공소기각판결

▸ 형사미성년자 개관과 소년의 취급 도해

19세 ❶ — 소년법 적용, 상대적 부정기형❷ → 사실심 판결선고시❸ 기준, 임의적 감경/미성년자약취 · 유인죄, 미성년자위계 · 위력간음죄(13세 이상 19세 미만)

18세 —

사형 · 무기 → 15년, 환형유치금지 → 범행시 기준

16세 —

선서무능력자 / 아동혹사죄 / 사회봉사명령

14세 —

미성년자의제강간죄/형사미성년자(무죄 : 형벌×, 보호처분 可), 책임×

13세 —

미성년자의제강간죄, 장기소년원송치/수강명령

12세 —

10세 —

보안처분×

▸ 성폭력 소년 – 집행유예 (필요적) (보호관찰 / 사회봉사 / 수강)

❶ • 07.11.27 소년법 개정
• 08.5.28부터 시행

❷ • 장기 2년 이상 유기형에 해당하는 범죄시
장기 10년, 단기 5년 내의 형을 선고(집행유예 또는 선고유예시에는 정기형)
(경합범일 때는 초과 가능)

❸ • 범죄시 소년 + 재판시 성인 → 정상적인 책임능력자의 형으로 처벌

제10조【심신장애인】❹

①❺ 심신장애❻로 인하여 사물을 변별할 능력이 없거나❼ 의사를 결정할 능력이 없는 자❽의 행위는 벌하지 아니한다.❾

② 심신장애로 인하여 전항의 능력이 미약한 자의 행위는 형을 감경할 수 있다.❿ 〈개정 2018.12.18.〉

③⓫ 위험의 발생을 예견⓬(고의 또는 과실)하고 자의로 심신장애를(심신상실 + 심신미약) 야기한 자의 행위(작위 또는 부작위)에는 전 2항의 규정을 적용하지 아니한다.⓭

❹ • 판단 : 혼합적 방법

❺ • 책임무능력자
: 심신상실자(간접정범可)

❻ • 생물학적 요소 ← 감정인

❽ • 심리적 · 규범적 요소 (법률적 판단사항) ← 도의적 책임론, 법관

⓫ • 원인에 있어서 자유로운 행위

❼ • 둘 중 하나만 없으면 해당(만취하였다고 반드시 책임무능력이 되는 것은 아님)

❾ • 책임조각(보안처분可)
‖
무죄

❿ • 임의적(책임) 감경

⓬ • 예견가능성 포함

⓭ • 정상적인 책임능력자의 형으로 처벌 → 실행착수 : 학설대립

▸ 형법의 법률상 감면 사유 정리

구분	필요적 감면	필요적 감경	임의적 감면	임의적 감경
총칙	• ㊀외국 형집행 §7 • ㊀중지미수	• 청각 · 언어 장애인 • 종범(방조범)	• 과잉방위, 과잉피난, 과잉자구행위 • 불능미수 • 사후적 경합범 • 자수, 자복	• 심신미약자 • 장애미수

각칙	• ㉮비음모한 자가 실행에 착수하기 전 자수 –내, 외, 외, 방, 폭, 통 • 재판확정 전 자수, 자백 특례 –㉯, 허, 무 • ㉰물죄와 본범 간 친족특례	×	×	• ㉱단조직 • 인질강요, 약취유인의 인질, 피인취자 ㉲방

▸ 성폭법상 예외규정 : 음주 · 약물 → 심신장애 → 성폭력범죄 : 형법 §10 ① · ② 및 §11 적용하지 않을 수 있음(성폭법 §20)

❶ • 한정책임능력자

❷ • 청각장애∩언어장애 (선천적 · 후천적 불문)

제11조【청각 및 언어 장애인】❶

듣거나 말하는 데 모두 장애가 있는 사람❷의 행위에 대해서는 형을 감경한다.❸ [전문개정 2020.12.8]

❸ • 필요적(책임) 감경

❹ • 형법상 책임조각사유

❺❾ • 보충성(최후수단성)

❻ • 심리적 · 윤리적 · 강제적 폭력(절대적 폭력×)

⓫ • 기대가능성× → 무죄 / 형 면제×

제12조【강요된 행위】❹

저항할 수 없는❺ 폭력❻이나 자기 또는 친족❼(타인×)의 생명, 신체❽에 대한 위해를 방어할 방법이 없는❾ 협박에 의하여 강요된 행위❿는 벌하지 아니한다.⓬(형 면제×)

❼ • 내연의 처나 혼외 출생 자 포함 → 피고인에게 유리한 유추해석(확장)
• 범인은닉(§151②) 증거인멸(§155④) 친족 간 특례–사실혼×

❽ • 재산× 자유×, 명예×

❿ • 자초강제상태 : ×
• 강요자 : 간접정범 또는 강요죄

> 생명 · 신체 이외의 법익에 대한 문제 : 초법규적 책임조각사유(多)

▸ 초법규적 책임조각
–절대적 구속력 있는 상관의 위법한 명령을 수행(판례인정례 없음)
–의무의 충돌시 부득이 저가치의무 이행
–생명 · 신체 이외의 법익에 대한 강요된 행위
–우연히 시험문제를 입수한 후 시험에 응시
–생명 대 생명의 긴급피난

제13조【고 의】

죄의 성립요소인 사실을(객관적 구성요건요소) 인식⓯(인식+의사)하지 못한 행위는(행위시 고의 要) 벌하지 아니한다(고의범 처벌원칙). 다만, 법률에 특별한 규정(과실범 처벌규정)이 있는 경우에는 예외로 한다.⓯
[전문개정 2020.12.8]

⓯ • +의사(절충설, 인용설)

⓯ • 구성요건의 착오

▸ 고의의 대상× : –주관적 구성요건요소(고의, 목적)
–위법성의 인식(책임요소)
–처벌조건, 소추조건
–진정결과적 가중범의 중한 결과
–상습성
–추상적 위험범에서의 위험

▸ 고의의 종류
–고의○
• 확정적 고의
–목적 : 의사가 강함
–직접고의 : 인식이 강함
• 불확정적 고의
–미필적 고의 (인용설) ┌ 의사○ : 미필적 고의
└ 의사× : 인식 있는 과실
–택일적 고의 : 어느 객체에 결과가 발생해도 좋다고 생각
–개괄적 고의 : 인과관계의 착오가 비본질적
–고의×
• 사전고의 : 주로 …예비죄와 과실…죄의 상상적 경합범
• 사후고의 : 주로 무죄

▸ 인식없는 과실 < 인식있는 과실 < 미필적 고의 < 확정적 고의

❸ • 과실범처벌 예외

❹ • 일반인 기준(객관설)
• 객관적 주의의무(행위자의 특별한 지식&경험 포함)
– 축소(제한)
• 허용된 위험
• 신뢰의 원칙

❺ • 객관적 주의의무위반

제14조【과 실】❸

정상적으로 기울여야 할 주의(注意)❹를 게을리하여❺ 죄의 성립 요소인 사실을 인식(인식+의사)하지 못한 행위는 법률에 특별한 규정이 있는 경우에만 처벌한다. [전문개정 2020.12.8]

▸ 규정 : 일반과실범, 업무상 과실범(=중과실범)
–실㉿죄
–과실 (폭)발물파열죄
–과실치(상)죄
–업무상 과실 · 중과실 (장)물죄
(과실장물죄×, 가중적 신분×)
–과실 (가스) · 전기 등 방류죄
–과실 (가스) · 전기 등 공급방해죄
–과실(일)수죄(업무상 과실 · 중과실×)
–과실 (교)통방해죄
–과실치(사)죄

▸ 성립요건 : 객관적 주의의무 위반 + 구성요건적 결과발생
(인과관계 및 객관적 귀속)

고자인 무신이
중이 되어
육교를 소끌고 횡단

▸ 신리의 원칙(判)

- ㉠속도로 / -㉿동차 전용도로 / -㊒도
- (무)모한 추월 / -(신)호등 / -(중)앙선
- (육)교 밑 / -(소)방도로 / -(횡단)보도
- (교)차로

제15조【사실의 착오】[1]

① 특별히 무거운 죄가 되는 사실을 인식하지 못한 행위는 무거운 죄로 벌하지 아니한다.[2]

가중적 구성요건 : 고의의 대상

기본적(감경적) 구성요건으로 처벌

② 결과 때문에 형이 무거워지는 죄의 경우에 그 결과의 발생을 예견할 수 없었을 때에는 무거운 죄로 벌하지 아니한다.

예견가능성(책임주의)

[전문개정 2020.12.8]

〈기본범죄〉+〈무거운 결과〉

▸ 진정결과적 가중범 : 고의 과실

▸ 부진정결과적 가중범 : 고의 과실 or 고의
- (현)주건조물방화치사상죄
- (교)통방해치상죄 ┐ 치사×
- (특수)공무방해치상죄 ┘
- (중)상해죄, 중유기죄, 중강요죄, 중손괴죄

→ 결과적 가중범 : …(치)…죄, (중)…죄, (연)소죄(과실치…, 중체포 · 중감금 : ×)

▸ 구성요건착오의 종류 및 해결

유형 / 학설	구체적 사실의 착오		추상적 사실의 착오	
	객체의 착오	방법의 착오	객체의 착오	방법의 착오
구체적 부합설	발생사실에 대한 고의기수	인식사실의 미수와 발생사실의 과실의 상상적 경합	인식사실의 미수와 발생사실의 과실의 상상적 경합	
법정적 부합설 (판례)	발생사실에 대한 고의기수	발생사실에 대한 고의기수	인식사실의 미수와 발생사실의 과실의 상상적 경합	
추상적 부합설	발생사실에 대한 고의기수	발생사실에 대한 고의기수	• 경죄고의 → 무거운 결과 : 경죄기수와 중죄과실의 상상적 경합 • 중죄고의 → 가벼운 결과 : 중죄미수와 경죄기수의 상상적 경합(중죄미수로 흡수)	

[1] • =구성요건적 착오 (관념과 사실의 불일치)
• 인식사실 < 발생사실

[2] • 가벼운 사실을 인식한 경우 중한 죄로 벌하지 아니한다.(○)

❶ • 위법성에 대한 착오, 금지착오

❸ • 지적 인식능력(개인능력 + 집단 + 구체적 상황)
• 회피가능성(과실) : 단순한 법률의 부지는×(判)
• 행위자 기준

제16조【법률의 착오】❶

자기의 행위가 법령에 의하여 죄가 되지 아니하는 것으로 오인❷ 한 행위는 그 오인에 정당한 이유❸가 있는 때에 한하여 벌하지 아니한다. (책임조각)

❷ • 소극적 착오
–환상범 : 적극적 착오(불벌)
–확신범 : 유죄
• 책임조각

▸ 위법성의 인식

위법성 인식 불요설		법률의 착오는 고의를 조각하지 않는다고 보는 견해
고의설		위법성 인식이 없으면 고의는 조각, 과실처벌규정 있는 경우 처벌(회피가능성○)
고의설	엄격 고의설	현실적인 위법성 인식 要
고의설	제한적 고의설	위법성 인식가능성 要
책임설	(통설)	위법성 인식을 고의와 독립된 책임요소로 보는 견해
책임설	엄격 책임설	위법성조각사유의 전제사실에 관한 착오도 금지착오로 본다.
책임설	제한적 책임설	• 구성요건적 착오와의 구조적 유사성을 근거로 고의는 조각되고, 과실범처벌규정 있는 때에만 벌한다. • 위법성조각사유의 존재 또는 한계에 관한 착오를 금지착오로 본다.

▸ 유형

- 직접적 착오
  - 법률의 부지(판례는 부정)
  - 효력의 착오
  - 포섭의 착오
- 간접적 착오
  - 위법성조각사유의 존재에 대한 착오
  - 위법성조각사유의 한계에 대한 착오
  - 위법성조각사유의 전제사실에 대한 착오(치열한 견해대립)

▸ 정당한 이유○(判)

–(부)대장 허가로 부대 내 유류저장이 적법하다고 오인
–(법)원의 일관된 판례를 신뢰
–(초)등학교장이 도교육위원회의 지시로 화단에 양귀비를 심음
–(군)복무를 필한 이복동생 대신 복무한 사실을 안 후 귀대×
–(허)가담당공무원이 허가불요대상이라고 알려 주어 신뢰
–(향)토예비군대원신고를 동일주소에 재차 하지 않은 경우
–(한)약업자가 가감십전대보초의 무허가제조 · 판매에 무혐의결정을 신뢰
–(비)디오물감상실업자가 18세 이상자를 출입시킨 경우
–(변)호사의 문의답변을 신뢰 : 기업사채 사례
–(교)통부장관의 허가를 받은 한국교통사고상담센터 직원의 중재

❶ • 인과관계가 인정된다고 하여도
❷ • 객관적 귀속이 부정된다면

제17조【인과관계】

어떤 행위❶라도 죄의 요소되는 위험발생에 연결되지 아니한 때❷에는 그 결과로 인하여 벌하지 아니한다.❸❹

❸ • 적용 : 결과범(거동범×)

❹ ┌고의 · 기수범 →고의 · 미수범
├ 과실범 → 무죄
└ 결과적 가중범 → 기본범죄

• 전통적 조건설의 단점을 극복한 학설 : 상당인과관계설(判), 합법칙적 조건설(多)

제18조【부작위범】❺

❺ • 보충성

위험의 발생을 방지할 의무❻(보증인적 의무)가 있거나 자기의 행위로 인하여(위법한 선행행위) 위험발생의 원인을 야기한(선행행위를 한) 자가 그 위험발생을 방지하지 아니한❼ 때에는❽ 그 발생된 결과에 의하여 처벌한다.

❻ • 법령/법률행위(계약)/조리/선행행위

❼ • 부작위를 한

❽ • 부작위범이 성립하므로

▸ 부진정부작위범의 성격 : 진정신분범

▸ 유형
- 진정부작위범 : ㉰중불해산죄, ㉸시군수계약불이행죄, ㉵권응호직무명령불준수죄, ㉸시공수계약불이행죄, ㉶합명령위반죄(미수 ○), ㉵거불응죄(미수○)
- 부진정부작위범
  - 보증인적 지위 : 구성요건 ┐ 2分說
  - 작위의무(보증인적 의무) : 위법성 ┘
  - 과실에 의한 부진정부작위범 : 망각범

▸ 작위의무의 근거(형식설) : ㉺령 · 법률행위(㉸약) · ㉽리 · ㉸행행위

제19조【독립행위의 경합】❾❿

❾ • in dubio pro reo의 원칙

❿ • 동시범

동시 또는 이시의 독립행위⓫가(2인 이상) 경합한 경우에 그 결과발생의 원인된 행위가 판명되지 아니한 때에는 각 행위를 미수범⓬으로 처벌한다.⓭

⓫ • 의사연락×
≠의사연락○
→ 공동정범

⓬ • 결과적가중범 → 인과관계× : 고의의 기본범죄

⓭ • 특례 : 제263조(거증책임 전환설, 多 · 判)

▸ 택일적 인과관계에 적용되며, 누적적 인과관계에는 적용되지 않는다.

▸ 제263조(동시범)
–법적 성질 : 거증책임전환규정설(多, 判)
–적용범위(判) : 상해죄, 폭행치상죄, 폭행치사죄, 상해치사죄
(강도치상×, 강간치상×)

제20조【정당행위】

법령에 의한 행위 또는 업무로 인한 행위 기타 사회상규[1]에 위배되지 아니하는 행위는 벌하지 아니한다.

▸ 정당행위 분류

구분	법령에 의한 행위	업무로 인한 행위	사회상규에 위배되지 않는 행위
내용	① 공무원의 직무행위 ② 징계행위 ③ 사인의 현행범체포 ④ 노동쟁의 ⑤ 모자보건법 ⑥ 전염병예방법 ⑦ 복표발행 ⑧ 뇌사자의 장기적출 ⑨ 정선카지노 ⑩ 경찰 총기사용 ⑪ 이혼한 모의 면접교섭권	① 의사의 치료행위 ② 안락사 ③ 변호인의 변론(예 : 허위사실적시, 명예훼손, 범인은닉 도피, 위증교사, 증거인멸은 위법) ④ 성직자의 업무행위 ⑤ 재건축 조합장의 철거 ⑥ 기자의 취재 · 보도행위	① 소극적 방어행위 ② 징계권 없는 자의 징계행위 ③ 자기/타인 권리실행행위 ④ 경미한 불법

제21조【정당방위】[2]

① 현재[3]의 부당한[4] 침해[5]로부터 자기 또는 타인의 법익(法益)[6] (개인적 법익) 을 방위하기 위하여 한 행위는 상당한 이유가 있는 경우에는 (상당성(필요성, 사회윤리적 제한)) 벌하지 아니한다. (형을 면제한다 X) – 위법성조각사유

②[7] 방위행위가 그 정도를 초과한 경우에는 (균형성 상실, 상당성 결여) 정황(情況)에 따라 그 형을 감경하거나 면제할 수 있다. – 책임 감소 · 소멸사유

③[8] 제2항의 경우에 야간이나 그 밖의 불안한 상태에서 공포를 느끼거나 경악(驚愕)하거나 흥분하거나 당황하였기 때문에 그 행위를 하였을 때에는 벌하지 아니한다.[9] (형을 면제한다 X) – 책임조각사유

[전문개정 2020.12.8]

---

❶ • 포괄적 · 보충적
∴초법규적 위법성 조각사유(×)
• 국가질서 내 개념

❷ • 객관적 정당화 상황
+주관적 정당화 요소
+상당한 이유

❸ • 기수 이후 종료 이전○
• 과거 · 장래×

❹ • 不正 v. 正 : 위법성 조각되는 행위에 대한 정당방위 不可(처벌조건 또는 소추조건 결여된 행위에는 可)
• 사람의 침해 : 동물 · 물건에 대한 침해×

❺ • 사육주의 :
고의 · 과실(○)
작위 · 부작위(○)
객관적 정당화 상황 → 결여 : 오상방위

❻ • 국가 · 사회적 법익에 대해서는 학설 대립

❼ • 과잉방위(임의적 감면)

❽ • 면책적 과잉방위

❾ • 형법상 책임조각사유 : 무죄, 기대가능성×

▸ 정당방위의 객관적 전제조건 = 객관적 정당화 상황

구분	객관적 전제조건						
요건	자기 또는 타인	법익에 대한	현재의			부당한	침해
내용			과거	현재	장래		
	• 긴급피난과 동일 • 자구행위 : 자기	개인적 법익 (한정설) (다수설)	× 현재 계속 중이면 정당방위	○	× 목전에 임박하면 정당방위	위법 (정당방위 or 긴급피난에 대한 정당방위 ×)	• 인간의 침해 • 동물 · 자연현상(×) • 부작위(○)
과잉방위 (제21조 제2항)	○					○	×
우연적 방위	○					×	○
오상방위	×(○ : 오인)					○	○
오상과잉방위	×(○ : 오인)					○	×

제22조【긴급피난】

① 자기 또는 타인의 법익에 대한 현재❶의 위난❷을 피하기 위한 행위는 상당한 이유❸가 있는 때에는 벌하지 아니한다.
(법익: 모든 법익)

②❹ 위난을 피하지 못할 책임이 있는 자에 대하여는 전항의 규정을 적용하지 아니한다.❺
(책임이 있는 자: 군인, 경찰관, 소방관, 의사 등)

③ 전조 제2항❻과 제3항❼의 규정은 본조에 준용한다.

❶ • 정당방위보다 **넓음**

❷ • 자초위난
–목적 or 고의에 의한 위난 ×
–유책한 자초위난○(제한)

❸ • 보충성 · 균형성 · 적합성 · 상대적 최소피난 要

❹ • 주체의 **제한**
(정당방위에는 없음)

❺ • 제한됨
(절대적인 것은 아님)

❻ • 과잉피난
(책임감소, 소멸사유 多)

❼ • 일정한 상황하의 과잉피난
(책임조각사유)

▸ 의무의 충돌(긴급피난의 특수한 경우)

행위	성립
부작위의무 v. 부작위의무	×
작위의무 v. 부작위의무	인정설과 부정설 (소수설) (다수설)
작위의무 v. 작위의무	○

–행위강제 있음
–행위태양 : 부작위(But 의무이행행위는 작위)
–비례성, 적합성, 현재성 不要
–고가치 또는 동가치의 의무이행(상당한 이유)

제23조【자구행위】❶

① 법률에서 정한 절차에 따라서는 청구권❷을 보전(保全)할 수 없는 경우에 그 청구권의 실행이 불가능해지거나 현저히 곤란해지는 상황을 피하기 위하여 한 행위❸는 상당한 이유❹가 있는 때에는 벌하지 아니한다.❺

보충성

② ❻ 제1항의 행위가 그 정도를 초과한 경우에는 정황에 따라 그 형을 감경하거나 면제할 수 있다.❼

[전문개정 2020.12.8]

❶ • 예외적 · 보충적인 국가권력 대행
• 不正 v. 正, 침해의 사후성
∴엄격한 균형성×

❷ • 원상회복가능할 것
• 자기 또는 위임

❸ • 청구권의 보전수단(실행행위×)

❹ • 보충성 · 균형성 · 적합성

❺ • 긴급상태하의 위법성 조각사유(通)

❻ • 과잉자구행위

❼ • 조문상 야간 기타 불안상황 하의 과잉자구행위×

제24조【피해자의 승낙】❽

처분할 수 있는 자❾의 승낙❿에 의하여 그 법익⓫을 훼손한 행위는 법률에 특별한 규정이 없는 한 벌하지 아니한다.⓬

▸ 양해 : 법익주체가 자기법익침해를 타인에게 허용(구성요건조각)
▸ 추정적 승낙 : 현실적 승낙이 없더라도 행위 당시 객관적 사정에 비추어 승낙이 예상되는 경우(위법성조각)
▸ 피해자의 동의가 있더라도 처벌되는 범죄 : 살인, 낙태, 준강간 · 준강제추행죄, 피구금자간음죄, 미성년자의제강간 · 강제추행죄, 사회적 · 국가적 법익에 대한 죄

❽ • 원칙적 처벌×

❾ • 원칙 : 법익주체
• 예외 : 대리○

❿ • 자유로운 의사(≠양해)
• 사전적

⓫ • 개인적 법익 중 처분 가능한 것
• 사람의 생명 · 신체－제한

⓬ • 위법성조각
• 상당성은 명문으로 규정되어 있지 않지만 해석상 필요

제2절 미수범

제25조【미수범】⓭

① ⓮ 범죄의 실행에 착수하여 행위를 종료하지 못하였거나 결과가 발생하지 아니한 때에는 미수범으로 처벌한다.

착수미수 / 실행미수

② ⓯ 미수범의 형은 기수범보다 감경할 수 있다.⓰

⓭ • 장애미수

⓮ • 처벌규정 要, 기수의 고의를 가질 것

⓯ • 임의적 감경(인상설)

⓰ • 주형 : 부가형 · 보안처분은 감경×

▸ 미수범×
- 과실범
- 형식범=거동범(But 몇 가지 예외 있음)
- 공안을 해하는 죄
- 진정부작위범(퇴거불응죄, 집합명령위반죄 : 예외)
- 공공의 신용에 대한 죄는 미수 대부분 있음
  - → 예외
    - 통화 : 위조통화취득 후 지정행사죄
    - 유가증권 · 우표 · 인지 : 소인말소죄
    - 문서 : 사문서부정행사죄
    - 인장 : 모두 미수○

▸ 실행착수시기
–간접정범 : 이용행위시
–공동정범 : 일부의 실행 → 전부책임
–교사범 · 종범 : 정범의 실행행위시
–원인에 있어서 자유로운 행위 : 학설 대립
–부진정부작위범 : 위험의 발생 또는 증대된 때

▸ 실행착수시기에 대한 학설

객관설		주관설	개별적 객관설 (통설)
형식적 객관설	실질적 객관설		
• 실행행위의 일부 개시시 –방화죄	• 밀접하게 연관된 행위시 –절도죄 –대부분의 경우	• 범죄의사의 비약적 표동시 –간첩죄	• 주관설+객관설 –살인죄
너무 늦음	기준이 모호함	• 너무 이름 • 예비와 미수의 구별이 어려움	기준이 모호함
범행계획 무시			

제26조【중지범】❶

❶ • 필요적 감면

범인이 실행에 착수한 행위를 자의(自意)로 중지하거나 그 행위
착수미수(잠정적 중지 포함) 통설 : 절충설
로 인한 결과의 발생을 자의로 방지한 경우에는 형을 감경하거나
실행미수(적극적 작위 要) 책임감소사유
면제❷한다. [전문개정 2020.12.8]

❷ • 인적 처벌조각사유
• 형면제, 범죄성립○ (무죄×)

▸ 자의성
–강요된 장애사유×, 자율적 중지 : 중지미수
–강요된 장애사유○, 타율적 중지 : 장애미수
▸ 공범과 중지미수 : 중지미수의 혜택은 중지자에게만 있고(책임개별화원칙), 실행착수 이전에 이탈한 경우에는 공동정범×

제27조【불능범】

실행의 수단 또는 대상의 착오로 인하여 결과의 발생이 불가능❸
주체의 착오: 학설대립, 多 : ×
하더라도 위험성❹이 있는 때에는 처벌한다. 단, 형을 감경 또는
임의적 감면
면제할 수 있다.

❸ • 결과발생이 가능하면 장애미수

❹ • 위험성○ : 불능미수 –임의적 감면
• 위험성× : 불능범 –불벌

- ㉮ 객관설
- ㉯률 · 사실구별설
- ㉮체적 위험설 ☆
- ㉱상적 위험설 ☆
- ㉰상설
- ㉲관설

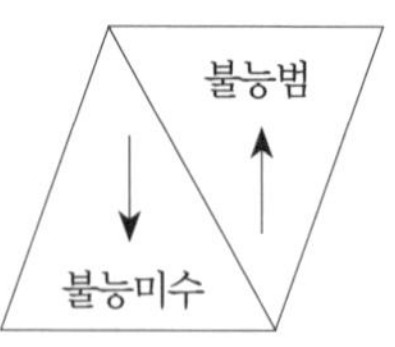

제28조【음모, 예비】

범죄의 음모❶ 또는 예비❷행위가 실행의 착수에 이르지 아니한 때❸에는 법률에 특별한 규정이 없는 한 벌하지 아니한다.❹

❶ • 심적 준비
• 인적 주비

❷ • 물적 준비(타인예비×)

❸ • 발현형태설
- so, 예비죄에 대한 공범×
- but, 예비죄의 공동정범○(多)

❹ • 내심의 의사만으로 처벌 不可

▸ 예비죄의 종범, 중지범, 과실에 의한 예비 : ×

▸ 모든 예비죄는 목적범 : 기본범죄를 범할 목적

▸ 밀항단속법에서는 음모는 벌하지 않고 예비만 처벌하는 규정을 두고 있다.

▸ 법익에 따른 음모 · 예비죄 분류

개인적 법익	사회적 법익	국가적 법익
• 살인(촉탁 · 승낙/자살×) – 제255조 • 약취 · 유인 · 인신매매 – 제296조 • 강도 – 제343조 • 강간 – 제305조의3	• 음용수유해물혼입 · 수도불통 – 제197조 • 통화 · 유가증권 · 우표 · 인지(문서×, 인장×) – 제213 · 224조 • 방화 · 일수 – 제175 · 183조 • 기차 · 선박 – 제191조 • 폭발물사용(예비, 음모, 선동) – 제120조	• 도주원조 – 제150조 • 내란 · 외란(공안을 해하는 죄×) – 제90조, 제101조 (예비, 음모, 선동, 선전), 외국에 대한 사전 (예비, 음모)

제29조【미수범의 처벌】

미수범을 처벌할 죄는 각칙의 해당 죄에서 정한다.

[전문개정 2020.12.8]

▸ 미수범 처벌되는 범죄

개인	살/상/협/강, 체/감/약/간, 주/절/강/사, 공/횡/배/손
사회	폭/방/일/교, 통/유/문/인, 음독/아/분/사
국가	내/외/외/불, 무/침/파/도

제3절 공 범

제30조【공동정범】

2인[1] 이상이 공동[2]하여 죄를 범한 때에는 각자를 그 죄의 정범으로 처벌[3]한다.

[1] • 기능적 행위지배

[2] • 실행행위의 공동(역할분담, 상호연락 要), 적극 가담

[3] • 처단형은 각자 다를 수 있음

- 기수 이후의 공동정범은 성립×(계속범은 예외)
- 승계적 공동정범의 경우 가담 이후의 범행에만 공동정범의 책임○
- 동시범 또는 편면적 공동정범은 공동정범×
- 결과적 가중범에 대한 공동정범 : 결과에 대한 예견가능성 있으면 인정
- 합동범 : 현장설(통설, 判)
- 합동범의 공동정범 : 공모공동정범의 이론이 적용(判)

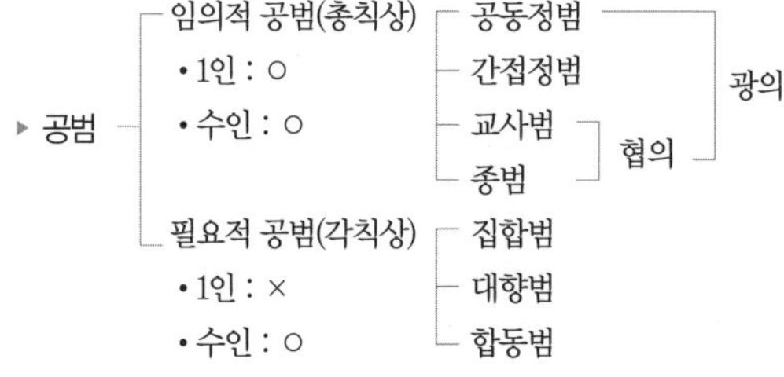

▸ 행위지배설(Roxin)
- 지배범× : 신분범, 의무범, 자수범
- 지배범
  - 단독정범 : 실행지배
  - 간접정범 : 의사지배
  - 공동정범 : 기능적 행위지배

▸ 과실범의 공동정범

– 긍정 : 행위공동설(判), 공동행위주체설, 과실공동 · 기능적 행위지배설, 과실공동 · 행위공동설

– 부정 : 범죄공동설, 목적적 행위지배설, 기능적 행위지배설(通)

▸ 공모공동정범

– 긍정 : 공동의사주체설(判), 간접정범유사설(判), 적극이용설, 공동정범설, 기능적 행위지배설–제한적 긍정(判)

– 부정 : 기능적 행위지배설(多), 범죄공동설, 행위공동설, 공동행위주체설

제31조【교사범】[4]

①[5] 타인을 교사[6]하여 죄를 범하게 한 자[7]는 죄를 실행한 자[8]와 동일한 형으로 처벌한다.

(죄를 범하게 한 자: 교사범 / 죄를 실행한 자: 실행× → 교사범×)

[4] • 과실에 의한 교사 · 방조×
• 과실범에 대한 교사×(간접정범)

[5] • 제31조 제1항만 교사범

[6] • 작위(부작위에 의한 교사×)

[7] • 교사자(교사 · 정범의 2중 고의)

[8] • 피교사자 : 정범(기수 or 미수)

- ❶❹ 기도된 교사
  - 효과 없는 교사 : 예비죄에 대한 교사
  - 실패한 교사
- 교사행위의 강력한 행위불법을 고려한 **특별규정**

② [1] 교사를 받은 자가 범죄의 실행을 승낙하고 실행의 착수에 이르지 아니한 때[2]에는 교사자와 피교사자를 음모 또는 예비에 준하여 처벌한다.[3]

③ [4] 교사를 받은 자가 범죄의 실행을 승낙하지 아니한 때에도 교사자에 대하여는 전항과 같다.[5]

❷ • 예비죄에 대한 교사 : 교사범 조성립, 가벌성○ (공범종속성설과 공범독립성설의 절충)

❸ • 가벌성○, 공범성립×

❺ • 피교사자는 불벌

▸ 교사자의 이중의 고의
–교사의 고의→과실에 의한 교사×
–정범의 고의→미수의 교사는 교사범×

▸ 편면적 교사×

▸ 교사의 수단 · 방법에 제한 없이 타인에게 범죄실행의 결의를 가지게 하는 것

제32조【종 범】

❻ • 작위 또는 부작위
• 정신적 또는 물질적

① 타인의 범죄를 방조[6]한 자[7]는 종범으로 처벌한다.

② 종범의 형은 정범의 형보다 감경한다.[8]

❼ • 방조자(방조 · 정범의 2중 고의)

❽ • 필요적 감경
청각 · 언어장애인
방조범

▸ 편면적 방조 · 승계적 방조 : ○

▸ 종범의 예비, 방조의 중지미수, 기도된 방조, 미수의 방조, 사후방조 : ×

▸ ┌부작위에 의한 교사×
└부작위에 의한 방조○

제33조【공범과 신분】[9]

❾ • 신분자(정범)의 범행에 가담한 비신분자(공범)의 처리(신분자가 비신분자의 행위에 가공한 경우× – 간접정범)

신분이 있어야 성립되는 범죄(신분범)에 신분 없는 사람이 가담한 경우에는 그 신분[10] 없는 사람에게도 제30조부터 제32조까지의 규정을 적용한다. 다만, 신분 때문에 형의 경중이 달라지는 경우에 신분이 없는 사람은 무거운 형으로 벌하지 아니한다. [전문개정 2020.12.8]

❿

[判例]	[通說]
• 本 : 진정신분범의 성립 · 과형, 부진정신분범의 성립(공범종속성설)	진정신분범 성립 · 과형
• 但 : 부진정신분범의 과형(책임개별화원칙)	부진정신분범 성립 · 과형

▸ 신분범의 종류
–진정신분범 : 신분관계로 인해 범죄성립
–부진정신분범 : 신분관계로 인해 형이 가중 or 감경되는 경우
–소극적 신분 : 신분관계가 존재할 경우(범죄가 불성립)

제34조【간접정범, 특수한 교사, 방조에 대한 형의 가중】[11]

⓫ • 자살 · 자상 강요

⓬ • 신분 없는 도구 이용
• 고의 없는 도구 이용
• 목적 없는 도구 이용
• 정당행위/정당방위/긴급피난 이용
• 판단능력 없는 형사미성년자/심신상실자/기대가능성 없는 자
↑(○)
• 간접정범
↓(×)
• 동물 이용(직접정범)
• 범죄성립(○) + 형면제
• 판단능력 있는 형사미성년자
• 한정책임능력자(심신미약자, 능력자)

① [12] 어느 행위로 인하여 처벌되지 아니하는 자(범죄 성립×) 또는 과실범으로 처벌되는 자를 교사 또는 방조[13]하여 범죄행위의 결과를 발생하게 한 자(이용자)는 교사 또는 방조의 예에 의하여 처벌한다.[14]

⓭ • 고의 · 작위(의사지배)
• 이용행위 : 실행착수

⓮ • 비신분자는 신분범의 간접정범×, 자수범은 간접정범×

⓯ • 특수교사(1.5) · 방조(1)
• 일반적 가중사유
–특수교사, 누범, 경합범

② [15] 자기의 지휘 · 감독을 받는 자(부하)를 교사 또는 방조하여 전항

의 결과를 발생하게 한 자는 교사인 때에는 정범에 정한 형의 장기 또는 다액에 그 2분의 1까지 가중하고 방조인 때에는 정범의 형으로 처벌한다.
1.5배

구분	간접정범	교사범
피이용자	처벌되지 않는 자 또는 과실범	고의범의 정범
이용자	정범	공범

제4절 누 범

제35조【누 범】❶

① 금고(禁錮) 이상의 형을 선고받아❷ 그 집행이 종료되거나 면제❸된 후 3년 내❹에 금고 이상에 해당하는 죄❺를 지은 사람은 누범(累犯)으로 처벌한다.
선고형 / 형기만료, 가석방기간 만료 / 누범시효

② 누범의 형은 그 죄에 대하여 정한 형의 장기(長期)의 2배까지 가중한다. [전문개정 2020.12.8]
법정형 / 단기×

❶ • 일반적 가중사유
상습범과 구별

❷ • 전범(고의 · 과실 불문, 유기 or 사형 · 무기가 감경되어 유기가 된 경우)

❹ • 실행의 착수만 있어도○

❸ • 제1조 제3항 : 재판확정 후 범죄구성×(법률변경)
• 제77조 : 시효완성
• 특별사면(일반사면×)
• 복권

❺ • 후범(고의범 · 과실범 불문)
• 선고형

▸ 상습범과의 구별
–누범[법규정상(총칙상) 개념] : 범죄유형을 불문하고 범죄의 반복적 수행인 전과의 형식적 요건만 갖추면 해당 → 행위책임(+행위자책임)
–상습범[범죄학상(각칙상) 개념] → 일정범죄를 반복적으로 행하는 특정범죄적 성향을 가진 자 : 행위자책임
–누범전과가 없어도 상습범이 될 수 있다.❻

❻ • cf) 경합범가중 : 행위책임

▸ 누범×
–집행유예 · 선고유예기간의 경과
–선고 · 집행유예기간 중 또는 가석방기간 중
–전범의 형의 집행 중 · 집행정지 중
–일반사면

▸ 금고 이상
–누범 –사후적 경합범
–집행유예 –가석방
–형의 실효의 대상

前	판결확정	後
형면제		형집행면제
–인적 처벌조각사유		–제1조 제3항 –특별사면 –형시효완성 –복권

제36조【판결선고 후의 누범발각】

판결선고 후 누범인 것이 발각된 때에는 그 선고한 형을 통산하여 다시 형을 정할 수 있다. 단, 선고한 형의 집행을 종료하거나 그 집행이 면제된 후에는 예외로 한다.

일사부재리와 충돌

다시 형×

▸ 비판 : 피고인의 진술거부권을 침해하고 일사부재리의 원칙에 반한다는 비판이 다수설이다.

제5절 경합법

❶ • 실체적 경합

❷ • 동시적 경합범 : 전단 경합범

❸ • 금고 이상 확정판결이 있었던 사실(집행유예기간도과 후의 효과는 영향×)
• 약식명령×

제37조【경합범】❶

판결이 확정되지 아니한 수개의 죄❷ 또는 금고 이상의 형에 처한 판결❸이 확정된 죄와 그 판결확정 전에 범한 죄❹를 경합범으로 한다.

❹ • 사후적 경합범 : 후단 경합범 하나의 판결로 각각 실형과 집행유예선고 可

마/향/대/관/피/카/무

수/공/사/증/의/약/오/횡/신

▸ 죄수결정의 기준

- 행위표준설 : 수죄 - (마)약류, (향)정신성의약품, (대)마, (관)세법위반 밀수, (피)라미드판매, (카)드깡, (무)면허운전, 합의에 의한 성관계에 의한 범죄 등
- 법익표준설(연속범을 제외한 판례의 원칙적 입장, 중요기준) : 수죄 - …행사죄, …부정사용죄와 사기죄 · 절도죄와의 관계, 협박 후 독립된 상해행위
- 구성요건표준설 : 수죄 - 예금통장과 인장절취 후 출금전표(사문서) 위조, 조세포탈(원칙적 기준)
- 의사표준설 : 포괄일죄(연속범) - (수)뢰죄, (공)갈죄, (사)기죄(자기명의신용카드), (증)권거래, (의)료법, (약)사법, (오)락실 · 게임장, 업무상 (횡)령, (신)용카드부정사용 등

※ 일죄
- 자연적 의미의 일죄
- 범조경합(단순일죄)
  - 특별관계
  - 보충관계 : 명시적(조문), 묵시적(해석)
  - 흡수관계 : 불가벌적 수반행위, 불가벌적 사후행위
- 포괄일죄
  - 결합범 : 각 독립된 범죄가 결합하여 한 개의 구성요건
  - 계속범 : 위법한 행위가 일정기간 유지
  - 접속범 : 일관된 고의의 행위가 시간적 · 장소적 접속
  - 연속범 : 연속된 범의의 수개의 행위가 동종의 범죄
  - 집합범 : 다수의 동종행위가 영업범, 직업범, 상습범

❶ • 동시적 경합범의 처리

제38조【경합범과 처벌례】❶

① 경합범을 동시에 판결할 때에는 다음 각 호의 구분에 따라 처벌한다.

❷ • 흡수주의

1.❷ 가장 무거운 죄에 대하여 정한 형이 사형, 무기징역, 무기금고인 경우에는 가장 무거운 죄에 대하여 정한 형으로 처벌한다.

❸ • 가중주의

2.❸ 각 죄에 대하여 정한 형이 사형, 무기징역, 무기금고 외의 같은 종류의 형인 경우에는 가장 무거운 죄❹에 대하여 정한 형의 장기 또는 다액(多額)에 그 2분의 1까지 가중하되 각 죄에 대하여 정한 형의 장기 또는 다액을 합산한 형기 또는 액수를 초과할 수 없다. 다만, 과료와 과료, 몰수와 몰수는 병과(倂科)할 수 있다.

❹ • 가장 무거운 죄 아닌 죄의 단기가 가장 무거운 죄의 단기보다 무거운 때에는 그 무거운 단기를 하한으로 함

❺ • 병과주의

3.❺ 각 죄에 대하여 정한 형이 무기징역, 무기금고 외의 다른 종류의 형인 경우에는 병과한다.❻

❻ • 1죄의 이종의 형 병과시에도 적용(判)

② 제1항 각 호의 경우에 징역과 금고는 같은 종류의 형으로 보아 징역형으로 처벌한다. [전문개정 2020.12.8]

❼ • 사후적 경합범의 처리

제39조【판결을 받지 아니한 경합범, 수개의 판결과 경합범, 형의 집행과 경합범】❼

① 경합범 중 판결을 받지 아니한 죄가 있는 때에는 그 죄와 판결이 확정된 죄를 동시에 판결할 경우와 형평을 고려하여 그 죄에 대하여 형을 선고한다. 이 경우 그 형을 감경 또는 면제할 수 있다.❽ (할 수 있다: 해야 한다×)

❽ • 임의적 감면 판례 : 본문보다 단서 중시(재량)

② 삭제

③ 경합범에 의한 판결의 선고(1개의 형 선고시)를 받은 자가 경합범 중의 어떤 죄에 대하여 사면 또는 형의 집행이 면제된 때에는 다른 죄에 대하여 다시 형을 정한다.

④ 전 3항의 형의 집행에 있어서는 이미 집행한 형기를 통산한다.

❶ • 과형상 일죄

❷ • 전체적 대조주의(결합주의) : 상한 · 하한 모두 중한 형으로 처단
• 형이 경한 죄의 부가형 병과 가능

제40조【상상적 경합】❶

한 개의 행위가 여러 개의 죄에 해당하는 경우에는 가장 무거운 죄에 대하여 정한 형❷으로 처벌한다. [전문개정 2020.12.8]

제3장 형

제1절 형의 종류와 경중

제41조【형의 종류】

형의 종류는 다음과 같다.

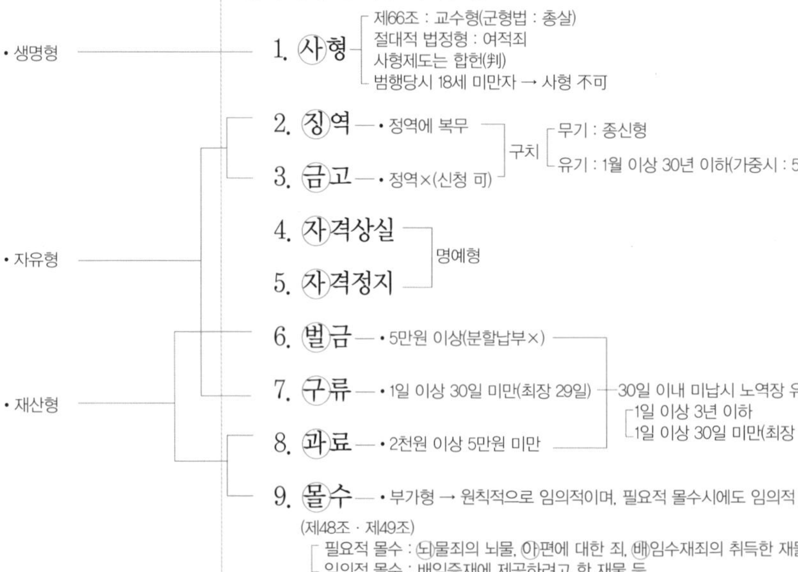

▸ 추징 : 형법상 형벌이 아니다. 몰수에 갈음하는 사법처분이다(실질상 형벌○)

▸ 과태료 : 형벌×

제42조【징역 또는 금고의 기간】

징역 또는 금고는 무기 또는 유기로 하고 유기는 1개월 이상 30년 이하로 한다. 단, 유기징역 또는 유기금고에 대하여 형을 가중하는 때에는 50년까지로 한다. 〈개정 2010.4.15〉❸

❸ • 조두순사건

제43조【형의 선고와 자격상실, 자격정지】

① 사형, 무기징역 또는 무기금고의 판결을 받은 자는 다음에 기재한 자격을 상실한다.❶

1. ㉾무원이 되는 자격
2. ㉾법상의 선거권과 피선거권
3. 법률로 요건을 정한 ㉾법상의 업무에 관한 자격
4. ㊖인의 이사, 감사 또는 지배인 기타 법인의 업무에 관한 검사역이나 재산관리인이 되는 자격

• 당연정지(제43조 제2항)

② 유기징역 또는 유기금고의 판결을 받은 자는 그 형의 집행이 종료하거나 면제될 때까지 전항 제1호 내지 제3호❷에 기재된 자격이 정지된다. 다만 다른 법률에 특별한 규정이 있는 경우에는 그 법률에 따른다. 〈개정 2016.1.6〉❸

❶ • 당연상실

❷ • 제4호×
∴ 법인이사 : 정지×

❸ • 당연정지 → 2016.1.6 형법 개정안에 의해 단서조항을 신설

제44조【자격정지】❹

① 전조에 기재한 자격의 전부 또는 일부에 대한 정지는 1년 이상 15년 이하로 한다.

② 유기징역 또는 유기금고에 자격정지를 병과한 때에는 징역 또는 금고의 집행을 종료하거나 면제된 날로부터 정지기간을 기산한다.❺

❹ • 판결선고에 의한 자격정지

❺ • ∴집행시부터 기산 : ×

제45조【벌 금】

벌금은 5만원 이상으로 한다. 다만, 감경하는 경우에는 5만원 미만으로 할 수 있다.❻

▸ 공문서위조 · 변조죄(제225조) : 벌금형×

❻ • 재산형
• 총액벌금형제도

제46조【구 류】

구류는 1일 이상 30일 미만으로 한다.

상한 29일

❶ • 확정일로부터 30일 이내 납입

제47조【과 료】

과료❶는 2천원 이상 5만원 미만으로 한다.❷

❷ • 제69조, 제70조, 제71조

제48조【몰수의 대상과 추징】

❸ • 대인적 요건
• 범인, 공범, 무주물, 절대적 금제품, 소유자불명인 물건, 불법원인급여는 몰수 可

① 범인 외의 자의 소유에 속하지 아니하거나❸ 범죄 후 범인 외의 자가 사정을 알면서(매수인이 선의이면 몰수 不可) 취득한 다음 각 호의 물건은 전부 또는 일부를 몰수할 수 있다(한다×).❹

❹ • 임의적 몰수
≠필요적 몰수 : 뇌 · 아 · 배

• 대물적 요건

1. 범죄행위에 제공하였거나 제공하려고 한 물건❺
2. 범죄행위로 인하여 생겼거나 취득한 물건
3. 제1호 또는 제2호의 대가로 취득한 물건❻

❺ • 배임증재에 제공하려고 한 재물

❻ • 예 장물의 매각대금(매수인이 악의인 경우)

❼ • 判 : "몰수 · 추징은 법관의 재량에 의한다"

②❼ 제1항 각 호의 물건을 몰수할 수 없을 때에는 그 가액(價額)❽을 추징❾한다.

❽ • 판결선고시 기준(공동피고인인 경우 1인에게 전액 추징 不可)

❾ • 실질상 형벌
┌범죄수익박탈
└징벌적 추징(공동연대추징 · 1인에게 전액 추징 可)
: 마 · 국 · 관 · 외 · 밀 · 징

③ 문서, 도화(圖畵), 전자기록(電磁記錄) 등 특수매체기록 또는 유가증권의 일부가 몰수의 대상이 된 경우에는 그 부분을 폐기한다. [전문개정 2020.12.8]

▸ 몰수×

–피해자소유	–선의의 사람으로부터 취득한 차용물
–국고수표	–판결선고 전 소유권의 상속

제49조【몰수의 부가성】

❿ • 몰수만을 위한 공소 不可

⓫ • 判 : 선고유예
• 무죄

몰수는 타형(주형)에 부가❿하여 과한다. 단, 행위자에게 유죄의 재판을 아니할 때⓫에도 몰수의 요건이 있는 때에는 몰수만을 선고할 수 있다. — 추징에도 적용

▸ 주형의 선고유예시 몰수 · 추징만 선고 可, 주형의 선고유예 없이 몰수 · 추징만 선고유예 不可
▸ 공소사실에 대한 공소시효가 완성되어 유죄의 선고를 할 수 없는 경우 몰수 · 추징도 不可
▸ 공소제기조차 되지 않은 경우(불기소처분 등)에는 몰수 · 추징만의 선고 不可

제50조【형의 경중】

⓬ • 사 · 징 · 금 · 자 · 자 · 벌 · 구 · 과 · 몰

① 형의 경중은 제41조⓬ 각 호의 순서에 따른다. 다만, 무기금고와 유기징역은 무기금고를 무거운 것으로 하고, 유기금고의

장기가 유기징역의 장기를 초과하는 때에는 유기금고를 무거운 것으로 한다.[1]

② 같은 종류의 형은 장기가 긴 것과 다액이 많은 것을 무거운 것으로 하고 장기 또는 다액이 같은 경우에는 단기가 긴 것과 소액이 많은 것을 무거운 것으로 한다.[2]

③ 제1항 및 제2항을 제외하고는 죄질[3]과 범정(犯情)[4]을 고려하여 경중을 정한다. [전문개정 2020.12.8]

▸ 불이익변경금지 : 전체적 · 실질적으로 고찰하여 판단
–집행면제 > 집행유예
–집행유예 > 벌금 > 선고유예
–집행유예 있는 징역과 징역형 중에는 장기가 긴 것이 더 무겁다.

[1] • 형기를 기준

[2] • 법정형이 병과형 or 선택형으로 정해진 경우에는 가장 무거운 형을 기준으로 함(判)

[3] • 범죄행위의 유형

[4] • 책임요소인 심정반가치

제2절 형의 양정

제51조【양형의 조건】

형을 정함[5]에 있어서는 다음 사항을 참작하여야 한다.[6]

1. 범인의 연령, 성행, 지능과 환경
2. 피해자에 대한 관계
3. 범행의 동기, 수단과 결과
4. 범행 후의 정황

• 예시적

▸ 명문× : 범인의 성별, 종교, 전과, 국적, 건강 · 체격, 피해자의 지능

[5] • 법정형(가중 · 감경 · 면제) → 처단형 → 선고형(재량)

[6] • 양형조건이자 집행유예의 정상참작사유

제52조【자수, 자복】

① 죄를 지은 후 수사기관에 자수[7]한 경우에는 형을 감경하거나 면제할 수 있다.[8]

② 피해자의 의사에 반하여 처벌할 수 없는 범죄(반의사불벌죄(친고죄×))에 있어서 피해자에게 죄를 자복(自服)(범죄사실을 고지)하였을 때에도 형을 감경하거나 면제할 수 있다. [전문개정 2020.12.8]

[7] • 자발성, 처벌을 구하는 의사표시

[8] • **임의적 감면**(범죄사실의 부인 또는 뉘우침이 없는 자수는 혜택×)

제53조【정상참작감경】[9]

범죄의 정상(情狀)에 참작할 만한 사유가 있는 경우에는 그 형[10](제51조)을 감경할 수 있다.[11] [전문개정 2020.12.8]

▸ 징역 · 벌금 병과시 하나만 작량감경 : 원칙 ×, 예외–경합범인 경우○

[9] • 재판상 감경

[10] • 부가형×, 보안처분×

[11] • 한 번만 감경 가능, 임의적 감경, 보호감호에는 적용×, 제55조에 準
• 법률상의 감경 후 다시 정상참작감경 가능

제54조【선택형과 정상참작감경】

한 개의 죄에 정한 형이 여러 종류인 때에는 먼저 적용할 형을 정하고 그 형을 감경한다. [전문개정 2020.12.8]

형종 선택 우선

제55조【법률상의 감경】

① 법률상의 감경은 다음과 같다. 〈개정 2010.4.15〉

1. 사형을 감경할 때에는 무기 또는 20년 이상 50년 이하의 징역 또는 금고로 한다.

• 3호까지만 정리하면 됨

2. 무기징역 또는 무기금고를 감경할 때에는 10년 이상 50년 이하의 징역 또는 금고로 한다.

당연 자격상실

3. 유기징역 또는 유기금고를 감경할 때에는 그 형기의 2분의 1로 한다.

자격정지

4. 자격상실을 감경할 때에는 7년 이상의 자격정지로 한다.

15년 이하

5. 자격정지를 감경할 때에는 그 형기의 2분의 1로 한다.
6. 벌금을 감경할 때에는 그 다액의 2분의 1로 한다.

(다액 및 소액)

7. 구류를 감경할 때에는 그 장기의 2분의 1로 한다.
8. 과료를 감경할 때에는 그 다액의 2분의 1로 한다.

② 법률상 감경할 사유가 수개 있는 때에는 거듭 감경할 수 있다.

≠작량감경

제56조【가중·감경의 순서】

형을 가중·감경할 사유가 경합하는 경우에는 다음 각 호의 순서에 따른다.

1. 각칙 조문에 따른 가중❶
2. 제34조 제2항에 따른 가중❷ (특)
3. 누범가중❸
4. 법률상 감경
5. 경합범 가중
6. 정상참작감경

[전문개정 2020.12.8]

❶ • 상습범 · 특수범죄 가중

❷ • 특수교사 : 장기 or 다액의 1.5배
• 특수방조 : 장기 or 다액의 1배

❸ • 장기의 2배

▸ 형의 가중 : 법률상 가중만 可 (=면제≠감경)
–일반적 가중 : 경합범, 누범, 특수교사 · 방조
–특수적 가중(각칙상)
- 상습범
  - 개인적 법익 : 상해 · 폭행, 협박, 체포 · 감금, 성폭력, 절도 · 강도, 사기 · 공갈, 장물죄
  - 사회적 법익 : 아편, 도박
  - 국가적 법익 : ×
- 특수범죄
  - 합동범 : 특수절도, 특수도주, 특수강도, 특수강간
  - 합동범 外 : 단체 · 다중의 위력, 위험한 물건 휴대
    –공 · 공 · 폭 · 체 · 협 · 주 · 강 · 손 · 상

❶ • 미결구금일수 산입

제57조【판결선고 전 구금일수의 통산】❶

❷ • 삭제–위헌(09.6.25) 2009. 6.25, 2007헌바25
• 전혀 산입하지 않거나 구금일수보다 많이 산입은 위법

① 판결선고 전의 구금일수는 그 전부(또는 일부)❷를 유기징역, 유기 금고, 벌금이나 과료에 관한 유치 또는 구류에 산입한다.〈개정 2014.12.30〉❸

❸ • 사형 · 무기형 · 자격형에는 산입×
• 전부산입(법정산입)

② 전항의 경우에는 구금일수의 1일은 징역, 금고, 벌금이나 과료에 관한 유치 또는 구류의 기간의 1일로 계산한다.

제58조【판결의 공시】

① 피해자의 이익을 위하여 필요하다고 인정할 때에는 피해자의 청구가 있는 경우에 한하여 피고인의 부담으로 판결공시의 취지를 선고할 수 있다.

❹ • 필요적 공시(원칙)

②❹ 피고사건에 대하여 무죄의 판결을 선고하는 경우에는 무죄판결공시의 취지를 선고하여야 한다. 다만, 무죄판결을 받은 피고인이 무죄판결공시 취지의 선고에 동의하지 아니하거나 피고인의 동의를 받을 수 없는 경우에는 그러하지 아니하다.〈개정 2014.12.30〉

공소기각×

③ 피고사건에 대하여 면소의 판결을 선고하는 경우에는 면소판결공시의 취지를 선고할 수 있다.〈신설 2014.12.30〉

제3절 형의 선고유예

제59조【선고유예의 요건】

① 1년 이하의 징역이나 금고, 자격정지 또는 벌금❶의 형을 선고할 경우에 제51조의 사항을 고려❷하여 뉘우치는 정상이 뚜렷할 때❸에는 그 형의 선고를 유예할 수 있다. 다만, 자격정지 이상의 형을 받은 전과가 있는 사람에 대해서는 예외로 한다.❹

(구류 · 과료× / 양형조건 / 재량)

② 형을 병과할 경우에도 형의 전부 또는 일부에 대하여 선고를 유예할 수 있다. [전문개정 2020.12.8]

▸ 자격정지 이상의 형을 받은 전과 : 형선고 사실 그 자체 : 집행유예 받은 자가 기간 경과시 선고유예 불가

▸ 자격정지 이상 : 선고유예, 형의 실효, 복권

❶ • 액수 제한×
• 노역장 유치기간이 1년을 넘는 벌금형 선고시에도 선고유예○

❷ • 재범의 위험성에 대해 판결선고시를 기준으로 판단

❸ • 범죄사실을 부인하는 경우에도 可

❹ • 원칙 : 초범자일 것

제59조의2【보호관찰】

① 형의 선고를 유예하는 경우에 재범방지를 위하여 지도 및 원호가 필요한 때에는 보호관찰을 받을 것을 명할 수 있다.

(재량)

② 제1항의 규정에 의한 보호관찰의 기간은 1년으로 한다.

(단축 不可)

▸ 보호관찰 · 사회봉사명령 · 수강명령이 모두 가능한 경우 : only 집행유예

제60조【선고유예의 효과】

형의 선고유예를 받은 날로부터 2년을 경과한 때에는 면소된 것으로 간주한다.

(연장 · 단축 不可 / 형식적 재판(기판력○))

제61조【선고유예의 실효】❺

①❻ 형의 선고유예를 받은 자가 유예기간 중 자격정지 이상❼의 형에 처한 판결이 확정되거나 자격정지 이상의 형에 처한 전과가 발견된 때에는 유예한 형❽을 선고한다.❾

②❿ 제59조의2의 규정에 의하여 보호관찰을 명한 선고유예를 받은 자가 보호관찰기간 중에 준수사항을 위반하고 그 정도가 무거운 때에는 유예한 형을 선고할 수 있다.

❺ • 취소×

❻ • 필요적
• 고의 · 과실 불문

❼ • 선 · 실 · 복 : 자
누 · 집 · 가 : 금

❽ • 주문에 기재×
but 유예된 형에 대한 판단 要

❾ • 즉시항고 가능
(형소법 §335④)

❿ • 임의적

제4절 형의 집행유예

제62조【집행유예의 요건】

① 3년 이하의 징역이나 금고 또는 500만원 이하의 벌금의 형을 선고할 경우에 제51조의 사항을 참작하여 그 정상에 참작할 만한 사유가 있는 때에는 1년 이상 5년 이하의 기간 형의 집행을 유예할 수 있다. 다만, 금고 이상의 형을 선고한 판결이 확정된 때부터 그 집행을 종료하거나 면제된 후 3년까지의 기간에 범한 죄에 대하여 형을 선고하는 경우에는 그러하지 아니하다.❶❷〈개정 2016.1.6〉❸

자격정지×

제51조 양형조건

❶ • 예외 : 여죄설(判)
• 사후적 경합범관계
• 병합심리 → 집 · 유 가능 (개정으로 不要 – 요건 완화)

❸ • '장발장법'이라 하여 500만원 이하의 벌금형에 대해서도 집행유예제도를 도입 + **공포 후 2년이 경과한 날부터 시행**

② 형을 병과할 경우에는 그 형의 일부에 대하여 집행을 유예할 수 있다.

1개의 형선고에는 적용×

❷ • 집행유예×

제62조의2【보호관찰, 사회봉사 · 수강명령】

① 형의 집행을 유예하는 경우에는 보호관찰❹을 받을 것을 명하거나 사회봉사 또는 수강을 명할 수 있다.❺

❹ • 형벌×, 보안처분
• 소급효○

❺ • 모두 동시에 선고 可

② 제1항의 규정에 의한 보호관찰의 기간은 집행을 유예한 기간으로 한다. 다만, 법원은 유예기간의 범위 내에서 보호관찰기간을 정할 수 있다.

단축 可

소급효×

③ 사회봉사명령 또는 수강명령은 집행유예기간 내에 이를 집행한다.

제63조【집행유예의 실효】

집행유예의 선고를 받은 자가 유예기간 중 고의로 범한 죄로 금고 이상의 실형을 선고받아 그 판결이 확정된 때에는 집행유예의 선고는 효력을 잃는다.

❶ • 필요적 취소
❷ • 집행유예선고 이후 집행유예의 기간경과 전

❸ • 임의적 취소

제64조【집행유예의 취소】

①❶ 집행유예의 선고를 받은 후❷ 제62조 단행의 사유가 발각된 때에는 집행유예의 선고를 취소한다.

②❸ 제62조의2의 규정에 의하여 보호관찰이나 사회봉사 또는 수강을 명한 집행유예를 받은 자가 준수사항이나 명령을 위반하고 그 정도가 무거운 때에는 집행유예의 선고를 취소할 수 있다.

▸ 제62조 단서의 3년 미경과 사유를 미리 알고 있었던 경우에도 취소 불가
▸ 집행유예기간 경과로 집행유예가 부과된 형선고효력상실(제65조)이 되면 집행유예실효(제63조)나 집행유예취소(제64조) 불가

제65조【집행유예의 효과】

집행유예의 선고를 받은 후 그 선고의 실효 또는 취소됨이 없이 유예기간을 경과한 때에는 형의 선고는 효력을 잃는다.
법률상 실효(사실상 유효)

▸ 형선고의 법률적 효력 상실
▸ 형선고가 있었다는 사실 그 자체가 사라지는 것은 아니다.
→ 선고유예의 결격사유(자격정지 이상의 전과)에 해당됨

제5절 형의 집행

제66조【사 형】

사형은 교정시설 안에서 교수(絞首)하여 집행한다.

[전문개정 2020.12.8]

제67조【징 역】

징역은 교정시설에 수용하여 집행하며, 정해진 노역(勞役)에 복무하게 한다. [전문개정 2020.12.8]

❹❺ • 행형법상 수형자 신청시 정역복무 可

제68조【금고와 구류】

금고❹와 구류❺는 교정시설에 수용하여 집행한다.

[전문개정 2020.12.8]

제69조【벌금과 과료】

① 벌금과 과료는 판결확정일로부터 30일 내에 납입하여야 한다. 단, 벌금을 선고할 때에는 동시에 그 금액을 완납할 때까지 노역장에 유치할 것을 명할 수 있다.[1]

과료×

[1] • 미리 형집행 담보

[2] • 환형유치

②[2] 벌금을 납입하지 아니한 자는 1일 이상 3년 이하, 과료를 납입하지 아니한 자는 1일 이상 30일 미만의 기간 노역장에 유치하여 작업에 복무하게 한다.

최장 29일

제70조【노역장 유치】

① 벌금이나 과료를 선고할 때에는 이를 납입하지 아니하는 경우의 노역장 유치기간을 정하여 동시에 선고하여야 한다.

[3] • 황제노역방지규정

②[3] 선고하는 벌금이 1억원 이상 5억원 미만인 경우에는 300일 이상, 5억원 이상 50억원 미만인 경우에는 500일 이상, 50억원 이상인 경우에는 1천일 이상의 노역장 유치기간을 정하여야 한다. [전문개정 2020.12.8]

▸ 벌금형의 선고유예시 → 미결구금일수 산입

제71조【유치일수의 공제】

벌금이나 과료의 선고를 받은 사람이 그 금액의 일부를 납입한 경우에는 벌금 또는 과료액과 노역장 유치기간의 일수(日數)에 비례하여 납입금액에 해당하는 일수를 뺀다. [전문개정 2020.12.8]

제6절 가석방

제72조【가석방의 요건】[4]

[4] • 수형자의 형기만료 전 조건부로 수형자를 석방하고 일정기간 경과 후 형집행 종료로 간주

① 징역이나 금고의 집행 중에 있는 사람이 행상(行狀)이 양호하여 뉘우침이 뚜렷한 때[5]에는 무기형은 20년, 유기형은 형기의 3분의 1이 지난 후 행정처분으로 가석방을 할 수 있다.

법원의 결정 不要

[5] • 잔형 집행×→재범위험성 없다고 판단 가능

② 제1항의 경우에 벌금이나 과료가 병과되어 있는 때에는 그 금액[6]을 완납하여야 한다.

[6] • 판결선고 전 구금일수만큼 납입 간주(제57조 제2항)

第73條【판결선고 전 구금과 가석방】

① 형기에 산입된 판결선고 전 구금일수(미결구금일수)는 가석방을 하는 경우 집행한 기간에 산입한다.

② 제72조 제2항의 경우에 벌금이나 과료에 관한 노역장 유치기간에 산입된 판결선고 전 구금일수는 그에 해당하는 금액이 납입된 것으로 본다. [전문개정 2020.12.8]

第73條의2【가석방의 기간 및 보호관찰】

① 가석방의 기간은 무기형에 있어서는 10년으로 하고, 유기형에 있어서는 남은 형기로 하되, 그 기간은 10년(최장)을 초과할 수 없다.

② 가석방된 자는 가석방기간(단축불가) 중 보호관찰(필요적)을 받는다. 다만, 가석방을 허가한 행정관청(법무부장관)이 필요가 없다고 인정한 때에는 그러하지 아니하다.

第74條【가석방의 실효】

가석방기간 중 고의로 지은 죄로 금고 이상의 형을 선고받아 그 판결이 확정된 경우에 가석방 처분은 효력을 잃는다.❶

[전문개정 2020.12.8]

第75條【가석방의 취소】

가석방의 처분을 받은 자가 감시에 관한 규칙을 위배하거나, 보호관찰의 준수사항을 위반하고 그 정도가 무거운 때에는 가석방 처분을 취소할 수 있다(임의적).❷

第76條【가석방의 효과】

① 가석방의 처분을 받은 후 그 처분이 실효 또는 취소되지 아니하고 가석방기간을 경과한 때에는 형의 집행을 종료한 것으로 본다.❸

❶ • 과실범 제외 = 집행유예의 실효
• 선고유예의 실효시는 고의, 과실 불문

❷ • 행정관청(법무부장관)의 재량

❸ • 누범전과, 형의 소멸원인

② 전 2조의 경우에는 가석방 중의 일수는 형기에 산입하지 아니한다.❶

❶ • 가석방 당시의 잔형기를 집행

제7절 형의 시효

제77조【형의 시효의 효과】

형(사형은 제외한다)을 선고받은 자에 대해서는 시효가 완성되면 그 집행이 면제된다.❷ [개정 2023.8.8]

❷ • 별도의 재판 要×

▸ 형선고를 받은 자가 재판확정 후 형집행을 받지 않고 일정기간 경과 후 당연히 형집행이 면제되는 것 → 확정된 형벌집행권의 소멸이라는 점에서 미확정인 공소권을 소멸시키는 공소시효와 구별

제78조【형의 시효의 기간】

시효는 형을 선고하는 재판이 확정된 후 그 집행을 받지 아니하고 다음 각 호의 구분에 따른 기간이 지나면 완성된다.

1. 삭제 [2023.8.8]
2. 무기의 징역 또는 금고 : 20년
3. 10년 이상의 징역 또는 금고 : 15년
4. 3년 이상의 징역이나 금고 또는 10년 이상의 자격정지 : 10년
5. 3년 미만의 징역이나 금고 또는 5년 이상의 자격정지 : 7년
6. 5년 미만의 자격정지, 벌금, 몰수 또는 추징 : 5년
7. 구류 또는 과료 : 1년

[제목개정 2020.12.8]

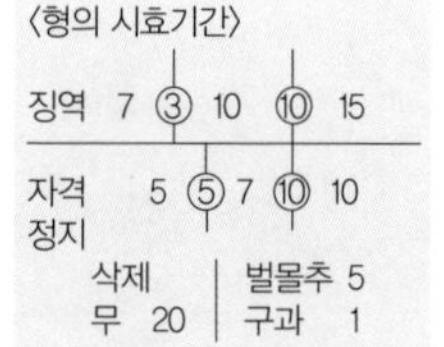

〈공소시효〉
사형 25
무기 15
징역 5 ⑤ 7 ⑩ 10
자격 정지 1 3 5
벌금 5
구과몰 1

※ 공소시효(형소법 제249조) 07개정
- 사형 : 25년
- 무기 : 15년
- 장기 10년 이상 : 10년
- 장기 10년 미만 : 7년
- 장기 5년 미만, 장기 10년 이상 자격정지, 벌금 : 5년
- 장기 5년 이상 자격정지 : 3년
- 장기 5년 미만 자격정지, 구류 · 과료 · 몰수 : 1년

제79조【형의 시효의 정지】

① 시효는 형의 집행의 유예나 정지 또는 가석방 기타 집행할 수 없는 기간[1]은 진행되지 아니한다.〈개정 2014.5.14〉

집행정지

[1] • 천재지변 기타 사변 (도주나 소재불명기간은×)

② 시효는 형이 확정된 후 그 형의 집행을 받지 아니한 사람이 형의 집행을 면할 목적으로 국외에 있는 기간 동안은 진행되지 아니한다.〈신설 2014.5.14, 2023.8.8〉

제80조【형의 시효의 중단】

reset

시효는 징역, 금고 및 구류의 경우에는 수형자를 체포한 때, 벌금, 과료, 몰수 및 추징의 경우에는 강제처분을 개시한 때에 중단된다.

생명형 · 자유형 / 재산형

▸ 강제집행이 집행불능되어도 시효 중단됨
▸ 중단사유의 효과 : 시효의 전 기간을 새로 기산

제8절 형의 소멸

▸ 형의 소멸원인 : 형집행 종료, 형집행 면제, 형의 선고유예 · 집행유예기간의 경과, 법인의 사망, 사면
▸ 형의 소멸원인 × : 형집행 정지, 공소시효 완성

※ 사면(대통령령)
- 일반사면 : 죄를 범한 자에 대해 미리 죄나 형종을 정하여 공소권을 상실시키는 것(국회동의 要)
- 특별사면 : 형선고를 받은 특정인에 대해 형의 집행 면제를 해 주는 것(통치행위) → 누범전과 해당

제81조【형의 실효】[2]

[2] • 재판상 실효

징역 또는 금고의 집행을 종료하거나 집행이 면제된 자가 피해자의 손해를 보상하고 자격정지 이상의 형을 받음이 없이[3] 7년을 경과한 때에는 본인 또는 검사의 신청에 의하여 그 재판의 실효를 선고할 수 있다.[4]

장래효

[3] • 집행유예 받으면 형의 실효 不可

[4] • 법관

※ • 재판상 실효

(전과를 말소시켜 전과자의 사회복귀를 용이하게 하려는 취지)

▸ 당연실효(형의 실효 등에 관한 법률)
- 3년 초과 징역 · 금고 : (형집행종료 · 면제시부터) 10년
- 3년 이하 징역 · 금고 : 5년
- 벌금 : 2년
- 구류 · 과료 : 즉시

제82조【복 권】

자격정지의 선고를 받은 자가 피해자의 손해를 보상하고 자격정지 이상의 형을 받음이 없이 정지기간의 2분의 1[1]을 경과한 때에는 본인 또는 검사의 신청에 의하여 자격의 회복을 선고할 수 있다.[2]

[1] • cf) 가석방 : 3분의 1 (제72조①)

[2] • 누범가중사유

제4장 기 간

제83조【기간의 계산】

연(年) 또는 월(月)로 정한 기간은 연 또는 월 단위로 계산한다.

[전문개정 2020.12.8]

제84조【형기의 기산】

① 형기는 판결이 확정된 날로부터 기산한다.

② 징역, 금고, 구류와 유치에 있어서는 구속되지 아니한 일수는 형기에 산입하지 아니한다.

제85조【형의 집행과 시효기간의 초일】

형의 집행과 시효기간의 초일은 시간을 계산함이 없이 1일로 산정한다.[3]

[3] • 초일불산입원칙의 예외 (형소법) : 구속기간

▸ 보안처분

– 의의 : 형벌로 목적을 달성할 수 없는 경우의 대체적 · 예방적 조치로서 형벌과 본질적으로 다르다. 소급효금지원칙 적용×, 감경대상×

– 종류
  - 대인적 : 자유의 제한 또는 박탈
  - 대물적 : 몰수, 영업소 폐쇄, 법인의 강제해산 등

– 형법 外
  - 소년법상 보호처분
  - 보안관찰법상 보안관찰
  - 보호관찰 등에 관한 법률상의 보호관찰
  - 특가법 · 특강법상 보호감호
  - 치료감호법상 치료감호

– 형법상
  - 집행유예 : 보호관찰, 사회봉사, 수강명령 → 동시 可
  - 선고유예 : 보호관찰 → 1년
  - 가석방 : 보호관찰(필요적)

제86조【석방일】

석방은 형기종료일에 하여야 한다.
(형기종료일: 익일×)

제2편 각 칙

제1장 내란의 죄

국가의 존립 · 권위 ─ 제1장 내란 / 제2장 외환 / 제3장 국기 / 제4장 국교

第87條【내 란】[1]

[1] • 쿠데타

대한민국 영토의 전부 또는 일부에서 국가권력을 배제하거나 국헌을 문란하게 할 목적(목적범)으로 폭동을 일으킨 자[2]는 다음 각 호의 구분에 따라 처벌한다.

[2] • 집합범(다수인의 최광의의 폭행, 광의의 협박)
• 필요적 공범(공동정범×)

1. 우두머리는 사형, 무기징역 또는 무기금고에 처한다.
2. 모의에 참여하거나 지휘하거나 그 밖의 중요한 임무에 종사한 자는 사형, 무기 또는 5년 이상의 징역이나 금고에 처한다. 살상, 파괴 또는 약탈 행위를 실행한 자도 같다.
3. 부화수행(附和隨行)하거나 단순히 폭동에만 관여한 자는 5년 이하의 징역이나 금고에 처한다. [전문개정 2020.12.8]

내란죄	소요죄
• 국가적 법익에 관한 죄 (보호법익 : 국가의 내적 안전) • 구체적 위험범(학설대립) : 예비 · 음모, 미수 → 처벌규정○ • 필요적 공범 : 집합범(조직화○) • 목적범 • 폭행 : 최광의, 협박 : 광의	• 사회적 법익에 관한 죄 (보호법익 : 공공의 안전과 평화) • 추상적 위험범 : 예비 · 음모, 미수 → 처벌규정× • 필요적 공범 : 집합범 (집합한 다중○ – 조직화×) • 목적범× • 폭행 : 최광의, 협박 : 광의

第88條【내란목적의 살인】

대한민국 영토의 전부 또는 일부에서 국가권력을 배제하거나 국헌을 문란하게 할 목적(목적범)으로 사람을 살해한 자는 사형, 무기징역 또는 무기금고에 처한다. [전문개정 2020.12.8]

第89條【미수범】

전2조의 미수범은 처벌한다.

제90조【예비, 음모, 선동, 선전】

① 제87조 또는 제88조의 죄를 범할 목적으로 예비 또는 음모 한 자는 3년 이상의 유기징역이나 유기금고에 처한다. 단, 그 목적한 죄의 실행에 이르기 전에 자수한 때에는 그 형을 감경 또는 면제한다.❶

모든 예비죄 : 목적범

❶ • 자수에 대한 특례규정 (필요적 감면)

② 제87조 또는 제88조의 죄를 범할 것을 선동 또는 선전한 자도 전항의 형과 같다.

> ※ 예비죄의 자수시 필요적 감면 : 내란죄, 외환죄, 외국사전죄, 방화죄, 폭발물사용죄, 통화죄

• 예비죄 자수

제91조【국헌문란의 정의】

본장에서 국헌을 문란할 목적이라 함은 다음 각 호의 1에 해당함을 말한다.

1. 헌법 또는 법률에 정한 절차에 의하지 아니하고 헌법 또는 법률의 기능을 소멸시키는 것
2. 헌법에 의하여 설치된 국가기관을 강압에 의하여 전복 또는 그 권능행사를 불가능하게 하는 것

제2장 외환의 죄

제92조【외환유치】

외국과 통모하여 대한민국에 대하여 전단을 열게 하거나 외국인❷과 통모하여 대한민국에 항적한 자는 사형 또는 무기징역에 처한다.

적국 제외

❷ • 적국민 제외(∵ 제93조, 여적죄의 주체가 되므로)

제93조【여 적】

적국과 합세하여 대한민국에 항적한 자는 사형❸에 처한다.

❸ • 절대적 법정형(only)

제94조【모병이적】

① 적국을 위하여 모병한 자는 사형 또는 무기징역에 처한다.

② 전항의 모병에 응한 자는 무기 또는 5년 이상의 징역에 처한다.

제95조【시설제공이적】

① 군대, 요새, 진영 또는 군용에 공하는 선박이나 항공기 기타 장소, 설비 또는 건조물을 적국에 제공한 자는 사형 또는 무기징역에 처한다.

② 병기 또는 탄약 기타 군용에 공하는 물건을 적국에 제공한 자도 전항의 형과 같다.

제96조【시설파괴이적】

적국을 위하여 전조에 기재한 군용시설 기타 물건을 파괴하거나 사용할 수 없게 한 자는 사형 또는 무기징역에 처한다.

제97조【물건제공이적】

군용에 공하지 아니하는 병기, 탄약 또는 전투용에 공할 수 있는 물건을 적국에 제공한 자는 무기 또는 5년 이상의 징역에 처한다.

제98조【간 첩】❶❷

① 적국을 위하여❸ 간첩하거나 적국의 간첩❹을 방조❺한 자는 사형, 무기 또는 7년 이상의 징역에 처한다.

(편면적 간첩×)

②❻ 군사상❼의 기밀❽을 적국에 누설한 자도 전항의 형과 같다.❾

제99조【일반이적】

전 7조에 기재한 이외❿에 대한민국의 군사상 이익을 해하거나 적국에 군사상 이익을 공여한 자는 무기 또는 3년 이상의 징역에 처한다.

(보충법)

❶ • 탐지 · 수집 : 기수
누설 : 별도의 죄×
❷ • 고의+이적의사
❸ • 실행착수 : 국내 잠입설(주관설)
❹ • 간첩행위 자체를 방조
❺ • 간첩방조죄(감경×)
• 총칙상 방조 제32조 적용×(자살방조, 도주원조)
❻ • 신분범
• 직무에 관하여
❼ • 직무관련성(직무관련성 없이 기밀누설→일반이적죄 제99조)
❽ • 실질적 기밀개념(공지의 사실×)
❾ • 고의 要
❿ • 명시적 보충관계(제92조~제98조 적용 안 될 때)
• 제98조 제2항과의 관계에 있어서 직무에 관계 없이 우연히 취득시 적용

제100조【미수범】

전 8조의 미수범은 처벌한다.

제101조【예비, 음모, 선동, 선전】

① 제92조 내지 제99조의 죄를 범할 목적으로 예비 또는 음모한 자는 2년 이상의 유기징역에 처한다. 단, 그 목적한 죄의 실행에 이르기 전에 자수한 때에는 그 형을 감경 또는 면제한다.❶

모든 예비죄는 목적범

② 제92조 내지 제99조의 죄를 선동 또는 선전한 자도 전항의 형과 같다.

❶ • 자수에 대한 필요적 감면 규정
내 · 외 · 외 · 방 · 폭 · 통

제102조【준적국】

제93조 내지 전조의 죄에 있어서는 대한민국에 적대하는 외국 또는 외국인의 단체는 적국으로 간주한다.

제103조【전시군수계약불이행】❷

① 전쟁 또는 사변에 있어서 정당한 이유없이 정부에 대한 군수품 또는 군용공작물에 관한 계약을 이행하지 아니한 자는 10년 이하의 징역에 처한다.

부작위범

② 전항의 계약이행을 방해한 자도 전항의 형과 같다.❸

❷ • 진정부작위범
• 외환죄 중 미수 ×

❸ • 작위범

※ 진정부작위범 : 다중불해산죄, 전시군수계약불이행죄, 인권옹호직무명령불준수죄, 전시공수계약불이행죄, 집합명령위반죄, 퇴거불응죄

미수범 처벌규정○

제104조【동맹국】

본장의 규정은 동맹국에 대한 행위에 적용한다.

제104조의2 삭제

제3장 국기에 관한 죄 ❶

❶ • 보호주의 적용 : 내 · 외 · 국 · 통 · 유 · 문 · 인 … (제5조)
국교에 관한 죄 : 보호주의 적용×

제105조【국기, 국장의 모독】

대한민국을 모욕할 목적으로 국기❷ 또는 국장을 손상, 제거 또는 오욕한 자는 5년 이하의 징역이나 금고, 10년 이하의 자격정지 또는 700만원 이하의 벌금에 처한다.

~모독죄 : 목적범

❷ • 공용 · 사용 불문 (소유 관계도 불문)

제106조【국기, 국장의 비방】❸

❸ • 보충적

전조의 목적으로 국기 또는 국장을 비방한 자는 1년 이하의 징역이나 금고, 5년 이하의 자격정지 또는 200만원 이하의 벌금에 처한다.

~비방죄 : 목적범 / 비방: 공연성 要

제4장 국교에 관한 죄 ❹

❹ • 보호주의 적용×

▸ 국교에 관한 죄
- 외국원수 · 사절 · 국기에 대한 죄
  - 외국원수에 대한 폭행죄 등(제107조)
  - 외국사절에 대한 폭행죄 등(제108조)
  - 외국국기 · 국장모독죄(제109조)
  - → • 폭행죄 · 협박죄 · 모욕죄 또는 명예훼손죄에 대하여 不法가중 → 가중적 구성요건 • 반의사불벌죄
- 외국에 대한 국제적 의무위반 내지 평화를 침해하는 것을 처벌하는 범죄유형
  - 외국에 대한 사전죄(제111조) → 예비 · 음모, 미수 처벌
  - 중립명령위반죄(제112조)
- 외교상 기밀누설죄(제113조) : 주체 – 제한×(신분범×)

공무상 비밀누설죄(제127조) → 신분범○

제107조【외국원수에 대한 폭행 등】❺

❺ • 반의사불벌죄

① 대한민국에 체재하는 외국의 원수에 대하여 폭행 또는 협박을 가한 자는 7년 이하의 징역이나 금고에 처한다.

원수: 내각책임제하의 수상 제외

② 전항의 외국원수에 대하여 모욕❻을 가하거나 명예❼를 훼손한 자는 5년 이하의 징역이나 금고에 처한다.

❻ • 친고죄×, 반의사불벌○ • 공연성 不要

❼ • 제310조(명예훼손죄의 위법성조각사유) 적용×

※ 반의사불벌죄 : ㊉폭행죄(존속폭행죄), 과실상해죄, 협박죄(존속협박죄), 명예훼손죄, 출판물에 의한 명예훼손죄

제108조【외국사절에 대한 폭행 등】

① 대한민국에 파견된 외국사절(영사 포함×)에 대하여 폭행 또는 협박을 가한 자는 5년 이하의 징역이나 금고에 처한다.

② 전항의 외국사절에 대하여 모욕을 가하거나 명예를 훼손한 자는 3년 이하의 징역이나 금고에 처한다.

제109조【외국의 국기, 국장의 모독】

외국을 모욕할 목적으로(~모독죄 : 목적범) 그 나라의 공용에 공하는(私用×(≠제105조 국기 · 국장모독죄)) 국기 또는 국장을 손상, 제거 또는 오욕한 자는 2년 이하의 징역이나 금고 또는 300만원 이하의 벌금에 처한다.

▸ 제107조~제109조 : 반의사불벌죄

제110조【피해자의 의사】

제107조 내지 제109조[1]의 죄는 그 외국정부의 명시한 의사에 반하여 공소를 제기할 수 없다.[2]

제111조【외국에 대한 사전】

① 외국에 대하여 사전[3]한 자는 1년 이상의 유기금고에 처한다.

② 전항의 미수범은 처벌한다.

③ 제1항의 죄를 범할 목적으로 예비 또는 음모한 자는 3년 이하의 금고 또는 500만원 이하의 벌금에 처한다. 단, 그 목적한 죄의 실행에 이르기 전에 자수한 때에는 감경 또는 면제한다.[4]

제112조【중립명령위반】[5]

외국간의 교전에 있어서 중립에 관한 명령[6]에 위반한 자는 3년 이하의 금고 또는 500만원 이하의 벌금에 처한다.

제113조【외교상 기밀의 누설】

① 외교상의 기밀(공지의 사실×)을 누설[7]한 자[8]는 5년 이하의 징역 또는 1천

[1] • 외국3총사
–외국원수 폭행
–외국사절 폭행
–외국국기 · 국장모독

[2] • 반의사불벌죄
제105조 국기 · 국장모독죄 → 소추조건×

[3] • 단순한 폭력×, 무력에 의한 조직적 공격일 것 要

[4] • 필요적 감면 : 내 · 외 · 외 · 방 · 폭 · 통

[5] • 백지형법, 한시법 추급효 문제

[6] • 보충규범이 필요함
예 대통령령(총체적 법률 제1조 제2항 · 제3항)

[7] • 적국에 누설×
(적국에 누설 → 간첩죄 성립, 제98조)

[8] • 제98조 제2항 신분범
• 주체 : 제한×
제27조 공무상 비밀누설죄 → 신분범○

만원 이하의 벌금에 처한다.

② 누설할 목적으로 외교상의 기밀을 탐지 또는 수집한 자도 전항의 형과 같다.
고의+목적 要

제5장 공안을 해하는 죄

제114조【범죄단체 등의 조직】

사형, 무기 또는 장기 4년 이상의 징역에 해당하는 범죄[1]를 목적으로 하는 단체 또는 집단[2]을 조직[3]하거나 이에 가입 또는 그 구성원으로 활동한 사람은 그 목적한 죄[4]에 정한 형으로 처벌한다. 다만, 형을 감경할 수 있다. [전문개정 2013.4.5]
목적범
임의적 감경(심/장/범/석)

❶ • 조직범죄 · 경범죄 제외
❷ • 필요적 공범
• 집합범
❸ • 즉시범(조직시부터 공소시효 기산)
❹ • 예 살인, 폭행 등

제115조【소 요】

다중[5]이 집합[6]하여 폭행, 협박 또는 손괴의 행위[7]를 한 자[8]는 1년 이상 10년 이하의 징역이나 금고 또는 1천 500만원 이하의 벌금에 처한다.
최광의 광의

▸ 살인죄, 방화죄와는 상상적 경합
▸ 공무집행방해죄나 주거침입죄는 소요죄에 흡수됨
▸ 소요죄 : 목적범×
내란죄 : 목적범○
다중불해산죄 : 목적범○

❺ • 필요적 공범, 집합범
❻ • 조직적일 것 不要
내란죄 – 조직적 要
• 한 지방의 평온과 안전을 해할 수 있는 정도
❼ • 추상적위험범 : 예비음모, 미수처벌규정×
내란죄 : 구체적 위험범 → 예비 · 음모, 미수 처벌○
❽ • 공동의사 要(공동의사 없이 → 특수폭행죄, 특수협박죄)

제116조【다중불해산】[9]

폭행, 협박 또는 손괴의 행위를 할 목적으로 다중[10]이 집합하여 그를 단속할 권한이 있는 공무원으로부터 3회 이상[11]의 해산명령을 받고 해산하지 아니한 자는 2년 이하의 징역이나 금고 또는 300만원 이하의 벌금에 처한다.[12]
소요의 목적

❾ • 집합범 · 진정부작위범 (소요죄의 예비단계)
• 다중불해산+소요 =소요죄만 성립
❿ • 주체, 단체를 이루지 못한 다수인의 단순한 집합
⓫ • 3회 후의 해산명령에 따라 해산해도 무방
⓬ • 진정부작위범 (부작위에 의한 부작위범)

제117조【전시공수계약불이행】

① [1]전쟁, 천재 기타 사변에 있어서 국가 또는 공공단체[2]와 체결한 식량 기타 생활필수품의 공급계약을 정당한 이유 없이 이행하지 아니한 자(부작위범)는 3년 이하의 징역 또는 500만원 이하의 벌금에 처한다.

② 전항의 계약이행을 방해한 자(작위범)도 전항의 형과 같다.

③ 전 2항의 경우에는 그 소정의 벌금을 병과할 수 있다.

제118조【공무원자격의 사칭】

공무원의 자격을 사칭하여(공무원의 권한 내일 것) 그 직권을 행사[3]한 자는 3년 이하의 징역 또는 700만원 이하의 벌금에 처한다.

- 국가적 법익죄 (통설)
- ❶ • 진정부작위범
- ❷ • 기능보호가 목적 (국가적 법익에 대한 죄)
- • 관련성
- ❸ • 반드시 해야 본죄 성립 (없으면 경범죄에 해당)
  • 결과 要, 미수×

제6장 폭발물에 관한 죄

제119조【폭발물 사용】[4]

① 폭발물을 사용하여 사람의 생명, 신체 또는 재산을 해하거나 그 밖에 공공의 안전을 문란하게 한 자[5]는 사형, 무기 또는 7년 이상의 징역에 처한다.

②[6] 전쟁, 천재지변 그 밖의 사변에 있어서 제1항의 죄를 지은 자는 사형이나 무기징역에 처한다.

③ 제1항과 제2항의 미수범은 처벌한다. [전문개정 2020.12.8]

- ❹ • 예비 · 음모 · 선동까지 처벌(제120조 규정)
  cf) 폭발성물건파열죄(제172조)
- ❺ • 구체적 위험범
  ∴고의 要
- ❻ • 전시폭발물사용죄

제120조【예비, 음모, 선동(유일)】

① 전조 제1항 · 제2항의 죄를 범할 목적으로 예비 또는 음모한 자는 2년 이상의 유기징역에 처한다. 단, 그 목적한 죄의 실행에 이르기 전에 자수한 때에는 그 형을 감경 또는 면제한다.[7]

② 전조 제1항 · 제2항의 죄를 범할 것을 선동[8]한 자도 전항의 형과 같다.

- ❼ • 필요적 감면
  외 · 중 · 예 · 위 · 장
  → 내 · 외 · 외 · 방 · 폭 · 통
- ❽ • 형법상 유일한 선동 처벌 규정(선동 또는 선전×)

제121조【전시폭발물제조 등】❶

전쟁 또는 사변에 있어서 정당한 이유없이 폭발물을 제조, 수입, 수출, 수수 또는 소지한 자는 10년 이하의 징역에 처한다.

사용×

❶ • 미수×
제 · 수 · 수 · 수 · 소

제7장 공무원의 직무에 관한 죄

제122조【직무유기】❷

공무원❸이 정당한 이유없이 그 직무수행을 거부하거나 그 직무❹를 유기❺한 때에는 1년 이하의 징역이나 금고 또는 3년 이하의 자격정지에 처한다.

❷ • 부진정부작위범
• 구체적 위험범
• 계속범(체 · 감 · 주 · 퇴 · 약 · 도 · 직 · 교 · 범)

❸ • 단순노무종사자는 제외
• 구체적인 직무의무를 가진 공무원(휴가 중인 공무원×), 진정신분범

❹ • 고유한 주된 업무만 해당

❺ • 의식적 직무방임 · 포기(작위한 경우는 ×)
• 태만, 착각, 황망×
• 작위범과는 상상적 경합 不可(작위범만 성립)

제123조【직권남용】❻

공무원이 직권을 남용하여 사람으로 하여금 의무 없는 일을 하게 하거나 사람의 권리행사를 방해한 때에는 5년 이하의 징역, 10년 이하의 자격정지 또는 1천만원 이하의 벌금에 처한다.

직무권한 내 / 결과 要(결과범)

❻ • 진정신분범
• 미수×
(권리행사방해결과 要)

제124조【불법체포, 불법감금】❼

① 재판, 검찰, 경찰 기타 인신구속에 관한 직무를 행하는 자❽ 또는 이를 보조하는 자가 그 직권을 남용하여 사람을 체포 또는 감금❾한 때에는 7년 이하❿의 징역과 10년 이하의 자격정지에 처한다.

② 전항의 미수범은 처벌한다.

직무범죄 中유일

▸ 주체

–불법체포 · 감금, 폭행 · 가혹행위 : 재판, 검찰, 경찰 기타 인신구속직~

–피의사실공표 : 검찰, 경찰 기타 범죄수사직~

–선거방해 : 검찰, 경찰 or 군의 직~

• 기소강제절차 고발사건 대상범죄(제123조~제126조)

❼ • 체포감금죄(제276조 제1항)
직권남용체포 · 감금(유일미수)

❽ • 집행관, 교도소장, 사법경찰리 포함
• 부진정신분범

❾ • 부작위도 可, 물리적 · 심리적 방법 불문

❿ • cf) 체포감금죄(제276조 제1항) : 5년 이하

제125조【폭행, 가혹행위】⓫

재판, 검찰, 경찰 그 밖에 인신구속에 관한 직무를 수행하는 자 또는 이를 보조하는 자가 그 직무를 수행하면서⓬ 형사피의자나

⓫ • 부진정신분범

⓬ • 직무와 시간적 · 장소적 · 내용적 관련성 要

❶ • 협의(사람의 신체에 대한 유형력의 행사)

그 밖의 사람에 대하여 폭행❶ 또는 가혹한 행위를 한 경우에는 5년 이하의 징역과 10년 이하의 자격정지에 처한다.

[전문개정 2020.12.8]

❷ • 진정신분범
• 명예훼손적 의미
• 명시의사 反×

第126條【피의사실공표】❷

검찰, 경찰 그 밖에 범죄 수사에 관한 직무를 수행하는 자 또는 이를 감독하거나 보조하는 자가 그 직무를 수행하면서 알게 된 피의사실을 공소제기 전에 공표(公表)한 경우에는 3년 이하의 징역 또는 5년 이하의 자격정지에 처한다. [전문개정 2020.12.8]

주체 : 수사기관

부작위로도 可

第127條【공무상 비밀의 누설】❸

❸ • 업무상 비밀누설죄 (제317조)

❹ 외교상 기밀누설죄 (제113조) 제한×

❺ • 상당한 비밀가치 있는 사실 포함
(判 : 실질적 비밀)
간첩
외교상 기밀누설
공무상 비밀누설

❻ • 대향범
∴ 내부 : 공범×

공무원 또는 공무원이었던 자❹가 법령에 의한 직무상 비밀❺을 누설❻한 때에는 2년 이하의 징역이나 금고 또는 5년 이하의 자격정지에 처한다.

❼ • 진정신분범○, 목적범×

第128條【선거방해】❼

검찰, 경찰 또는 군의 직에 있는 공무원이 법령에 의한 선거에 관하여 선거인, 입후보자 또는 입후보자되려는 자에게 협박을 가하거나 기타 방법으로 선거의 자유를 방해한 때에는 10년 이하의 징역과 5년 이상의 자격정지에 처한다.

수사기관

❽ • 제130조와 구별
• 연속범 · 영업범으로 포괄일죄. 수/㉢/사/증/의/약/오/횡/신
• 법익 : 직무집행의 공정과 이에 대한 사회의 신뢰, 직무행위의 불가매수성

❿ • 청탁 · 부정행위에 관계없이 처벌

⓮ • 객관적 처벌조건 (고의의 대상×)

第129條【수뢰, 사전수뢰】❽

① 공무원 또는 중재인이 그 직무에 관하여❾ 뇌물❿을 수수, 요구 또는 약속한 때에는 5년 이하의 징역 또는 10년 이하의 자격정지에 처한다.⓫

❾ • 직무관련성 要(과거 · 현재 · 장래 직무 포함)
❿ • 대가관계 要(사교적 의례는 ×)

② 공무원 또는 중재인이 될 자가 그 담당할 직무에 관하여 청탁⓬을 받고 뇌물을 수수, 요구 또는 약속⓭한 후 공무원 또는 중재인이 된 때⓮에는 3년 이하의 징역 또는 7년 이하의 자격정지에 처한다.

⓬ • 사전수뢰 · 사후수뢰 : 청탁 要
⓭ • 뇌물가액 · 이익의 특정 不要
• 이미 범죄성립

제130조【제3자 뇌물제공】❶

❶ • =제3자 뇌물공여 제3자 뇌물수수 ≠제3자 뇌물취득

공무원 또는 중재인이 그 직무에 관하여 부정한 청탁❷을 받고 제3자❸에게 뇌물을 공여하게 하거나 공여를 요구 또는 약속한 때에는 5년 이하의 징역 또는 10년 이하의 자격정지에 처한다.

❷ • cf) 배임수재죄, 제3자 뇌물공여죄

❸ • 공무원과의 경제적 직접성이 있으면 제129조 제1항 적용

제131조【수뢰 후 부정처사, 사후수뢰】

① 공무원 또는 중재인이 전 2조의 죄를 범하여 부정한 행위❹(작위 또는 부작위)를 한 때에는 1년 이상의 유기징역에 처한다.

❹ • 연결효과에 의한 상상적 경합

②❺ 공무원 또는 중재인이 그 직무상 부정한 행위를 한 후 뇌물을 수수, 요구 또는 약속하거나 제3자에게 이를 공여하게 하거나 공여를 요구 또는 약속한 때에도 전항의 형과 같다.

❺ • 가중처벌하는 범죄유형 • 부정처사후수뢰죄

③❻ 공무원 또는 중재인이었던 자가 그 재직 중에 청탁을 받고 직무상 부정한 행위를 한 후(퇴직 후) 뇌물을 수수, 요구 또는 약속한 때에는 5년 이하의 징역 또는 10년 이하의 자격정지에 처한다.

❻ • 독자적 성격 범죄 • 사후수뢰죄

④ 전 3항의 경우에는 10년 이하의 자격정지를 병과할 수 있다.

제132조【알선수뢰】

공무원(주체(중재인×))이 그 지위를 이용(사실상 영향력 포함)하여 다른 공무원의 직무에 속한 사항의 알선❼에 관하여 뇌물을 수수, 요구 또는 약속한 때에는 3년 이하의 징역 또는 7년 이하의 자격정지에 처한다.

❼ • 알선행위 : 구성요건×

제133조【뇌물공여 등】

① 제129조부터 제132조까지에 기재한 뇌물을 약속, 공여 또는 공여의 의사를 표시(일방행위 ∴이원설)한 자는 5년 이하의 징역 또는 2천만원 이하의 벌금에 처한다.

② 제1항의 행위에 제공할 목적으로 제3자에게 금품을 교부❽한 자 또는 그 사정을 알면서 금품을 교부받은 제3자❾도 제1항의 형에 처한다. [전문개정 2020.12.8]

❽❾ • 증뢰물전달죄=제3자(공무원도 가능) 뇌물취득

❶ • 필요적

❷ • 필요적 몰수
뇌물
아편
배임수재

제134조【몰수, 추징】❶

범인 또는 사정을 아는 제3자가 받은 뇌물 또는 뇌물로 제공하려고 한 금품(특정한 물건)은 몰수한다(할 수 있다×).❷ 이를 몰수할 수 없을 경우에는 그 가액을 추징한다. [전문개정 2020.12.8]

▶ 상대방 : 현재 뇌물을 보유하고 있는 자
–증뢰자 : 수뢰자가 뇌물을 그대로 보관하였다가 반환
–수뢰자 : 수뢰자가 일단 소비 후 동액을 반환, 다시 제3자에게 공여
▶ 방법 : 각자 실제 수령액을 몰수 · 추징 → 불분명하면 균분
(범죄수익박탈적 추징) → 한 사람에게 전액추징×

※ 필요적 몰수 · 추징 : ㉠뇌물죄, ㉡아편죄, ㉢배임수재죄

• 징벌적 몰수 · 추징
(공동연대추징)
–㉮약법
–재산㉯외도피사범
–㉰세법
–㉱국환관리법
–㉲항단속법

제135조【공무원의 직무상 범죄에 대한 형의 가중】

공무원이 직권을 이용하여 본장 이외의 죄(포함한×)를 범한 때에는 그 죄에 정한 형의 2분의 1까지 가중한다. 단, 공무원의 신분에 의하여 특별히 형이 규정된 때에는 예외로 한다.

제8장 공무방해에 관한 죄

미수○	미수×
~무효	~방해
~침해	~모욕
~파괴	

▶ 공무집행방해죄(제136조 제1항)
- 수정적 구성요건
  - 직무 · 사직 강요죄(제136조 제2항)
  - 위계에 의한 공무집행방해죄(제137조)
- 가중적 구성요건–특수공무방해죄(제144조) : 불법 가중
- 보호객체가 특수한 공무에 제한되는 경우
  - 법정 · 국회회의장모욕죄(제138조)
  - 인권옹호직무방해죄(제139조)
  - 공무상 비밀표시무효죄(제140조)

• 죄수 : 공무원의 수
• 살인죄 · 상해죄와는 상상적 경합
• 강도죄와는 실체적 경합

❸ • 미수×
• 추상적 위험범
∴ 직무방해 고의 不要
❹ • 현재
❺ • 출근 중 · 퇴근 중×
• 대기 중, 일시휴식 중○
• 적법성 要 : 법령이 정한 방식과 절차+추상적 · 구체적 직무권한에 속할 것

제136조【공무집행방해】❸

①❹ 직무를 집행❺하는 공무원(청원경찰, 방범대원)에 대하여 폭행 또는 협박❻한 자

❻ • 광의, 적극적 행위(공무방해의 결과는 不要)

는 5년 이하의 징역 또는 1천만원 이하의 벌금에 처한다.

❶ • 장래

②❶ 공무원에 대하여 그 직무상의 행위를 강요 또는 저지하거나 그 직을 사퇴하게 할 목적❷으로 폭행 또는 협박한 자도 전항의 형과 같다.❸

장래의 직무집행

❷ • 목적범
제1항은 목적×

❸ • 직무 · 사직강요죄

제137조【위계에 의한 공무집행방해】

위계로써 공무원의 직무집행을 방해❹한 자는 5년 이하의 징역 또는 1천만원 이하의 벌금에 처한다.

행위수단(위력×)

❹ • 결과 要
• 방해의사 要] 고의○
≠공무집행방해죄

▸ 관할행정청 또는 수사기관에 심사의무 있는 경우 : 불충분한 심사 · 수사
→ 위계에 의한 공무집행방해죄 성립×

제138조【법정 또는 국회회의장모욕】

법원의 재판 또는 국회의 심의를 방해 또는 위협할 목적으로 법정이나 국회회의장 또는 그 부근에서 모욕 또는 소동한 자는 3년 이하의 징역 또는 700만원 이하의 벌금에 처한다.

~모욕, ~모독 : 목적범

제139조【인권옹호직무방해】

경찰의 직무를 행하는 자 또는 이를 보조하는 자가 인권옹호에 관한 검사의 직무집행을 방해하거나 그 명령을 준수하지 아니한 때에는 5년 이하의 징역 또는 10년 이하의 자격정지에 처한다.

부작위범

▸ 인권옹호직무명령불준수죄+직무유기죄=상상적 경합

제140조【공무상 비밀표시무효】

❺ • 부작위로도 可

①❺ 공무원이 그 직무에 관하여 실시한 봉인 또는 압류 기타 강제처분❻의 표시를 손상 또는 은닉하거나 기타 방법❼으로 그 효용을 해한 자는 5년 이하의 징역 또는 700만원 이하의 벌금에 처한다.

현존

❻ • 유효성 要(정당, 부당 불문)
• 강제집행 전 : 강제집행면탈죄
• 강제집행 : 공무상 비밀표시무효죄
• 강제집행 후 : 부동산 강제집행효용침해죄

❼ • 해당×
–가처분자가 특정자로 지정된 경우의 제3자
–압류물을 종전 상태로 압류하여 보관 중인 채무자가 종전대로 사용한 것

❽ • 공무상 비밀개봉죄

②❽ 공무원이 그 직무에 관하여 봉함 기타 비밀장치한 문서 또는 도화를 개봉한 자도 제1항의 형과 같다.❾

❾ • 비밀침해죄(제316조)에 대한 가중적 구성요건

❿ • 공무상 비밀내용탐지죄

③❿ 공무원이 그 직무에 관하여 봉함 기타 비밀장치한 문서, 도

화 또는 전자기록 등 특수매체기록을 기술적 수단을 이용하여 그 내용을 알아낸 자도 제1항의 형과 같다.❶

❶ • 침해범

제140조의2【부동산강제집행효용침해】

❷ • 강제집행 후
• 소유권 이전

강제집행으로 명도❷ 또는 인도❸된 부동산❹에 침입하거나 기타 방법으로 강제집행의 효용을 해한 자는 5년 이하의 징역 또는 700만원 이하의 벌금에 처한다.❺

❸ • 점유의 이전
❹ • 퇴거집행된 부동산 포함○(判)
❺ • 주체 : 제한×
(=강제집행면탈죄)

제141조【공용서류 등의 무효, 공용물의 파괴】❻

❻ • 참조 제366조

❼ • 공문서 · 사문서, 문서완성 · 정식접수 여부 등 불문

① 공무소에서 사용하는 서류❼ 기타 물건❽ 또는 전자기록 등 특수매체기록을 손상 또는 은닉하거나 기타 방법으로 그 효용을 해한 자는 7년 이하의 징역 또는 1천만원 이하의 벌금에 처한다.❾

❽ • 자동차○
• 건조물○
❾ • 공용물건손상

❿ • 참조 제367조
• 공용물 파괴

②❿ 공무소에서 사용하는 건조물, 선박, 기차 또는 항공기를 파괴한 자는 1년 이상 10년 이하의 징역에 처한다.

자동차×(제1항의 공용 서류 등 무효죄)

제142조【공무상 보관물의 무효】

공무소로부터 보관명령을 받거나 공무소의 명령으로 타인이 관리하는 자기의 물건을 손상 또는 은닉하거나 기타 방법으로 그 효용을 해한 자는 5년 이하의 징역 또는 700만원 이하의 벌금에 처한다.⓫

⓫ • 침해범

제143조【미수범】

⓬ • ~무효/~침해/~파괴

제140조 내지 전조의 미수범은 처벌한다.⓬

제144조【특수공무방해】

① 단체 또는 다중의 위력을 보이거나 위험한 물건을 휴대하여 제136조, 제138조와 제140조 내지 전조의 죄를 범한 때에는 각 조에 정한 형의 2분의 1까지 가중한다.

② 제1항의 죄를 범하여 공무원을 상해에 이르게 한 때에는 3년

부진정결과적 가중범

이상의 유기징역에 처한다. 사망에 이르게 한 때에는 무기 또는 5년 이상의 징역에 처한다.

진정결과적 가중범

> ※ 부진정결과적 가중범 : ㊀현주건조물방화치사상죄, ㊀교통방해치상죄, ㊀특수공무방해치상죄, ㊀중상해죄, ㊀중유기죄, ㊀중강요죄, 중손괴죄

제9장 도주와 범인은닉의 죄

도주: 미수○ / 범인은닉: 미수×

제145조【도주, 집합명령위반】❶

❶ • 진정신분범

① ❷ 법률에 따라 체포되거나 구금된 자❸가 도주❹한 경우에는 1년 이하의 징역에 처한다.❺

❷ • 행위객체×, 법익○

❸ • 가석방 · 집행유예 · 보석 · 형집행정지 · 구속집행정지 중인 자

❹ • 체포자 · 간수자의 실력적 지배로부터 완전히 벗어난 때 : 기수

❺ • 침해범, 즉시범

단순도주죄 : 책임감경적 구성요건요소

② ❻ 제1항의 구금된 자(체포된 자 : ×)가 천재지변이나 사변 그 밖에 법령에 따라 잠시 석방된 상황에서 정당한 이유없이 집합명령에 위반한 경우에도 제1항의 형에 처한다.❼ [전문개정 2020.12.8]

❻ • 진정부작위범

❼ • 미수○

제146조【특수도주】

수용설비 또는 기구를 손괴하거나 사람에게 폭행 또는 협박(광의)을 가하거나 2인 이상이 합동❽하여 전조 제1항의 죄를 범한 자는 7년 이하의 징역에 처한다.

❽ • **합동범** : 특수강도, 특수절도, 특수도주, 특수강간

제147조【도주원조】❾

❾ • 도주죄보다 더 중하게 처벌 : 예비○
• 사후종범적 성격
• 도주 기수 이후 원조 : 범인도피
• 총칙상 방조범규정 적용× : 자살방조, 간첩방조

법률에 의하여 구금된 자(연행 중인 자×)를 탈취하거나 도주하게 한 자는 10년 이하(1월 이상~)의 징역에 처한다.❿

❿ • 방조범의 실질(특성)

제148조【간수자의 도주원조】⓫

⓫ • 부진정신분범

법률에 의하여 구금된 자를 간수 또는 호송하는 자가 이를 도주하게 한 때에는 1년 이상 10년 이하의 징역에 처한다.

1년 이상: 제147조보다 중함

제149조【미수범】

전 4조의 미수범은 처벌한다.

제150조【예비, 음모】

제147조와 제148조의 죄를 범할 목적으로 예비 또는 음모한 자는 3년 이하의 징역에 처한다.

▸ 도주(제145조 제1항), 특수도주(제146조) : 예비 · 음모 처벌×
▸ 도주원조(제147조), 간수자의 도주원조(제148조) : 예비 · 음모 처벌○

제151조【범인은닉과 친족간의 특례】❶

❶ • 미수×

① 벌금 이상의 형(법성형)에 해당하는 죄를 범한 자❷를 은닉 또는 도피하게 한 자❸는 3년 이하의 징역 또는 500만원 이하의 벌금에 처한다.

❷ • 객체(범인) 진범 不要(多, 判)
• × : 무죄판결 확정, 형의 폐지, 공소시효완성 내지 사면, 고소권 소멸(判 : 본죄의 교사범은 성립)

❸ • 주체(범인 外 자)-다른 공동정범도 가능, 객관적 구성요건요소

②❹ 친족 또는 동거의 가족(사실혼 제외(判))이 본인을 위하여 전항의 죄를 범한 때에는 처벌하지 아니한다.❺

❹ • 친족간 특례적용 : 범인은닉과 증거인멸뿐

❺ • 책임조각사유

제10장 위증과 증거인멸의 죄 ❻

❻ • 미수×

제152조【위증, 모해위증】

①❼ 법률❽에 의하여 선서❾한 증인❿이 허위⓫의 진술⓬을 한 때에는 5년 이하의 징역 또는 1천만원 이하의 벌금에 처한다.⓭

②⓮ 형사사건 또는 징계사건에 관하여 피고인, 피의자 또는 징계혐의자를 모해할 목적(가중적 신분요소(判))으로 전항의 죄를 범한 때에는 10년 이하의 징역에 처한다.

❼ • 진정신분범
❽ • 소송법 종속적 성격
• 소송비용확정신청사건×
❾ • 선서무능력자는×
–16세 미만자
–선서취지를 이해 못하는 자
❿ • 주체
• 증언거부권자(☆)
⓫ • 주관설
(기억에 반하는 증언)
⓬ • 부작위 포함, 내용이 판결에 영향을 미칠 것은 不要
⓭ • 자수범, 거동범 → 기수 : 신문절차 종료시(사후선서 : 선서종료시) → 미수×, 간접정범×
⓮ • 부진정신분범

제153조【자백, 자수】

전조의 죄를 범한 자가 그 공술한 사건의 재판 또는 징계처분이 확정⓯되기 전에 자백 또는 자수(자발성× · ○)한 때에는 그 형을 감경 또는 면제한다.⓰

⓯ • 1재판 or 징계처분 내에서의 수개의 위증은 포괄일죄

⓰ • 필요적 감면(위 · 허 · 무)

제154조【허위의 감정, 통역, 번역】

법률에 의하여 선서한 감정인,⓱ 통역인 또는 번역인이 허위의

⓱ • 감정수탁자, 감정증인 : ×(감정인만 해당)

감정, 통역 또는 번역을 한 때에는 전 2조의 예에 의한다.

제155조【증거인멸 등과 친족간의 특례】❶

❶ • 증거인멸죄

① 타인❷의 형사사건(수사개시 전 포함) 또는 징계사건에 관한 증거를 인멸, 은닉, 위조(문서위조와 다름) 또는 변조하거나 위조 또는 변조한 증거를 사용한 자는 5년 이하의 징역 또는 700만원 이하의 벌금에 처한다.

❷ • 자기의 사건×(무죄) → 자기의 사건인 동시에 타인의 사건에도 본죄×
• 공범자=자기 : 증거인멸×

▸ 범죄은닉죄와 증거인멸죄의 유사점(제151조)
- 친족 · 동거가족 책임조각사유
- 교사범 성립

②❸ 타인의(자기×) 형사사건 또는 징계사건에 관한 증인을 은닉 또는 도피❹하게 한 자도 제1항의 형과 같다.❺

❸ • 증인은닉 · 도피죄

❹ • 인증의 이용 자체를 물리적으로 불가능하게 하는 행위

❺ • 허위진술의 교사 or 참고인 · 증인에게 허위진술을 교사 : ×

③ 피고인, 피의자(인지 要) 또는 징계혐의자를 모해할 목적(목적범)으로 전 2항의 죄를 범한 자는 10년 이하의 징역에 처한다.

④❻ 친족❼ 또는 동거의 가족이 본인을 위하여 본조의 죄를 범한 때에는 처벌하지 아니한다.

❻ • 친족간 특례 : 범인은닉, 증거인멸

❼ • 사실혼×
대법(判)

제11장 무고의 죄❽

❽ • 추상적 위험범 : 미수×
• 보호법익
- 국가의 심판기능
- 개인의 이익
→ 이중성격

제156조【무 고】

타인❾으로 하여금 형사처분 또는 징계처분을 받게 할 목적(목적범)으로 공무소 또는 공무원❿에 대하여 허위⓫의 사실⓬을 신고⓭한 자는 10년 이하의 징역 또는 1천 500만원 이하의 벌금에 처한다.

❾ • 자기무고, 허무인 · 사자를 무고 : ×
• 승낙무고○
• 공동무고○

❿ • 형사처분 · 징계처분할 권한 있는 경우

⓫ • 객관설(다소 과장×)
위증죄(제152조) – 주관설

⓬ • 형사처분 or 징계처분의 원인이 될 수 있는 것
∴ 범죄사실 자체× : 무고×

⓭ • 신고수리자가 무고 여부를 알았는가는 불문
• 구성요건 등을 구체적으로 명시할 필요×
• 자발적이어야 하며, 대상에게 도착한 때에 기수
• 허위사실이라는 인식 要 → 미필적 고의로 충분

> • 죄수 : 피해자 수(피무고자의 수)
> • 기수시기 : 도달주의
> • 하나의 고소장으로 수인 무고시 : 상상적 경합

제157조【자백 · 자수】⓮

⓮ • 필요적 감면

제153조는 전조에 준용한다.

▸ 자백 · 자수 특례규정(필요적 감면)
–㊀위증죄 · 모해위증죄
–㊀허위감정 · 통역 · 번역죄
–㊀무고죄
▸ 친족간 특례규정(책임조각=무죄)
–범인은닉죄
–증거인멸죄

제12장 신앙에 관한 죄

❶ • 미수×

제158조【장례식 등의 방해】❶

❷ • 형법상 보호가치가 있을 것

❷장례식, 제사, 예배 또는 설교를 방해한 자는 3년 이하의 징역 또는 500만원 이하의 벌금에 처한다.

즉시범, 추상적 위험범

❸ • 미수×

제159조【시체 등의 오욕】❸

시체, 유골 또는 유발(遺髮)을 오욕한 자는 2년 이하의 징역 또는 500만원 이하의 벌금에 처한다. [전문개정 2020.12.8]

❹ • 미수○

제160조【분묘의 발굴】❹

❺ • 적법여부 불문(무연고분○, 암장된 분묘○)

분묘❺를 발굴한 자는 5년 이하의 징역에 처한다.

❻ • 미수○

제161조【시체 등의 유기 등】❻

❼ • 시체에 대한 신앙에 대한 죄
❽ • 매장용도 : 재물×

①❼ 시체❽, 유골, 유발 또는 관 속에 넣어 둔 물건을 손괴(損壞), 유기,❾ 은닉 또는 영득(領得)한 자는 7년 이하의 징역에 처한다.

❾ • 부작위범(작위의무범)

❿ • 분묘발굴시체손괴등죄

②❿ 분묘를 발굴하여 제1항의 죄를 지은 자는 10년 이하의 징역에 처한다.⓫ [전문개정 2020.12.8]

⓫ • 제160조+제161조 제1항

제162조【미수범】

전2조의 미수범은 처벌한다.

❶ • 미수×

❷ • 범죄의 피해자임이 명백할 때×

제163조【변사체 검시 방해】❶

변사자❷의 시체 또는 변사(變死)로 의심되는 시체를 은닉하거나 변경하거나 그 밖의 방법으로 검시(檢視)를 방해한 자는 700만원 이하의 벌금에 처한다. [전문개정 2020.12.8]

제13장 방화와 실화의 죄 ❸

❸ • 보호법익 : 공공의 안전과 개인의 재산(이중성격설-通·判)

▸ 추상적 위험범	현주건조물방화죄(제164조 제1항) 공용건조물방화죄(제165조) 타인소유일반건조물방화죄(제166조 제1항)	미수처벌○
▸ 구체적 위험범	자기소유일반건조물방화죄(제166조 제2항) 일반물건방화죄(제167조)	미수처벌×

제164조【현주건조물 등 방화】

❹ • 추상적 위험범
• 미수범 처벌규정○

❺ • 형식적 객관설
• 실행착수 : 점화시
• 기수 : 독립연소시

①❹ 불을 놓아❺ 사람이 주거로 사용하거나 사람이 현존하는(실제로 현존하였는가는 불문) 건조물, 기차, 전차, 자동차,(저택 : ×)❻ 선박, 항공기 또는 지하채굴시설을 불태운 자는 무기 또는 3년 이상의 징역에 처한다.❼

❻ • 주거침입×
• 공용물파괴죄×
• 주거수색○

❼ • 가족과 함께 사는 자신의 집에 방화한 경우 포함(범인 자신이 혼자 사는 집-제166조 제2항)

❽ • 부진정결과적 가중범
• 미수범 처벌규정×

❾ • 진화작업에 열중하다가 화상을 입은 경우 제외

②❽ 제1항의 죄를 지어 사람을 상해❾에 이르게 한 경우에는 무기 또는 5년 이상의 징역에 처한다. 사망에 이르게 한 경우에는 사형, 무기 또는 7년 이상의 징역에 처한다.

[전문개정 2020.12.8]

❿ • 추상적 위험범
• 미수범 처벌규정○
• 현주건조물방화죄와 보충관계

제165조【공용건조물 등 방화】❿

불을 놓아 공용(公用)으로 사용하거나 공익을 위해 사용하는 건조물, 기차, 전차, 자동차, 선박, 항공기 또는 지하채굴시설을 불태운 자는 무기 또는 3년 이상의 징역에 처한다. [전문개정 2020.12.8]

제166조【일반건조물 등 방화】

⓫ • 타인소유일반건조물방화(추상적 위험범)
• 미수범 처벌규정○

①⓫ 불을 놓아 제164조와 제165조에 기재한 외⓬의 건조물, 기차, 전차, 자동차, 선박, 항공기 또는 지하채굴시설을 불태운

⓬ • 보충법(현주건조물방화죄, 공용건조물방화죄와 명시적 보충관계)

자는 2년 이상의 유기징역에 처한다.

❶ • 자기소유일반건조물방화 (구체적 위험범) • 미수범 처벌규정×

②❶ 자기 소유인 제1항의 물건을 불태워 공공의 위험(인식 要)을 발생하게 한 자는 7년 이하의 징역 또는 1천만원 이하의 벌금에 처한다.❷ [전문개정 2020.12.8]

❷ • 혼자 사는 자기 집에 방화한 경우, 소유자가 방화에 동의한 경우[cf) 제176조]

第167조【일반물건 방화】❸

❸ • 구체적 위험범 • 미수×

❹ • 타인소유

①❹ 불을 놓아 제164조부터 제166조까지에 기재한 외(명시적 보충관계)의 물건을 불태워 공공의 위험을 발생하게 한 자는 1년 이상 10년 이하의 징역에 처한다.❺

❺ • 건조물×

❻ • 자기소유

②❻ 제1항의 물건이 자기 소유인 경우에는 3년 이하의 징역 또는 700만원 이하의 벌금에 처한다.❼ [전문개정 2020.12.8]

❼ • '공공의 위험'발생 要

第168조【연 소】❽

❽ • 결과적 가중범 : 치 · 중 · 연 • 미수범 처벌규정×

① 제166조 제2항 또는 전조 제2항의 죄(기본범죄 : 자기소유(일반건조물 or 일반물건))를 범하여 제164조, 제165조 또는 제166조 제1항(현주 · 공용 · 타인소유일반건조물)에 기재한 물건에 연소한 때에는 1년 이상 10년 이하의 징역에 처한다.

❾ • 기본범죄 : 자기소유일반물건

② 전조 제2항의 죄❾를 범하여 전조 제1항(타인소유일반물건)에 기재한 물건에 연소한 때에는 5년 이하의 징역에 처한다.

第169조【진화방해】

화재에 있어서 진화용의 시설 또는 물건을 은닉 또는 손괴하거나 기타 방법(부작위로도 可)으로 진화를 방해한 자는 10년 이하의 징역에 처한다.

第170조【실 화】❿

❿ • 과실범

⓫ • 추상적 위험범

①⓫ 과실로 제164조 또는 제165조(현주 · 공용건조물)에 기재한 물건 또는 타인 소유인 제166조(타인소유일반건조물)에 기재한 물건을 불태운 자는 1천 500만원 이하의 벌금에 처한다.

② 과실로 자기 소유인 제166조의 물건(자기소유일반건조물) 또는 제167조⓬에 기재한

⓬ • (타인소유+자기소유) 일반물건 : 유추해석금지 원칙 反×

물건을 불태워 공공의 위험을 발생하게 한 자도 제1항의 형에 처한다.[1] [전문개정 2020.12.8]

❶ • 구체적 위험범 : 자 · 일

제171조【업무상 실화, 중실화】

업무상 과실 또는 중대한 과실로 인하여 제170조의 죄를 범한 자는 3년 이하의 금고 또는 2천만원 이하의 벌금에 처한다.

제172조【폭발성 물건파열】[2]

❷ • cf) 제119조 폭발물 사용죄

❸ • 구체적 위험범

①[3] 보일러, 고압가스 기타 폭발성 있는 물건을 파열시켜 사람의 생명, 신체 또는 재산에 대하여 위험을 발생시킨 자는 1년 이상의 유기징역에 처한다.

② 제1항의 죄를 범하여 사람을 상해에 이르게 한 때에는 무기 또는 3년 이상의 징역에 처한다. 사망에 이르게 한 때에는 무기 또는 5년 이상의 징역에 처한다.

▸ 준방화(제172조~제173조) : 폭 · 가 · 가
- 구체적 위험범 : 자 · 일 · ㉮폭 · ㉮가 · 중 · 직 · 배
- 결과적 가중범(치 · 중 · 연) 有
- 과실범 처벌(제173조의2) : 화 · 일 · 폭 · 교 · 상 · 사 · 장 · 가스 · 가스
- 예비 · 음모 처벌 : 살 · 약 · 강 · 강 · 먹 · 통 · 방 · 기 · 폭 · 도 · 내
- 예비 · 음모 단계에서 자수시 필요적 감면 : 내 · 외 · 외 · 방 · 폭 · 통

제172조의2【가스 · 전기 등 방류】

❹ • 구체적 위험범

①[4] 가스, 전기, 증기 또는 방사선이나 방사성 물질을 방출, 유출 또는 살포시켜 사람의 생명, 신체 또는 재산에 대하여 위험을 발생시킨 자는 1년 이상 10년 이하의 징역에 처한다.

② 제1항의 죄를 범하여 사람을 상해에 이르게 한 때에는 무기 또는 3년 이상의 징역에 처한다. 사망에 이르게 한 때에는 무기 또는 5년 이상의 징역에 처한다.

제173조【가스 · 전기 등 공급방해】[5]

❺ • 구체적 위험범

① 가스, 전기 또는 증기의 공작물을 손괴 또는 제거하거나 기

타 방법으로 가스, 전기 또는 증기의 공급이나 사용을 방해하여 공공의 위험을 발생하게 한 자는 1년 이상 10년 이하의 징역에 처한다.

② 공공용의 가스, 전기 또는 증기의 공작물을 손괴 또는 제거하거나 기타 방법으로 가스, 전기 또는 증기의 공급이나 사용을 방해한 자도 전항의 형과 같다.

③ 제1항 또는 제2항의 죄를 범하여 사람을 상해에 이르게 한 때에는 2년 이상의 유기징역에 처한다. 사망에 이르게 한 때에는 무기 또는 3년 이상의 징역에 처한다.

제173조의2【과실폭발성 물건파열 등】

① 과실로 제172조 제1항, 제172조의2 제1항, 제173조 제1항과 제2항의 죄를 범한 자는 5년 이하의 금고 또는 1천 500만원 이하의 벌금에 처한다.[1]

② 업무상 과실 또는 중대한 과실로 제1항의 죄를 범한 자는 7년 이하의 금고 또는 2천만원 이하의 벌금에 처한다.[2]

[1] 判 가스설비의 휴즈콕크를 아무런 조치없이 제거하고 이사

[2] 判 건설기술자 현장배치의무를 위반한 그라우팅공사

제174조【미수범】

제164조 제1항, 제165조, 제166조 제1항, 제172조 제1항, 제172조의2 제1항, 제173조 제1항과 제2항의 미수범은 처벌한다.

(자 · 일 : ×)

제175조【예비, 음모】

제164조 제1항, 제165조, 제166조 제1항, 제172조 제1항, 제172조의2 제1항, 제173조 제1항과 제2항의 죄를 범할 목적으로 예비 또는 음모한 자는 5년 이하의 징역에 처한다. 단, 그 목적한 죄의 실행에 이르기 전에 자수한 때에는 형을 감경 또는 면제한다.[3]

(자 · 일 : ×)

[3] • 필요적 감면
내 · 외 · 외 · 방 · 폭 · 통 · 화
(일수×)

제176조【타인의 권리대상이 된 자기의 물건】❶

❶ • 추상적 위험범化

자기의 소유에 속하는 물건이라도 압류 기타 강제처분을 받거나 타인의 권리 또는 보험의 목적물이 된 때에는 본장의 규정의 적용에 있어서 타인의 물건으로 간주한다.

▸ ㉾ 화재보험금을 타기 위해 보험에 가입된 자신의 독거가옥에 방화한 경우 : 타인소유일반건조물방화죄

제14장 일수와 수리에 관한 죄

제177조【현주건조물 등에의 일수】

① 물을 넘겨 사람이 주거에 사용하거나 사람이 현존하는 건조물, 기차, 전차, 자동차, 선박, 항공기 또는 광갱을 침해한 자는 무기 또는 3년 이상의 징역에 처한다.

② 제1항의 죄를 범하여 사람을 상해에 이르게 한 때에는 무기 또는 5년 이상의 징역에 처한다. 사망에 이르게 한 때에는 무기 또는 7년 이상의 징역에 처한다.

제178조【공용건조물 등에의 일수】

물을 넘겨 공용 또는 공익에 공하는 건조물, 기차, 전차, 자동차, 선박, 항공기 또는 광갱을 침해한 자는 무기 또는 2년 이상의 징역에 처한다.

제179조【일반건조물 등에의 일수】

① 물을 넘겨 전 2조에 기재한 이외의 건조물, 기차, 전차, 자동차, 선박, 항공기 또는 광갱 기타 타인의 재산(일반물건)을 침해한 자는 1년 이상 10년 이하의 징역에 처한다.

② 자기의 소유에 속하는 전항의 물건을 침해하여 공공의 위험을 발생하게 한 때에는 3년 이하의 징역 또는 700만원 이하의 벌금에 처한다.

③ 제176조의 규정은 본조의 경우에 준용한다.

> • 일반물건방화죄 : 독립된 구성요건
> • 일반물건일수죄 : 독립된 구성요건×(일반건조물일수죄에 포함)

❶ • 진화방해죄(제169조)에 상응하는 추상적 위험범

제180조【방수방해】❶

수재에 있어서 방수용의 시설 또는 물건을 손괴 또는 은닉하거나 기타 방법으로 방수를 방해한 자는 10년 이하의 징역에 처한다.

❷ • 업무상 과실 또는 중과실 포함(별도의 규정×)
• 가중규정×
실화죄 有
• 구체적 위험범

제181조【과실일수】❷

과실로 인하여 제177조 또는 제178조에 기재한 물건을 침해한 자 또는 제179조에 기재한 물건을 침해하여 공공의 위험을 발생하게 한 자는 1천만원 이하의 벌금에 처한다.

❸ • 자기소유 : ×

제182조【미수범】❸

제177조 내지 제179조 제1항의 미수범은 처벌한다.

제183조【예비, 음모】

제177조 내지 제179조 제1항의 죄를 범할 목적으로 예비 또는 음모한 자는 3년 이하의 징역에 처한다.❹

❹ • 방화죄와 달리 자수에 대한 필요적 감면규정(제175조 단서)×

❺ • 수리권 : 보충적 관습법 인정

제184조【수리방해】❺

둑을 무너뜨리거나 수문을 파괴하거나 그 밖의 방법으로 수리(水利)❻를 방해한 자는 5년 이하의 징역 또는 700만원 이하의 벌금에 처한다.

❻ • 물길(상수○), 하수 · 폐수×

[전문개정 2020.12.8]

제15장 교통방해의 죄 ❶

❶ • 추상적 위험범 (미수범 처벌규정○)

제185조【일반교통방해】❷

❷ • 미수○, 예비×

❸ • 일반공중의 왕래에 사실상 이용되는 육상도로(철로 제외)

육로,❸ 수로 또는 교량을 손괴 또는 불통하게 하거나 기타 방법으로 교통을 방해한 자는 10년 이하의 징역 또는 1천 500만원 이하의 벌금에 처한다.

육교○(철교×)

제186조【기차, 선박 등의 교통방해】❹

❹ • 불법가중(가중적 구성요건)
• 예비○

궤도, 등대 또는 표지를 손괴하거나 기타 방법으로 기차, 전차, 자동차, 선박 또는 항공기의 교통을 방해한 자는 1년 이상의 유기징역에 처한다.

제187조【기차 등의 전복 등】❺

❺ • 예비○

사람의 현존하는 기차, 전차, 자동차, 선박 또는 항공기를 ㉠전복, 매몰, 추락 또는 파괴한 자는 무기 또는 3년 이상의 징역에 처한다.

제188조【교통방해치사상】❻

❻ • 부진정결과적 가중범

제185조 내지 제187조의 죄를 범하여 사람을 상해에 이르게 한 때에는 무기 또는 3년 이상의 징역에 처한다. 사망에 이르게 한 때에는 무기 또는 5년 이상의 징역에 처한다.

제189조【과실, 업무상 과실, 중과실】❼

❼ • 화 · 일 · 폭 · 교 · 상 · 사 · 장 · 가스 · 가스

① 과실로 인하여 제185조 내지 제187조의 죄를 범한 자는 1천만원 이하의 벌금에 처한다.

② 업무상 과실 또는 중대한 과실로 인하여 제185조 내지 제187조의 죄를 범한 자는 3년 이하의 금고 또는 2천만원 이하의 벌금에 처한다.

제190조【미수범】

제185조 내지 제187조의 미수범은 처벌한다.

제191조【예비, 음모】

제186조 또는 제187조의 죄를 범할 목적으로 예비 또는 음모한 자는 3년 이하의 징역에 처한다.❶

185조×

❶ • 기차 · 선박~ : 예비 · 음모○ • 일반교통방해×

▸ 살인, 약취 · 유인 · 인신매매, 강도(재산범죄 중 유일), 강간, 음용수유해물혼입, 수도불통, 통화 · 유가증권 · 우표 · 인지위조, 방화, 기차, 선박 등의 교통방해 · 전복, 폭발물 사용, 도주원조, 내란 · 외환

제16장 먹는 물에 관한 죄

〈개정 2020.12.8〉

제192조【먹는 물의 사용방해】❷

❷ • 추상적 위험범

① 일상생활에서 먹는 물로 사용되는❸ 물에 오물을 넣어 먹는 물로 쓰지 못하게 한 자는 1년 이하의 징역 또는 500만원 이하의 벌금에 처한다.

❸ • 일가족이 먹기 위하여 담아둔 물→○

②❹ 제1항의 먹는 물에 독물(毒物)이나 그 밖에 건강을 해하는 물질을 넣은 사람은 10년 이하의 징역에 처한다.

❹ • 먹는 물 유해물혼입죄 • 가중적 구성요건 • 예비 · 음모○

[전문개정 2020.12.8]

제193조【수돗물의 사용방해】

① 수도(水道)를 통해 공중이 먹는 물로 사용하는 물 또는 그 수원(水原)에 오물을 넣어 먹는 물로 쓰지 못하게 한 자는 1년 이상 10년 이하의 징역에 처한다.

상당한 다수(일가족×)

②❺ 제1항의 먹는 물 또는 수원에 독물 그 밖에 건강을 해하는 물질을 넣은 자는 2년 이상의 유기징역에 처한다.

❺ • 예비 · 음모○

[전문개정 2020.12.8]

제194조【먹는 물 혼독치사상】❻

❻ • 미수범×

제192조 제2항 또는 제193조 제2항의 죄를 지어 사람을 상해에 이르게 한 경우에는 무기 또는 3년 이상의 징역에 처한다. 사망에 이르게 한 경우에는 무기 또는 5년 이상의 징역에 처한다.

[전문개정 2020.12.8]

❶ • 예비 · 음모○

제195조【수도불통】❶

공중이 먹는 물을 공급하는 수도 그 밖의 시설을 손괴하거나 그 밖의 방법으로 불통(不通)하게 한 자는 1년 이상 10년 이하의 징역에 처한다. [전문개정 2020.12.8]

제196조【미수범】

제192조 제2항, 제193조 제2항과 전조의 미수범은 처벌한다.

제197조【예비, 음모】

제192조 제2항, 제193조 제2항 또는 제195조의 죄를 범할 목적으로 예비 또는 음모한 자는 2년 이하의 징역에 처한다.

제17장 아편에 관한 죄 ❷

❷ • 상습범○, 필요적 몰수

제198조【아편 등의 제조 등】

아편, 몰핀 또는 그 화합물을 제조, 수입 또는 판매하거나 판매할 목적으로 소지한 자는 10년 이하의 징역에 처한다.❸

목적범

❸ • 판매목적소지 처벌규정

제199조【아편흡식기의 제조 등】

아편을 흡식하는 기구를 제조, 수입 또는 판매하거나 판매할 목적으로 소지한 자는 5년 이하의 징역에 처한다.

제200조【세관공무원의 아편 등의 수입】

세관의 공무원이 아편, 몰핀이나 그 화합물 또는 아편흡식기구를 수입하거나 그 수입을 허용한 때에는 1년 이상의 유기징역에 처한다.

제201조【아편흡식 등, 동 장소제공】

① 아편을 흡식하거나 몰핀을 주사한 자는 5년 이하의 징역에 처한다.

② 아편흡식 또는 몰핀 주사의 장소를 제공하여 이익을 취한 자도 전항의 형과 같다.

제202조【미수범】

❶전 4조의 미수범은 처벌한다.

❶ • 판매목적소지○ 단순소지×

제203조【상습범】

상습으로 전 5조의 죄를 범한 때에는 각 조에 정한 형의 2분의 1까지 가중한다.

제204조【자격정지 또는 벌금의 병과】

제198조 내지 제203조의 경우에는 10년 이하의 자격정지 또는 2천만원 이하의 벌금을 병과할 수 있다.

제205조【아편 등의 소지】❷

❷ • 미수×

아편, 몰핀이나 그 화합물 또는 아편흡식기구를 소지한 자는 1년 이하의 징역 또는 500만원 이하의 벌금에 처한다.❸

❸ • 단순소지처벌규정 cf) 전시폭발물소지죄(제121조)

제206조【몰수, 추징】

본장의 죄에 제공한 아편, 몰핀이나 그 화합물 또는 아편흡식기구는 몰수한다. 그를 몰수하기 불능한 때에는 그 가액을 추징한다.❹

❹ • 필요적 몰수 · 추징 뇌 · ⓐ · 배

제18장 통화에 관한 죄❺

❺ • 보호주의 대상(§5) • 추상적 위험범

제207조【통화의 위조 등】

①❻ 행사할 목적(목적범)으로 통용(강제통용력○(구화×))하는 대한민국의 화폐, 지폐 또는 은행권을 위조❼ 또는 변조❽한 자는 무기 또는 2년 이상의 징역에 처한다.

❻ • 제1항~제3항 목적범○/예비○ • 제4항 : 목적범×/예비×

❼ • 일반인이 진화로 오인할 정도

❽ • 진정한 통화에 가공하여 가치 변경

❶ • 목적범
• 예비○

②❶ 행사할 목적으로 내국에서 유통❷하는 외국의 화폐, 지폐 또는 은행권을 위조 또는 변조한 자는 1년 이상의 유기징역에 처한다.

500엔×

❷ • 사실상 거래대가의 '지급수단'이 되고 있는 상태

③❶ 행사할 목적으로 외국에서 통용❸하는 외국의 화폐, 지폐 또는 은행권을 위조 또는 변조한 자는 10년 이하의 징역에 처한다.

❸ • 외국에서 강제통용력○, 100만달러 · 10만달러×
• 원화처럼 쓰여짐≠유통($ 통용×, 실제사용)

❹ • 목적범×
• 예비×

④❹ 위조 또는 변조한 전 3항 기재의 통화를 행사하거나 행사할 목적으로 수입 또는 수출한 자는 그 위조 또는 변조의 각 죄에 정한 형에 처한다.❺

실제적 경합

❺ • 목적범○

• 모든 위조 · 변조죄–목적범 ＊ 예외 : 수표위조 · 변조
• 예비죄–목적범(기본범죄를 범하려는 목적)

❻ • 취득죄도 목적범

제208조【위조통화의 취득】❻

행사할 목적으로 위조 또는 변조한 제207조 기재의 통화를 취득❼한 자는 5년 이하의 징역 또는 1천 500만원 이하의 벌금에 처한다.

❼ • 범죄행위로 인한 취득 포함(횡령은 제외)

제209조【자격정지 또는 벌금의 병과】

제207조 또는 제208조의 죄를 범하여 유기징역에 처할 경우에는 10년 이하의 자격정지 또는 2천만원 이하의 벌금을 병과할 수 있다.

❾ • 미수×

제210조【위조통화취득 후의 지정행사】❽❾

知情

제207조에 기재한 통화를 취득한 후 그 사정을 알고 행사❿한 자는 2년 이하의 징역 또는 500만원 이하의 벌금에 처한다.

정을 모르고

[전문개정 2020.12.8]

❽ • 책임감경적 구성요건

❿ • 유상 · 무상불문(거지에게 위조지폐 준 경우○)

⓫ • ~유사물제조 : 판매목적

제211조【통화유사물의 제조 등】⓫

① 판매할 목적으로 내국 또는 외국에서 통용하거나 유통하는

화폐, 지폐 또는 은행권에 유사한 물건을 제조,❶ 수입 또는 수출한 자는 3년 이하의 징역 또는 700만원 이하의 벌금에 처한다.

② 전항의 물건을 판매한 자도 전항의 형과 같다.❷

❶ • 진정한 통화로 오인될 정도의 통화를 위조하려 했으나 실패한 경우

❷ • 진정한 통화

제212조【미수범】

제207조, 제208조와 전조의 미수범은 처벌한다.
§210×

▸ 위조통화취득 후 지정행사죄 : 예비 · 음모×, 미수×

제213조【예비, 음모】

제207조 제1항 내지 제3항의 죄를 범할 목적으로 예비 또는 음모한 자는 5년 이하의 징역에 처한다. 단, 그 목적한 죄의 실행에 이르기 전에 자수한 때에는 그 형을 감경 또는 면제한다.❸

❸ • 예비음모 자수시 필요적 감면
내 · 외 · 외 · 방 · 폭 · ㊇

▸ ~행사 · 취득 · 제조죄 : 예비 · 음모×

제19장 유가증권, 우표와 인지에 관한 죄❹

❹ • 추상적 위험범
• ㉮의 → ㉯격 → ㉰용순으로 따진다.

▸ 유가증권 · 인지와 우표에 관한 죄
- 유가증권위조죄(제214조, 제215조)
  - 유가증권위조 · 변조죄(제214조 제1항)
  - 기재의 위조 · 변조죄(제214조 제2항)
  - 자격모용유가증권작성죄(제215조)
- 허위유가증권의 작성죄(제216조)
- 위조유가증권 등의 행사죄(제217조)
- 우표와 인지 등에 관한 죄 (제218조, 제219조, 제221조, 제222조)
  - 인지 · 우표의 위조 · 변조죄(제218조 제1항)
  - 동행사죄(제218조 제2항)
  - 위조 · 변조 인지 · 우표취득 등 죄(제219조)
  - 인지 · 우표 등 소인말소죄(제221조)
  - 인지 · 우표 등 유사물제조 등 죄(제222조)

▸
- 제214조~제219조
  - 자격정지, 벌금병과(제220조)
  - 미수범처벌(제223조)
- 제214조, 제215조, 제218조 제1항 : 예비 · 음모처벌(제224조)

❶ • 명의위조
• 유형위조

❷ • 재산권의 화체와 점유 要(유통성 不要)
• 사법상 유효×(대표자 날인 없는 주권○)

❸ • 동일성유지(동일성× → 위조)
예 발행인의 성명변경 → 위조

제214조【유가증권의 위조 등】❶

① 행사할 목적으로 대한민국 또는 외국의 공채증서 기타 유가증권❷을 위조 또는 변조❸한 자는 10년 이하의 징역에 처한다.
(명의사칭 또는 모용)

② 행사할 목적으로 유가증권의 권리의무에 관한 기재를 위조 또는 변조한 자도 전항의 형과 같다.❹

❹ • 기재의 위조 · 변조죄
배서

▸ 유가증권○ : 어음, 주식, 회사채, 화물상환증, 창고증권, 선하증권, 각종 국 · 공채, 상품권, 할부구매전표, 리프트탑승권, 공중전화카드, 문방구용지로 작성한 약속어음, 구두구입 신용카드
유가증권× : 면책증권(정기예탁금증서, 공중접객업소발행 신발표, 철도화물상환증, 수리점의 물품보관증), 증거증권(영수증, 물품구입증, 세탁표, 신용카드 등)
→ 죄수 : 매수기준

❺ • 자격위조
• 유형위조

제215조【자격모용에 의한 유가증권의 작성】❺

행사할 목적으로 타인의 자격을 모용하여 유가증권을 작성하거나 유가증권의 권리 또는 의무에 관한 사항을 기재한 자는 10년 이하의 징역에 처한다.
(단순한 권한남용은×)

▸ 제214조 : 명의모용, 제215조 : 자격모용
▸ 본죄는 대리권 · 대표권 없는 자의 자격모용
▸ 대리권 · 대표권자의 권한 일탈 · 초과 · 초월도 본죄 성립

❻ • 무형위조(작성권한 有 → 위조(내용거짓))
• 예비×

❼ • 배서인의 주소 허위기재는 본죄 해당×

제216조【허위유가증권의 작성 등】❻

행사할 목적으로 허위의 유가증권을 작성하거나 유가증권에 허위사항❼을 기재한 자는 7년 이하의 징역 또는 3천만원 이하의 벌금에 처한다.

▸ 허위유가증권작성 · 허위공문서작성 : 목적범○
허위진단서작성 : 목적범×

❽ • 목적범×

❾ • 정을 아는 자에 대한 행사도 본죄 성립=통화≠문서

제217조【위조유가증권 등의 행사 등】❽

위조, 변조, 작성 또는 허위기재한 전 3조 기재의 유가증권을 행사하거나 행사❾할 목적으로 수입 또는 수출한 자는 10년 이하의 징역에 처한다.
(유가증권: 원본(복사본×)≠문서 / 수입 또는 수출: 목적범○)

제218조【인지·우표의 위조 등】

① 행사할 목적으로 대한민국 또는 외국의 인지, 우표 기타 우편요금을 표시하는 증표를 위조 또는 변조한 자는 10년 이하의 징역에 처한다.

❶ • 우표수집 매매
: 행사죄○, 취득죄○
• 행사죄 : 목적범×
• 수입 · 수출죄 : 목적범○

②❶ 위조 또는 변조된 대한민국 또는 외국의 인지, 우표 기타 우편요금을 표시하는 증표를 행사하거나 행사할 목적으로 수입 또는 수출한 자도 제1항의 형과 같다.

❷ • 통화 · 우표 · 인지
→ 취득처벌
• 유가증권과 문서
→ 취득처벌×

제219조【위조인지·우표 등의 취득】❷

행사할 목적으로 위조 또는 변조한 대한민국 또는 외국의 인지,
취득죄도 목적범
우표 기타 우편요금을 표시하는 증표를 취득한 자는 3년 이하의 징역 또는 1천만원 이하의 벌금에 처한다.

▸ 우표수집 명목으로 위조우표 구입시에도 본죄 성립

제220조【자격정지 또는 벌금의 병과】

제214조 내지 제219조의 죄를 범하여 징역에 처하는 경우에는 10년 이하의 자격정지 또는 2천만원 이하의 벌금을 병과할 수 있다.

제221조【소인말소】

행사할 목적으로 대한민국 또는 외국의 인지, 우표 기타 우편요
소인말소도 목적범
금을 표시하는 증표의 소인 기타 사용의 표지를 말소한 자는 1년 이하의 징역 또는 300만원 이하의 벌금에 처한다.❸

❸ • 미수×

제222조【인지·우표유사물의 제조 등】

① 판매할 목적으로 대한민국 또는 외국의 공채증서, 인지, 우
유사물제조 : 판매목적
표 기타 우편요금을 표시하는 증표와 유사한 물건을 제조, 수입 또는 수출한 자는 2년 이하의 징역 또는 500만원 이하의 벌금에 처한다.

② 전항의 물건을 판매한 자도 전항의 형과 같다.

제223조【미수범】

제214조 내지 제219조와 전조의 미수범은 처벌한다.❶

❶ • 소인말소 : 미수×

제224조【예비, 음모】

제214조, 제215조와 제218조 제1항❷의 죄를 범할 목적으로 예비 또는 음모한 자는 2년 이하의 징역에 처한다.❸

❷ • ~위조 · 변조 자격모용 ~작성 : 예비 · 음모○

❸ • 통화에 관한 죄(필요적 감면규정○, 제213조)의 경우와 달리 자수에 관한 특별규정×

제20장 문서에 관한 죄❹

❹ • 예비 · 음모×
• 자격정지 · 벌금병과규정×

▸ 문서 ┌ 계속성 : 문자, 부호, 생략문서 포함→구두 or 눈 · 모래 위에 쓴 글이나 음반 등은×, 서명 · 낙관은 인장죄, 컴퓨터 모니터 화면에 나타나는 이미지×, 컴퓨터 스캔작업을 통하여 만들어낸 공인중개사 자격증의 이미지 파일×
├ 증명성 : 증명능력+증명의사→가계약서 · 가영수증은 문서○, 초안은 문서×
└ 보증성 : 작성명의인의 특정 → 복본은 문서○, 사본 · 등본은 문서×
→ 죄수 : 명의인의 수

▸ 허무인 · 사자 명의의 문서도 '일반인으로 하여금 진정한 명의인으로 오신하게 할 만한 위험성'이 있는 이상 문서이다(全合).

제225조【공문서 등의 위조 · 변조】❺

❺ • 사문서위조 · 변조죄보다 불법가중→가중적 구성요건

행사할 목적으로 공무원 또는 공무소의 문서 또는 도화를 위조 또는 변조한 자는 10년 이하의 징역에 처한다.❻

❻ • 주체 : 제한×(공무원의 문서작성 보조자나 보충기재 권한만을 위임받은 공무원이 허위로 공문서를 작성한 경우)
• 작성권자가 승낙한 경우 : ×

▸ 작성권한 있는 공무원이 작성권한 없는 자 또는 작성권한 있는 다른 공무원을 이용하여 허위공문서 작성 : 허위공문서작성죄의 간접정범
▸ 보조공무원이 허위공문서 작성 후 정을 모르는 작성권자의 결재를 받아 낸 경우 : 허위공문서작성죄의 간접정범
▸ 보조공무원이 허위공문서 작성 후 임의로 완성한 경우 : 공문서위조죄
▸ 업무보조자의 위탁취지에 반해 허위로 공문서를 작성한 경우 : 공문서위조죄
▸ 비공무원이 허위의 증명원을 제출하여 증명서를 발급받은 경우 : 무죄
▸ 본죄는 벌금형이 없음

❶ • 유형위조

제226조【자격모용에 의한 공문서 등의 작성】❶

행사할 목적으로(목적범) 공무원 또는 공무소의 자격을 모용하여(명의는 자신 그대로 기재) 문서 또는 도화를 작성한 자는 10년 이하의 징역에 처한다.

❷ • 무형위조
• 허위사문서작성죄×

❸ • 진정신분범=허위진단서작성죄≠공정증서원본부실기재죄

제227조【허위공문서작성 등】❷

공무원❸이 행사할 목적으로(목적범) 그 직무에 관하여(문서의 작성권한 要) 문서 또는 도화를 허위로 작성❹하거나 변개한 때에는 7년 이하의 징역 또는 2천만원 이하의 벌금에 처한다.

❹ • 객관적 진실에 反
cf) 위증죄, 허위감정죄 – 주관설

▸ 본죄의 주체 : 작성권한 있는 공무원, 단 간접정범에 있어서는 보조공무원도 가능(多 · 判)
▸ 요건이 안 되는데 허가서 작성 : 허위공문서작성 ×
▸ 적합하지 않은데 적합하다고 작성 : 허위공문서작성○

제227조의2【공전자기록위작 · 변작】

사무처리를 그르치게 할 목적(목적범)으로 공무원 또는 공무소의 전자기록 등 특수매체기록을 위작 또는 변작(유형위조○ 무형위조○)한 자는 10년 이하의 징역에 처한다.

▸ 경찰청 범죄정보기록 : 공전자기록위작 ○

제228조【공정증서원본 등의 부실기재】❺

❺ • 주체 : 제한×, 목적범×

❻ • 실행착수○ : 위장결혼, 사자명의등기
• 실행착수× : 이혼신고

① 공무원에 대하여 허위신고❻를 하여 공정증서원본❼ 또는 이와 동일한 전자기록 등 특수매체기록에 부실의 사실❽을 기재 또는 기록하게 한 자는 5년 이하의 징역 또는 1천만원 이하의 벌금에 처한다.

❼ • 정본, 등본, 초본, 사본 : ×
• 원본 要

❽ • 기준 : 실체적 권리관계의 부합×(절차상 흠은 영향×)
• 무효 : 본죄○
• 취소 : 본죄×
• 가장매매 : 본죄×

② 공무원에 대하여 허위신고를 하여 (면)허증, (허)가증, (등)록증(사업자등록증×) 또는 (여)권(여권법 위반죄와는 상 · 경)에 부실의 사실을 기재하게 한 자는 3년 이하의 징역 또는 700만원 이하의 벌금에 처한다.

▸ 공정증서원본○ : 호적부, 등기부, 화해조서, 공증사무취급이 인가된 합동법률사무소 명의의 공정증서
▸ 공정증서원본× : 주민등록부, 주민등록증, 각종 대장, 지적도, 임야도, 사서증서, 진술조서, 판결원본, 중간생략등기

❶ • 가중적 구성요건
• 행사죄 : 목적범×

제229조【위조 등 공문서의 행사】❶

제225조 내지 제228조의 죄에 의하여 만들어진 문서, 도화, 전자기록 등 특수매체기록, 공정증서원본, 면허증, 허가증, 등록증 또는 여권을 행사한 자는 그 각 죄에 정한 형에 처한다.

위조된 면허증을 소지하고 운전한 것×

❷ • 성립요건
① 용도특정된 진정 작성 공문서
② 해당용도대로 사용 or 해당용도 이외 남용
③ 사용권한 없는 자가 사용할 것 or 사용권자의 남용

제230조【공문서 등의 부정행사】❷

공무원 또는 공무소의 문서 또는 도화를 부정행사한 자❸는 2년 이하의 징역이나 금고 또는 500만원 이하의 벌금에 처한다.

❸ • 사용권한 없는 자○
• 사용권한 있지만 남용한 자○

제231조【사문서 등의 위조·변조】

행사할 목적으로 권리 · 의무 또는 사실증명에 관한 타인❹의 문서❺ 또는 도화를 위조 또는 변조❻한 자는 5년 이하의 징역 또는 1천만원 이하의 벌금에 처한다.

(목적범 / 증명성–명문규정○)

❹ • ㉠무인 · 사자도○

❺ • 복사문서 · 모사전송 포함

❻ • 진정 성립된 문서를 동일성이 해하지 않을 정도로 변경
• 명의모용
① 다소 미완성이더라도 위조
② 백지 위조
③ 문서의 동일성 자체의 변경

제232조【자격모용에 의한 사문서의 작성】

행사할 목적으로 타인의 자격을 모용하여 권리 · 의무 또는 사실증명에 관한 문서 또는 도화를 작성한 자는 5년 이하의 징역 또는 1천만원 이하의 벌금에 처한다.

(대리권/대표권)

㉠ 대리권 · 대표권 없는 자가 대리인으로서 본인명의문서를 작성한 경우, 대리권 · 대표권 있는 자가 권한을 초월하여 문서 작성

제232조의2【사전자기록 위작·변작】

사무처리를 그르치게 할 목적으로 권리 · 의무 또는 사실증명에 관한 타인의 전자기록 등 특수매체기록을 위작 또는 변작❼한 자는 5년 이하의 징역 또는 1천만원 이하의 벌금에 처한다.❽

(목적범 / 증명성–명문규정○)

❼ • 무형위조 포함

❽ • 기수 : 내용의 수정입력의 시점

▸ 임시저장매체(RAM) : 사전자기록변작○

❾ • 목적범×, 무형위조
• 진정신분범→자수범

사문서의 무형위조는 원칙적 불벌

❿ • cf) 업무상 동의 낙태죄–의 · 한 · 조 · 약 · 약

제233조【허위진단서 등의 작성】❾❿

의사, 한의사, 치과의사 또는 조산사가 진단서, 검안서 또는 생사에 관한 증명서를 허위로 작성한 때에는 3년 이하의 징역이나

(대리권 남용)

금고, 7년 이하의 자격정지 또는 3천만원 이하의 벌금에 처한다.

▸ 공무원인 의사(예 국립병원 의사)가 공무소명의로 허위로 진단서를 작성한 경우 : 허위공문서작성죄
▸ 사문서인 진단서만 허위진단서작성죄

❶ • 행사죄 : 목적범×

제234조【위조사문서 등의 행사】❶

제231조 내지 제233조의 죄에 의하여 만들어진 문서, 도화 또는 전자기록 등 특수매체기록을 행사한 자는 그 각 죄에 정한 형에 처한다.

상대방이 인식할 수 있는 상태

▸ 위조 · 변조물행사죄 성립여부

구분	신용 위한 행사	정을 아는 자에게 행사
통화	×	○
유가증권	○	○
문서	○	×

제235조【미수범】

제225조 내지 제234조의 미수범은 처벌한다.

제236조【사문서의 부정행사】❷

❷ • 미수범×

권리 · 의무 또는 사실증명에 관한 타인의 문서 또는 도화를 부정행사한 자는 1년 이하의 징역이나 금고 또는 300만원 이하의 벌금에 처한다.

진정성립된 문서

제237조【자격정지의 병과】

제225조 내지 제227조의2 및 그 행사죄를 범하여 징역에 처할 경우에는 10년 이하의 자격정지를 병과할 수 있다.

제237조의2【복사문서 등】

이 장의 죄에 있어서 전자복사기, 모사전송기 기타 이와 유사한 기기를 사용하여 복사한 문서 또는 도화의 사본도 문서 또는 도화로 본다.

제21장 인장에 관한 죄 ❶

❶ • 무형위조 또는 변조 : 처벌×
• 모두 미수 처벌
• 추상적 위험범

제238조【공인 등의 위조, 부정사용】❷

❷ • 목적범

① 행사할 목적으로 공무원 또는 공무소의 인장, 서명, 기명 또는 기호를 위조 또는 부정사용한 자는 5년 이하의 징역에 처한다.

차량번호표, 택시미터기의 봉인 등

② 위조 또는 부정사용한 공무원 또는 공무소의 인장, 서명, 기명 또는 기호를 행사한 자도 전항의 형과 같다.❸

❸ • 부정사용공기호행사죄

③ 전 2항의 경우에는 7년 이하의 자격정지를 병과할 수 있다.

제239조【사인 등의 위조, 부정사용】

① 행사할 목적으로 타인의 인장,❹ 서명,❺ 기명 또는 기호를 위조 또는 부정사용한 자는 3년 이하의 징역에 처한다.

❹ • 관광기념스탬프×

❺ • 피신조서에 타인 서명 위조

② 위조 또는 부정사용한 타인의 인장, 서명, 기명 또는 기호를 행사한 때에도 전항의 형과 같다.

제240조【미수범】

본장의 미수범은 처벌한다.

제22장 성풍속에 관한 죄 ❻

❻ • 미수×

제241조【간 통】 삭제 〈2016.1.6〉

제242조【음행매개】❼

❼ • 미수범 처벌×

영리❽의 목적으로 사람❾을 매개❿하여 간음하게 한 자는 3년 이하의 징역 또는 1천 500만원 이하의 벌금에 처한다. 〈개정 2012.12.18〉

목적범

❽ • 무상인 경우는 본죄×

❾ • 개정에 의해 미성년 · 음행상습 無제한 폐지

❿ • 편면적 대향범

▸ 제242조 – 주선자만 처벌
▸ 제243조 – 판매자만 처벌
쌍벌주의×, 일방처벌

❶ • 대향범(편면적)

제243조【음화반포 등】❶

음란❷한 문서, 도화, 필름 기타 물건을 반포, 판매 또는 임대하거나 공연히 전시 또는 상영한 자는 1년 이하의 징역 또는 500만원 이하의 벌금에 처한다.

(기타 물건: 컴퓨터 프로그램파일×)

❷ • 객관적으로 판단 (예술품도 해당 可)
• 상대적 음란개념
判 ┌ 반노사건-음란×
└ 즐거운사라사건-음란○

제244조【음화제조 등】

제243조의 행위에 공할 목적❸으로 음란한 물건을 제조, 소지, 수입 또는 수출한 자는 1년 이하의 징역 또는 500만원 이하의 벌금에 처한다.

(제243조의 행위: 음화반포 / 소지: 단순소지×)

❸ • 목적범(제243조의 예비 단계)

제245조【공연음란】❹❺

공연히 음란한 행위를 한 자는 1년 이하의 징역, 500만원 이하의 벌금, 구류 또는 과료에 처한다.

❹ • 목적범×
❺ • 음란성에 대한 의미의 인식이 있으면 족함
• 성욕의 흥분 또는 만족 등의 성적인 목적×

제23장 도박과 복표에 관한 죄 〈개정 2013.4.5〉❻

❻ • 미수×

제246조【도박, 상습도박】

① 도박을 한 사람은 1천만원 이하의 벌금에 처한다. 다만, 일시오락 정도❼에 불과한 경우에는 예외로 한다.❽

(도박을 한 사람: 대향범(필요적 공범) / 벌금: 자유형×)

② 상습❾으로 제1항의 죄를 범한 사람은 3년 이하의 징역 또는 2천만원 이하의 벌금에 처한다.❿

❼ • 위법성 조각 (종합적 판단)
❽ • 추상적 위험범
❾ • 상습법 : 상 · 협 · 체 · 성 · 절 · 사 · 장 · 아 · 도×
❿ • 독자적 법정형 규정 (강 · 장 · 도)

> 우연성에 기하지 않은 사기도박은 사기죄이며 상대방은 무죄. 판돈은 장물에 해당

제247조【도박장소 등 개설】

영리의 목적⓫으로 도박을 하는 장소나 공간⓬을 개설⓭한 사람은 5년 이하의 징역 또는 3천만원 이하의 벌금에 처한다.

(도박을 하는 장소나 공간: 주재자요건(장소만 제공한 경우) : 도박죄의 종범)

⓫ • 목적범
• 도박장소개설의 대가로 불법한 재산상의 이익을 얻으려는 의사
⓬ • 인터넷사이트○
⓭ • 기수시기 : 개장한 때
• cf) 상습도박개장죄×

▸ 도박장소만 제공 : 도박죄의 종범
도박장소 제공+주재 : 도박장소개설죄
도박장소개설+도박행위 : 도박장소개설죄와 도박죄의 실체적 경합

제248조【복표의 발매 등】

❶ • 법령에 의한 복표발행 : 정당행위(제20조)

① 법령에 의하지 아니한 복표❶를 발매한 사람은 5년 이하의 징역 또는 3천만원 이하의 벌금에 처한다.

② 제1항의 복표발매를 중개한 사람은 3년 이하의 징역 또는 2천만원 이하의 벌금에 처한다.

③ 제1항의 복표를 취득한 사람은 1천만원 이하의 벌금에 처한다.

제249조【벌금의 병과】

제246조 제2항, 제247조와 제248조 제1항의 죄에 대하여는 1천만원 이하의 벌금을 병과할 수 있다.

제24장 살인의 죄

▸ 살인죄
–살인죄(제250조 제1항) : 기본적 구성요건
┌존속살인죄(제250조 제2항)→책임가중–가중적 구성요건 ┐
├촉탁 · 승낙에 의한 살인죄(제252조 제1항) ┐ → 감경적 구성요건 ┘ 미수○
└자살교사 · 방조죄(제252조 제2항) ┘
–위계 등에 의한 촉탁살인(제253조)

▸ 예비 · 음모 : 제250조, 제253조

제250조【살인, 존속살해】

❷ • 진통설~맥박종지설
• 자궁절개시 人

① 사람❷을 살해한 자는 사형, 무기 또는 5년 이상의 징역에 처한다.

❸ • 가중적 구성요건(부진정신분범)
• 법조경합 중 특별관계

②❸ 자기 또는 배우자의(법률상, 생존자) 직계존속❹을 살해한 자는 사형, 무기 또는 7년 이상의 징역에 처한다.

❹ • 양친 · 실부모, 혼외 출생자의 생모 포함(생부는 인지 要)
계모자, 적모서자 – 인척(보통살인)

제251조 삭제

제252조【촉탁·승낙에 의한 살인 등】❶

❶ • 법조경합 中 특별관계

❷❺ • 유아 · 심신상실자는 ×

① 사람❷의 촉탁이나 승낙❸을 받아 그를 살해한 자는 1년 이상 10년 이하의 징역에 처한다.

명시적

❸ • 묵시적 可(촉탁 · 승낙이 없음에도 불구하고 오인하고 살해한 경우－본죄 성립○)

❹ • 공범종속성설 : 특별 · 예외규정
• 공범독립성설 : 당연규정

❼ • 자살교사 · 방조죄 (제31조, 제32조 적용×)
• 미수시에 자살시도자는 불벌

②❹ 사람❺을 교사하거나 방조❻하여 자살하게 한 자도 제1항의 형에 처한다.❼ [전문개정 2020.12.8]

❻ • 착수시기(교사 · 방조시설 多)
종범－정범행위시설

▸ 합의동사
- 진심 : 자살방조죄
- 설득 : 자살교사죄
- 기망 : 위계에 의한 살인죄

제253조【위계 등에 의한 촉탁살인 등】

❽ • 상대방의 부지 또는 착오를 이용

전조의 경우에 위계❽ 또는 위력❾으로써 촉탁 또는 승낙하게 하거나 자살을 결의하게 한 때에는 제250조의 예에 의한다.

살인, 존속살해

❾ • 사람의 의사를 제압할 만한 유 · 무형의 힘을 이용

제254조【미수범】

제250조, 제252조 및 제253조의 미수범은 처벌한다.

제255조【예비, 음모】

❿ • 보통살인, 존속살해, 위계 · 위력에 의한 살인 (촉탁 · 승낙×, 자살×)

제250조와 제253조❿의 죄를 범할 목적으로 예비 또는 음모한 자는 10년 이하의 징역에 처한다.⓫

⓫ • 타인예비는 예비×

제256조【자격정지의 병과】

제250조, 제252조 또는 제253조의 경우에 유기징역에 처할 때에는 10년 이하의 자격정지를 병과할 수 있다.

제25장 상해와 폭행의 죄

구분	상해죄	폭행죄
보호법익	신체의 건강	신체의 완전성
성질	결과범 · 침해범	거동범, 추상적 위험범
수단	유형적 · 무형적 방법	유형적 방법
행위	생리적 기능훼손	신체에 대한 유형력 행사
미수	○	×
소추조건	×	반의사불벌죄

▸ 전화 ┌ 음향 · 폭언 · 고성 : 폭행
└ 내용 : 협박

제257조【상해, 존속상해】

① 사람의 신체를 상해한 자는 7년 이하의 징역, 10년 이하의 자격정지 또는 1천만원 이하의 벌금에 처한다.
(사람의: 타인 / 상해한: 생리적 기능훼손설)

② [1] 자기 또는 배우자의 직계존속에 대하여 제1항의 죄를 범한 때에는 10년 이하의 징역 또는 1천 500만원 이하의 벌금에 처한다.

[1] • 부진정신분범
• 법조경합 中 특별관계

③ 전 2항의 미수범[2]은 처벌한다.

[2] • 상해의 고의로 폭행했으나 상해의 결과가 발생하지 않은 경우
• cf) 중상해죄(부진정결과적 가중범) – 미수×

▸ 상해의 범위
–신체상처 · 일부이탈
–질병감염
–기능장애 · 무형의 상해 : 수면장애, 식욕감퇴, 실신 등

▸ 상해×
–경미한 멍
–신체 외관의 변경(머리카락 자른 것)

▸ 상해죄(제257조 제1항) : 기본적 구성요건
┌ 존속상해죄(제257조 제2항) → 책임가중
│ ┌ 중상해(제258조 제1항 · 제2항)
│ │ → 존속중상해죄(중상해죄에 대하여 책임가중, 제258조 제3항) 결과적 가중범(불법가중)
│ └ 상해치사죄(제259조)
└ 상습상해죄(제264조) → 책임가중

제258조【중상해, 존속중상해】[3]

[3] • 미수범×
• 부진정결과적 가중범 : 현 · 교 · 특수 · ㉮

① 사람의 신체를 상해하여 생명에 대한 위험[4]을 발생하게 한 자는 1년 이상 10년 이하의 징역에 처한다.
(사람의 신체를: 자상×)

[4] • 구체적 위험범 (자 · 일 · 폭 · 가 · ㉮ · 직 · 배)

❶ • 신체의 중요기능 상실 (기준 : 객관설)

② 신체의 상해로 인하여 불구❶ 또는 불치나 난치의 질병에 이르게 한 자도 전항의 형과 같다.
타인○, 자신×

③ 자기 또는 배우자의 직계존속에 대하여 전 2항의 죄를 범한 때에는 2년 이상 15년 이하의 징역에 처한다. 〈개정 2016.1.6〉

▸ 중상해의 고의가 미수에 그친 경우 : 상해미수죄
▸ 상해죄가 기본범죄이어야 함. 폭행이 기본범죄이면 폭행치상죄

제258조의2【특수상해】

① 단체 또는 다중의 위력을 보이거나 위험한 물건을 휴대하여 제257조 제1항 또는 제2항의 죄를 범한 때에는 1년 이상 10년 이하의 징역에 처한다.
단독판사

② 단체 또는 다중의 위력을 보이거나 위험한 물건을 휴대하여 제258조의 죄를 범한 때에는 2년 이상 20년 이하의 징역에 처한다.

③ 제1항의 미수범은 처벌한다. 〈신설 2016.1.6〉

❷ • 제263조 적용
• 진정결과적 가중범

제259조【상해치사】❷

① 사람의 신체를 상해하여 사망에 이르게 한 자는 3년 이상의 유기징역에 처한다.

② 자기 또는 배우자의 직계존속에 대하여 전항의 죄를 범한 때에는 무기 또는 5년 이상의 징역에 처한다.

❸ • 반의사불벌죄 미수처벌×

제260조【폭행, 존속폭행】❸

① 사람의 신체에 대하여 폭행을 가한 자는 2년 이하의 징역, 500만원 이하의 벌금, 구류 또는 과료에 처한다.
협의(무형력×)

② 자기 또는 배우자의 직계존속에 대하여 제1항의 죄를 범한 때에는 5년 이하의 징역 또는 700만원 이하의 벌금에 처한다.

③ 제1항 및 제2항의 죄는 피해자의 명시한 의사에 반하여 공소를 제기할 수 없다.

• 반의사불벌죄 : 폭 · 과 · 협 · 명 · 출

▸ 폭행○ : 모발 등 제거, 폭언의 반복(ex. 청각기관의 자극)
폭행× : 인분투척, 욕설

▸ 폭행죄(제260조 제1항)
기본적 구성요건
- 존속폭행죄(제260조 제2항) : 책임가중
- 상습폭행죄(제264조) : 책임가중
- 특수폭행죄(제261조) : 불법가중
- 폭행치사상죄(제262조) : 불법가중 → 결과적 가중범

→ 가중적 구성요건

▸ 폭행
–최광의 : 일체의 유형력 행사(내란죄 · 소요죄, 다중불해산죄)
–광 의 : 사람에 대한 직 · 간접적 유형력 행사
(공무집행방해죄, 특수도주죄, (직무)강요죄)
–협 의 : 사람의 신체에 대한 유형력 행사
(특수공무원폭행죄, 폭행죄, 강제추행)
–최협의 : 상대방의 반항을 불가능하게 하거나 현저히 곤란하게 할 정도의 유형력(강도죄, 강간죄)

❶ • 반의사불벌죄×
• 부진정부작위범×

❸ • 계속적 · 조직적

제261조【특수폭행】❶❷

❷ • 합동범 아닌 특수범죄 : 공 · 공 · (폭) · 체 · 협 · 주 · 강 · 손 · 상

❹ • 반드시 악지 · 회중에 지니거나 상대방에게 인식시킬 것을 요하지 않는 널리 사용한다는 의미
• 범행에 사용할 의도 要

단체❸(단순한 집합) 또는 다중의 위력을 보이거나 위험한 물건(살상가능한 물건)을 휴대❹하여 제260조 제1항 또는 제2항의 죄를 범한 때에는 5년 이하의 징역 또는 1천만원 이하의 벌금에 처한다.

▸ 위험한 물건
- ○ : 자동차, 사주된 동물
- × : 박테리아에 감염된 손, 청산염을 우송, 건조물에서 수십 미터 떨어진 곳에서의 흉기소지

▸ 고의 : 위험한 물건을 휴대한 사실을 본인이 알지 못하면 폭행죄

제262조【폭행치사상】

제260조와 제261조의 죄를 지어 사람을 사망이나 상해에 이르게 한 경우에는 제257조부터 제259조까지의 예에 따른다.❺

❺ • 미수×

[전문개정 2020.12.8]

▸ 폭행의 고의로 상해의 결과가 발생 : 폭행치상죄 → 상해죄의 형
폭행의 고의로 중상해의 결과가 발생 : 폭행치상죄 → 중상해죄의 형
폭행의 고의로 사망의 결과가 발생 : 폭행치사죄 → 상해치사죄의 형

❶ • 제19조 참조

❷ • (피고인에게 거증책임부담) – 거증책임전환 규정 = §310(判)

제263조【동시범】❶

독립행위가 경합하여 상해의 결과를 발생하게 한 경우에 있어서 원인된 행위가 판명되지 아니한 때에는 공동정범의 예에 의한다.❷

기수

▶ 적용
- ○ : 상해죄, 폭행치상죄, 폭행치사죄, 상해치사죄(제25장의 죄)
- × : 강간치상죄, 강도치상죄, 과실치사상

제264조【상습범】

상습으로 제257조, 제258조, 제258조의 2, 제260조 또는 제261조의 죄를 범한 때에는 그 죄에 정한 형의 2분의 1까지 가중한다. <개정 2016.1.6>❸

❸ • 상습범 : ㊤·협·체·성·절·사·장·아·도

제265조【자격정지의 병과】

제257조 제2항, 제258조, 제258조의2, 제260조 제2항, 제261조 또는 전조의 경우에는 10년 이하의 자격정지를 병과할 수 있다. <개정 2016.1.6>

제26장 과실치사상의 죄

❹ • 반의사불벌죄
• 결과적 가중범×

제266조【과실치상】❹

① 과실로 인하여 사람의 신체를 상해에 이르게 한 자는 500만원 이하의 벌금, 구류 또는 과료에 처한다.

② 제1항의 죄는 피해자의 명시한 의사에 반하여 공소를 제기할 수 없다.

❺ • 반의사불벌죄×
• 결과적 가중범×

제267조【과실치사】❺

과실로 인하여 사람을 사망에 이르게 한 자는 2년 이하의 금고 또는 700만원 이하의 벌금에 처한다.

제268조【업무상 과실·중과실 치사상】

❶ • ㉦회성 · ㉧속성 · ㉦무
• 부진정신분범(제314조 업무와 구별)

업무상 과실❶ 또는 중대한 과실로 사람을 사망이나 상해에 이르게 한 자는 5년 이하의 금고 또는 2천만원 이하의 벌금에 처한다.

[전문개정 2020.12.8]

▸ 업무 ┌ ○ : 의사의 개업 첫날 의료사고
　　　└ × : 개인적 · 자연적 생활현상, 호기심으로 단 1회 운전

> • 과실범 : 업무상 과실…죄
> • 진정신분범 : 업무상 ㉥밀누설죄, 허위진단서작성죄, 업무상 ㉧실장물취득죄, 업무상 ㉨력에 의한 간음
> • 부진정신분범 : 업무상 횡령 · 배임죄, 업무상 동의낙태죄, 업무상 과실범
> • 보호법익 : 업무방해죄
> • 행위태양 : 아동혹사죄

제27장 낙태의 죄❷

❷ • 미수 ×

제269조【낙 태】❸

❸ • 태아를 모체 밖으로 배출시키거나 모체 내에서살해하는 것 → 배출된 생존 태아를 살해하면 낙태 죄와 살인죄의 경합범 (∵낙태죄 : 추상적 위험범) ∴ 미수×

① 부녀가 약물 기타 방법으로 낙태한 때에는 1년 이하의 징역 또는 200만원 이하의 벌금에 처한다.❹
(부녀: 간접정범 可 / 기타 방법: 단독정범 or 촉탁 · 승낙)

❹ • 자기낙태죄(진정신분범)

② 부녀의 촉탁 또는 승낙을 받아 낙태하게 한 자도 제1항의 형과 같다.❺
(부녀: 자기낙태죄)

❺ • 동의낙태죄(대향범)

③ 제2항의 죄를 범하여 부녀를 상해에 이르게 한 때에는 3년 이하의 징역에 처한다. 사망에 이르게 한 때에는 7년 이하의 징역에 처한다.❻

❻ • 결과적 가중범

▸ 낙태치사상죄 : 기본범죄 기수 要(多)

제270조【의사 등의 낙태, 부동의낙태】

❼ • 업무상 동의낙태(부진정신분범)
cf) 허위진단서작성(진정신분범)
의 · 한 · 치 · 조

①❼ 의사, 한의사, 조산사, 약제사 또는 약종상이 부녀의 촉탁 또는 승낙을 받아 낙태하게 한 때에는 2년 이하의 징역에 처한다.❽

❽ • 법령에 의한 인공임신중절 행위
(공 · 징 · 사 · 노 · 모 · 전 · 복 · 뇌 · 카 · 총 · 모) : 정당행위(제20조)

❾ • 부동의낙태죄

②❾ 부녀의 촉탁 또는 승낙없이 낙태하게 한 자는 3년 이하의

❶ • 임부의 신체상해는 불가벌적 수반행위

징역에 처한다.❶

③ 제1항 또는 제2항의 죄를 범하여 부녀를 상해에 이르게 한 때에는 5년 이하의 징역에 처한다. 사망에 이르게 한 때에는 10년 이하의 징역에 처한다.❷

❷ • 결과적 가중범

④ 전 3항의 경우에는 7년 이하의 자격정지를 병과한다.

제28장 유기와 학대의 죄 ❸

❸ • 미수×

▶ 유기죄 : 단순유기죄(제271조 제1항) 기본적 구성요건
– 존속유기죄(제271조 제2항) → 책임가중
(이상 추상적 위험범)
– 중유기죄(제271조 제3항, 제4항) → 부진정결과적 가중범
– 유기치사상죄(제275조) → 결과적 가중범

▶ 학대죄(제273조 제1항)
– 존속학대죄(제273조 제2항)
– 아동혹사죄(제274조) → 독립된 구성요건
(이상 추상적 위험범)

제271조【유기, 존속유기】❹

❹ • 미수×
• 진정신분범

① 나이가 많거나 어림, 질병 그 밖의 사정으로 도움이 필요한 사람을 법률상❺ 또는 계약상 보호할 의무가 있는 자가 유기❻한 경우에는 3년 이하의 징역 또는 500만원 이하의 벌금에 처한다.

≠민법상 부양의무

❺ • 사무관리 · 관습 · 조리×
• 사실혼관계○(判)
• 동거 · 내연관계×

❻ • 협의 : 이치
• 광의 : 치거

②❼ 자기 또는 배우자의 직계존속에 대하여 제1항의 죄를 지은 경우에는 10년 이하의 징역 또는 1천 500만원 이하의 벌금에 처한다.

❼ • 존속유기죄
• 부진정신분범
• 법조경합 中 특별관계

③ 제1항의 죄를 지어 사람의 생명에 위험을 발생하게 한 경우에는 7년 이하의 징역에 처한다.❽

❽ • 중유기죄

④ 제2항의 죄를 지어 사람의 생명에 위험을 발생하게 한 경우에는 2년 이상의 유기징역에 처한다.❾

(③·④) • 부진정결과적 가중범
• 구체적위험범
• 미수×

❾ • 존속중유기죄

[전문개정 2020.12.8]

❶ • 진정신분범

❷ • 사무관리 · 관습 · 조리 포함(≠유기죄)
유기죄 주체 < 학대죄 주체

第273조【학대, 존속학대】❶

① 자기의 보호 또는 감독❷을 받는 사람을 학대❸한 자는 2년 이하의 징역 또는 500만원 이하의 벌금에 처한다.

② 자기 또는 배우자의 직계존속에 대하여 전항의 죄를 범한 때에는 5년 이하의 징역 또는 700만원 이하의 벌금에 처한다.

❸ • 육체적 · 정신적 고통 (광의설)

❹ • 필요적 대향범 형량 ㊂
• 도박죄
• 간통죄
• 인신매매죄

第274조【아동혹사】❹

자기의 보호 또는 감독을 받는 16세 미만의 자❺를 그 생명 또는 신체에 위험한 업무에 사용할 영업자 또는 그 종업자에게 인도(현실적 인도)한 자는 5년 이하의 징역에 처한다. 그 인도를 받은 자도 같다.❻

❺ • 위증죄의 선서무능력자 (증언 · 증거 · 증명력 인정○)

❻ • 대향범

第275조【유기 등 치사상】

① 제271조 또는 제273조의 죄를 범하여 사람을 상해에 이르게 한 때에는 7년 이하의 징역에 처한다. 사망에 이르게 한 때에는 3년 이상의 유기징역에 처한다.

② 자기 또는 배우자의 직계존속에 대하여 제271조 또는 제273조의 죄를 범하여 상해에 이르게 한 때에는 3년 이상의 유기징역에 처한다. 사망에 이르게 한 때에는 무기 또는 5년 이상의 징역에 처한다.

제29장 체포와 감금의 죄 ❶

❶ • 보호법익 : 잠재적인 신체활동의 자유
• 객체 : 수면자, 명정자, 정신병자, 불구자 포함
• 행위 : 심리적 · 무형적 방법 포함
• 미수○

▸ 체포 · 감금죄(제276조 제1항) 기본적 구성요건
- 존속체포 · 감금죄(제276조 제2항) : 책임가중
- 상습체포 · 감금죄(제279조) : 책임가중
- 중체포 · 감금죄(제277조) : 불법가중
- 특수체포 · 감금죄(제278조) : 불법가중
- 체포 · 감금치사상죄(제281조) : 불법가중→결과적 가중범

제276조【체포, 감금, 존속체포, 존속감금】❷

❷ • 침해범
• 계속범 : 체감주퇴악도직교범
• 미수○

❸ • 일시적인 체포 · 감금 행위 –미수

① 사람을 체포 또는 감금❸한 자는 5년 이하의 징역 또는 700만원 이하의 벌금에 처한다.
(사람: 영아×, 법인×)

② 자기 또는 배우자의 직계존속에 대하여 제1항의 죄를 범한 때에는 10년 이하의 징역 또는 1천 500만원 이하의 벌금에 처한다.❹

❹ • 존속가중처벌규정이 없는 죄 : 과실범, 약취 · 유인죄, 재산죄

> 폭행 · 협박<체포<감금(흡수)

제277조【중체포, 중감금, 존속중체포, 존속중감금】❺

❺ • 구체적 위험범×, 결과적 가중범×
• 중~죄 中 유일하게 미수○

① 사람을 체포 또는 감금하여 가혹한 행위를 가한 자는 7년 이하의 징역에 처한다.
(가혹한 행위: 행위유형)

② 자기 또는 배우자의 직계존속에 대하여 전항의 죄를 범한 때에는 2년 이상의 유기징역에 처한다.

제278조【특수체포, 특수감금】❻

❻ • 합동범×

단체 또는 다중의 위력을 보이거나 위험한 물건을 휴대❼하여 전 2조의 죄를 범한 때에는 그 죄에 정한 형의 2분의 1까지 가중한다.

❼ • 공 · 공 · 폭 · ㊟ · 협 · 주 · 강 · 손 · 상

제279조【상습범】❽

❽ • 상, 협, ㊟ 성, 절, 사, 장, 아, 도

상습으로 제276조 또는 제277조의 죄를 범한 때에는 전조의 예에 의한다.

제280조【미수범】

전 4조의 미수범은 처벌한다.[1]

[1] • 일시적인 체포 · 감금

제281조【체포 · 감금 등의 치사상】

① 제276조 내지 제280조의 죄를 범하여 사람을 상해에 이르게 한 때에는 1년 이상의 유기징역에 처한다. 사망에 이르게 한 때에는 3년 이상의 유기징역에 처한다.

② 자기 또는 배우자의 직계존속에 대하여 제276조 내지 제280조의 죄를 범하여 상해에 이르게 한 때에는 2년 이상의 유기징역에 처한다. 사망에 이르게 한 때에는 무기 또는 5년 이상의 징역에 처한다.

제282조【자격정지의 병과】

본장의 죄에는 10년 이하의 자격정지를 병과할 수 있다.

제30장 협박의 죄[2]

[2] • 미수○

▸ 협박
- 광의 : 공무집행방해죄, 직무강요죄, 내란죄, 특수도주죄, 소요죄, 다중불해산죄
- 협의 : 협박죄, 공갈죄, 강요죄
- 최협의 : 강도죄, 강간죄

제283조【협박, 존속협박】[3][4]

[3] • 반의사불벌죄

[4] • 위험범설(判)
침해범설(通)

① 사람[5]을 협박[6]한 자는 3년 이하의 징역, 500만원 이하의 벌금, 구류 또는 과료에 처한다.

[5] • 유아 · 명정자 · 정신병자 · 수면자 제외

체포 · 감금죄–영유아×, 명정자 · 정신병자 · 수면자○

[6] • 해악발생이 고지자와 관계되어 좌우되는 경우
• 협의의 협박(상대방에게 현실적 공포심을 일으킬 수 있는 정도)

② 자기 또는 배우자의 직계존속에 대하여 제1항의 죄를 범한 때에는 5년 이하의 징역 또는 700만원 이하의 벌금에 처한다.

③ 제1항 및 제2항의 죄는 피해자의 명시한 의사에 반하여 공소를 제기할 수 없다.

반의사불벌죄 : 폭 · 과 · 협 · 명 · 출

❶ • 반의사불벌죄×
• 합동범×
: 공 · 폭 · 체 · ㉾ · 주 · 손

제284조【특수협박】❶

단체 또는 다중의 위력을 보이거나 위험한 물건을 휴대하여 전조 제1항 · 제2항의 죄를 범한 때에는 7년 이하의 징역 또는 1천만원 이하의 벌금에 처한다.

제285조【상습범】

상습으로 제283조 제1항, 제2항 또는 전조의 죄를 범한 때에는 그 죄에 정한 형의 2분의 1까지 가중한다.

❷ • 위험범, 미수○

제286조【미수범】❷

전 3조의 미수범은 처벌한다.❸

❸ ① 해악의 고지가 현실적으로 상대방에게 도달하지 않은 경우
② 도달하였으나 전혀 지각하지 못한 경우
③ 고지된 해악의 의미를 상대방이 인식하지 못한 경우

> 법조경합 : 협박죄<강요죄<공갈죄<강도죄

제31장 약취, 유인 및 인신매매의 죄❹

〈개정 2013.4.5〉

❹ • 존속가중×

제287조【미성년자의 약취, 유인】❺

❺ • 목적범×

미성년자❻를 약취 또는 유인한 사람은 10년 이하의 징역에 처한다.❼

(약취: 폭행 or 협박 / 유인: 기망 or 유혹)

❻ • 19세 미만(혼인한 미성년자 포함)

❼ • 장소적 이전 不要

▸ 보호법익
–미성년자의 자유권
–보호자의 감독권
→ 미성년자의 동의가 있어도 보호자동의 要

제288조【추행 등 목적 약취, 유인 등】❽

❽ • 재물요구 → 인질강도죄

❾ • 법률혼 + 사실혼 포함
• 단지 성교목적으로 약취·유인 → 간음목적으로 약취·유인

❿ • 석방의 대가로 재물을 요구할 목적

① 추행, 간음, 결혼❾ 또는 영리의 목적❿으로 사람을 약취 또는 유인한 사람은 1년 이상 10년 이하의 징역에 처한다.

② 노동력 착취, 성매매와 성적 착취, 장기적출을 목적으로 사람을 약취 또는 유인한 사람은 2년 이상 15년 이하의 징역에 처한다.

③ 국외에 이송할 목적으로 사람을 약취 또는 유인하거나 약취 또는 유인된 사람을 국외에 이송한 사람도 제2항과 동일한 형으로 처벌한다.
목적범 / 목적범×

❶ • 대향범(필요적 공범)
• 실력적 지배의 이전시에 기수
• 대금지급 유무는 불문

제289조【인신매매】❶

① 사람을 매매한 사람은 7년 이하의 징역에 처한다.❷

❷ • 목적범×

② 추행, 간음, 결혼 또는 영리의 목적으로 사람을 매매한 사람은 1년 이상 10년 이하의 징역에 처한다.

③ 노동력 착취, 성매매와 성적 착취, 장기적출을 목적으로 사람을 매매한 사람은 2년 이상 15년 이하의 징역에 처한다.

④ 국외에 이송할 목적으로 사람을 매매하거나 매매된 사람을 국외로 이송한 사람도 제3항과 동일한 형으로 처벌한다.
목적범 / 목적범×

제290조【약취, 유인, 매매, 이송 등 상해·치상】

① 제287조부터 제289조까지의 죄를 범하여 약취, 유인, 매매 또는 이송된 사람을 상해한 때에는 3년 이상 25년 이하의 징역에 처한다.

② 제287조부터 제289조까지의 죄를 범하여 약취, 유인, 매매 또는 이송된 사람을 상해에 이르게 한 때에는 2년 이상 20년 이하의 징역에 처한다.❸

❸ • 예비죄×

제291조【약취, 유인, 매매, 이송 등 살인·치사】

① 제287조부터 제289조까지의 죄를 범하여 약취, 유인, 매매 또는 이송된 사람을 살해한 때에는 사형, 무기 또는 7년 이상의 징역에 처한다.

② 제287조부터 제289조까지의 죄를 범하여 약취, 유인, 매매 또는 이송된 사람을 사망에 이르게 한 때에는 무기 또는 5년 이상의 징역에 처한다.❹

❹ • 예비죄×

제292조【약취, 유인, 매매, 이송된 사람의 수수·은닉 등】

① 제287조부터 제289조까지의 죄로 약취·유인·매매 또는 이송된 사람을 수수(授受) 또는 은닉한 사람은 7년 이하의 징역에 처한다.

② 제287조부터 제289조까지의 죄를 범할 목적으로 사람을 모집, 운송, 전달한 사람도 제1항과 동일한 형으로 처벌한다.[1]

[1] • 예비죄×

제293조 삭제

제294조【미수범】

제287조부터 제289조까지, 제290조 제1항, 제291조 제1항과 제292조 제1항의 미수범은 처벌한다.[2]

[2] • 치사상 : ×
모·운·전 : ×

제295조【벌금의 병과】

제288조부터 제291조까지, 제292조 제1항의 죄와, 그 미수범에 대하여는 5천만원 이하의 벌금을 병과할 수 있다.

제295조의2【형의 감경】[3][4]

[3] • 자의성 不要
[4] ≠인질강도(제336조)
=인질석방(제324조의6)

제287조부터 제290조까지, 제292조와 제294조의 죄를 범한 사람이 약취, 유인, 매매 또는 이송된 사람을 안전한 장소로 풀어준 때에는 그 형을 감경할 수 있다.

기수범도 인정

임의적 감경

제296조【예비, 음모】[5]

[5] • 살·약·강·음·통·방·기·폭·도·내

제287조부터 제289조까지, 제290조 제1항, 제291조 제1항과 제292조 제1항의 죄를 범할 목적으로 예비 또는 음모한 사람은 3년 이하의 징역에 처한다. [전문개정 2013.4.5]

제296조의2【세계주의】[6]

[6] • 세계주의
└ 중국 민항기 납치 약취·유인·인신매매

제287조부터 제292조까지 및 제294조는 대한민국 영역 밖에서 죄를 범한 외국인에게도 적용한다. [본조신설 2013.4.5]

제32장 강간과 추행의 죄

❶ • 최협의(현저히 곤란하게 할 정도)
cf) 강도-억압할 정도

제297조【강 간】

폭행 또는 협박❶으로 사람을 강간❷한 자는 3년 이상의 유기징역에 처한다.〈개정 2012.12.18〉

법조경합

❷ • 이성 간 성기 삽입

- 보호법익 : 성적 자기결정권
- 주체 : 여자도 직접단독정범 可, 부부간에 적용 ○(최신판례)
- 객체 : 동성연애자인 남성 간에 ×(강제추행죄 可), 여성으로 성전환한 남성 ○
- 죄수 : 피해자의 수

제297조의2【유사강간】❸

❸ • 성기 대 비성기 삽입

폭행 또는 협박으로 사람에 대하여 구강, 항문 등 신체(성기는 제외한다)의 내부에 성기를 넣거나 성기, 항문에 손가락 등 신체(성기는 제외한다)의 일부 또는 도구를 넣는 행위를 한 사람은 2년 이상의 유기징역에 처한다. [본조신설 2012.12.18]

제298조【강제추행】

❹ • 判 : 협의(피해자의 의사에 반하는 정도)

폭행 또는 협박❹으로 사람에 대하여 추행❺을 한 자는 10년 이하의 징역 또는 1천 500만원 이하의 벌금에 처한다.

❺ • 성적 수치심 · 혐오감을 일으키게 하는 일체의 행위

제299조【준강간, 준강제추행】❻

❻ • 피해자의 동의가 있어도 본죄 성립

사람의 심신상실 또는 항거불능의 상태를 이용하여 간음 또는 추행을 한 자는 제297조, 제297조의2 및 제298조의 예에 의한다.〈개정 2012.12.18〉

심신미약×(제302조)
야기한 경우 : 강간죄 or 강제추행죄

제300조【미수범】

제297조, 제297조의2, 제298조 및 제299조의 미수범은 처벌한다.〈개정 2012.12.18〉❼

❼ • 이하 위계 · 위력, 강간상해 · 강간살인 등은 미수×

▸ 제301조~제304조 : 미수×
▸ 제305조 : 제297조 · 제298조 준용하므로 미수○

제301조【강간 등 상해·치상】
고의범 결과적 가중범

제297조, 제297조의2 및 제298조부터 제300조[1]까지의 죄를 범한 자가 사람을 상해하거나 상해에 이르게 한 때에는 무기 또는 5년 이상의 징역에 처한다.〈개정 2012.12.18〉

[1] • 강간 등 미수에 그쳐도 본죄 성립

제301조의2【강간 등 살인·치사】
결과적 가중범

제297조, 제297조의2 및 제298조부터 제300조까지의 죄를 범한 자가 사람을 살해한 때에는 사형 또는 무기징역에 처한다. 사망에 이르게 한 때에는 무기 또는 10년 이상의 징역에 처한다.

〈개정 2012.12.18.〉

제302조【미성년자 등에 대한 간음】

미성년자[2] 또는 심신미약자에 대하여 위계[3] 또는 위력으로써 간음 또는 추행을 한 자는 5년 이하의 징역에 처한다.
(위계: 기망 또는 유혹 / 위력: 상대방의 의사를 제압)

[2] • 13세 이상 ~19세 미만
cf) 미성년자의제강간
–13세 미만

[3] • 위계간음 확대

제303조【업무상 위력 등에 의한 간음】

① 업무, 고용 기타 관계로 인하여 자기의 보호 또는 감독을 받는 사람에 대하여 위계 또는 위력[4]으로써 간음한 자는 7년 이하의 징역 또는 3천만원 이하의 벌금에 처한다.〈개정 2018.10.16.〉
(관계: 사실상○ / 간음: 추행–성폭법 적용)

[4] • 위력사용시 피해자의 동의가 있어도 본죄 성립

②[5] 법률에 의하여 구금된 사람을 감호하는 자[6]가 그 사람[7]을 간음한 때에는 10년 이하의 징역에 처한다.〈개정 2018.10.16.〉

[5] • 피구금자간음죄

[6] • 진정신분범, 자수범
ㄴ 업무상 비밀누설죄
업무상 과실장물죄
업무상 위력 등에 의한 간음

[7] • 피해자가 동의해도 처벌

제304조 삭 제 〈2012.12.18〉[8]

[8] • 혼인빙자간음죄 : 위헌

제305조【미성년자에 대한 간음, 추행】[9]

① 13세 미만의 사람에 대하여 간음 또는 추행을 한 자는 제297조, 제297조의2, 제298조, 제301조 또는 제301조의2의 예에 의한다.[10]〈개정 1995.12.29., 2012.12.18., 2020.5.19.〉

[9] • §297, §297의2, §298의 예에 의하므로 법정형뿐만 아니라 미수범에 관하여도 그 예에 따른다는 취지로 해석하여 미수범 처벌○

[10] • 피해자의 동의받아도 처벌→폭행 · 협박을 수단으로 한 경우 : 강간죄 · 강제추행죄

② 13세 이상 16세 미만의 사람에 대하여 간음 또는 추행을 한

19세 이상의 자는 제297조, 제297조의2, 제298조, 제301조 또는 제301조의2의 예에 의한다.〈신설 2020.5.19.〉

❶ • 상 · 협 · 체 · ㉿ · 절 · 사 · 장 · 아 · 도

제305조의2【상습범】❶

상습으로 제297조, 제297조의2, 제298조부터 제300조까지, 제302조, 제303조 또는 제305조의 죄를 범한 자는 그 죄에 정한 형의 2분의 1까지 가중한다.〈개정 2012.12.18〉

▸ 강간상해 · 치상 · 살인 · 치사 : 상습범 없음

제305조의3【예비, 음모】

제297조, 제297조의2, 제299조(준강간죄에 한정한다), 제301조(강간 등 상해죄에 한정한다) 및 제305조의 죄를 범할 목적으로 예비 또는 음모한 사람은 3년 이하의 징역에 처한다.❷ [본조신설 2020.5.19]

❷ • 강제추행죄 × • 준강제추행죄 ×

제306조 삭 제 〈2012.12.18〉❸

❸ • 친고죄 : 삭제

	〈피해자의동의〉	〈위계 · 위력〉	〈폭행 · 협박〉
	미성년자의제강간죄		강간죄
16세 (13)			
	무죄	미성년자간음죄	강간죄
19세			
	무죄	업무상위계 · 위력간음죄	강간죄

제33장 명예에 관한 죄❹

❹ • 추상적 위험범, 미수× • 죄수 : 피해자의 수

❺ • 반의사불벌죄

제307조【명예훼손】❺

❻ • 제310조 적용
❼ • 불특정 또는 다수인(전파성이론)
❽ • 구체적일 것 → 현실적 인식 不要 • 공지의 사실○

① ❻ 공연히❼ 사실❽을 적시❾하여 사람❿의 명예를 훼손⓫한 자는 2년 이하의 징역이나 금고 또는 500만원 이하의 벌금에 처한다.
(외적 명예(인격적 측면))

❾ • 표현내용이 증거에 의해 입증가능한 것
❿ • 승낙 可 → 법인 등 특정 가능한 집단 포함
⓫ • 추상적 위험범-결과 不要

② 공연히 허위의 사실을 적시하여 사람의 명예를 훼손한 자는 5년 이하의 징역, 10년 이하의 자격정지 또는 1천만원 이하의 벌금에 처한다.⓬
(가중적 구성요건인식 필요)

⓬ • 변호인의 경우도 성립

⓭ • 친고죄

제308조【사자의 명예훼손】⓭

공연히 허위의 사실을 적시하여 사자의 명예를 훼손한 자는 2년 이하의 징역이나 금고 또는 500만원 이하의 벌금에 처한다.
(허위의: 진실× / 명예를 훼손한: 사망 이후의 행위)

▸ 고소권자 : 사자의 친족 · 자손(형사소송법 제227조)→고소할 자가 없는 경우 이해관계인의 신청으로 검사가 10일 이내에 지정(동법 제228조)
㉠ 사자를 생존한 것으로 오인하고 진실한 사실을 적시하여 명예훼손 : 무죄

❶ • 공연성 不要
• 반의사불벌죄

❷ • 목적범(공공의 이익을 위한 때에는 부정)
• 명예에 관한 죄 중 유일한 목적범

❸ • 10장 내외, 전자게시판 등은 ×

제309조【출판물 등에 의한 명예훼손】❶

① 사람을 비방할 목적❷으로 신문, 잡지 또는 라디오 기타 출판물❸에 의하여 제307조 제1항❹의 죄를 범한 자는 3년 이하의 징역이나 금고 또는 700만원 이하의 벌금에 처한다.

❹ • 진실사실 적시
• 제310조 적용×

② 제1항의 방법으로 제307조 제2항(허위사실 적시)의 죄를 범한 자는 7년 이하의 징역, 10년 이하의 자격정지 또는 1천 500만원 이하의 벌금에 처한다.

❺ • 判 : 거증책임전환 규정

❻ • 제307조 제1항 외에는 적용×

제310조【위법성의 조각】❺

제307조 제1항❻의 행위가 진실한 사실로서 오로지(주로(only×→mainly)) 공공❼의 이익에 관한 때에는 처벌하지 아니한다.

❼ • 특정집단의 이익도 보호

▸ 허위의 사실을 진실한 사실로 오인→제307조 제1항 적용→제310조에 의하여 상당성 있으면 위법성 조각

❽ • 추상적위험범
• 친고죄
• 외적명예

❾ • cf) 신용훼손죄
– 공연성×

제311조【모 욕】❽

공연히❾ 사람을(사자×) 모욕❿한 자는 1년 이하의 징역이나 금고 또는 200만원 이하의 벌금에 처한다.

❿ • 사실의 적시×(표현범) → 단순히 무례한 행동–모욕×

> 법조경합 : 모욕죄<명예훼손죄<출판물에 의한 명예훼손죄

제312조【고소와 피해자의 의사】

① 제308조와 제311조의 죄는 고소가 있어야 공소를 제기할 수 있다.

② 제307조와 제309조의 죄는 피해자의 명시한 의사에 반하여 공소를 제기할 수 없다.

▸

명	사	출	모
반	친	반	친

제34장 신용, 업무와 경매에 관한 죄 ❶

❶ • 미수×(위험범)

제313조【신용훼손】

❷ • 객관적일 것(단순한 의견이나 가치판단×)
❸ • 전파성(공연성 요건×)
❹ • 결과 不要(추상적 위험범)

허위의 사실❷을 유포❸하거나 기타 위계로써 사람의 신용을 훼손❹한 자는 5년 이하의 징역 또는 1천 500만원 이하의 벌금에 처한다.

(진실× / 명예훼손× / 경제적 측면)

제314조【업무방해】

❺ • 허위사실 유포 또는 위계

① 제313조의 방법❺ 또는 위력으로써 사람의 업무❻를 방해❼한 자는 5년 이하의 징역 또는 1천 500만원 이하의 벌금에 처한다.

(유형 or 무형의 압력)

❻ • 경제적 업무에 限×, 형식적 적법성 不要, 내용의 적법성 要
• 공무×(공무 – 공무집행방해죄 제136조 · 제137조)
• 형법상 보호할 가치가 있는 업무
❼ • 결과 不要(추상적 위험범)

❽ • 컴퓨터장애업무방해죄
❾ • 제347조의2 컴퓨터 등 사용사기죄 →컴퓨터이용/전자기록~×

②❽ 컴퓨터 등 정보처리장치 또는 전자기록 등 특수매체기록❾을 손괴하거나 정보처리장치에 허위의 정보 또는 부정한 명령을 입력하거나 기타 방법으로 정보처리에 장애를 발생하게 하여 사람의 업무를 방해한 자도 제1항의 형과 같다.

(불완전한 정보는 포함× / 결과필요(결과범) / 결과불요(추상적 위험범))

제315조【경매, 입찰의 방해】❿

❿ • 추상적 위험범
• 미수×

위계 또는 위력 기타 방법으로 경매 또는 입찰의 공정을 해한 자는 2년 이하의 징역 또는 700만원 이하의 벌금에 처한다.⓫

⓫ • 주로 담합행위(담합 시도했으나 실제로 이루어지지 못한 경우 – 미수범규정×–무죄)

▸ 위계 : 신용훼손, 업무방해, 경매 · 입찰방해의 공통되는 구성요건

제35장 비밀침해의 죄 ⓬

⓬ • 미수×

제316조【비밀침해】⓭

⓭ • 친고죄
• §140② · ③과 구별
⓮ • 우편엽서나 암호가 없는 컴퓨터시스템은 ×

① 봉함 기타 비밀장치⓮한 사람의 편지, 문서 또는 도화를 개봉⓯한 자는 3년 이하의 징역이나 금고 또는 500만원 이하의 벌금에 처한다.

(국가 · 공공단체 : ○)

⓯ • 개봉시 기수(추상적 위험범)

② 봉함 기타 비밀장치한 사람의 편지, 문서, 도화 또는 전자기록 등 특수매체기록을 기술적 수단⓰을 이용하여 그 내용을 알아낸 자⓱도 제1항의 형과 같다.

⓰ • 불빛에 투시×
• 투시기, 약물, 해킹○
⓱ • 내용지득시 기수(침해범)

▸ 자녀에게 온 편지 또는 일방배우자의 부재중 중대한 우편물이 온 경우 등의 개봉행위는 위법성조각

제317조【업무상 비밀누설】❶

❶ • 진정신분범(비 · 과 · 위), 자수범
• 친고죄

❷ • 법무사×
• 세무사×
• 형소법－세무사○

❸ • 사무처리, 직무와 관계 없는 경우는 본죄×

① ❷ 의사, 한의사, 치과의사, 약제사, 약종상, 조산사, 변호사, 변리사, 공인회계사, 공증인, 대서업자나 그 직무상 보조자 또는 차등의 직에 있던 자가 그 직무처리 중❸ 지득한 타인의 비밀을 누설한 때에는 3년 이하의 징역이나 금고, 10년 이하의 자격정지 또는 700만원 이하의 벌금에 처한다.

제한적 열거

공연성 不要

② 종교의 직에 있는 자 또는 있던 자가 그 직무상 지득한 사람의 비밀을 누설한 때에도 전항의 형과 같다.

제318조【고 소】

본장의 죄는 고소가 있어야 공소를 제기할 수 있다.

▸ 비 · 누 · 모 · 사 · 재

제36장 주거침입의 죄 ❹

❹ • 보호법익 : 주거의 사실상 평온
• 미수○

제319조【주거침입, 퇴거불응】❺

❺ • 절도죄와 경합

❻ • 사실상 · 묵시적 거주의사 포함

❼ • 점유할 권리 여부는 문제되지 않음

❽ • 주건선항방(=§334①)
• 부동산, 동산○
• 자동차×(제321조 주거 수색죄 : 자동차○)

❾ • 일부침입 : 기수
• 고의는 신체일부에 대한 것으로도 족함

① 사람의 ㈜거,❻ 관리하는 ㈎조물, ㈐박이나 ㈏공기 또는 점유❼하는 ㈒실❽에 침입❾한 자는 3년 이하의 징역 또는 500만원 이하의 벌금에 처한다.

저택×(절도)

❿ • 처음부터 거주자 의사에 반하여 들어가면 주거침입죄

⓫ • 진정부작위범, 거동범, 계속범
• 집 · 퇴 : 미수○

② 전항의 장소❿에서 퇴거요구를 받고 응하지 아니한 자도 전항의 형과 같다.⓫

부작위

제320조【특수주거침입】

단체 또는 다중의 위력을 보이거나 위험한 물건을 휴대하여 전조의 죄를 범한 때에는 5년 이하의 징역에 처한다.

❶ • 주거침입죄에 없는 구성요건

제321조【주거·신체 수색】

사람의 신체,❶ 주거, 관리하는 건조물, 자동차,❷ 선박이나 항공기 또는 점유하는 방실을 수색한 자는 3년 이하의 징역에 처한다.

❷ • 주거에 침입한 자 기준(예 망보는 사람이 휴대한 경우 특수주거침입 성립×)

제322조【미수범】

본장의 미수범은 처벌한다.

제37장 권리행사를 방해하는 죄

▸ 재산죄의 분류

－객체

- 이득죄－배임, 컴퓨터사용사기, 부당이득
- 재물죄
  - 영득죄
    - 탈취죄－점유관계
      - 타인소유 타인점유 : 절도, 강도
      - 타인소유 자기점유 : 횡령
      - 타인소유 점유이탈 : 점유이탈물횡령
    - 편취죄(처분행위)－사기, 공갈
  - 비영득죄
    - 훼기죄－손괴
    - 탈취죄－권리행사방해(자기소유 타인점유)

> ※ 사기 · 공갈 · 강도 · 배임수재죄 등 : 재물죄임과 동시에 이득죄

❸ • 추상적 위험범
• 불법영득의사 不要
• 미수×

❹ • 적법한 권원에 기초한 점유

제323조【권리행사방해】❸

(재산죄 / 자기소유 타인점유)

타인의 점유❹(보호객체) 또는 권리(소유권 이외의 재산권)의 목적이 된 자기의(자기소유(공동소유물×)) 물건 또는 전자기록 등 특수매체기록을 ㉿취거, 은닉 또는 손괴하여 타인의 권리행사를 방해한(결과 불요) 자는 5년 이하의 징역 또는 700만원 이하의 벌금에 처한다.❺

❺ • 제328조 친족간 특례 적용○

강제집행면탈 · 강도 · 손괴－특례×

❻ • 침해범
• 미수○

❼ • 절대적○
• 심리적○(cf) 강요된 행위－심리적, 강제적)

❽ • 공갈죄(광의+협의)

제324조【강요】❻

① 폭행❼(광의) 또는 협박❽(협의)으로 사람❾(비재산적 권리 포함)의 권리행사를 방해하거나 의무없는 일을 하게 한 자는 5년 이하의 징역 또는 3천만원 이하❿의 벌금에 처한다. 〈개정 2016.1.6〉

❾ • 영아 · 정신병자 등은× = 협박죄

❿ • 동기설(반성적 고려)
• 벌금○ → 약식가능○

[1] • 특수강요

② 단체 또는 다중의 위력을 보이거나 위험한 물건을 휴대하여 제1항의 죄를 범한 자는 10년 이하의 징역 또는 5천만원 이하의 벌금에 처한다.[1] 〈신설 2016.1.6〉

제324조의2【인질강요】[2]

[2] • 석방(임의적 감경)
cf) 인질강도–석방감경 규정×

[3] • 자연인, 법인, 국가기관, 법인격 없는 단체 불문
• 객체(≠인질강도)
• 강요행위는 반드시 제3자에게
cf) 인질강도–2자간, 3자간○

사람을 체포 · 감금 · 약취 또는 유인하여 이를 인질로 삼아(장소적 이전 不要) 제3자[3]에 대하여 권리행사를 방해하거나 의무 없는 일을 하게 한 자는 3년 이상의 유기징역에 처한다.

제324조의3【인질상해 · 치상】[4]

[4] • 결과적 가중범, 미수범 처벌○(근거 제324조의5) 단, 적용 부정

제324조의2의 죄를 범한 자가 인질을 상해하거나 상해에 이르게 한 때에는 무기 또는 5년 이상의 징역에 처한다.

[5] • 제324조의6 적용×

제324조의4【인질살해 · 치사】

제324조의2의 죄를 범한 자가 인질을 살해한 때에는 사형 또는 무기징역에 처한다. 사망에 이르게 한 때에는 무기 또는 10년 이상의 징역에 처한다.

제324조의5【미수범】

제324조 내지 제324조의4의 미수범은 처벌한다.

▸ 결과적 가중범의 미수범 규정 有 : 인 · 강 · 해 · 현

제324조의6【형의 감경】[5]

[5] • ≠인질강도죄(제336조) =피인취자석방(제295조의2

제324조의2 또는 제324조의3(인질살해 · 치사는 적용 ×)의 죄를 범한 자 및 그 죄의 미수범이 인질을 안전한 장소로 풀어 준 때에는 그 형을 감경할 수 있다.

▸ 임의적 감경 : 인질을 석방해도 처벌은 받으며, 자의성 여부는 불문, 기수범에 대해서도 인정

> 중지미수 : 필요적 감면

❷ • 미수○

제325조【점유강취, 준점유강취】❶

①❷ 폭행 또는 협박으로 타인의 점유에 속하는 자기의 물건을 강취(强取)한 자는 7년 이하의 징역 또는 10년 이하의 자격정지에 처한다.

② 타인의 점유에 속하는 자기의 물건을 취거(取去)하는 과정에서 그 물건의 탈환에 항거하거나 체포를 면탈하거나 범죄의 흔적을 인멸할 목적으로 폭행 또는 협박한 때에도 제1항의 형에 처한다.

③ 제1항과 제2항의 미수범은 처벌한다.

[전문개정 2020.12.8]

❶ • 객체: 자기소유, 타인점유
(예) 친구에게 빌려준 카메라를 친구가 돌려주지 않자, 폭행 후 빼앗아 온 경우)
• 친족상도례×
cf. 강도-타인소유

❸ • 부진정결과적 가중범

제326조【중권리행사방해】❸

제324조 또는 제325조의 죄를 범하여 사람의 생명에 대한 위험을 발생하게 한 자는 10년 이하의 징역에 처한다.

(제324조: 중강요 / 제325조의 죄: 중권리행사방해 / 위험: 구체적 위험범)

❹ • 강제집행 전
• 친족상도례 적용×

제327조【강제집행면탈】❹

강제집행을 면할 목적으로 재산을 은닉, 손괴, 허위양도 또는 허위의 채무를 부담하여 채권자를 해한 자❺는 3년 이하의 징역 또는 1천만원 이하의 벌금에 처한다.

(목적: 목적범 / 재산: 재물 또는 권리 / 허위양도: 진실한 양도×)

❺ • 채권자를 해할 위험이 있어도 성립(위험범)→결과 不要(채권 要, 결과는 不要-추상적 위험범)
• 주체 : 채무자 or 제3자

제328조【친족간의 범행과 고소】❻

① 직계혈족, 배우자, 동거친족, 동거가족 또는 그 배우자간의 제323조의 죄는 그 형을 면제한다.❼

(배우자: 법률혼상의 배우자 / 형을 면제: 필연적 형면제)

② 제1항 이외의 친족간❽에 제323조의 죄를 범한 때에는 고소가 있어야 공소를 제기할 수 있다.❾

③ 전 2항의 신분관계가 없는 공범에 대하여는 전 2항을 적용하지 아니한다.❿

❻ • 강도, 손괴, 점유강취×, 강제집행면탈×, 적용×
• 산림절도 적용○
(수렵 관련 법률 포함×)

❼ • 친족상도례
(인적 처벌조각사유)
• 특가법상 사기죄에도 적용
범인은닉 · 증거인멸
: 친족, 동거가족

❽ • 친고죄
비동거친족

❾ • 상대적 친고죄

❿ • 개별적 처벌(신분관계 개별화원칙)

제38장 절도와 강도의 죄 ❶

❶ • 判 : 소유권+점유

제329조【절 도】❷

❷ • 절도의 죄－보호법익 : 소유권+점유

❸ • 주관적 · 소극적 가치 포함

타인의 재물❸을 절취❹한 자는 6년 이하의 징역 또는 1천만원 이하의 벌금에 처한다.

(타인소유)

❹ • 소유의 침해(불법영득의사 要) / 타인소유 · 타인점유
• 죄수 → 점유의 수

> • 착수시기 : 밀접행위설(判)
> • 기수시기 : 취득설
> • 객체 × : 부동산, 절대적 금제품, 신체나 신체의 일부, 매장 or 제사대상인 시체, 정보 자체
> • 포장물 : 포장물 전체는 수탁자에게 점유가 있고, 내용물에 대해서는 위탁자에게 점유가 있음
> • 사용 後 반환시 절도 ┌ × : 주민등록증, 인장, 현금카드, 신용카드
> └ o : 예금통장

제330조【야간주거침입절도】

❺ • 일출 전, 일몰 후 (일몰 후~일출 전)

야간❺에 사람의 (주)거, 관리하는 (건)조물, (선)박, (항)공기❻ 또는 점유하는 (방)실(房室)에 침입❼(실행착수)하여 타인의 재물을 절취(竊取)(기수)한 자는 10년 이하의 징역에 처한다. [전문개정 2020.12.8]

❻ • 항공기도 포함됨

❼ • 야간침입 要
침입 위한 구체적 행위

제331조【특수절도】

❽ • 야간손괴 후 주거침입 절도
❾ • 주간에 침입하여 절도하면 경합범

①❽ 야간❾에 문이나 담 그 밖의 건조물의 일부를 손괴❿하고 제330조의 장소(주 · 건 · 선 · 항 · 방)에 침입하여 타인의 재물을 절취한 자는 1년 이상 10년 이하의 징역에 처한다.

❿ • 실행의 착수시기
• 제330조(야간주거침입절도)보다 착수시기 빠름
집에 침입하기 전에(이미 문을 부순 상태) 체포면탈목적 폭행→준강도

⓫ • 주간에 흉기휴대절도 또는 합동절도

②⓫ 흉기를 휴대하거나 2명 이상이 합동⓬(합동범)하여 타인의 재물을 절취한(밀접행위 : 착수) 자도 제1항의 형에 처한다. [전문개정 2020.12.8]

⓬ • 현장설(시간적 · 장소적 합동)
• 합동범 : 특수절도, 특수강도, 특수도주, 특수강간

▸ 합동범의 공동정범 可 → 삐끼사례

제331조의2【자동차 등 불법사용】⓭

⓭ • 불법영득의사×(배제의사×)

권리자의 동의 없이 타인의 자동차, 선박, 항공기 또는 원동기장치자전거⓮를 일시 사용⓯한 자는 3년 이하의 징역, 500만원 이하의 벌금, 구류 또는 과료에 처한다.

⓮ • 자전거×(유추해석금지)
• 중기, 건설기계×

⓯ • 사용절도(본래 용도대로 사용한 경우)
• 반환할 의사 없이 상당기간 점유
• 본래의 장소와 다른 곳에 유기 → 절도죄 성립

❶ • 부진정신분범
 • 상 · 협 · 체 · 성 · 절 · 사 · 장 · 아 · 도

제332조【상습범】❶

상습으로 제329조 내지 제331조의2의 죄를 범한 자는 그 죄❷에 정한 형의 2분의 1까지 가중한다.

❷ • 포괄일죄 취급(기판력)
 • 동종전과만으로 판단×(전과사실이 없더라도 상습성 인정할 수 있는 경우○)
 • 여러 범종 중 가장 중한 죄의 상습범으로 포괄
 • 그중 가장 중한 죄(특수절도)

❸ • 친족상도례 적용×
 • 보호법익 · 재산권+의사결정과 의사활동의 자유

❹ • 최협의(실행착수)
 • 피해자의 반항이 억압되지 않았거나 공포심을 느끼지 않으면 미수범

❺ • 경제적 가치의 총체(재물죄이자 이득죄) : 경제적 재산설

제333조【강 도】❸

폭행 또는 협박❹으로 타인의 재물을 강취(불법영득 · 이득의사 要)하거나 기타 재산상의 이익❺을 취득하거나 제3자로 하여금 이를 취득하게 한 자는 3년 이상의 유기징역에 처한다.

▸ 죄수 : 피해자수 기준(가족은 1죄)－강도, 사기, 공갈

제334조【특수강도】

❻ • 목적범

❼ • 주거침입죄 ⊜

❽ • 손괴 不要
 • 실행착수 : 폭행 · 협박시(多)
 • 주거침입(判) or 폭행 · 협박시(判)

① ❻ 야간에 사람의 ㉾거, 관리하는 ㉮조물, ㉯박이나 ㉰공기 또는 점유하는 ㉱실❼에 침입❽하여 제333조의 죄를 범한 자는 무기 또는 5년 이상의 징역에 처한다.

❾ • 흉기휴대강도

❿ • 합동범 : 특수강도, 특수절도, 특수도주, 특수강간

② ❾ 흉기를 휴대하거나 2인 이상이 합동❿(합동강도)하여 전조의 죄를 범한 자도 전항의 형과 같다.

제335조【준강도】

⓫ • 주체(미수 or 기수) : 준강도미수 · 기수
 • 단순절도, 야간주거침입절도, 특수절도, 강도도 포함

절도⓫가 재물의 탈환에 항거하거나 체포를 면탈하거나 범죄의 흔적을 인멸할 목적으로(목적범) 폭행 또는 협박⓬한 때에는 제333조 및 제334조⓭의 예에 따른다. [전문개정 2020.12.8]

⓬ • 실행착수(절도의 기회에 행해져야 한다)
 • 폭행 · 협박(사후강도) → 최협의

⓭ • 폭행 · 협박 행위태양 기준 : 강도, 특수강도

▸ 재물취득의 수단으로 폭행 · 협박하면 강도죄

절도	→ 준강도	→ 강도상해 · 치상	→ 강도살인 · 치사
	(폭행 · 협박)	(상해)	(사망)

⓮ • 해방감경규정×
 cf) §324의6

제336조【인질강도】⓮

사람을 체포 · 감금 · 약취 또는 유인하여 이를 인질로 삼아 재물 또는 재산상의 이익을 취득하거나 제3자⓯로 하여금 이를 취득하게 한 자는 3년 이상의 유기징역에 처한다.

⓯ • 2자관계 및 3자관계
 인질강요죄(제324조의2) : 3자관계

- 실행착수 : 재물 또는 재산상 이익의 요구시
- 기수시기 : 재물 또는 재산상 이익의 취득
- 실행의 착수가 약취 · 유인행위로 그친 경우 → 영리목적약취 · 유인죄(제288조 제1항) 해당

❶ • 고의범, 결과적 가중범

제337조【강도상해, 치상】❶

❷ • 미수 또는 기수
• 최소한 미수일 것

강도❷가 사람을 상해❸하거나 상해에 이르게 한 때에는 무기 또는 7년 이상의 징역에 처한다.

❸ • 강도의 기회
(수단이 아닐 것)

▸ 상해의 결과에 예견가능성 있으면 공동정범 성립
▸ 강도치상죄의 미수 : 결과적 가중범이나 미수범 처벌규정 존재(제342조)

제338조【강도살인 · 치사】

❹ • 미수 or 기수
• 최소한 미수일 것
• 생명보험금을 타려고 남편살해 → 살인죄○, 강도살인×

강도❹가 사람을 살해한 때에는 사형 또는 무기징역에 처한다. 사망에 이르게 한 때에는 무기 또는 10년 이상의 징역에 처한다.

제339조【강도강간】❺

❺ • 친고죄×

• 강간의 시기 → 강도의 기회
• 동일 객체일 필요×

강도❻가 사람을(부녀×) 강간한 때에는 무기 또는 10년 이상의 징역에 처한다.

❻ • 주체(강도의 기회에 강간한 경우) → 강간 후 강도의 범의를 가지면 경합범
강도 + 강간 = 강도강간
강간 + 강도 = 강간과 강도의 경합
• 단순강도, 특수강도, 준강도, 인질강도 불문

▸ 기수시기 → 강간의 기수 · 미수에 따라 결정

제340조【해상강도】

① 다중의(집합범(필요적 공범)) 위력으로 해상에서 선박을 강취하거나 선박 내에 침입하여 타인의 재물을 강취한 자는 무기 또는 7년 이상의 징역에 처한다.

② 제1항의 죄를 범한 자가 사람을 상해하거나 상해에 이르게 한 때에는 무기 또는 10년 이상의 징역에 처한다.

③ 제1항의 죄를 범한 자가 사람을 살해 또는 사망에 이르게 하거나 강간한 때에는 사형 또는 무기징역에 처한다.

제341조【상습범】

상습으로 제333조, 제334조, 제336조 또는 전조 제1항의 죄를 범한 자는 무기 또는 10년 이상의 징역에 처한다.

부진정신분범 / 제335조 준강도 포함○ / 별도의 형(강 · 장 · 도)

▸ 강도상해 · 치상, 강도살인 · 치사, 강도강간죄는 상습범×
→ 본죄와의 경합범 성립(상습강도상해× → 상습강도+강도상해의 실체적 경합)

제342조【미수범】

제329조 내지 제341조의 미수범은 처벌한다.

제343조【예비, 음모】

강도할 목적으로 예비 또는 음모한 자는 7년 이하의 징역에 처한다.[1]

[1] • 살 · 약 · ㉮…
• 재산죄 중 유일하게 예비죄 규정

제344조【친족간의 범행】

제328조의 규정은 제329조 내지 제332조의 죄 또는 미수범에 준용한다.[2]

친족상도례 / 재산죄中 강도죄 · 손괴죄 : ×

[2] • 특별법상 산림절도에도 적용

▸ 절도죄 : 점유자 · 소유자 · 가해자 모두 친족관계가 있어야 적용

제345조【자격정지의 병과】

본장의 죄를 범하여 유기징역에 처할 경우에는 10년 이하의 자격정지를 병과할 수 있다.

제346조【동 력】[3]

본장의 죄에 있어서 관리할 수 있는 동력[4]은 재물[5]로 간주한다.

[3] • 주의 · 예시규정(관리 가능성설)

[4] • 준용규정×
↑
장물죄, 권리행사방해죄의 재물에도 포함
↑
관리가능성설에 의하면

[5] • 관리가능성설(多, 判)
• 재물○ : 인공냉기, 전력
• 재물× : 전파, 서비스, 채권, 정보

▸ 재물
- 물리적 관리가능성
- 주관적 가치
- 절도 · 강도(동산으로 제한)
- 적법한 소유

제39장 사기와 공갈의 죄

❶ • 보호법익(判) : 재산권+거래의 신의성실

❷ • 재산상 손해발생 不要(判) (≠배임죄)

제347조【사 기】❶

① 사람을 기망하여 재물의 교부를 받거나 재산상의 이익을 취득❷한 자는 10년 이하의 징역 또는 2천만원 이하의 벌금에 처한다.

(대상 : 사실 / 부동산 포함 / 이득죄)

② 전항의 방법으로 제3자로 하여금 재물의 교부를 받게 하거나 재산상의 이익을 취득하게 한 때에도 전항의 형과 같다.

- 편취액 : 교부받은 재물 전부
- 피기망자는 착오를 일으켜 재산상 처분행위를 要
- 삼각사기 : 처분자≠피해자 → 피기망자와 피해자 동일 不要, 친족상도례 적용시 피기망자와 친족관계 不要
- 죄수기준 : 피해자 수

▸ 부작위에 의한 기망 : 아들 낳는 수술, 부동산매매계약시 고지×❸
↓
고지의무 위반

❸ • 재심소송 또는 명도소송 계속 중
• 점유이전금지가처분
• 도시계획의 입안
• 재단법인 출연
• 경매진행 중

▸ 소송사기
- 피고도 주체 可(원고○, 피고○)
- 법원을 적극 기망할 것
- 법원공무원에 대해선×(∵ 형식적 심사권만 보유)
- 실행착수 : ① 원고→소 제기시 ② 피고→서류를 제출한 때
- 기수 : 승소판결 확정시
- 공소시효 기산점 : 소송종료시
- 판결의 효력발생 : ① 사자상대소송 ② 소유권자 아닌 자를 상대로 한 소송 ③ 재판상 화해는 본죄 성립×

▸ 보험사기
- 보험금청구시에 실행착수
- 보험금수령시에 기수

❹ • 제314조②와 비교 cf) 전자기록×, 특수매체기록×

제347조의2【컴퓨터 등 사용사기】❹

컴퓨터 등 정보처리장치에 허위의 정보 또는 부정한 명령을 입력하거나 권한 없이 정보를 입력·변경하여 정보처리를 하게 함으로써 재산상의 이익을 취득하거나 제3자로 하여금 취득❺하게 한 자는 10년 이하의 징역 또는 2천만원 이하의 벌금에 처한다.

(올바른 비밀번호 입력 포함 / 순수한 이득죄 → 장물죄 성립×)

❺ • 불법이득의사 要
• 기수 : 재산상 손해발생시

▸ 신용카드 관련범죄

- 타인명의
  - 발급신청 · 부정취득 : 사기죄와 사문서위조 및 동행사죄의 실체적 경합
  - 기계에 대한 부정사용 : 절도죄와 신용카드부정사용죄의 실체적 경합
  - 사람(가맹점)에 대한 부정사용 : 사기죄와 신용카드부정사용죄의 실체적 경합(사문서위조 및동행사는 불가벌적 수반행위)
- 자기명의－발급~부정사용 : 사기죄의 포괄일죄(연속범)

❶ • 사기죄의 보충적 구성요건

제348조【준사기】❶

① 미성년자의 사리분별력 부족(사회생활상의 경험부족) 또는 사람의 심신장애를 이용❷하여 재물을 교부받거나 재산상 이익을 취득한 자는 10년 이하의 징역 또는 2천만원 이하의 벌금에 처한다.

❷ • 적극적 기망시에는 사기죄 성립

② 제1항의 방법으로 제3자로 하여금 재물을 교부받게 하거나 재산상 이익을 취득하게 한 경우에도 제1항의 형에 처한다.

[전문개정 2020.12.8]

제348조의2【편의시설부정이용】

부정한 방법으로 대가를 지급하지 아니하고(대가를 지급한 경우에는 본죄×) 자동판매기, 공중전화❸ 기타 유료자동설비를 이용하여 재물 또는 재산상의 이익을 취득❹한 자는 3년 이하의 징역, 500만원 이하의 벌금, 구류 또는 과료에 처한다.

❸ • 가정용 전화×

❹ • 기수(서비스를 못 받은 경우 : 미수)

> ※ 위조통화를 투입하여 자동판매기의 물품취득 or 공중전화 등을 이용한 경우 : 본죄와 통화위조 및 동행사의 실체적 경합

❺ • 미수×
• 상습범은 有

❻ • 경제적, 정신적 · 육체적 사회적, 자초한 궁박상태

제349조【부당이득】❺

① 사람의 곤궁하고 절박한 상태❻를 이용하여 현저하게 부당한(이익형량상 과도한 불균형) 이익을 취득한 자는 3년 이하의 징역 또는 1천만원 이하의 벌금에 처한다.

② 제1항의 방법으로 제3자로 하여금 부당한 이익을 취득하게 한 경우에도 제1항의 형에 처한다. [전문개정 2020.12.8]

❶ • 편취죄
• 보호법익 : 재산권 및 자유권
• 죄수 : 피해자의 수

❷ • 강요죄 ┌ 폭행–광의
└ 협박–협의

제350조【공 갈】❶

① 사람을 공갈❷하여 재물의 교부를 받거나 재산상의 이익❸을 취득한 자는 10년 이하의 징역 또는 2천만원 이하의 벌금에 처한다.❹

❸ • 부녀와의 정교×
(대가가 전제된 성관계○)

❹ • 사회상규에 위배되지 않는 권리행사는 권리남용이 아니므로 본죄×

② 전항의 방법으로 제3자로 하여금 재물의 교부를 받게 하거나 재산상의 이익을 취득하게 한 때에도 전항의 형과 같다.

▸ 수뢰죄
– 공무원이 직무집행을 빙자하여 공갈 : 공갈죄(공여자는 무죄)
– 공무원이 직무집행과 관련하여 수수 : 공갈죄와 수뢰죄의 상상적 경합
– 공무원이 타인을 기망하여 뇌물 수수 : 수뢰죄와 사기죄의 상상적 경합

제350조의2【특수공갈】

단체 또는 다중의 위력을 보이거나 위험한 물건을 휴대하여 제350조의 죄를 범한 자는 1년 이상 15년 이하의 징역에 처한다.

〈신설 2016.1.6〉

❺ • 상 · 협 · 체 · 성 · 절 · ㊄ · 장 · 아 · 도

제351조【상습범】❺

상습으로 제347조 내지 전조의 죄를 범한 자는 그 죄에 정한 형의 2분의 1까지 가중한다.

제352조【미수범】

제347조 내지 제348조의2, 제350조, 제350조의2와 제351조의 미수범은 처벌한다.〈개정 2015.12.9〉❻

❻ • 부당이득(§349)×

제353조【자격정지의 병과】

본장의 죄에는 10년 이하의 자격정지를 병과할 수 있다.

제354조【친족 간의 범행, 동력】

제328조와 제346조의 규정은 본장의 죄에 준용한다.❼

❼ • 폭력행위 등 처벌에 관한 법률상 공갈죄에도 적용

제40장 횡령과 배임의 죄 ❶

❶ • 특정된 재물에 대한 위탁관계 → 횡령
• 전체 재산에 대한 관리위임 → 배임

제355조【횡령, 배임】❷

❷ • 미수○

① 타인❸의 재물을 보관❹하는 자❺가 그 재물을 횡령하거나 그 반환을 거부한 때❻에는 5년 이하의 징역 또는 1천 500만원 이하의 벌금에 처한다.❼

(재물죄(광업권×))

❸ • 공동소유물 포함(불법원인급여×)

❹ • 사실상 · 법률상 지배
• 부동산-유효하게 처분할 수 있는 권능

절도죄 : 사실상의 지배

❺ • 진정신분범(침해주체로서의 점유)

❻ • 횡령 후 기망으로 반환 거부한 때에도 횡령죄만 성립

❼ • 기수 : 표현설(위험범)

② 타인의 사무❽를 처리하는 자❾가 그 임무에 위배하는 행위로써 재산상의 이익을 취득하거나 제3자로 하여금 이를 취득하게 하여 본인에게 손해❿를 가한 때에도 전항의 형과 같다.

(이득죄) (재산권 침해)

❽ • 재산상 사무
• 사실상의 신임관계

❾ • 채무자는 제외 추세

❿ • 적극적 · 소극적 손해, 재산상 위험 포함≠사기죄

> • 죄수 : 신임관계의 수
> • 부동산의 점유 : 등기명의 기준
> • 부동산명의신탁 : 중간생략등기형 명의신탁, 계약명의신탁은 횡령죄×

제356조【업무상의 횡령과 배임】

업무상의 임무⓫에 위배하여 제355조의 죄를 범한 자는 10년 이하의 징역 또는 3천만원 이하의 벌금에 처한다.⓬

⓫ • 이중적 신분범 →구성적 신분으로서 타인의 재물 보관, 타인의 사무 처리+가중적 신분(업무자) 要

⓬ • 부진정신분범

제357조【배임수증재】⓭

⓭ • 재산상 사무일 것 不要
– 배임(제355조) : 要○
– 배임수재(제357조) : ×
– 사기(제347조) : ×

①⓮ 타인의 사무를 처리하는 자가 그 임무에 관하여 부정한 청탁⓯을 받고 재물 또는 재산상의 이익⓰을 취득⓱하거나 제3자⓲로 하여금 이를 취득하게 한 때에는 5년 이하의 징역 또는 1천만원 이하의 벌금에 처한다. 〈개정 2016.5.29〉

(재산상 손해발생 不要)

⓮ • 배임수재죄 (진정신분범)
• 배임증재죄
• 필요적 공범(총칙 적용×)
• 대향범

⓯ • 없으면 본죄×
• 업무상 배임에 이를 것을 不要(이르게 되면 배임죄와 경합범)

⓰ • ≠배임죄
• 장물죄○

⓱ • 기수(약속만 받은 경우 : 미수)

⓲ • 제3자 배임수재 신설

② 제1항의 재물 또는 재산상 이익을 공여한 자는 2년 이하의 징역 또는 500만원 이하의 벌금에 처한다. 〈개정 2020.12.8〉

③ 범인 또는 그 사정을 아는 제3자가 취득한 제1항⓳의 재물은 몰수한다.⓴ 그 재물을 몰수하기 불가능하거나 재산상의 이익을 취득한 때에는 그 가액을 추징한다.

〈개정 2016.5.29, 2020.12.8〉

[제목개정 2016.5.29]

⓳ • 배임수뢰액은 필요적 몰수(배임증뢰액은 임의적 몰수)

⓴ • 형법 각칙의 필요적 몰수 : 뇌물, 아편, 배임수재죄

※ 제357조 제1항과 제355조 제2항의 차이
- 임무에 관한 부정한 청탁
- 필요적 몰수규정 有
- 손해발생 不要
- 객체 : 재물 또는 이익
- 배임행위 不要

제358조【자격정지의 병과】

전 3조의 죄에는 10년 이하의 자격정지를 병과할 수 있다.

제359조【미수범】

제355조 내지 제357조의 미수범은 처벌한다.

제360조【점유이탈물횡령】❶

① 유실물, 표류물 또는 타인의 점유를 이탈한 재물을 횡령한 자는 1년 이하의 징역이나 300만원 이하의 벌금 또는 과료에 처한다.

② 매장물을 횡령한 자도 전항의 형과 같다.❷

❶ • 영득죄
• 미수×
• 암기요령 : 유 · 표 · 점 · 매

❷ • 무주물×

제361조【친족간의 범행, 동력】❸

제328조와 제346조의 규정은 본 장의 죄에 준용한다.

❸ • 배임(∵이익) → 동력×

제41장 장물에 관한 죄❹

❹ • 보호법익 : 재산권 미수×

제362조【장물의 취득, 알선 등】❺

① 장물❻을 취득, 양도, 운반 또는 보관한 자는 7년 이하의 징역 또는 1천 500만원 이하의 벌금에 처한다.
본범의 정범을 제외한 모든 자

② 전항의 행위를 알선❼한 자도 전항의 형과 같다.

▸ 장물 : 타인의 재산범죄로 불법하게 영득한 재물
(산림업법 위반, 자기앞수표 등 포함)

▸ 장물×
- 손괴죄, 배임죄, 비재산범죄로 취득한 재물
- 뇌물, 도박금액, 위조통화, 수렵업법 위반 등
- 이중매매된 부동산, 양도담보로 제공된 부동산
- 대체장물 : 동일성 상실

❺ • 추구권설+유지설
=결합설(多, 判)

❻ • 동일성 要
• 재산범죄에 의하여 영득한 재물

❼ • 알선행위○
계약성립 · 점유이전 不要

제363조【상습범】

① 상습으로 전조의 죄를 범한 자는 1년 이상 10년 이하의 징역에 처한다.
(상습으로: 부진정신분범 / 1년 이상 10년 이하의 징역: 상습범 규정中 별도의 형 (강, 장, 도) / 에 처한다: 목적범)

② 제1항의 경우에는 10년 이하의 자격정지 또는 1천 500만원 이하의 벌금을 병과할 수 있다.

제364조【업무상 과실, 중과실】❶

업무상 과실❷ 또는 중대한 과실로 인하여 제362조의 죄를 범한 자는 1년 이하의 금고 또는 500만원 이하의 벌금에 처한다.❸

> ※ 최신판례 : 특별한 사정시 신원확인해도 본죄 성립

❶ • 진정신분범
• 보통과실은 처벌하지 않기 때문에 가중적 구성 요건이라고 할 수 없음(재산죄 중 유일하게 과실범 처벌○)

❷ • 기본적 구성요건(진정신분범)

❸ • 과실장물죄×

제365조【친족간의 범행】

① 전 3조의 죄를 범한 자와 피해자 간에 제328조 제1항, 제2항의 신분관계가 있는 때에는 동조의 규정을 준용한다.
(전 3조의 죄를 범한 자: 장물범 / 제328조 제1항: 형면제 / 제2항: 친고죄)

② 전 3조의 죄를 범한 자와 본범 간에 제328조 제1항의 신분관계가 있는 때에는 그 형을 감경 또는 면제한다. 단, 신분관계가 없는 공범에 대하여는 예외로 한다.
(전 3조의 죄를 범한 자: 장물범 / 제328조 제1항: 직 · 배 · 동 · 동 · 배 / 감경 또는 면제: 필요적 감면)

제42장 손괴의 죄 ❹

❹ • 친족상도례 적용×

제366조【재물손괴 등】❺

타인의 재물,❻ 문서 또는 전자기록 등 특수매체기록을 손괴 또는 은닉❼ 기타 방법❽으로 그 효용을 해한 자는 3년 이하의 징역 또는 700만원 이하의 벌금에 처한다.
(타인의: 타인소유 / 전자기록 등 특수매체기록: 전자기록손괴죄도 처벌○)

❺ • 불법영득의사×
• (형법상) 과실범 처벌규정×

❻ • 재물죄(관리할 수 있는 동력 포함)
≠권리행사방해× 장물죄×

❼ • 영득의사가 없는 은닉

❽ • 부작위 또는 일시적인 방법도 可
• 사실상 또는 감정상(본래의 용도에 사용할 수 없게 하는 행위)

▸ 문서내용 변경

–타인명의(소유불문) : 문서변조죄

–자기명의, 타인소유 : 문서손괴죄

▸ 문서변조죄와의 관계

제367조【공익건조물파괴】

공익에 공하는 건조물[1]을 파괴한 자는 10년 이하의 징역 또는 2천만원 이하의 벌금에 처한다.

제368조【중손괴】[2]

①[3] 전 2조의 죄를 범하여 사람의 생명 또는 신체에 대하여 위험을 발생하게 한 때에는 1년 이상 10년 이하의 징역에 처한다.[4]

②[5] 제366조 또는 제367조의 죄를 범하여 사람을 상해에 이르게 한 때에는 1년 이상의 유기징역에 처한다. 사망에 이르게 한 때에는 3년 이상의 유기징역에 처한다.[6]

제369조【특수손괴】

① 단체 또는 다중의 위력을 보이거나 위험한 물건(자동차도 포함)을 휴대하여 제366조의 죄를 범한 때에는 5년 이하의 징역 또는 1천만원 이하의 벌금에 처한다.

② 제1항의 방법으로 제367조의 죄를 범한 때에는 1년 이상의 유기징역 또는 2천만원 이하의 벌금에 처한다.

❶ • 공무소에서 사용하는 건조물 제외 (제141조② 공용물파괴죄)

❷ • 결과적 가중범

❸ • 부진정결과적 가중범
• 구체적 위험범

❹ • 중손괴죄

❺ • 진정결과적 가중범

❻ • 손괴치사상죄

❶ • 보호법익 : 토지경계의 명확성

❷ • 객관적으로 통용되는 경계

❸ • 결과 要(미수×)

제370조【경계침범】❶

경계표를 손괴, 이동 또는 제거하거나 기타 방법으로 토지의 경계❷를 인식불능❸하게 한 자는 3년 이하의 징역 또는 500만원 이하의 벌금에 처한다.❹

❹ • 부동산 : 본죄 성립 부동산절도×

제371조【미수범】

제366조, 제367조와 제369조의 미수범은 처벌한다.

제372조【동 력】

본 장의 죄에는 제346조를 준용한다.

PART 03

형사법전

高기능성 법전 시리즈

형법
관련 부속법령

1. 폭력행위 등 처벌에 관한 법률
2. 특정범죄가중처벌 등에 관한 법률
3. 성폭력범죄의 처벌 등에 관한 특례법

PART 03

형법 관련 부속법령

1. 폭력행위 등 처벌에 관한 법률

[시행 2016.1.6.] [법률 제13718호, 2016.1.6., 일부개정]

제1조【목 적】 이 법은 집단적 또는 상습적으로 폭력행위 등을 범하거나 흉기 그 밖의 위험한 물건을 휴대하여 폭력행위 등을 범한 사람 등을 처벌함을 목적으로 한다. [전문개정 2014.12.30.]

제2조【폭행 등】 ① 삭제 〈2016.1.6.〉

② 2명 이상이 공동하여 다음 각 호의 죄를 범한 사람은 「형법」 각 해당 조항에서 정한 형의 2분의 1까지 가중한다. 〈개정 2016.1.6.〉

1. 「형법」 제260조 제1항(폭행), 제283조 제1항(협박), 제319조(주거침입, 퇴거불응) 또는 제366조(재물손괴 등)의 죄
2. 「형법」 제260조 제2항(존속폭행), 제276조 제1항(체포, 감금), 제283조 제2항(존속협박) 또는 제324조 제1항(강요)의 죄
3. 「형법」 제257조 제1항(상해) · 제2항(존속상해), 제276조 제2항(존속체포, 존속감금) 또는 제350조(공갈)의 죄

③ 이 법(「형법」 각 해당 조항 및 각 해당 조항의 상습범, 특수범, 상습특수범, 각 해당 조항의 상습범의 미수범, 특수범의 미수범, 상습특수범의 미수범을 포함한다)을 위반하여 2회 이상 징역형을 받은 사람이 다시 제2항 각 호에 규정된 죄를 범하여 누범(累犯)으로 처벌할 경우에는 다음 각 호의 구분에 따라 가중처벌한다. 〈개정 2016. 1.6.〉

1. 제2항 제1호에 규정된 죄를 범한 사람: 7년 이하의 징역
2. 제2항 제2호에 규정된 죄를 범한 사람: 1년 이상 12년 이하의 징역
3. 제2항 제3호에 규정된 죄를 범한 사람: 2년 이상 20년 이하의 징역

④ 제2항과 제3항의 경우에는 「형법」 제260조 제3항 및 제283조 제3항을 적용하지 아니한다.
반의사불벌죄 조항
[전문개정 2014.12.30.]

제3조【집단적 폭행 등】 ① 삭제 〈2016.1.6.〉

② 삭제 〈2006.3.24.〉

③ 삭제 〈2016.1.6.〉

④ 이 법(「형법」 각 해당 조항 및 각 해당 조항의 상습범, 특수범, 상습특수범, 각 해당 조항의 상습범의 미수범, 특수범의 미수범, 상습특수범의 미수범을 포함한다)을 위반하여 2회 이상 징역형을 받은 사람이 다시 다음 각 호의 죄를 범하여 누범으로 처벌할 경우에는 다음 각 호의 구분에 따라 가중처벌한다. 〈개정 2014.12.30., 2016.1.6.〉

1. 「형법」 제261조(특수폭행)(제260조 제1항의 죄를 범한 경우에 한정한다), 제284조(특수협박)(제283조 제1항의 죄를 범한 경우에 한정한다), 제320조(특수주거침입) 또는 제369조 제1항(특수손괴)의 죄: 1년 이상 12년 이하의 징역
2. 「형법」 제261조(특수폭행)(제260조 제2항의 죄를 범한 경우에 한정한다), 제278조(특수체포, 특수감금)(제276조 제1항의 죄를 범한 경우에 한정한다), 제284조(특수협박)(제283조 제2항의 죄를 범한 경우에 한정한다) 또는 제324조 제2항(강요)의 죄: 2년 이상 20년 이하의 징역
3. 「형법」 제258조의2 제1항(특수상해), 제278조(특수체포, 특수감금)(제276조 제2항의 죄를 범한 경우에 한정한다) 또는 제350조의2(특수공갈)의 죄: 3년 이상 25년 이하의 징역

[제목개정 2014.12.30.]

[2006.3.24. 법률 제7891호에 의하여 2004.12.16. 헌법재판소에서 위헌 결정된 이 조 제2항을 삭제함.]
[2016.1.6. 법률 제13718호에 의하여 2015.9.24. 헌법재판소에서 위헌 결정된 이 조 제1항을 삭제함.]

제4조【단체 등의 구성 · 활동】 ① 이 법에 규정된 범죄
즉시범 · 목적범/임의적 감경×(형법과 다름)
를 목적으로 하는 단체 또는 집단을 구성하거나 그러한 단체 또는 집단에 가입하거나 그 구성원으로 활동한 사람은 다음 각 호의 구분에 따라 처벌한다.

1. 수괴(首魁): 사형, 무기 또는 10년 이상의 징역
2. 간부: 무기 또는 7년 이상의 징역
3. 수괴 · 간부 외의 사람: 2년 이상의 유기징역

② 제1항의 단체 또는 집단을 구성하거나 그러한 단체 또는 집단에 가입한 사람이 단체 또는 집단의 위력을 과시하거나 단체 또는 집단의 존속 · 유지를 위하여 다음 각 호의 어느 하나에 해당하는 죄를 범하였을 때에는 그 죄에 대한 형의 장기(長期) 및 단기(短期)의 2분의 1까지 가중한다. 〈개정 2016.1.6.〉

1. 「형법」에 따른 죄 중 다음 각 목의 죄
   가. 「형법」 제8장 공무방해에 관한 죄 중 제136조(공무집행방해), 제141조(공용서류 등의 무효, 공용물의 파괴)의 죄
   나. 「형법」 제24장 살인의 죄 중 제250조 제1항(살인), 제252조(촉탁, 승낙에 의한 살인 등), 제253조(위계 등에 의한 촉탁살인 등), 제255조(예비, 음모)의 죄
   다. 「형법」 제34장 신용, 업무와 경매에 관한 죄 중 제314조(업무방해), 제315조(경매, 입찰의 방해)의 죄
   라. 「형법」 제38장 절도와 강도의 죄 중 제333조(강도), 제334조(특수강도), 제335조(준강도), 제336조(인질강도), 제337조(강도상해, 치상), 제339조(강도강간), 제340조 제1항(해상강도) · 제2항(해상강도상해 또는 치상), 제341조(상습범), 제343조(예비, 음모)의 죄
2. 제2조 또는 제3조의 죄(「형법」 각 해당 조항의 상습범, 특수범, 상습특수범을 포함한다)

③ 타인에게 제1항의 단체 또는 집단에 가입할 것을 강요하거나 권유한 사람은 2년 이상의 유기징역에 처한다.

④ 제1항의 단체 또는 집단을 구성하거나 그러한 단체 또는 집단에 가입하여 그 단체 또는 집단의 존속 · 유지를 위하여 금품을 모집한 사람은 3년 유기징역에 처한다.

[전문개정 2014.12.30.]

제5조【단체 등의 이용 · 지원】 ① 제4조 제1항의 단체 또는 집단을 이용하여 이 법이나 그 밖의 형벌 법규에 규정된 죄를 범하게 한 사람은 그 죄에 대한 형의 장기 및 단기의 2분의 1까지 가중한다.

② 제4조 제1항의 단체 또는 집단을 구성하거나 그러한 단체 또는 집단에 가입하지 아니한 사람이 그러한 단체 또는 집단의 구성 · 유지를 위하여 자금을 제공하였을 때에는 3년 이상의 유기징역에 처한다.

• 공무집행방해 • 준강도
• 살인 예비 · 음모 • 해상강도치상
• 업무방해 • 강도 예비 · 음모
• 경매, 입찰방해

제6조【미수범】 제2조, 제3조, 제4조 제2항[「형법」 제136조, 제255조, 제314조, 제315조, 제335조, 제337조(강도치상의 죄에 한정한다), 제340조 제2항(해상강도치상의 죄에 한정한다) 또는 제343조의 죄를 범한 경우는 제외한다] 및 제5조의 미수범은 처벌한다.

제7조【우범자】 정당한 이유 없이 이 법에 규정된 범죄에 공용(供用)될 우려가 있는 흉기나 그 밖의 위험한 물건을 휴대하거나 제공 또는 알선한 사람은 3년 이하의 징역 또는 300만원 이하의 벌금에 처한다.

제8조【정당방위 등】 ① 이 법에 규정된 죄를 범한 사람이 흉기나 그 밖의 위험한 물건 등으로 사람에게 위해(危害)를 가하거나 가하려 할 때 이를 예방하거나 방위(防衛)하기 위하여 한 행위는 벌하지 아니한다.

• 예방적 정당방위 인정 조문

② 제1항의 경우에 방위 행위가 그 정도를 초과한 때에는 그 형을 감경한다.

③ 제2항의 경우에 그 행위가 야간 그 밖의 불안한 상태에서 공포 · 경악 · 흥분 또는 당황으로 인한 행위인 때에는 벌하지 아니한다. — 책임조각사유

• 진정신분범
• 부진정부작위범(判)

제9조【사법경찰관리의 직무유기】 ① 사법경찰관리(司法警察官吏)로서 이 법에 규정된 죄를 범한 사람을 수사하지 아니하거나 범인을 알면서 체포하지 아니하거나 수사상 정보를 누설하여 범인의 도주를 용이하게 한 사람은 1년 이상의 유기징역에 처한다. — 작위범과 상상적 경합시 작위범만 성립

② 뇌물을 수수(收受), 요구 또는 약속하고 제1항의 죄를 범한 사람은 2년 이상의 유기징역에 처한다.

제10조【사법경찰관리의 행정적 책임】 ① 관할 지방검찰청 검사장은 제2조부터 제6조까지의 범죄가 발생하였는데도 그 사실을 자신에게 보고하지 아니하거나 수사를 게을리하거나 수사능력 부족 또는 그 밖의 이유로 사법경찰관리로서 부적당하다고 인정하는 사람에 대해서는 그 임명권자에게 징계, 해임 또는 교체임용을 요구할 수 있다.

수사중지명령권, 구속장소감찰

체임요구권(경찰서장은×)

② 제1항의 요구를 받은 임명권자는 2주일 이내에 해당 사법경찰관리에 대하여 행정처분을 한 후 그 사실을 관할 지방검찰청 검사장에게 통보하여야 한다.

2. 특정범죄 가중처벌 등에 관한 법률

[시행 2024.1.26.][법률 제19573호, 2023.7.25., 타법개정]

제1조【목 적】 이 법은 「형법」, 「관세법」, 「조세범 처벌법」, 「지방세기본법」, 「산림자원의 조성 및 관리에 관한 법률」 및 「마약류관리에 관한 법률」에 규정된 특정범죄에 대한 가중처벌 등을 규정함으로써 건전한 사회질서의 유지와 국민경제의 발전에 이바지함을 목적으로 한다.

〈개정 2011.12.31.〉 [전문개정 2010.3.31.]

제2조【뇌물죄의 가중처벌】 ① 「형법」 제129조 · 제130조 또는 제132조에 규정된 죄를 범한 사람은 그 수수(收受) · 요구 또는 약속한 뇌물의 가액(價額)(이하 이 조에서 "수뢰액"이라 한다)에 따라 다음 각 호와 같이 가중처벌한다.

• §129 수뢰, 사전수뢰
• §130 제3자 뇌물제공
• §132 알선수뢰
• §131 수뢰후부정처사, 사후수뢰포함×

1. 수뢰액이 1억원 이상인 경우에는 무기 또는 10년 이상의 징역에 처한다.
2. 수뢰액이 5천만원 이상 1억원 미만인 경우에는 7년 이상의 유기징역에 처한다.
3. 수뢰액이 3천만원 이상 5천만원 미만인 경우에는 5년 이상의 유기징역에 처한다.

② 「형법」 제129조 · 제130조 또는 제132조에 규정된 죄를 범한 사람은 그 죄에 대하여 정한 형(제1항의 경우를 포함한다)에 수뢰액의 2배 이상 5배 이하의 벌금을 병과(倂科)한다.

[전문개정 2010.3.31.]

[한정위헌, 2011헌바117, 2012.12.27. 형법(1953.9.18. 법률 제293호로 제정된 것) 제129조 제1항의 '공무원'에 구 '제주특별자치도 설치 및 국제자유도시 조성을 위한 특별법'(2007.7.27. 법률 제8566호로 개정되기 전의 것) 제299조 제2항의 제주특별자치도통합영향평가심의위원회 심의위원 중 위촉위원이 포함되는 것으로 해석하는 한 헌법에 위반된다.]

진정신분범×(알선수뢰는 진정신분범)

제3조【알선수재】 공무원의 직무에 속한 사항의 알선에 관하여 금품이나 이익을 수수 · 요구 또는 약속한 사람은 5년 이하의 징역 또는 1천만원 이하의 벌금에 처한다.

필요적 몰수 · 추징

[전문개정 2010.3.31.]

제4조【뇌물죄 적용대상의 확대】 ① 다음 각 호의 어느 하나에 해당하는 기관 또는 단체로서 대통령령으로 정하는 기관 또는 단체의 간부직원은 「형법」 제129조부터 제132조까지의 규정을 적용할 때에는 공무원으로 본다. ─── • 공무원범위 확대

1. 국가 또는 지방자치단체가 직접 또는 간접으로 자본금의 2분의 1 이상을 출자하였거나 출연금 · 보조금 등 그 재정지원의 규모가 그 기관 또는 단체 기본재산의 2분의 1 이상인 기관 또는 단체
2. 국민경제 및 산업에 중대한 영향을 미치고 있고 업무의 공공성(公共性)이 현저하여 국가 또는 지방자치단체가 법령에서 정하는 바에 따라 지도 · 감독하거나 주주권의 행사 등을 통하여 중요 사업의 결정 및 임원의 임면(任免) 등 운영 전반에 관하여 실질적인 지배력을 행사하고 있는 기관 또는 단체

② 제1항의 간부직원의 범위는 제1항의 기관 또는 단체의 설립목적, 자산, 직원의 규모 및 해당 직원의 구체적인 업무 등을 고려하여 대통령령으로 정한다.

[전문개정 2010.3.31.]

제4조의2【체포 · 감금 등의 가중처벌】 ① 「형법」 제124

조 · 제125조에 규정된 죄를 범하여 사람을 상해(傷害)에 이르게 한 경우에는 1년 이상의 유기징역에 처한다.

결과적 가중범

② 「형법」 제124조 · 제125조에 규정된 죄를 범하여 사람을 사망에 이르게 한 경우에는 무기 또는 3년 이상의 징역에 처한다. [전문개정 2010.3.31.]

• 부진정신분범(재판, 검찰, 경찰 기타 인신구속적 직위에 있는 자
§124 불법체포, 불법감금
§125 폭행 · 가혹행위(특수공무원폭행)

제4조의3【공무상 비밀누설의 가중처벌】 「국회법」 제54조의2 제2항을 위반한 사람은 5년 이하의 징역 또는 500만원 이하의 벌금에 처한다. [전문개정 2010.3.31.]

제5조【국고 등 손실】 「회계관계직원 등의 책임에 관한 법률」 제2조 제1호 · 제2호 또는 제4호(제1호 또는 제2호에 규정된 사람의 보조자로서 그 회계사무의 일부를 처리하는 사람만 해당한다)에 규정된 사람이 국고(國庫) 또는 지방자치단체에 손실을 입힐 것을 알면서 그 직무에 관하여 「형법」 제355조의 죄를 범한 경우에는 다음 각 호의 구분에 따라 가중처벌한다.

§355 횡령, 배임

1. 국고 또는 지방자치단체의 손실이 5억원 이상인 경우에는 무기 또는 5년 이상의 징역에 처한다.
2. 국고 또는 지방자치단체의 손실이 1억원 이상 5억원 미만인 경우에는 3년 이상의 유기징역에 처한다.

[전문개정 2010.3.31.]

• 장소적 이전 없이도 가능
기존의 자유로운 생활 보호관계로부터의 이탈 및 범인 또는 제3자의 사실상 지배로의 이전

제5조의2【약취 · 유인죄의 가중처벌】 ① 13세 미만의 미성년자에 대하여 「형법」 제287조의 죄를 범한 사람은 그 약취(略取) 또는 유인(誘引)의 목적에 따라 다음 각 호와 같이 가중처벌한다. 〈개정 2016.1.6.〉

폭행 또는 협박 / 기망 또는 유혹

1. 약취 또는 유인한 미성년자의 부모나 그 밖에 그 미성년자의 안전을 염려하는 사람의 우려를 이용하여 재물이나 재산상의 이익을 취득할 목적인 경우에는 무기 또는 5년 이상의 징역에 처한다.
2. 약취 또는 유인한 미성년자를 살해할 목적인 경우에는 사형, 무기 또는 7년 이상의 징역에 처한다.

19세 미만(혼인한 미성년자 포함)

② 13세 미만의 미성년자에 대하여 「형법」 제287조의 죄를 범한 사람이 다음 각 호의 어느 하나에 해당하는 행위를 한 경우에는 다음 각 호와 같이 가중처벌한다. 〈개정 2016.1.6.〉

결과범

1. 약취 또는 유인한 미성년자의 부모나 그 밖에 그 미성년자의 안전을 염려하는 사람의 우려를 이용하여 재물이나 재산상의 이익을 취득하거나 이를 요구한 경우에는 무기 또는 10년 이상의 징역에 처한다.

질제 납치해서 요구

2. 약취 또는 유인한 미성년자를 살해한 경우에는 사형 또는 무기징역에 처한다.
3. 약취 또는 유인한 미성년자를 폭행 · 상해 · 감금 또는 유기(遺棄)하거나 그 미성년자에게 가혹한 행위를 한 경우에는 무기 또는 5년 이상의 징역에 처한다.
4. 제3호의 죄를 범하여 미성년자를 사망에 이르게 한 경우에는 사형, 무기 또는 7년 이상의 징역에 처한다.

③ 제1항 또는 제2항의 죄를 범한 사람을 방조(幇助)하여 약취 또는 유인된 미성년자를 은닉하거나 그 밖의 방법으로 귀가하지 못하게 한 사람은 5년 이상의 유기징역에 처한다.

④ 삭제 〈2013.4.5.〉

⑤ 삭제 〈2013.4.5.〉

⑥ 제1항 및 제2항(제2항 제4호는 제외한다)에 규정된 죄의 미수범은 처벌한다. 〈개정 2013.4.5.〉

⑦ 제1항부터 제3항까지 및 제6항의 죄를 범한 사람을 은닉하거나 도피하게 한 사람은 3년 이상 25년 이하의 징역에 처한다.

〈개정 2013.4.5., 2016.1.6.〉

⑧ 제1항 또는 제2항 제1호 · 제2호의 죄를 범할 목적으로 예비하거나 음모한 사람은 1년 이상 10년 이하의 징역에 처한다.

〈개정 2013.4.5., 2016.1.6.〉

[전문개정 2010.3.31.]

제5조의3【도주차량 운전자의 가중처벌】 ① 「도로교통

법」 제2조의 자동차, 원동기장치자전거 또는 「건설기계관리법」 제26조 제1항 단서에 따른 건설기계(이하 "자동차등"이라 한다)의 교통으로 인하여 「형법」 제268조의 죄를 범한 해당 차량의 운전자(이하 "사고운전자"라 한다)가 피해자를 구호(救護)하는 등 「도로교통법」 제54조 제1항에 따른 조치를 하지 아니하고 도주한 경우에는 다음 각 호의 구분에 따라 가중처벌한다. 〈개정 2022.12.27.〉

• 부진정신분범 • 업무상과실 · 중과실 치사상

1. 피해자를 사망에 이르게 하고 도주하거나, 도주 후에 피해자가 사망한 경우에는 무기 또는 5년 이상의 징역에 처한다.

   • 살인의 고의 없어도 적용
   • 법령에 의한 작위의무
   –민법상 친권자후견인의 보호 · 후견의무
   –친족간의 부양의무
   –부부간의 부양의무
   –경찰관의 요보호자 보호조치의무
   –도로교통법에 의한 운전자의 구호의무

2. 피해자를 상해에 이르게 한 경우에는 1년 이상의 유기징역 또는 500만원 이상 3천만원 이하의 벌금에 처한다.

② 사고운전자가 피해자를 사고 장소로부터 옮겨 유기하고 도주한 경우에는 다음 각 호의 구분에 따라 가중처벌한다.

1. 피해자를 사망에 이르게 하고 도주하거나, 도주 후에 피해자가 사망한 경우에는 사형, 무기 또는 5년 이상의 징역에 처한다.
2. 피해자를 상해에 이르게 한 경우에는 3년 이상의 유기징역에 처한다.

[전문개정 2010.3.31.]

책임가중적 신분

제5조의4【상습 강도 · 절도죄 등의 가중처벌】

절도, 야간주거 침입절도, 특수절도

① 삭제 〈2016.1.6.〉

② 5명 이상이 공동하여 상습적으로 「형법」 제329조부터 제331조까지의 죄 또는 그 미수죄를 범한 사람은 2년 이상 20년 이하의 징역에 처한다. 〈개정 2016.1.6.〉

합동범(합동범의 공동정범 가능 예 삐끼사례)

③ 삭제 〈2016.1.6.〉

④ 삭제 〈2016.1.6.〉

⑤ 「형법」 제329조부터 제331조까지, 제333조부터 제336조까지 및 제340조 · 제362조의 죄 또는 그 미수죄로 세 번 이상 징역형을 받은 사람이 다시 이들 죄를 범하여 누범(累犯)으로 처벌하는 경우에는 다음 각 호의 구분에 따라 가중처벌한다. 〈개정 2016.1.6.〉

강도, 특수강도, 준강도, 인질강도, 해상강도, 장물취득 · 알선

1. 「형법」 제329조부터 제331조까지의 죄(미수범을 포함한다)를 범한 경우에는 2년 이상 20년 이하의 징역에 처한다.
2. 「형법」 제333조부터 제336조까지의 죄 및 제340조 제1항의 죄(미수범을 포함한다)를 범한 경우에는 무기 또는 10년 이상의 징역에 처한다.
3. 「형법」 제362조의 죄를 범한 경우에는 2년 이상 20년 이하의 징역에 처한다.

⑥ 상습적으로 「형법」 제329조부터 제331조까지의 죄나 그 미수죄 또는 제2항의 죄로 두 번 이상 실형을 선고받고 그 집행이 끝나거나 면제된 후 3년 이내에 다시 상습적으로 「형법」 제329조부터 제331조까지의 죄나 그 미수죄 또는 제2항의 죄를 범한 경우에는 3년 이상 25년 이하의 징역에 처한다. 〈개정 2016.1.6.〉

[전문개정 2010.3.31.]

[2016.1.6. 법률 제13717호에 의하여 2015.2.26. 헌법재판소에서 위헌 결정된 이 조 제1항을 삭제함.]
[2016.1.6. 법률 제13717호에 의하여 2015.11.26. 헌법재판소에서 위헌 결정된 이 조 제6항을 개정함.]

제5조의5【강도상해 등 재범자의 가중처벌】 「형법」 제337조 · 제339조의 죄 또는 그 미수죄로 형을 선고받고 그 집행이 끝나거나 면제된 후 3년 내에 다시 이들 죄를 범한 사람은 사형, 무기 또는 10년 이상의 징역에 처한다.

강도상해 · 치상, 강도강간

[전문개정 2010.3.31].

제5조의6 삭제 〈1994.1.5.〉

제5조의7 삭제 〈1994.1.5.〉

제5조의8 삭제 〈2013.4.5.〉

제5조의9【보복범죄의 가중처벌 등】 ① 자기 또는 타인의 형사사건의 수사 또는 재판과 관련하여 고소 · 고발 등 수사단서의 제공, 진술, 증언 또는 자료제출에 대한 보복의 목적으로 「형법」 제250조 제1항의 죄를 범한 사람은 사형, 무기 또는 10년 이상의 징역에 처한다. 고소 · 고발 등 수사단서의 제공, 진술, 증언 또는 자료제출을 하지 못하게 하거나 고소 · 고발을 취소하게 하거나 거짓으로 진술 · 증언 · 자료제출을 하게 할 목적인 경우에도 또한 같다.

살인

② 제1항과 같은 목적으로 「형법」 제257조 제1항 · 제260조 제1항 · 제276조 제1항 또는 제283조 제1항의 죄를 범한 사람은 1년 이상의 유기징역에 처한다.

상해 / 폭행 / 체포 · 감금 / 협박

③ 제2항의 죄 중 「형법」 제257조 제1항 · 제260조 제1항 또는 제276조 제1항의 죄를 범하여 사람을 사망에 이르게 한 경우에는 무기 또는 3년 이상의 징역에 처한다.

④ 자기 또는 타인의 형사사건의 수사 또는 재판과 관련하여 필요한 사실을 알고 있는 사람 또는 그 친족에게 정당한 사유 없이 면담을 강요하거나 위력(威力)을 행사한 사람은 3년 이하의 징역 또는 300만원 이하의 벌금에 처한다.

[전문개정 2010.3.31]

제5조의10【운행 중인 자동차 운전자에 대한 폭행 등의 가중처벌】 ① 운행 중(「여객자동차 운수사업법」 제2조 제3호에 따른 여객자동차운송사업을 위하여 사용되는 자동차를 운행하는 중 운전자가 여객의 승차 · 하차 등을 위하여 일시 정차한 경우를 포함한다)인 자동차의 운전자를 폭행하거나 협박한 사람은 5년 이하의 징역 또는 2천만원 이하의 벌금에 처한다.

② 제1항의 죄를 범하여 사람을 상해에 이르게 한 경우에는 3년 이상의 유기징역에 처하고, 사망에 이르게 한 경우에는 무기 또는 5년 이상의 징역에 처한다.

결과적 가중범(상당인과관계要)

[전문개정 2010.3.31.]

- 과실에 의한 원인에 있어서 자유로운 행위
  실행의 착수시기
  - 원인행위시설 – 구성요건정형성에 반
  - 실행행위시설 – 행위 · 책임동시존재 원칙에 반

제5조의11【위험운전 등 치사상】 ① 음주 또는 약물의 영향으로 정상적인 운전이 곤란한 상태에서 자동차등을 운전하여 사람을 상해에 이르게 한 사람은 1년 이상 15년 이하의 징역 또는 1천만원 이상 3천만원 이하의 벌금에 처하고, 사망에 이르게 한 사람은 무기 또는 3년 이상의 징역에 처한다.

② 음주 또는 약물의 영향으로 정상적인 운항이 곤란한 상태에서 운항의 목적으로 「해상교통안전법」 제39조 제1항에 따른 선박의 조타기를 조작, 조작 지시 또는 도선하여 사람을 상해에 이르게 한 사람은 1년 이상 15년 이하의 징역 또는 1천만원 이상 3천만원 이하의 벌금에 처하고, 사망에 이르게 한 사람은 무기 또는 3년 이상의 징역에 처한다.

[전문개정 2020.2.4.] [제목개정 2020.2.4.]

- 교통사고특례법상 업무상 과실치사상죄와 특가법상 위험운전죄는 법조경합으로 위험운전죄 1죄 but 특가법상 위험운전치사상죄와 도교법상 음주운전죄는 실 · 경

제5조의12【도주선박의 선장 또는 승무원에 대한 가중처벌】 「해사안전기본법법」 제3조 제2호에 따른 선박의 교통으로 인하여 「형법」 제268조의 죄를 범한 해당 선박의 선장 또는 승무원이 피해자를 구호하는 등 「수상에서의 수색 · 구조 등에 관한 법률」 제18조 제1항 단서에 따른 조치를 하지 아니하고 도주한 경우에는 다음 각 호의 구분에 따라 가중 처벌한다.

업무상 과실, 중과실 치사상

1. 피해자를 사망에 이르게 하고 도주하거나, 도주 후에 피해자가 사망한 경우에는 무기 또는 5년 이상의 징역에 처한다.
2. 피해자를 상해에 이르게 한 경우에는 1년 이상의 유기징역 또는 1천만원 이상 1억원 이하의 벌금에 처한다. [본조신설 2013.7.30]

제5조의13【어린이 보호구역에서 어린이 치사상의 가중처벌】 자동차등의 운전자가 「도로교통법」 제12조 제3항에 따른 어린이 보호구역에서 같은 조 제1항에 따른 조치를 준수하고 어린이의 안전에 유의하면서 운전하여야 할 의무를 위반하여 어린이(13세 미만인 사람을 말한다. 이하 같다)에게 「교통사고처리 특례법」 제3조 제1항의 죄를 범한 경우에는 다음 각 호의 구분에 따라 가중처벌한다.

1. 어린이를 사망에 이르게 한 경우에는 무기 또는 3년 이상의 징역에 처한다.
2. 어린이를 상해에 이르게 한 경우에는 1년 이상 15년 이하의 징역 또는 500만원 이상 3천만원 이하의 벌금에 처한다.

[본조신설 2019.12.24.]

제6조【「관세법」 위반행위의 가중처벌】 ①「관세법」 제269
비친고죄 or 즉시고발×
조 제1항에 규정된 죄를 범한 사람은 다음 각 호의 구분에 따라 가중처벌한다.

1. 수출 또는 수입한 물품의 가액(이하 이 조에서 "물품가액"이라 한다)이 1억원 이상인 경우에는 무기 또는 7년 이상의 징역에 처한다.
2. 물품가액이 3천만원 이상 1억원 미만인 경우에는 3년 이상의 유기징역에 처한다.

② 「관세법」 제269조 제2항에 규정된 죄를 범한 사람
밀수출입죄
은 다음 각 호의 구분에 따라 가중처벌한다.

1. 수입한 물품의 원가가 5억원 이상인 경우에는 무기 또는 5년 이상의 징역에 처한다.
2. 수입한 물품의 원가가 2억원 이상 5억원 미만인 경우에는 3년 이상의 유기징역에 처한다.

③ 「관세법」 제269조 제3항에 규정된 죄를 범한 사람이 수출하거나 반송한 물품의 원가가 5억원 이상인 경우에는 1년 이상의 유기징역에 처한다.

④ 「관세법」 제270조 제1항 제1호 또는 같은 조 제4
관세포탈죄
항·제5항에 규정된 죄를 범한 사람은 다음 각 호의 구분에 따라 가중처벌한다.

1. 포탈(逋脫)·면탈(免脫)하거나 감면(減免)·환급받은 세액이 2억원 이상인 경우에는 무기 또는 5년 이상의 징역에 처한다.
2. 포탈·면탈하거나 감면·환급받은 세액이 5천만원 이상 2억원 미만인 경우에는 3년 이상의 유기징역에 처한다.

⑤ 「관세법」 제270조 제1항 제2호 또는 같은 조 제2항에 규정된 죄를 범한 사람은 다음 각 호의 구분에 따라 가중처벌한다.

1. 수입한 물품의 원가가 5억원 이상인 경우에는 3년 이상의 유기징역에 처한다.
2. 수입한 물품의 원가가 2억원 이상 5억원 미만인 경우에는 1년 이상의 유기징역에 처한다.

⑥ 제1항부터 제5항까지의 경우에는 다음 각 호의 구분에 따른 벌금을 병과한다.

1. 제1항의 경우: 물품가액의 2배 이상 10배 이하
2. 제2항의 경우: 수입한 물품 원가의 2배
3. 제3항의 경우: 수출하거나 반송한 물품의 원가
4. 제4항의 경우: 포탈·면탈하거나 감면·환급받은 세액의 2배 이상 10배 이하
5. 제5항의 경우: 수입한 물품의 원가

⑦ 「관세법」 제271조에 규정된 죄를 범한 사람은 제1
269~270 교사, 방조, 미수, 예비
항부터 제6항까지의 예에 따른 그 정범(正犯) 또는 본죄(本罪)에 준하여 처벌한다.

⑧ 단체 또는 집단을 구성하거나 상습적으로 「관세법」 제269조부터 제271조까지 또는 제274조에 규정된 죄를 범한 사람은 무기 또는 10년 이상의 징역에 처한다.

[전문개정 2010.3.31.]

제7조【관계 공무원의 무기 사용】 「관세법」 위반사범을 단속할 권한이 있는 공무원은 해상(海上)에서 「관세법」 제269조 또는 제270조에 규정된 죄를 범한 사람이 정지명령을 받고 도피하는 경우에 이를 제지(制止)하기

위하여 필요하다고 인정되는 상당한 이유가 있을 때에는 총기(銃器)를 사용할 수 있다.

[전문개정 2010.3.31.]

제8조【조세 포탈의 가중처벌】 ① 「조세범 처벌법」 제3조 제1항, 제4조 및 제5조, 「지방세기본법」 제102조 제1항에 규정된 죄를 범한 사람은 다음 각 호의 구분에 따라 가중처벌한다.

〈개정 2011.12.31, 2016.12.27.〉

1. 포탈하거나 환급받은 세액 또는 징수하지 아니하거나 납부하지 아니한 세액(이하 "포탈세액 등"이라 한다)이 연간 10억원 이상인 경우에는 무기 또는 5년 이상의 징역에 처한다.
2. 포탈세액 등이 연간 5억원 이상 10억원 미만인 경우에는 3년 이상의 유기징역에 처한다.

② 제1항의 경우에는 그 포탈세액 등의 2배 이상 5배 이하에 상당하는 벌금을 병과한다.

[전문개정 2010.3.31.]

제8조의2【세금계산서 교부의무 위반 등의 가중처벌】

① 영리를 목적으로 「조세범 처벌법」 제10조 제3항 및 제4항 전단의 죄를 범한 사람은 다음 각 호의 구분에 따라 가중처벌한다.

1. 세금계산서 및 계산서에 기재된 공급가액이나 매출처별세금계산서합계표 · 매입처별세금계산서합계표에 기재된 공급가액 또는 매출 · 매입금액의 합계액(이하 이 조에서 "공급가액 등의 합계액"이라 한다)이 50억원 이상인 경우에는 3년 이상의 유기징역에 처한다.
2. 공급가액등의 합계액이 30억원 이상 50억원 미만인 경우에는 1년 이상의 유기징역에 처한다.

② 제1항의 경우에는 공급가액 등의 합계액에 부가가치세의 세율을 적용하여 계산한 세액의 2배 이상 5배 이하의 벌금을 병과한다.

[전문개정 2010.3.31.]

제9조【「산림자원의 조성 및 관리에 관한 법률」 등 위반행위의 가중처벌】 ① 「산림자원의 조성 및 관리에 관한 법률」 제73조 및 제74조에 규정된 죄를 범한 사람은 다음 각 호의 구분에 따라 가중처벌한다. 〈개정 2016.1.6.〉

1. 임산물(林産物)의 원산지 가격이 1억원 이상이거나 산림 훼손면적이 5만제곱미터 이상인 경우에는 3년 이상 25년 이하의 징역에 처한다.
2. 임산물의 원산지 가격이 1천만원 이상 1억원 미만이거나 산림 훼손면적이 5천제곱미터 이상 5만제곱미터 미만인 경우에는 2년 이상 20년 이하의 징역에 처한다.

② 삭제 〈2016.1.6.〉

[전문개정 2010.3.31.]

제10조【통화 위조의 가중처벌】 삭제 〈2016.1.6.〉

제11조【마약사범 등의 가중처벌】 ① 「마약류관리에 관한 법률」 제58조 제1항 제1호부터 제4호까지 및 제6호 · 제7호에 규정된 죄(매매, 수수 및 제공에 관한 죄와 매매목적, 매매 알선목적 또는 수수목적의 소지 · 소유에 관한 죄는 제외한다) 또는 그 미수죄를 범한 사람은 다음 각 호의 구분에 따라 가중처벌한다. 〈개정 2016.1.6.〉

1. 수출입 · 제조 · 소지 · 소유 등을 한 마약이나 향정신성의약품 등의 가액이 5천만원 이상인 경우에는 무기 또는 10년 이상의 징역에 처한다.
2. 수출입 · 제조 · 소지 · 소유 등을 한 마약이나 향정신성의약품 등의 가액이 500만원 이상 5천만원 미만인 경우에는 무기 또는 7년 이상의 징역에 처한다.

② 「마약류관리에 관한 법률」 제59조 제1항부터 제3항까지 및 제60조에 규정된 죄(마약 및 향정신성의약품에 관한 죄만 해당한다)를 범한 사람은 다음 각 호의 구분에 따라 가중처벌한다.

〈개정 2016.1.6.〉

1. 소지 · 소유 · 재배 · 사용 · 수출입 · 제조 등을 한 마약 및 향정신성의약품의 가액이 5천만원 이상인 경우에는 무기 또는 7년 이상의 징역에 처한다.
2. 소지 · 소유 · 재배 · 사용 · 수출입 · 제조 등을 한 마약 및 향정신성의약품의 가액이 500만원 이상 5천만원 미만인 경우에는 무기 또는 3년 이상의 징역에 처한다.

[전문개정 2010.3.31.]

[단순위헌, 2011헌바2, 2014.4.24. 구 특정범죄가중처벌 등에 관한 법률(2004.10.16. 법률 제7226호로 개정되고 2010.3.31. 법률 제10210호로 개정되기 전의 것) 제11조 제1항 중 「마약류관리에 관한 법률」 제58조 제1항 제6호 가운데 '수입'에 관한 부분은 헌법에 위반된다.]

제12조【외국인을 위한 탈법행위】 외국인에 의한 취득이 금지 또는 제한된 재산권을 외국인을 위하여 외국인의 자금으로 취득한 사람은 다음 각 호의 구분에 따라 처벌한다.

필요적 몰수 · 추징

1. 재산권의 가액이 1억원 이상인 경우에는 무기 또는 10년 이상의 징역에 처한다.
2. 재산권의 가액이 1억원 미만인 경우에는 무기 또는 3년 이상의 유기징역에 처한다.

[전문개정 2010.3.31.]

제13조【몰 수】 제3조 또는 제12조의 죄를 범하여 범인이 취득한 해당 재산은 몰수하며, 몰수할 수 없을 때에는 그 가액을 추징(追徵)한다.

[전문개정 2010.3.31.]

제14조【무고죄】 이 법에 규정된 죄에 대하여 「형법」 제156조에 규정된 죄를 범한 사람은 3년 이상의 유기징역에 처한다.

무고죄

[전문개정 2010.3.31.]

제15조【특수직무유기】 범죄 수사의 직무에 종사하는 공무원이 이 법에 규정된 죄를 범한 사람을 인지하고 그 직무를 유기한 경우에는 1년 이상의 유기징역에 처한다.

부진정 신분범

[전문개정 2010.3.31.]

제16조【소추에 관한 특례】 제6조및 제8조의 죄에 대한 공소(公訴)는 고소 또는 고발이 없는 경우에도 제기할 수 있다.

[전문개정 2010.3.31.]

3. 성폭력범죄의 처벌 등에 관한 특례법

[시행 2024.1.25.] [법률 제19743호, 2023.10.24., 타법개정]

제1장 총 칙

제1조【목 적】 이 법은 성폭력범죄의 처벌 및 그 절차에 관한 특례를 규정함으로써 성폭력범죄 피해자의 생명과 신체의 안전을 보장하고 건강한 사회질서의 확립에 이바지함을 목적으로 한다.

제2조【정 의】 ① 이 법에서 "성폭력범죄"란 다음 각 호의 어느 하나에 해당하는 죄를 말한다.
〈개정 2013.4.5., 2016.12.20.〉

1. 「형법」 제2편 제22장 성풍속에 관한 죄 중 제242조(음행매개), 제243조(음화반포등), 제244조(음화제조등) 및 제245조(공연음란)의 죄
2. 「형법」 제2편 제31장 약취(略取), 유인(誘引) 및 인신매매의 죄 중 추행, 간음 또는 성매매와 성적 착취를 목적으로 범한 제288조 또는 추행, 간음 또는 성매매와 성적 착취를 목적으로 범한 제289조, 제290조(추행, 간음 또는 성매매와 성적 착취를 목적으로 제288조 또는 추행, 간음 또는 성매매와 성적 착취를 목적으로 제289조의 죄를 범하여 약취, 유인, 매매된 사람을 상해하거나 상해에 이르게 한 경우에 한정한다), 제291조(추행, 간음 또는 성매매와 성적 착취를 목적으로 제288조 또는 추행, 간음 또는 성매매와 성적 착취를 목적으로 제289조의 죄를 범하여 약취, 유인, 매매된 사람을 살해하거나 사망에 이르게 한 경우에 한정한다), 제292조[추행, 간음 또는 성매매와 성적 착취를 목적으로 한 제288조 또는 추행, 간음 또는 성매매와 성적 착취를 목적으로 한 제289조의 죄로 약취, 유인, 매매된 사람을 수수(授受) 또는 은닉한 죄, 추행, 간음 또는 성매매와 성적 착취를 목적으로 한 제288조 또는 추행, 간음 또는 성매매와 성적 착취를 목적으로 한 제289조의 죄를 범할 목적으로 사람을 모집, 운송, 전달한 경우에 한정한다] 및 제294조(추행, 간음 또는 성매매와 성적 착취를 목적으로 범한 제288조의 미수범 또는 추행, 간음 또는 성매매와 성적 착취를 목적으로 범한 제289조의 미수범, 추행, 간음 또는 성매매와 성적 착취를 목적으로 제288조 또는 추행, 간음 또는 성매매와 성적 착취를 목적으로 제289조의 죄를 범하여 발생한 제290조 제1항의 미수범 또는 추행, 간음 또는 성매매와 성적 착취를 목적으로 제288조 또는 추행, 간음 또는 성매매와 성적 착취를 목적으로 제289조의 죄를 범하여 발생한 제291조 제1항의 미수범 및 제292조 제1항의 미수범 중 추행, 간음 또는 성매매와 성적 착취를 목적으로 약취, 유인, 매매된 사람을 수수, 은닉한 죄의 미수범으로 한정한다)의 죄
3. 「형법」 제2편 제32장 강간과 추행의 죄 중 제297조(강간), 제297조의2(유사강간), 제298조(강제추행), 제299조(준강간, 준강제추행), 제300조(미수범), 제301조(강간등 상해 · 치상), 제301조의2(강간등 살인 · 치사), 제302조(미성년자등에 대한 간음), 제303조(업무상 위력등에 의한 간음) 및 제305조(미성년자에 대한 간음, 추행)의 죄
4. 「형법」 제339조(강도강간)의 죄 및 제342조(제339조의 미수범으로 한정한다)의 죄
5. 이 법 제3조(특수강도강간 등)부터 제15조(미수범)까지의 죄

② 제1항 각 호의 범죄로서 다른 법률에 따라 가중처벌되는 죄는 성폭력범죄로 본다.

제2장 성폭력범죄의 처벌 및 절차에 관한 특례

• 아파트 등 공용주택의 내부에 있는 엘리베이터 공용계단과 복도 등도 주거침입죄의 객체인 "사람의 주거"에 해당한다.

제3조【특수강도강간 등】 ① 「형법」 제319조 제1항(주거침입), 제330조(야간주거침입절도), 제331조(특수절도) 또는 제342조(미수범. 다만, 제330조 및 제331조의 미수범으로 한정한다)의 죄를 범한 사람이 같은 법 제297조(강간), 제297조의2(유사강간), 제298조(강제추행) 및 제299조(준강간, 준강제추행)의 죄를 범한 경우에는 무기징역 또는 7년 이상의 징역에 처한다.
〈개정 2020.5.19.〉

②「형법」 제334조(특수강도) 또는 제342조(미수범. 다만, 제334조의 미수범으로 한정한다)의 죄를 범한 사람이 같은 법 제297조(강간), 제297조의2(유사강간), 제298조(강제추행) 및 제299조(준강간, 준강제추행)의 죄를 범한 경우에는 사형, 무기징역 또는 10년 이상의 징역에 처한다.

[단순위헌, 2021헌가9, 2023.2.23, 성폭력범죄의 처벌 등에 관한 특례법(2020. 5. 19. 법률 제17264호로 개정된 것) 제3조 제1항 중 '형법 제319조 제1항(주거침입)의 죄를 범한 사람이 같은 법 제298조(강제추행), 제299조(준강제추행) 가운데 제298조의 예에 의하는 부분의 죄를 범한 경우에는 무기징역 또는 7년 이상의 징역에 처한다.'는 부분은 헌법에 위반된다.]

제4조【특수강간 등】 ① 흉기나 그 밖의 위험한 물건을 지닌 채 또는 2명 이상이 합동하여(합동범) 「형법」 제297조(강간)(최협의의 폭행·협박)의 죄를 범한 사람은 무기징역 또는 7년 이상의 징역에 처한다. 〈개정 2020.5.19.〉

② 제1항의 방법으로 「형법」 제298조(강제추행)(협의의 폭행·협박)의 죄를 범한 사람은 5년 이상의 유기징역에 처한다.

③ 제1항의 방법으로 「형법」 제299조(준강간, 준강제추행)(심신상실, 항거불능의 상태(심신미약×))의 죄를 범한 사람은 제1항 또는 제2항의 예에 따라 처벌한다.

제5조【친족관계에 의한 강간 등】 ① 친족관계인 사람이 폭행 또는 협박으로 사람을 강간한 경우에는 7년 이상의 유기징역에 처한다.

② 친족관계인 사람이 폭행 또는 협박으로 사람을 강제추행한 경우에는 5년 이상의 유기징역에 처한다.

③ 친족관계인 사람이 사람에 대하여 「형법」 제299조(준강간, 준강제추행)의 죄를 범한 경우에는 제1항 또는 제2항의 예에 따라 처벌한다.

④ 제1항부터 제3항까지의 친족의 범위는 4촌 이내의 혈족·인척과 동거하는 친족으로 한다.

⑤ 제1항부터 제3항까지의 친족은 사실상의 관계에 의한 친족을 포함한다.

제6조【장애인에 대한 강간·강제추행 등】 (형법 제299조 준강간의 객체에 장애인은 ×, 미수○) ① 신체적인 또는 정신적인 장애가 있는 사람에 대하여 「형법」 제297조(강간)의 죄를 범한 사람은 무기징역 또는 7년 이상의 징역에 처한다.

② 신체적인 또는 정신적인 장애가 있는 사람에 대하여 폭행이나 협박으로 다음 각 호의 어느 하나에 해당하는 행위를 한 사람은 5년 이상의 유기징역에 처한다.

1. 구강·항문 등 신체(성기는 제외한다)의 내부에 성기를 넣는 행위
2. 성기·항문에 손가락 등 신체(성기는 제외한다)의 일부나 도구를 넣는 행위

③ 신체적인 또는 정신적인 장애가 있는 사람에 대하여 「형법」 제298조(강제추행)의 죄를 범한 사람은 3년 이상의 유기징역 또는 3천만원 이상 5천만원 이하의 벌금에 처한다. 〈개정 2020.5.19.〉

④ 신체적인 또는 정신적인 장애로 항거불능 또는 항거곤란 상태에 있음을 이용하여 사람을 간음하거나 추행한 사람은 제1항부터 제3항까지의 예에 따라 처벌한다.

⑤ 위계(僞計) 또는 위력(威力)으로써 신체적인 또는 정신적인 장애가 있는 사람을 간음한 사람은 5년 이상의 유기징역에 처한다.

⑥ 위계 또는 위력으로써 신체적인 또는 정신적인 장애가 있는 사람을 추행한 사람은 1년 이상의 유기징역 또는 1천만원 이상 3천만원 이하의 벌금에 처한다.

⑦ 장애인의 보호, 교육 등을 목적으로 하는 시설의 장 또는 종사자가 보호, 감독의 대상인 장애인에 대하여 제1항부터 제6항까지의 죄를 범한 경우에는 그 죄에 정한 형의 2분의 1까지 가중한다.

제7조【13세 미만의 미성년자에 대한 강간, 강제추행 등】

① 13세 미만의 사람에 대하여 「형법」 제297조(강간)의 죄를 범한 사람은 무기징역 또는 10년 이상의 징역에 처한다.

② 13세 미만의 사람에 대하여 폭행이나 협박으로 다음 각 호의 어느 하나에 해당하는 행위를 한 사람은 7년 이상의 유기징역에 처한다.

1. 구강 · 항문 등 신체(성기는 제외한다)의 내부에 성기를 넣는 행위
2. 성기 · 항문에 손가락 등 신체(성기는 제외한다)의 일부나 도구를 넣는 행위

③ 13세 미만의 사람에 대하여 「형법」 제298조(강제추행)의 죄를 범한 사람은 5년 이상의 유기징역에 처한다. 〈개정 2020.5.19.〉

④ 13세 미만의 사람에 대하여 「형법」 제299조(준강간, 준강제추행)의 죄를 범한 사람은 제1항부터 제3항까지의 예에 따라 처벌한다.

⑤ 위계 또는 위력으로써 13세 미만의 사람을 간음하거나 추행한 사람은 제1항부터 제3항까지의 예에 따라 처벌한다.

제8조【강간 등 상해 · 치상】 ① 제3조 제1항, 제4조, 제6조, 제7조 또는 제15조(제3조 제1항, 제4조, 제6조 또는 제7조의 미수범으로 한정한다)의 죄를 범한 사람이 다른 사람을 상해하거나 상해에 이르게 한 때에는 무기징역 또는 10년 이상의 징역에 처한다.

② 제5조 또는 제15조(제5조의 미수범으로 한정한다)의 죄를 범한 사람이 다른 사람을 상해하거나 상해에 이르게 한 때에는 무기징역 또는 7년 이상의 징역에 처한다.

제9조【강간 등 살인 · 치사】 ① 제3조부터 제7조까지, 제15조(제3조부터 제7조까지의 미수범으로 한정한다)의 죄 또는 「형법」 제297조(강간), 제297조의2(유사강간) 및 제298조(강제추행)부터 제300조(미수범)까지의 죄를 범한 사람이 다른 사람을 살해한 때에는 사형 또는 무기징역에 처한다.

② 제4조, 제5조 또는 제15조(제4조 또는 제5조의 미수범으로 한정한다)의 죄를 범한 사람이 다른 사람을 사망에 이르게 한 때에는 무기징역 또는 10년 이상의 징역에 처한다.

③ 제6조, 제7조 또는 제15조(제6조 또는 제7조의 미수범으로 한정한다)의 죄를 범한 사람이 다른 사람을 사망에 이르게 한 때에는 사형, 무기징역 또는 10년 이상의 징역에 처한다.

제10조【업무상 위력 등에 의한 추행】 ① 업무, 고용이나 (진정신분범) 그 밖의 관계로 (사실상ㅇ) 인하여 자기의 보호, 감독을 받는 사람에 대하여 위계 또는 위력으로 추행한 사람은 3년 이하의 징역 또는 1천500만원 이하의 벌금에 처한다. (피해자의 동의가 있어도 본죄성립) 〈개정 2018.10.16〉

② 법률에 따라 구금된 사람을 감호하는 사람이 그 사람을 추행한 때에는 (자수범) 5년 이하의 징역 또는 2천만원 이하의 벌금에 처한다. (동의해도 처벌ㅇ) —— • 피구금자간음죄

〈개정 2018.10.16〉

제11조【공중 밀집 장소에서의 추행】 대중교통수단, 공

연 · 집회 장소, 그 밖에 공중(公衆)이 밀집하는 장소에서 사람을 추행한 사람은 3년 이하의 징역 또는 3천만원 이하의 벌금에 처한다. 〈개정 2020.5.19.〉 (긴급체포○)

제12조【성적 목적을 위한 다중이용장소 침입행위】 자기의 성적 욕망을 만족시킬 목적으로 화장실, 목욕장 · 목욕실 또는 발한실(發汗室), 모유수유시설, 탈의실 등 불특정 다수가 이용하는 다중이용장소에 침입하거나 같은 장소에서 퇴거의 요구를 받고 응하지 아니하는 사람은 1년 이하의 징역 또는 1천만원 이하의 벌금에 처한다. 〈개정 2017.12.12., 2020.5.19.〉
[제목개정 2017.12.12]

제13조【통신매체를 이용한 음란행위】 자기 또는 다른 사람의 성적 욕망을 유발하거나 만족시킬 목적으로 전화, 우편, 컴퓨터, 그 밖의 통신매체를 통하여 성적 수치심이나 혐오감을 일으키는 말, 음향, 글, 그림, 영상 또는 물건을 상대방에게 도달하게 한 사람은 2년 이하의 징역 또는 2천만원 이하의 벌금에 처한다. 〈개정 2020.5.19.〉 (긴급체포×)

피해자의 승낙을 받은 영상물×, 긴급체포○

제14조【카메라 등을 이용한 촬영】 ① 카메라나 그 밖에 이와 유사한 기능을 갖춘 기계장치를 이용하여 성적 욕망 또는 수치심을 유발할 수 있는 사람의 신체를 촬영대상자의 의사에 반하여 촬영한 자는 7년 이하의 징역 또는 5천만원 이하의 벌금에 처한다. 〈개정 2018.12.18, 2020.5.19.〉

② 제1항에 따른 촬영물 또는 복제물(복제물의 복제물을 포함한다. 이하 이 조에서 같다)을 반포 · 판매 · 임대 · 제공 또는 공공연하게 전시 · 상영(이하 "반포 등"이라 한다)한 자 또는 제1항의 촬영이 촬영 당시에는 촬영대상자의 의사에 반하지 아니한 경우(자신의 신체를 직접 촬영한 경우를 포함한다)에도 사후에 그 촬영물 또는 복제물을 촬영대상자의 의사에 반하여 반포 등을 한 자는 7년 이하의 징역 또는 5천만원 이하의 벌금에 처한다. 〈개정 2018.12.18, 2020.5.19.〉

③ 영리를 목적으로 촬영대상자의 의사에 반하여 「정보통신망 이용촉진 및 정보보호 등에 관한 법률」 제2조 제1항 제1호의 정보통신망(이하 "정보통신망"이라 한다)을 이용하여 제2항의 죄를 범한 자는 3년 이상의 유기징역에 처한다. 〈개정 2018.12.18, 2020.5.19.〉

④ 제1항 또는 제2항의 촬영물 또는 복제물을 소지 · 구입 · 저장 또는 시청한 자는 3년 이하의 징역 또는 3천만원 이하의 벌금에 처한다. 〈신설 2020.5.19.〉

⑤ 상습으로 제1항부터 제3항까지의 죄를 범한 때에는 그 죄에 정한 형의 2분의 1까지 가중한다. 〈신설 2020.5.19.〉

제14조의2【허위영상물 등의 반포 등】 ① 반포 등을 할 목적으로 사람의 얼굴 · 신체 또는 음성을 대상으로 한 촬영물 · 영상물 또는 음성물(이하 이 조에서 "영상물 등"이라 한다)을 영상물등의 대상자의 의사에 반하여 성적 욕망 또는 수치심을 유발할 수 있는 형태로 편집 · 합성 또는 가공(이하 이 조에서 "편집 등"이라 한다)한 자는 5년 이하의 징역 또는 5천만원 이하의 벌금에 처한다.

② 제1항에 따른 편집물 · 합성물 · 가공물(이하 이 항에서 "편집물 등"이라 한다) 또는 복제물(복제물의 복제물을 포함한다. 이하 이 항에서 같다)을 반포 등을 한 자 또는 제1항의 편집 등을 할 당시에는 영상물 등의 대상자의 의사에 반하지 아니한 경우에도 사후에 그 편집물 등 또는 복제물을 영상물 등의 대상자의 의사에 반하여 반포 등을 한 자는 5년 이하의 징역 또는 5천만원 이하의 벌금에 처한다.

③ 영리를 목적으로 영상물 등의 대상자의 의사에 반하여 정보통신망을 이용하여 제2항의 죄를 범한 자는 7년 이하의 징역에 처한다.

④ 상습으로 제1항부터 제3항까지의 죄를 범한 때

에는 그 죄에 정한 형의 2분의 1까지 가중한다. 〈신설 2020.5.19.〉

[본조신설 2020.3.24.]

제14조의3【촬영물 등을 이용한 협박 · 강요】 ① 성적 욕망 또는 수치심을 유발할 수 있는 촬영물 또는 복제물(복제물의 복제물을 포함한다)을 이용하여 사람을 협박한 자는 1년 이상의 유기징역에 처한다.

② 제1항에 따른 협박으로 사람의 권리행사를 방해하거나 의무 없는 일을 하게 한 자는 3년 이상의 유기징역에 처한다.

③ 상습으로 제1항 및 제2항의 죄를 범한 경우에는 그 죄에 정한 형의 2분의 1까지 가중한다.

[본조신설 2020.5.19.]

제15조【미수범】 제3조부터 제9조까지, 제14조, 제14조의2 및 제14조의 3의 미수범은 처벌한다. 〈전문개정 2020.5.19.〉

제15조의2【예비, 음모】 제3조부터 제7조까지의 죄를 범할 목적으로 예비 또는 음모한 사람은 3년 이하의 징역에 처한다. [본조신설 2020.5.19.]

제16조【형벌과 수강명령 등의 병과】 ① 법원이 성폭력범죄를 범한 사람에 대하여 형의 선고를 유예하는 경우에는 1년 동안 보호관찰을 받을 것을 명할 수 있다. 다만, 성폭력범죄를 범한 「소년법」 제2조에 따른 소년에 대하여 형의 선고를 유예하는 경우에는 반드시 보호관찰을 명하여야 한다.

보안처분법정주의 적용

② 법원이 성폭력범죄를 범한 사람에 대하여 유죄판결(선고유예는 제외한다)을 선고하거나 약식명령을 고지하는 경우에는 500시간의 범위에서 재범예방에 필요한 수강명령 또는 성폭력 치료프로그램의 이수명령(이하 "이수명령"이라 한다)을 병과하여야 한다. 다만, 수강명령 또는 이수명령을 부과할 수 없는 특별한 사정이 있는 경우에는 그러하지 아니하다.

〈개정 2016.12.20〉

③ 성폭력범죄를 범한 자에 대하여 제2항의 수강명령은 형의 집행을 유예할 경우에 그 집행유예기간 내에서 병과하고, 이수명령은 벌금 이상의 형을 선고하거나 약식명령을 고지할 경우에 병과한다. 다만, 이수명령은 성폭력범죄자가 제9조의2 제1항 제4호에 따른 이수명령을 부과받은 경우에는 병과하지 아니한다.

〈개정 2016.12.20., 2020.2.4.〉

④ 법원이 성폭력범죄를 범한 사람에 대하여 형의 집행을 유예하는 경우에는 제2항에 따른 수강명령 외에 그 집행유예기간 내에서 보호관찰 또는 사회봉사 중 하나 이상의 처분을 병과할 수 있다.

12세 이상 14세 이상

⑤ 제2항에 따른 수강명령 또는 이수명령은 형의 집행을 유예할 경우에는 그 집행유예기간 내에, 벌금형을 선고하거나 약식명령을 고지할 경우에는 형 확정일부터 6개월 이내에, 징역형 이상의 실형(實刑)을 선고할 경우에는 형기 내에 각각 집행한다. 다만, 수강명령 또는 이수명령은 성폭력범죄를 범한 사람이 「아동 · 청소년의 성보호에 관한 법률」 제21조에 따른 수강명령 또는 이수명령을 부과받은 경우에는 병과하지 아니한다.

〈개정 2016.12.20〉

⑥ 제2항에 따른 수강명령 또는 이수명령이 벌금형 또는 형의 집행유예와 병과된 경우에는 보호관찰소의 장이 집행하고, 징역형 이상의 실형과 병과된 경우에는 교정시설의 장이 집행한다. 다만, 징역형 이상의 실형과 병과된 이수명령을 모두 이행하기 전에 석방 또는 가석방되거나 미결구금일수 산입 등의 사유로 형을 집행할 수 없게 된 경우에는 보호관찰소의 장이 남은 이수명령을 집행한다.

⑦ 제2항에 따른 수강명령 또는 이수명령은 다음 각 호의 내용으로 한다.

1. 일탈적 이상행동의 진단 · 상담
2. 성에 대한 건전한 이해를 위한 교육

3. 그 밖에 성폭력범죄를 범한 사람의 재범예방을 위하여 필요한 사항

⑧ 성폭력범죄를 범한 사람으로서 형의 집행 중에 가석방된 사람은 가석방기간 동안 보호관찰을 받는다. 다만, 가석방을 허가한 행정관청이 보호관찰을 할 필요가 없다고 인정한 경우에는 그러하지 아니하다.
필요적

⑨ 보호관찰, 사회봉사, 수강명령 및 이수명령에 관하여 이 법에서 규정한 사항 외의 사항에 대하여는 「보호관찰 등에 관한 법률」을 준용한다.

제17조【판결 전 조사】 ① 법원은 성폭력범죄를 범한 피고인에 대하여 제16조에 따른 보호관찰, 사회봉사, 수강명령 또는 이수명령을 부과하기 위하여 필요하다고 인정하면 그 법원의 소재지 또는 피고인의 주거지를 관할하는 보호관찰소의 장에게 피고인의 신체적 · 심리적 특성 및 상태, 정신성적 발달과정, 성장배경, 가정환경, 직업, 생활환경, 교우관계, 범행동기, 병력(病歷), 피해자와의 관계, 재범위험성 등 피고인에 관한 사항의 조사를 요구할 수 있다.

② 제1항의 요구를 받은 보호관찰소의 장은 지체 없이 이를 조사하여 서면으로 해당 법원에 알려야 한다. 이 경우 필요하다고 인정하면 피고인이나 그 밖의 관계인을 소환하여 심문하거나 소속 보호관찰관에게 필요한 사항을 조사하게 할 수 있다.

③ 법원은 제1항의 요구를 받은 보호관찰소의 장에게 조사진행상황에 관한 보고를 요구할 수 있다.

• 자기 또는 배우자의 직계존속을 고소하지 못한다. → 배우자 고소가능

제18조【고소 제한에 대한 예외】 성폭력범죄에 대하여는 「형사소송법」 제224조(고소의 제한) 및 「군사법원법」 제266조에도 불구하고 자기 또는 배우자의 직계존속을 고소할 수 있다. • 고소의 제한 예외: 가정폭력, 성폭력

〈개정 2013.4.5.〉

제19조 삭제 〈2013.4.5.〉

제20조【「형법」상 감경규정에 관한 특례】 음주 또는 약물로 인한 심신장애 상태에서 성폭력범죄(제2조 제1항제1호의 죄는 제외한다)를 범한 때에는 「형법」 제10조 제1항 · 제2항 및 제11조를 적용하지 아니할 수 있다.

제21조【공소시효에 관한 특례】 ① 미성년자에 대한 성폭력범죄의 공소시효는 「형사소송법」 제252조 제1항 및 「군사법원법」 제294조 제1항에도 불구하고 해당 성폭력범죄로 피해를 당한 미성년자가 성년에 달한 날부터 진행한다. 〈개정 2013.4.5.〉
19세

② 제2조 제3호 및 제4호의 죄와 제3조부터 제9조까지의 죄는 디엔에이(DNA)증거 등 그 죄를 증명할 수 있는 과학적인 증거가 있는 때에는 공소시효가 10년 연장된다. • 1항과 동시 적용 가능

• 디엔에이(DNA)지문감식
- 혈흔, 혈액, 정액, 모발, 손톱○
- 대소변, 모근 없는 두모, 타액×

신뢰도가 높고 대량의 시료로 감식이 가능하지만, 시간 · 비용 등이 많이 소요된다.
cf) 정액과 질액의 혼합된 경우에도 DNA 감식 가능

③ 13세 미만의 사람 및 신체적인 또는 정신적인 장애가 있는 사람에 대하여 다음 각 호의 죄를 범한 경우에는 제1항과 제2항에도 불구하고 「형사소송법」 제249조부터 제253조까지 및 「군사법원법」 제291조부터 제295조까지에 규정된 공소시효를 적용하지 아니한다.

1. 「형법」 제297조(강간), 제298조(강제추행), 제299조(준강간, 준강제추행), 제301조(강간등 상해 · 치상), 제301조의2(강간등 살인 · 치사) 또는 제305조(미성년자에 대한 간음, 추행)의 죄
2. 제6조 제2항, 제7조 제2항 및 제5항, 제8조, 제9조의 죄
3. 「아동 · 청소년의 성보호에 관한 법률」 제9조 또는 제10조의 죄

④ 다음 각 호의 죄를 범한 경우에는 제1항과 제2항에도 불구하고 「형사소송법」 제249조부터 제253조까지 및 「군사법원법」 제291조부터 제295조까지에 규정된

공소시효를 적용하지 아니한다. 〈개정 2013.4.5.〉

1. 「형법」 제301조의2(강간 등 살인 · 치사)의 죄 (강간 등 살인에 한정한다)
2. 제9조 제1항의 죄
3. 「아동 · 청소년의 성보호에 관한 법률」 제10조 제1항의 죄
4. 「군형법」 제92조의8의 죄 (강간 등 살인에 한정한다)

제22조【「특정강력범죄의 처벌에 관한 특례법」의 준용】 성폭력범죄에 대한 처벌절차에는 「특정강력범죄의 처벌에 관한 특례법」 제7조(증인에 대한 신변안전조치), 제8조(출판물 게재 등으로부터의 피해자 보호), 제8조의2(검사가 보관하고 있는 서류 등에 대한 피해자 등의 열람 · 등사), 제8조의3(피해자 등의 공판기록 열람 · 등사), 제9조(소송 진행의 협의), 제12조(간이공판절차의 결정) 및 제13조(판결선고)를 준용한다.

제23조【피해자, 신고인 등에 대한 보호조치】 법원 또는 수사기관이 성폭력범죄의 피해자, 성폭력범죄를 신고(고소 · 고발을 포함한다)한 사람을 증인으로 신문하거나 조사하는 경우에는 「특정범죄신고자 등 보호법」 제5조 및 제7조부터 제13조까지의 규정을 준용한다. 이 경우 「특정범죄신고자 등 보호법」 제9조와 제13조를 제외하고는 보복을 당할 우려가 있음을 요하지 아니한다.

제24조【피해자의 신원과 사생활 비밀 누설 금지】 ① 성폭력범죄의 수사 또는 재판을 담당하거나 이에 관여하는 공무원 또는 그 직에 있었던 사람은 피해자의 주소, 성명, 나이, 직업, 학교, 용모, 그 밖에 피해자를 특정하여 파악할 수 있게 하는 인적사항과 사진 등 또는 그 피해자의 사생활에 관한 비밀을 공개하거나 다른 사람에게 누설하여서는 아니 된다.

② 누구든지 제1항에 따른 피해자의 주소, 성명, 나이, 직업, 학교, 용모, 그 밖에 피해자를 특정하여 파악할 수 있는 인적사항이나 사진 등을 피해자의 동의를 받지 아니하고 신문 등 인쇄물에 싣거나 「방송법」 제2조 제1호에 따른 방송 또는 정보통신망을 통하여 공개하여서는 아니 된다.

제25조 삭제 〈2023.10.24〉

• 3종의 피해
–범죄의 피해자
–형사사법제도의 피해자
–사회의 피해자

제26조【성폭력범죄의 피해자에 대한 전담조사제】 ① 검찰총장은 각 지방검찰청 검사장으로 하여금 성폭력범죄 전담 검사를 지정하도록 하여 특별한 사정이 없으면 이들로 하여금 피해자를 조사하게 하여야 한다.

형사법제도로 인한 2차 피해 최소화

② 경찰청장은 각 경찰서장으로 하여금 성폭력범죄 전담 사법경찰관을 지정하도록 하여 특별한 사정이 없으면 이들로 하여금 피해자를 조사하게 하여야 한다.

③ 국가는 제1항의 검사 및 제2항의 사법경찰관에게 성폭력범죄의 수사에 필요한 전문지식과 피해자보호를 위한 수사방법 및 수사절차, 아동 심리 및 아동 · 장애인 조사 면담기법 등에 관한 교육을 실시하여야 한다. 〈개정 2023. 7. 11.〉

④ 성폭력범죄를 전담하여 조사하는 제1항의 검사 및 제2항의 사법경찰관은 19세 미만인 피해자나 신체적인 또는 정신적인 장애로 사물을 변별하거나 의사를 결정할 능력이 미약한 피해자(이하 "19세미만피해자등"이라 한다)를 조사할 때에는 피해자의 나이, 인지적 발달 단계, 심리 상태, 장애 정도 등을 종합적으로 고려하여야 한다.

제27조【성폭력범죄 피해자에 대한 변호사 선임의 특례】 ① 성폭력범죄의 피해자 및 그 법정대리인(이하"피해자 등"이라 한다)은 형사절차상 입을 수 있는 피해를 방어하고 법률적 조력을 보장하기 위하여 변호사를 선임할 수 있다.

② 제1항에 따른 변호사는 검사 또는 사법경찰관의 피해자 등에 대한 조사에 참여하여 의견을 진술할 수 있다. 다만, 조사 도중에는 검사 또는 사법경찰관의 승인을 받아 의견을 진술할 수 있다.

③ 제1항에 따른 변호사는 피의자에 대한 구속 전 피의자심문, 증거보전절차, 공판준비기일 및 공판절차에 출석하여 의견을 진술할 수 있다. 이 경우 필요한 절차에 관한 구체적 사항은 대법원규칙으로 정한다.

④ 〈삭제〉

⑤ 제1항에 따른 변호사는 형사절차에서 피해자 등의 대리가 허용될 수 있는 모든 소송행위에 대한 포괄적인 대리권을 가진다.

⑥ 검사는 피해자에게 변호사가 없는 경우 국선변호사를 선정하여 형사절차에서 피해자의 권익을 보호할 수 있다. 다만, 19세미만피해자등에게 변호사가 없는 경우에는 국선변호사를 선정하여야 한다.

제28조【성폭력범죄에 대한 전담재판부】 지방법원장 또는 고등법원장은 특별한 사정이 없으면 성폭력범죄 전담재판부를 지정하여 성폭력범죄에 대하여 재판하게 하여야 한다.

제29조【수사 및 재판절차에서의 배려】 ① 수사기관과 법원 및 소송관계인은 성폭력범죄를 당한 피해자의 나이, 심리 상태 또는 후유장애의 유무 등을 신중하게 고려하여 조사 및 심리 · 재판 과정에서 피해자의 인격이나 명예가 손상되거나 사적인 비밀이 침해되지 아니하도록 주의하여야 한다.

② 수사기관과 법원은 성폭력범죄의 피해자를 조사하거나 심리 · 재판할 때 피해자가 편안한 상태에서 진술할 수 있는 환경을 조성하여야 하며, 조사 및 심리 · 재판 횟수는 필요한 범위에서 최소한으로 하여야 한다.

1회조사의 원칙

③ 수사기관과 법원은 조사 및 심리 · 재판 과정에서 19세미만피해자등의 최상의 이익을 고려하여 다음 각 호에 따른 보호조치를 하도록 노력하여야 한다.

1. 19세미만피해자등의 진술을 듣는 절차가 타당한 이유 없이 지연되지 아니하도록 할 것
2. 19세미만피해자등의 진술을 위하여 아동 등에게 친화적으로 설계된 장소에서 피해자 조사 및 증인신문을 할 것
3. 19세미만피해자등이 피의자 또는 피고인과 접촉하거나 마주치지 아니하도록 할 것
4. 19세미만피해자등에게 조사 및 심리 · 재판 과정에 대하여 명확하고 충분히 설명할 것
5. 그 밖에 조사 및 심리 · 재판 과정에서 19세미만피해자등의 보호 및 지원 등을 위하여 필요한 조치를 할 것

• 진술녹화
피의자 – 할 수 있다(고지)
참고인 – 할 수 있다(고지 and 동의)
성폭력 – 19세 미만, 신체장애, 정신장애시 하여야 한다.
피해자(원하지 않을 경우 할 수 없다)

제30조【19세미만피해자등 진술 내용 등의 영상녹화 및 보존 등】 ① 검사 또는 사법경찰관은 19세미만피해자등의 진술 내용과 조사 과정을 영상녹화장치로 녹화(녹음이 포함된 것을 말하며, 이하 "영상녹화"라 한다)하고, 그 영상녹화물을 보존하여야 한다.

• 피해자가 19세 미만.
신체장애 또는 정신장애일 때 필요적 규정 – 원칙

② 검사 또는 사법경찰관은 19세미만피해자등을 조사하기 전에 다음 각 호의 사실을 피해자의 나이, 인지적 발달 단계, 심리 상태, 장애 정도 등을 고려한 적절한 방식으로 피해자에게 설명하여야 한다.

1. 조사 과정이 영상녹화된다는 사실
2. 영상녹화된 영상녹화물이 증거로 사용될 수 있다는 사실

③ 제1항에도 불구하고 19세미만피해자등 또는 그 법정대리인(법정대리인이 가해자이거나 가해자의 배우자인 경우는 제외한다)이 이를 원하지 아니하는 의사를 표시하는 경우에는 영상녹화를 하여서는 아니 된다.

④ 검사 또는 사법경찰관은 제1항에 따른 영상녹화를

마쳤을 때에는 지체 없이 피해자 또는 변호사 앞에서 봉인하고 피해자로 하여금 기명날인 또는 서명하게 하여야 한다.

⑤ 검사 또는 사법경찰관은 제1항에 따른 영상녹화 과정의 진행 경과를 조서(별도의 서면을 포함한다. 이하 같다)에 기록한 후 수사기록에 편철하여야 한다.

⑥ 제5항에 따라 영상녹화 과정의 진행 경과를 기록할 때에는 다음 각 호의 사항을 구체적으로 적어야 한다.

1. 피해자가 영상녹화 장소에 도착한 시각
2. 영상녹화를 시작하고 마친 시각
3. 그 밖에 영상녹화 과정의 진행경과를 확인하기 위하여 필요한 사항

⑦ 검사 또는 사법경찰관은 19세미만피해자등이나 그 법정대리인이 신청하는 경우에는 영상녹화 과정에서 작성한 조서의 사본 또는 영상녹화물에 녹음된 내용을 옮겨 적은 녹취서의 사본을 신청인에게 발급하거나 영상녹화물을 재생하여 시청하게 하여야 한다.

⑧ 누구든지 제1항에 따라 영상녹화한 영상녹화물을 수사 및 재판의 용도 외에 다른 목적으로 사용하여서는 아니 된다.

⑨ 제1항에 따른 영상녹화의 방법에 관하여는 「형사소송법」 제244조의2제1항 후단을 준용한다.

제30조의2【영상녹화물의 증거능력 특례】 ① 제30조제1항에 따라 19세미만피해자등의 진술이 영상녹화된 영상녹화물은 같은 조 제4항부터 제6항까지에서 정한 절차와 방식에 따라 영상녹화된 것으로서 다음 각 호의 어느 하나의 경우에 증거로 할 수 있다.

1. 증거보전기일, 공판준비기일 또는 공판기일에 그 내용에 대하여 피의자, 피고인 또는 변호인이 피해자를 신문할 수 있었던 경우. 다만, 증거보전기일에서의 신문의 경우 법원이 피의자나 피고인의 방어권이 보장된 상태에서 피해자에 대한 반대신문이 충분히 이루어졌다고 인정하는 경우로 한정한다. → 적+반

   피해자에 대한 반대신문권의 보장

2. 19세미만피해자등이 다음 각 목의 어느 하나에 해당하는 사유로 공판준비기일 또는 공판기일에 출석하여 진술할 수 없는 경우. 다만, 영상녹화된 진술 및 영상녹화가 특별히 신빙(信憑)할 수 있는 상태에서 이루어졌음이 증명된 경우로 한정한다. → 적+필+특
   가. 사망
   나. 외국 거주
   다. 신체적, 정신적 질병 · 장애
   라. 소재불명
   마. 그 밖에 이에 준하는 경우

② 법원은 제1항제2호에 따라 증거능력이 있는 영상녹화물을 유죄의 증거로 할지를 결정할 때에는 피고인과의 관계, 범행의 내용, 피해자의 나이, 심신의 상태, 피해자가 증언으로 인하여 겪을 수 있는 심리적 외상, 영상녹화물에 수록된 19세미만피해자등의 진술 내용 및 진술 태도 등을 고려하여야 한다. 이 경우 법원은 전문심리위원 또는 제33조에 따른 전문가의 의견을 들어야 한다.

피고인 · 변호인의 최종변론까지 비공개 / 판결은 공개

제31조【심리의 비공개】 ① 성폭력범죄에 대한 심리는 그 피해자의 사생활을 보호하기 위하여 결정으로써 공개하지 아니할 수 있다.

② 증인으로 소환받은 성폭력범죄의 피해자와 그 가족은 사생활보호 등의 사유로 증인신문의 비공개를 신청할 수 있다.

③ 재판장은 제2항에 따른 신청을 받으면 그 허가 및 공개 여부, 법정 외의 장소에서의 신문 등 증인의 신문 방식 및 장소에 관하여 결정할 수 있다.

④ 제1항 및 제3항의 경우에는 「법원조직법」 제57조(재판의 공개) 제2항 · 제3항 및 「군사법원법」 제67조 제2항 · 제3항을 준용한다. 〈개정 2013.4.5.〉

제32조【증인지원시설의 설치 · 운영 등】 ① 각급 법원은 증인으로 법원에 출석하는 피해자 등이 재판 전후에

피고인이나 그 가족과 마주치지 아니하도록 하고, 보호와 지원을 받을 수 있는 적절한 시설을 설치한다.

② 각급 법원은 제1항의 시설을 관리 · 운영하고 피해자 등의 보호와 지원을 담당하는 직원(이하 "증인지원관"이라 한다)을 둔다.

③ 법원은 증인지원관에 대하여 인권 감수성 향상에 필요한 교육을 정기적으로 실시한다.

④ 증인지원관의 업무 · 자격 및 교육 등에 필요한 사항은 대법원규칙으로 정한다.

제33조【전문가의 의견 조회】 ① 법원은 정신건강의학과의사, 심리학자, 사회복지학자, 그 밖의 관련 전문가로부터 행위자 또는 피해자의 정신 · 심리 상태에 대한 진단 소견 및 피해자의 진술 내용에 관한 의견을 조회할 수 있다.

② 법원은 성폭력범죄를 조사 · 심리할 때에는 제1항에 따른 의견 조회의 결과를 고려하여야 한다.

③ 법원은 법원행정처장이 정하는 관련 전문가 후보자 중에서 제1항에 따른 전문가를 지정하여야 한다.

④ 제1항부터 제3항까지의 규정은 수사기관이 성폭력범죄를 수사하는 경우에 준용한다. 다만, 피해자가 13세 미만이거나 신체적인 또는 정신적인 장애로 사물을 변별하거나 의사를 결정할 능력이 미약한 경우에는 관련 전문가에게 피해자의 정신 · 심리 상태에 대한 진단 소견 및 진술 내용에 관한 의견을 조회하여야 한다.

⑤ 제4항에 따라 준용할 경우 "법원행정처장"은 "검찰총장 또는 경찰청장"으로 본다.

• 신뢰관계인 동석
피의자 – 신체장애, 정신장애, 사회적 약자인 때 할 수 있다 (직권 or 신청).
피해자 – 현저하게 불안 또는 건강 우려시 할 수 있다(직권 or 신청). 13세 미만, 신체장애, 정신장애인 때 하여야 한다.
19세미만성폭력피해자등 – 모두 하여야 한다.

제34조【신뢰관계에 있는 사람의 동석】 ① 법원은 다음 각 호의 어느 하나에 해당하는 피해자를 증인으로 신문하는 경우에 검사, 피해자 또는 그 법정대리인이 신청할 때에는 재판에 지장을 줄 우려가 있는 등 부득이한 경우가 아니면 피해자와 신뢰관계에 있는 사람을 동석하게 하여야 한다.

1. 제3조부터 제8조까지, 제10조, 제14조, 제14조의2, 제14조의3, 제15조(제9조의 미수범은 제외한다) 및 제15조의2에 따른 범죄의 피해자
2. 19세미만피해자등

② 제1항은 수사기관이 같은 항 각 호의 피해자를 조사하는 경우에 관하여 준용한다.

③ 제1항 및 제2항의 경우 법원과 수사기관은 피해자와 신뢰관계에 있는 사람이 피해자에게 불리하거나 피해자가 원하지 아니하는 경우에는 동석하게 하여서는 아니 된다.

제35조【진술조력인 양성 등】 ① 법무부장관은 의사소통 및 의사표현에 어려움이 있는 성폭력범죄의 피해자에 대한 형사사법절차에서의 조력을 위하여 진술조력인을 양성하여야 한다.

② 진술조력인은 정신건강의학, 심리학, 사회복지학, 교육학 등 아동 · 장애인의 심리나 의사소통 관련 전문지식이 있거나 관련 분야에서 상당 기간 종사한 사람으로 법무부장관이 정하는 교육을 이수하여야 한다. 진술조력인의 자격, 양성 및 배치 등에 관하여 필요한 사항은 법무부령으로 정한다. 〈개정 2020.10.20.〉

③ 법무부장관은 제1항에 따라 양성한 진술조력인 명부를 작성하여야 한다.

제35조의2【진술조력인의 결격사유】 다음 각 호의 어느 하나에 해당하는 사람은 진술조력인이 될 수 없다.

1. 피성년후견인
2. 금고 이상의 실형을 선고받고 그 집행이 종료(집행이 종료된 것으로 보는 경우를 포함한다)되거나 집행이 면제된 날부터 5년이 지나지 아니한 사람
3. 금고 이상의 형의 집행을 유예받고 그 유예기간이 완료된 날부터 2년이 지나지 아니한 사람

4. 금고 이상의 형의 선고를 유예받고 그 유예기간 중에 있는 사람
5. 제2호부터 제4호까지의 규정에도 불구하고 다음 각 목의 어느 하나에 해당하는 범죄를 저지른 사람으로서 형 또는 치료감호를 선고받고 확정된 후 그 형 또는 치료감호의 전부 또는 일부의 집행이 끝나거나(집행이 끝난 것으로 보는 경우를 포함한다) 집행이 유예 · 면제된 날부터 10년이 지나지 아니한 사람
   가. 제2조에 따른 성폭력범죄
   나. 「아동 · 청소년의 성보호에 관한 법률」 제2조 제2호에 따른 아동 · 청소년대상 성범죄
   다. 「아동학대범죄의 처벌 등에 관한 특례법」 제2조 제4호에 따른 아동학대범죄
   라. 「장애인복지법」 제86조, 제86조의2 및 제87조의 죄
6. 제35조의3(이 조 제1호에 해당하게 되어 제35조의3 제1항 제2호에 따라 진술조력인의 자격이 취소된 경우는 제외한다)에 따라 진술조력인 자격이 취소된 후 3년이 지나지 아니한 사람

[본조신설 2020.10.20.]

제35조의3【진술조력인의 자격취소】 ① 법무부장관은 진술조력인 자격을 가진 사람이 다음 각 호의 어느 하나에 해당하는 경우에는 그 자격을 취소할 수 있다. 다만, 제1호 또는 제2호에 해당하는 경우에는 그 자격을 취소하여야 한다.
1. 거짓이나 그 밖의 부정한 방법으로 자격을 취득한 사실이 드러난 경우
2. 제35조의2 각 호의 결격사유 중 어느 하나에 해당하게 된 경우
3. 제38조에 따른 진술조력인의 의무를 위반한 경우
4. 고의나 중대한 과실로 업무 수행에 중대한 지장이 발생하게 된 경우
5. 진술조력인의 업무 수행과 관련하여 부당한 금품을 수령하는 등 부정한 행위를 한 경우
6. 정당한 사유 없이 법무부령으로 정하는 교육을 이수하지 않은 경우
7. 그 밖에 진술조력인의 업무를 수행할 수 없는 중대한 사유가 발생한 경우

② 법무부장관은 제1항에 따라 진술조력인 자격을 취소하려는 경우에는 해당 진술조력인에게 자격 취소 예정인 사실과 그 사유를 통보하여야 한다. 이 경우 통보를 받은 진술조력인은 법무부에 출석하여 소명(疏明)하거나 소명에 관한 의견서를 제출할 수 있다.
③ 법무부장관은 제2항 후단에 따라 진술조력인이 소명하거나 소명에 관한 의견서를 제출한 경우 진술조력인 자격 취소 여부를 결정하기 위하여 외부 전문가의 의견을 들을 수 있다.
④ 법무부장관은 제1항에 따라 진술조력인 자격을 취소한 경우에는 즉시 그 사람에게 진술조력인 자격 취소의 사실 및 그 사유를 서면으로 알려주어야 한다.
⑤ 제1항에 따라 진술조력인 자격이 취소된 사람의 자격증 반납에 관해서는 법무부령으로 정한다.

[본조신설 2020.10.20.]

제36조【진술조력인의 수사과정 참여】 ① 검사 또는 사법경찰관은 성폭력범죄의 피해자가 19세미만피해자등인 경우 형사사법절차에서의 조력과 원활한 조사를 위하여 직권이나 피해자, 그 법정대리인 또는 변호사의 신청에 따라 진술조력인으로 하여금 조사과정에 참여하여 의사소통을 중개하거나 보조하게 할 수 있다. 다만, 피해자 또는 그 법정대리인이 이를 원하지 아니하는 의사를 표시한 경우에는 그러하지 아니하다.
② 검사 또는 사법경찰관은 제1항의 피해자를 조사하기 전에 피해자, 법정대리인 또는 변호사에게 진술조력인에 의한 의사소통 중개나 보조를 신청할 수 있음을 고지하여야 한다.

③ 진술조력인은 조사 전에 피해자를 면담하여 진술조력인 조력 필요성에 관하여 평가한 의견을 수사기관에 제출할 수 있다.
④ 제1항에 따라 조사과정에 참여한 진술조력인은 피해자의 의사소통이나 표현 능력, 특성 등에 관한 의견을 수사기관이나 법원에 제출할 수 있다.
⑤ 제1항부터 제4항까지의 규정은 검증에 관하여 준용한다.
⑥ 그 밖에 진술조력인의 수사절차 참여에 관한 절차와 방법 등 필요한 사항은 법무부령으로 정한다.

제37조【진술조력인의 재판과정 참여】 ① 법원은 성폭력범죄의 피해자가 19세미만피해자등인 경우 재판과정에서의 조력과 원활한 증인 신문을 위하여 직권 또는 검사, 피해자, 그 법정대리인 및 변호사의 신청에 의한 결정으로 진술조력인으로 하여금 증인 신문에 참여하여 중개하거나 보조하게 할 수 있다.
② 법원은 증인이 제1항에 해당하는 경우에는 신문 전에 피해자, 법정대리인 및 변호사에게 진술조력인에 의한 의사소통 중개나 보조를 신청할 수 있음을 고지하여야 한다.
③ 진술조력인의 소송절차 참여에 관한 구체적 절차와 방법은 대법원규칙으로 정한다.

제38조【진술조력인의 의무】 ① 진술조력인은 수사 및 재판 과정에 참여함에 있어 중립적인 지위에서 상호 간의 진술이 왜곡 없이 전달될 수 있도록 노력하여야 한다.
② 진술조력인은 그 직무상 알게 된 피해자의 주소, 성명, 나이, 직업, 학교, 용모, 그 밖에 피해자를 특정하여 파악할 수 있게 하는 인적사항과 사진 및 사생활에 관한 비밀을 공개하거나 다른 사람에게 누설하여서는 아니 된다.

제39조【벌칙적용에 있어서 공무원의 의제】 진술조력인은 「형법」 제129조부터 제132조까지에 따른 벌칙의 적용에 있어서 이를 공무원으로 본다.

제40조【비디오 등 중계장치에 의한 증인신문】 ① 법원은 제2조 제1항 제3호부터 제5호까지의 범죄의 피해자를 증인으로 신문하는 경우 검사와 피고인 또는 변호인의 의견을 들어 비디오 등 중계장치에 의한 중계를 통하여 신문할 수 있다.
② 제1항에 따른 증인신문의 절차 · 방법 등에 관하여 필요한 사항은 대법원규칙으로 정한다.

제40조의2【19세미만피해자등에 대한 증인신문을 위한 공판준비절차】 ① 법원은 19세미만피해자등을 증인으로 신문하려는 경우에는 19세미만피해자등의 보호와 원활한 심리를 위하여 필요한 경우 검사, 피고인 또는 변호인의 의견을 들어 사건을 공판준비절차에 부칠 수 있다.
② 법원은 제1항에 따라 공판준비절차에 부치는 경우 증인신문을 위한 심리계획을 수립하기 위하여 공판준비기일을 지정하여야 한다.
③ 법원은 제2항에 따라 지정한 공판준비기일에 증인신문을 중개하거나 보조할 진술조력인을 출석하게 할 수 있다.
④ 19세미만피해자등의 변호사는 제2항에 따라 지정된 공판준비기일에 출석할 수 있다.
⑤ 법원은 제1항에 따른 공판준비절차에서 검사, 피고인 또는 변호인에게 신문할 사항을 기재한 서면을 법원에 미리 제출하게 할 수 있다. 다만, 제출한 신문사항은 증인신문을 하기 전까지는 열람 · 복사 등을 통하여 상대방에게 공개하지 아니한다.
⑥ 법원은 제2항에 따라 지정된 공판준비기일에서 검사, 피고인, 변호인, 19세미만피해자등의 변호사 및 진

술조력인에게 신문사항과 신문방법 등에 관한 의견을 구할 수 있다.

제40조의3【19세미만피해자등의 증인신문 장소 등에 대한 특례】 ① 법원은 19세미만피해자등을 증인으로 신문하는 경우 사전에 피해자에게 「형사소송법」 제165조의2 제1항에 따라 비디오 등 중계장치에 의한 중계시설을 통하여 신문할 수 있음을 고지하여야 한다.

② 19세미만피해자등은 제1항의 중계시설을 통하여 증인신문을 진행할지 여부 및 증인으로 출석할 장소에 관하여 법원에 의견을 진술할 수 있다.

③ 제1항에 따른 중계시설을 통하여 19세미만피해자등을 증인으로 신문하는 경우 그 중계시설은 특별한 사정이 없으면 제30조제1항에 따른 영상녹화가 이루어진 장소로 한다. 다만, 피해자가 다른 장소를 원하는 의사를 표시하거나, 제30조제1항에 따른 영상녹화가 이루어진 장소가 경찰서 등 수사기관의 시설인 경우에는 법원이 중계시설을 지정할 수 있다.

• 증거보전은 미리 증거를 보전할 수 없는 피의자·피고인의 방어권 보장이 목적인 제도
• 증거보전에 관여한 법관은 이론상 제척사유이나 판례는 제척사유가 아닌 것으로 본다.

제41조【증거보전의 특례】 ① 피해자나 그 법정대리인 또는 사법경찰관은 피해자가 공판기일에 출석하여 증언하는 것에 현저히 곤란한 사정이 있을 때에는 그 사유를 소명하여 제30조에 따라 영상녹화된 영상녹화물 또는 그 밖의 다른 증거에 대하여 해당 성폭력범죄를 수사하는 검사에게 「형사소송법」 제184조(증거보전의 청구와 그 절차)제1항에 따른 증거보전의 청구를 할 것을 요청할 수 있다. 이 경우 피해자가 19세미만피해자등인 경우에는 공판기일에 출석하여 증언하는 것에 현저히 곤란한 사정이 있는 것으로 본다.

• 재심절차에서는 허용×
• 제1회 공판기일 전, 공소제기 전후 불문

② 제1항의 요청을 받은 검사는 그 요청이 타당하다고 인정할 때에는 증거보전의 청구를 할 수 있다. 다만, 19세미만피해자등이나 그 법정대리인이 제1항의 요청을 하는 경우에는 특별한 사정이 없는 한 「형사소송법」 제184조 제1항에 따라 관할 지방법원판사에게 증거보전을 청구하여야 한다.

제3장 신상정보 등록 등

제42조【신상정보 등록대상자】 ① 제2조 제1항 제3호·제4호, 같은 조 제2항(제1항 제3호·제4호에 한정한다), 제3조부터 제15조까지의 범죄 및 「아동·청소년의 성보호에 관한 법률」 제2조 제2호 가목·라목의 범죄(이하 "등록대상 성범죄"라 한다)로 유죄판결이나 약식명령이 확정된 자 또는 같은 법 제49조 제1항 제4호에 따라 공개명령이 확정된 자는 신상정보 등록대상자(이하 "등록대상자"라 한다)가 된다. 다만, 제12조·제13조의 범죄 및 「아동·청소년의 성보호에 관한 법률」 제11조 제3항 및 제5항의 범죄로 벌금형을 선고받은 자는 제외한다. 〈개정 2016.12.20.〉

② 법원은 등록대상 성범죄로 유죄판결을 선고하거나 약식명령을 고지하는 경우에는 등록대상자라는 사실과 제43조에 따른 신상정보 제출 의무가 있음을 등록대상자에게 알려 주어야 한다. 〈개정 2016.12.20.〉

③ 제2항에 따른 통지는 판결을 선고하는 때에는 구두 또는 서면으로 하고, 약식명령을 고지하는 때에는 통지사항이 기재된 서면을 송달하는 방법으로 한다. 〈신설 2016.12.20.〉

④ 법원은 제1항의 판결이나 약식명령이 확정된 날부터 14일 이내에 판결문(제45조 제4항에 따라 법원이 등록기간을 달리 정한 경우에는 그 사실을 포함한다) 또는 약식명령 등본을 법무부장관에게 송달하여야 한다. 〈개정 2016.12.20.〉

• 2016.12.20. 법률 제14412호에 의하여 2016.3.31. 헌법재판소에서 위헌 결정된 이 조를 개정함

제43조【신상정보의 제출 의무】 ① 등록대상자는 제42조 제1항의 판결이 확정된 날부터 30일 이내에 다음 각 호의 신상정보(이하 "개인신상정보"라 한다)를 자신의 주소지를 관할하는 경찰관서의 장(이하 "관할경찰관서의 장"이라 한다)에게 제출하여야 한다. 다만, 등록대상자가 교정시설 또는 치료감호시설에 수용된 경우에는 그 교정시설의 장 또는 치료감호시설의 장(이하 "교정시설 등의 장"이라 한다)에게 기본신상정보를 제출함으로써 이를 갈음할 수 있다. 〈개정 2016.12.20〉

1. 성명
2. 주민등록번호
3. 주소 및 실제거주지
4. 직업 및 직장 등의 소재지
5. 연락처(전화번호, 전자우편주소를 말한다)
6. 신체정보(키와 몸무게)
7. 소유차량의 등록번호

② 관할경찰관서의 장 또는 교정시설 등의 장은 제1항에 따라 등록대상자가 기본신상정보를 제출할 때에 등록대상자의 정면 · 좌측 · 우측 상반신 및 전신 컬러사진을 촬영하여 전자기록으로 저장 · 보관하여야 한다. 〈개정 2016.12.20.〉

③ 등록대상자는 제1항에 따라 제출한 기본신상정보가 변경된 경우에는 그 사유와 변경내용(이하 "변경정보"라 한다)을 변경사유가 발생한 날부터 20일 이내에 제1항에 따라 제출하여야 한다. 〈개정 2016.12.20.〉

④ 등록대상자는 제1항에 따라 기본신상정보를 제출한 경우에는 그 다음 해부터 매년 12월 31일까지 주소지를 관할하는 경찰관서에 출석하여 경찰관서의 장으로 하여금 자신의 정면 · 좌측 · 우측 상반신 및 전신 컬러사진을 촬영하여 전자기록으로 저장 · 보관하도록 하여야 한다. 다만, 교정시설 등의 장은 등록대상자가 교정시설 등에 수용된 경우에는 석방 또는 치료감호 종료 전에 등록대상자의 정면 · 좌측 · 우측 상반신 및 전신 컬러사진을 새로 촬영하여 전자기록으로 저장 · 보관하여야 한다. 〈개정 2016.12.20.〉

⑤ 관할경찰관서의 장 또는 교정시설 등의 장은 등록대상자로부터 제출받은 기본신상정보 및 변경정보와 제2항 및 제4항에 따라 저장 · 보관하는 전자기록을 지체 없이 법무부장관에게 송달하여야 한다. 〈개정 2016.12.20.〉

⑥ 제5항에 따라 등록대상자에 대한 기본신상정보를 송달할 때에 관할경찰관서의 장은 등록대상자에 대한 「형의 실효 등에 관한 법률」 제2조 제5호에 따른 범죄경력자료를 함께 송달하여야 한다. 〈개정 2016.12.20.〉

⑦ 기본신상정보 및 변경정보의 송달, 등록에 관한 절차와 방법 등 필요한 사항은 대통령령으로 정한다. 〈개정 2016.12.20.〉

제43조의2【출입국 시 신고의무 등】 ① 등록대상자가 6개월 이상 국외에 체류하기 위하여 출국하는 경우에는 미리 관할경찰관서의 장에게 체류 국가 및 체류기간 등을 신고하여야 한다.

② 제1항에 따라 신고한 등록대상자가 입국하였을 때에는 특별한 사정이 없으면 14일 이내에 관할경찰관서의 장에게 입국 사실을 신고하여야 한다. 제1항에 따른 신고를 하지 아니하고 출국하여 6개월 이상 국외에 체류한 등록대상자가 입국하였을 때에도 또한 같다.

③ 관할경찰관서의 장은 제1항 및 제2항에 따른 신고를 받았을 때에는 지체 없이 법무부장관에게 해당 정보를 송달하여야 한다.

④ 제1항 및 제2항에 따른 신고와 제3항에 따른 송달의 절차 및 방법 등에 관하여 필요한 사항은 대통령령으로 정한다.

[본조신설 2016.12.20.]

제44조【등록대상자의 신상정보 등록 등】 ① 법무부장관은 제43조 제5항, 제6항 및 제43조의2 제3항에 따라 송달받은 정보와 다음 각 호의 등록대상자 정보를 등

록하여야 한다. 〈개정 2016.12.20., 2020.2.4.〉

1. 등록대상 성범죄 경력정보
2. 성범죄 전과사실(죄명, 횟수)
3. 「전자장치부착 등에 관한 법률」에 따른 전자장치 부착 여부

② 법무부장관은 등록대상자가 제1항에 따라 등록한 정보를 정보통신망을 이용하여 열람할 수 있도록 하여야 한다. 다만, 등록대상자가 신청하는 경우에는 등록한 정보를 등록대상자에게 통지하여야 한다. 〈개정 2016.12.20.〉

③ 법무부장관은 제1항에 따른 등록에 필요한 정보의 조회(「형의 실효 등에 관한 법률」 제2조 제8호에 따른 범죄경력조회를 포함한다)를 관계 행정기관의 장에게 요청할 수 있다.

④ 법무부장관은 등록대상자가 기본신상정보 또는 변경정보를 정당한 사유 없이 제출하지 아니한 경우에는 신상정보의 등록에 필요한 사항을 관계 행정기관의 장에게 조회를 요청하여 등록할 수 있다. 이 경우 법무부장관은 등록일자를 밝혀 등록대상자에게 신상정보를 등록한 사실 및 등록한 신상정보의 내용을 통지하여야 한다. 〈개정 2016.12.20.〉

⑤ 제3항 및 제4항의 요청을 받은 관계 행정기관의 장은 지체 없이 조회 결과를 법무부장관에게 송부하여야 한다.

⑥ 제4항 전단에 따라 법무부장관이 기본신상정보를 등록한 경우에 등록대상자의 변경정보 제출과 사진 촬영에 대해서는 제43조 제3항 및 제4항을 준용한다. 〈신설 2016.12.20.〉

⑦ 제1항 또는 제4항 전단에 따라 등록한 정보(이하 "등록정보"라 한다)의 열람, 통지 신청 및 통지의 방법과 절차 등에 필요한 사항은 대통령령으로 정한다. 〈신설 2016.12.20.〉

제45조【등록정보의 관리】 법무부장관은 제44조 제1항 또는 제4항에 따라 기본신상정보를 최초로 등록한 날(이하 "최초등록일"이라 한다)부터 다음 각 호의 구분에 따른 기간(이하 "등록기간"이라 한다) 동안 등록정보를 보존·관리하여야 한다. 다만, 법원이 제4항에 따라 등록기간을 정한 경우에는 그 기간 동안 등록정보를 보존·관리하여야 한다.

1. 신상정보 등록의 원인이 된 성범죄로 사형, 무기징역·무기금고형 또는 10년 초과의 징역·금고형을 선고받은 사람: 30년
2. 신상정보 등록의 원인이 된 성범죄로 3년 초과 10년 이하의 징역·금고형을 선고받은 사람: 20년
3. 신상정보 등록의 원인이 된 성범죄로 3년 이하의 징역·금고형을 선고받은 사람 또는 「아동·청소년의 성보호에 관한 법률」 제49조 제1항 제4호에 따라 공개명령이 확정된 사람: 15년
4. 신상정보 등록의 원인이 된 성범죄로 벌금형을 선고받은 사람: 10년

② 신상정보 등록의 원인이 된 성범죄와 다른 범죄가 「형법」 제37조(판결이 확정되지 아니한 수개의 죄를 경합범으로 하는 경우로 한정한다)에 따라 경합되어 「형법」 제38조에 따라 형이 선고된 경우에는 그 선고형 전부를 신상정보 등록의 원인이 된 성범죄로 인한 선고형으로 본다.

③ 제1항에 따른 등록기간을 산정하기 위한 선고형은 다음 각 호에 따라 계산한다. 제2항이 적용되는 경우도 이와 같다.

1. 하나의 판결에서 신상정보 등록의 원인이 된 성범죄로 여러 종류의 형이 선고된 경우에는 가장 무거운 종류의 형을 기준으로 한다.
2. 하나의 판결에서 신상정보 등록의 원인이 된 성범죄로 여러 개의 징역형 또는 금고형이 선고된 경우에는 각각의 기간을 합산한다. 이 경우 징역형과 금고형은 같은 종류의 형으로 본다.
3. 「소년법」 제60조에 따라 부정기형이 선고된 경우에

는 단기를 기준으로 한다.

④ 법원은 제2항이 적용(제3항이 동시에 적용되는 경우를 포함한다)되어 제1항 각 호에 따라 등록기간이 결정되는 것이 부당하다고 인정하는 경우에는 판결로 제1항 각 호의 기간 중 더 단기의 기간을 등록기간으로 정할 수 있다.

⑤ 다음 각 호의 기간은 제1항에 따른 등록기간에 넣어 계산하지 아니한다.

1. 등록대상자가 신상정보 등록의 원인이 된 성범죄로 교정시설 또는 치료감호시설에 수용된 기간
2. 제1호에 따른 기간 이전의 기간으로서 제1호에 따른 기간과 이어져 등록대상자가 다른 범죄로 교정시설 또는 치료감호시설에 수용된 기간
3. 제1호에 따른 기간 이후의 기간으로서 제1호에 따른 기간과 이어져 등록대상자가 다른 범죄로 교정시설 또는 치료감호시설에 수용된 기간

⑥ 법무부장관은 제44조 제1항에 따른 등록 당시 등록대상자가 교정시설 또는 치료감호시설에 수용 중인 경우에는 등록대상자가 석방된 후 지체 없이 등록정보를 등록대상자의 관할경찰관서의 장에게 송부하여야 한다.

⑦ 관할경찰관서의 장은 등록기간 중 다음 각 호의 구분에 따른 기간마다 등록대상자와의 직접 대면 등의 방법으로 등록정보의 진위와 변경 여부를 확인하여 그 결과를 법무부장관에게 송부하여야 한다.

1. 제1항에 따른 등록기간이 30년인 등록대상자: 3개월
2. 제1항에 따른 등록기간이 20년 또는 15년인 등록대상자: 6개월
3. 제1항에 따른 등록기간이 10년인 등록대상자: 1년

⑧ 제7항 제2호 및 제3호에도 불구하고 관할경찰관서의 장은 다음 각 호의 구분에 따른 기간 동안에는 3개월마다 제7항의 결과를 법무부장관에게 송부하여야 한다.

1. 「아동 · 청소년의 성보호에 관한 법률」 제49조에 따른 공개대상자인 경우: 공개기간
2. 「아동 · 청소년의 성보호에 관한 법률」 제50조에 따른 고지대상자인 경우: 고지기간

[전문개정 2016.12.20.]

[2016.12.20. 법률 제14412호에 의하여 2015.7.30. 헌법재판소에서 헌법불합치 결정된 이 조를 개정함.]

제45조의2【신상정보 등록의 면제】 ① 신상정보 등록의 원인이 된 성범죄로 형의 선고를 유예받은 사람이 선고유예를 받은 날부터 2년이 경과하여 「형법」 제60조에 따라 면소된 것으로 간주되면 신상정보 등록을 면제한다.

② 등록대상자는 다음 각 호의 구분에 따른 기간(교정시설 또는 치료감호시설에 수용된 기간은 제외한다)이 경과한 경우에는 법무부령으로 정하는 신청서를 법무부장관에게 제출하여 신상정보 등록의 면제를 신청할 수 있다. 〈개정 2020.2.4.〉

1. 제45조 제1항에 따른 등록기간이 30년인 등록대상자: 최초등록일부터 20년
2. 제45조 제1항에 따른 등록기간이 20년인 등록대상자: 최초등록일부터 15년
3. 제45조 제1항에 따른 등록기간이 15년인 등록대상자: 최초등록일부터 10년
4. 제45조 제1항에 따른 등록기간이 10년인 등록대상자: 최초등록일부터 7년

③ 법무부장관은 제2항에 따라 등록의 면제를 신청한 등록대상자가 다음 각 호의 요건을 모두 갖춘 경우에는 신상정보 등록을 면제한다. 〈개정 2020.2.4.〉

1. 등록기간 중 등록대상 성범죄를 저질러 유죄판결이 확정된 사실이 없을 것
2. 신상정보 등록의 원인이 된 성범죄로 선고받은 징역형 또는 금고형의 집행을 종료하거나 벌금을 완납하였을 것
3. 신상정보 등록의 원인이 된 성범죄로 부과받은 다음 각 목의 명령의 집행을 모두 종료하였을 것
   가. 「아동 · 청소년의 성보호에 관한 법률」에 따른 공개명령 · 고지명령

나. 「전자장치 부착 등에 관한 법률」에 따른 전자장치 부착명령
다. 「성폭력범죄자의 성충동 약물치료에 관한 법률」에 따른 약물치료명령
4. 신상정보 등록의 원인이 된 성범죄로 부과받은 다음 각 목의 규정에 따른 보호관찰명령, 사회봉사명령, 수강명령 또는 이수명령의 집행을 완료하였을 것
가. 제16조 제1항 · 제2항 · 제4항 및 제8항
나. 「형법」 제62조의2 제1항
다. 「아동 · 청소년의 성보호에 관한 법률」 제21조 제1항 · 제2항 · 제4항 및 같은 법 제61조 제3항
라. 「전자장치 부착 등에 관한 법률」 제21조의3
5. 등록기간 중 다음 각 목의 범죄를 저질러 유죄 판결을 선고받아 그 판결이 확정된 사실이 없을 것
가. 제50조 제3항 및 제5항의 범죄
나. 「아동 · 청소년의 성보호에 관한 법률」 제65조 제3항 · 제5항 및 같은 법 제66조의 범죄
다. 「전자장치부착 등에 관한 법률」 제38조 및 제39조(성폭력범죄로 위치추적 전자장치의 부착명령이 집행 중인 사람으로 한정한다)의 범죄
라. 「성폭력범죄자의 성충동 약물치료에 관한 법률」 제35조의 범죄

④ 법무부장관은 제3항 각 호에 따른 요건의 충족 여부를 확인하기 위하여 관계 행정기관의 장에게 협조(「형의 실효 등에 관한 법률」 제2조 제8호에 따른 범죄경력조회를 포함한다)를 요청하거나 등록대상자에게 필요한 자료의 제출을 요청할 수 있다. 이 경우 협조를 요청받은 관계 행정기관의 장은 지체 없이 이에 따라야 한다. 〈개정 2020.2.4.〉

[본조신설 2016.12.20.]

제45조의3【신상정보 등록의 종료】 ① 신상정보의 등록은 다음 각 호의 어느 하나에 해당하는 때에 종료된다.
1. 제45조 제1항의 등록기간이 지난 때
2. 제45조의2에 따라 등록이 면제된 때

② 법무부장관은 제1항에 따라 등록이 종료된 신상정보를 즉시 폐기하여야 한다.

③ 법무부장관은 제2항에 따라 등록정보를 폐기하는 경우에는 등록대상자가 정보통신망을 이용하여 폐기된 사실을 열람할 수 있도록 하여야 한다. 다만, 등록대상자가 신청하는 경우에는 폐기된 사실을 통지하여야 한다.

④ 제3항에 따른 등록정보 폐기 사실의 열람, 통지 신청과 통지의 방법 및 절차 등에 필요한 사항은 대통령령으로 정한다.

[본조신설 2016.12.20.]

제46조【등록정보의 활용 등】 ① 법무부장관은 등록정보를 등록대상 성범죄와 관련한 범죄 예방 및 수사에 활용하게 하기 위하여 검사 또는 각급 경찰관서의 장에게 배포할 수 있다.

② 제1항에 따른 등록정보의 배포절차 및 관리 등에 관한 사항은 대통령령으로 정한다.

제47조【등록정보의 공개】 ① 등록정보의 공개에 관하여는 「아동 · 청소년의 성보호에 관한 법률」 제49조, 제50조, 제52조, 제54조, 제55조 및 제65조를 적용한다.

② 등록정보의 공개는 여성가족부장관이 집행한다.

③ 법무부장관은 등록정보의 공개에 필요한 정보를 여성가족부장관에게 송부하여야 한다.

④ 제3항에 따른 정보 송부에 관하여 필요한 사항은 대통령령으로 정한다.

제48조【비밀준수】 등록대상자의 신상정보의 등록 · 보존 및 관리 업무에 종사하거나 종사하였던 자는 직무상 알게 된 등록정보를 누설하여서는 아니 된다.

제49조【등록정보의 고지】 ① 등록정보의 고지에 관하

여는 「아동 · 청소년의 성보호에 관한 법률」 제50조 및 제51조를 적용한다.

② 등록정보의 고지는 여성가족부장관이 집행한다.

③ 법무부장관은 등록정보의 고지에 필요한 정보를 여성가족부장관에게 송부하여야 한다.

④ 제3항에 따른 정보 송부에 관한 세부사항은 대통령령으로 정한다.

제49조의2【간주규정】 ① 「군사법원법」 제2조제1항 각 호의 어느 하나에 해당하는 사람(이하 이 조에서 "군인등"이라 한다)에 대하여 군사법원이 재판권을 가지는 경우 제27조제2항 · 제6항, 제29조, 제30조, 제33조 제1항부터 제4항까지, 제34조, 제40조제1항, 제41조, 제42조 제2항 · 제4항을 적용함에 있어 "법원"은 "군사법원(고등법원을 포함한다)"으로, "수사기관"은 "군수사기관"으로, "검사"는 "군검사"로, "사법경찰관"은 "군사법경찰관"으로, "국선변호사"는 "변호사 자격이 있는 장교"로 간주한다.

② 군인등에 대하여 제41조제1항을 적용함에 있어 "사법경찰관"은 "군사법경찰관"으로 간주한다.

③ 군인 등에 대하여 제33조 제3항을 적용함(같은 조 제4항에 따라 준용되는 경우에도 같다)에 있어 "법원행정처장"은 "국방부장관"으로 간주한다.

[본조신설 2013.4.5]

제4장 벌 칙

제50조【벌 칙】 ① 다음 각 호의 어느 하나에 해당하는 자는 5년 이하의 징역 또는 5천만원 이하의 벌금에 처한다.

1. 제48조를 위반하여 직무상 알게 된 등록정보를 누설한 자
2. 정당한 권한 없이 등록정보를 변경하거나 말소한 자

② 다음 각 호의 어느 하나에 해당하는 자는 3년 이하의 징역 또는 3천만원 이하의 벌금에 처한다. 〈개정 2020.10.20.〉

1. 제24조 제1항 또는 제38조 제2항에 따른 피해자의 신원과 사생활 비밀 누설 금지 의무를 위반한 자
2. 제24조 제2항을 위반하여 피해자의 인적사항과 사진 등을 공개한 자

③ 다음 각 호의 어느 하나에 해당하는 자는 1년 이하의 징역 또는 500만원 이하의 벌금에 처한다.
〈개정 2016.12.20〉

1. 제43조 제1항을 위반하여 정당한 사유 없이 기본신상정보를 제출하지 아니하거나 거짓으로 제출한 자및 같은 조 제2항에 따른 관할경찰관서 또는 교정시설의 장의 사진촬영에 정당한 사유 없이 응하지 아니한 자
2. 제43조 제3항(제44조 제6항에서 준용하는 경우를 포함한다)을 위반하여 정당한 사유 없이 변경정보를 제출하지 아니하거나 거짓으로 제출한 자
3. 제43조 제4항(제44조 제6항에서 준용하는 경우를 포함한다)을 위반하여 정당한 사유 없이 관할 경찰관서에 출석하지 아니하거나 촬영에 응하지 아니한 자

④ 제2항 제2호의 죄는 피해자의 명시한 의사에 반하여 공소를 제기할 수 없다.

⑤ 제16조 제2항에 따라 이수명령을 부과받은 사람이 보호관찰소의 장 또는 교정시설의 장의 이수명령 이행에 관한 지시에 불응하여 「보호관찰 등에 관한 법률」 또는 「형의 집행 및 수용자의 처우에 관한 법률」에 따른 경고를 받은 후 재차 정당한 사유 없이 이수명령 이행에 관한 지시에 불응한 경우에는 다음 각 호에 따른다. 〈개정 2016.12.20〉

1. 벌금형과 병과된 경우는 500만원 이하의 벌금에 처한다.
2. 징역형 이상의 실형과 병과된 경우에는 1년 이하의 징역 또는 5백만원 이하의 벌금에 처한다.

제51조【양벌규정】 법인의 대표자나 법인 또는 개인의 대리인, 사용인, 그 밖의 종업원이 그 법인 또는 개인의 업무에 관하여 제13조 또는 제43조의 위반행위를 하면 그

행위자를 벌하는 외에 그 법인 또는 개인에게도 해당 조문의 벌금형을 과(科)한다. 다만, 법인 또는 개인이 그 위반행위를 방지하기 위하여 해당 업무에 관하여 상당한 주의와 감독을 게을리하지 아니한 경우에는 그러하지 아니하다.

제52조【과태료】 ① 정당한 사유 없이 제43조의2 제1항 또는 제2항을 위반하여 신고하지 아니하거나 거짓으로 신고한 경우에는 300만원 이하의 과태료를 부과한다.

② 제1항에 따른 과태료는 대통령령으로 정하는 바에 따라 관할경찰관서의 장이 부과 · 징수한다.

[본조신설 2016.12.20.]

PART 04

형사법전

高기능성 법전 시리즈

형사소송법

제1편 총 칙
제2편 제1심
제3편 상 소
제4편 특별소송절차
제5편 재판의 집행

PART 04

형사소송법

제1편 총 칙

제정 1954.9.23 법률 제0341호
개정 1961.9.1 법률 제0705호
개정 1963.12.13 법률 제1500호
개정 1973.1.25 법률 제2450호
개정 1973.12.20 법률 제2653호
개정 1980.12.18 법률 제3282호
개정 1987.11.28 법률 제3955호
개정 1994.12.22 법률 제4796호(도농복합)
개정 1995.12.29 법률 제5054호
개정 1997.12.13 법률 제5435호
개정 1997.12.13 법률 제5454호(정부부처명)
개정 2002.1.26 법률 제6627호(민사집행)
개정 2004.1.20 법률 제7078호(검찰)
개정 2004.10.16 법률 제7225호
개정 2005.3.31 법률 제7427호
개정 2006.7.19 법률 제7965호
개정 2007.5.17 법률 제8435호
개정 2007.6.1 법률 제8496호
개정 2007.12.21 법률 제8730호
개정 2009.6.9 법률 제9765호
개정 2011.7.18 법률 제10864호
개정 2011.8.4 법률 제11002호
개정 2012.12.18 법률 제11572호
개정 2013.4.5 법률 제11731호
개정 2014.5.14 법률 제12576호
개정 2014.10.15 법률 제12784호
개정 2014.12.30 법률 제12899호
개정 2015.7.31 법률 제13454호
개정 2016.1.6 법률 제13720호
개정 2016.5.29 법률 제14179호
개정 2017.12.12 법률 제15164호
개정 2017.12.19 법률 제15257호
개정 2019.12.31 법률 제16850호
개정 2020.2.4 법률 제16924호
개정 2020.12.8 법률 제17572호
개정 2021.8.17 법률 제18398호
개정 2021.12.21 법률 제18598호
개정 2022.2.3 법률 제18799호
개정 2022.5.9 법률 제18862호
개정 2024.2.13 법률 제20265호

▸ 소송구조론
- 규문주의
- 탄핵주의
  - 직권주의
  - 당사자주의

▸ 소송주체 : 법원, 검사, 피고인

소송당사자 : 검사, 피고인 — 소송관계인

보조자 : 사경, 변호인, 보조인, 대리인 — 소송관계인

소송관여자 : 증인, 감정인, 고소 · 고발인

▸ 형사소송법의 기본이념

① 실체적 진실주의
- 적극적 : 필벌주의
- 소극적 : in dubio pro reo

② 적정절차의 원칙
- (의심스러운 때는 피고인의 이익으로)
- 공정한 재판 : 공평한 법원, 방어권보장, 무기평등
- 비례성
- 피고인보호

③ 신속한 재판

▸ 형사소송법의 법원(法源)

○	×
헌법	부령
대법원규칙	정부조직법
법원조직법	특가법
형사보상법	경범죄처벌법
소년법	대법원예규
경찰관직무집행법	폭처법
한 · 미행정협정	군형법
조세범처벌절차법	조세범처벌법

제1장 법원의 관할 ❶

❶ • 각 법원에 대한 재판권의 분배 → 없으면 관할 위반판결(재판권을 전제)
• 법률에 규정하는 것이 원칙(=관할법정주의)

제1조【관할의 직권조사】

법원은 직권❷으로 관할을 조사하여야 한다.
소송조건이므로

❷ • cf) 상대적 소송조건 : 토지관할

▸ 관할의 종류

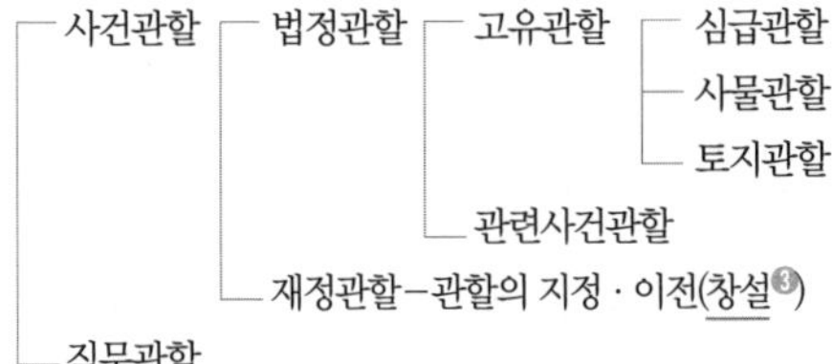

❸ • 공소제기 의제가 부심판 결정 후 검사 공소제기로 변경되어 적용예가 없음

▸ 심급관할

	제1심	제2심	제3심
–단 독	판결 · 결정 · 명령 →	합의부 →	대법원
–합의부	판결 · 결정 · 명령 →	고등법원 →	대법원

▸ 사물관할 : 사건의 경중 → 제1심 법원관할 분배
–원칙 : 단독판사
–예외 : 합의부 1. 재정합의사건
2. 사형 · 무기 · 단기 1년 이상❹ 징역(금고)에 해당하는 사건 또는 이와 동시에 심판할 관련사건(공범)

❹ • 필요적 변호사건 : 단기 3년 이상
• 긴급체포사건 : 장기 3년 이상

단기 1년 이상 중 단독판사 관할사건		
① 특수절도	② 상습절도	③ 상습장물
④ 특수상해	⑤ 특수공갈	⑥ 폭처법에 관한 죄 (일부)
⑦ 병역법 위반사건	⑧ 특가법	

3. 제척 · 기피사건
4. 법률에 의하여 지방법원 합의부 권한에 속하는 사건

제2조【관할위반과 소송행위의 효력】❶

❶ • 토지관할의 경우
❷ • 관할위반 선고 이전에 행해진 소송행위의 효력
❸ • 소송경제(§16의2, §256의2)

소송행위는 관할위반인 경우에도 그 효력❷에 영향이 없다.❸
세319소

▸ 법원
–국법상 의미 : 관청 · 관서
–소송법상 의미 : 합의제 · 단독제

▸ 법관
–재판장
–합의부원(수명법관) : 합의부 내에서 특정한 소송행위를 하는 법관
–수탁판사 : 다른법원의 법관에게 촉탁한 경우 촉탁받은 판사
–수임판사 : 수소법원과 독립하여 특정소송행위를 하는 판사

제3조【관할구역 외에서의 집무】
제83조, 제210조 동일

① 법원은 사실발견을 위하여 ㉠필요하거나 ㉡긴급을 요하는 때에는 관할구역 외에서 직무를 행하거나 사실조사에 필요한 처분을 할 수 있다.

② 전항의 규정은 수명법관에게 준용한다.
합의제의 법관 중 특정소송행위의 명을 받은 법관

제4조【토지관할】: 상대적 소송조건/지역에 따른 관할권의 분배❹

❹ • 객관적

❺ • 중간지, 공모지, 결과발생지 등 포함
❻ • 범죄의 전부 또는 일부 발생지 포함
• 단, 불가벌적 사후행위지 제외
• 범죄실행장소, 결과발생장소, 결과발생의 중간지도 포함
예 부작위범 : 부작위지+작위의무지+결과발생지

①❺ 토지관할은 범죄지,❻ 피고인의 주소, 거소❼ 또는 현재지❽로 한다.

❼ • 피고인의 주소 · 거소지 →'공소제기시' 기준
• 본적지(등록기준지)×
❽ • 불법연행지×(but 구속 장소는 포함)
判) 소말리아해적(§213)

※ 예비 · 음모한 장소→예비 · 음모를 처벌하는 범죄의 경우에만 범죄지 포함

❾ • 선박 · 항공기 특칙

②❾ 국외에 있는 대한민국 선박 내에서 범한 죄에 관하여는 전항에 규정한 곳 외에 선적지 또는 범죄 후의 선착지로 한다.
출항지×, 출발지× 도착예정지×, 토지관할의 기준

③❾ 전항의 규정은 국외에 있는 대한민국 항공기 내에서 범한 죄에 관하여 준용한다.
기적지 · 기착지

┌ 토지관할 : 각급법원의 설치와 관할구역에 관한 법률(+형소법)
└ 사물관할 · 심급관할 : 법원조직법

제5조【토지관할의 병합】

• 전제 : 사물관할은 동일할 것

토지관할을 달리하는 수개의 사건이 관련된 때에는 1개의 사건에 관하여 관할권 있는 법원은 다른 사건까지 관할할 수 있다.❶

관련사건(제11조)

❶ • 항소심에서도 적용(多)
• 관할권이 있다.
(관할 경합 발생)

▸ 병합관할 : 재판 전(결정×)

> ※ 제9조(사물관할 다를 때) → 법원합의부가 병합관할

제6조【토지관할의 병합심리】

토지관할이 다른 여러 개의 관련사건이 각각 다른 법원에 계속된 때에는 공통되는 바로 위의 상급법원❷은 검사나 피고인의 신청❸에 의하여 결정(決定)으로 한 개 법원으로 하여금 병합심리❹하게 할 수 있다.❺ [전문개정 2020.12.8]

심리도중

항고×(§403①)

❷ • 소속고법의 異同이 기준

❸ • §306 공판절차정지(직권×) (급속을 요하는 경우 예외)

❹ • 소송기록과 증거물을 7일 내 병합심리하게 된 법원에 송부(규칙§3)

❺ • 임의적(항소심에서도 적용) 병합 · 분리여부 : 법원의 재량

▸ 병합심리 : 재판 후(결정○)

> ※ 제10조(사물관할 다를 때)
> 합의부가 결정 → 즉시 결정등본 단독판사에 송부 → 5일 이내에 소송기록과 증거물을 합의부에 송부

제7조【토지관할의 심리분리】

토지관할을 달리하는 수개의 관련사건이 동일법원에 계속된 경우에 병합심리의 필요가 없는 때에는 법원은 결정으로 이를 분리하여 관할권 있는 다른 법원에 이송할 수 있다.

소송계속의 이전(구속력)

제8조【사건의 직권이송】

❻ • 관할법원 상호 간의 소송계속의 이전
→ 관할 없는 법원으로 이전하는 관할의 이전과 구별
• 토지관할 · 재량

① ❻ 법원은 피고인이 그 관할구역 내에 현재하지 아니하는 경우❼에 특별한 사정이 있으면 결정❽으로 사건을 피고인의 현재지를 관할하는 동급 법원에 이송할 수 있다.

임의적 이송

❼ 예 불구속재판
• 이송 확정시
역송×, 재이송×

❽ • 재량 – 현재지 이송
의무 ┌ 공소장 변경
├ 군사법원
└ 소년부사건

❾ • 단독 → 2심합의부 : 고등법원으로 이송
• 사물관할 · 의무

② ❾ 단독판사의 관할사건이 공소장 변경에 의하여 합의부 관할

§298

사건으로 변경된 경우에 법원은 결정으로 관할권이 있는 법원에 이송한다.❶

항소심 유추적용 가능 / 필요적 의무

❶ • 관할위반선고×
• 소송경제를 위해

제9조【사물관할의 병합】

사물관할을 달리하는 수개의 사건이 관련된 때에는 법원합의부는 병합관할한다. 단, 결정으로 관할권 있는 법원단독판사에게 이송할 수 있다.

원칙(단독판사의 고유관할권 유지) / 예외적

제9조 · 제10조
• 토지관할의 이동(異同) 불문
• 토지관할을 달리하는 때에도 적용

제10조【사물관할의 병합심리】❷

사물관할을 달리하는 수개의 관련사건이 각각 법원합의부와 단독판사에 계속된 때에는 합의부는 결정으로 단독판사에 속한 사건을 병합하여 심리❸할 수 있다.❹

❷ • 직권(즉시항고×)
⇒ 1심
토지관할 同 §10
토지관할 異 규§4① 2심 규§4-2①

❸ • 결정등본을 송부받은 단독판사는 5일 내 합의부로 기록과 증거물 송부 要→단독판사는 별도로 이송결정이나 공소기각 결정을 내릴 필요×

❹ • 당사자신청×

제11조【관련사건의 정의】❺

관련사건❻은 다음과 같다.❼

1. 1인이 범한 수죄❽
2. ❾ 수인이 공동으로 범한 죄
3. 수인이 동시에 동일장소에서 범한 죄❿
4. 범인은닉죄, 증거인멸죄, 위증죄, 허위감정통역죄 또는 장물에 관한 죄와 그 본범의 죄⓫

cf) 무고죄×

❺ • 고유의 법정관할의 수정(재정관할×)

❻ • 토지관할 · 사물관할에만 적용(심급관할×)

❼ • 수개의 사건 중 사람 또는 증거가 공통되어 병합 또는 분리가 가능
• 불필요한 이중심리 · 모순된 판결을 피하기 위함

❽ • 실체적 경합범(상상적 경합×)

❾ • 형법상 공범(임의적 · 필요적 공범)

❿ • 동시범(사전의사연락×) –다른 죄를 범한 경우는 제외

⓫ • 본범과의 사이에 증거가 공통되는 점이 많다.

관할의 경합

• 사물관할의 경합

제12조【동일사건과 수개의 소송계속】

동일사건이 사물관할을 달리하는 수개의 법원에 계속된 때에는 법원합의부가 심판한다.⓬

⓬ • 합의부 우선의 원칙

▸ 관할의 경합(제12조, 제13조)
–합의부 vs. 단독→합의부
–단독 vs. 단독→선착순⓭

⓭ • 단독판사는 공소기각결정(제328조 제1항 제3호)
• 먼저 확정되었으면 합의부는 면소판결(제326조)

–심리의 병합 : 수개 사건의 심리병합 문제
–이중기소 : 동일사건→동일법원에 재기소
–관할의 경합 : 동일사건→2개 법원에 기소

• 토지관할의 경합

제13조【관할의 경합】

같은 사건이 사물관할이 같은 여러 개의 법원에 계속된 때에는 먼저 공소를 받은 법원이 심판한다. 다만, 각 법원에 공통되는 바로 위의 상급법원은 검사나 피고인의 신청에 의하여 결정으로 뒤에 공소를 받은 법원으로 하여금 심판하게 할 수 있다. [전문개정 2020.12.8]

사물관할의 경합과 달리 법원 간 우열×

• 선착수원칙 : 나머지 법원은 공소기각 결정(제328조 제1항 제3호), 후에 공소받은 법원의 판결확정 시 면소판결(제326조)

제14조【관할지정의 청구】❶

❶ • 제16조
• 재정관할
(제14조~제16조의2)

검사는 다음 각 호의 경우 관계 있는 제1심법원에 공통되는 바로 위의 상급법원❷에 관할지정을 신청하여야 한다.❸

피의자 · 피고인은 신청권×

의무적

❷ • 관할지정결정→항고 ×

❸ • 공판절차 정지(급속을 요하는 경우는 예외)

1. 법원의 관할이 명확하지 아니한 때❹
2. 관할위반을 선고한 재판이 확정된 사건에 관하여 다른 관할법원이 없는 때 [전문개정 2020.12.8]

❹ • 多>행정구역 자체 불명확 少>+범죄사실, 범죄지 불명확

제15조【관할이전의 신청】❺

❺ • 항소심에서도 관할이전 인정

검사는 다음 경우에는 직근 상급법원에 관할이전❻을 신청하여야 한다. 피고인❼도 이 신청❽을 할 수 있다.

의무적

임의적

❻ • 관할권 있는 법원에서 관할권 없는 법원으로 옮기는 것
(토지관할에만 적용)

❼ • 피의자는 할 수 없으므로 공소제기 후에 신청 가능
cf) 관할의 지정신청자는 검사만

❽ • 공판절차정지
(급속을 요하는 경우 예외)

▸ 검사의 관할이전신청→의무, 공소제기 전후 불문(객관의무)
피고인의 관할이전신청→권리, 공소제기 후에만

1. 관할법원이 법률상의 이유 또는 특별한 사정으로 재판권을 행할 수 없는 때
   (법률상의 이유: 제척 · 기피 · 회피결정 / 특별한 사정: 천재지변 또는 사망 · 질병)
2. 범죄의 성질, 지방의 민심, 소송의 상황 기타 사정으로 재판의 공평을 유지하기 어려운 염려가 있는 때❾

❾ • 법률상 · 사실상의 이유로

• 이전 : 관할권 없는 곳으로 보냄
• 이송 : 관할권 있는 곳으로 보냄

제16조【관할의 지정 또는 이전 신청의 방식】

① 관할의 지정 또는 이전을 신청❿하려면 그 사유를 기재한 신청서⓫를 바로 위의 상급법원에 제출하여야 한다.

❿ • 검사 → 공소제기 전 · 후 불문
• 피고인→공소제기 후에만

⓫ • 구두신청×, 서면

② 공소를 제기한 후 관할의 지정 또는 이전을 신청할 때에는 즉시 공소를 접수한 법원에 통지하여야 한다. [전문개정 2020.12.8]

공소제기 전의 검사에게는 적용×

제16조의2【사건의 군사법원 이송】[1]

제2조와 동일

법원은 공소가 제기된 사건에 대하여 군사법원이(헌법상 유일한 특별법원) 재판권[2]을 가지게 되었거나 재판권을 가졌음이 판명된 때[3]에는 결정으로 사건을 재판권이 있는 같은 심급의 군사법원으로(3심제(보통 · 고등 · 대법원)) 이송한다.[4] 이 경우에 이송 전에 행한 소송행위는 이송 후에도 그 효력에 영향이 없다.[5]

[1] • ┌ 약식명령준용ㅇ
└ 즉결심판준용×
(청구기각결정한다)

[2] • 관할권 문제×
(재판권 문제ㅇ)

[3] • 공소제기 당시 이미 군 사법원이 재판권을 가지고 있던 경우

[4] • 필요적[공소기각판결 (§327 제1호) ×]

[5] • 군사법원의 재판권이 없게 된 경우에는 일반법원으로 이송, 이송 후에도 효력유지

제2장 법원직원의 제척, 기피, 회피 [6]

[6] • 소송도중 법관의 경질–공판절차갱신 제척사유 있음에도 간과하고 재판에 관여–상소이유(당연 무효×)
• 공소제기 후ㅇ(전×)
• 예단배제하여 공정한 재판을 하기 위함–공평한 법원의 구성

제17조【제척의 원인】<개정 2005.3.31, 2020.12.8>

[7]법관은 다음 경우[8]에는 직무집행에서 제척된다.

1. 법관이 ㉧피해자인 때[9]
2. 법관이 피고인 또는 피해자의 ㉧친족 또는 친족관계(민법상)가 있었던 자인[10] 때
3. 법관이 피고인 또는 피해자의 ㉧법정대리인, 후견감독인인 때
4. 법관이 사건[11]에 관하여 ㉧증인, 감정인, 피해자의 대리인으로 된 때
5. 법관[12]이 사건에 관하여 피고인의 ㉧대리인, 변호인, 보조인으로 된 때
6.[13] 법관이 사건에 관하여 ㉧검사 또는 사법경찰관의 직무를(임관 전) 행한 때
7.[14] 법관이 사건에 관하여 ㉧전심재판[15] 또는 그 기초되는 조사, 심리에(증거조사) 관여[16]한 때[17]
8.[18] 법관이 사건에 관하여 피고인의 변호인이거나 피고인 · 피해자의 대리인인 법무법인, 법무법인(유한), 법무조합, 법률사무소, 「외국법자문사법」 제2조 제9호에 따른 합작법무법인에서 퇴직한 날부터 2년이 지나지 아니한 때
9.[18] 법관이 피고인인 법인 · 기관 · 단체에서 임원 또는 직원으로 퇴직한 날부터 2년이 지나지 아니한 때

[7] • 당연배제(위반시 상소이유)

[8] • 한정적 열거 : 엄격해석 –법관의 직무보호

[9] • 직접피해자, 개인적 법익에 한정×, 사회적 · 국가적 법익도ㅇ

[10] • 전처, 파양 등
• 사실혼관계 : 기피사유

[11] • 당해 형사사건
(민사사건×)

[12] • 실질적 활동시
┌증언한 때ㅇ
│감정한 때ㅇ
└소환한 때×

[13] • 참고인조사 · 감정수탁인×
수사의뢰한 때 : ×

[14] • 항소심에서 제척ㅇ

[15] • 종국재판 : 상소 可, 철회 · 변경×

[16] • 내부적 성립에 실질적으로 관여한 경우

[17] • 법원사무관 등에게는 적용×

[18] • 후관예우방지

전심재판	
○	×
• 유죄의 증거조사 • 증인신문	• 구속영장발부 • 보석허가결정 • 구속적부심사 • 선거관리위원장 • 증거보전(判) • 파기환송 • 판결선고 전 경질 • 판결정정신청사건 • 재심사건 • 약식–정식재판 ┌ 1심–전심재판× └ 2심– 〃 ○

▸ 선고고지 : 외부적 성립 → 상소기간, 구속력, 기판력

제18조【기피의 원인과 신청권자】[1]

① 검사 또는 피고인[2]은 다음 경우에 법관[3]의 기피를 신청[4]할 수 있다.

1. 법관이 전조 각 호의 사유[5]에 해당되는 때
2. 법관이 불공평한 재판을 할 염려가 있는 때[6]

▸ 공정한 재판을 기대하기 어려운 사정

> ※ 민사소송법 : 기피사유(제척사유 제외)
> ∵ 제척의 재판이 따로 존재하므로

② 변호인은 피고인의 명시한 의사에 반하지 아니하는 때에 한하여 법관에 대한 기피를 신청할 수 있다.
(변호인은: 독립대리권 / 명시한 의사에 반하지 아니하는 때에: 묵시적 의사에 반하여는 可)

▸ 변호인 : 본인의 묵시적 의사에 반하여 행사가능
–기피신청(제18조)
–증거동의(제318조) : 다수설은 종속대리권으로 봄
–상소제기(제341조)
–약식명령에 대한 정식재판청구 : 종속대리권으로 보는 견해도 有(제458조, 제341조 제1항 · 제2항)

제19조【기피신청의 관할】[7]

① 합의법원의 법관[8]에 대한 기피는 그 법관의 소속법원에 신청
(그 법관의 소속법원에 신청: 수소법원에 신청)

[1] • 위반시 상소이유

[2] • 즉, 당사자
• 피의자×
단, 재정신청 사건에서 可

[3] • 재판부 자체에 대한 기피×(합의부원 모두에 대한 기피는 가능하나, 대법관 전원에 대한 기피×)
• 합의부 구성× → 직근 상급법원(제21조 제3항)
└▶ (법원×)

[4] • 제척을 보충하는 제도
• 이미 그 사건의 직무집행에서 배제되어 있는 법관에 대한 기피신청은 허용× → 실익×
• 서면 또는 구두 : 판결 전까지 신청 · 취하 可, 종국판결 선고 후에는×
• 회피시는 서면(§24)

[5] • 제척사유 : 유형적 제한 vs 기피사유 : 비유형적 제한

[6] • 비유형적 사유 → 법관의 성, 세계관, 종교, 친분관계 : ×
• 객관적 사정만 포함
– 일반인의 판단
• 소송지휘권 행사
┌ 기속재량설
│ : 기피사유○
└ 자유재량설
: 기피사유×〈判〉

[7] • 소송진행 정지(간이기각 + 급속을 요할 때 제외 제22조)

[8] • 법원×
• 모든 법관에 관한 기피신청○(대법원의 전원합의체×)

하고 수명법관, 수탁판사 또는 단독판사에 대한 기피는 당해 법관에게 신청하여야 한다.❶

❶ • 시기제한×
• 판례 : 판결시까지(판결선고시설) ↔ 변론종결시설

② 기피사유❷는 신청한 날로부터 3일 이내에 서면으로 소명하여야 한다.

❷ • 기피신청 : 서면, 구술 (예외 : 공판정 내)

▸ 소명 – 기피사유
– 증거보전청구, 증인신문청구
– 증언거부사유
– 상소권회복사유
– 국선변호인 선정청구사유
– 보조인 신고
– 정식재판청구권 회복

제20조【기피신청기각과 처리】❸

❸ • 형소법상 간이기각결정
① 기피신청간이기각
② 체포 · 구속적부심사 간이기각

① 기피신청이 ㉠소송의 지연을 목적으로 함이 명백❹하거나 제19조❺의 규정에 위배된 때에는 신청을 받은 법원 또는 법관은 결정❻으로 이를 기각한다.

❹ • 기피신청이 적법하더라도 시기에는 늦은 기피신청 이유 없음이 명백한 기피신청

❺ • ㉡ 기피신청 부적법, ㉢ 기피사유 3日內 소명× 때 기피신청 부적법

❻ • 간이기각결정(소송정지×) → 즉시항고 可(집행정지효×, 제23조 제1항)
↕
민소법 : 간이각하결정

② 기피당한 법관은(합의부×) 전항의 경우(간이기각결정)를 제한 외에는 지체없이 기피신청에 대한 의견서를 제출하여야 한다.

③ 전항의 경우에 기피당한 법관이 기피의 신청을 이유 있다고 인정하는 때에는 그 결정이 있은 것으로 간주한다.❼

❼ • 기피사건 종결
• 이유 있다 → 인용결정 → 즉시항고×(제403조)

※ 즉시항고 : 명문규정 要, 집행정지○, 3일 내

제21조【기피신청에 대한 재판】

① 기피신청에 대한 재판은 기피당한 법관의 소속법원 합의부❽에서 결정으로 하여야 한다.

❽ • 기피결정 → 불복×
• 신청기각결정 → 즉시항고 可

② 기피당한 법관은 전항의 결정에 관여하지 못한다.

③ 기피당한 판사의 소속법원이 합의부를 구성하지 못하는 때❾에는 직근 상급법원이 결정하여야 한다.

❾ • 적부심의 경우 합의부를 구성하지 못하는 경우 예외적으로 가능

제22조【기피신청과 소송의 정지】

❶ • 간이기각결정 (소송정지×)

❷ • 본안의 소송절차만 정지한다(∴구속기간 갱신, 판결선고 등은 정지×)

기피신청이 있는 때에는 ㉠제20조 제1항❶의 경우를 제한 외에는 소송진행을 정지하여야 한다.❷ 단, ㉡급속을 요하는 경우(별도 결정은 不要)에는 예외로 한다.

제23조【기피신청기각과 즉시항고】

❸ • 법관 : 직무집행 可

❹ • 간이기각결정

① ❸ 기피신청을 기각한 결정에 대하여는 즉시항고를 할 수 있다.(인용하는 결정에는 즉시 항고×)

② 제20조 제1항의 기각결정❹에 대한 즉시항고는 재판의 집행을 정지하는 효력이 없다.❺

❺ • 간이기각결정은 소송의 신속을 위한 제도이므로
• 증인출석의무위반(과태료, 감치) – 즉시항고(집행정지효×)

> ※ 원칙적으로 즉시항고는 집행정지효○

제24조【회피의 원인 등】

① 법관이 제18조(기피원인)의 규정에 해당하는 사유가 있다고 사료한 때에는 회피(스스로)하여야 한다.❻

❻ • 항고×, 상소이유×

❼ • cf) 기피는 서면 또는 구두

② 회피는 소속법원에 서면❼으로 신청(시기제한×)하여야 한다.

③ 제21조(기피결정(합의부의 결정))의 규정은 회피에 준용한다.

제25조【법원사무관 등에 대한 제척 · 기피 · 회피】❽

❽ • 직무에서의 공정성을 요하므로

❾ • 전심재판 또는 그 기초가 되는 조사 · 심리에 관여한 때

❿ • 검사×

① 본장의 규정은 제17조 제7호의 규정을 제한 외에는❾ 법원서기관 · 법원사무관 · 법원주사 또는 법원주사보(이하 "법원사무관 등"이라 한다)와 통역인(감정인×)에 준용한다.❿

② 전항의 법원사무관 등과 통역인에 대한 기피재판은 그 소속법원이 결정⓫(합의부×)으로 하여야 한다. 단, 제20조 제1항⓬의 결정은 기피당한 자의 소속법관이 한다.

⓫ • cf) §21

⓬ • 간이기각
• 제19조 규정위반 또는 소송지연을 목적으로 함이 명백한 때 행하는 기각결정

제3장 소송행위의 대리와 보조❶

❶ • 대상 : 피고인(피의자), 제3자의 소송행위
• 법률행위+사실행위
민법의 대리행위는 "법률행위"만

제26조【의사무능력자와 소송행위의 대리】

「형법」 제9조 내지 제11조❷의 규정의 적용을 받지 아니하는 범죄사건에 관하여 피고인 또는 피의자가 의사능력이 없는 때에는(의사무능력자(소송능력×)) 그 법정대리인❸이 소송행위를 대리한다.

❷ • 형사미성년자, 심신장애인, 청각·언어장애인(책임무능력자) → 당사자능력○

❸ • 포괄적 대리 허용
형소법의 대리는 사실행위에도 可

제27조【법인과 소송행위의 대표】

① 피고인 또는 피의자가 법인❹인 때에는 그 대표자❺가 소송행위를 대표한다.

② 수인이 공동하여 법인을 대표하는 경우에도 소송행위에 관하여는 각자가 대표한다.❻

❹ • 의사능력×→ 소송능력×
• 범행시 책임능력×
→ 무죄판결
• 공판정에서 소송능력×
→ 공판절차정지

❺ • 자연인
• 공판정 출석만 가능

❻ • 각자대표원칙

▸ 소송능력→소송의 유효요건

▸ 소송능력 결여의 효과
- 절차형성행위-무효
- 실체형성행위-유효
- 공판절차정지
- 예외
  - 무죄, 면소, 형의 면제, 공소기각의 재판이 명백할 때 소송능력 없는 경우 피고인 출정 없이 재판○(제306조 제4항)
  - 형법상 책임능력에 관한 규정(형법 제9조 내지 제11조)을 적용받지 않는 범죄사건에 관하여 피고인, 피의자가 의사능력이 없는 때에는 법정대리인이 소송행위○(제26조, 제28조)
  - 법인의 대표

제28조【소송행위의 특별대리인】

① 전2조의 규정(의사무능력자, 법인)에 의하여 피고인❼을 대리 또는 대표할 자가 없는 때에는 법원은 직권 또는 검사의 청구에 의하여 특별대리인(임시적)을 선임하여야 하며 피의자를 대리 또는 대표할 자가 없는 때에는 법원은 검사 또는 이해관계인의 청구(직권×)에 의하여 특별대리인을 선임하여야 한다.

② 특별대리인은 피고인 또는 피의자를 대리 또는 대표하여 소송행위를 할 자가 있을 때까지 그 임무를 행한다.

❼ • 법원의 직권
- 피고인○
- 피의자×

❶ • 변호인제도의 보충
1. 명시한 의사에 반하는 행위×
2. 신고
• 변호인과 병립(신분관계)

제29조【보조인】❶

① 피고인 또는 피의자의 법정대리인, 배우자, 직계친족과 형제자매는 보조인이 될 수 있다.❷

② 보조인이 될 수 있는 자가 없거나 장애 등의 사유로 보조인으로서 역할을 할 수 없는 경우에는 피고인 또는 피의자와 신뢰관계 있는 자가 보조인이 될 수 있다. 〈개정 2015.7.31〉

③ 보조인이 되고자 하는 자는 심급별로 그 취지를 신고❸하여야 한다. 〈개정 2015.7.31〉
(심급별로: 심급대리원칙(§32①))

④ 보조인은 독립하여 피고인 또는 피의자의 명시한 의사에 반하지 아니하는 소송행위를 할 수 있다. 단, 법률에 다른 규정이 있는 때에는 예외로 한다. 〈신설 2015.7.31〉

❷ • 변호인선임권자, 보석청구권자
동거인 · 고용주×
(친족관계에 있는 사람만)
(변호인선임도 可)

❸ • 선임×(≠변호인)
서면신고조항 삭제
cf) 변호인선임 – 서면

제4장 변 호❹

❹ • 직권주의
- 형식적 변호 : 변호인에 의한 변호
- 실질적 변호 : 법원 · 검사가 담당하는 변호적 기능
• 보조자이므로 선임 필요

제30조【변호인선임권자】

① 피고인 또는 피의자❺는 변호인을 선임할 수 있다.
(피고인: 공판 / 피의자: 수사)

② 피고인 또는 피의자❻의 법정대리인, 배우자, 직계친족, 형제자매❼는 독립하여 변호인을 선임할 수 있다.
(배우자: 법률상○(내연의 처×))

❺ • 고유한 의미의 선임권자

❻ • 명시한 의사에 반하여도 선임 可(반대견해 有)
동거인 · 고용주×
(석방에만 관여)

❼ • 제한적 열거/민법상 개념
• 독립하여 해임(×)

제31조【변호인의 자격과 특별변호인】

변호인❽은 변호사 중에서 선임하여야 한다. 단, 대법원❾ 이외의 법원은 특별한 사정이 있으면 변호사 아닌 자를 변호인으로 선임함을 허가할 수 있다.
(법원: 1심 · 2심 / 변호사 아닌 자: 특별변호인)

❽ • 원칙 : 선임 수에는 제한×
• 대표변호인제도(§32의2)
(재판장 또는 검사가 지정, 3명까지, 통지와 소송서류송달에서만 특칙 有)
→ 신속한 재판

❾ • 상고심 변호사만 변론능력○(§386, §387)

제32조【변호인 선임의 효력】❿

① 변호인의 선임은 심급마다⓫ 변호인과 연명날인한 서면으로 제출⓬하여야 한다.
(선임은: 변호인의 권리 · 의무발생 / 서면: 변호인선임서–원본)

② 공소제기 전의 변호인 선임은 제1심에도 그 효력이 있다.⓭
(공소제기 전: 수사절차 / 제1심: 기록송부시까지)

❿ • 국선변호인에도 적용
• 변호인선임계약의 효력은 영향×

⓫ • 심급대리원칙
(이심효발생시) – 기록송부시

⓬ • 보정적 추완 부정
• 피의자 : 검사 또는 사경에게(공소제기 전)
• 피고인 : 수소법원에 제출(공소제기 후)
• 수사 = 1심

⓭ • 파기환송 · 이송 후에도 효력○
• 원심 변호인의 변호권 부활

제32조의2【대표변호인】❶

① 수인의 변호인이 있는 때❷에는 재판장은 피고인 · 피의자 또는 변호인의 신청에 의하여 대표변호인을 지정할 수 있고 그 지정을 철회 또는 변경할 수 있다.

② 제1항의 신청이 없는 때에는 재판장은 직권으로 대표변호인을 지정할 수 있고 그 지정을 철회 또는 변경할 수 있다.

③ 대표변호인은 3인을 초과할 수 없다.
3인까지 선정 可

④ 대표변호인에 대한 통지 또는 서류의 송달은 변호인 전원에 대하여 효력이 있다.❸

⑤ 제1항 내지 제4항의 규정은 피의자에게 수인의 변호인이 있는 때에 검사가 대표변호인을 지정하는 경우에 이를 준용한다.❹
(피의자: 수사단계)

• 검사는 신청×
피고인

❶ • 소송경제를 위해 '95 신설
• 재판장 또는 검사가 지정
• 신속한 재판을 위한 제도

❷ • 변호인 수에는 제한이 없음

❸ • 통지, 송달 외에는 각자가 소송행위

❹ • 변호인의 수 제한×
소송의 신속을 위함

제33조【국선변호인】❺ 사선변호인제도 보충❻

① 다음 각호의 어느 하나에 해당하는 경우에 변호인이 없는 때에는 법원은 직권으로 변호인❼을 선정하여야 한다.
(피고인의 열악한 방어능력) (필요국선)

1.❽ 피고인이 구속된 때

2. 피고인이 미성년자인 때
만 19세 미만

3. 피고인이 70세 이상인 때

4. 피고인이 듣거나 말하는 데 모두 장애가 있는 사람인 때

5. 피고인이 심신장애가 있는 것으로 의심되는 때❾

6. 피고인이 사형, 무기 또는 단기 3년 이상❿의 징역이나 금고에 해당하는 사건으로 기소된 때

②⓫ 법원은 피고인이 빈곤이나 그 밖의 사유로 변호인을 선임할 수 없는 경우에 피고인이 청구하면⓬ 변호인을 선정하여야 한다.⓭

③⓮ 법원은 피고인의 나이 · 지능 및 교육 정도 등을 참작하여 권리보호를 위하여 필요하다고 인정하면 피고인의 명시적 의
재량국선

❺ • 선정고지
–피의자 : 서면 또는 구두
–피고인 : 서면

❻ • 국선변호인 선임청구를 기각한 결정 : 판결전소송절차
∴항고, 재항고 不可

❼ • 원칙 : 1인
공판단계 예외 : 수사단계에서 법관이 개입하는 경우 국선변호인 인정

❽ • 당해사건으로 구속된 경우에만 한정(사건단위설)

❾ • 확실한 심신장애 아니더라도 선정 可

❿ • (법정형)

⓫ • 경제적 사유

⓬ • 청구국선피고인은 소명자료를 제출해야 한다(규칙 제17조의 2).

⓭ • 규칙 §17①2,
–청구 고지의무(서면)
↔判

⓮ • 정신적 사유
• 신체장애(시각 · 청각 · 척추장애)

사에 반하지 아니하는 범위에서 변호인을 선정하여야 한다.❶

〈개정 2020.12.8〉

▸ 국선변호인 선정이유
−피고인의 열악한 방어능력(제33조)
−필요적 변호사건 : 사형, 무기, 단기 3년 이상 징역
−체포 · 구속적부심사 영장실질심사(구속 전 피의자심문제도) : 피의자에 대한 국선변호인 인정(제214조의2 제10항) 수임판사가 선임
−재심사건(제438조 제4항)
−즉결심판에 대한 정식재판청구
−군사법원관할 사건(군사법원법 제62조 제1항)
−국민의 형사재판 참여에 관한 법률에 의한 국민참여재판(국민의 형사재판 참여에 관한 법률 제7조)
−공판준비기일이 지정된 사건(제266조의8 제4항)

❶ • 전면적으로 국선변호인 제도가 인정되고 있다.

제34조【피고인 · 피의자와의 접견, 교통, 진료】❷

변호인이나 변호인이 되려는 자는 신체가 구속된 피고인 또는 피의자와 접견하고 서류나 물건을 수수(授受)할 수 있으며 의사로 하여금 피고인이나 피의자를 진료하게 할 수 있다.❸

[전문개정 2020.12.8]

▸ 변호인만 가지는 권리 : 협의의 고유권
−피의자 · 피고인과의 접견교통권(제34조)
−피고인신문권(제287조)
−상고심에서 변론권(제387조)

❷ • 수사/공판단계에서의 방어권
헌법상 기본권 ○
• 재심준용×(규정상 피고인 · 피의자 로 되어 있기 때문)
• ┌ 법령 제한 可
└ But 실질적 규정 ×

❸ • 접견신청일로부터 상당한 기간이 경과하였거나 접견신청일이 경과하도록 접견이 이루어지지 않는 경우 실질적으로 접견불허 처분이 있는 것으로 본다.
• 일체의 구금을 포함(연행된 피내사자도 포함)
• 고유권 : 피의자나 피고인의 권리가 소멸한 경우에도 영향받지×

제35조【서류 · 증거물의 열람 · 복사】❹

① 피고인과 변호인은 소송계속 중❺의 관계 서류 또는 증거물을 열람하거나 복사할 수 있다. 〈개정 2016.5.29〉
재판장 허가 不要

②❻ 피고인의 법정대리인, 제28조에 따른 특별대리인, 제29조에 따른 보조인 또는 피고인의 배우자 · 직계친족 · 형제자매로서 피고인의 위임장 및 신분관계를 증명하는 문서를 제출한 자도 제1항과 같다.

③❼ 재판장은 피해자, 증인 등 사건관계인의 생명 또는 신체의 안전을 현저히 해칠 우려가 있는 경우에는 제1항 및 제

❹ • 변호인이 피의자나 피고인과 중복하여 가지는 권리
• 수사서류
−원칙 : 열람 · 등사×

❺ • 공소제기 後+법원에 보관 중
• 침해 : 법원에 이의신청 可
• 공판전 준비절차

❻ • 제1항의 변호인과 같이

❼ • 비실명조치
(개인정보보호조치)

2항에 따른 열람 · 복사에 앞서 사건관계인의 성명 등 개인정보가 공개되지 아니하도록 보호조치를 할 수 있다. 〈신설 2016.5.29〉

피해자 · 증인 보호

④ 제3항에 따른 개인정보 보호조치의 방법과 절차, 그 밖에 필요한 사항은 대법원규칙으로 정한다. 〈신설 2016.5.29〉

[제목개정 2016.5.29]

제36조【변호인의 독립소송행위권】❶

❶ • 본인의 의사에 반하여 행사 가능
• 본인의 권리가 소멸하면 변호인 권리도 ×

변호인은 독립하여❷ 소송행위를 할 수 있다. 단, 법률에 다른 규정이 있는 때에는 예외로 한다.

❷ • ┌ 독립대리권 긍정설
└ 독립대리권 부정설

▸ 고유권

변호인만 가지는 권리	피고인과 중복하여 가지는 권리
① 접견교통권(제34조) ② 피고인신문권(제287조) ③ 상고심에서의 변론권 (제387조)	① 증거신청권(제294조) ② 증인신문권(제161조의2) ③ 서류 · 증거열람 · 복사권(제35조) ④ 최후진술권(제303조) ⑤ 강제처분참여권(제121조) ⑥ 증거조사참여권(제163조) ⑦ 증인신문참여권(제163조) ⑧ 공판기일출석권

▸ 대리권

독립대리권		종속대리권
명시적 의사에 반하여 행사가능	묵시적 의사에 반하여 행사가능	
① 구속취소의 청구(제93조) ② 증거보존의 청구(제184조) ③ 공판기일변경신청 (제270조 제1항) ④ 보석의 청구(제94조) ⑤ 재판장처분에 대한 이의신청 (제304조) ⑥ 증거조사에 대한 이의신청(제296조 제1항)	① 기피신청 (제18조 제2항) ② 증거의 동의 (제318조) ③ 상소제기 (제341조)	① 관할이전의 신청 (제15조) ② 관할위반의 신청 (제320조) ③ 상소취하(제349조) ④ 정식재판청구의 취하 (제458조)

제5장 재 판

❶ • 형식에 따른 분류

제37조【판결, 결정, 명령】❶

① 판결은 법률에 다른 규정이 없으면 구두변론(口頭辯論)❷을 거쳐서 하여야 한다.❸

② 결정이나 명령은 구두변론을 거치지 아니할 수 있다.❹

③ 결정이나 명령을 할 때 필요하면 사실을 조사할 수 있다.

④ 제3항의 조사는 부원(部員)(수명법관)에게 명할 수 있고 다른 지방법원의 판사(수탁판사)에게 촉탁할 수 있다.

[전문개정 2020.12.8]

❷ • 예외 : 제401조 제1항 대법원판결에 대한 정정판결(구두변론×)
• 대심구조

❸ • 구두변론주의(필요적) §275의3
• 필요적 변론을 거쳐야 한다.

❹ • 임의적 변론

▸ 재판의 종류

1.

법원	판결	필요적 변론→선고→항소 · 상고→종국재판
	결정	임의적 변론→고지→항고 · 재항고→종국전재판
법관		임의적 변론→고지→상소방법×, 이의신청 준항고○ →종국전재판

2. 실체재판 : 유무죄의 본안판결
   형식재판 : 절차적 법률관계에 대한 재판

제38조【재판서의 방식】

❺ • 주문과 이유 기재(판결서 · 결정서 · 명령서)

재판은 법관이 작성한 재판서❺에 의하여야 한다. 단, 결정 또는 명령을 고지하는 경우에는 재판서를 작성하지 아니하고 조서에만 기재하여 할 수 있다.

제39조【재판의 이유】

❻ • 주문에 이르게 된 논리과정

재판에는 이유❻를 명시하여야 한다.❼ 단, 상소를 불허하는 결정 또는 명령은 예외로 한다.❽

❼ • 취지
① 재판공정성 담보
② 불복판단근거
③ 상소심 심리기초
④ 기판력 범위결정
⑤ 집행기준

❽ • 판결 · 결정 : 이유명시 要 (예외 : 상소불허 결정)
• 명령 : 이유명시 不要

제40조【재판서의 기재요건】

① 재판서에는 법률에 다른 규정이 없으면 재판을 받는 자의 성명, 연령, 직업과 주거를 기재하여야 한다.

② 재판을 받는 자가 법인인 때에는 그 명칭과 사무소를 기재하여야 한다.

③ 판결서에는 기소한 검사와 공판에 관여한 검사의 관직, 성명과 변호인의 성명을 기재하여야 한다. 〈개정 2011.7.18〉

수사검사 실명제 도입

제41조【재판서의 서명 등】

① 재판서에는 재판한 법관이 서명날인하여야 한다.

② 재판장이 서명날인할 수 없는 때에는 다른 법관이 그 사유를 부기하고 서명날인하여야 하며, 다른 법관이 서명날인할 수 없는 때에는 재판장이 그 사유를 부기하고 서명날인하여야 한다.

③ 판결서 기타 대법원규칙이 정하는 재판서를 제외한 재판서에 대하여는 제1항 및 제2항의 서명날인에 갈음하여 기명날인할 수 있다.

판결서, 각종 영장, 감정유치장, 감정처분허가장

제42조【재판의 선고, 고지의 방식】

재판의 선고[1] 또는 고지[2]는 공판정에서는 재판서에 의하여야 하고 기타의 경우에는 재판서등본의 송달 또는 다른 적당한 방법으로 하여야 한다. 단, 법률에 다른 규정이 있는 때에는 예외로 한다.

공판정 外

민소법 : 정본

❶ • 구술선언
• 판결

❷ • 내용발표
• 결정 · 명령

제43조【동전】

재판의 선고 또는 고지는 재판장[3]이 한다. 판결을 선고함에는 주문을 낭독하고 이유의 요지를 설명하여야 한다.

재판내용을 알리는 것

❸ • 재판장 소송지휘권

제44조【검사의 집행지휘를 요하는 사건】

검사의 집행지휘를 요하는 재판은 재판서 또는 재판을 기재한 조서의 등본 또는 초본을 재판의 선고 또는 고지한 때로부터 10일 이내에 검사에게 송부하여야 한다. 단, 법률에 다른 규정이 있는 때에는 예외로 한다.

제45조【재판서의 등본, 초본의 청구】

피고인 기타의 소송관계인은 비용을 납입하고 재판서 또는 재판을 기재한 조서의 등본 또는 초본의 교부를 신청할 수 있다.

제46조【재판서의 등, 초본의 작성】

재판서 또는 재판을 기재한 조서의 등본 또는 초본은 원본에 의하여 작성하여야 한다. 단, 부득이한 경우에는 등본에 의하여 작성할 수 있다.

제6장 서 류

제47조【소송서류의 비공개】

소송에 관한 서류는 공판의 개정[1] 전에는 공익상 필요 기타 상당한 이유가 없으면 공개하지 못한다.
규문주의(수사기록 포함)

▸ 소송서류 : 특정한 형사사건에 관하여 작성된 서류
 –법원에서 작성된 서류+소송관계인이 작성하여 법원에 제출한 서류
 –압수된 서류 : 소송서류×, 증거물○
 –의사표시적 문서(증거×)/보고적 문서(증거○)

[1] • 제1회 공판기일 전
• 제2회 공판기일에서 제1회 공판기일에 공개하지 않았던 서류나 후에 작성된 서류
• 제1회 공판기일에 한한다(×).

제48조【조서의 작성 방법】[2]

① 피고인, 피의자, 증인, 감정인, 통역인 또는 번역인을 신문(訊問)하는 때에는 참여한 법원사무관 등이 조서를 작성하여야 한다.[3]

② 조서에는 다음 각 호의 사항을 기재하여야 한다.

1. 피고인, 피의자, 증인, 감정인, 통역인 또는 번역인의 진술
2.[4] 증인, 감정인, 통역인 또는 번역인이 선서를 하지 아니한 때에는 그 사유[5]

[2] • 피의자 신문조서 작성
• cf) 제244조
• 조서 : 보고적 문서의 일종 → 증거로 사용 可

[3] • 서면주의

[4] • 진술의 정확성 보장

[5] • 선서무능력자 제외(제159조)

❶ • 말한 사람에게는 확인시켜야

③❶ 조서는 진술자에게 읽어 주거나❷ 열람하게 하여 기재내용이 정확한지를 물어야 한다.

❷ • 독문

④ 진술자가 조서에 대하여 추가, 삭제 또는 변경의 청구를 한 때에는 그 진술내용을 조서에 기재하여야 한다.

• 제52조 공판조서에는 적용×
• 기재의 정확성 보장 =§244②, ③

⑤ 신문에 참여한 검사, 피고인, 피의자 또는 변호인이 조서 기재 내용의 정확성에 대하여 이의(異議)를 진술한 때에는 그 진술의 요지를 조서에 기재하여야 한다.

⑥ 제5항의 경우 재판장이나 신문한 법관은 그 진술에 대한 의견을 기재하게 할 수 있다.

⑦ 조서에는 진술자로 하여금 간인(間印)한 후 서명날인하게 하여야 한다. 다만, 진술자가 서명날인을 거부한 때에는 그 사유를 기재하여야 한다.

[전문개정 2020.12.8]

❸ • 수사기관 작성

제49조【검증 등의 조서】❸

① 검증, 압수 또는 수색에 관하여는 조서❹를 작성하여야 한다.

❹ • 검증조서를 공소제기 후 증거로 제출 ⇒ 전문증거
• 결과기재

❺ • 제312조 제6항
• 제311조

②❺ 검증조서에는 검증목적물의 현장을 명확하게 하기 위하여 도화나 사진❻을 첨부할 수 있다.

❻ • 검증조서와 일체를 이룸(but 범행재연 영상부분은 현장진술과 동일하게 판단함)

❼ • 제128조
• 압수 못한 경우에는 수색증명서만 교부

③❼ 압수조서에는 ㉠품종, 외형상의 ㉡특징과 ㉢수량을 기재하여야 한다. (기재하여야: 필요적)

제50조【각종 조서의 기재요건】

전2조의 조서(신문 · 검증 조서 등)에는 조사 또는 처분의 연월일시와 장소를 기재하고 그 조사 또는 처분을 행한 자와 참여한 법원사무관 등이 기명날인 또는 서명하여야 한다. 단, 공판기일 외에 법원이 조사 또는 처분을 행한 때에는 재판장 또는 법관과 참여한 법원사무관 등이 기명날인 또는 서명하여야 한다.

❶ • 소송절차가 적법하게 행하여졌는지 여부 인정 역할
cf) 공판준비기일조서 (§266의10)

❷ • 공판정행위 → 구술 →기록

제51조【공판조서❶의 기재요건】❷

① 공판기일의 소송절차에 관하여는 참여한 법원사무관 등이(작성권자) 공판조서를 작성하여야 한다.

② 공판조서에는 다음 사항 기타 모든(예시규정임) 소송절차를 기재하여야 한다.

1. 공판을 행한 일시와 법원
2. 법관, 검사, 법원사무관 등의 관직, 성명
3. 피고인, 대리인, 대표자, 변호인, 보조인과 통역인의 성명
4. 피고인의 출석여부❸
5. 공개의 여부와 공개를 금한 때에는 그 이유❹
6. 공소사실의 진술 또는 그를 변경하는 서면의 낭독
7. 피고인에게 그 권리를 보호함에 필요한 진술의 기회를 준 사실과 그 진술한 사실
8. 제48조 제2항에 기재한 사항❺
9. 증거조사를 한 때에는 증거될 서류, 증거물과 증거조사의 방법
10. 공판정에서 행한 검증 또는 압수❻
11. 변론의 요지
12. 재판장이 기재를 명한 사항 또는 소송관계인의 청구에 의하여 기재를 허가한 사항
13. 피고인 또는 변호인에게 최종 진술할 기회를 준 사실과 그 진술한 사실
14. 판결 기타의 재판을 선고(판결) 또는 고지(결정)한 사실

❸ • 가족의 출석여부×,
• 검사의 출석여부×,
• 변호인 출석여부×, 출석태도×
• 피고인의 태도×

❹ • 공개규정 위반시 상소이유

❺ • 진술
선서× 사유

❻ • 공판정 외에서 행한 경우에는 별도 조서 작성

제52조【공판조서작성상의 특례】

공판조서 및 공판기일 외의 증인신문조서에는 제48조 제3항 내지 제7항❼의 규정에 의하지 아니한다. 단, 진술자의 청구가 있는 때에는 그 진술에 관한 부분을 읽어주고 증감변경의 청구가

❼ • 조서기재의 정확성 보장

있는 때에는 그 진술을 기재하여야 한다.

❶ • 참조 : 민소법 제153조 형소법 제41조 재판서

제53조【공판조서의 서명 등】❶

• 조서의 성립요건

① 공판조서에는 재판장과 참여한 법원사무관 등(작성자)이 기명날인 또는 서명하여야 한다.

② ㉠재판장이 기명날인 또는 서명할 수 없는 때에는 다른 법관이 그 사유를 부기하고 기명날인 또는 서명하여야 하며 ㉡법관 선원❷이 기명날인 또는 서명할 수 없는 때에는 참여한 법원사무관 등이 그 사유를 부기(민소법은 사유만 적는다.)하고 기명날인 또는 서명하여야 한다.

❷ • 참여하지 않은 다른 법관 不可

③ ㉢법원사무관 등이 기명날인 또는 서명할 수 없는 때에는 재판장 또는 다른 법관❸이 그 사유를 부기하고 기명날인 또는 서명하여야 한다.

❸ • 관여법관의 성명이 전혀 기재×→ 위법

제54조【공판조서의 정리 등】

① 공판조서는 각 공판기일 후 신속히❹ 정리하여야 한다.❺

❺ • 정리 후 서명 · 날인

❹ • 제267조의2 집중심리

② 다음 회의 공판기일에 있어서는 전회의 공판심리에 관한 주요사항의 요지를 조서에 의하여 고지하여야 한다. 다만, 다음 회의 공판기일까지 전회의 공판조서가 정리되지 아니한 때에는 조서에 의하지 아니하고 고지할 수 있다.

③ 검사, 피고인 또는 변호인은 공판조서의 기재에 대하여 변경을 청구하거나 이의를 제기할 수 있다.

④ 제3항에 따른 청구나 이의가 있는 때에는 그 취지와 이에 대한 재판장의 의견을 기재한 조서를 당해 공판조서에 첨부하여야 한다.

❻ • 공판정행위(구술) → 속기 · 녹취로 기록 → 정리 후 조서작성 → 참여한 재판장 · 법원사무관 서명 → 피고인 열람

❼ • 공판조서의 증거능력과 증명력 예외 규정
• 중요한 확인절차

제55조【피고인의 공판조서열람권 등】❻❼

① 피고인은 공판조서의 열람 또는 등사를 청구할 수 있다.❽

❽ • 개정 전에는 변호인 없는 피고인에게만 인정
• 변호인이 있는지 여부 불문(고유권)

• 적정절차를 강조→조서는 물론, 내용까지 일체 부정

② 피고인이 공판조서를 읽지 못하는 때에는 공판조서의 낭독을 청구할 수 있다.

③ 전2항의 청구에 응하지 아니한 때에는 그 공판조서를 유죄의 증거로 할 수 없다.❶
증거능력 부정

❶ • 기재된 피고인 · 증인의 진술도 증거로 할 수 없다.
• 위법수집증거배제법칙

제56조【공판조서의 증명력】❷

❷ • 절대적
• 증거 PART

공판기일❸의 소송절차로서(실체면×) 공판조서에(당해사건) 기재된 것은 그 조서만(다른 증거×)으로써 증명한다.❹

❸ • 공판기일 전, 공판준비 기일 : ×

❹ • 배타적 증명력 : 반증 불허, 자유심증주의에 대한 예외

제56조의2【공판정에서의 속기·녹음 및 영상녹화(신설)】

① 법원은 검사, 피고인 또는 변호인의 신청❺이 있는 때에는 특별한 사정이 없는 한 공판정에서의 심리의 전부 또는 일부를 속기사로 하여금 속기하게 하거나 녹음장치 또는 영상녹화장치를 사용하여 녹음 또는 영상녹화(녹음이 포함된 것을 말한다. 이하 같다)하여야 하며, 필요하다고 인정하는 때에는 직권으로 이를 명할 수 있다.

❺ • 1주일 전까지(×)
공판기일 · 공판준비기일을 열기 전(○)

② 법원은 속기록 · 녹음물 또는 영상녹화물을 공판조서와 별도로❻ 보관하여야 한다.

❻ • 공판조서의 일부×

③ 검사, 피고인 또는 변호인은 비용을 부담하고 제2항에 따른 속기록 · 녹음물 또는 영상녹화물의 사본을 청구할 수 있다.

제57조【공무원의 서류】

① 공무원이 작성하는 서류에는 법률에 다른 규정이 없는 때에는 작성 연월일과 소속공무소를 기재하고 기명날인 또는 서명하여야 한다.

② 서류에는 간인하거나 이에 준하는 조치를 하여야 한다.

③ 삭제 〈2007.6.1〉

第58조【공무원의 서류】

① 공무원이 서류를 작성함에는 문자를 변개하지 못한다.❶

② 삽입, 삭제 또는 난외기재를 할 때에는 ㉠이 기재한 곳에 날인하고 그 ㉡자수를 기재하여야 한다. 단, ㉢삭제한 부분은 해득할 수 있도록 자체를 존치하여야 한다.

❶ • 삽입 · 삭제는 가능

第59조【비공무원의 서류】

공무원 아닌 자가 작성하는 서류에는 연월일을 기재하고 기명날인 또는 서명하여야 한다. 인장이 없으면 지장으로 한다.

<개정 2017.12.12.>

第59조의2【재판확정기록의 열람 · 등사】❷

❷ • 서명날인(규칙 제41조)

① 누구든지❸ 권리구제 · 학술연구 또는 공익적 목적으로 재판이 확정된 사건❹의 소송기록을 보관하고 있는 검찰청(법원×)에 그 소송기록의 열람 또는 등사를 신청할 수 있다.

❸ • 일반적 정보공개청구(정보공개법 제3조, 제5조 제1항 관련)

❹ • 재판확정 전×(정보공개법 제9조 제1항 제4호)

② 검사는 다음 각 호의 어느 하나에 해당하는 경우에는 소송기록의 전부 또는 일부의 열람 또는 등사를 제한할 수 있다. 다만, 소송관계인이나 이해관계 있는 제3자가 열람 또는 등사에 관하여 정당한 사유가 있다고 인정되는 경우에는 그러하지 아니하다.

1. 심리가 비공개로 진행된 경우
2. 소송기록의 공개로 인하여 국가의 안전보장, 선량한 풍속, 공공의 질서유지 또는 공공복리를 현저히 해할 우려가 있는 경우
3. 소송기록의 공개로 인하여 사건관계인의 명예나 사생활의 비밀 또는 생명 · 신체의 안전이나 생활의 평온을 현저히 해할 우려가 있는 경우
4. 소송기록의 공개로 인하여 공범관계에 있는 자 등의 증거

• 정보공개법 제9조 제1항과 관련됨

인멸 또는 도주를 용이하게 하거나 관련 사건의 재판에 중대한 영향을 초래할 우려가 있는 경우

5. 소송기록의 공개로 인하여 피고인의 개선이나 갱생에 현저한 지장을 초래할 우려가 있는 경우
6. 소송기록의 공개로 인하여 사건관계인의 영업비밀(「부정경쟁방지 및 영업비밀보호에 관한 법률」 제2조 제2호의 영업비밀을 말한다)이 현저하게 침해될 우려가 있는 경우
7. 소송기록의 공개에 대하여 당해 소송관계인이 동의하지 아니하는 경우

③ 검사는 제2항에 따라 소송기록의 열람 또는 등사를 제한하는 경우에는 신청인에게 그 사유를 명시하여 통지하여야 한다.[1]

[1] • 불복을 위함 (동조 제6항과 관련됨)

④ 검사는 소송기록의 보존을 위하여 필요하다고 인정하는 경우에는 그 소송기록의 등본을 열람 또는 등사하게 할 수 있다. 다만, 원본의 열람 또는 등사가 필요한 경우에는 그러하지 아니하다.

⑤ 소송기록을 열람 또는 등사한 자는 열람 또는 등사에 의하여 알게 된 사항을 이용하여 공공의 질서 또는 선량한 풍속을 해하거나 피고인의 개선 및 갱생을 방해하거나 사건관계인의 명예 또는 생활의 평온을 해하는 행위를 하여서는 아니 된다.

⑥ 제1항에 따라 소송기록의 열람 또는 등사를 신청한 자는 열람 또는 등사에 관한 검사의 처분(비공개 처분)에 불복하는 경우에는 당해 기록을 보관하고 있는 검찰청에 대응한 법원에 그 처분의 취소 또는 변경을 신청할 수 있다.

⑦ 제418조 및 제419조[2]는 제6항의 불복신청에 관하여 준용한다.

[2] • 준항고 규정
• 즉시항고, 항고×

제59조의3【확정 판결서 등의 열람·복사】

① 누구든지 판결이 확정된 사건의 판결서 또는 그 등본, 증거목록 또는 그 등본, 그 밖에 검사나 피고인 또는 변호인이 법원에 제출한 서류·물건의 명칭·목록 또는 이에 해당하는 정보(이하 "판결서 등"이라 한다)를 보관하는 법원에서 해당 판결서등을 열람 및 복사(인터넷, 그 밖의 전산정보처리시스템을 통한 전자적 방법을 포함한다. 이하 이 조에서 같다)할 수 있다. 다만, 다음 각 호의 어느 하나에 해당하는 경우에는 판결서 등의 열람 및 복사를 제한할 수 있다.

1. 심리가 비공개로 진행된 경우
2. 「소년법」 제2조에 따른 소년에 관한 사건인 경우
3. 공범관계에 있는 자 등의 증거인멸 또는 도주를 용이하게 하거나 관련 사건의 재판에 중대한 영향을 초래할 우려가 있는 경우
4. 국가의 안전보장을 현저히 해할 우려가 명백하게 있는 경우
5. 제59조의2 제2항 제3호 또는 제6호의 사유가 있는 경우. 다만, 소송관계인의 신청이 있는 경우에 한정한다.

② 법원사무관 등이나 그 밖의 법원공무원은 제1항에 따른 열람 및 복사에 앞서 판결서 등에 기재된 성명 등 개인정보가 공개되지 아니하도록 대법원규칙으로 정하는 보호조치를 하여야 한다.

③ 제2항에 따른 개인정보 보호조치를 한 법원사무관 등이나 그 밖의 법원공무원은 고의 또는 중대한 과실로 인한 것이 아니면 제1항에 따른 열람 및 복사와 관련하여 민사상·형사상 책임을 지지 아니한다.

④ 열람 및 복사에 관하여 정당한 사유가 있는 소송관계인이나 이해관계 있는 제3자는 제1항 단서에도 불구하고 제1항 본

문에 따른 법원의 법원사무관 등이나 그 밖의 법원공무원에게 판결서 등의 열람 및 복사를 신청할 수 있다. 이 경우 법원사무관 등이나 그 밖의 법원공무원의 열람 및 복사에 관한 처분에 불복하는 경우에는 제1항 본문에 따른 법원에 처분의 취소 또는 변경을 신청할 수 있다.

⑤ 제4항의 불복신청에 대하여는 제417조 및 제418조를 준용한다.

⑥ 판결서 등의 열람 및 복사의 방법과 절차, 개인정보 보호조치의 방법과 절차, 그 밖에 필요한 사항은 대법원규칙으로 정한다.

제7장 송달(≠통지)

직권행위

제60조【송달받기 위한 신고】[1]

① 피고인, 대리인, 대표자, 변호인 또는 보조인이 법원 소재지에 서류의 송달을 받을 수 있는 주거 또는 사무소를 두지 아니한 때에는 법원 소재지에 주거 또는 사무소 있는 자를 송달영수인[2]으로 선임하여 연명한 서면으로 신고[3]하여야 한다.

② 송달영수인은 송달에 관하여 본인으로 간주하고 그 주거 또는 사무소는 본인의 주거 또는 사무소로 간주한다.

③ 송달영수인의 선임은 같은 지역에 있는 각 심급법원에 대하여 효력이 있다.

④ 전3항의 규정은 신체구속을 당한 자[4]에게 적용하지 아니한다.[5]

[1] • 교부송달은 본인송달이 원칙
예외) 보충송달인정
① 동거의 친족
② 전달능력 有(문서 이해능력 不要)

[2] • 송달에 대한 특별대리인

[3] • 신고의무→위반시 제61조

[4] • 당해 형사사건에 구속된 자(다른 사건으로 구속된 자는 송달영수인 선임 可)
∵구속된 자 : 교도소 또는 구치소의 소장에게 송달함(민소법 제182조)

[5] • 피고인이 서류내용을 알았다 하더라도 송달이 이루어지지 않은 경우에는 송달의 효력이 인정되지 않는다.

제61조【우체에 부치는 송달】

❶ • 교부송달이 불가한 경우

①❶ 주거, 사무소 또는 송달영수인의 선임을 신고하여야 할 자가 그 신고를 하지 아니하는 때에는 법원사무관 등은 서류를 우체에 부치거나 기타 적당한 방법❷에 의하여 송달할 수 있다.

❷ • 등기우편

② 서류를 우체에 부친 경우에는 도달된 때에 송달된 것으로 간주한다.❸

❸ • 도달주의○
(발신주의×
민소법 – 발신주의)
• 반송 시 : 송달불능

제62조【검사에 대한 송달】

검사에 대한 송달은 서류를 소속검찰청❹에 송부하여야 한다.

❹ • 검사에게 직접×
(검사동일체원칙)

제63조【공시송달의 원인】

① 피고인의 ㉠주거, 사무소와 현재지를 알 수 없는 때에는 공시송달을 할 수 있다.❺

❺ • 공시송달 전 최후의 주소지 중심으로 소재탐지 要

② 피고인이 ㉡재판권이 미치지 아니하는 장소에 있는 경우에 다른 방법으로 송달할 수 없는 때에도 전항과 같다.

> ※ 기록상 피고인의 주거가 나타나 있는 경우에는 공시송달×

제64조【공시송달의 방식】

① 공시송달은 대법원규칙의 정하는 바에 의하여 법원이 명한 때에 한하여❻ 할 수 있다.

❻ • 직권(민소법 : 직권, 신청)

② 공시송달은 법원사무관 등이 송달할 서류를 보관하고 그 사유를 법원게시장에 공시하여야 한다.
의무

③ 법원은 전항의 사유를 관보나 신문지상에 공고할 것을 명할 수 있다.
재량

④ 최초의 공시송달은 제2항의 공시를 한 날로부터 2주일을 경과하면 그 효력이 생긴다. 단, 제2회 이후의 공시송달은 5일을 경과하면 그 효력이 생긴다.
민소법 : 다음 날

제65조【「민사소송법」의 준용】

서류의 송달에 관하여 법률에 다른 규정이 없는 때에는 「민사소송법」을 준용한다.

제8장 기 간

❶ • 체포 : 즉시

❷ • 원칙 : 초일불산입

제66조【기간의 계산】❶

①❷ 기간의 계산에 관하여는 시(時)로 계산하는 것은 즉시(卽時)부터 기산하고 일(日), 월(月) 또는 연(年)으로 계산하는 것은 초일을 산입하지 아니한다. 다만, 시효(時效)와 구속기간의 초일은 시간을 계산하지 아니하고 1일로 산정한다.❸

(분, 초 / ~종료시점(자연적))

❸ • 예외 : 초일산입

② 연 또는 월로 정한 기간은 연 또는 월 단위로 계산한다.

③ 기간의 말일이 공휴일이거나 토요일이면 그날은 기간에 산입하지 아니한다. 다만, 시효와 구속기간에 관하여는 예외로 한다.

(익일에 만료 / 공휴일 또는 토요일 당일 만료)

[전문개정 2020.12.8]

❹ • 법원 · 검사에 대한 행위기간에만 可
不행위기간에는×
예) 피고인→법원(○)
법원→피고인(×)
• 불변기간에만 적용

제67조【법정기간의 연장】❹

법정기간은 소송행위를 할 자의 주거 또는 사무소의 소재지와 법원 또는 검찰청 소재지와의 거리 및 교통통신의 불편정도에 따라 대법원규칙으로 이를 연장할 수 있다.

제9장 피고인의 소환, 구속

❺ • 피고인 12시간
증인 24시간(§150의2)

제68조【소 환】❺

법원은 피고인을 소환❻할 수 있다.

❻ • 지정한 일시 · 장소에 출석할 것을 명하는 강제처분
• 출석의무 발생
• 불출석시 구인 可
• 광의의 강제처분 일종
• 절차의 대상으로서의 피고인의 지위

제69조【구속의 정의】

본법에서 구속[1]이라 함은 구인[2]과 구금[3]을 포함한다.

제70조【구속의 사유】

① 법원은 피고인이 죄를 범하였다고 의심할 만한 상당한 이유가 있고 다음 각 호의 1에 해당하는 사유가 있는 경우에는 피고인을 구속할 수 있다.[4]

요건1 : 범죄혐의 상당성(객관적 혐의)

요건2 : 구속사유

1. 피고인이 일정한 주거가 없는 때
2. 피고인이 증거를 인멸할 염려가 있는 때
3. 피고인이 도망하거나 도망할 염려가 있는 때

• 구속사유

②[5] 법원은 제1항의 구속사유를 심사함에 있어서 범죄의 중대성,[6] 재범의 위험성, 피해자 및 중요 참고인 등에 대한 위해 우려 등을 고려하여야 한다.

증인 → 증거인멸 판단자료

③[7] 다액 50만원 이하의 벌금, 구류 또는 과료에 해당하는 사건에 관하여는 제1항 제1호의 경우를 제한 외에는 구속할 수 없다.

주거부정 / =현행범 체포

제71조【구인의 효력】

구인한 피고인을 법원에 인치한 경우에 구금할 필요가 없다고 인정한 때에는 그 인치한 때로부터 24시간 내에 석방하여야 한다.

제71조의2【구인 후의 유치】

법원은 인치받은 피고인을 유치할 필요가 있는 때에는 교도소·구치소 또는 경찰서 유치장에 유치할 수 있다. 이 경우 유치기간은 인치한 때부터 24시간을 초과할 수 없다.

제72조【구속과 이유의 고지】[8][9]

피고인[10]에 대하여 ㉠범죄사실의 요지, ㉡구속의 이유와 ㉢변호인을 선임할 수 있음을 말하고 변명할 ㉣기회를 준 후가 아니면 구속할 수 없다. 다만, 피고인이 도망한 경우에는 그러하지 아니하다.

사전청문권포기

❶ • 요건
 –범죄혐의
 –구속사유존재
 –비례성원칙

❷ • 강제인치(단기(24시간)) → 71조

❸ • 감금(장기) → 92조

❹ • 반드시 구속×

❺ • 독자적 구속사유× → 고려사항

❻ • 구속사유의 판단자료
 • 중형선고 가능성 → 도주우려의 판단자료

❼ • 경미사건(제201조 제1항 단서)
 • 요건3 : 비례성의 원칙

❽ • 집행기관이 취하는 절차(×)
 • 영장을 발부하는 기관이 하는 절차(○)

❾ • 사전고지 – 위반시 위법(vs §88)
 • 도망시 예외 있음
 • 진술거부권고지×

❿ • 피의자×(§200의5)

제72조의2【고지의 방법】

① 법원은 합의부원으로 하여금 제72조의 절차를 이행하게 할 수 있다. 〈개정 2021.8.17〉

② 법원은 피고인이 출석하기 어려운 특별한 사정이 있고 상당하다고 인정하는 때에는 검사와 변호인의 의견을 들어 비디오 등 중계장치에 의한 중계시설을 통하여❶ 제72조의 절차를 진행할 수 있다. 〈신설 2021.8.17〉

[본조신설 2014.10.15]

[제목개정 2021.8.17]

❶ • 영상사전청문제도 신설

제73조【영장의 발부】

피고인을 소환함에는 소환장을, 구인 또는 구금함에는 구속영장❷을 발부❸하여야 한다.

12시간 전에 송달

❷ • 직권심사(명령장) 검사의 신청×

❸ • 결정(수소법원, 재판장, 수명법관, 수탁판사)

제74조【소환장의 방식】

• 공소사실요지× (공소장부본 송달했으므로)

소환장에는 피고인의 성명, 주거, 죄명, 출석일시, 장소와 정당한 이유 없이 출석하지 아니하는 때에는 도망할 염려가 있다고 인정하여 구속영장을 발부할 수 있음을 기재하고 재판장 또는 수명법관이 기명날인 또는 서명❹하여야 한다. 〈개정 2017.12.12〉

VS

❹ • cf) 서명날인 – 판결서, 각종 영장, 감정유치장, 감정처분허가장

제75조【구속영장의 방식】❺

❺ §114

① 구속영장(체포영장)에는 피고인(피의자, 관직×)의 성명, 주거, 죄명, 공소사실의 요지(사건단위설), 인치 구금할 장소, 발부년월일, 그 유효기간(보통 7일(재정기간))과 그 기간을 경과하면 집행에 착수하지 못하며 영장을 반환하여야 할 취지를 기재하고 재판장 또는 수명법관이 서명날인❻하여야 한다.

❻ • 기명날인 갈음× –판결서, 각종 영장, 감정유치장, 감정처분허가장

② 피고인의 성명이 분명하지 아니한 때에는 인상, 체격 기타 피고인을 특정할 수 있는 사항으로 피고인을 표시할 수 있다.

③ 피고인의 주거가 분명하지 아니한 때에는 그 주거의 기재를 생략할 수 있다.

제76조【소환장의 송달】 ❶

❶ • ≠§150의2
• 공소장부본 송달 전에는 송달하면×

❷ • cf) 제1회 공판기일 유예기간(§269) : 5日

① ❷ 소환장은 송달하여야 한다.

② 피고인이 ㉠기일에 출석한다는 서면을 제출하거나 ㉡출석한 피고인에 대하여 차회기일을 정하여 출석을 명한 때에는 소환장의 송달과 동일한 효력이 있다. ❸

❸ • 불출석시 구인 可

③ 전항의 출석을 명한 때에는 그 요지를 조서에 기재하여야 한다.

④ 구금된 피고인에 대하여는 교도관에게 통지하여 소환한다.

❹ • ㉣ 법원구내(제268조)

⑤ ❹ ㉢피고인이 교도관으로부터 소환통지를 받은 때에는 소환장의 송달과 동일한 효력이 있다. ❺

전 주소로 송달은 무효

❺ • cf) 통상 송달은 피고인에게 송달여부를 묻지 않는다.

제77조【구속의 촉탁】

① 법원은 피고인의 현재지의 지방법원판사에게 피고인의 구속을 촉탁할 수 있다.

② 수탁판사는 피고인이 관할구역 내에 현재하지 아니한 때에는 그 현재지의 지방법원판사에게 전촉할 수 있다.

③ 수탁판사는 구속영장을 발부하여야 한다. ❻

❻ • 피고인 : 수탁판사
피의자 : 수임판사

④ 제75조의 규정은 전항의 구속영장에 준용한다.

제78조【촉탁에 의한 구속의 절차】

① 전조의 경우에 촉탁에 의하여 구속영장을 발부한 판사는 피고인을 인치한 때로부터 24시간 이내에 그 피고인임에 틀림없는가를 조사하여야 한다.

② 피고인임에 틀림없는 때에는 신속히 지정된 장소에 송치하여야 한다.

제79조【출석, 동행명령】

법원은 필요한 때에는 지정한 장소에 피고인의 출석 또는 동행을 명할 수 있다.

❶ • cf) §220

제80조【요급처분】[1]

재판장은 급속을 요하는 경우에는 제68조부터 제71조까지, 제71조의2, 제73조, 제76조, 제77조와 전조에 규정한 처분을 할 수 있고 또는 합의부원으로 하여금 처분을 하게 할 수 있다.

<개정 2014.10.15>

❷ • cf) §115

제81조【구속영장의 집행】[2]

체포영장, 원칙

❸ • 피고인

①[3] 구속영장은 검사의 지휘에 의하여 사법경찰관리가 집행한다. 단, 급속을 요하는 경우에는 재판장, 수명법관 또는 수탁판사가 그 집행을 지휘할 수 있다.[4]

❹ • 급속을 요하는 경우는 피고인만 해당(피의자준용 ×)

❺ • 피고인

②[5] 제1항 단서의 경우에는 법원사무관 등에게 그 집행을 명할 수 있다. 이 경우에 법원사무관 등은 그 집행에 관하여 필요한 때에는 사법경찰관리 · 교도관 또는 법원경위에게 보조를 요구할 수 있으며 관할구역 외에서도 집행할 수 있다.

❻ (사건단위설 원칙)
• 이중구속 허용조항
❼ • 구속된 피고인+피의자

③[6] 교도소 또는 구치소에 있는 피고인[7]에 대하여 발부된 구속영장은 검사의 지휘에 의하여 교도관이 집행한다.

교도소장× 이중구속

제82조【수통의 구속영장의 작성】

체포

① 구속영장은 수통[8]을 작성하여 사법경찰관리 수인에게 교부할 수 있다.

❽ • 정본
사본 제시×

② 전항의 경우에는 그 사유를 구속영장에 기재하여야 한다.

제83조【관할구역 외에서의 구속영장의 집행과 그 촉탁】

제3조, 제210조

① 검사는 필요에 의하여 관할구역 외에서 구속영장의 집행을 지휘할 수 있고 또는 당해 관할구역의 검사에게 집행지휘를 촉탁할 수 있다.

② 사법경찰관리는 필요에 의하여 관할구역 외에서 구속영장을 집행할 수 있고 또는 당해 관할구역의 사법경찰관리에게 집행을 촉탁할 수 있다.

제84조【고등검찰청검사장 또는 지방검찰청검사장에 대한 수사 촉탁】

피고인의 현재지가 분명하지 아니한 때에는 재판장은 고등검찰청검사장 또는 지방검찰청검사장에게 그 수사와 구속영장의 집행을 촉탁할 수 있다.

제85조【구속영장집행의 절차】

체포

① 구속영장을 집행함에는 피고인에게 반드시 이를 제시하고 그 사본을 교부❶하여야 하며 신속히 지정된 법원 기타 장소에 인치하여야 한다. 〈개정 2022.2.3〉

❶ • 사본교부의무 신설 "원본제시+사본교부" '반드시'이나 예외 있음(제118조)

② 제77조 제3항의 구속영장에 관하여는 이를 발부한 판사에게 인치하여야 한다.

수탁판사 발부

❷ • (예외)

• 긴급집행 → 사전제시의 예외

③❷ 구속영장을 소지하지 아니한 경우에 급속을 요하는 때에는 피고인에 대하여 공소사실의 요지와 영장이 발부되었음을 고하고 집행할 수 있다.❸

❸ • 원칙 : 사전제시

④ 전항의 집행을 완료한 후에는 신속히 구속영장을 제시하고 그 사본을 교부❹하여야 한다. 〈개정 2022.2.3〉

❹ • 긴급집행 완료 후 영장제시+사본교부

제86조【호송 중의 가유치】

구속영장의 집행을 받은 피고인을 호송할 경우에 필요하면 가장 가까운 교도소 또는 구치소에 임시로 유치할 수 있다.

[전문개정 2020.12.8]

제87조【구속의 통지】❺

❺ • 24시간, 서면

① 피고인을 구속한 때에는 ㉠변호인이 있는 경우에는 ㉡변호인에게, 변호인이 없는 경우에는 제30조 제2항에 규정한 자❻ 중 피고인이 지정한 자에게 피고사건명, 구속일시 · 장소, 범죄사실의 요지, 구속의 이유와 변호인을 선임할 수 있는 취지를 알려야 한다.

체포

❻ • 변호인선임권자(피고인, 피의자, 법정대리인, 배우자, 직계친족, 형제자매)

② 제1항의 통지는 지체 없이❼ 서면으로 하여야 한다.

❼ • 24시간 내(규칙) 즉시 • 구두×

제88조【구속과 공소사실 등의 고지】❶

피고인을 구속한 때에는 즉시 ㉠공소사실의 요지와 ㉡변호인을 선임할 수 있음을 알려야 한다.

피의자×

❶ • 사후고지 – 위반시에도 구속영장의 효력유지 (vs 제72조)
• 도망시의 예외 없음

제89조【구속된 피고인과의 접견, 진료】❷

❷ • 제200조의6, 제209조에 준용

구속된 피고인은 관련 법률이 정한 범위❸에서 타인❹과 접견하고 서류나 물건을 수수하며 의사의 진료를 받을 수 있다.

피의자

[전문개정 2020.12.8]

❸ • 변호인과의 접견교통권은 제한 不可
┌제한가능설 : §34 · §89 근거
└제한불능설 : §34 근거

❹ • §34 – 변호인
• 변호인 아닌 자에만 해당

제90조【변호인의 의뢰】

① 구속된 피고인은 법원, 교도소장 또는 구치소장 또는 그 대리자에게 변호사를 지정하여 변호인의 선임을 의뢰할 수 있다.

② 전항의 의뢰를 받은 법원, 교도소장 또는 구치소장 또는 그 대리자는 급속히 피고인이 지명한 변호사에게 그 취지를 통지하여야 한다.

제91조【변호인 아닌 자와의 접견·교통】

❺❻ • 구속사유보다 엄격해야 한다.

법원은 도망❺하거나 범죄의 증거를 인멸할 염려❻가 있다고 인정할 만한 상당한 이유가 있는 때에는 직권 또는 검사의 청구에 의하여 결정으로 구속된 피고인과 제34조에 규정한 외의 타인❼과의 접견을 금지할 수 있고, 서류나 그 밖의 물건을 수수하지 못하게 하거나 검열 또는 압수할 수 있다. 다만, 의류, 양식, 의료품은 수수를 금지하거나 압수할 수 없다.❽ [전문개정 2020.12.8]

❼ • 변호인 또는 변호인이 되려는 자
• 비변호인

❽ • 인도주의적 관점

제92조【구속기간과 갱신】❾

❾ • 구속기간연장 – 재정기간 법원의 결정으로 한다(항고로 대항).
• 피의자구속 10일
└➤판사연장(대항수단×)
• 1심 구속기간 기산점 : 공소제기시

① ❿ 구속기간⓫은 2개월⓬로 한다.

❿ • 1심의 구속기간 규정

⓫ • 초일산입
• 구속기간 말일이 공휴일 또는 토요일→구속기간 산입

⓬ • 수사기관의 구속기간 불포함

② 제1항에도 불구하고 특히 구속을 계속할 필요가 있는 경우에는 심급마다 2개월 단위로 2차에 한하여 결정으로 갱신할 수 있다.⓭ 다만, 상소심은 피고인 또는 변호인이 신청한 증거의 조사, 상소이유를 보충하는 서면의 제출 등으로 추가심리가

검사신청×

⓭ • 수사기관 : 30日(제202조, 제203조, 제205조)
• 1심 : 6월(제92조 1항, 2항 본문)
• 2심 : 6월
• 3심 : 6월 可(제92조 2항 단서)
총 19개월

필요한 부득이한 경우에는 3차에 한하여 갱신할 수 있다.

③ 제22조, 제298조 제4항, 제306조 제1항 및 제2항의 규정에 의하여 공판절차가 정지된 기간 및 공소제기 전의 체포 · 구인 · 구금 기간❶은 제1항 및 제2항의 기간에 산입하지 아니한다.❷

기피신청 / 공소장 변경 / 심신상실 · 질병

❶ • 수사중(수사기관에 의한 구속기간)
• why? 공판중심주의 강화

❷ • 미결구금일수에는 산입

제93조【구속의 취소】❸❹

❸ • 제209조에서 준용

❹ • 피고인 대상
• 검사에게 의견 묻는다
급속시 묻지×
검사의 청구 시×

구속의 사유가 없거나 소멸된 때에는 법원은 직권 또는 검사, 피고인, 변호인과 제30조 제2항에 규정한 자의 청구에 의하여 결정❺으로 구속을 취소하여야 한다.❻

변호인선임권자

❺ • 피의자 구속취소 : 수사기관 직권
• 구속집행정지 – 직권

❻ • 이미 다른 사유로 구속 영장 실효시에는 구속취소 신청은 실익이 없다.

제94조【보석의 청구】❼

❼ • 사회보호법에 의하여 보호구속된 자. 보석청구×, 직권보석×
• 보석청구 : 서면

피고인,❽ 피고인의 변호인 · 법정대리인 · 배우자 · 직계친족 · 형제자매 · 가족 · 동거인 또는 고용주는 법원에 구속된 피고인의 보석을 청구할 수 있다.

적부심동일

❽ • 피의자×
• 피고인 이외의 자의 보석 청구권 : 독립대리권

> ※ 보석청구기각결정 : 보통항고 可

제95조【필요적 보석】❾

❾ • 청구보석만 인정
• 원칙

보석의 청구가 있는 때에는 다음 이외의 경우에는 보석을 허가하여야 한다.❿

서면(직권×)

❿ • 제외사유가 없는 한 반드시 허가

1.⓫ 피고인이 사형, 무기 또는 장기 10년⓬이 넘는 징역이나 금고에 해당하는 죄를 범한 때

⓫ • 중대한 범죄

⓬ • 초과
집행유예 결격사유는 필요적 보석○

• 필요적 보석제한사유(1호~6호)(여기에 해당되어도 직권보석 가능)

2. 피고인이 누범에 해당하거나 상습범인 죄를 범한 때
3.⓭ 피고인이 죄증을 인멸하거나 인멸할 염려가 있다고 믿을 만한 충분한 이유가 있는 때
4.⓭ 피고인이 도망하거나 도망할 염려가 있다고 믿을 만한 충분한 이유가 있는 때
5.⓭ 피고인의 주거가 분명하지 아니한 때

⓭ • 구속사유
(3 · 4 · 5호)

❶ • 피해자 및 증인보호

6.❶ 피고인이 피해자, 당해 사건의 재판에 필요한 사실을 알고 있다고 인정되는 자 또는 그 친족의 생명 · 신체나 재산에 해를 가하거나 가할 염려가 있다고 믿을 만한 충분한 이유가 있는 때

❷ • 직권보석 · 청구보석 인정

제96조【임의적 보석】❷

법원은 제95조의 규정에 불구하고 상당한 이유(질병 등)가 있는 때에는 직권(필요적 보석제외사유) 또는 제94조에 규정한 자❸의 청구에 의하여 결정으로 보석을 허가할 수 있다.

❸ • 피고인, 변호인, 법정대리인, 배우자, 직계친족, 형제 · 자매, 가족, 동거인, 고용주

제97조【보석, 구속의 취소와 검사의 의견】

① 재판장(법원×)은 보석에 관한 결정을 하기 전에 검사의 의견(구속력×, 예외×)을 물어야 한다.

② 구속의 취소에 관한 결정을 함에 있어서도 ㉠검사의 청구에 의하거나 ㉡급속을 요하는 경우 외에는 제1항과 같다.

③ 검사는 제1항 및 제2항에 따른 의견요청에 대하여 지체 없이❹ 의견을 표명❺하여야 한다.

❹ • 의견요청을 받은 날의 다음 날까지(소송의 신속)

❺ • 의견표명× : 동의한 것으로 간주

④ 구속을 취소하는 결정(보석허가×, 구속집행정지×)에 대하여는 검사(피고인×)는 즉시항고를 할 수 있다.

▸ 법원의 결정시 검사 의견 들어야 하는 경우

공판절차의 정지(제306조 제1항 · 제2항)

보석허가(제97조 제1항)

간이공판절차결정의 취소(제286조의3)

구속의 취소(제97조 제2항)

구속집행정지(제101조 제2항)

증거개시결정(제266조의4 제3항)

❻ • 보석조건의 다양화
• 보석의 확대

제98조【보석의 조건】❻

법원은 보석을 허가하는 경우에는 필요하고 상당(비례의 법칙)한 범위 안에서 다음 각 호의 조건 중 하나 이상(병과 가능)의 조건을 정하여야 한다.
〈개정 2020.12.8〉

❶ • 선이행 후석방 : 제1, 2, 5, 7, 8호

1.❶ 법원이 지정하는 일시 · 장소에 출석하고 증거를 인멸하지 아니하겠다는 서약서를 제출할 것

2. 법원이 정하는 보증금에 해당하는 금액을 납입할 것을 약속하는 약정서를 제출할 것

3. 법원이 지정하는 장소로 주거를 제한하고 주거를 변경할 필요가 있는 경우에는 법원의 허가를 받는 등 도주를 방지하기 위하여 행하는 조치를 받아들일 것

❷ • 피해자 · 증인보호&접근금지

4.❷ 피해자, 당해 사건의 재판에 필요한 사실을 알고 있다고 인정되는 사람 또는 그 친족의 생명 · 신체 · 재산에 해를 가하는 행위를 하지 아니하고 주거 · 직장 등 그 주변에 접근하지 아니할 것

5. 피고인 아닌 자가 작성한 출석보증서를 제출할 것

6. 법원의 허가 없이 외국으로 출국하지 아니할 것을 서약할 것

7. 법원이 지정하는 방법으로 피해자의 권리 회복에 필요한 금전을 공탁❸하거나 그에 상당하는 담보를 제공할 것

❸ • 합의×→보석의 확대

8. 피고인이나 법원이 지정하는 자가 보증금을 납입하거나 담보를 제공할 것
(필수적 조건×)

9. 그 밖에 피고인의 출석을 보증하기 위하여 법원이 정하는 적당한 조건을 이행할 것
(기타)

제99조【보석조건의 결정시 고려사항】

① 법원은 제98조의 조건을 정할 때 다음 각 호의 사항을 고려하여야 한다. 〈개정 2020.12.8〉

1. 범죄의 성질 및 죄상

2. 증거의 증명력
(증거능력×)

3. 피고인의 전과(前科) · 성격 · 환경 및 자산
(경력×)

4. 피해자에 대한 배상 등 범행 후의 정황에 관련된 사항

② 법원은 피고인의 자금능력 또는 자산 정도로는 이행할 수 없는 조건을 정할 수 없다. 〈개정 2020.12.8〉

제100조【보석집행의 절차】

① 제98조 제1호 · 제2호 · 제5호 · 제7호 및 제8호의 조건은 이를 이행한 후가 아니면 보석허가결정을 집행하지 못하며, 법원은 필요하다고 인정하는 때에는 다른 조건에 관하여도 그 이행 이후 보석허가결정을 집행하도록 정할 수 있다.

선이행조건

후이행 → 선이행

② 법원은 보석청구자 이외의 자에게 보증금의 납입을 허가할 수 있다.

③ 법원은 유가증권 또는 피고인 외의 자가 제출한 보증서로써 보증금에 갈음함을 허가할 수 있다.

④ 전항의 보증서에는 보증금액을 언제든지 납입할 것을 기재하여야 한다.

❶ • 협조의무부과 可

⑤[❶] 법원은 보석허가결정에 따라 석방된 피고인이 보석조건을 준수하는 데 필요한 범위 안에서 관공서나 그 밖의 공사단체에 대하여 적절한 조치를 취할 것을 요구할 수 있다.

제100조의2【출석보증인에 대한 과태료】

① 법원은 제98조 제5호의 조건을 정한 보석허가결정에 따라 석방된 피고인이 정당한 사유 없이 기일에 불출석하는 경우에는 결정으로 그 출석보증인에 대하여 500만원 이하의 과태료를 부과할 수 있다.

출석보증서

피고인 이외의 자

② 제1항의 결정에 대하여는 즉시항고를 할 수 있다.

감치×

제101조【구속의 집행정지】

❷ • 직권(신청×)

①[❷] 법원은 상당한 이유가 있는 때에는 결정으로 구속된 피고인

을 친족 · 보호단체 기타 적당한 자에게 부탁하거나 피고인의 주거를 제한하여 구속의 집행을 정지할 수 있다.

② 전항의 결정을 함에는 검사의 의견을 물어야 한다. 단, 급속을 요하는 경우에는 그러하지 아니하다.

③ 삭제 〈2015.7.13〉

❶ • 불체포특권

④❶ 헌법 제44조에 의하여 구속된 국회의원에 대한 석방요구가 있으면 당연히(결성 不要) 구속영장의 집행이 정지된다.

⑤ 전항의 석방요구의 통고를 받은 검찰총장은 즉시 석방을 지휘하고 그 사유를 수소법원에 통지하여야 한다.

→ §102②(단서)

[위헌, 2011헌가36, 2012.6.27. 형사소송법(1973.1.25. 법률 제2450호로 개정된 것) 제101조 제3항은 헌법에 위반된다]

제102조【보석조건의 변경과 취소 등】

① 법원은 직권 또는 제94조에 규정된 자(검사×)의 신청에 따라 결정으로 피고인의 보석조건을 변경하거나 일정기간 동안 당해 조건의 이행을 유예할 수 있다.

❷ • 구속된 피의자는 검사 또는 사법경찰관이 결정으로 구속집행정지 취소(제209조)

②❷ 법원은 피고인이 다음 각 호의 어느 하나에 해당하는 경우에는 직권 또는 검사의 청구❸에 따라 결정으로 보석 또는 구속의 집행정지를 취소할 수 있다(임의적). 다만, 제101조 제4항에 따른 구속영장의 집행정지는 그 회기 중 취소하지 못한다.

❸ • 구속집행정지 결정 – 직권

제1호~제5호
• 보석취소사유 = 구속집행정지 취소사유
• 피의자 보석
(재체포 · 재구속 사유)
§214의3

1. 도망한 때
2. 도망하거나 죄증을 인멸할 염려가 있다고 믿을 만한 충분한 이유가 있는 때
3. 소환을 받고 정당한 사유없이 출석하지 아니한 때
4. 피해자, 당해 사건의 재판에 필요한 사실을 알고 있다고 인정되는 자 또는 그 친족의 생명 · 신체 · 재산에 해(보복)를 가하거나 가할 염려가 있다고 믿을 만한 충분한 이유가 있는 때
5. 법원이 정한 조건을 위반한 때❹

❹ • 후이행조건

❶ • 보석허가 결정의 취소 여부와는 무관하게 부과가능

③❶ 법원은 피고인이 정당한 사유 없이 보석조건을 위반한 경우에는 결정으로 피고인에 대하여 1천만원 이하의 과태료를 부과하거나 20일 이내의 감치에 처할 수 있다.

출석보증인×

④ 제3항의 결정에 대하여는 즉시항고❷를 할 수 있다.

❷ • 감치결정 자체 : 불복 可 감치재판절차에 관한 결정 : 불복 不可

[전문개정 2007.6.1]

❸ • 피고인 cf) 피의자-§214의4-임의적 몰취

❹ ┌토지관할 : 기록 보관하는 법원 └사물관할 : 단독

제103조【보증금 등의 몰취】❸❹

① 법원은 보석을 취소❺하는 때에는 직권 또는 검사의 청구에 따라 결정으로 보증금 또는 담보의 전부 또는 일부를 몰취할 수 있다.❻

❺ • 동시에× • 보석보증금몰수결정은 반드시 보석취소와 동시에 하여야 하는 것은 아니다(判).→ §104의2(단서)

❻ • 임의적 몰취 : 결정 要

② 법원은 보증금의 납입 또는 담보제공을 조건으로 석방된 피고인이 동일한 범죄사실에 관하여 형의 선고를 받고 그 판결이 확정된 후 집행하기 위한 소환을 받고 정당한 사유 없이 출석하지 아니하거나 도망한 때❼에는 직권 또는 검사의 청구에 따라 결정으로 보증금 또는 담보의 전부 또는 일부를 몰취하여야 한다.

유죄

❼ • 형집행소환 불응

❽ • 피의자보석에도 유추

제104조【보증금 등의 환부】❽

구속 또는 보석을 취소하거나 구속영장의 효력이 소멸된 때에는 몰취하지 아니한 보증금 또는 담보를 청구한 날로부터 7일 이내에 환부하여야 한다.

제104조의2【보석조건의 효력상실 등】

① 구속영장의 효력이 소멸한 때에는 보석조건은 즉시 그 효력을 상실한다.

② 보석이 취소된 경우에도 제1항과 같다. 다만, 제98조 제8호의 조건은 예외❾로 한다.

❾ • 보증금(몰취할 수 있기 때문)

제105조【상소와 구속에 관한 결정】

상소기간 중 또는 상소 중의 사건에 관하여 구속기간의 갱신, 구속의 취소, 보석, 구속의 집행정지와 그 정지의 취소에 대한 결정은 소송기록이 원심법원에 있는 때에는 원심법원이 하여야 한다.❶

❶ • 기록이 있는 법원이 결정

▸ 상소기간 중 원심법원에 1차 구속기간을 갱신한 경우, 소송기록을 송부받은 상소법원은 나머지 1차만 구속기간 갱신 可

제10장 압수와 수색

제106조【압 수】

• §215 (필요+정황+관계)

① 법원은 필요한 때에는 피고사건과 관계가 있다고 인정할 수 있는 것에 한정하여 증거물 또는 몰수할 것으로 사료하는 물건을 압수할 수 있다. 단, 법률에 다른 규정이 있는 때에는 예외로 한다. 〈개정 2011.7.18〉

❷ • 수사기관×

②❷ 법원은 압수할 물건을 지정하여 소유자, 소지자 또는 보관자에게 제출을 명할 수 있다.

• 判) 정보저장매체
원칙) 출력 · 복제
예외) 저장매체자체
피압수자 참여권 보장
cf) 별도의 범죄혐의 압수 不可(별도의 영장 要)

③ 법원은 압수의 목적물이 컴퓨터용디스크, 그 밖에 이와 비슷한 정보저장매체(이하 이 항에서 "정보저장매체 등"이라 한다)인 경우에는 기억된 정보의 범위를 정하여 출력하거나 복제하여 제출받아야 한다. 다만, 범위를 정하여 출력 또는 복제하는 방법이 불가능하거나 압수의 목적을 달성하기에 현저히 곤란하다고 인정되는 때에는 정보저장매체 등을 압수할 수 있다. 〈신설 2011.7.18〉

④ 법원은 제3항에 따라 정보를 제공받은 경우 「개인정보 보호법」 제2조 제3호에 따른 정보주체에게 해당 사실을 지체 없이 알려야 한다. 〈신설 2011.7.18〉

제107조【우체물의 압수】

① 법원은 필요한 때에는 피고사건과 관계가 있다고 인정할 수 있는 것에 한정하여 우체물 또는 「통신비밀보호법」 제2조 제3호에 따른 전기통신(이하 "전기통신"이라 한다)에 관한 것으로서 체신관서, 그 밖의 관련 기관 등이 소지 또는 보관하는 물건의 제출을 명하거나 압수를 할 수 있다. 〈개정 2011.7.18〉

② 삭제 〈2011.7.18〉

③ 제1항에 따른 처분을 할 때에는 발신인이나 수신인에게 그 취지를 통지하여야 한다. 단, 심리에 방해될 염려가 있는 경우에는 예외로 한다. 〈개정 2011.7.18〉

제108조【임의제출물 등의 압수】❶

❶ • 제218조
• 수소법원 영장주의 예외
• 사후영장×

소유자, 소지자 또는 보관자가 임의로 제출한 물건 또는 유류한 물건은 영장 없이 압수할 수 있다.❷

❷ • 임의처분

제109조【수 색】

① 법원은 필요한 때에는 피고사건과 관계가 있다고 인정할 수 있는 것에 한정하여 피고인의 신체, 물건 또는 주거, 그 밖의 장소를 수색할 수 있다. 〈개정 2011.7.18〉

② 피고인 아닌 자의 신체, 물건, 주거 기타 장소에 관하여는 압수할 물건이 있음을 인정할 수 있는 경우에 한하여 수색할 수 있다.

제110조【군사상 비밀과 압수】

• 압수의 제한

① 군사상 비밀을 요하는 장소는 그 책임자의 승낙 없이는 압수 또는 수색할 수 없다.

② 전항의 책임자는 국가의 중대한 이익을 해하는 경우를 제외하고는 승낙을 거부하지 못한다.

❶ • cf) §147 증인거부권

제111조【공무상 비밀과 압수】❶

① 공무원 또는 공무원이었던 자가 소지 또는 보관하는 물건에 관하여는 본인 또는 그 해당 공무소가 직무상의 비밀에 관한 것임을 신고한 때에는 그 소속공무소 또는 당해 감독관공서의 승낙 없이는 압수하지 못한다.

② 소속공무소 또는 당해 감독관공서는 국가의 중대한 이익을 해하는 경우를 제외하고는 승낙을 거부하지 못한다.

❷ • 증언거부권자 = §149

제112조【업무상 비밀과 압수】❷❸

❸ • 관계없는 자 : 감정인, 교사, 법무사, 관세사, 건축사, 공인중개사

❹ • 세무사를 제외한=형법상 업무상 비밀누설죄의 주체(진정신분범)

변호사, 변리사, 공증인, 공인회계사, 세무사,❹ 대서업자, 의사, 한의사, 치과의사, 약사, 약종상, 조산사, 간호사, 종교의 직에 있는 자 또는 이러한 직에 있던 자가 그 업무상 위탁을 받아 소지 또는 보관하는 물건으로 타인의 비밀에 관한 것은 압수를 거부할 수 있다. 단, 그 타인의 승낙이 있거나 중대한 공익상 필요(반드시 승낙할 필요×)가 있는 때에는 예외로 한다.

제113조【압수·수색영장】❺

❺ • 압수영장발부재판 : 항고 · 준항고×

❻ • 원칙 : 영장 要
• 예외 : 제108조 임의제출물 · 유류물 압수→영장 不要
• 공판정 내에서는 영장 不要

❼ • 직권
• cf) 검증 [공판정 내 / 공판정 외] = 영장×

공판정 외❻에서 압수 또는 수색을 함에는 영장을 발부❼하여 시행하여야 한다.

❽ • 제75조

제114조【영장의 방식】❽

① 압수 · 수색영장에는 다음 각 호의 사항을 기재하고 재판장이나 수명법관이 서명날인하여야 한다. 다만, 압수 · 수색할 물건이 전기통신에 관한 것인 경우에는 작성기간을 기재하여야 한다. 〈개정 2011.7.18, 2020.12.8〉

1. 피고인의 성명
2. 죄명
3. 압수할 물건
4. 수색할 장소 · 신체 · 물건
5. 영장 발부 연월일
6. 영장의 유효기간과 그 기간이 지나면 집행에 착수할 수 없으며 영장을 반환하여야 한다는 취지
7. 그 밖에 대법원규칙으로 정하는 사항

② 제1항의 영장에 관하여는 제75조 제2항을 준용한다. 〈개정 2020.12.8〉

[제목개정 2020.12.8]

❶ • 제81조
• (원칙)

제115조【영장의 집행】❶

① 압수 · 수색영장은 검사의 지휘에 의하여 사법경찰관리가 집행한다. 단, 필요한 경우에는 재판장은 법원사무관 등에게 그 집행을 명할 수 있다.

② 제83조의 규정은 압수 · 수색영장의 집행에 준용한다.
관할구역外

제116조【주의사항】

압수 · 수색영장을 집행할 때에는 타인의 비밀을 보호하여야 하며 처분받은 자의 명예를 해하지 아니하도록 주의하여야 한다.

[전문개정 2020.12.8]

❷ • 제81조②

제117조【집행의 보조】❷

법원사무관 등은 압수 · 수색영장의 집행에 관하여 필요한 때에는 사법경찰관리에게 보조를 구할 수 있다.

❸ • ≠제85조
제3항 · 제4항
• 정본제시
개별제시

제118조【영장의 제시】❸

압수 · 수색영장은 처분을 받는 자에게 반드시 제시하여야 하고,❹ 처분을 받는 자가 피고인인 경우에는 그 사본을 교부하여야 한다. 다만, 처분을 받는 자가 현장에 없는 등 영장의 제시나 그 사본의 교부가 현실적으로 불가능한 경우 또는 처분을 받는 자가 영장의 제시나 사본의 교부를 거부한 때에는 예외❺로 한다. 〈개정 2022.2.3〉

사전에

❹ • 긴급집행×

❺ • 원칙 : 영장제시+사본교부
• 예외
① 현장부재
② 영장제시+사본교부의
현실적 불가능 or 거부

[제목개정 2022.2.3]

제119조【집행 중의 출입금지】

① 압수 · 수색영장의 집행 중에는 타인의 출입을 금지할 수 있다.

② 전항의 규정에 위배한 자에게는 퇴거하게 하거나 집행종료시까지 간수자를 붙일 수 있다.

❻ • 判) 강제채혈

제120조【집행과 필요한 처분】❻

① 압수 · 수색영장의 집행에 있어서는 건정을 열거나 개봉 기타 필요한 처분을 할 수 있다.

② 전항의 처분은 압수물에 대하여도 할 수 있다.

• 참여권 보장

제121조【영장집행과 당사자의 참여】

검사, 피고인(피의자ㅇ, 당사자) 또는 변호인(고유권)은 압수 · 수색영장의 집행에 참여할 수 있다(참여권).

제122조【영장집행과 참여권자에의 통지】❶

압수 · 수색영장을 집행함에는 미리 집행의 일시와 장소를 전조에 규정한 자에게 통지하여야 한다.❷ 단, 전조에 규정한 자가 ㉠참여하지 아니한다는 의사를 명시한 때 또는 ㉡급속을 요하는 때에는 예외로 한다.

❶ • 참여권은 포기 가능 → 당사자가 다투지 않으면 하자치유
• 반드시 통지한다(×) → 예외 있다

❷ • 예외
↔ §163②
(급속을 요하는 때 : ×)

제123조【영장의 집행과 책임자의 참여】❸

① 공무소, 군사용 항공기 또는 선박 · 차량 안에서 압수 · 수색영장을 집행하려면 그 책임자에게 참여할 것을 통지하여야 한다.

② 제1항에 규정한 장소 외에 타인의 주거, 간수자 있는 가옥, 건조물(建造物), 항공기 또는 선박 · 차량 안에서 압수 · 수색영장을 집행할 때에는 주거주(住居主), 간수자 또는 이에 준하는 사람을 참여하게 하여야 한다.

③ 제2항의 사람을 참여하게 하지 못할 때에는 이웃 사람(주민들) 또는 지방공공단체의 직원을 참여하게 하여야 한다.

[전문개정 2020.12.8]

❸ • 공공의 장소

제124조【여자의 수색과 참여】❹

여자의 신체에 대하여 수색할 때에는 성년의 여자를 참여하게(직접할 것을 요하지는 않음(직접수색×)) 하여야 한다.

> ※ 제141조 제3항 : 검사시에는 성년의 여자 또는 의사의 참여 要

▶ 여자의 신체 검사

❹ • vs 제141조

제125조【야간집행의 제한】❺

일출 전, 일몰 후❻에는 압수 · 수색영장에 야간집행을 할 수 있는

❺ • 원칙

❻ • 야간

기재가 없으면❶ 그 영장을 집행하기 위하여 타인의 주거, 간수자 있는 가옥, 건조물, 항공기 또는 선차 내에 들어가지 못한다.

❶ • 기재 있으면 가능
• 별도의 야간집행영장×

❷ • 예외
• 제한없다. → 즉, 언제든지 집행 可

제126조【야간집행제한의 예외】❷

다음 장소에서 압수 · 수색영장을 집행함에는 전조의 제한을 받지 아니한다.

기재 없어도 집행 可

1. 도박 기타 풍속을 해하는 행위에 상용된다고 인정하는 장소
2. 여관, 음식점 기타 야간에 공중이 출입할 수 있는 장소. 단, 공개한 시간 내에 한한다.

제127조【집행중지와 필요한 처분】

압수 · 수색영장의 집행을 중지한 경우에 필요한 때에는 집행이 종료될 때까지 그 장소를 폐쇄하거나 간수자를 둘 수 있다.

제128조【증명서의 교부】

수색한 경우에 증거물 또는 몰취할 물건이 없는 때에는 그 취지의 증명서를 교부하여야 한다.

1회 집행의 원칙

수색증명서 법원이

제129조【압수목록의 교부】❸

❸ • 준항고, 환부청구의 자료

압수한 경우에는 목록을 작성하여 소유자, 소지자, 보관자 기타 이에 준할 자에게 교부하여야 한다.❹

물건의 특징을 구체적으로 기재

압수조서 교부×

❹ • 압수조서 작성(제49조)

▸ 수색증명서 · 압수목록의 교부자 : 법원사무관 또는 사경

❺ • 원칙 : 자청보관

제130조【압수물의 보관과 폐기】❺

① 운반 또는 보관에 불편한 압수물에 관하여는 간수자를 두거나 소유자 또는 적당한 자의 승낙을 얻어 보관하게 할 수 있다.❻

❻ • 위탁보관

② 위험발생의 염려가 있는 압수물은 폐기할 수 있다.❼

❼ • 폐기처분

③ 법령상 생산 · 제조 · 소지 · 소유 또는 유통이 금지된 압수물로서 부패의 염려가 있거나 보관하기 어려운 압수물은 소유자 등 권한 있는 자의 동의를 받아 폐기할 수 있다.

제131조【주의사항】

압수물에 대하여는 그 상실 또는 파손 등의 방지를 위하여 상당한 조치를 하여야 한다.

제132조【압수물의 대가보관】

❶ • 몰수물○, 증거물× (증거물이자 몰수물은○)

① 몰수하여야 할 압수물[1]로서 멸실 · 파손 · 부패 또는 현저한 가치 감소의 염려가 있거나 보관하기 어려운 압수물은 매각하여(환가처분) 대가를 보관할 수 있다.

❷ • 신설

②[2] 환부하여야 할 압수물 중 환부를 받을 자가 누구인지 알 수 없거나 그 소재가 불명한 경우로서(즉시 환부가 불가능 경우) 그 압수물의 멸실 · 파손 · 부패 또는 현저한 가치 감소의 염려가 있거나 보관하기 어려운 압수물은 매각하여 대가를 보관할 수 있다.

제133조【압수물의 환부, 가환부】[3]

❸ • 압수에 대한 구제수단

① 압수를 계속할 필요가 없다고 인정되는 압수물은 피고사건(기소중지포함) 종결 전이라도 결정으로(재판 前) 환부[4]하여야 하고 증거에 공할 압수물[5]은 소유자, 소지자, 보관자 또는 제출인의 청구에 의하여 가환부할 수 있다.[6]

❹ • 직권(청구 可)
• 의무적 · 필요적 환부→ 환부청구권○ : 포기× (判 권리포기각서를 써도 포기×)

❺ • 기소중지 : 환부하여야 함
• 증거물○, 몰수물×(단, 判 필요적 몰수물×, 임의적 몰수물○)

❻ • 재량(일시적 · 잠정적 반환 : 환부받은 자는 보관의무 · 제출의무)

② 증거에만 공할 목적[7]으로 압수한 물건으로서 그 소유자 또는 소지자가 계속 사용하여야 할 물건은 사진촬영 기타 원형보존의 조치를 취하고 신속히 가환부하여야(필요적 가환부) 한다.

❼ • 필요적 몰수물×
• 임의적 몰수물×
• 증거물만○

제134조【압수장물의 피해자환부】

압수한 장물은 피해자에게 환부할 이유가 명백한 때(소유권 다툼×)에는 피고사건의 종결 전[8]이라도 결정으로(제333조 판결) 피해자에게 환부할 수 있다(법원의 직권(청구×)).

❽ • 판결 : 환부하여야 한다 (제333조 제1항).

제135조【압수물처분과 당사자에의 통지】

❾ • ┌ 대가보관
├ 환부, 가환부
└ 압수장물의 피해자환부

전3조[9]의 결정을 함에는 검사, 피해자, 피고인 또는 변호인에게 미리 통지하여야 한다.

第136조【수명법관, 수탁판사】

① 법원은 압수 또는 수색을 합의부원(수명법관)에게 명할 수 있고 그 목적물의 소재지를 관할하는 지방법원 판사(수탁판사)에게 촉탁할 수 있다.

② 수탁판사는 압수 또는 수색의 목적물이 그 관할구역 내에 없는 때에는 그 목적물 소재지지방법원 판사에게 전촉할 수 있다.

③ 수명법관, 수탁판사가 행하는 압수 또는 수색에 관하여는 법원이 행하는 압수 또는 수색에 관한 규정을 준용한다.

第137조【구속영장집행과 수색】❶

검사, 사법경찰관리 또는 제81조 제2항의 규정에 의한 법원사무관 등이 구속영장을 집행할 경우에 필요한 때에는 미리 수색영장을 발부받기 어려운 긴급한 사정이 있는 경우에 한정하여❷ 타인의 주거, 간수자 있는 가옥, 건조물, 항공기, 선차 내에 들어가 피고인(피의자-216조)을 수색할 수 있다.

❶ • 사후영장×

❷ • 2019.12.31. 개정

第138조【준용규정】

제119조, 제120조, 제123조와 제127조의 규정은 전조의 규정에 의한 검사, 사법경찰관리, 법원사무관 등의 수색에 준용한다.

▸ 공판절차상 압수 · 수색을 수사상 압수 · 절차에 준용

제11장 검 증❸

❸ • 증거조사의 방법
• ≠수사상 검증
┌강제수사
├영장 要
├증거능력
└인정요건 要
• 영장 不要

第139조【검 증】❹

❹ • (원칙)법원검증은 증거조사(영장 不要)
강제처분×

법원❺은 사실을 발견함에 필요한 때에는 검증❻을 할 수 있다.

❺ • 원칙(수명법관, 수탁판사도 可)
• 수사기관(제215조)(영장 必要)

❻ • 법원 또는 법관이 오관의 작용에 의해 신체나 물건 · 장소의 존재 또는 상태를 관찰하여 인식하는 것(오관작용+인식)

▸ 공판기일 외에서의 검증
검증기일 지정하여 참여권자에게 일시 · 장소 통지→불참의사표시 또는 긴급시-不要, 검증조서 작성-당연 증거능력○

▸ 공판기일에서의 검증공판조서에 결과 기재-바로 증거가 됨

第140조【검증과 필요한 처분】❼

❼ • cf) §173
• (감정처분허가장 검증) 감정 · 검증 모두 可

검증을 함에는 ㉠신체의 검사, ㉡사체의 해부, ㉢분묘의 발굴, ㉣물

건의 파괴 기타 필요한 처분을 할 수 있다.

제141조【신체검사에 관한 주의】

① 신체의 검사에 관하여는 검사를 받는 사람의 성별, 나이, 건강상태, 그 밖의 사정을 고려하여 그 사람의 건강과 명예를 해하지 아니하도록 주의하여야 한다.❶

❶ • (원칙) 피의자 · 피고인 염두한 조문

② 피고인(피의자) 아닌 사람의 신체검사는 증거가 될 만한 흔적을 확인할 수 있는 현저한 사유가 있는 경우에만(제한) 할 수 있다.

❷ • 제124조 vs
❸ • 여자의 신체 수색 ↓ 성년여자

③❷ 여자의 신체를 검사❸하는 경우에는 의사나 성년 여자❹를 참여하게 하여야 한다.

❹ • 둘 중 하나
• 감정 or 검증

④ 시체의 해부 또는 분묘의 발굴을 하는 때에는 예(禮)에 어긋나지 아니하도록 주의하고 미리 유족에게 통지하여야 한다.

[전문개정 2020.12.8]

제142조【신체검사와 소환】

법원은 신체를 검사하기 위하여 피고인 아닌 자를 법원 기타 지정한 장소에 소환할 수 있다.❺

❺ • 피고인과 달리 소환불응 시 강제×

제143조【시각의 제한】❻

❻ • 야간검증의 제한 §125, §126

① 일출 전, 일몰 후에는 가주, 간수자 또는 이에 준하는 자의 승낙이 없으면 검증을 하기 위하여 타인의 주거, 간수자 있는 가옥, 건조물, 항공기, 선차 내에 들어가지 못한다. 단, 일출 후에는 검증의 목적을 달성할 수 없을 염려가 있는 경우에는 예외로 한다.❼

❼ • 일몰 전에 착수한 경우에는 일몰 후 계속 可

② 일몰 전에 검증에 착수한 때에는 일몰 후라도 검증을 계속할 수 있다.❽

❽ • 압수 · 수색과 차이점

③ 제126조❾에 규정한 장소에는 제1항의 제한을 받지 아니한다.

❾ • 도박장, 여관 등 야간에도 제한받지 않음

제144조【검증의 보조】

검증을 함에 필요한 때에는 사법경찰관리에게 보조를 명할 수 있다.

제145조【준용규정】

제110조, 제119조 내지 제123조, 제127조와 제136조의 규정은 검증에 관하여 준용한다.

제12장 증인신문[1]

[1] • 증인으로부터 사건에 관한 체험사실의 진술을 듣는 증거조사방법 : 수소법원의 대인적 강제처분

제146조【증인의 자격】

법원은 법률에 다른 규정[2]이 없으면 누구든지[3] 증인[4]으로 신문할 수 있다.[5]

[2] • §147 증인거부권

[3] • 원칙 형사미성년자, 선서무능력자도○

[4] • 법원 또는 법관에게 과거 체험을 진술하는 제3자(각종 의무와 제재○ ≠참고인, 감정인)

[5] • 실체진실주의

▸ 증인적격의 제한
- 법률상 : 제147조(공무상 비밀)
- 이론상 : 법관, 검사, 변호인, 피고인, 공범관계의 공동피고인

▸ 증인의 의무 · 제재
- 출석의무 ┌ 불출석 : 비용배상, 과태료(500만원), 감치(7日), 구인
  └ 동행명령 불응 : 구인
- 선서의무 ┐
- 증언의무 ┘ 과태료(50만원)
- 복종의무

제147조【공무상 비밀과 증인자격(≠증인능력)】[6]

[6] • 법률상 증인적격 제한
• 증언거부권 (제148조, 제149조)
• 피고인의 대리인, 대표자 (예 §26, §27, §28, §277) : 증인적격×

① 공무원 또는 공무원이었던 자가 그 직무에 관하여 알게된 사실에 관하여 본인 또는 당해 공무소가 직무상 비밀에 속한 사항임을 신고한 때에는 그 소속공무소 또는 감독관공서의 승낙 없이는 증인으로 신문하지 못한다.

② 그 소속공무소 또는 당해 감독관공서는 국가에 중대한 이익을 해하는 경우를 제외하고는 승낙을 거부하지 못한다.[7]

[7] • 증인거부권 (출석의무×, 증인적격×)

제148조【근친자의 형사책임과 증언 거부】

누구든지 자기나 다음 각 호의 어느 하나에 해당하는 자가 형사소추(刑事訴追) 또는 공소제기를 당하거나 유죄판결을 받을 사실이 드러날 염려가 있는 증언[8]을 거부할 수 있다.[9]

[8] • (선서×) └➤ 선서거부×

[9] • 면소판결 확정시 증언거부 不可(소추염려×)

1. 친족이거나 친족이었던 사람

2. 법정대리인, 후견감독인

[전문개정 2020.12.8]

▸ 제148조, 제149조 : 증언거부권
▸ 출석 자체를 거부할 수는 없다.
▸ 거부권 포기 가능

제149조【업무상 비밀과 증언거부】❶

변호사, 변리사, 공증인, 공인회계사, 세무사,❷ 대서업자, 의사, 한의사, 치과의사, 약사, 약종상, 조산사, 간호사, 종교의 직에 있는 자 또는 이러한 직에 있던 자가 그 업무상 위탁을 받은 관계로 알게 된 사실로서 타인의 비밀에 관한 것은 증언을 거부할 수 있다. 단, 본인의 승낙이 있거나 중대한 공익상 필요있는 때 (증언거부 不可 : 제재) 에는 예외로 한다.

❶ • 증언거부권 (출석의무ㅇ, 증인적격ㅇ)

❷ • 형법 제317조 (업무상 비밀누설) – 세무사 포함×

제150조【증언거부사유의 소명】❸

증언을 거부하는 자는 거부사유를 소명하여야 한다.

❸ • ≠ 진술거부권

제150조의2【증인의 소환】❹

① 법원은 소환장의 송달, 전화, 전자우편(규칙 – 문자전송ㅇ), 그 밖의 상당한 방법으로 증인을 소환한다.

② 증인을 신청한 자는 증인이 출석하도록 합리적인 노력을 할 의무가 있다.

❹ • 유예기간 : 24시간 이전

제151조【증인이 출석하지 아니한 경우의 과태료 등】❺

① 법원은 소환장을 송달받은 증인이 정당한 사유 없이 출석하지 아니한 때에는 결정으로 당해 불출석으로 인한 소송비용을 증인이 부담하도록 명하고, 500만원(50만원×) 이하의 과태료를 부과할 수 있다. 제153조에 따라 준용되는 제76조 제2항 · 제5항에 따라 소환장의 송달과 동일한 효력이 있는 경우에도 또한 같다.

❺ • 불출석증인에 대한 재제는 소환장을 송달받았거나 송달받은 것과 동일한 효력이 있는 경우에 가능

② 법원은 증인이 제1항에 따른 과태료 재판을 받고도 정당한 사유 없이 다시 출석하지 아니한 때에는 결정으로 증인을 7일 이내의 감치에 처한다.

③ 법원은 감치재판기일에 증인을 소환하여 제2항에 따른 정당한 사유가 있는지의 여부를 심리하여야 한다.

④ 감치는 그 재판을 한 법원의 재판장의 명령에 따라 사법경찰관리 · 교도관 · 법원경위 또는 법원사무관 등이 교도소 · 구치소 또는 경찰서유치장에 유치하여 집행한다.

⑤ 감치에 처하는 재판을 받은 증인이 제4항에 규정된 감치시설에 유치된 경우 당해 감치시설의 장은 즉시 그 사실을 법원에 통보하여야 한다.

⑥ 법원은 제5항의 통보를 받은 때에는 지체 없이 증인신문기일을 열어야 한다.

⑦ 법원은 감치의 재판을 받은 증인이 감치의 집행 중에 증언을 한 때에는 즉시 감치결정을 취소하고 그 증인을 석방하도록 명하여야 한다.

⑧ 제1항과 제2항의 결정에 대하여는 즉시항고를 할 수 있다. 이 경우 제410조는 적용하지 아니한다.
집행정지효가 없다! = 기피신청 – 간이기각 결정

▸

구분	구인	과태료 · 비용배상
소환불응	○	○
동행명령거부	○	×

제152조【소환불응과 구인】❶

정당한 사유 없이 소환에 응하지 아니하는 증인은 구인할 수 있다.❷

❶ • 불출석증인에 대한 재제는 소환장을 송달받았거나 송달받은 것과 동일한 효력이 있는 경우에 가능

❷ • 과태료와 구인 병과 可

제153조【준용규정】

제73조(소환장발부), 제74조(소환장방식), 제76조(소환장송달)❸의 규정은 증인의 소환(출석의무)❹에 준용한다.

❸ • 피고인에 대한 소환

❹ • 24시간 전 소환장 송달 (≠피고 : 12시간 전) 규칙 제70조

▸ 소환의 대상 : 피고인, 증인, 감정인, 통역 · 번역인
통지의 대상 : 검사, 변호인, 보조인 등

제154조【구내 증인의 소환】

증인이 법원의 구내에 있는 때에는 소환함이 없이 신문할 수 있다.❶

❶ • 비용청구권×

제155조【준용규정】

제73조, 제75조, 제77조, 제81조 내지 제83조, 제85조 제1항, 제2항의 규정은 증인의 구인에 준용한다.❷

❷ • 증인구인시 제85조 제3항 준용×
┌ 증인은 반드시 영장 要
└ 긴급집행×

제156조【증인의 선서】

증인에게는 신문 전에(원칙) 선서❸하게 하여야 한다(선서의무). 단, 법률에 다른 규정이 있는 경우에는 예외로 한다(사후선서 可 (위증죄의 기수시기에서 구별실익)).

❸ • 대표선서×, 동일심급에 선 1회로 족함
• 대표낭독○

▸ 선서 없이 한 증언은 증거능력 없다.
선서거부시 과태료 제재

제157조【선서의 방식】

① 선서는 선서서(宣誓書)에 따라 하여야 한다.

② 선서서에는 "양심에 따라 숨김과 보탬이 없이 사실 그대로 말하고 만일 거짓말이 있으면 위증의 벌을 받기로 맹세합니다."라고 기재하여야 한다.❹

③ 재판장은 증인에게 선서서를 낭독하고 기명날인하거나 서명하게 하여야 한다. 다만, 증인이 선서서를 낭독하지 못하거나 서명을 하지 못하는 경우에는 참여한 법원사무관 등이 대행한다.

④ 선서는 일어서서 엄숙하게 하여야 한다.

[전문개정 2020.12.8]

❹ • 증언의무 : 증언능력 要

제158조【선서한 증인에 대한 경고】

재판장은 선서할 증인에 대하여 선서 전에 위증의 벌을 경고하

❶ • 하지 않더라도 증언은 유효

여야 한다.❶

❷ • 민소법 동일

제159조【선서 무능력】❷

증인이 다음 각 호의 1에 해당한 때에는 선서하게 하지 아니하고 신문하여야 한다.

• 위증죄×

1. 16세 미만의 자
2. 선서의 취지를 이해하지 못하는 자

▸ 선서를 한 경우에도 선서만 무효로 될 뿐, 증언은 유효

제160조【증언거부권의 고지】

❸ • 근친자

❹ • 업무상 비밀
cf) 공무상비밀
: 증인거부권

증인이 제148조,❸ 제149조❹(압수거부권자)에 해당하는 경우에는 재판장은 신문 전에 증언을 거부❺할 수 있음을 설명하여야 한다.❻

❺ • 증인의 권리
(출석의무○, 증언의무×)
• 포기 可(일부만 행사×)

❻ • 설명하지 아니한 경우라도 증언의 효력은 유효
cf) 위증죄

제161조【선서, 증언의 거부와 과태료】❼

❼ • 선서 · 증언의무 위반시 제재 / 출석의무 위반시 제재
→ 소송비용+500만원 과태료 ㊁감치 可(7일)

① 증인이 정당한 이유 없이 선서나 증언을 거부한 때에는 결정으로 50만원 이하의 과태료(비용배상× 감치×)에 처할 수 있다.

② 제1항의 결정에 대하여는 즉시항고(집행정지효○)를 할 수 있다.

▸ 교호신문제도의 예외 – 간이공판절차 교호신문제도 적용×(제297조의2)

제161조의2【증인신문의 방식】❽

❽ • 증거조사의 방식 당사자주의
• 교호신문제도 → 순서변경 可(=피고인 신문)

① 증인은 신청한(주신문(유도신문×)) 검사, 변호인 또는 피고인이 먼저 이를 신문하고 다음에 다른(반대신문(유도신문○)) 검사, 변호인 또는 피고인이 신문한다.

② 재판장은 전항의 신문이 끝난 뒤에 신문할 수 있다.❾(원칙적 당사자주의)

• 당사자주의적 요소

❾ • 보충신문

❿ • 직권개입허용

③❿ 재판장은 필요하다고 인정하면 전2항의 규정에 불구하고 어느 때나 신문할 수 있으며 제1항의 신문순서를 변경할 수 있다.⓫

• 직권주의적 요소

⓫ • 피고인신문에 준용
• 재반대신문부터는 재판장 허가 要

④ 법원이 직권으로 신문할 증인이나 범죄로 인한 피해자의 신청⓬에 의하여 신문할 증인의 신문방식은 재판장이 정하는(교호신문방식×) 바에 의한다.

⓬ • 범죄피해자진술권 : 증인신문방식에 따르므로 별도의 증거결정 要(§294의2)

⑤ 합의부원은 재판장에게 고하고 신문할 수 있다.
허가×

제162조【개별신문과 대질】

① 증인신문은 각 증인에 대하여 신문하여야 한다.❶

❶ • 개별신문원칙

② 신문하지 아니한 증인이 재정한 때에는 퇴정을 명하여야 한다.❷

❷ • 법원의 재량

❸ • cf) §245 참고인과의 대질

③❸ 필요한 때에는 증인과 다른 증인 또는 피고인과 대질하게 할 수 있다.

④ 삭제 〈1961.9.1〉

▸ 증인신문방법 : 구두신문원칙(예외적으로, 청각 또는 언어장애인 등인 경우에는 서면신문 가능)

제163조【당사자의 참여권, 신문권】

① 검사, 피고인 또는 변호인은 증인신문에 참여할 수 있다.❹
고유권

❹ • 신청 可

② 증인신문의 시일과 장소는 전항의 규정에 의하여 참여할 수 있는 자에게 미리 통지❺하여야 한다. 단, 참여하지 아니한다는 의사를 명시한 때에는 예외로 한다.
궐석재판

❺ • 하지 않으면
증거능력×
이의신청 要
↓
책문권포기시
하자치유

❻ • 참고인조사

제163조의2【신뢰관계에 있는 자의 동석】❻❼

❼ • ① 피의자신문(§244의5)
② 참고인조사(§221③)
③ 피고인신문(§276의2)
④ 증인신문(§163의2)

① 법원은 범죄로 인한 피해자를 증인으로 신문하는 경우 증인의 연령, 심신의 상태, 그 밖의 사정을 고려하여 증인이 현저하게 불안 또는 긴장을 느낄 우려가 있다고 인정되는 때에는 직권 또는 피해자 · 법정대리인 · 검사의 신청에 따라 피해자와 신뢰관계에 있는 자를 동석하게 할 수 있다.
임의적 동석

② 법원은 범죄로 인한 피해자가 13세 미만이거나 신체적 또는 정신적 장애로 사물을 변별하거나 의사를 결정할 능력이 미약한 경우에 재판에 지장을 초래할 우려가 있는 등 부득이한 경우가 아닌 한 피해자와 신뢰관계에 있는 자를 동석하게 하여야 한다.
심신미약
의무 cf) 제244조의5

③ 제1항 또는 제2항에 따라 동석한 자는 법원 · 소송관계인의 신문 또는 증인의 진술을 방해하거나 그 진술의 내용에 부당한 영향을 미칠 수 있는 행위를 하여서는 아니 된다.

④ 제1항 또는 제2항에 따라 동석할 수 있는 신뢰관계에 있는 자의 범위, 동석의 절차 및 방법 등에 관하여 필요한 사항은 대법원규칙으로 정한다.

제164조【신문의 청구】

① 검사, 피고인 또는 변호인이 증인신문에 참여하지 아니할 경우에는 법원에 대하여 필요한 사항의 신문을 청구할 수 있다.

② 피고인 또는 변호인의 참여없이 증인을 신문한 경우에 피고인에게 예기하지 아니한 불이익의 증언이 진술된 때에는 반드시 그 진술내용을 피고인 또는 변호인에게 알려 주어야 한다.❶

③ 삭제 〈1961.9.1〉

❶ • 변호인 없는 피고인도 증인신문조서 열람 可

제165조【증인의 법정 외 신문】

법원은 증인의 연령, 직업, 건강상태 기타의 사정을 고려하여 검사, 피고인 또는 변호인의 의견을 묻고 법정 외에 소환하거나 현재지에서 신문할 수 있다.

▸ 증인신문조서 작성→공판기일에 다시 증거조사→증거능력

제165조의2【비디오 등 중계장치 등에 의한 증인신문】

① 법원은 다음 각 호의 어느 하나에 해당하는 사람을 증인으로 신문하는 경우 상당하다고 인정할 때에는 검사와 피고인 또는 변호인의 의견을 들어 비디오 등 중계장치에 의한 중계시설을 통하여 신문하거나 가림 시설 등을 설치하고 신문할 수 있다. 〈개정 2009.6.9, 2011.8.4, 2012.12.18, 2020.12.8, 2021.8.17〉

1. 「아동복지법」 제71조 제1항 제호 · 제1호2 · 제2호 · 제3호에 해당하는 죄의 피해자

2. 「아동 · 청소년의 성보호에 관한 법률」 제7조, 제8조, 제11조부터 제15조까지 및 제17조 제1항의 규정에 해당하는 죄의 대상이 되는 아동 · 청소년 또는 피해자

3. 범죄의 성질, 증인의 나이, 심신의 상태, 피고인과의 관계, 그 밖의 사정으로 인하여 피고인 등과 대면하여 진술할 경우 심리적인 부담으로 정신의 평온을 현저하게 잃을 우려가 있다고 인정되는 사람

② 법원은 증인이 멀리 떨어진 곳 또는 교통이 불편한 곳에 살고 있거나 건강상태 등 그 밖의 사정으로 말미암아 법정에 직접 출석하기 어렵다고 인정하는 때에는 검사와 피고인 또는 변호인의 의견을 들어 비디오 등 중계장치에 의한 중계시설을 통하여❶ 신문할 수 있다. 〈신설 2021.8.17〉

❶ • 영상증인신문제도 신설

③ 제1항과 제2항에 따른 증인신문은 증인이 법정에 출석하여 이루어진 증인신문으로 본다. 〈신설 2021.8.17〉

④ 제1항과 제2항에 따른 증인신문의 실시에 필요한 사항은 대법원규칙으로 정한다. 〈신설 2021.8.17〉

[본조신설 2007.6.1]

第166条【동행명령과 구인】

① 법원은 필요한 때에는 결정으로 지정한 장소에 증인의 동행을 명할 수 있다.

② 증인이 정당한 사유 없이 동행을 거부하는 때에는 구인할 수 있다.❷

❷ • 과태료나 비용배상×
(≠소환)

第167条【수명법관, 수탁판사】

① 법원은 합의부원에게 법정 외의 증인신문을 명할 수 있고 또는 증인 현재지의 지방법원판사에게 그 신문을 촉탁할 수 있다.

② 수탁판사는 증인이 관할구역 내에 현재하지 아니한 때에는

그 현재지의 지방법원판사에게 전촉할 수 있다.

③ 수명법관 또는 수탁판사는 증인의 신문에 관하여 법원 또는 재판장에 속한 처분을 할 수 있다.

제168조【증인의 여비, 일당, 숙박료】❶

❶ • 제178조 감정인과 다름

소환받은 증인은 법률의 규정한 바에 의하여 여비, 일당과 숙박료를 청구할 수 있다. 단, 정당한 사유 없이 선서 또는 증언을 거부한 자는 예외로 한다.❷

제154조 제외(구내증인)

❷ • 이미 공판정에 나와 있는 증인×

제13장 감 정

제169조【감 정】

법원은 학식 경험 있는 자에게 감정을 명할 수 있다.

전문지식

▸ 감정인

≠감정수탁자 : 수사기관으로부터 감정위촉을 받음(§221)

≠감정증인 : 증인신문절차 적용(§179)

제170조【선 서】

❸❹ • 증인신문(제156조) –사후선서○

①❸ 감정인에게는 감정 전❹에 선서하게 하여야 한다.❺

❺ • 감정수탁자 : 선서의무× 허위감정제재받지× 소송관계인의 반대신문 기회부여×
• 예외 : 179조의2

② 선서는 선서서에 의하여야 한다.

③ 선서서에는 「양심에 따라 성실히 감정하고 만일 거짓이 있으면 허위감정의 벌을 받기로 맹서합니다」라고 기재하여야 한다.

④ 제157조 제3항, 제4항과 제158조의 규정은 감정인의 선서에 준용한다.

서기관대행 / 기립 · 엄숙

제171조【감정보고】

① 감정의 경과와 결과는 감정인으로 하여금 서면❻으로 제출하게 하여야 한다.

❻ • 원칙(구두×)
• 감정서

증인신문 – 구술원칙

❶ • 제162조 vs (개별신문)

②[1] 감정인이 수인인 때에는 각각 또는 공동으로 제출하게 할 수 있다.

③ 감정의 결과에는 그 판단의 이유를 명시하여야 한다.

④ 필요한 때에는 감정인에게 설명하게 할 수 있다.
감정인신문절차

제172조【법원 외의 감정】

① 법원은 필요한 때에는 감정인으로 하여금 법원 외에서 감정하게 할 수 있나.

② 전항의 경우에는 감정을 요하는 물건을 감정인에게 교부할 수 있다.

❷ • 감정유치

③[2] 피고인의 정신 또는 신체에 관한 감정에 필요한 때에는 법
피의자
원은 기간을 정하여 병원 기타 적당한 장소에 피고인을 유
재정기간
치하게 할 수 있고 감정이 완료되면 즉시 유치[3]를 해제하여야 한다.

❸ • 대인적 강제처분 (무죄선고된 자에게도 可)

④ 전항의 유치를 함에는 감정유치장을 발부하여야 한다.

⑤ 제3항의 유치를 함에 있어서 필요한 때에는 법원은 직권 또는 피고인을 수용할 병원 기타 장소의 관리자의 신청에 의하여 사법경찰관리에게 피고인의 간수를 명할 수 있다.

❹ • 필요한 유치기간 제한× (전문적 판단 要)

⑥ 법원은 필요한 때[4]에는 유치기간을 연장하거나 단축할 수 있다.

⑦ 구속에 관한 규정은 이 법률에 특별한 규정이 없는 경우에는 제3항의 유치에 관하여 이를 준용한다. 단, 보석에 관한 규정은 그러하지 아니하다.[5]

❺ • 감정유치기각결정에 대하여는 불복하지 못한다.

⑧ 제3항의 유치는 미결구금일수의 산입에 있어서는 이를 구속
감정에 필요한 유치
으로 간주한다.[6]

❻ • 구속기간에 불산입

제172조의2【감정유치와 구속】

① 구속 중인 피고인에 대하여 감정유치장이 집행되었을 때에는 피고인이 유치되어 있는 기간 구속은 그 집행이 정지된 것으로 간주한다.[7]

❼ • 구속기간이 연장되는 효과
• 구속기간 산입×

② 전항의 경우에 전조 제3항의 유치처분이 취소되거나 유치기간이 만료된 때에는 구속의 집행정지가 취소된 것으로 간주한다.

제173조【감정에 필요한 처분】

❶ • 이것만 강제처분 성격

①[1] 감정인은 감정에 관하여 필요한 때에는 법원의 허가[2]를 얻어 타인의 주거, 간수자 있는 가옥, 건조물, 항공기, 선거 내에 들어갈 수 있고 신체의 검사, 사체의 해부, 분묘발굴, 물건의 파괴를 할 수 있다.

제140조 동일(검증)

❷ • 수사상 감정수탁자는 판사의 허가 要(§221의4)

② 전항의 허가에는 피고인의 성명, 죄명, 들어갈 장소, 검사할 신체, 해부할 사체, 발굴할 분묘, 파괴할 물건, 감정인의 성명과 유효기간을 기재한 허가장을 발부하여야 한다.

감정처분허가장

③ 감정인은 제1항의 처분을 받는 자에게 허가장을 제시하여야 한다.

④ 전2항의 규정은 감정인이 공판정에서 행하는 제1항의 처분에는 적용하지 아니한다.

⑤ 제141조, 제143조의 규정은 제1항의 경우에 준용한다.

검증절차규정

제174조【감정인의 참여권, 신문권】

① 감정인은 감정에 관하여 필요한 경우에는 재판장의 허가를 얻어 서류와 증거물을 열람 또는 등사하고 피고인 또는 증인의 신문에 참여할 수 있다.

≠감정처분허가 : 법원

② 감정인은 피고인 또는 증인의 신문을 구하거나 재판장의 허가를 얻어 직접 발문할 수 있다.

제175조【수명법관】

법원은 합의부원으로 하여금 감정에 관하여 필요한 처분을 하게 할 수 있다.

제176조【당사자의 참여】

① 검사, 피고인 또는 변호인은 감정에 참여할 수 있다.

미리 통지하여야 한다.

② 제122조의 규정은 전항의 경우에 준용한다.
압수수색에서의 통지규정

제177조【준용규정】

감정❶에 관하여는 제12장(구인❷에 관한 규정은 제외한다)을 준용한다. [전문개정 2020.12.8]

❶ • 증인신문 준용, 과태료 · 비용배상의 제재만 可
• 감정인적격, 감정거부권, 소환, 선서 등 준용

❷ • 감정인은 대체성이 있으므로 적용×

제178조【여비, 감정료 등】❸

❸ • 제168조 증인과 다름

감정인은 법률의 정하는 바에 의하여 여비, 일당, 숙박료 외에 감정료와 체당금의 변상을 청구할 수 있다.❹

❹ • ≠ 증인

제179조【감정증인】❺

❺ • 대체성×
• 예) 사고현장을 목격한 의사

특별한 지식에 의하여 알게 된 과거의 사실을 신문하는 경우에는 본장의 규정에 의하지 아니하고 전장의 규정에 의한다.
(본장: 감정, 전장: 증인신문)

제179조의2【감정의 촉탁】❻

❻ • 제221조

① 법원은 필요하다고 인정하는 때에는 공무소 · 학교 · 병원 기타 상당한 설비가 있는 단체 또는 기관(개인×)에 대하여 감정을 촉탁할 수 있다. 이 경우 선서에 관한 규정은 이를 적용하지 아니한다.❼

❼ • 공신력
• 선서 없이 감정 可

② 제1항의 경우 법원은 당해 공무소 · 학교 · 병원 · 단체 또는 기관이 지정한 자로 하여금 감정서의 설명을 하게 할 수 있다.❽

❽ • 검사, 피고인 또는 변호인 참여

제14장 통역과 번역❾

❾ • 증거조사방법의 하나

제180조【통 역】

국어에 통하지 아니하는 자❿의 진술에는 통역인으로 하여금 통역하게 하여야 한다.

❿ • 외국인을 의미×
→ 국어에 능통한 외국인은 통역 不要

제181조【청각 또는 언어장애인의 통역】

듣거나 말하는 데 장애가 있는 사람의 진술에 대해서는 통역인으로 하여금 통역하게 할 수 있다. [전문개정 2020.12.8]

제182조【번 역】

국어 아닌 문자 또는 부호는 번역하게 하여야 한다.
의무

제183조【준용규정】

전장의 규정은 통역과 번역에 준용한다.[1]
감정

❶ • 선서 要

제15장 증거보전[2]

❷ • 수임판사가 행하는 강제처분
• 피내사자는×

제184조【증거보전의 청구와 그 절차】[3]

❸ • 증거보전청구권
–피고인의 방어권 보장
• 시기적 요건
• 공소제기 전·후는 불문 (수사개시 후~증거조사 전)

① 검사, 피고인, 피의자 또는 변호인[4]은 미리 증거를 보전하지 아니하면 그 증거를 사용하기 곤란한 사정이 있는 때에는 제1회 공판기일 전[5]이라도 판사[6]에게 압수, 수색, 검증, 증인신문[7] 또는 감정을 청구할 수 있다.
실질적 요건(증명력변화○)

② 전항의 청구를 받은 판사는 그 처분에 관하여 법원 또는 재판장과 동일한 권한이 있다.[8]

③ 제1항의 청구를 함에는 서면으로 그 사유를 소명[9]하여야 한다.

④ 제1항의 청구를 기각하는 결정에 대하여는 3일 이내에 항고[10] 할 수 있다.[11]
증거보전절차

❹ • 명시적의사 反하여도 가능
① 보석청구
② 구속취소청구
③ 증거조사에 대한 이의신청
④ 공판기일변경신청
⑤ 재판장처분에 대한 이의 신청

❺ • 항소심, 파기환송, 재심×

❻ • 수임판사 (대상지 관할지법판사)

❼ • cf) 221조의2 수사상 증인신문
• 공범자·공동피고인○
• 피고인·피의자 신문×

❽ • 소환·구인 등 법원처분 준용, 당사자의 참여권 보장 / 공판절차규정이 준용된다 / 통지필요

❾ • ① 기피신청
② 증거보전
③ 수사상 증인신문
④ 정식재판청구
⑤ 증인거부권
⑥ 상소권회복

❿ • 즉시항고×
즉시항고에(준함)

⓫ • 신설 2007.6.1
준항고적 성격(수임판사의 결정 but 예외적 인정–피해자 보호제도)

▸ 청구

–증거보전처분→소속법원에 결과보관→증거조사신청→당연 증거능력

–청구기각결정→수임판사의 결정에 대한 유일한 불복○→3일 내 항고 可

제185조【서류의 열람 등】

검사, 피고인, 피의자 또는 변호인은 판사의 허가를 얻어 전조의 처분에 관한 서류와 증거물을 열람 또는 등사할 수 있다.[12]
공동피고인 포함

⓬ • 청구시기 제한×
cf) 221조의2 수사상 증인신문의 경우 열람 등사×

제16장 소송비용[13]

⓭ • 원칙 : 국가부담
• 예외 : 사법행정상 제재

제186조【피고인의 소송비용부담】

① 형의 선고[14]를 하는 때에는 피고인에게 소송비용의 전부 또는

⓮ • 집행유예 포함 (선고유예, 형면제 : ×)

일부를 부담하게 하여야 한다. 다만, 피고인의 경제적 사정으로 소송비용을 납부할 수 없는 때에는 그러하지 아니하다.

② 피고인에게 책임지울 사유로 발생된 비용은 형의 선고를 하지 아니하는 경우에도 피고인에게 부담하게 할 수 있다.

▸ 소송비용(열거사항)
–증인, 감정인, 통역 · 번역인의 비용청구
–법원선임의 변호인
–형법 제58조의 공시비용

제187조【공범의 소송비용】

공범의 소송비용은 공범인에게 연대부담하게 할 수 있다.❶

❶ • 부진정연대

제188조【고소인 등의 소송비용부담】

고소 또는 고발에 의하여 공소를 제기한 사건에 관하여 피고인이 무죄(공소기각×) 또는 면소의 판결을 받은 경우에 고소인 또는 고발인에게 고의(무고죄 可) 또는 중대한 과실이 있는 때에는 그 자에게 소송비용의 전부 또는 일부를 부담하게 할 수 있다.

제189조【검사의 상소취하와 소송비용부담】

검사만이 상소 또는 재심청구를 한 경우에 상소 또는 재심의 청구가 기각되거나 취하된 때에는 그 소송비용을 피고인에게 부담하게 하지 못한다.❷

❷ • 피고인에게는 귀책사유가 없으므로

제190조【제3자의 소송비용부담】

① 검사 아닌 자가 상소 또는 재심청구를 한 경우에 상소 또는 재심의 청구가 기각되거나 취하된 때에는 그 자에게 그 소송비용을 부담하게 할 수 있다.

② 피고인 아닌 자(변호인×)가 피고인이 제기한 상소 또는 재심의 청구를 취하한 경우에도 전항과 같다.

▸ 변호인이 피고인을 대리하여 청구→변호인 소송비용부담×

제191조【소송비용부담의 재판】

① 재판으로 소송절차가 종료되는 경우에 피고인에게 소송비용을 부담하게 하는 때에는 직권으로 재판하여야 한다.

검사가 집행

② 전항의 재판에 대하여는 본안의 재판에 관하여 상소하는 경우에 한하여 불복할 수 있다.

소송비용부담의 재판

▸ 본안의 상소가 기각된 경우에는 소송비용부담에 대한 상소도 기각된 것과 같다.

제192조【제3자 부담의 재판】

① 재판으로 소송절차가 종료되는 경우에 피고인 아닌 자에게 소송비용을 부담하게 하는 때에는 직권으로 결정을 하여야 한다.

② 전항의 결정에 대하여는 즉시항고를 할 수 있다.

제193조【재판에 의하지 아니한 절차종료】

① 재판에 의하지 아니하고 소송절차가 종료되는 경우❶에 소송비용을 부담하게 하는 때에는 사건의 최종계속법원이 직권으로 결정을 하여야 한다.

• 피고인 아닌 자에게

❶ • 정식재판, 상소, 재심청구의 취하시

② 전항의 결정에 대하여는 즉시항고를 할 수 있다.

제194조【부담액의 산정】

소송비용의 부담을 명하는 재판에 그 금액을 표시하지 아니한 때에는 집행을 지휘하는 검사가 산정❷한다.

민소법 : 법원사무관

❷ • 법원에 이의신청 可(제489조)

제194조의2【무죄판결과 비용보상】

① 국가는 무죄판결이 확정된 경우에는 당해 사건의 피고인이었던 자에 대하여 그 재판에 소요된 비용을 보상하여야 한다.

② 다음 각호의 어느 하나에 해당하는 경우에는 제1항에 따른 비용의 전부 또는 일부를 보상하지 아니할 수 있다.

보상의 제한

1. 피고인이었던 자가 수사 또는 재판을 그르칠 목적으로

❶ • 허위의

거짓❶ 자백을 하거나 다른 유죄의 증거를 만들어 기소된 것으로 인정된 경우

2. 1개의 재판으로써 경합범의 일부에 대하여 무죄판결이 확정되고 다른 부분에 대하여 유죄판결이 확정된 경우

❷ • 책임무능력

3. 「형법」 제9조❷ 및 제10조 제1항의 사유에 따른 무죄판결이 확정된 경우

4. 그 비용이 피고인이었던 자에게 책임지울 사유로 발생한 경우

제194조의3【비용보상의 절차 등】

① 제194조의2 제1항에 따른 비용의 보상은 피고인이었던 자의 청구에 따라 무죄판결을 선고한 법원의 합의부에서 결정으로 한다.

1심(○) 2심(○)

② 제1항에 따른 청구는 무죄판결이 확정된 사실을 안 날부터 3년, 무죄판결이 확정된 때부터 5년 이내에 하여야 한다.

③ 제1항의 결정에 대하여는 즉시항고를 할 수 있다.

제194조의4【비용보상의 범위】

① 제194조의2에 따른 비용보상의 범위는 피고인이었던 자 또는 그 변호인이었던 자가 공판준비 및 공판기일에 출석하는데 소요된 여비 · 일당 · 숙박료와 변호인이었던 자에 대한 보수에 한한다. 이 경우 보상금액에 관하여는 「형사소송비용 등에 관한 법률」을 준용하되, 피고인이었던 자에 대하여는 증인에 관한 규정을, 변호인이었던 자에 대하여는 국선 변호인에 관한 규정을 준용한다.

② 법원은 공판준비 또는 공판기일에 출석한 변호인이 2인 이상이었던 경우에는 사건의 성질, 심리 상황, 그 밖의 사정을 고려하여 변호인이었던 자의 여비 · 일당 및 숙박료를 대표변호

인이나 그 밖의 일부 변호인의 비용만으로 한정할 수 있다.

제194조의5【준용규정】

비용보상청구, 비용보상절차, 비용보상과 다른 법률에 따른 손해배상과의 관계, 보상을 받을 권리의 양도 · 압류 또는 피고인이었던 자의 상속인에 대한 비용보상에 관하여 이 법에 규정한 것을 제외하고는 「형사보상법」에 따른 보상의 예에 따른다.

제2편 제1심

제1장 수 사❶

❶ • 공소제기 · 유지를 위한 준비활동
• 소송조건이 없어도 수사는 할 수 있다.

제195조【검사와 사법경찰관의 관계 등】

① 검사와 사법경찰관은 수사, 공소제기 및 공소유지에 관하여 서로 협력하여야 한다.

② 제1항에 따른 수사를 위하여 준수하여야 하는 일반적 수사준칙에 관한 사항은 대통령령으로 정한다. [본조신설 2020.2.4]

제196조【검사의 수사】

❷ • 수사의 주재자
• 재판의 집행

❸ • 주관적 혐의
• 구체적 혐의

❹ • 직권수사원칙

① 검사❷는 범죄의 혐의 있다고 사료하는 때❸에는 범인, 범죄사실과 증거를 수사한다.❹ 〈개정 2022.5.9〉

시기제한× – 공소제기 후의 수사○ (보강수사)

수사의무 → 실체진실주의

❺ • 위법 · 부당수사 송치
• 위법체포 · 구속 송치
• 불송치 이의신청 송치
→ 동일성 범위 내 수사
≠수사종결 검찰송치 시 보완수사요구에 불과

② 검사는 제197조의3 제6항, 제198조의2 제2항 및 제245조의7 제2항❺에 따라 사법경찰관으로부터 송치받은 사건에 관하여는 해당 사건과 동일성을 해치지 아니하는 범위 내에서 수사할 수 있다. 〈신설 2022.5.9〉

[전문개정 2020.2.4]

검찰청법

[시행 2022.9.10] [법률 제18861호, 2022.5.9, 일부개정]

제4조【검사의 직무】 ① 검사는 공익의 대표자로서 다음 각 호의 직무와 권한이 있다. 〈개정 2020.2.4, 2022.5.9〉

1. 범죄수사, 공소의 제기 및 그 유지에 필요한 사항. 다만, 검사가 수사를 개시할 수 있는 범죄의 범위는 다음 각 목과 같다.
   가. 부패범죄, 경제범죄 등 대통령령으로 정하는 중요 범죄
   나. 경찰공무원(다른 법률에 따라 사법경찰관리의 직무를 행하는 자를 포함한다) 및 고위공직자범죄수사처 소속 공무원(「고위공직자범죄수사처 설치 및 운영에 관한 법률」에 따른 파견공무원을 포함한다)이 범한 범죄
   다. 가목 · 나목의 범죄 및 사법경찰관이 송치한 범죄와 관련하여 인지한 각 해당 범죄와 직접 관련성이 있는 범죄

• 검사의 직접 수사개시 범위: 6대범죄→2대범죄로 축소(단, 선거범죄는 2022.12.31.까지 유지)

② 검사는 자신이 수사개시한 범죄에 대하여는 공소를 제기할 수 없다. 다만, 사법경찰관이 송치한 범죄에 대하여는 그러하지 아니하다. 〈신설 2022.5.9〉

• 수사검사≠기소검사

▸ 수사의 내용

– 임의수사 : 불구속 수사의 원칙

– 강제수사 : 3원칙 要(강제처분법정주의, 영장주의, 비례성)

▸ 수사구조론

– 영장 ┌ 규문적 수사관 : 허가장
　　　└ 탄핵적 수사관 : 명령장

– 피의자구인 ┌ 규문적 수사관 : 가능
　　　　　　└ 탄핵적 수사관 : 불가능

– 소송적 수사관 : 검사를 정점으로 사경과 피의자가 서로 대립하는 소송구조

▸ 수사의 조건

– 필요성 : 범죄혐의, 공소제기 가능성

– 상당성 ┌ 비례성
　　　　└ 신의칙 : 함정수사 문제

> ※ 함정수사 ┌ 기회제공형 : 적법
> 　　　　　└ 범죄유발형 : 위법(多)

▸ 수사의 단서

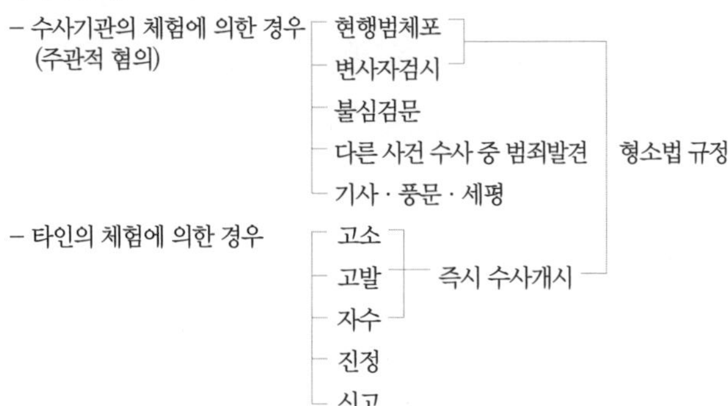

제197조【사법경찰관리】[1]

① 경무관, 총경, 경정, 경감, 경위는 사법경찰관으로서 범죄의 혐의가 있다고 사료하는 때에는 범인, 범죄사실과 증거를 수사한다. 〈개정 2020.2.4〉

② 경사, 경장, 순경은 사법경찰리로서 수사의 보조를 하여야 한다. 〈개정 2020.2.4〉

③ 삭제 〈2020.2.4〉

④ 삭제 〈2020.2.4〉

⑤ 삭제 〈2020.2.4〉

⑥ 삭제 〈2020.2.4〉

[1] • 일반사법경찰관리

제197조의2【보완수사요구】

① 검사는 다음 각 호의 어느 하나에 해당하는 경우에 사법경찰관에게 보완수사를 요구할 수 있다.

1. 송치사건의 공소제기 여부 결정 또는 공소의 유지에 관하여 필요한 경우
2. 사법경찰관이 신청한 영장의 청구 여부 결정에 관하여 필요한 경우

② 사법경찰관은 제1항의 요구가 있는 때에는 정당한 이유가 없는 한 지체 없이 이를 이행하고, 그 결과를 검사에게 통보하여야 한다.

③ 검찰총장 또는 각급 검찰청 검사장은 사법경찰관이 정당한 이유 없이 제1항의 요구에 따르지 아니하는 때에는 권한 있는 사람에게 해당 사법경찰관의 직무배제 또는 징계를 요구할 수 있고, 그 징계 절차는 「공무원 징계령」 또는 「경찰공무원 징계령」에 따른다. [본조신설 2020.2.4]

제197조의3【시정조치요구 등】

① 검사는 사법경찰관리의 수사과정에서 법령위반, 인권침해 또는 현저한 수사권 남용이 의심되는 사실의 신고가 있거나 그러한 사실을 인식하게 된 경우에는 사법경찰관에게 사건기록 등본의 송부를 요구할 수 있다.

② 제1항의 송부 요구를 받은 사법경찰관은 지체 없이 검사에게 사건기록 등본을 송부하여야 한다.

③ 제2항의 송부를 받은 검사는 필요하다고 인정되는 경우에는 사법경찰관에게 시정조치를 요구할 수 있다.

④ 사법경찰관은 제3항의 시정조치 요구가 있는 때에는 정당한 이유가 없으면 지체 없이 이를 이행하고, 그 결과를 검사에게 통보하여야 한다.

⑤ 제4항의 통보를 받은 검사는 제3항에 따른 시정조치 요구가 정당한 이유 없이 이행되지 않았다고 인정되는 경우에는 사법경찰관에게 사건을 송치할 것을 요구할 수 있다.

⑥ 제5항의 송치 요구를 받은 사법경찰관은 검사에게 사건을 송치하여야 한다.

⑦ 검찰총장 또는 각급 검찰청 검사장은 사법경찰관리의 수사과정에서 법령위반, 인권침해 또는 현저한 수사권 남용이 있었던 때에는 권한 있는 사람에게 해당 사법경찰관리의 징계를 요구할 수 있고, 그 징계 절차는 「공무원 징계령」 또는 「경찰공무원 징계령」에 따른다.

⑧ 사법경찰관은 피의자를 신문하기 전에 수사과정에서 법령위반, 인권침해 또는 현저한 수사권 남용이 있는 경우 검사에게 구제를 신청할 수 있음을 피의자에게 알려주어야 한다.

[본조신설 2020.2.4]

제197조의4【수사의 경합】

① 검사는 사법경찰관과 동일한 범죄사실을 수사하게 된 때에는 사법경찰관에게 사건을 송치할 것을 요구할 수 있다.

② 제1항의 요구를 받은 사법경찰관은 지체 없이 검사에게 사건을 송치하여야 한다. 다만, 검사가 영장을 청구하기 전에 동일한 범죄사실에 관하여 사법경찰관이 영장을 신청한 경우에는 해당 영장에 기재된 범죄사실을 계속 수사할 수 있다.

[본조신설 2020.2.4]

제198조【준수사항】

❶ • 불구속수사원칙 (명문규정ㅇ)
• 임의수사의 원칙

❸ • 규문주의 : 비공개성

①❶ 피의자에 대한 수사는 불구속 상태에서 함을 원칙으로 한다.❷

❷ • 무죄추정의 원칙
• 피의자 인권보장을 위하여

②❸ 검사 · 사법경찰관리와 그 밖에 직무상 수사에 관계있는 자는 피의자 또는 다른 사람의 인권을 존중하고 수사과정에서

준당사자(인격권의 주체)

취득한 비밀을 엄수하며 수사에 방해되는 일이 없도록 하여야 한다.

③ 검사 · 사법경찰관리와 그 밖에 직무상 수사에 관계있는 자는 수사과정에서 수사와 관련하여 작성하거나 취득한 서류 또는 물건에 대한 목록을 빠짐 없이 작성하여야 한다.❶

④ 수사기관은 수사 중인 사건의 범죄 혐의를 밝히기 위한 목적으로 합리적인 근거 없이 별개의 사건을 부당하게 수사하여서는 아니 되고,❷ 다른 사건의 수사를 통하여 확보된 증거 또는 자료를 내세워 관련 없는 사건에 대한 자백이나 진술을 강요하여서도 아니 된다.❸ 〈신설 2022.5.9〉

❶ • 목록작성의무

❷ • 별건 부당수사 금지

❸ • 별건 증거에 의한 자백 · 진술 강요 금지

제198조의2【검사의 체포 · 구속장소감찰】

① 지방검찰청 검사장(검사×) 또는 지청장(검사×)은 불법체포 · 구속의 유무를 조사하기 위하여 검사로 하여금 매월 1회 이상 관하 수사관서(구속장소 감찰권)의 피의자의 체포 · 구속장소를 감찰(㉠ 모든 관하수사관서)하게 하여야 한다. 감찰하는 검사는 체포 또는 구속된 자를 심문하고 관련서류를 조사하여야 한다.

② 검사는 적법한 절차에 의하지 아니하고 체포 또는 구속된 것이라고 의심할 만한 상당한 이유가 있는 경우에는 즉시 체포 또는 구속된 자를 석방하거나 사건을 검찰에 송치(㉡ 송치 + 석방○)할 것을 명하여야 한다.

제199조【수사와 필요한 조사】❹

① 수사에 관하여는 그 목적을 달성❺하기 위하여 필요한 조사(합목적성)를 할 수 있다. 다만, 강제처분은 이 법률에 특별한 규정이 있는(강제처분법정주의) 경우에 한하며, 필요한 최소한도의 범위 안에서만(비례성원칙) 하여야 한다.❻

②❼ 수사(임의수사)에 관하여는 공무소 기타 공사단체에 조회하여 필요한 사항의 보고를 요구할 수 있다.❽ (의무(강제수단×))

❹ • 법관의 개입없이 수사기관의 독자적 판단하에 범인 · 범죄 · 사실 · 증거를 조사

❺ • 임의수사근거조항
• 직권, 재량

❻ • 영장주의

❼ • 사실조회
• cf) 제272조

❽ • 대등국가기관 간의 협조의무

▸ 임의수사: 피의자신문, 참고인조사, 감정 · 통역 · 번역의 위촉, 사실조회

제200조【피의자의 출석요구】

검사 또는 사법경찰관은 수사에 필요한 때에는 피의자의 출석을 요구하여 진술을 들을 수 있다.❶

주체 : 수사기관 / (+상당성) 비례의 원칙 / 출석거부 可 / 방법제한 無 / 임의수사 : 진술거부권 有

[전문개정 2007.6.1]

> 진술거부대상 : 자신의 형사책임(민사책임 : ×)

❶ • 피의자신문 : 공소제기 후에도 可(判)

제200조의2【영장에 의한 체포】❷

❷ • 체포영장에 의한
• 체포 : 임의동행(명문규정 ×)과 같은 탈법적 수사관행을 근절하기 위해
• 체포전치주의×

① 피의자가 죄를 범하였다고 의심할 만한 상당한 이유❸가 있고, 정당한 이유 없이 제200조의 규정에 의한 출석요구에 응하지 아니하거나 응하지 아니할 우려가 있는 때에는 검사❹는 관할 지방법원판사에게 청구하여 체포영장을 발부받아 피의자를 체포할 수 있고, 사법경찰관은 검사에게 신청하여 검사의 청구로 관할 지방법원판사의 체포영장을 발부받아 피의자를 체포할 수 있다. 다만, 다액 50만원 이하의 벌금, 구류 또는 과료에 해당하는 사건에 관하여는 피의자가 일정한 주거가 없는 경우 또는 정당한 이유 없이 제200조의 규정에 의한 출석요구에 응하지 아니한 경우❺에 한한다.

체포사유 / 청구권자 / 영장청구 不可 / 영장주의 / (예외) 경미사건 / 우려×

❸ • 객관적 혐의, 상당한 혐의

❹ • 영장 없는 체포 허용
 - 긴급체포
 - 현행범인체포

❺ • 구속의 경우는 응하지 아니할 우려×(구속은 주거부정만) = 현행범체포

② 제1항의 청구를 받은 지방법원판사는 상당하다고 인정할 때에는 체포영장을 발부한다. 다만, 명백히 체포의 필요가 인정되지 아니하는 경우에는 그러하지 아니하다.❻

수임판사 / 체포영장청구기각

• 비례의 원칙

❻ • 필요성 근거(비례의 원칙) – 소극적 요건

③ 제1항의 청구를 받은 지방법원판사가 체포영장을 발부하지 아니할 때에는 청구서에 그 취지 및 이유를 기재하고 서명날인하여 청구한 검사에게 교부한다.

④ 검사가 제1항의 청구를 함에 있어서 동일한 범죄사실에 관하여 그 피의자에 대하여 전에 체포영장을 청구하였거나 발부받은 사실이 있는 때에는 다시 체포영장을 청구하는 취지 및 이유를 기재하여야 한다.❼

구속영장 동일

❼ • 재체포 제한×

⑤ 체포한 피의자를 구속하고자 할 때에는 체포한 때부터 48시간 이내에 제201조의 규정에 의하여 구속영장을 청구하여야 하고, 그 기간 내에 구속영장을 청구하지 아니하는 때에는 피의자를 즉시 석방하여야 한다.

체포된 때부터 구속기간 기산

발부×

[제목개정 2007.6.1]

제200조의3【긴급체포】❶

❶ • 사전영장주의의 예외, 무기사용 可(헌법에 규정)

① 검사 또는 사법경찰관❷은 피의자가 사형 · 무기 또는 장기 3년 이상의 징역이나 금고에 해당하는 죄를 범하였다고 의심할 만한 상당한 이유❸가 있고, 다음 각 호의 어느 하나에 해당하는 사유가 있는 경우에 긴급을 요하여 지방법원판사의 체포영장을 받을 수 없는 때에는 그 사유를 알리고 영장 없이 피의자를 체포할 수 있다. 이 경우 긴급을 요한다 함은 피의자를 우연히 발견한 경우 등과 같이 체포영장을 받을 시간적 여유가 없는 때를 말한다. 〈개정 2007.6.1〉

❷ • 요건판단의 주체(수사기관)
• 체포당시 기준으로 판단

❸ • 객관적 혐의

중대성

필요성

적극적 요건

1. 피의자가 증거를 인멸할 염려가 있는 때
2. 피의자가 도망하거나 도망할 우려가 있는 때

• 체포의 필요성 (적극적)

• cf) 주거부정×

② 사법경찰관이 제1항의 규정에 의하여 피의자를 체포한 경우에는 즉시 검사의 승인을 얻어야 한다.

사후(사전지휘 不要)

③ 검사 또는 사법경찰관은 제1항의 규정에 의하여 피의자를 체포한 경우에는 즉시 긴급체포서를 작성하여야 한다.❹

❹ • 서면주의

④ 제3항의 규정에 의한 긴급체포서에는 범죄사실의 요지, 긴급체포의 사유 등을 기재하여야 한다.❺

❺ • 구속영장 청구시에 첨부

제200조의4【긴급체포와 영장청구기간】

① 검사 또는 사법경찰관이 제200조의3의 규정에 의하여 피의자를 체포한 경우 피의자를 구속하고자 할 때에는 지체 없이 검사는 관할지방법원판사에게 구속영장을 청구하여야 하고,

사법경찰관은 검사에게 신청하여 검사의 청구로 관할지방법원판사에게 구속영장을 청구하여야 한다. 이 경우 구속영장은 피의자를 체포한 때부터 48시간 이내에 청구하여야 하며, 제200조의3 제3항에 따른 긴급체포서[1]를 첨부하여야 한다. 〈개정 2007.6.1〉

36시간 이내에 신청 / 종료시한 설정 / 발부×

② 제1항의 규정에 의하여 구속영장을 청구하지 아니하거나 발부받지 못한 때에는 피의자를 즉시 석방하여야 한다.

③[2] 제2항의 규정에 의하여 석방된 자는 영장 없이는 동일한 범죄사실에 관하여 체포하지 못한다.[3]

④ 검사는 제1항에 따른 구속영장을 청구하지 아니하고 피의자를 석방한 경우에는 석방한 날부터 30일 이내에 서면으로 다음 각 호의 사항을 법원에 통지하여야 한다. 이 경우 긴급체포서의 사본을 첨부하여야 한다. 〈신설 2007.6.1〉

사후통제 위함 / 통상체포서의 사본 : 위법

1. 긴급체포 후 석방된 자의 인적사항
2. 긴급체포의 일시 · 장소와 긴급체포하게 된 구체적 이유
3. 석방의 일시 · 장소 및 사유
4. 긴급체포 및 석방한 검사 또는 사법경찰관의 성명

⑤ 긴급체포 후 석방된 자 또는 그 변호인 · 법정대리인 · 배우자 · 직계친족 · 형제자매는 통지서 및 관련 서류를 열람하거나 등사할 수 있다. 〈신설 2007.6.1〉[4]

⑥ 사법경찰관은 긴급체포한 피의자에 대하여 구속영장을 신청하지 아니하고 석방한 경우에는 즉시 검사에게 보고하여야 한다. 〈신설 2007.6.1〉

제200조의5【체포와 피의사실 등의 고지】[5]

검사 또는 사법경찰관은 피의자를 체포하는 경우에는 ㉠피의사실의 요지, ㉡체포의 이유와 ㉢변호인을 선임할 수 있음을 말하고 ㉣변명할 기회를 주어야 한다.[6] [본조신설 2007.6.1]

참여×

[종전 제200조의5는 제200조의6으로 이동 〈2007.6.1〉]

❶ • 사후에 수임판사가 긴급체포의 적법성 심사

❷ • 재체포 · 재구속 제한 PART

❸ • 재긴급체포 제한 : 영장(체포영장)이 발부되었거나 다른 범죄사실로는 체포 可

❹ • 위법한 긴급체포의 시점. 그에 대한 배상청구시 사용

❺ • 도망의 예외 無≠72조
• 사인의 현행범인 체포시 : 고지의무×
• 집행요건설

❻ • 진술거부권 고지○ (수사협력규정 §32①)

제200조의6【준용규정】❶

제75조, 제81조 제1항 본문 및 제3항,❷ 제82조, 제83조, 제85조❸제1항 · 제3항 및 제4항,❹ 제86조, 제87조, 제89조부터 제91조까지, 제93조, 제101조 제4항 및 제102조 제2항 단서의 규정은 검사 또는 사법경찰관이 피의자를 체포하는 경우에 이를 준용한다. 이 경우 "구속"은 이를 "체포"로, "구속영장"은 이를 "체포영장"으로 본다. 〈개정 2007.6.1〉

[제200조의5에의 이동 〈2007.6.1〉]

제201조【구 속】❺

① 피의자가 죄를 범하였다고 의심할 만한 상당한 이유(범죄혐의 : 객관적 혐의)가 있고 제70조 제1항(피고인 구속사유) 각 호의 1에 해당하는 사유가 있을 때에는 검사(청구권자)는 관할지방법원판사에게 청구하여 구속영장(허가장(규문적 수사관))을 받아 피의자를 구속할 수 있고, 사법경찰관(사법경찰리×)은 검사에게 신청하여 검사의 청구로 관할지방법원판사의 구속영장을 받아 피의자를 구속할 수 있다. 다만, 다액 50만원 이하의 벌금, 구류 또는 과료에 해당하는 범죄에 관하여는(비례성=현행범체포) 피의자가 일정한 주거가 없는 경우에 한한다.❻

② 구속영장의 청구에는 구속의 필요를 인정할 수 있는 자료를 제출하여야 한다.

③ 제1항의 청구를 받은 지방법원판사는 신속히 구속영장의 발부여부를 결정하여야 한다.

④ 제1항의 청구를 받은 지방법원판사는 상당하다고 인정할 때에는 구속영장을 발부한다. 이를 발부하지 아니할 때에는 청구서에 그 취지 및 이유를 기재하고 서명날인하여 청구한 검사에게 교부한다.❼

⑤ 검사가 제1항의 청구를 함에 있어서 동일한 범죄사실에 관하여 그 피의자에 대하여 전에 구속영장을 청구하거나 발부

❶ • 피고인 구속영장을 피의자 체포에 준용

❷ • 체포영장집행 : 검사의 지휘로 사경 or 교도관이 집행

❸ • 체포 전 영장 제시, 범죄사실의 요지, 체포이유, 변호인선임권, 변명기회를 주어야 함(진술거부권 고지×)

❹ • 급속시 긴급집행 후 사후영장 제시

❺ • 체포전치주의×
• 영장주의의 예외가 인정되지 않는다.

❻ • 제200조의2 제1항 후단부
• 체포구별 ┌ 주거부정 / 정당이유× / └ 출석불응우려

❼ • 기각불복 불가(判)

받은 사실이 있을 때에는 다시 구속영장을 청구하는 취지 및 이유를 기재하여야 한다.

체포영장 동일

제201조의2【구속영장청구와 피의자 심문】❶

① 제200조의2 · 제200조의3 또는 제212조에 따라 체포된 피의자에 대하여 구속❷영장을 청구받은 판사는 지체 없이 피의자를 심문하여야 한다. 이 경우 특별한 사정이 없는 한 구속영장이 청구된 날의 다음 날까지 심문하여야 한다.❸

(제200조의2: 영장에 의한 체포 / 제200조의3: 긴급체포 / 제212조: 현행범 체포)

② 제1항 외의 피의자❹에 대하여 구속영장을 청구받은 판사는 피의자가 죄를 범하였다고 의심할 만한 이유가 있는 경우에 구인을 위한 구속영장을 발부하여 피의자를 구인한 후 심문하여야 한다. 다만, 피의자가 도망하는 등의 사유로 심문할 수 없는 경우에는 그러하지 아니하다.❺

③ 판사는 제1항의 경우에는 즉시, 제2항의 경우에는 피의자를 인치한 후 즉시 검사, 피의자 및 변호인에게 심문기일과 장소를 통지❻하여야 한다. 이 경우 검사는 피의자가 체포되어 있는 때에는 심문기일에 피의자를 출석시켜야 한다.❼

④ 검사와 변호인은 제3항에 따른 심문기일에 출석하여 의견을 진술할 수 있다.❽

⑤ 판사는 제1항 또는 제2항에 따라 심문하는 때에는 공범의 분리심문이나 그 밖에 수사상의 비밀보호를 위하여 필요한 조치를 하여야 한다.❾

⑥ 제1항 또는 제2항에 따라 피의자를 심문하는 경우 법원사무관 등은 심문의 요지 등을 조서❿로 작성하여야 한다.

⑦ 피의자심문을 하는 경우 법원이 구속영장청구서 · 수사 관계 서류 및 증거물을 접수한 날부터⓫ 구속영장을 발부하여 검찰청에 반환한 날⓬까지의 기간은 제202조 및 제203조의 적용에 있어서 그 구속기간에 이를 산입하지 아니한다.⓭

❶ • 수사단계에서 예외적 국선변호인 선임
• 사전적, 절차적, 필요적
• 사전적 구제제도
• 필요적 심문
• 체포의 경우에는 영장실질심사×
• 구속 전 피의자심문제도 : 비공개원칙

❷ • 체포 : 영장발부 전 피의자신문×

❸ • 필수성, 신속성

❹ • 체포되지 않은 피의자
• 직권

❺ • 피의자 도망 등으로 심문 불능시는 서면으로 심사

❻ • 서면, 전화 or Fax 등 신속한 방법으로 한다.

❼ • 피의자 출석거부 or 질병 등의 사유로 불출석시에도 심문절차진행 可

❽ • 판사의 심문종료 후
• 심문도중에는 판사의 허가 要

❾ • 원칙 : 비공개 (∵수사단계)

❿ • 심문조서 (제214조의2에 준용) =서면주의

⓫⓬ • 적부심과 동일(제214조의2 제13항)

⓭ • 미결구금일수는 산입
• 구속기간 불산입

⑧ 심문할 피의자에게 변호인이 없는 때에는 지방법원판사는 직권으로 변호인을 선정하여야 한다. 이 경우 변호인의 선정은 피의자에 대한 구속영장청구가 기각되어 효력이 소멸한 경우를 제외하고는 제1심까지 효력이 있다.

국선변호인

ex) 석방

⑨ 법원은 변호인의 사정이나 그 밖의 사유로 변호인 선정결정이 취소되어 변호인이 없게 된 때에는 직권으로 변호인을 다시 선정할 수 있다.

⑩ 제71조, 제71조의2, 제75조, 제81조부터 제83조까지, 제85조 제1항 · 제3항 · 제4항, 제86조, 제87조 제1항, 제89조부터 제91조까지 및 제200조의5는 제2항에 따라 구인을 하는 경우에 준용하고, 제48조, 제51조, 제53조, 제56조의2 및 제276조의2는 피의자에 대한 심문의 경우에 준용한다.

접견교통권

체포와 고지

공판조서

신뢰관계에 있는 자 동석

[전문개정 2007.6.1]

제202조【사법경찰관의 구속기간】

사법경찰관이 피의자를 구속한 때에는 10일 이내에 피의자를 검사에게 인치하지 아니하면 석방하여야 한다.

법정기간

제203조【검사의 구속기간】

검사가 피의자를 구속한 때 또는 사법경찰관으로부터 피의자의 인치를 받은 때에는 10일 이내에 공소를 제기하지 아니하면 석방하여야 한다.

▸ 국가보안법위반사건 ┌ 사경－1차 연장
└ 검사－2차 연장

예외－불고지죄, 찬양 · 고무죄

❶ • 사실상 구속기간 단축의 효과

제203조의2【구속기간에의 산입】❶

피의자가 제200조의2 · 제200조의3 · 제201조의2 제2항 또는 제212조의 규정에 의하여 체포 또는 구인된 경우에는 제202조 또는 제203조의 구속기간은 피의자를 체포 또는 구인한 날부터

기산한다. 〈개정 2007.6.1〉

제204조【영장발부와 법원에 대한 통지】

체포영장 또는 구속영장의 발부를 받은 후 피의자를 체포 또는 (허가장) 구속하지 아니하거나 체포 또는 구속한 피의자를 석방한 때에는 (구속취소) 지체 없이 검사는 영장을 발부한 법원에 그 사유를 서면으로 통지하여야 한다.

제205조【구속기간의 연장】❶

❶ • 체포 : 연장×

① 지방법원판사는 (수임판사) 검사의 신청에 의하여 수사를 계속함에 상당한 이유가 있다고 인정한 때에는 10일을 초과하지 아니하는 한도에서 (재정기간) 제203조의 구속기간의 연장을 1차에 한하여 허가할 수 있다.❷

❷ • 피의자 최장구속기간 : 30일(국가보안법 : 50일)

②❸ 전항의 신청에는 구속기간의 연장의 필요를 인정할 수 있는 자료를 제출하여야 한다.

❸ • 구속기간의 만료일 다음 날부터 기산
• 구속기간 연장허가결정에는 불복×

제206조~제207조

삭제

제208조【재구속의 제한】❹

❹ • 피의자에게만 적용 (피고인×) ↓ 법원이 피고인을 구속하는 경우 제한×

① 검사 또는 사법경찰관에 (수소법원×) 의하여 구속되었다가 석방된 자는 (검사의 자발적 석방) 다른 중요한 증거를 발견한 (재구속 可) 경우를 제외하고는 동일한 범죄사실에 관하여 재차 구속하지 못한다.

② 전항의 경우에는 1개의 목적을 위하여 동시 또는 수단결과의 관계에서 행하여진 행위는 동일한 범죄사실로 간주한다.❺

❺ • 견련관계
ex) 주거침입 + 절도죄
↓ 동일된 법리간주 / ↓ 구속○

제209조【준용규정】❻

❻ • 피의자 구속시 준용하는 규정(수사기관이 집행)

제70조 제2항, 제71조, 제75조, 제81조 제1항 본문 · 제3항, 제82조, 제83조, 제85조부터 제87조까지, 제89조부터 제91조까지, 제93조, 제101조 제1항, 제102조 제2항 본문(보석의 취소에 관한

부분은 제외한다) 및 제200조의5는 검사 또는 사법경찰관의 피의자 구속에 관하여 준용한다.

〈개정 2007.12.4〉

[전문개정 2007.6.1]

제210조【사법경찰관리의 관할구역 외의 수사】

제3조, 제83조

사법경찰관리가 관할구역 외에서 수사하거나 관할구역 외의 사법경찰관리의 촉탁을 받아 수사할 때에는 관할지방검찰청 검사장 또는 지청장에게 보고하여야 한다. 다만, 제200조의3, 제212조, 제214조, 제216조와 제217조의 규정에 의한 수사를 하는 경우에 긴급을 요할 때에는 사후에 보고할 수 있다.

승인×, 허가× / 긴급체포 / 현행범인 체포 / 영장에 의하지 않는 강제처분

▸ 검사의 관할구역
- 소속검찰청 관할구역 내
- 수사상 필요한 때에는 관할구역 외에서도 可

제211조【현행범인과 준현행범인】❶

① 범죄를 실행하고 있거나❷ 실행하고 난 직후❸의 사람을 현행범인이라 한다.

② 다음 각 호의 어느 하나에 해당하는 사람은 현행범인으로 본다.❹

1. 범인으로 불리며 추적되고 있을 때
2. 장물이나 범죄에 사용되었다고 인정하기에 충분한 흉기나 그 밖의 물건을 소지하고 있을 때
3. 신체나 의복류에 증거가 될 만한 뚜렷한 흔적이 있을 때
4. 누구냐고 묻자 도망하려고 할 때

사인포함 / 명백성 要

[전문개정 2020.12.8]

제212조【현행범인의 체포】❺❻

현행범인은 누구든지 영장 없이❼ 체포할 수 있다.❽

❶ • 영장주의의 예외 (헌법에 규정)

❷ • 실행착수○ 종료×

❸ • 장소적 접착성 + 시간적 접착성
• (判) 사건 ─ 10분(무학여고) – 현행범○ / 40분(교장실) – 현행범×

❹ • 준현행범인

❺ • 체포의 필요성
 명문규정× / 판례인정○
 ① 도망하거나 도망할 염려
 ② 증거인멸할 염려가 있을 경우

❻ • 구성요건 · 위법성 · 책임(모두 포함되어야 함)에 해당되어야 체포가능
ex) 형사미성년자(책임조각)의 범행은 현행범인 체포×

❼ • 영장주의 예외 / 영장없는 강제처분

❽ • 사인의 현행범체포 可(의무×) – 석방권×

제212조의2

삭제

제213조【체포된 현행범인의 인도】

① 검사 또는 사법경찰관리 아닌 자가 현행범인을 체포한 때에는 즉시 검사 또는 사법경찰관리에게 인도하여야 한다.[1]

② 사법경찰관리가 현행범인의 인도를 받은 때에는 체포자의 성명, 주거, 체포의 사유를 물어야 하고 필요한 때에는 체포자에 대하여 경찰관서에 동행함을 요구할 수 있다.

(중요한 참고인 또는 증인)

③ 삭제

[1] • 체포자는 범인을 인도하지 않고 임의로 석방×. 체포시 사인의 타인주거에 출입 不可

제213조의2【준용규정】

제87조[2], 제89조[3], 제90조[4], 제200조의2[5] 제5항 및 제200조의5[6]의 규정은 검사 또는 사법경찰관리가 현행범인을 체포하거나 현행범인을 인도받은 경우에 이를 준용한다. 〈개정 2007.6.1〉

[2] • 체포의 통지
[3] • 접견교통권
[4] • 변호인선임의뢰
[5] • 48시간 內 구속영장청구
[6] • 사전고지

제214조【경미사건과 현행범인의 체포】[7]

(경미사건: 비례성)

다액 50만원 이하의 벌금, 구류 또는 과료에 해당하는 죄의 현행범인에 대하여는 범인의 주거가 분명하지 아니한 때에 한하여 제212조 내지 제213조의 규정을 적용한다.

[7] • 구속

제214조의2【체포와 구속의 적부심사】[8]

①[9] 체포되거나 구속된 피의자 또는 그 변호인, 법정대리인, 배우자, 직계친족, 형제자매나 가족, 동거인 또는 고용주는 관할법원[10]에 체포 또는 구속의 적부심사(適否審査)를 청구[11]할 수 있다. 〈개정 2020.12.8〉

(청구권자 / 피의자: 피고인× / 적부심사: 보석과 동일 / 항고적 성격(위법한 체포 · 구속에 대한 불복))

②[12] 피의자를 체포하거나 구속한 검사 또는 사법경찰관은 체포되거나 구속된 피의자와 제1항에 규정된 사람 중에서 피의자가 지정하는 사람에게 제1항에 따른 적부심사를 청구할 수

(피의자+피의자가 지정하는 자)

[8] • 사후적 구제제도
• 수사단계에서 예외적 국선변호인선임 – 법원개입
• 결정에 불복×

[9] • 영장여부 불문

[10] • 심사 : 지법합의부 또는 단독판사≠수임판사 · 수소법원
• 사유 · 대상에 제한×

[11] • 서면청구 → 심문기일지정
• 48시간 내 심문○

[12] • 적부심 고지조항

있음을 알려야 한다. 〈신설 2007.6.1., 2020.12.8〉
고지의무

❶ • 간이기각결정
– 기피신청의 간이기각결정도 있다.

③❶ 법원은 제1항에 따른 청구가 다음 각 호의 어느 하나에 해당하는 때에는 제4항에 따른 심문 없이 결정으로 청구를 기각할 수 있다.❷ 〈개정 2020.12.8〉

❷ • 임의적

1. ㉠청구권자 아닌 사람이 청구하거나 ㉡동일한 체포영장 또는 구속영장의 발부에 대하여 재청구한 때
2. ㉢공범이나 공동피의자의 순차청구(順次請求)가 수사 방해를 목적으로 하고 있음이 명백한 때 〈개정 2007.6.1〉
심리방해(×)

④ 제1항의 청구를 받은 법원은 청구서가 접수된 때부터 48시간 이내에 체포되거나 구속된 피의자❸를 심문❹하고 수사 관계 서류와 증거물을 조사하여 그 청구가 이유 없다고 인정한 경우에는 결정으로 기각하고, 이유 있다고 인정한 경우에는 결정❺으로 체포되거나 구속된 피의자의 석방을 명하여야 한다. 심사청구 후 피의자에 대하여 공소제기가 있는 경우에도 또한 같다. 〈개정 2007.6.1, 2020.12.8〉❻
기산점
출석 : 절차개시요건
전격기소 방지목적

❸ • 구속영장의 실효
(고지시에 효력)

❹❺ • 종료 후 24시간 내 결정

❻ • 절차개시요건○(존속요건×) : 청구시에만 피의자

⑤❼ 법원은 구속❽된 피의자(심사청구 후 공소제기된 사람을 포함한다)❾에 대하여 피의자의 출석을 보증할 만한 보증금의 납입을 조건으로 하여 결정으로 제4항의 석방을 명할 수 있다. 다만, 다음 각 호에 해당하는 경우에는 그러하지 아니하다.❿
보증금"등"×

〈신설 2007.6.1, 개정 2020.12.8〉

❼ • 구속영장의 효력은 실효됨
❽ • 체포적부심 청구시에는×
❾ • 피의자보석(직권 · 재량)(보통항고 可)
보석의 규정을 준용하기 때문에

❿ • 예외사유

1. 범죄의 증거를 인멸할 염려가 있다고 믿을 만한 충분한 이유가 있는 때
2. 피해자, 당해 사건의 재판에 필요한 사실을 알고 있다고 인정되는 사람 또는 그 친족의 생명 · 신체나 재산에 해를 가하거나 가할 염려가 있다고 믿을 만한 충분한 이유가 있는 때

• ⑤～⑦ 재량보석규정

⑥ 제5항의 석방 결정을 하는 경우에는 주거의 제한, 법원 또는 검사가 지정하는 일시 · 장소에 출석할 의무, 그 밖의 적당한

조건을 부가할 수 있다. 〈개정 2020.12.8〉

⑦ 제5항에 따라 보증금 납입을 조건으로 석방을 하는 경우에는 제99조와 제100조를 준용한다. 〈개정 2020.12.8〉

필수적

⑧ 제3항❶과 제4항❷의 결정❸에 대해서는 항고할 수 없다.❹ 〈개정 2020.12.8〉

❶ • 심문없이 기각
❷ • 심문 후 기각 · 석방
❸ • 인용 · 기각 모두 항고×(종국 前 재판이므로)
• 제5항 불복ㅇ–보통항고(判)

❹ • 보증납입조건부석방결정에 대한 항고 가부
– 긍정설 : 제8항은 제5항 규정×(判)
– 부정설 : 제5항도 넓은 의미의 석방결정임

⑨ 검사 · 변호인 · 청구인은 제4항의 심문기일에 출석하여 의견을 진술할 수 있다.❺ 〈개정 2020.12.8〉

❺ • 법원심문 후 심문, 자료제출 可

⑩ 체포되거나 구속된 피의자에게 변호인이 없는 때에는 제33조❻를 준용한다. 〈개정 2020.12.8〉

❻ • 국선변호인 선정(출석은 절차개시요건)

⑪ 법원은 제4항의 심문을 하는 경우 공범의 분리심문이나 그 밖에 수사상의 비밀보호를 위한 적절한 조치를 하여야 한다.❼ 〈개정 2020.12.8〉

(수명법관)

❼ • 시간상 수사단계이므로

⑫ 체포영장이나 구속영장을 발부한 법관은 제4항부터 제6항 까지의 심문 · 조사 · 결정에 관여할 수 없다. 다만, 체포영장이나 구속영장을 발부한 법관 외에는 심문 · 조사 · 결정을 할 판사가 없는 경우에는 그러하지 아니하다.❽ 〈개정 2020.12.8〉

• 항고적 성격

❽ • 1인 지원인 경우(예외)

⑬ 법원이 수사 관계 서류와 증거물을 접수한 때부터❾ 결정 후 검찰청에 반환된 때까지의 기간은 제200조의2 제5항❿(제213조의2에 따라 준용되는 경우를 포함한다) 및 제200조의4 제1항⓫을 적용할 때에는 그 제한기간에 산입하지 아니하고, 제202조 · 제203조 및 제205조의 적용할 때에는 그 구속기간에 산입하지 아니한다.⓬ 〈개정 2020.12.8〉

❾ • 영장실질심사와 동일(제201조의2 제7항) : 서류가 법원에 머무른 기간
❿ • 영장체포시 구속영장 청구기간
⓫ • 긴급체포시 구속영장 청구기간
⓬ • 구속기간 불산입 : 수사방해
• 단, 석방결정 · 기각결정 본문 미결구금일수에는 산입한다.

⑭⓭ 제4항에 따라 피의자를 심문하는 경우에는 제201조2 제6항을 준용한다. 〈개정 2020.12.8〉

⓭ • 조서작성–필요적

제214조의3【재체포 및 재구속의 제한】

① 제214조의2 제4항에 따른 체포 또는 구속적부심사 결정에 의하여 석방된 피의자가 도망하거나 범죄의 증거를 인멸⓮하

⓮ • 인멸우려×
• 다른 중요한 증거

는 경우를 제외하고는 동일한 범죄사실로 재차 체포 또는 구속할 수 없다. 〈개정 2020.12.8〉

② 제214조의2 제5항에 따라 석방된 피의자에게 다음 각 호의 어느 하나에 해당하는 사유가 있는 경우를 제외하고는 동일한 범죄사실로 재차 체포하거나 구속할 수 없다.❶

재량보석

❶ • 피의자보석 석방 후 재체포 · 재구속 사유

1. 도망한 때
2. 도망하거나 범죄의 증거를 인멸할 염려가 있다고 믿을 만한 충분한 이유가 있는 때
3. 출석요구를 받고 정당한 이유 없이 출석하지 아니한 때
4.❷ 주거의 제한이나 그 밖에 법원이 정한 조건을 위반한 때

• 보복범죄의 위험 = 피고인 보석취소사유

• 보복 또는 보복우려×

❷ • 주거부정×

[제목개정 2020.12.8]

제214조의4【보증금의 몰수】❸

❸ • cf) 피고인보석의 보증금 몰수
§103 피의자보석

①❹ 법원은 다음 각 호의 1의 경우에 직권 또는 검사의 청구에 의하여 결정으로 제214조의2 제5항에 따라 납입된 보증금의 전부 또는 일부를 몰수할 수 있다. 〈개정 2007.6.1〉

❹ • 임의적 몰수
• 판결확정 전

재구속 · 재수감

1. 제214조의2 제5항에 따라 석방된 자를 제214조의3 제2항에 열거된 사유❺로 재차 구속할 때
2. 공소가 제기된 후 법원이 제214조의2 제5항에 따라 석방된 자를 동일한 범죄사실에 관하여 재차 구속할 때

❺ • 피의자보석 재체포 · 재구속

피의자보석

②❻ 법원은 제214조의2 제5항에 따라 석방된 자가 동일한 범죄사실에 관하여 형의 선고를 받고 그 판결이 확정된 후, 집행 하기 위한 소환을 받고 정당한 이유 없이 출석하지 아니하거 나 도망한 때에는 직권 또는 검사의 청구에 의하여 결정으로 보증금의 전부 또는 일부를 몰수하여야 한다. 〈개정 2007.6.1〉

❻ • 필요적 몰수
• 판결확정 후

피의자보석

소환불능

제215조【압수, 수색, 검증】

① 검사는 범죄수사에 필요한 때❼에는 피의자가 죄를 범하였다고 의심할 만한 정황이 있고 해당 사건과 관계가 있다고 인

청구권자

❼ • 필요성 이외에 비례성도 필요
• 주거부정×, 도망염려 등×

정할 수 있는 것에 한정하여 지방법원판사에게 청구하여 발부받은 영장에 의하여 압수, 수색 또는 검증을 할 수 있다.❶

❶ • 별건 압수 · 수색×, 대상의 예비적 기재×

② 사법경찰관이 범죄수사에 필요한 때에는 피의자가 죄를 범하였다고 의심할 만한 정황이 있고 해당 사건과 관계가 있다고 인정할 수 있는 것에 한정하여 검사에게 신청하여 검사의 청구로 지방법원판사가 발부한 영장에 의하여 압수, 수색 또는 검증을 할 수 있다.

[전문개정 2011.7.18]

▸ 단일영장
 –압수 : 압류, 영치, 제출명령
 –수색
▸ 압수절차가 위법한 경우 : 압수물의 증거능력×

제216조【영장에 의하지 아니한 강제처분】❷

❷ • ex) 체포현장
 범죄현장
• 대물적 강제처분에서 영장주의의 예외

① 검사 또는 사법경찰관은 제200조의2(영장에 의한 체포), 제200조의3(긴급체포), 제201조(구속) 또는 제212조의 규정(현행범체포)에 의하여 피의자를 체포 또는 구속하는 경우에 필요한(필요성) 때에는 영장 없이 다음 처분을 할 수 있다.

1.❸ 타인의 주거나 타인이 간수하는 가옥, 건조물, 항공기, 선차 내에서의 피의자 수색. 다만, 제200조의2 또는 제201조에 따라 피의자를 체포 또는 구속하는 경우의 피의자 수색은 미리 수색영장을 발부받기 어려운 긴급한 사정이 있는 때에 한정❹한다.

❸ • 사후영장 ×

❹ • 영장체포 · 구속시 要

2. 체포현장에서의❺ 압수, 수색, 검증❻

❺ • ┌ 근접설
 체포착수시설
 체포설
 └ 체포현장설

❻ • 사후영장○
(48시간 이내)

② 전항 제2호의 규정은 검사 또는 사법경찰관이 피고인에 대한 구속영장의 집행의 경우❼에 준용한다.❽

❼ • 사후영장
(48시간 이내)

❽ • 피고인 구속현장에서의 압수, 수색, 검증

③❾ 범행 중 또는 범행 직후의 범죄장소에서 긴급을 요하여❿ 법원판사의 영장을 받을 수 없는 때에는 영장 없이 압수, 수색 또는 검증을 할 수 있다. 이 경우에는 사후에 지체 없이(48시간 이내×) 영장을 받아야 한다.

❾ • cf) §218

❿ • 긴급성 · 사후영장

제217조【영장에 의하지 아니하는 강제처분】❶

❶ • 사후영장 필요

①❷ 검사 또는 사법경찰관은 제200조의3(긴급체포)에 따라 체포된 자가 소유 · 소지 또는 보관하는 물건에 대하여 긴급히(신설) 압수할 필요가 있는 경우에는 체포한 때부터 24시간 이내에 한하여 영장 없이 압수 · 수색 또는 검증을 할 수 있다.

❷ • 긴급체포 후 사후영장○ (48시간)

② 검사 또는 사법경찰관은 제1항 또는 제216조❸ 제1항 제2호에 따라 압수한 물건을 계속 압수할 필요가 있는 경우에는 지체 없이 압수수색영장(구속영장×)을 청구하여야 한다. 이 경우 압수수색영장의 청구는 체포한 때부터 48시간❹ 이내에 하여야 한다.

❸ ※ 긴급성
• 체포현장 압수검증

• 사후영장

❹ • 원칙 : 지체 없이 청구
한계 – 48시간

③ 검사 또는 사법경찰관은 제2항에 따라 청구한 압수수색영장을 발부받지 못한 때에는 압수한 물건을 즉시 반환하여야(환부) 한다. [전문개정 2007.6.1]

제218조【영장에 의하지 아니한 압수】❺

❺ • 임의제출물 압수
cf) §216③

검사, 사법경찰관은 피의자 기타인의 유류한 물건이나 소유자, 소지자 또는 보관자가 임의로 제출한 물건을 영장 없이 압수(검증 · 수색×)할 수 있다.❻

❻ • 유류물 or 임의제출물의 영치 – 강제처분

제218조의2【압수물의 환부, 가환부】

① 검사는 사본을 확보한 경우 등 압수를 계속할 필요가 없다고 인정되는 압수물 및 증거에 사용할 압수물에 대하여 공소제기 전이라도 소유자, 소지자, 보관자 또는 제출인의 청구가 있는 때에는 환부 또는 가환부하여야 한다.

② 제1항의 청구에 대하여 검사가 이를 거부하는 경우에는 신청인은 해당 검사의 소속 검찰청에 대응한 법원에 압수물의 환부 또는 가환부 결정을 청구할 수 있다.

③ 제2항의 청구에 대하여 법원이 환부 또는 가환부를 결정하면 검사는 신청인에게 압수물을 환부 또는 가환부하여야 한다.

④ 사법경찰관의 환부 또는 가환부 처분에 관하여는 제1항부터 제3항까지의 규정을 준용한다. 이 경우 사법경찰관은 검사의 지휘를 받아야 한다.

[본조신설 2011.7.18]

제219조【준용규정】❶

제106조, 제107조, 제109조 내지 제112조, 제114조, 제115조 제1항 본문 · 제2항, 제118조부터 제132조까지, 제134조, 제135조, 제140조, 제141조, 제333조 제2항, 제486조의 규정은 검사 또는 사법경찰관의 본장의 규정에 의한 압수, 수색 또는 검증에 준용한다. 단, 사법경찰관이 제130조, 제132조 및 제134조❷에 따른 처분을 함에는 검사의 지휘를 받아야 한다.

①항만 준용○

사후제시×

위탁보관, 폐기처분

〈개정 2007.6.1, 2011.7.18〉

❶ • 피고인의 압수 · 수색규정을 피의자에게 준용

❷ • 대가보관, 압수물의 환부 · 가환부, 압수장물의 피해자환부

제220조【요급처분】

제216조의 규정에 의한 처분을 하는 경우에 급속을 요하는 때에는 제123조 제2항, 제125조의 규정에 의함을 요하지 아니한다.

참여인 要, 야간집행제한

제221조【제3자의 출석요구 등】❸

① 검사 또는 사법경찰관은 수사에 필요한 때에는 피의자가 아닌 자❹의 출석을 요구하여 진술을 들을 수 있다. 이 경우 그의 동의❺를 받아 영상녹화할 수 있다.

임의수사

제200조

② 검사 또는 사법경찰관은 수사에 필요한 때에는 감정 · 통역 또는 번역을 위촉할 수 있다.❻

❸ • 참고인조사 (필요성 + 상당성 = 비례의 원칙)

❹ • 참고인
- 진술거부권 고지×
- 진술거부권 인정○

• 참고인 출석여부
- 대인적 강제처분×
- 출석의무×

❺ • 피의자는 고지만 要 (제244조의2)

❻ • 수사과정 기록해야 함

③ 제163조의2 제1항부터 제3항까지는 검사 또는 사법경찰관
신뢰관계 있는 자의 동석제도
이 범죄로 인한 피해자를 조사하는 경우에 준용한다.
참고인 조사

[전문개정 2007.6.1]

제221조의2【증인신문의 청구】

① 범죄의 수사에 없어서는 아니 될 사실을 안다고 명백히 인정되는 자가 전조의 규정에 의한 출석 또는 진술을 거부한(실질적 요건) 경우에는 검사는(피고인×) 제1회 공판기일 전에(공소제기 전후 불문) 한하여 판사에게(수임판사) 그에 대한 증인신문을 청구할 수 있다.

❶ • 진술번복 염려조항 → 위헌

②❶ 삭제 〈2007.6.1〉

③ 제1항의 청구를 함에는 서면으로 그 사유를 소명하여야 한다. 〈개정 2007.6.1〉

❷ • 증인신문(결정 不要) • 기각결정 → 불복×

④❷ 제1항의 청구를 받은 판사는(수임판사) 증인신문에 관하여 법원 또는 재판장과 동일한 권한이 있다. 〈개정 2007.6.1〉

❸ • 공판절차규정준용

⑤❸ 판사는 제1항의 청구에 따라 증인신문기일을 정한 때에는 피고인·피의자 또는 변호인에게 이를 통지하여 증인신문에 참여할 수 있도록 하여야 한다.(예외조항삭제) 〈개정 2007.6.1〉❹

❹ • 참여할 기회만 부여

⑥ 판사는 제1항의 청구에 의한 증인신문❺을 한 때에는 지체 없이 이에 관한 서류를 검사❻에게 송부하여야 한다.
〈개정 2007.6.1〉

❺ • 조서 작성 (당연 증거 능력ㅇ) §311

❻ • 증거보전과 달리 검사가 보관하고 있으므로 피의자 등은 열람·등사권×

제221조의3【감정의 위촉과 감정유치의 청구】❼

❼ • 수사상 감정유치 : 대상은 피의자(구속 不要) → 결정에 불복×

① 검사는 제221조의 규정에 의하여 감정을 위촉하는 경우에 제172조 제3항의 유치처분이 필요할(필요성 要) 때에는 판사에게(주체, 수임판사) 이를 청구하여야(감정유치청구서) 한다.

② 판사는 제1항의 청구가 상당하다고 인정할 때에는 유치처분을 하여야 한다. 제172조[1] 및 제172조의2의 규정은 이 경우에 준용한다.

구속기간에 산입×

[1] • 법원의 감정유치 – 구속규정 준용

• 감정유치장 : 명령장의 성격
• 감정유치기간 : 제한×(검사의 연장청구시 판사가 결정)

제221조의4【감정에 필요한 처분, 허가장】

① 제221조의 규정에 의하여 감정의 위촉을 받은 자는 판사의 허가를 얻어 제173조 제1항에 규정된 처분을 할 수 있다.

② 제1항의 허가의 청구는 검사가 하여야 한다.

③ 판사는 제2항의 청구가 상당하다고 인정할 때에는 허가장을 발부하여야 한다.[2]

[2] • 수사기관의 감정에 대한 통제

④ 제173조 제2항, 제3항 및 제5항의 규정은 제3항의 허가장에 준용한다.

▸ 감정유치는 신체자유의 제한 외의 강제처분을 할 수 없으므로, 감정처분허가장 또는 검증영장 要

제221조의5【사법경찰관이 신청한 영장의 청구 여부에 대한 심의】

① 검사가 사법경찰관이 신청한 영장을 정당한 이유 없이 판사에게 청구하지 아니한 경우 사법경찰관은 그 검사 소속의 지방검찰청 소재지를 관할하는 고등검찰청에 영장 청구 여부에 대한 심의를 신청할 수 있다.

② 제1항에 관한 사항을 심의하기 위하여 각 고등검찰청에 영장심의위원회(이하 이 조에서 “심의위원회”라 한다)를 둔다.

③ 심의위원회는 위원장 1명을 포함한 10명 이내의 외부 위원으로 구성하고, 위원은 각 고등검찰청 검사장이 위촉한다.

④ 사법경찰관은 심의위원회에 출석하여 의견을 개진할 수 있다.

⑤ 심의위원회의 구성 및 운영 등 그 밖에 필요한 사항은 법무부령으로 정한다. [본조신설 2020.2.4]

제222조【변사자의 검시】❶

❶ • 행정작용(영장 不要)

① 변사자❷ 또는 변사의 의심 있는 사체가 있는 때에는 그 소재지를 관할하는 지방검찰청 검사가 검시하여야 한다.

추상적 혐의 : 수사의 단서 / 원칙

② 전항의 검시로 범죄의❸ 혐의를 인정❹하고 긴급을 요할 때에는 영장 없이❺ 검증할 수 있다.❻

③ 검사는 사법경찰관❼에게 전2항의 처분을 명할 수 있다.

❷ • 범죄로 인한 사망
• 익사 또는 천재지변으로 인한 사망이 명백한 사체 → 검시대상×

❸ • 수사의 단서
• 수사로서 검증

❹ • 구체적 혐의

❺ • 제216조 제2항
• 영장주의 예외 7 中 1

❼ • 사법경찰리×
• 대행검시

❻ • 주거권자 동의 없는 한, 타인의 주거침입시에는 영장 要 : 강제수사기능

제223조【고소권자】❽

범죄로 인한 피해자❾는 고소❿할 수 있다.

❽ • 일신전속권 → 상속×, 양도×

❾ • 자연인, 법인, 비법인도 포함
• 직접 피해자만(간접 피해자×)
 - 제17조 제1항과 동일
• 보호법익주체 + 행위객체 포함

❿ • 수사기관에 대해 범죄사실을 신고하여 처벌을 구하는 의사표시
• 서면 또는 말(조서 작성)
• '처벌'의 의미를 이해할 수 있는 능력 필요 → 판례는 약 13~14세 정도를 고소능력으로 인정

▸ 친고죄의 고소 = 소송조건 & 수사의 단서
 - 절대적 : 신분과 관계없이 범죄사실 그 자체가 친고죄
  모욕, 비밀침해, 사자명예훼손
 - 상대적 : 범인과 피해자 간의 특수한 신분관계로 인해 친고죄
  친족상도례(형법 §328 ②)의 신분관계

▸ 반의사불벌죄 : 폭행죄, 협박죄, 명예훼손죄 등

▸ 고소 : 고소능력 要
 - 기한부 · 조건부 고소×
 - 법원에 대하여 진정서를 제출하거나 피고인의 처벌을 바란다고 한 증언은 고소가 아니다.
 - 단순한 도난신고나 피해전말서 제출은 고소가 아니다.

> 친고죄의 고소가 없는 경우
> 반의사불벌죄의 '처벌을 원치 않는다'는 의사표시

제224조【고소의 제한】

⓫자기 또는 배우자의 직계존속을 고소하지 못한다.

⓫ • 성폭력범죄 · 가정폭력범죄 : 자기 또는 배우자의 직계존속 고소 가능

❶ • 고유권
- 고소시에 지위 있으면 충분
- 법정대리인 자신이 범인을 안 날로부터 진행
• 무능력자의 행위를 포괄적으로 대리(재산관리인 · 파산관재인 · 법인의 대표 : ×)

제225조【비피해자인 고소권자】

① 피해자의 법정대리인❶은 독립하여❷ 고소할 수 있다.

② 피해자가 사망❸한 때에는 그 배우자, 직계친족 또는 형제자매❹는 고소할 수 있다. 단, 피해자의 명시한 의사에 반하지 못한다.

(민법상능력자)

유서 등을 통해 확인可

❷ • 독립대리권설 / 고유권설(判)

❸ • 생존시에는 피해자와 법정대리인만 고소권자

❹ • 사실상 배우자×, 삼촌×, 백부×

제226조【동 전】

피해자의 법정대리인이 피의자이거나 법정대리인의 친족이 피의자인 때에는 피해자의 친족은 독립하여❺ 고소할 수 있다.

법정대리인 이외의 친족(생모)

❺ • 고유권(多)
명시한 의사 反고소 可

제227조【동 전】

사자의 명예를 훼손한 범죄에 대하여는 그 친족 또는 자손은 고소할 수 있다.

제228조【고소권자의 지정】

친고죄에 대하여 고소할 자가 없는 경우에 이해관계인의 신청이 있으면 검사는 10일 이내에 고소할 수 있는 자❻를 지정하여야 한다. cf) 지정받은 자는 고소할 수 있다.

내연의 부부관계○(判)

객관의무

❻ • 지정고소권자
≠이해관계인×
다른 제3자○
• 피해자의 친족임을 요하지 않는다.

제229조【배우자의 고소】

❼ • 피해자 → 가해자에게 소송해야 한다

①❼ 「형법」 제241조의 경우에는 혼인이 해소되거나 이혼소송을 제기한 후가 아니면 고소할 수 없다. 〈개정 2007.6.1〉❽

간통죄 → 위헌　협의이혼(확인+신고)

❽ • 고소해도 효력×

② 전항의 경우에 다시 혼인을 하거나 이혼소송을 취하❾한 때에는 고소는 취소된 것으로 간주한다.

소급효○　§232②적용가능

❾ • 시기제한×
• 취하간주
−쌍불취하
−소장각하
−청구기각확정

❿ • 범죄행위 종료 후 범인을 알게 된 날

⓫ • 친고죄의 고소 : 소송조건
−기간 · 시기제한(§230)
효력범위제한(§233)
취소제한(§232) 要

제230조【고소기간】❿

① 친고죄⓫에 대하여는 범인을 알게 된 날⓬로부터 6월⓭을 경과하면 고소하지 못한다. 단, 고소할 수 없는 불가항력의 사유가 있는 때⓮에는 그 사유가 없어진 날로부터 기산한다.

공범 중 1인을 안 날

⓬ • 누구인지 특정할 수 있을 정도○
−성명, 주소, 연령 등까지 알 필요는 없다.
• 법정대리인의 경우
- 고유권설 : 법정대리인 기준
- 독립대리권설 : 고소권자 기준

⓭ • 성폭력범죄 : 1년
폐지

⓮ • 고소능력−11세×, 13세○
• 해고될 것이 두려워×, 주거를 알지 못하여×

② 삭제 〈2013.4.5〉

▸ 피해자가 범인을 알게 된 날≠피해자 아닌 고소권자가 범인을 알게 된 날→ 각자 알게 된 날부터 기산

❶ • cf) §264① 재정신청 1인이 신청 – 전원효력

제231조【수인의 고소권자】❶

고소할 수 있는 자가 수인인 경우에는 1인의 기간의 해태는 타인의 고소에 영향이 없다.❷

❷ • 다른 고소권자는 고소 可

제232조【고소의 취소】❸

❸ • 철회 의미로 해석
• 고소의 포기 · 추완은 不可
　공소제기 前 – 공소권 無 불기소처분
　공소제기 後 –§328.5호 공소기각판결

❹ • 친고죄의 경우에 적용

① 고소❹는 제1심 판결선고 전까지 취소할 수 있다.
(항소심×, 재심×, 확정×)

② 고소를 취소한 자는 다시 고소할 수 없다. 〈개정 2020.12.8〉
(재고소×≠고발)

③ 피해자의 명시한 의사에 반하여 공소를 제기할 수 없는 사건(반의사불벌죄)에서 처벌을 원하는 의사표시를 철회한 경우에도 제1항과 제2항을 준용한다.❺ 〈개정 2020.12.8〉

❺ • 고소불가분 원칙은 준용×

▸ 항소심에서 반의사불벌죄로 공소장 변경 : 1심판결 선고 후이므로 처벌희망 의사 철회× ❻

❻ • 항소심에서 친고죄의 고소취소는 不可

제233조【고소의 불가분】❼

(주관적(명문규정○))

❼ • 효력범위의 제한
• 객관적불가분(명문규정×) : 이론상 당연히 인정

친고죄의 공범❽ 중 그 1인 또는 수인에 대한 고소 또는 그 취소❾는 다른 공범자에 대하여도 효력이 있다.❿

❽ • 임의적 · 필요적 공범
• 형법 총칙 · 각칙 포함

❾ • 고소취소시에도 불가분원칙 적용

❿ • 공범자 1인의 1심 판결 선고 후, 다른 공범자는 1심 판결선고 전이라도 취소×
cf) §264③

– 객관적 불가분
- 한 개의 범죄의 일부분에 대한 고소 또는 취소는 전부에 미침
- 단순일죄 – 적용○
- 과형상일죄 – 피해자가 동일한 경우 – 적용○
- 수죄 – 적용×

– 주관적 불가분
- 수인의 공범 중 1인 또는 수인에 대한 고소 또는 취소는 다른 공범자에게 효력 미침
- 절대적 친고죄 – 언제나 적용
- 상대적 친고죄 – 비신분자에 대한 고소의 효력 신분자에게 미치지 않음
- 반의사불벌죄 – 적용×

• 반의사불벌죄 : 고소의 주관적불가분의 원칙 준용×

❶ • 주관적 불가분의 원칙×
• 수사의 단서
• 대리×
• 기간제한×
• 재고발○

❷ • 해당되는 범죄
① 조세범처벌법
② 관세법위반
③ 물가안정에 관한 법률
④ 독점규제 및 공정거래에 관한 법률
⑤ 출입국관리법
⑥ 전투경찰대설치법

제234조【고 발】❶

① 누구든지 범죄가 있다고 사료하는 때에는 고발할 수 있다.
(누구든지: ≠고소 / 고발할 수 있다: 권리)

② 공무원은 그 직무를 행함에 있어 범죄가 있다고 사료하는 때에는 고발하여야❷ 한다.❸

> ※ 고소와 차이점
> ① 주체의 제한× ② 대리× ③ 기간제한× ④ 취소 · 재고발의 제한×

❸ • 의무
• 고발× → 직무유기죄 (형법 §122)

제235조【고발의 제한】

제224조의 규정은 고발에 준용한다.❹

❹ • 자기 또는 배우자의 직계존속은 고발도 不可
• 불가분원칙 적용×
• 친고죄 고소 제한 규정 적용×

제236조【대리고소】

고소 또는 그 취소❺는 대리인❻으로 하여금 하게 할 수 있다.

❺ • 고소권자 본인이 한 취소를 대리행사권자가 취소할 수 없다.
• 고발×
자수×

❻ • 법정대리인×
• 임의대리인
• 실질적으로 증명되면 可 (방식에 특별한 제한×)

▸ 대리는 허용규정이 있는 경우에만 可(고발 · 자수는 대리×)
명문규정이 없는 경우 判 – 부정설

제237조【고소 · 고발의 방식】

① 고소 또는 고발은 서면❼ 또는 구술❽로써 검사 또는 사법경찰관에게 하여야 한다.❾
(검사 또는 사법경찰관: 수사기관(법원×))

② 검사 또는 사법경찰관이 구술에 의한 고소 또는 고발을 받은 때에는 조서를 작성하여야 한다.

• 제257조

❼❽ • 서면 또는 구술

❾ • 서면주의
• 전화 · 전보 · 팩시밀리×
• 반드시 독립된 조서일 필요는 없다.
–처벌의사만 확인하면 됨

▸ 서면+구두
① 변론의 병합분리
② 공소장변경신청(규칙에 구술 기재)
③ 정식재판청구취하
④ 고소 · 고소취소(고발포함)
⑤ 기피신청
⑥ 상소의 포기 · 취하
⑦ 증거신청
⑧ 증거동의

제238조【고소, 고발과 사법경찰관의 조치】

사법경찰관이 고소 또는 고발을 받은 때에는 신속히 조사하여 관계서류와 증거물을 검사에게 송부하여야 한다.
(송부: 사건송치)

제239조【준용규정】

전2조의 규정은 고소 또는 고발의 취소❶에 관하여 준용한다.

❶ • =철회, 법률행위적 소송행위
• 서면 또는 구두(조서 작성)
–공소 전 : 수사기관
–공소 후 : 수소법원
• 합의서는 작성뿐 아니라 제출도 要

▸ 고소 · 고발 방식대로 취소하면 됨
▸ 고소취소권자 : 고소권자(고유의 고소권자의 고소–대리권 있는 고소권자가 취소×)

제240조【자수와 준용규정】

제237조와 제238조의 규정은 자수❷에 대하여 준용한다.
고소 · 고발의 방식

❷ • 자신의 범죄사실을 수사기관에 신고하여 처벌을 희망하는 의사표시

▸ 자수의 내용
–수사의 단서 ┐
–임의적 감면 ┘ 이중효과적 소송행위
–대리× : 제3자를 통하여 자수할 수 있으나, 자수의사를 전달하여 달라는 것만으로는 자수라 할 수 없다.
–범죄사실의 세부적인 차이는 자수에 영향이 없으나, 일단 자수한 후 번복하여도 자수효력 유지

※ 자복 : 반의사불벌죄의 피해자에게 용서를 구하는 의사표시

제241조【피의자신문】❸
인정신문

❸ • 임의수사

검사 또는 사법경찰관이 피의자를 신문함에는 먼저 그 성명, 연령, 등록기준지,❹ 주거와 직업을 물어 피의자임에 틀림없음을 확인하여야 한다. 〈개정 2007.5.17〉❺
본적×

❹ • 주민등록 · 전과

❺ • 인정신문(진술거부 可)

제242조【피의자신문사항】

검사 또는 사법경찰관은 피의자에 대하여 ㉠범죄사실과 ㉡정상에 관한 필요사항을 신문하여야 하며 그 ㉢이익되는 사실을 진술할 기회를 주어야 한다.
주체 / 검사의 객관의무와 연결

제243조【피의자신문과 참여자】
조서작성자

㉠검사가 피의자를 신문함에는 검찰청수사관 또는 서기관이나 서기❻를 참여하게 하여야 하고, ㉡사법경찰관이 피의자를 신문함에는 사법경찰관리를 참여하게 하여야 한다.❼
신문절차 적법성 보장

〈개정 2007.6.1, 2007.12.21〉

❻ • 법원사무관 등×
• 검찰청 소속의 "서기관 or 서기"

❼ • ┌ 실질적 참여설
  └ 형식적 참여설

제243조의2【변호인의 참여 등】

① 검사 또는 사법경찰관은 피의자 또는 그 변호인 · 법정대리인 · 배우자 · 직계친족 · 형제자매의 신청에 따라 변호인을 피의자와 접견❶하게 하거나 "정당한 사유가 없는 한" 피의자에 대한 신문에 참여하게 하여야 한다.❷

§30② 변호인선임권자

정당한 사유 有 → 제한 可

❶ • 구금되어 있지 않은 피의자 접견교통권 신설

❷ • 원칙적 의무

② 신문에 참여하고자 하는 변호인이 2인 이상인 때에는 피의자가 신문에 참여할 변호인 1인을 지정한다. 지정이 없는 경우에는 검사 또는 사법경찰관이 이를 지정할 수 있다.

1차

2차

③❸ 신문에 참여한 변호인은 신문 후 의견을 진술할 수 있다.❹ 다만, 신문 중이라도 부당한 신문방법에 대하여 이의를 제기할 수 있고, 검사 또는 사법경찰관의 승인을 받아 의견을 진술할 수 있다.

승인○

승인×

❸ • 변호인의 실질적 참여 직권×

❹ • 의견진술가능 → 실질적 참여

④ 제3항에 따른 변호인의 의견이 기재된 피의자신문조서는 변호인에게 열람하게 한 후 변호인으로 하여금 그 조서에 기명날인 또는 서명하게 하여야 한다.

⑤ 검사 또는 사법경찰관은 변호인의 신문참여 및 그 제한에 관한 사항을 피의자신문조서에 기재하여야 한다.❺

❺ • 수사기관의 자의적인 변호인참여권 제한방지

[본조신설 2007.6.1]

제244조【피의자신문조서의 작성】

①❻ 피의자의 진술은 조서에 기재하여야 한다.

제48조 제2항

❻ • 조서 : 전문증거

②❼ 제1항의 조서는 피의자에게 열람하게 하거나 읽어 들려주❽어야 하며, 진술한 대로 기재되지 아니하였거나 사실과 다른 부분의 유무를 물어 피의자가 증감 또는 변경의 청구 등 이의를 제기하거나 의견을 진술한 때에는 이를 조서에 추가로 기재하여야 한다. 이 경우 피의자가 이의를 제기하였던 부분은 읽을 수 있도록 남겨두어야 한다.

제48조③~⑥

❼ • 확인절차

❽ • 이러한 절차를 준수하지 않아도 위법하지 않음(절차적 요건에 불과) cf) §55③과는 다름

〈개정 2007.6.1〉

③ 피의자가 조서에 대하여 이의나 의견이 없음을 진술한 때에는 피의자로 하여금 그 취지를 자필로 기재하게 하고 조서에 간인한 후 기명날인 또는 서명하게 한다. 〈신설 2007.6.1〉

(정확하다 / 형식적 진정성립 / 제48조 ⑦)

제244조의2【피의자진술의 영상녹화】❶

❶ • 제312조와 연결
• 수사절차의 적법 · 투명성
• 인권침해방지

① 피의자의 진술은 영상녹화할 수 있다. 이 경우 미리 영상녹화사실을 알려주어야 하며, 조사의 개시부터 종료까지의 전 과정❷ 및 객관적 정황을 영상녹화하여야 한다.❸

(참고인도 / 임의적)

❷ • 일부×(조작방지)

❸ • 피의자조사시는 동의 필요×, 고지만 要
• 참고인조사시 영상녹화는 동의 要(제221조)

② 제1항에 따른 영상녹화가 완료된 때에는 피의자 또는 변호인 앞에서 지체 없이 그 원본을 봉인하고 피의자로 하여금 기명날인 또는 서명하게 하여야 한다.❹

❹ • 조작방지절차

③❺ 제2항의 경우에 피의자 또는 변호인의 요구가 있는 때에는 영상녹화물을 재생하여 시청하게 하여야 한다. 이 경우 그 내용에 대하여 이의를 진술하는 때에는 그 취지를 기재한 서면을 첨부하여야 한다.❻

❺ • 영상녹화
┌ 성립의 진정증명
└ 기억환기용
→ 공판중심주의 침해 우려

❻ • 확인절차

[본조신설 2007.6.1]

제244조의3【피의자에 대한 진술거부권 등의 고지의무】❼

❼ • 불고지의 효과 : 위 · 수 · 증에 의한 증거능력부정(判)

①❽ 검사 또는 사법경찰관은 피의자를 신문하기 전에 다음 각호의 사항을 알려주어야 한다.

(제241조의 근거 인정신문 前)

❽ • 제283조의2

1. 일체의 진술❾을 하지 아니하거나 개개의 질문에 대하여 진술을 하지 아니할 수 있다는 것❿
2.⓫ 진술을 하지 아니하더라도 불이익을 받지 아니한다는 것
3.⓬ 진술을 거부할 권리를 포기하고 행한 진술은 법정에서 유죄의 증거로 사용될 수 있다는 것
4.⓭ 신문을 받을 때에는 변호인을 참여하게 하는 등 변호인의 조력을 받을 수 있다는 것⓮

❾ • 거짓말탐지기○
성문검사(聲問檢査)
음주측정 ×

❿ • 자유심증주의의 예외

⓫ • 불이익추정금지

⓬ • =불행사
• 진술거부권의 포기×

⓭ • ┌ 변호인참여권
└ 변호인조력권

⓮ • 체포 · 구속시에도 변호인조력권○
• 구제신청권도 고지(제197조의3 제8항)

② 검사 또는 사법경찰관은 제1항에 따라 알려준 때에는 피의

자가 진술을 거부할 권리와 변호인의 조력을 받을 권리를 행사할 것인지의 여부를 질문하고, 이에 대한 피의자의 답변을 조서에 기재하여야 한다. 이 경우 피의자의 답변은 피의자로 하여금 자필로 기재하게 하거나 검사 또는 사법경찰관이 피의자의 답변을 기재한 부분에 기명날인 또는 서명하게 하여야 한다.

[본조신설 2007.6.1]

제244조의4【수사과정의 기록】

❶ • 수사과정의 투명화수사의 적법성 강화

①❶ 검사 또는 사법경찰관은 피의자가 조사장소에 도착한 시각, 조사를 시작하고 마친 시각, 그 밖에 조사과정의 진행경과를 확인하기 위하여 필요한 사항을 피의자신문조서에 기록하거나 별도의 서면에 기록한 후 수사기록에 편철하여야 한다.

② 제244조 제2항 및 제3항은(피의자신문조서) 제1항의 조서 또는 서면에 관하여 준용한다.

③ 제1항 및 제2항은 피의자가 아닌 자(참고인)를 조사하는 경우에 준용한다.

[본조신설 2007.6.1]

제244조의5【장애인 등 특별히 보호를 요하는 자에 대한 특칙】

검사 또는 사법경찰관은 피의자를 신문하는 경우 다음 각 호의 어느 하나에 해당하는 때에는 직권 또는 피의자 · 법정대리인의 신청에 따라 피의자와 신뢰관계에 있는 자를 동석하게 할 수 있다.❷

❷ • 형식적 참여 • 재량사항

1. 피의자가 신체적 또는 정신적 장애로 사물을 변별하거나 의사를 결정 · 전달할 능력이 미약한 때
2. 피의자의 연령 · 성별 · 국적 등의 사정을 고려하여 그 심리적 안정의 도모와 원활한 의사소통을 위하여 필요한 경우

[본조신설 2007.6.1]

제245조【참고인과의 대질】

검사 또는 사법경찰관이 사실을 발견함에 필요한 때에는 피의자와 다른 피의자 또는 피의자 아닌 자와 대질하게 할 수 있다.

제245조의2【전문수사자문위원의 참여】

① 검사는 공소제기 여부와 관련된 사실관계를 분명하게 하기 위하여 필요한 경우에는 직권이나 피의자 또는 변호인의 신청에 의하여 전문수사자문위원을 지정하여 수사절차에 참여하게 하고 자문을 들을 수 있다.

② 전문수사자문위원은 전문적인 지식에 의한 설명 또는 의견을 기재한 서면을 제출하거나 전문적인 지식에 의하여 설명이나 의견을 진술할 수 있다.

③ 검사는 제2항에 따라 전문수사자문위원이 제출한 서면이나 전문수사자문위원의 설명 또는 의견의 진술에 관하여 피의자 또는 변호인에게 구술 또는 서면에 의한 의견진술의 기회를 주어야 한다.

[본조신설 2007.12.21]

제245조의3【전문수사자문위원 지정 등】

① 제245조의2 제1항에 따라 전문수사자문위원을 수사절차에 참여시키는 경우 검사(법원×)는 각 사건마다 1인 이상의 전문수사자문위원을 지정한다.

② 검사는 상당하다고 인정하는 때에는 전문수사자문위원의 지정을 취소할 수 있다.

③ 피의자 또는 변호인은 검사의 전문수사자문위원 지정에 대하여 관할 고등검찰청검사장에게 이의를 제기할 수 있다.

④ 전문수사자문위원에게는 수당을 지급하고, 필요한 경우에는 그 밖의 여비, 일당 및 숙박료를 지급할 수 있다.

⑤ 전문수사자문위원의 지정 및 지정취소, 이의제기 절차 및 방법, 수당지급, 그 밖에 필요한 사항은 법무부령으로 정한다.
대법원규칙×

[본조신설 2007.12.21]

제245조의4【준용규정】

❶ • 2년 이하 징역 · 금고 1천만원 이하 벌금
❷ • 뇌물죄 : 벌칙적용에서의 공무원 의제

제279조의7[❶] 및 제279조의8[❷]은 검사의 전문수사자문위원에게 준용한다.

[본조신설 2007.12.21]

제245조의5【사법경찰관의 사건송치 등】[❸]

❸ • 사경의 1차적 수사종결권

사법경찰관은 고소 · 고발 사건을 포함하여 범죄를 수사한 때에는 다음 각 호의 구분에 따른다.

❹ • 검찰송치결정

1.[❹] 범죄의 혐의가 있다고 인정되는 경우에는 지체 없이 검사에게 사건을 송치하고, 관계 서류와 증거물을 검사에게 송부하여야 한다.

❺ • 사건불송치결정

2.[❺] 그 밖의 경우에는 그 이유를 명시한 서면과 함께 관계 서류와 증거물을 지체 없이 검사에게 송부하여야 한다. 이 경우 검사는 송부받은 날부터 90일 이내에 사법경찰관에게 반환하여야 한다.

[본조신설 2020.2.4]

제245조의6【고소인 등에 대한 송부통지】[❻]

❻ • 사건불송치 이유 통지

사법경찰관은 제245조의5 제2호의 경우에는 그 송부한 날부터 7일 이내에 서면으로 고소인 · 고발인 · 피해자 또는 그 법정대리인(피해자가 사망한 경우에는 그 배우자 · 직계친족 · 형제자매를 포함한다)에게 사건을 검사에게 송치하지 아니하는 취지와 그 이유를 통지하여야 한다.

[본조신설 2020.2.4]

제245조의7【고소인 등의 이의신청】❶

① 제245조의6의 통지를 받은 사람(고발인을 제외한다❷)은 해당 사법경찰관의 소속 관서의 장에게 이의를 신청할 수 있다.〈개정 2022.5.9〉

② 사법경찰관은 제1항의 신청이 있는 때에는 지체 없이 검사에게 사건을 송치하고 관계 서류와 증거물을 송부하여야 하며, 처리결과와 그 이유를 제1항의 신청인에게 통지하여야 한다.❸

[본조신설 2020.2.4]

❶ • 사건불송치 이의신청권

❷ • 고발인 이의신청권 배제

❸ • 사경 수사종결권 : 제한적 수사종결권

❹ • 사건불송치 재수사요청권

제245조의8【재수사요청 등】❹

① 검사는 제245조의5 제2호의 경우에 사법경찰관이 사건을 송치하지 아니한 것이 위법 또는 부당한 때에는 그 이유를 문서로 명시하여 사법경찰관에게 재수사를 요청할 수 있다.

② 사법경찰관은 제1항의 요청이 있는 때에는 사건을 재수사하여야 한다.

[본조신설 2020.2.4]

제245조의9【검찰청 직원】

① 검찰청 직원으로서 사법경찰관리의 직무를 행하는 자와 그 직무의 범위는 법률로 정한다.

② 사법경찰관의 직무를 행하는 검찰청 직원은 검사의 지휘를 받아 수사하여야 한다.

③ 사법경찰리의 직무를 행하는 검찰청 직원은 검사 또는 사법경찰관의 직무를 행하는 검찰청 직원의 수사를 보조하여야 한다.

④ 사법경찰관리의 직무를 행하는 검찰청 직원에 대하여는 제197조의2부터 제197조의4까지, 제221조의5, 제245조의5부터 제245조의8까지의 규정을 적용하지 아니한다.

[본조신설 2020.2.4]

제245조의10【특별사법경찰관리】

① 삼림, 해사, 전매, 세무, 군수사기관, 그 밖에 특별한 사항에 관하여 사법경찰관리의 직무를 행할 특별사법경찰관리와 그 직무의 범위는 법률로 정한다.

② 특별사법경찰관은 모든 수사에 관하여 검사의 지휘를 받는다.

③ 특별사법경찰관은 범죄의 혐의가 있다고 인식하는 때에는 범인, 범죄사실과 증거에 관하여 수사를 개시 · 진행하여야 한다.

④ 특별사법경찰관리는 검사의 지휘가 있는 때에는 이에 따라야 한다. 검사의 지휘에 관한 구체적 사항은 법무부령으로 정한다.

⑤ 특별사법경찰관은 범죄를 수사한 때에는 지체 없이 검사에게 사건을 송치하고, 관계 서류와 증거물을 송부하여야 한다.

⑥ 특별사법경찰관리에 대하여는 제197조의2부터 제197조의4까지, 제221조의5, 제245조의5부터 제245조의8까지의 규정을 적용하지 아니한다.

[본조신설 2020.2.4]

제2장 공 소

❶ • ↔사인소추주의(영국)

제246조【국가소추주의】❶

공소는 검사가 제기하여 수행한다.
기소독점주의

▸ 검사의 기소독점주의
 –예외 : 즉결심판(법정경찰권에 의한 제재×–질서벌)
 –규제 : 재정신청, 검찰항고, 헌법소원, 고소 · 고발인에 대한 통지 · 이유고지

제247조【기소편의주의】

❷ • ↔기소법정주의(독일)
❸ • 양형사유
• 작량감경–예시적 규정 (그 외 사항 可)

❷검사는 「형법」 제51조❸의 사항을 참작하여 공소를 제기하지 아니할 수 있다. [전문개정 2007.6.1]❹

❹ • 불기소처분(기소유예) but 불기소명령에 위반한 공소제기도 일단은 효력o (검사의 상명하복관계는 내부적 효력에 불과)

• 공소장에 기재된 부분 : 현실적 심판대상
• 기재되지 않은 부분 : 잠재적 심판대상
공소장 변경

제248조【공소효력의 범위】

❶ • 진범인가 적법한 공소인가는 불문

① 공소의 효력은 검사가 피고인[1]으로 지정한 자[2](특정)에게만 미친다.[3] =불고불리원칙 〈개정 2020.12.8〉

❷ • 공소장에 특정된 피고인

❸ • 공범자 중 일부에 대한 공소효력은 다른 공범자에게 미치지 않는다(공소의 주관적 불가분×).

▸ 공소효력은 고소와 달리 원칙적으로 주관적 불가분×
단, 공범자에 대한 시효정지는○(제253조)

❹ • 객관적 불가분
공소불가분의 원칙

②[4] 범죄사실의 일부(공소사실)에 대한 공소의 효력은 범죄사실 전부(범죄사실)에[5] 미친다. 〈개정 2020.12.8〉

❺ • 공소사실의 단일성과 동일성이 인정되는 범위

▸ 검사가 일죄의 일부만을 공소제기하고 법원이 일죄의 일부에 대해서만 실체판결을 한 경우에도 그 판결의 기판력(일사부재리)은 일죄의 전부에 미침.

제249조【공소시효의 기간】[6]

❻ • 처단형×
• 기준 : 법정형, 중한형, 가중 · 감경전형, 특별법, 교사범 · 종범은 정범기준

① 공소시효(소송조건)는 다음 기간의 경과로 완성한다.[7]
〈개정 2007.12.21〉

❼ • 공소권 소멸
−수사 중 : 불기소처분
−공소 후 : 면소판결
→ 위반시 상소이유

1. 사형에 해당하는 범죄에는 25년
2. 무기징역 또는 무기금고에 해당하는 범죄에는 15년
3. 장기 10년 이상의 징역 또는 금고에 해당하는 범죄에는 10년
4. 장기 10년 미만의 징역 또는 금고(장기 5년 이상)에 해당하는 범죄에는 7년
5. 장기 5년 미만의 징역 또는 금고, 장기 10년 이상의 자격정지 또는 벌금에 해당하는 범죄에는 5년
6. 장기 5년 이상의 자격정지에 해당하는 범죄에는 3년
7. 장기 5년 미만의 자격정지, 구류, 과료 또는 몰수에 해당하는 범죄에는 1년

② 공소가 제기된 범죄는 판결의 확정이 없이 공소를 제기한 때로부터 25년을 경과하면 공소시효가 완성한 것으로 간주[8]한다.

❽ • 의제 공소시효(면소판결)

▸ 공소장이 변경된 경우 공소시효완성여부는 변경된 공소사실의 법정형을 기준으로 공소제기시부터 기산(변경시×)
▸ 공소제기 당시 공소사실에 대한 법정형을 기준으로 하면 아직 공소시효가 완성되지 않았으나, 변경된 공소사실에 대한 법정형을 기준으로 하면 이미 공소시효가 완성된 경우에는 면소판결
▸ 포괄일죄의 공소시효는 최종의 범죄행위가 종료한 때부터 진행

제250조【두 개 이상의 형과 시효기간】

두 개 이상의 형을 병과(倂科)하거나 두 개 이상의 형에서 한 개를 과(科)할❶ 범죄에 대해서는 무거운 형에 의하여 제249조를 적용한다. [전문개정 2020.12.8]

❶ • 선택형

제251조【형의 가중, 감경과 시효기간】❷

「형법」에 의하여 형을 가중 또는 감경한 경우❸에는 가중 또는 감경하지 아니한 형에 의하여 제249조의 규정을 적용한다.

〈개정 2007.6.1〉

❷ • 형법 이외의 특별법에 의해 가중·감경하는 경우에는 특별법상의 가중·감경한 형을 기준으로 공소시효 계산
❸ • 필요적 가중·감경+임의적 가중·감경

제252조【시효의 기산점】

① 시효는 범죄행위의 종료한 때로부터 진행한다.❹

② 공범에는 최종행위의 종료한 때로부터 전공범에 대한 시효기간을 기산한다.❺

❹ • 거동범·미수범 : 실행행위 종료시
• 결과범 : 결과발생시
• 계속범 : 법익침해 종료시
• 포괄일죄 : 전체 범죄행위 종료시

❺ • 임의적 공범+필요적 공범
• 범죄공동체 : 일률적 처리
cf) 고소기간 : 범인을 알게 된 날(주관적)

제253조【시효의 정지와 효력】❻

① 시효는 공소의 제기(유효·무효 불문)로 진행이 정지되고 공소기각 또는 관할위반의 재판이 확정된 때로부터 진행(다시)한다.

②❼ 공범의 1인에 대한 전항의 시효정지는 다른 공범자에게 대하여 효력이 미치고❽ 당해 사건의 재판이 확정된 때로부터 진행한다.❾

③ 범인이 형사처분을 면할 목적으로 국외에 있는 경우 그 기간 동안 공소시효는 정지된다.❿
주된, 유일한 목적일 필요는 없음

❻ • 계산 : 초일산입, 기간말일이 공휴일 또는 토요일인 때에도 산입
❼ • 공범처벌의 일률성
❽ • 진범 아닌 자에 대한 공소제기는 다른 공범자에 대하여 효력×
❾ • 공소의 주관적 불가분이 적용되는 유일한 경우
❿ • 형벌권의 적정실현

④ 피고인이 형사처분을 면할 목적으로 국외에 있는 경우 그 기간 동안 제249조 제2항에 따른 기간의 진행은 정지된다. 〈신설 2015.7.31〉

▸ 공소시효 정지 : 국외도피, 재정신청, 공소제기, 소년보호사건의 심리개시－보호처분 확정시, 대통령의 재직중 형사상 특권, 헌정질서파괴범죄(5·18 특별법)

▸ 공소장변경이 있는 경우 공소시효의 완성여부를 당초의 공소제기시를 기준으로 판단할 것으로 공소장변경시를 기준으로 삼을 것은 아니다. (判) but 공소장변경절차에 의해 공소사실이 변경됨에 따라 그 법정형에 차이가 있는 경우 변경된 공소사실에 대한 법정형이 공소시효기간의 기준이 된다.

제253조의2【공소시효의 적용 배제】

사람을 살해한 범죄(종범은 제외한다)로 사형에 해당하는 범죄에 대하여는 제249조부터 제253조까지에 규정된 공소시효를 적용하지 아니한다. 〈신설 2015.7.31〉

제254조【공소제기의 방식과 공소장】

①[1] 공소를 제기함에는 공소장[2]을 관할법원에 제출하여야 한다.

② 공소장에는 피고인 수에 상응한 부본(제266조)을 첨부하여야 한다.[3]

③[4] 공소장에는 다음 사항을 기재하여야 한다.

1. 피고인의 성명(인상, 체격, 사진첨부 등) 기타 피고인을 특정할 수 있는 사항(§248①)[5]
2. 죄명[6]
3. 공소사실(§248②)
4. 적용법조[7]

(1.~4.: 필요적 기재사항)

④ 공소사실의 기재는 범죄의 시일,[8] 장소[9]와 방법[10]을 명시하여 사실을 특정[11]할 수 있도록 하여야 한다.[12]

⑤[13] 수개의 범죄사실과 적용법조를 예비적 또는 택일적(심판순서지정)으로 기재할 수 있다.(하나라도 인정되면 충분)[14]

제255조【공소의 취소】[15]

① 공소는 제1심 판결의 선고 전(=고소취소)까지 취소할 수 있다.

② 공소취소는 이유를 기재한 서면으로 하여야 한다. 단, 공판

[1] • 서면주의
[2] • 공소장 일본주의(규칙) 단, 변호인 선임서, 영장 등 구속에 관한 서류, 공소장 부본은 첨부○
[3] • 1회 공판기일 5일 전까지 피고인 또는 변호인에게 송달
[4] • 피고인 구속여부도 기재要(규칙)
[5] • 불특정시 공소기각판결
[6] • 오기가 있어도 피고인의 방어권 행사에 실질적인 불이익을 주지 않는 한 공소효력에는 영향× (보조적 기능에 불과)
[7] • 오기·누락되어도 공소효력 유지 (보조적 기능에 불과)
[8] • 적용법령결정, 행위자 책임능력 결정, 공소시효 완성여부 결정 정도
[9] • 토지관할을 갈음할 정도
[10] • 범죄구성요건을 밝히는 정도
[11] • 피고인 방어권 보장
• 법원심판대상 명확
• 다른 공소사실과 구별되어 동일성을 인정할 수 있을 정도
[12] • 불특정시 공소기각판결
[13] • 임의적 기재사항
[14] • 동일성이 없는 별개의 사실에도 可↔공소장 변경(동일성○)
[15] • 기소변경주의
• 공소제기 자체의 철회≠공소사실의 철회 : 공소는 유지시키면서 범죄사실 일부에 대한 처벌의 사 철회
• 제328조 제1항 제1호 → 제329조

정에서는 구술로써 할 수 있다.❶
공판조서에 취지기재

❶ • 공소취소 후 다른 중요한 증거를 발견한 경우에 재기소 可
• 공소취소의 효과 : 공소기각 결정(§328 제1항 제1호)

❷ • 검사의 사건처리
① 기소(공소제기)
② 불기소
③ 타관송치

제256조【타관송치】❷

검사는 사건이 그 소속검찰청에 대응한 법원의 관할에 속하지 아니한 때에는 사건을 서류와 증거물과 함께 관할법원에 대응한 검찰청검사에게 송치하여야 한다.

제256조의2【군검사에의 사건송치】

검사는 사건이 군사법원의 재판권에 속하는 때에는 사건을 서류와 증거물과 함께 재판권을 가진 관할 군검찰부 군검사에게 송치하여야 한다. 이 경우에 송치 전에 행한 소송행위는 송치 후
제2조, 제16조의2
에도 그 효력에 영향이 없다.

[제목개정 2016.1.6] [시행일 2017.7.7]

제257조【고소 등에 의한 사건의 처리】

❸ • cf) 사 · 경직무규칙 §39
① 사경–2개월 이내 수사 완료

❸검사가 고소 또는 고발에 의하여 범죄를 수사할 때에는 고소 또는 고발을 수리한 날로부터 3월 이내에 수사를 완료하여 공
훈시기간
소제기 여부를 결정하여야 한다.

❹ • 재정신청과 관련
• 기소독점주의에 대한 규제

제258조【고소인 등에의 처분고지】❹

① 검사는 고소 또는 고발 있는 사건에 관하여 ㉠공소를 제기하거나 ㉡제기하지 아니하는 처분, ㉢공소의 취소 또는 ㉣제256
불기소처분
조의 송치를 한 때에는 그 처분한 날로부터 7일 이내에 서면
㉣타관송치
으로 고소인 또는 고발인에게 그 취지를 통지하여야 한다.

• 일체의 처분

❺ • 타관송치

② 검사는 ㉠불기소 또는 ㉡제256조❺의 처분을 한 때에는 피의자
피의자보호규정
에게 즉시 그 취지를 통지하여야 한다.

제259조【고소인 등에의 공소불제기 이유고지】❻

❻ • 재정신청과 관련

검사는 고소 또는 고발 있는 사건에 관하여 공소를 제기하지 아
불기소처분
니하는 처분을 한 경우에 고소인 또는 고발인의 청구가 있는 때
≠제258조

에는 7일 이내에 고소인 또는 고발인에게 그 이유를 서면으로 설명하여야 한다.❶

❶ • 기소독점주의에 대한 규제
• 필요적 설명
• 기소재량합리성 보장
• 불복자료 제공

❷ • 피해자지위 강화
• 공판정진술권과 관련

第259조의2【피해자 등에 대한 통지】❷

검사는 범죄로 인한 피해자 또는 그 법정대리인(피해자가 사망 한 경우에는 그 배우자 · 직계친족 · 형제자매를 포함한다)의 신청이 있는 때에는 당해 사건의 공소제기여부, 공판의 일시 · 장소, 재판결과, 피의자 · 피고인의 구속 · 식방 등 구금에 관한 사실 등을 신속하게 통지하여야 한다.

법원×

재판의 진행경과×

[본조신설 2007.6.1]

第260조【재정신청】❸

❸ • 검사의 불기소처분(기소유예 포함)에 대한 고소인 · 고발인(형법 §123–§126)의 불복
–재정신청권자 : 대리인도 포함(§260)

❹ • 고소권자는 제한된 범죄 ×(모든범죄에 대해 가능)

❺ • 고발권자는 제한됨
제123~126조

① ㉠고소권자로서 고소❹를 한 자(㉡「형법」 제123조부터 제126조까지의 죄에 대하여는 고발❺을 한 자를 포함한다. 이하 이 조에서 같다)는 검사로부터 공소를 제기하지 아니한다는 통지를 받은 때에는 그 검사 소속의 지방검찰청 소재지를 관할하는 고등법원(이하 "관할 고등법원"이라 한다)에 그 당부에 관한 재정을 신청할 수 있다. 다만, 「형법」 제126조의 죄에 대하여는 피공표자의 명시한 의사에 반하여 재정을 신청할 수 없다. 〈개정 2011.7.18〉

예시적

불기소처분

② 제1항에 따른 재정신청을 하려면 「검찰청법」 제10조에 따른 항고를 거쳐야 한다. 다만, 다음 각 호의 어느 하나에 해당하는 경우에는 그러하지 아니하다.

검찰항고 전치주의

• 검찰항고전치주의 예외

1. 항고 이후 ㉶기수사가 이루어진 다음에 다시 공소를 제기하지 아니한다는 통지를 받은 경우
2. 항고 신청 후 항고에 대한 처분이 행하여지지 아니하고 ③개월이 경과한 경우
3. 검사가 공소㉦효 만료일 30일 전까지 공소를 제기하지 아니하는 경우

③ 제1항에 따른 재정신청을 하려는 자는 ㉠항고기각 결정을 통지받은 날 또는 ㉡제2항 각 호의 사유가 발생한 날부터 10일 이내에 지방검찰청검사장 또는 지청장에게 재정신청서❶를 제출하여야 한다. 다만, ㉢제2항 제3호의 경우에는 공소시효 만료일 전날까지 재정신청서를 제출할 수 있다.

불변기간

검사동일체원칙

❶ • 제344조의 재소자특칙 적용×(only)

④ 재정신청서에는 재정신청의 대상이 되는 사건의 범죄사실 및 증거 등 재정신청을 이유있게 하는 사유를 기재하여야 한다.❷ [전문개정 2007.6.1]

❷ • 재정신청서에 위 사항을 기재하지 않은 때에는 재정신청 기각 可

제261조【지방검찰청검사장 등의 처리】

제260조 제3항에 따라 재정신청서를 제출받은 지방검찰청검사장 또는 지청장은 재정신청서를 제출받은 날부터 7일 이내에 재정신청서 · 의견서 · 수사 관계 서류 및 증거물을 관할 고등검찰청을 경유하여 관할 고등법원에 송부하여야 한다. 다만, 제260조 제2항 각 호의 어느 하나에 해당하는 경우에는 지방검찰청검사장 또는 지청장은 다음의 구분에 따른다.

검찰항고 거친 경우

지검 검사장은 판단×

항고를 거치지 아니한 경우

1. 신청이 이유 있는 것으로 인정하는 때에는 즉시 공소를 제기하고 그 취지를 관할 고등법원과 재정신청인에게 통지한다.
2. 신청이 이유 없는 것으로 인정하는 때에는 30일 이내에 관할 고등법원에 송부한다.

수소법원 ×

[전문개정 2007.6.1]

제262조【심리와 결정】❸

❸ • 한정위헌 참고

① 법원은 재정신청서를 송부받은 때에는 송부받은 날부터 10일 이내에 피의자에게 그 사실을 통지하여야 한다.

재정신청인(규칙)

② 법원은 재정신청서를 송부받은 날부터 3개월 이내에 항고의 절차에 준하여 다음 각 호의 구분에 따라 결정한다. 이 경우

재정결정

필요한 때에는 증거를 조사할 수 있다.
강제처분○

1. 신청이 법률상의 방식에 위배되거나 이유 없는 때에는 신청을 기각한다.
2. 신청이 이유 있는 때에는 사건에 대한 공소제기❶를 결정한다.

❶ • 공소제기 명령

❷ • 수사단계

③❷ 재정신청사건의 심리는 특별한 사정이 없는 한 공개하지 아니한다.❸

❸ • 공소제기 전이므로 비공개

❹ • 적부심 · 재정결정에는 일체 불복 불가능

④❹ 제2항 제1호의 결정에 대하여는 제415조에 따른 즉시항고를 할 수 있고 제2항 제2호의 결정에 대하여는 불복할 수 없다. 제2항 제1호의 결정이 확정된 사건에 대하여는 다른 중요한 증거를 발견한 경우를 제외❺하고는 소추할 수 없다.
기각결정

〈개정 2016.1.6〉

❺ • 공소취소 후의 재기소
• 피의자 구속 – 석방 후의 재구속

⑤ 법원은 제2항의 결정을 한 때에는 즉시 그 정본을 재정신청인 · 피의자와 관할 지방검찰청검사장 또는 지청장에게 송부하여야 한다. 이 경우 제2항 제2호의 결정을 한 때에는 관할 지방검찰청 검사장 또는 지청장에게 사건기록을 함께 송부하여야 한다.
공소제기 결정

⑥ 제2항 제2호의 결정에 따른 재정결정서를 송부받은 관할 지방검찰청 검사장 또는 지청장은 지체없이 담당검사를 지정하고 지정받은 검사는 공소를 제기❻하여야 한다.❼

[전문개정 2007.6.1]

❻ • 유지의무, 취소불가, §264의2
❼ • 기소강제주의 (기소편의주의의 예외)

제262조의2【재정신청사건 기록의 열람 · 등사 제한】❽

❽ • 공소제기 전 : 비공개주의

재정신청사건의 심리 중에는 관련 서류 및 증거물을 열람 또는 등사할 수 없다. 다만, 법원은 제262조 제2항 후단의 증거조사과정에서 작성된 서류의 전부 또는 일부의 열람 또는 등사를 허가할 수 있다. [본조신설 2007.6.1]
수사서류 / 법원에서 작성한 서류

[종전 제262조의2는 제262조의4로 이동 〈2007.6.1〉]

제262조의3【비용부담 등】[1]

① 법원은 제262조 제2항 제1호의 결정(기각결정) 또는 제264조 제2항의 취소(재정신청취소)가 있는 경우에는 결정으로 재정신청인에게 신청절차에 의하여 생긴 비용의 전부 또는 일부를 부담하게 할 수 있다.

재정신청의 남용억제

② 법원은 직권 또는 피의자의 신청에 따라 재정신청인에게 피의자가 재정신청절차에서 부담하였거나 부담할 변호인선임료 등 비용의 전부 또는 일부의 지급을 명할 수 있다.

③ 제1항 및 제2항의 결정에 대하여는 즉시항고를 할 수 있다.

④ 제1항 및 제2항에 따른 비용의 지급범위와 절차 등에 대하여는 대법원규칙으로 정한다.

[본조신설 2007.6.1]

[1] • 임의적 부담

제262조의4【공소시효의 정지 등】

① 제260조에 따른 재정신청이 있으면 제262조에 따른 재정결정이 확정될 때까지 공소시효의 진행이 정지된다(검찰항고×, 헌법소원×).

〈개정 2016.1.6〉

② 제262조 제2항 제2호(공소제기 결정)의 결정이 있는 때에는 공소시효에 관하여 그 결정이 있는 날에 공소가 제기된 것으로 본다(공소시효정지).

[전문개정 2007.6.1]

제263조

삭제 〈2007.6.1〉

제264조【대리인에 의한 신청과 1인의 신청의 효력·취소】

① 재정신청은 대리인에 의하여 할 수 있으며 공동신청권자 중 1인의 신청은 그 전원을 위하여 효력을 발생한다.

공적인 제도이므로 일괄 처리

② 재정신청은 제262조 제2항의 결정이 있을 때까지 취소할 수 있다. 취소한 자는 다시 재정신청을 할 수 없다.

재정결정 / 고등법원에 서면으로 함 / 재재정신청×

〈개정 2007.6.1〉

③ 전항의 취소는 다른 공동신청권자에게 효력을 미치지 아니한다.❶

❶ • 취소한 자에게만 취소의 효력

제264조의2【공소취소의 제한】

검사는 제262조 제2항 제2호❷의 결정에 따라 공소를 제기한 때에는 이를 취소할 수 없다.❸

❷ • 법원의 공소제기결정에 따라 공소를 제기한 때

❸ • 기소강제주의의 효력

[본조신설 2007.6.1]

제265조

삭제 〈2007.6.1〉

제3장 공 판

제1절 공판준비와 공판절차❹

❹ • 당사자주의

제266조【공소장부본의 송달】

법원은 공소의 제기가 있는 때에는 지체 없이 공소장의 부본을 피고인 또는❺ 변호인에게 송달하여야 한다. 단, 제1회 공판기일 전 5일까지❻ 송달하여야 한다.

❺ • 1인에게 송달하면 됨
• 항소심에서 소송기록 접수통지와 다름

❻ • 방어권보장
• 2회-12시간 전
cf) 증인-24시간 전

• 구속에 관한 서류, 변호인선임서 등(규칙 §118①)

※ 5일 법정기간
- 공소장부본 송달(제266조)
- 제1회 공판기일 유예기간(제269조 제1항)
- 제2회 이후의 공시송달효력(제64조 제4항 단서)

제266조의2【의견서의 제출】

① 피고인 또는 변호인은 공소장 부본을 송달받은 날부터 7일 이내에 공소사실에 대한 인정여부, 공판준비절차에 관한 의견 등을 기재한 의견서를 법원에 제출하여야 한다.❶ 다만, 피고인이 진술을 거부하는 경우에는 그 취지를 기재한 의견서를 제출할 수 있다.

❶ • 강제×(∵진술거부권 有)
• 당사자주의

② 법원은 제1항의 의견서가 제출된 때에는 이를 검사에게 송부하여야 한다.

[본조신설 2007.6.1]

제266조의3【공소제기 후 검사가 보관하고 있는 서류 등의 열람·등사】❷

❷ • cf) 제266조의11

① 피고인 또는 변호인은 검사에게 공소제기된 사건에 관한 서류 또는 물건(이하 "서류 등"이라 한다)의 목록과 공소사실의 인정 또는 양형에 영향을 미칠 수 있는 다음 서류 등의 열람·등사 또는 서면의 교부를 신청할 수 있다. 다만, 피고인에게 변호인이 있는 경우에는 피고인은 열람만을 신청할 수 있다.

(피고인 또는 변호인은: 고유권 / 검사에게 공소제기된 사건에 관한 서류 또는 물건: 1회 공판기일 전 : 검사가 보관(공소장일본주의) / 다음 서류 등: 제1호 · 제2호 · 제3호)

• 검사의 증거관련 서류 (제1호~제3호)

1. 검사가 증거로 신청할 서류 등 (신청할: 1회 공판기일 전)
2. 검사가 증인으로 신청할 사람의 성명·사건과의 관계 등을 기재한 서면 또는 그 사람이 공판기일 전에 행한 진술을 기재한 서류 등
3. 제1호 또는 제2호의 서면 또는 서류 등의 증명력과 관련된 서류 등 (증명력: 증거능력×)
4. 피고인 또는 변호인이 행한 법률상·사실상 주장과 관련된 서류 등(관련 형사재판확정기록, 불기소처분기록 등을 포함한다)

②❸ 검사는 국가안보, 증인보호의 필요성, 증거인멸의 염려, 관

❸ • 거부 or 제한

련 사건의 수사에 장애를 가져올 것으로 예상되는 구체적인 사유 등 열람 · 등사 또는 서면의 교부를 허용하지 아니할 상당한 이유가 있다고 인정하는 때에는 열람 · 등사 또는 서면의 교부를 거부하거나 그 범위를 제한할 수 있다.❶

❶ • 목록은 거부 不可

③ 검사는 열람 · 등사 또는 서면의 교부를 거부하거나 그 범위를 제한하는 때에는 지체 없이 그 이유를 서면으로 통지하여야 한다.❷

❷ • 절차적 요건

④ 피고인 또는 변호인은 검사가 제1항의 신청을 받은 때부터 48시간 이내에 제3항의 통지를 하지 아니하는 때에는 제266조의4 제1항의 신청을 할 수 있다.❸

❸ • 법원의 열람 · 등사에 관한 결정

⑤ 검사는 제2항에도 불구하고 서류 등의 목록에 대하여는 열람 또는 등사를 거부할 수 없다.

⑥ 제1항의 서류 등은 도면 · 사진 · 녹음테이프 · 비디오테이프 · 컴퓨터용디스크, 그 밖에 정보를 담기 위하여 만들어진 물건으로서 문서가 아닌 특수매체를 포함한다. 이 경우 특수매체에 대한 등사는 필요 최소한의 범위에 한한다.

[본조신설 2007.6.1]

제266조의4【법원의 열람·등사에 관한 결정】

① 피고인 또는 변호인은 검사가 서류 등의 열람 · 등사 또는 서면의 교부를 거부하거나 그 범위를 제한한 때에는 법원에 그 서류 등의 열람 · 등사 또는 서면의 교부를 허용하도록 할 것을 신청할 수 있다.

(=검사(제266조의11 제3항)) (법원: 수소법원)

② 법원은 제1항의 신청이 있는 때에는 열람 · 등사 또는 서면의 교부를 허용하는 경우에 생길 폐해의 유형 · 정도, 피고인의 방어 또는 재판의 신속한 진행을 위한 필요성 및 해당 서류 등의 중요성 등을 고려하여 검사에게 열람 · 등사 또는 서면의 교부를 허용할 것을 명할 수 있다. 이 경우 열람 또는 등사

의 시기 · 방법을 지정하거나 조건 · 의무를 부과할 수 있다.

③ 법원은 제2항의 결정을 하는 때에는 검사에게 의견을 제시할 수 있는 기회를 부여하여야 한다.

• 검사에게 준용(제266조의11 제4항)

④ 법원은 필요하다고 인정하는 때에는 검사에게 해당 서류 등의 제시를 요구할 수 있고, 피고인이나 그 밖의 이해관계인을 심문할 수 있다.[1]

[1] • 공소장일본주의와 충돌 우려

⑤ 검사는 제2항의 열람 · 등사 또는 서면의 교부에 관한 법원의 결정을 지체 없이 이행하지 아니하는 때에는 해당 증인 및 서류 등에 대한 증거신청을 할 수 없다.

실권효

[본조신설 2007.6.1]

제266조의5【공판준비절차】[2]

[2] • 제1심 공판기일 전 준비절차

① 재판장은 효율적이고 집중적인 심리를 위하여 사건을 공판준비절차에 부칠 수 있다.[3]

[3] • 임의적
단, 국민참여 재판에선 필수적

② 공판준비절차는 주장 및 입증계획 등을 서면으로 준비하게 하거나 공판준비기일을 열어 진행한다.

[4] • 협력의무

③[4] 검사, 피고인 또는 변호인은 증거를 미리 수집 · 정리하는 등 공판준비절차가 원활하게 진행될 수 있도록 협력하여야 한다.

[본조신설 2007.6.1]

제266조의6【공판준비를 위한 서면의 제출】

① 검사, 피고인 또는 변호인은 법률상 · 사실상 주장의 요지 및 입증취지 등이 기재된 서면을 법원에 제출할 수 있다.

② 재판장은 검사, 피고인 또는 변호인에 대하여 제1항에 따른 서면의 제출을 명할 수 있다.

③ 법원은 제1항 또는 제2항에 따라 서면이 제출된 때에는 그 부본을 상대방에게 송달하여야 한다.

④ 재판장은 검사, 피고인 또는 변호인에게 공소장 등 법원에

제출된 서면에 대한 설명을 요구하거나 그 밖에 공판준비에 필요한 명령을 할 수 있다.

[본조신설 2007.6.1]

第266조의7【공판준비기일】

① 법원은 검사, 피고인 또는 변호인의 의견을 들어 공판준비기일을 지정할 수 있다.
직권

② 검사, 피고인 또는 변호인은 법원에 대하여 공판준비기일의 지정을 신청할 수 있다. 이 경우 당해 신청에 관한 법원의 결정에 대하여는 불복할 수 없다.
↔ 제267조 제1항

③ 법원은 합의부원으로 하여금 공판준비기일을 진행하게 할 수 있다. 이 경우 수명법관은 공판준비기일에 관하여 법원 또는 재판장과 동일한 권한[1]이 있다.

④ 공판준비기일은 공개한다. 다만, 공개하면 절차의 진행이 방해될 우려가 있는 때에는 공개하지 아니할 수 있다.

[본조신설 2007.6.1]

[1] • 제184조, 제221조의2 (증거보전청구)(증인신문청구)

第266조의8【검사 및 변호인 등의 출석】

① 공판준비기일에는 검사 및 변호인[2]이 출석하여야 한다.[3]

② 공판준비기일에는 법원사무관 등이 참여한다.[4]

③ 법원은 검사, 피고인[5] 및 변호인에게 공판준비기일을 통지하여야 한다.

④ 법원은 공판준비기일이 지정된 사건에 관하여 변호인이 없는 때에는 직권으로 변호인을 선정하여야 한다.
국선변호인

⑤ 법원은 필요하다고 인정하는 때에는 피고인을 소환할 수 있으며, 피고인은 법원의 소환이 없는 때에도 공판준비기일에 출석할 수 있다.

⑥ 재판장은 출석한 피고인에게 진술을 거부할 수 있음을 알려

[2] • 출석의무/변호인이 없으면 국선변호인 선정
[3] • 피고인×
[4] • 조서작성을 위하여
[5] • 출석의무× : 법원이 필요한 때 소환
출석권○ : 반드시 통지

주어야 한다.

[본조신설 2007.6.1]

제266조의9【공판준비에 관한 사항】❶

① 법원은 공판준비절차에서 다음 행위를 할 수 있다.❷

1. 공소사실 또는 적용법조를 명확하게 하는 행위
2. 공소사실 또는 적용법조의 추가 · 철회 또는 변경을 허가❸ 하는 행위
3. 공소사실과 관련하여 주장할 내용을 명확히 하여 사건의 쟁점을 정리하는 행위
4. 계산이 어렵거나 그 밖에 복잡한 내용에 관하여 설명하도록 하는 행위
5. 증거신청을 하도록 하는 행위
6. 신청된 증거와 관련하여 입증취지 및 내용 등을 명확하게 하는 행위
7. 증거신청에 관한 의견을 확인하는 행위
8. 증거 채부(採否)의 결정을 하는 행위
9. 증거조사의 순서 및 방법을 정하는 행위
10. 서류 등의 열람 또는 등사와 관련된 신청의 당부를 결정하는 행위
11. 공판기일을 지정 또는 변경하는 행위
12. 그 밖에 공판절차의 진행에 필요한 사항을 정하는 행위
   기타

② 제296조 및 제304조는 공판준비절차에 관하여 준용한다.
이의신청

[본조신설 2007.6.1]

❶ • 공소장 일본주의와 관계상 증거조사×

❷ • 신청된 증거를 조사하여 판결을 선고하는 행위×

❸ • 공소장변경○ / 공소장 변경요구(×) = 심리 필요

제266조의10【공판준비기일 결과의 확인】

① 법원은 공판준비기일을 종료하는 때에는 검사, 피고인 또는 변호인에게 쟁점 및 증거에 관한 정리결과를 고지하고, 이

에 대한 이의의 유무를 확인하여야 한다.

❶ • 서면주의

②❶ 법원은 쟁점 및 증거에 관한 정리결과를 공판준비기일조서(필요적)에 기재하여야 한다.

[본조신설 2007.6.1]

제266조의11【피고인 또는 변호인이 보관하고 있는 서류 등의 열람·등사】

❷ • 쌍방향적 but 제한적

① 검사❷는 피고인 또는 변호인이 공판기일 또는 공판준비절차에서 현장부재(알리바이) · 심신상실 또는 심신미약 등 법률상 · 사실상의 주장을 한 때에는(쌍방향 제한적 인정 – 전면적 ×) 피고인 또는 변호인에게 다음 서류 등의 열람 · 등사 또는 서면의 교부를 요구할 수 있다.

• 피고인의 증거관련서류
• cf) 제266조의3

1. 피고인 또는 변호인이 증거로 신청할 서류 등
2. 피고인 또는 변호인이 증인으로 신청할 사람의 성명, 사건과의 관계 등을 기재한 서면
3. 제1호의 서류 등 또는 제2호의 서면의 증명력과 관련된 서류 등
4. 피고인 또는 변호인이 행한 법률상 · 사실상의 주장과 관련된 서류 등

② 피고인 또는 변호인은 검사가 제266조의3 제1항에 따른 서류 등의 열람 · 등사 또는 서면의 교부를 거부한 때에는 제1항에 따른 서류 등의 열람 · 등사 또는 서면의 교부를 거부할 수 있다. 다만, 법원이 제266조의4 제1항에 따른 신청을 기각하는 결정을 한 때에는 그러하지 아니하다.

③ 검사는 피고인 또는 변호인이 제1항에 따른 요구를 거부한 때에는 법원에 그 서류 등의 열람 · 등사 또는 서면의 교부를 허용하도록 할 것을 신청할 수 있다(제266조의4).

④ 제266조의4(검사에게도) 제2항부터 제5항까지의 규정은 제3항의 신청이 있는 경우에 준용한다.

❶ • 특수매체 – 필요 최소한의 범위

⑤❶ 제1항에 따른 서류 등에 관하여는 제266조의3 제6항을 준용한다.

[본조신설 2007.6.1]

제266조의12【공판준비절차의 종결사유】

법원은 다음 각 호의 어느 하나에 해당하는 사유가 있는 때에는 공판준비절차를 종결하여야 한다. 다만, 제2호 또는 제3호에 해당하는 경우로서 공판의 준비를 계속하여야 할 상당한 이유가 있는 때에는 그러하지 아니하다.

1. 쟁점 및 증거의 정리가 완료된 때
   조사×
2. 사건을 공판준비절차에 부친 뒤 3개월이 지난 때
3. 검사 · 변호인 또는 소환받은 피고인이 출석하지 아니한 때
   불출석

[본조신설 2007.6.1]

제266조의13【공판준비기일 종결의 효과】

❷ • 실권효의 제재

①❷ 공판준비기일에서 신청하지 못한 증거는 다음 각 호의 어느 하나에 해당하는 경우에 한하여 공판기일에 신청할 수 있다.

• 실권효의 제재 예외

1. 그 신청으로 인하여 소송을 현저히 지연시키지 아니하는 때
2. 중대한 과실 없이 공판준비기일에 제출하지 못하는 등 부득이한 사유를 소명한 때

② 제1항에도 불구하고 법원은 직권으로 증거를 조사할 수 있다.❸
직권조사의무 有(判)

❸ • 실체진실발견을 위하여

[본조신설 2007.6.1]

제266조의14【준용규정】

제305조는 공판준비기일의 재개에 관하여 준용한다.
공판기일의 변론의 재개

[본조신설 2007.6.1]

제266조의15【기일간 공판준비절차】

법원은 쟁점 및 증거의 정리를 위하여 필요한 경우에는 제1회 공판기일 후에도[1] 사건을 공판준비절차에 부칠 수 있다. 이 경우 기일 전 공판준비절차에 관한 규정을 준용한다.

[1] • 제266조의5~15 : 효율적이고 집중적인 심리를 위함

[본조신설 2007.6.1]

제266조의16【열람·등사된 서류 등의 남용금지】

① 피고인 또는 변호인(피고인 또는 변호인이었던 자를 포함한다. 이하 이 조에서 같다)은 검사가 열람 또는 등사하도록 한 제266조의3 제1항에 따른 서면 및 서류 등의 사본을 당해 사건 또는 관련 소송의 준비에 사용할 목적이 아닌 다른 목적으로 다른 사람에게 교부 또는 제시(전기통신설비를 이용하여 제공하는 것을 포함한다)하여서는 아니 된다.

② 피고인 또는 변호인이 제1항을 위반하는 때에는 1년 이하의 징역 또는 500만원 이하의 벌금에 처한다.

[본조신설 2007.6.1]

제266조의17【비디오 등 중계장치 등에 의한 공판준비기일】

① 법원은 피고인이 출석하지 아니하는 경우 상당하다고 인정하는 때에는 검사와 변호인의 의견을 들어 비디오 등 중계장치에 의한 중계시설을 통하거나 인터넷 화상장치를 이용[2]하여 공판준비기일을 열 수 있다.

[2] • 영상공판준비기일제도 신설

② 제1항에 따른 기일은 검사와 변호인이 법정에 출석하여 이루어진 공판준비기일로 본다.

③ 제1항에 따른 기일의 절차와 방법, 그 밖에 필요한 사항은 대법원규칙으로 정한다.

[본조신설 2021.8.17]

제267조【공판기일의 지정】

① 재판장[1]은 공판기일을 정하여야 한다.

②[2] 공판기일에는 피고인, 대표자 또는 대리인을 소환[3]하여야 한다.

③ 공판기일은 검사, 변호인과 보조인[4]에게 통지[5]하여야 한다.[6]

출석 : 공판개정요건

제267조의2【집중심리】[7]

① 공판기일의 심리는 집중되어야 한다.

②[8] 심리에 2일 이상이 필요한 경우에는 부득이한 사정이 없는 한 매일 계속 개정하여야 한다.

③ 재판장은 여러 공판기일을 일괄하여 지정할 수 있다.

④ 재판장은 부득이한 사정으로 매일 계속 개정하지 못하는 경우에도 특별한 사정이 없는 한 전회의 공판기일부터 14일[9] 이내로 다음 공판기일을 지정하여야 한다.

⑤ 소송관계인은 기일을 준수하고 심리에 지장을 초래하지 아니하도록 하여야 하며, 재판장은 이에 필요한 조치를 할 수 있다.

협력의무

[본조신설 2007.6.1]

제268조【소환장송달의 의제】[10]

법원의 구내에 있는 피고인에 대하여 공판기일을 통지한 때에는 소환장송달의 효력이 있다.

법원구내 모든 장소

제269조【제1회 공판기일의 유예기간】[11]

① 제1회 공판기일은 소환장의 송달 후 5일 이상의 유예기간을 두어야 한다.

방어준비기간

② 피고인이 이의 없는 때에는 전항의 유예기간을 두지 아니할 수 있다.[12]

---

❶ • 직권 지정(신청×)
  • 명령형식

❷ • 출석일 12시간 전에 소환장 송달(구인 可)

❸ • 출석의무 → 소환
  • 공소장부본 송달 후 可
  • 제68조, 제73조, 제74조, 제76조

❹ • 공판개정요건×

❺ • 출석권 → 통지
  ∵ 강제적인 출석의무×

❻ • 구인×

❼ • 재판의 신속과 연결
  ┌ 실체진실발견에 유리
  └ 국민통제에 유리

❽ • 제54조
  • 계속심리주의

❾ • 훈시 기간
  cf) 특감법 : 7일

❿ • 제76조에 이은

⓫ • 피고인의 방어권보장

⓬ • 다투지 않으면 하자가 치유된다.

제270조【공판기일의 변경】

① 재판장은 직권 또는 검사 · 피고인이나 변호인의 신청[1]에 의하여 공판기일을 변경[2]할 수 있다.

② 공판기일 변경신청을 기각한 명령은 송달하지 아니한다.[3]

[1] • 공판기일의 지정신청은 불가

[2] • 직권 또는 신청 cf) 지정 : 직권

[3] • 지정되었던 기일에 그대로 진행
• 제42조 '재판 외→재판서 등본 송달'의 예외

제271조【불출석사유, 자료의 제출】

공판기일에 소환 또는 통지서를 받은 자가 질병 기타의 사유로 출석하지 못할 때에는 의사의 진단서 기타의 자료를 제출하여야한다.

제272조【공무소 등에 대한 조회】[4]

[4] • 제199조 제2항

① 법원은 직권 또는 검사 · 피고인이나 변호인의 신청에 의하여 공무소 또는 공사단체에 조회하여 필요한 사항의 보고 또는 그 보관서류의 송부를 요구할 수 있다.

② 전항의 신청을 기각함에는 결정으로 하여야 한다.
조회신청이 부적법하거나 이유 없는 경우

제273조【공판기일 전의 증거조사】

① 법원은 검사 · 피고인 또는 변호인의 신청에 의하여 공판준비에 필요하다고 인정한 때에는 공판기일 전에 피고인 또는 증인을 신문할 수 있고 검증 · 감정 또는 번역을 명할 수 있다.
있는 경우에 限, 직권×
제1회 공판기일 이후를 의미
증거조사

② 재판장은 부원으로 하여금 전항의 행위를 하게 할 수 있다.

③ 제1항의 신청을 기각함에는 결정으로 하여야 한다.

제274조【당사자의 공판기일 전의 증거제출】

검사, 피고인 또는 변호인은 공판기일 전[5]에 서류나 물건을 증거로 법원에 제출할 수 있다.
당사자

[5] • 공소장일본주의 원칙에 따라 1회 공판기일 후를 의미

제275조【공판정의 심리】[6]

[6] • 공판중심주의

① 공판기일에는 공판정에서 심리한다.

② 공판정은 판사와 검사, 법원사무관 등이 출석[7]하여 개정한다.
〈개정 2007.6.1〉

[7] • 검사의 출석 : 공판개정의 요건(당사자주의)

❶ • 무죄추정

③❶ 검사의 좌석과 피고인 및 변호인의 좌석은 대등하며, 법대의 좌·우측에 마주보고 위치하고, 증인의 좌석은 법대의 정면에 위치한다. 다만, 피고인신문을 하는 때에는 피고인을 증인석에 좌석한다.

당사자주의 강화

제275조의2【피고인의 무죄추정】

❷ • 피의자
- 명문규정×
- 해석상 인정○

피고인❷은 유죄의 판결이 확정될 때까지는 무죄로 추정된다.❸

❸ • 징계처분에도 적용 可
• 소극적 실체진실주의 (in dubio pro reo)

제275조의3【구두변론주의】❹

❹ • 명시적 규정

공판정에서의 변론은 구두로 하여야 한다.

주장 및 입증

[본조신설 2007.6.1]

제276조【피고인의 출석권】❺

❺ • 피고인의 방어권 보장

피고인이 공판기일에 출석하지 아니한 때에는 특별한 규정이 없으면 개정하지 못한다. 단, 피고인이 법인인 경우에는 대리인을 출석하게 할 수 있다.❻

개정요건

제156조 vs.

예외적 대리 인정

❻ • 소송행위의 대리 : 각자 대리가 원칙. 공동대리는 대리권의 제한으로서 예외적으로 인정

▸ 궐석재판
- 피고인에게 유리한 재판(§277, §306④) : 공소기각 또는 면소의 재판이거나 심신상실 또는 질병의 사유로 공판절차 정지
- 증거조사기일에서 불참의사 명시(§163②)
- 불출석허가신청(§277 제3호) : 장기 3년, 500만원 초과, 구류(단, 인정신문 기일과 판결선고기일에는 반드시 출석)
- 약식명령에 피고인만이 정식재판청구시의 판결선고기일(§277 제4호)
- 피고인이 법인이거나 의사무능력자인 때 → 대리인 출석
- 상고심(변호인 출석은 要)
- 500만원 이하의 재산형인 경미사건 또는 즉심(§277 제1호) : 구류×
- 사망자 또는 회복할 수 없는 심신장애자를 위한 재심(§438③)
- 퇴정명령, 무단퇴정(§330) : 심리 可, 증거동의 의제
- 불출석
  - 항소심에서 2회 이상 불출석(§365②)
  - 약식에 따른 정식재판청구(§458②)
  - 소재불명과 송달불능보고서 접수 후 6月 경과로 2회 이상 공시송달(장기 10년 이상×)
  - 구속된 피고인이 정당한 사유 없이 출석을 거부하고 인치도 불가능할 때(§277의2)

제276조의2【장애인 등 특별히 보호를 요하는 자에 대한 특칙】

❶ • 피의자㊀

①[❶] 재판장 또는 법관은 피고인을 신문하는 경우 다음 각 호의 어느 하나에 해당하는 때에는 직권 또는 피고인 · 법정대리인 · 검사의 신청에 따라 피고인과 신뢰관계에 있는 자를 동석하게 할 수 있다.

1. 피고인이 신체적 또는 정신적 장애로 사물을 변별하거나 의사를 결정 · 전달할 능력이 미약한 경우
2. 피고인의 연령 · 성별 · 국적 등의 사정을 고려하여 그 심리적 안정의 도모와 원활한 의사소통을 위하여 필요한 경우

② 제1항에 따라 동석할 수 있는 신뢰관계에 있는 자의 범위, 동석의 절차 및 방법 등에 관하여 필요한 사항은 대법원규칙으로 정한다.

[본조신설 2007.6.1]

제277조【경미사건 등과 피고인의 불출석】

다음 각 호의 어느 하나에 해당하는 사건에 관하여는 피고인의 출석을 요하지 아니한다. 이 경우 피고인은 대리인을 출석하게 할 수 있다.

❷ • 경미사건

❸ • 피고인에게 유리한 재판

1.[❷] 다액 500만원 이하의 벌금 또는 과료에 해당하는 사건
2.[❸] 공소기각 또는 면소의 재판을 할 것이 명백한 사건
3. 장기 3년 이하의 징역 또는 금고, 다액 500만원을 초과하는 벌금 또는 구류에 해당하는 사건에서 피고인의 불출석허가 신청이 있고 법원이 피고인의 불출석이 그의 권리를 보호함에 지장이 없다고 인정하여 이를 허가한 사건. 다만, ㉠제284조에 따른 절차를 진행하거나 ㉡판결을 선고하는 공판기일에는 출석하여야 한다.
   인정신문기일 : 절차의 최초단계 / 실형선고 가능하므로
4. 제453조 제1항에 따라 피고인만이 정식재판의 청구를 하여 판결을 선고하는 사건[❹]
   약식절차

❹ • 불이익변경 금지의 원칙

[전문개정 2007.6.1]

제277조의2【피고인의 출석거부와 공판절차】

① 피고인이 출석하지 아니하면 개정하지 못하는 경우에 구속된 피고인이 ㉠정당한 사유 없이 출석을 거부하고, ㉡교도관에 의한 인치가 불가능하거나 현저히 곤란하다고 인정되는 때에는 피고인의 출석 없이 공판절차를 진행할 수 있다.❶ 〈개정 2007.6.1〉

❶ • ㉠+㉡

② 제1항의 규정에 의하여 공판절차를 진행할 경우에는 출석한 검사 및 변호인의 의견을 들어야 한다.

제278조【검사의 불출석】

검사가 공판기일의 통지를 ㉠2회 이상❷ 받고 출석하지 아니하거나 ㉡판결만을 선고하는 때에는 검사의 출석 없이 개정할 수 있다.

❷ • 2회째 공판기일에 개정 可(연속 2회일 것 不要)

• cf) 피고인
 1심×(§365)
 항소심○
 정식재판청구기일○(§458②)

제279조【재판장의 소송지휘권】❸

❸ • 포괄적 위임

공판기일의 소송지휘❹는 재판장이 한다.❺

❹ • ≠법정경찰권(제281조 제2항) : 법정질서유지 위한 사법행정작용

❺ • 이의신청 可 : 법원이 결정(§304)

재판장의 소송지휘권	법원의 소송지휘권
• 공판기일 지정 · 변경 • 증인신문 순서변경 • 변호의 제한, 석명권 행사 • 피고인의 퇴정명령 • 인정신문, 진술거부권 고지	• 공소장변경요구, 공소장변경허가 –공판절차정지결정 • 국선변호인, 특별대리인 선임 • 증거결정, 증거조사의 이의신청결정, 공판기일 전 증거조사 • 변론의 분리 · 병합 · 재개 • 간이공판절차개시 결정

▸ 법원의 소송지휘권은 불복×(§403①)❻

❻ • 예외로 불복가능
 ① 증거조사에 대한 이의신청 → 법령위반과 상당하지 않을 경우
 ② 증거결정에 대한 이의신청 → 법령위반일 경우

제279조의2【전문심리위원의 참여】❼

❼ • cf) 전문수사자문위원회 : 검사가 지정

① 법원은 소송관계를 분명하게 하거나 소송절차를 원활하게 진행하기 위하여 필요한 경우에는 직권으로 또는 검사, 피고인 또는 변호인의 신청에 의하여 결정으로 전문심리위원을 지정하여 공판준비 및 공판기일 등 소송절차에 참여하게 할 수 있다.

② 전문심리위원은 전문적인 지식에 의한 설명 또는 의견을 기재한 서면을 제출하거나 기일에 전문적인 지식에 의하여 설명이나 의견을 진술할 수 있다. 다만, 재판의 합의에는 참여할 수 없다.

③ 전문심리위원은 기일에 재판장의 허가를 받아 피고인 또는 변호인, 증인 또는 감정인 등 소송관계인에게 소송관계를 분명하게 하기 위하여 필요한 사항에 관하여 직접 질문할 수 있다.

④ 법원은 제2항에 따라 전문심리위원이 제출한 서면이나 전문심리위원의 설명 또는 의견의 진술에 관하여 검사, 피고인 또는 변호인에게 구술 또는 서면에 의한 의견진술의 기회를 주어야 한다.

[본조신설 2007.12.21]

제279조의3【전문심리위원 참여결정의 취소】

① 법원은 상당하다고 인정하는 때에는 검사, 피고인 또는 변호인의 신청이나 직권으로 제279조의2 제1항에 따른 결정을 취소할 수 있다.
임의적

② 법원은 검사와 피고인 또는 변호인이 합의하여 제279조의2 제1항의 결정을 취소할 것을 신청한 때에는 그 결정을 취소하여야 한다.
필요적

[본조신설 2007.12.21]

제279조의4【전문심리위원의 지정 등】

① 제279조의2 제1항에 따라 전문심리위원을 소송절차에 참여시키는 경우 법원은 검사, 피고인 또는 변호인의 의견을 들어 각 사건마다 1인 이상의 전문심리위원을 지정한다.

② 전문심리위원에게는 대법원규칙으로 정하는 바에 따라 수당을 지급하고, 필요한 경우에는 그 밖의 여비, 일당 및 숙박료를 지급할 수 있다.

③ 그 밖에 전문심리위원의 지정에 관하여 필요한 사항은 대법원규칙으로 정한다.

[본조신설 2007.12.21]

제279조의5【전문심리위원의 제척 및 기피】[1]

① 제17조부터 제20조까지 및 제23조는 전문심리위원에게 준용한다.

② 제척 또는 기피신청이 있는 전문심리위원은 그 신청에 관한 결정이 확정될 때까지 그 신청이 있는 사건의 소송절차에 참여할 수 없다. 이 경우 전문심리위원은 해당 제척 또는 기피신청에 대하여 의견을 진술할 수 있다.

[본조신설 2007.12.21]

[1] • 전문수사자문위원회 적용×

제279조의6【수명법관 등의 권한】

수명법관 또는 수탁판사가 소송절차를 진행하는 경우에는 제279조의2 제2항부터 제4항까지의 규정에 따른 법원 및 재판장의 직무는 그 수명법관이나 수탁판사가 행한다.

[본조신설 2007.12.21]

제279조의7【비밀누설죄】

전문심리위원 또는 전문심리위원이었던 자가 그 직무수행 중에 알게 된 다른 사람의 비밀을 누설한 때에는 2년 이하의 징역이나 금고 또는 1천만원 이하의 벌금에 처한다.

[본조신설 2007.12.21]

제279조의8【벌칙 적용에서의 공무원 의제】

전문심리위원은 「형법」 제129조부터 제132조까지의 규정에 따른 벌칙의 적용에서는 공무원으로 본다.

[본조신설 2007.12.21]

第280조【공판정에서의 신체구속의 금지】

공판정에서는 피고인의 신체를 구속하지 못한다. 다만, 재판장은 피고인이 폭력을 행사하거나 도망할 염려가 있다고 인정하는 때에는 피고인의 신체의 구속을 명하거나 기타 필요한 조치를 할 수 있다.

원칙

예외

第281조【피고인의 재정의무, 법정경찰권】[1]

① 피고인은 재판장의 허가 없이 퇴정하지 못한다.

② 재판장은 피고인의 퇴정을 제지하거나 법정의 질서를 유지하기 위하여 필요한 처분을 할 수 있다.[2]

❶ • 재정의무

❷ • 20일 이내의 감치, 100만원 이하의 과태료

第282조【필요적 변호】[3]

❸ • 필요적 변호사건에서의 변호인 출석 : 공판개정 요건

第33조 제1항 각 호의 어느 하나에 해당하는 사건 및 같은 조 제2항 · 제3항의 규정에 따라 변호인이 선정된 사건에 관하여는 변호인 없이 개정하지 못한다. 단, 판결만을 선고할 경우에는 예외로 한다.

법정형 기준

第283조【국선변호인】

第282조 본문의 경우 변호인이 출석하지 아니한 때에는 법원은 직권으로 변호인을 선정하여야 한다.

第283조의2【피고인의 진술거부권】

① 피고인은 진술하지 아니하거나 개개의 질문에 대하여 진술을 거부할 수 있다.

권리

② 재판장은 피고인에게 제1항과 같이 진술을 거부할 수 있음을 고지하여야 한다.

의무

[본조신설 2007.6.1]

第284조【인정신문】[4]

❹ • 第241조

재판장은 피고인의 성명, 연령, 등록기준지, 주거와 직업을 물어서 피고인임에 틀림없음을 확인하여야 한다.[5]

❺ • 피고인 : 진술거부 可

〈개정 2007.5.17〉

第285条【검사의 모두진술】

검사는 공소장에 의하여 공소사실 · 죄명 및 적용법조를 낭독❶ 하여야 한다. 다만, 재판장은 필요하다고 인정하는 때에는 검사에게 공소의 요지를 진술하게 할 수 있다.

피고인성명 등×(∵ 인정신문했으므로)

[전문개정 2007.6.1]

❶ • 구술주의
• 공판중심주의
• 필수적 절차

第286条【피고인의 모두진술】

① 피고인은 검사의 모두진술이 끝난 뒤에 공소사실의 인정 여부를 진술하여야 한다. 다만, 피고인이 진술거부권을 행사하는 경우에는 그러하지 아니하다.

진술할 기회 부여

② 피고인 및 변호인은 이익이 되는 사실 등을 진술할 수 있다.

[전문개정 2007.6.1]

▸ 피고인의 모두진술 전까지
- 공소장부본송달의 하자에 대한 이의신청(§266)
- 제1회 공판기일의 유예기간에 대한 이의신청(§269)
- 토지관할 위반신청(§320②)

第286条의2【간이공판절차의 결정】

피고인❷이 공판정❸에서 공소사실에 대하여 자백❹한 때에는 법원은 그 공소사실에 한하여❺ 간이공판절차에 의하여 심판할 것을 결정❻할 수 있다.❼

❷ • 변호인×, 대리인×(법인의 대표자, 의사무능력자의 법정대리인○)
❸ • 공판정 외×
• 1심(항소 · 상고심×)
❺ • 수죄의 일부만 간이공판 可
• 공범 중 1인만 간이공판 可

❹ • 자백배제법칙에서의 자백 → 일부사실의 자백○
• 공소사실을 전부 인정 (위법성 · 책임도 인정 要)

❻ • 피고인의 모두진술단계에서 행해짐 → 불복× (§403①)
❼ • 재량설 입법화
• 공소장변경 허용
❽ • 일반공판절차로 이행

第286条의3【결정의 취소】❽

법원은 전조의 결정을 한 사건에 대하여 피고인의 ㉠자백이 신빙할 수 없다고 인정되거나 간이공판절차로 심판하는 것이 ㉡현저히 부당하다고 인정할 때에는 검사의 의견을 들어 그 결정을 취소하여야 한다.

자백의 상당성× / 검사의 동의× / 필요적, 의무적

제287조【재판장의 쟁점정리 및 검사·변호인의 증거관계 등에 대한 진술】

① 재판장은 피고인의 모두진술이 끝난 다음에 피고인 또는 변호인에게 쟁점의 정리를 위하여 필요한 질문을 할 수 있다.

② 재판장은 증거조사를 하기에 앞서 검사 및 변호인으로 하여금 공소사실 등의 증명과 관련된 주장 및 입증계획 등을 진술하게 할 수 있다. 다만, 증거로 할 수 없거나 증거로 신청할 의사가 없는 자료에 기초하여 법원에 사건에 대한 예단 또는 편견을 발생하게 할 염려가 있는 사항은 진술할 수 없다.

[전문개정 2007.6.1]

제288조

삭제

제289조

삭제 〈2007.6.1〉

제290조【증거조사】

증거조사는 제287조에 따른 절차가 끝난 후에 실시한다.

[전문개정 2007.6.1]

제291조【동 전】

①❶ 소송관계인이 증거로 제출한 서류나 물건 또는 제272조,❷ 제273조❸의 규정에 의하여 작성 또는 송부된 서류는 검사, 변호인 또는 피고인이 공판정에서 개별적으로 지시 · 설명❹ 하여 조사하여야 한다.

② 재판장은 직권으로 전항의 서류나 물건을 공판정에서 조사할 수 있다.❺

❶ • 원칙 : 당사자주의

❷ • 공무소 등에 대한 조회

❸ • 공판기일 전 증거조사

❹ • 증거조사의 대상이 될 서류 또는 물건의 표목 특정

❺ • 직권에 의한 증거조사
- 권한설
- 권한 · 의무설(通 · 判)

제291조의2【증거조사의 순서】

① 법원은 ㉠검사가 신청한 증거를 조사한 후 ㉡피고인 또는 변호인이 신청한 증거를 조사한다.

거증책임

② 법원은 제1항에 따른 조사가 끝난 후 ㉢직권으로 결정한 증거를 조사한다.

③ 법원은 직권 또는 검사, 피고인·변호인의 신청에 따라 제1항 및 제2항의 순서를 변경할 수 있다.

[본조신설 2007.6.1]

제292조【증거서류에 대한 조사방식】

① 검사, 피고인 또는 변호인의 신청에 따라 증거서류를 조사하는 때에는 신청인이 이를 낭독하여야 한다.

재판장×

② 법원이 직권으로 증거서류를 조사하는 때에는 소지인 또는 재판장이 이를 낭독하여야 한다.

③ 재판장은 필요하다고 인정하는 때에는 제1항 및 제2항에도 불구하고 내용을 고지하는 방법으로 조사할 수 있다.

요지의 고지방식

④ 재판장은 법원사무관 등으로 하여금 제1항부터 제3항까지의 규정에 따른 낭독이나 고지를 하게 할 수 있다.

⑤ 재판장은 열람이 다른 방법보다 적절하다고 인정하는 때에는 증거서류를 제시하여 열람하게 하는 방법으로 조사할 수 있다.

[전문개정 2007.6.1]

제292조의2【증거물에 대한 조사방식】

① 검사, 피고인 또는 변호인의 신청에 따라 증거물을 조사하는 때에는 신청인이 이를 제시하여야 한다.

② 법원이 직권으로 증거물을 조사하는 때에는 소지인 또는 재판장이 이를 제시하여야 한다.

③ 재판장은 법원사무관 등으로 하여금 제1항 및 제2항에 따른 제시를 하게 할 수 있다.

[본조신설 2007.6.1]

제292조의3【그 밖의 증거에 대한 조사방식】

도면 · 사진 · 녹음테이프 · 비디오테이프 · 컴퓨터용디스크, 그 밖에 정보를 담기 위하여 만들어진 물건으로서 문서가 아닌 증거의 조사에 관하여 필요한 사항은 대법원규칙으로 정한다.

[본조신설 2007.6.1]

제293조【증거조사 결과와 피고인의 의견】❶

❶ • 간이공판절차에는 적용×

재판장은 피고인(검사에게는 고지×)에게 각 증거조사의 결과에 대한 의견을 묻고 권리를 보호함에 필요한 증거조사를 신청할 수 있음을 고지하여야 한다.

제294조【당사자의 증거신청】

① 검사 · 피고인 또는 변호인(증거조사 신청순서 : 검사 → 피고인 또는 변호인)은 서류나 물건을 증거로 제출할 수 있고, 증인 · 감정인 · 통역인 또는 번역인의 신문을 신청(서면 또는 구두)할 수 있다.

② 법원은 검사, 피고인 또는 변호인이 고의로 증거를 뒤늦게 신청함으로써 공판의 완결을 지연하는 것으로 인정할 때에는 직권 또는 상대방의 신청에 따라 결정으로 이를 각하할 수 있다.❷

❷ • 실기한 신청의 각하

[전문개정 2007.6.1]

제294조의2【피해자 등의 진술권】❸

❸ • 공판절차진술권

① 법원은 범죄로 인한 피해자 또는 그 법정대리인(피해자가 사망한 경우에는 배우자 · 직계친족 · 형제자매(간접피해자)를 포함한다. 이하 이 조에서 "피해자 등"이라 한다)의 신청(직권×)이 있는 때에는

그 피해자 등을 증인으로 신문하여야 한다. 다만, 다음 각 호의 어느 하나에 해당하는 경우에는 그러하지 아니하다.

의무

〈개정 2007.6.1〉

1. 삭제 〈2007.6.1〉
2. 피해자 등 이미 당해 사건에 관하여 공판절차에서 충분히 진술하여 다시 진술할 필요가 없다고 인정되는 경우

수사절차×

3. 피해자 등의 진술로 인하여 공판절차가 현저하게 지연될 우려가 있는 경우

• 원칙적 신문○
반드시 신문 ×

② 법원은 제1항에 따라 피해자 등을 신문하는 경우 피해의 정도 및 결과, 피고인의 처벌에 관한 의견, 그 밖에 당해 사건에 관한 의견을 진술할 기회를 주어야 한다.

〈개정 2007.6.1〉

③ 법원은 동일한 범죄사실에서 제1항의 규정에 의한 신청인이 여러 명인 경우에는 진술할 자의 수를 제한할 수 있다.

〈개정 2007.6.1〉

④ 제1항의 규정에 의한 신청인이 출석통지를 받고도 정당한 이유 없이 출석하지 아니한 때에는❶ 그 신청을 철회한 것으로 본다. 〈개정 2007.6.1〉

❶ • 구인할 수 없다.

제294조의3【피해자 진술의 비공개】❷

❷ • 원칙 : 공개

① 법원은 범죄로 인한 피해자를 증인으로 신문하는 경우 당해 피해자 · 법정대리인 또는 검사의 신청에 따라 피해자의 사생활의 비밀이나 신변보호를 위하여 필요하다고 인정하는 때에는 결정으로 심리를 공개하지 아니할 수 있다.

② 제1항의 결정은 이유를 붙여 고지한다.

③ 법원은 제1항의 결정을 한 경우에도 적당하다고 인정되는 자의 재정을 허가할 수 있다.

[본조신설 2007.6.1]

제294조의4【피해자 등의 공판기록 열람·등사】

① 소송계속 중인 사건의 피해자(피해자가 사망하거나 그 심신에 중대한 장애가 있는 경우에는 그 배우자·직계친족 및 형제자매를 포함한다), 피해자 본인의 법정대리인 또는 이들로부터 위임을 받은 피해자 본인의 배우자·직계친족·형제자매·변호사는 소송기록의 열람 또는 등사를 법원에 신청할 수 있다.

피해자 = 무능력자인 때

② 법원은 제1항의 신청이 있는 때에는 지체 없이 검사, 피고인 또는 변호인에게 그 취지를 통지하여야 한다.

③ 법원은 피해자 등의 권리구제를 위하여 필요하다고 인정 하거나 그 밖의 정당한 사유가 있는 경우 범죄의 성질, 심리 의 상황, 그 밖의 사정을 고려하여 상당하다고 인정하는 때 에는 열람 또는 등사를 허가할 수 있다.❶

손배청구 용이하게 하기 위해

④ 법원이 제3항에 따라 등사를 허가하는 경우에는 등사한 소송기록의 사용목적을 제한하거나 적당하다고 인정하는 조건을 붙일 수 있다.

⑤ 법원이 열람 또는 등사를 허가하지 아니하거나, 제4항에 따라 조건을 붙여 허가하는 경우에는 열람 또는 등사를 신청한 자에게 그 이유를 통지하여야 한다.

⑥ 제1항에 따라 소송기록을 열람 또는 등사한 자는 열람 또는 등사에 의하여 알게 된 사항을 사용함에 있어서 부당히 관계인의 명예나 생활의 평온을 해하거나 수사와 재판에 지장을 주지 아니하도록 하여야 한다.

⑦ 제3항 및 제4항의 결정에 대하여는 즉시항고를 할 수 있다.

❶ • 임의적
• 피고인은 방어권이기 때문에 무조건 열람·등사 인정
• 피해자는 공판정 진술권이기 때문에 재판장의 허가 필요

제295조【증거신청에 대한 결정】❷

법원은 제294조 및 제294조의2의 증거신청에 대하여 결정❸을 하여야 하며 직권으로 증거조사를 할 수 있다.❹

당사자 증거신청 / 피해자 진술권

❷ • 응답의무 규정결정의 기준 규정×

❸ • 채부결정 → 불복× (§403①)
• 항고×, 이의신청 可

❹ • 判 : 의무로 해석
• 보충적(권한 + 의무)

❶ • 위법 또는 부당한 때

제296조【증거조사에 대한 이의신청】

① [1] 검사, 피고인 또는 변호인은 증거조사에 관하여 이의신청[2]을 할 수 있다.
자유재량

② 법원은 전항의 신청에 대하여 결정[3]을 하여야 한다.[4]
증거조사에 관한 이의신청

❷ • 법령위반 or 상당하지 않은 경우
• 포기 可
(명시적 · 묵시적 의사표시)

❸ • 규칙 136, 137, 138, 139, 140

❹ • 법원은 이의신청시마다 즉시 결정 要

❺ • 인적증거방법으로서의 피고인의 지위
• 피고인신문 자체만으로는 직권주의 반영○

제296조의2【피고인신문】[5]

① 검사 또는 변호인은 증거조사 종료 후에 순차로 피고인에게 공소사실 및 정상에 관하여 필요한 사항을 신문할 수 있다. 다만, 재판장은 필요하다고 인정하는 때에는 증거조사가 완료되기 전이라도 이를 허가할 수 있다.
보충적

② 재판장은 필요하다고 인정하는 때에는 피고인을 신문할 수 있다.
임의적

③ 제161조의2 제1항부터 제3항까지 및 제5항[6]은 제1항의 신문에 관하여 준용한다.

❻ • 증인신문의 방식
• 개념상 반대신문 인정×

[본조신설 2007.6.1]

제297조【피고인 등의 퇴정】[7]

❼ • 궐석재판 可

① 재판장은 증인 또는 감정인이 피고인 또는 어떤 재정인의 면전에서 충분한 진술을 할 수 없다고 인정한 때에는 그를 퇴정하게 하고 진술하게 할 수 있다. 피고인이 다른 피고인의 면전에서 충분한 진술을 할 수 없다고 인정한 때에도 같다.

② 전항의 규정에 의하여 피고인을 퇴정하게 한 경우에 증인, 감정인 또는 공동피고인의 진술이 종료한 때에는 퇴정한 피고인을 입정하게 한 후 법원사무관 등으로 하여금 진술의 요지를 고지하게 하여야 한다. 〈개정 2007.6.1〉[8]

❽ • 추후에 실질적으로 반대신문기회 주어야 함
–보장 안했을 때 : 위법수집증거, 다투지 않으면 하자치유 可

제297조의2【간이공판절차에서의 증거조사】

제286조의2의 결정이 있는 사건에 대하여는 제161조의2, 제290조 내지 제293조, 제297조의 규정을 적용하지 아니하며 법원이
간이공판절차 / 증인신문방식 / 증거조사 / 피고인 등 퇴정

상당하다고 인정하는 방법으로 증거조사❶를 할 수 있다.❷

❶ • 처분권주의 인정×
• 생략은 不可
• 전문법칙이 적용 안 되므로, 전문증거에도 소송 관계인의 동의가 있는 것으로 간주

❷ • 증거능력, 증거조사특칙 외에는 일반공판절차와 같음

제298조【공소장의 변경】❸

❸ • 심판의 대상 변경

① 검사는 법원의 허가를 얻어 공소장에 기재한 공소사실 또는 (죄명 포함(해석상)) 적용법조의 추가, 철회 또는 변경을 할 수 있다. 이 경우에 법원은 공소사실의 동일성을 해하지 아니하는 한도에서 허가하여야 한다.❹ (의무적임)

❹ • 기본적 사실 동일설

▸ 공소사실의 동일성 범위 내 : 의무적 허가
- 허가결정 : 불복×(§403①)
- 허가결정에 위법사유 있을 때 : 법원 스스로 취소 가능
- 사실기재설 : 피고인의 방어에 불이익을 초래할 사실변경이 있는 때 공소장 변경
- 공소장 변경의 한계(동일성+단일성) : 공소제기의 효력, 기판력의 범위, 심판의 범위

② 법원은 ㉠심리의 경과에 비추어 상당하다고 인정할 때에는 공소사실 또는 적용법조의 ㉡추가 또는 ㉢변경을 요구❺하여야 한다.❻

❺ • 철회는 요구×
(검사는 복종의무)
(공소권침해)

❻ • 재량사항(조문은 의무, 판례는 재량)
• 공판기일–구두 可(1회 공판기일 전×)

③ 법원은 공소사실 또는 적용법조의 추가, 철회 또는 변경이 있을 때에는 그 사유를 신속히 피고인 또는 변호인에게 고지❼하여야 한다.❽

❼ • 피고인의 방어권보장 –고지의무

❽ • 공판기일에 검사가 공소장변경요지 진술

④ 법원은 전3항의 규정에 의한 공소사실 또는 적용법조의 추가, 철회 또는 변경이 피고인의 불이익을 증가할 염려가 있다고 인정한 때에는 직권 또는 피고인이나 변호인의 청구에 의하여 피고인으로 하여금 필요한 방어의 준비를 하게 하기 위하여 결정으로 필요한 기간 공판절차를 정지할 수 있다.❾

❾ • 유일한 임의적 공판절차 정지 사유
• 정지하지 않아도 위법은 아님

공소장변경 허용○	공소장변경 허용×
• 기소강제절차 • 재심절차 • 간이공판 • 1심, 항소심	• 약식절차(∵ 서면심) • 상고심(∵ 법률심)

공소장변경 要	공소장 변경 不要
• 특수절도→장물운반 • 강간치상→강제추행치상 • 명예훼손→모욕 • 고의범→과실범 • 미수→ 예비	• 축소사실(특수절도→절도, 강간치상→강간, 강간치상→준강제추행) • 사기, 횡령죄의 피해자를 달리할 때, 상해의 정도를 달리할 때(단순한 치료기간 차이) • 공동정범→방조범(상대적) • 기수→미수 · 횡령 · 배임 • 단독정범→공동정범(상대적) • 죄수 등 법률적 평가만 달리할 때 (상 · 경⇄실 · 경)

▸ 공소장변경 要不의 기준 : 기본적 사실동일성과 사실기재설

제299조【불필요한 변론 등의 제한】

재판장은 소송관계인의 진술 또는 신문이 중복된 사항이거나 그 소송에 관계없는 사항인 때에는 소송관계인의 본질적 권리를 해하지 아니하는 한도에서 이를 제한할 수 있다.❶

재판장의 소송지휘권

❶ • 피고인의 최종진술도 제한이 가능하다 : 최종진술기회만 주면 족하다.

제300조【변론의 분리와 병합】❷

법원은 필요하다고 인정한 때에는 직권 또는 검사, 피고인이나 변호인의 신청에 의하여 결정으로 변론을 분리하거나 병합할 수 있다.

❷ • 민소법 : 직권
• 법원의 재량

제301조【공판절차의 갱신】❸

공판개정 후 판사의 경질이 있는 때에는 공판절차❹를 갱신❺하여야 한다. 단, 판결의 선고만을 하는 경우에는 예외로 한다.

❸ • 직접심리주의

❹ • 진술거부권 고지 후 인정신문부터 다시

❺ • 형식적 직접주의

▸ 공판기일절차(제1심 공판절차)
모두절차 : 진술거부권의 고지(§283의2)→인정신문(§284)→검사의 모두진술(§285)→피고인의 모두진술→재판장의 쟁점정리→검사 · 변호인의 증거관계 등에 대한 진술

▸ 공판절차 갱신 사유
－판사의 경질 : 실체만 갱신
－간이공판절차 취소 ┐
－심신상실로 인한 공판절차 정지 ┘ 실체 · 절차 모두 갱신
－국민참여재판에서 배심원의 변경

※ 직접심리주의 요청에 의한 제도
① 공판절차 갱신(제301조)
② 전문법칙(제310조의2)

제301조의2【간이공판절차결정의 취소와 공판절차의 갱신】❶

제286조의2의 결정이 취소된 때에는 공판절차를 갱신하여야 한다. 단, 검사, 피고인 또는 변호인이 이의가 없는 때에는 그러하지 아니하다.

간이공판절차

❶ • 국민참여재판에는 간이공판절차규정 적용×

제302조【증거조사 후의 검사의 의견진술】

피고인신문과 증거조사가 종료한 때에는 검사는 사실과 법률 적용에 관하여 의견을 진술하여야 한다. 단, 제278조의 경우에는 공소장의 기재사항에 의하여 검사의 의견진술이 있는 것으로 간주한다.

논고, 구형 → 표시행위

검사불출석

▸ 법원은 검사의 구형에 구속되지 않으며, 검사는 구형한 대로 형이 선고되어도 상소 可

제303조【피고인의 최후진술】

재판장은 검사의 의견을 들은 후 피고인과 변호인에게 최종의 의견❷을 진술할 기회를 주어야 한다.

각각 따로 기회부여

기회를 주지 않은 채 심리 → 위법

❷ • 변론종결 → 법원은 재개 可

제304조【재판장의 처분에 대한 이의】

① 검사, 피고인 또는 변호인은 재판장의 처분❸에 대하여 이의신청을 할 수 있다.

법원이 심사

② 전항의 이의신청이 있는 때에는 법원은 결정을 하여야 한다.❹

❸ • 재판장의 소송지휘권
• 명령 → 이의신청○

❹ • 항고×

제305조【변론의 재개】

법원은 필요하다고 인정한 때에는 직권 또는 검사, 피고인이나 변호인의 신청에 의하여 결정으로 종결한 변론을 재개❺할 수 있다.❻

❺ • 검사의 의견진술 이전 상태로 돌아감

❻ • 법원의 재량

제306조【공판절차의 정지】

① 피고인이 사물의 변별 또는 의사의 결정을 할 능력이 없는[1] 상태에 있는 때에는 법원은 검사와 변호인의 의견을 들어서 결정으로 그 상태가 계속하는 기간 공판절차를 정지하여야 한다.
필요적 : 방어권 보호

[1] • =심신상실
=소송무능력
→공판절차갱신

② 피고인이 질병으로 인하여 출정할 수 없는 때에는 법원은 검사와 변호인의 의견을 들어서 결정으로 출정할 수 있을 때까지 공판절차를 정지하여야 한다.

③ 전2항의 규정에 의하여 공판절차를 정지함에는 의사의 의견을 들어야 한다.
only

[2] • 제277조 제2호 vs

• 공판절차 정지×

④[2] 피고사건에 대하여 무죄, 면소, 형의 면제 또는 공소기각의 재판을 할 것으로 명백한 때에는 제1항, 제2항의 사유 있는 경우에도 피고인의 출정 없이 재판할 수 있다.
궐석재판

⑤ 제277조의 규정에 의하여 대리인이 출정할 수 있는 경우에는 제1항 또는 제2항의 규정을 적용하지 아니한다.
경미사건

▸ 공판절차 정지 사유

- 기피신청
- 피고인의 심신상실 · 질병
- 공소장 변경(only 임의)
- 토지관할 병합심리신청, 관할 지정 · 이전신청
- 위헌심사제청
- 재심청구의 경합

제2절 증 거

제307조【증거재판주의】

[3] • 엄격한 증명을 요하는 사실
• 범죄사실(피고인에게 불리한 사실)

① 사실[3]의 인정은 증거[4]에 의하여야 한다.[5]

[4] • 적법하게 수집된 증거 : 증거능력○

[5] • 법관의 자의에 의한 사실 인정 배제 : 실체진실주의

② 범죄사실의 인정은 합리적인 의심이 없는 정도의 증명에 이르러야 한다.
확신

엄격한 증명	자유로운 증명	불요증사실
• 공소범죄사실 : 구성요건사실 · 위법성 · 책임조각사유의 부존재, 처벌조건 • 형벌권의 범위 : 법률상 형의 가중 · 감면사실 • 간접사실 : 주요사실의 존부를 간접적으로 추인하는 사실 • 보조사실 : 보강하는 사실 • 경험법칙 : 내용이 명백하지 않아 사실의 인정에 필요한 경우 • 법규 : 외국법, 관습법, 자치법규 등이 불분명한 경우 • 범의	• 친고죄의 고소유무 • 양형의 기초되는 정상관계사실 • 탄핵증거 • 자백의 임의성 • 특신상태 • 명예훼손죄의 위법성조각사유 • 심신미약, 상실 • 몰수, 추징 • 책임조각사유의 존재 • 소송법적사실 • 보조사실	• 공지의 사실 : 일반적 경험법칙 • 추정된 사실 (법률상 · 사실상) • 거증금지 사실

❶ • 증거법정주의 ←→

제308조【자유심증주의】❶

증거의 증명력은 법관의 자유판단에 의한다.❷
증거능력×

❷ • 논리적 · 경험칙에 따른 합리적 판단 要

▸ 자유심증주의의 제한
- 증거의 증거능력 제한
- 유죄판결의 증거, 이유 설시
- 상소제도
- 논리와 경험법칙
- 진술거부권 · 증언거부권 행사에 대한 불이익추정금지 ┐
- 공판조서의 배타적 증명력 ┤ 자유심증주의의 예외
- 자백보강법칙 ┘

제308조의2【위법수집증거의 배제】❸

적법한 절차에 따르지 아니하고 수집한 증거는 증거로 할 수 없다.
중대한 위법 진술○, 비진술○
[본조신설 2007.6.1]

❸ • 원칙적 금지
• 예외적 허용
• 소극적 신체진실주의 강조

제309조【강제 등 자백의 증거능력】❹

❺피고인의 자백❻이 고문, 폭행, 협박, 신체구속의 부당한 장기화❼(前) 또는 기망 기타의 방법(後)으로 임의로(=자의성) 진술한 것이 아니라고 의심할 만한 이유가 있는 때에는 이를 유죄의 증거로 하지 못한다.

❹ • 절대적 제한
• 자백배제법칙 (=자백의 임의성 원칙)
• 절충설(判) : 허위배제설 +인권옹호설

❺ • 조사시기 : 공판정
❻ • 일부사실의 자백○(간이공판절차 – 위법성 · 책임 요함)
❼ • 영장 없이 구속되었거나, 필요성이 없는 때에도 계속 구속하는 경우 등을 포함(구속기간이 장기라는 이유만으로는×)

▸ 기망 기타 방법

• 자백의 성립시기에는 제한이 없다.

기망 ┌ 다른 공범자는 자백했다.
├ 거짓말탐지기 검사 결과 거짓임이 판명되었다.
├ 자백하면 가볍게 처리해 주겠다.
└ 기소유예 해 주겠다, 보호감호청구 안 하겠다.

기망×—담배나 커피를 주겠다, 증거가 발견되면 자백하겠다는 등의 약속받은 진술은 유죄증거○

▸ 변호인과의 접견교통권이 방해된 경우 : 피의자신문조서 증거능력×

• 비변호인과의 접견교통권이 방해된 경우—피의자신문조서 증거능력○
• 변호인 선임 전에 한 진술은 무효라고 할 수 없다.

제310조【불이익한 자백의 증거능력(증명력)】❶

❶ • 즉결심판은 제외
• 자유심증주의의 예외 : 법관규율, 자백의 진실성
• 자백보강법칙

❷ • 증인 · 참고인 등의 진술에는 적용×
❸ • 공판정에서의 자백도 보강증거 要

피고인❷의 자백❸이 그 피고인에게 불이익한 유일의 증거인 때에는 이를 유죄의 증거로 하지 못한다.

▸ 공범자의 자백은 피고인의 자백으로 보지 않으므로 보강증거를 요하지 않고, 피고인의 자백의 보강증거로 사용 可
▸ 보강증거도 증거능력 要 : 자백과는 독립된 증거이어야 하며, 간접증거로도 가능하고 전문증거는 전문법칙의 예외가 되는 경우 외에는 보강증거×
▸ 보강대상은 객관적 범죄사실에 대해서만 인정되고, 그 외의 주관적 구성요소나 전과 등에는 不要
▸ 즉결심판과 소년보호사건에는 보강법칙 적용×
▸ 위반시 상소나 비상상고는 가능하나 재심은 ×

제310조의2【전문증거와 증거능력의 제한】❹

❹ • 전문법칙

❺ • 원칙
❻ • 전문법칙의 예외
• 판례는 제318조도 전문법칙의 예외○

❼ • 전문서류 ┌ 진술서
└ 조서

❺제311조 내지 제316조❻에 규정한 것 이외에는 공판준비 또는 공판기일에서의 진술에 대신하여 진술을 기재한 서류❼(원본본래의 증거)나 공판준비 또는 공판기일 외에서의 타인의 진술을 내용으로 하는 진술(전문진술)은 이를 증거로 할 수 없다.

▸ 전문법칙

1. 의의 : 전문증거는 증거능력×
2. 근거 : 반대신문권의 보장, 신용성의 결여, 직접주의의 요청
3. 적용 : 진술증거
4. 예외 : 신용성의 정황적 보장+필요성

▸ 전문법칙의 예외

1. 법원 · 법관 면전 조서(§311, §315) : 당연 증거능력○
2. 피의자신문조서
   - 검사(§312① · ②)
     - 적법 절차 · 방식
     - 내용의 인정
   - 사경(§312③)
     - 적법 절차 · 방식
     - 내용의 인정
3. 참고인진술조서
   - 검사, 사경 → §312④
     - 적법 절차 · 방식
     - 실질적 진정성립
     - 특신상태
     - 반대신문의 기회
4. 진술서
   - 수사과정(§312⑤) : §312①~④ 준용
   - 수사과정 이외(§313① · ②) : 성립의 진정 등(피고인 : +특신상태)
5. 감정서(§313②) : §313① · ② 준용
6. 검증조서
   - 검사, 사경 → §312⑥
     - 적법 절차 · 방식
     - 성립의 진정
7. 제314조
   - 제312조, 제313조 → 필요성+특신상태 : 증거능력 부여
8. 전문진술
   - 피고인의 진술(§316①) : 특신상태(조사경찰관의 진술 可)
   - 피고인 아닌 자의 진술(§316②)
     - 필요성(원진술자 : 사망, 질병, 외국거주, 행방불명)
     - 특신상태

제311조【법원 또는 법관의 조서】❶

공판준비 또는 공판기일에 피고인이나 피고인 아닌 자❷의 진술을 기재한 조서와 법원 또는 법관의 검증(영장不要)의 결과를 기재한 조서는 증거로(무조건) 할 수 있다. 제184조❸ 및 제221조의2❹의 규정에 의하여 작성한 조서도 또한 같다.❺

❶ • 당해 사건에 한함
  –절대적 증거능력
  –공판준비기일조서
  –공판기일조서
  –법원법관 면전 검증조서
  –증거보전절차조서
  –증인신문청구절차조서

❷ • 공동피고인 포함(피고인) 동의 없어도 증거능력(○)

❸ • 증거보전절차(수임판사)

❹ • 증인신문절차(수임판사)

❺ • 당연 증거능력○

제312조【검사 또는 사법경찰관의 조서 등】❻

❻ • 전문조서의 예외적 인정

① 검사가 작성한 피의자신문조서는 적법한(엄격하게 해석(수사단계)) 절차와 방식에 따라 작성된 것으로서 공판준비, 공판기일에 그 피의자였던 피고인 또는 변호인이 그 내용을 인정할 때에 한정하여 증거로 할 수 있다. 〈개정 2020.2.4〉

• 제1항의 개정에 따라 제2항 삭제

② 삭제 〈2020.2.4〉

③ 검사 이외의 수사기관이 작성한 피의자신문조서는 ㉠적법한 절차와 방식에 따라 작성된 것으로서 공판준비 또는 공판기일❶에 그 피의자였던 피고인 또는 변호인이 그 ㉡내용을❷ 인정할 때에 한하여 증거로 할 수 있다.❸

사경 등(+외국수사기관 포함) / cf) §312① / ㉡ 실질적 진정성립(기재내용=진술내용=객관적 진실)

❶ • 번복하면 증거능력×
• §314 적용×

❷ • 자백

❸ • 적용범위 확대

④ 검사 또는 사법경찰관이 피고인이 아닌 자❹의 진술을 기재한 조서는 ㉠적법한 절차와 방식에 따라 작성된 것으로서 그 조서가 검사 또는 사법경찰관 앞에서 진술한 내용과 동일하게 기재되어 있음이 원진술자의 공판준비 또는 공판기일에서의 진술이나 영상녹화물 또는 그 밖의 객관적인 방법에 의하여 증명되고, 피고인 또는 변호인이 공판준비 또는 공판기일에 그 기재내용에 관하여 원진술자를 신문할 수 있었던 때❺에는 증거로 할 수 있다. 다만, 그 조서에 기재된 진술이 ㉣특히 신빙할 수 있는 상태하에서 행하여졌음이 증명된 때에 한한다.❻

통합규정 / ㉡ 실질적 진정성립(기재내용=진술내용) / ㉢ 반대신문의 기회

❹ • 예 참고인 진술조서

❺ • 반대신문의 기회 有
• 실제로 반대신문 했어야 하는 것을 의미×

❻ • 수사조서에 대한 규정

⑤ 제1항부터 제4항까지의 규정은 피고인 또는 피고인이 아닌 자가 수사과정에서 작성한 진술서에 관하여 준용한다.

⑥❼ 검사 또는 사법경찰관이 검증의 결과를 기재한 조서는 ㉠적법한 절차와 방식에 따라 작성된 것으로서 공판준비 또는 공판기일에서의 작성자❽의 진술에 따라 그 ㉡성립의 진정❾함이 증명된 때에는 증거로 할 수 있다.

≠§312① 영장주의

❼ • 수사기관 검증조서 : 적·성

❽ • 진술서와 구조 유사한 특신상태 不要
• 압수수색영장 내지 사후 영장청구 필요
• 검증에 참여한 것에 불과한 자×

❾ • 형식적+실질적 진정성립

[전문개정 2007.6.1]

제313조【진술서 등】[1]

[1] • 작성주체 : 일반사인
• ≠조서

[2] • 判) 의사의 진단서○

①[2] 전2조의 규정 이외에 피고인 또는 피고인이 아닌 자가 작성한 진술서나 그 진술을 기재한 서류로서 그 작성자 또는[3] 진술자의 자필이거나 그 서명 또는 날인이 있는 것(피고인 또는 피고인 아닌 자가 작성하였거나 진술한 내용이 포함된 문자 · 사진 · 영상 등의 정보로서 컴퓨터용디스크, 그 밖에 이와 비슷한 정보저장매체에 저장된 것을 포함한다. 이하 이 조에서 같다)은 공판준비나 공판기일에서의 그 작성자 또는 진술자의 진술에 의하여 그 성립의 진정함이 증명된 때에는 증거로 할 수 있다. 단, 피고인의 진술을 기재한 서류는 공판준비 또는 공판기일에서의 그 작성자의 진술에 의하여 그 성립의 진정함이 증명되고 그 진술이 특히 신빙할 수 있는 상태하에서 행하여진 때에 한하여 피고인의 공판준비 또는 공판기일에서의 진술에 불구하고 증거로 할 수 있다.

(피고인이 아닌 자: 피의자, 참고인 등 / 그 작성자 또는: 제3자 / 컴퓨터용디스크, 그 밖에 이와 비슷한 정보저장매체에 저장된 것: 디지털증거 신설 / 작성자: 원진술자 / 진술자: 원진술자 / 그 성립의 진정함이 증명된 때: 특신상태× / 단, 피고인의 진술을 기재한 서류는: 예외)

[3] • 녹음테이프 등

〈개정 2016.5.29〉

② 제1항 본문에도 불구하고 진술서의 작성자가 공판준비나 공판기일에서 그 성립의 진정을 부인하는 경우에는 과학적 분석결과에 기초한 디지털포렌식 자료, 감정 등 객관적 방법으로 성립의 진정함이 증명되는 때에는 증거로 할 수 있다. 다만, 피고인 아닌 자가 작성한 진술서는 피고인 또는 변호인이 공판준비 또는 공판기일에 그 기재 내용에 관하여 작성자를 신문할 수 있었을 것[4]을 요한다.[5]

(과학적 분석결과에 기초한 디지털포렌식 자료, 감정 등 객관적 방법: 부인시 과학적 · 객관적 방법 대체증명○)

〈개정 2016.5.29〉

[4] • 피고인 아닌 자 진술서 반대신문권 보장

[5] • 피고인 아닌 자 진술서 성립진정 + 반대신문

[6] • 감정서

③[6] 감정의 경과와 결과를 기재한 서류도 제1항 및 제2항과 같다. 〈신설 2016.5.29〉

(감정의 경과와 결과를 기재한 서류: 감정서, 감정보고서)

▸ 피의자 진술을 기재한 수사서류가 진술조서의 형식이어도 이는 피의자 신문조서이다.

❶ • 判) 사경작성 피의자신문 조서×

제314조【증거능력에 대한 예외】❶

제312조 또는 제313조의 경우에 공판준비 또는 공판기일에 ㉠진술을 요하는 자가 사망 · 질병 · 외국거주 · 소재불명 그 밖에 이에 준하는 사유❷로 인하여 진술할 수 없는 때에는 그 조서 및 그 밖의 서류(피고인 또는 피고인 아닌 자가 작성하였거나 진술한 내용이 포함된 문자 · 사진 · 영상 등의 정보로서 컴퓨터용디스크, 그 밖에 이와 비슷한 정보저장매체에 저장된 것을 포함한다) 를 증거로 할 수 있다. 다만, 그 진술 또는 작성이 ㉡특히 신빙할 수 있는 상태하에서 행하여졌음이 증명된 때에 한한다.

디지털 증거 ○

〈개정 2016.5.29〉

[전문개정 2007.6.1]

• ㉠ 필요성

❷ • 원진술자의 출석불가능 · 곤란
• 기억상실(재현불가)
• 증언거부권 행사×(判)

• ㉡ 신용성의 정황적 보장

제315조【당연히 증거능력이 있는 서류】❸

다음에 게기한 서류는 증거로 할 수 있다. 〈개정 2007.5.17〉

1.❹ 가족관계기록사항에 관한 증명서, 공정증서등본 기타 공무원 또는 외국공무원의 직무상 증명할 수 있는 사항에 관하여 작성한 문서❺

예전의 호적등본

2. 상업장부, 항해일지 기타 업무상 필요로 작성한 통상문서❻
3. 기타 특히 신용할 만한 정황에 의하여 작성된 문서❼

❸ • 성립의 진정 없이도 증거로 사용 가능
• 고도의 정확성 때문에 성립의 진정필요×

❹ • 공권적 증명문서

❺ • 의사표시적 문서×
• 수사기관 제외
• 공권적 증명문서

❻ • 업무상 통상문서
• 진단서×

❼ • 다른 사건의 공판조서 등 → 진정서×

제316조【전문의 진술】

① 피고인이 아닌 자(공소제기 전에 피고인을 피의자로 조사하였거나 그 조사에 참여하였던 자를 포함한다. 이하 이 조에서 같다)의 공판준비 또는 공판기일에서의 진술이 피고인의 진술을 그 내용❽으로 하는 것인 때에는 그 진술이 특히 신빙할 수 있는 상태하에서 행하여졌음이 증명된 때에 한하여 이를 증거로 할 수 있다. 〈개정 2007.6.1〉

조사자 증언제도 도입 / 수사경찰관, 조사경찰관 / 전문진술

❽ • 피고인의 지위에서 행하여진 것에 限×

❶ • 判) 공동피고인, 공범자

②❶ 피고인 아닌 자의 공판준비 또는 공판기일에서의 진술이 피고인 아닌 타인의 진술을 그 내용으로 하는 것인 때에는 ㉠원진술자가 사망, 질병, 외국거주, 소재불명 그 밖에 이에 준하는 사유로 인하여 진술할 수 없고, 그 진술이 ㉡특히 신빙할 수 있는 상태하에서 행하여졌음이 증명된 때에 한하여 이를 증거로 할 수 있다. 〈개정 2007.6.1〉❷

전문진술

㉠ 필요성

㉡ 신용성의 정황적 보장 – 특신상태

▸ 신용성의 정황적 보장
- 죽음에 직면한 자의 진술
- 사건 직후의 충동적 발언
- 자신의 이익에 반하는 진술
- 법관 면전에서의 원진술
- 업무상 통상의 과정에서 작성된 문서 등

❷ • 재전문서류○
재전문진술×

제317조【진술의 임의성】❸

제309조 자백 이외의 진술

❸ • 전문법칙의 예외에 대한 제한

① 피고인 또는 피고인 아닌 자의 진술이 임의로 된 것이 아닌 것은 증거로 할 수 없다.

② 전항의 서류는 그 작성 또는 내용인 진술이 임의로 되었다는 것이 증명된 것이 아니면 증거로 할 수 없다.

③ 검증조서의 일부가 피고인 또는 피고인 아닌 자의 진술을 기재한 것인 때에는 그 부분에 한하여 전2항의 예에 의한다.

제318조【당사자의 동의와 증거능력】

❹ • 변호인은 독립대리권(判)
• 일방(법원수집증거는 쌍방동의 要)

❽ • 증거동의 의제 : 출정하지 않은 경우
무단 퇴정·퇴정명령의 경우

① 검사와 피고인❹이 증거로 할 수 있음을 동의❺한 서류 또는 물건❻은 진정한 것으로 인정❼한 때에는 증거로 할 수 있다.

당사자주의○ 처분권주의×

진술 포함

②❽ 피고인의 출정 없이 증거조사를 할 수 있는 경우에 피고인이 출정하지 아니한 때에는 전항의 동의가 있는 것으로 간주한다. 단, 대리인 또는 변호인이 출정한 때에는 예외로 한다.

❺ • 상대방 : 법원
• 반대신문권의 포기

❻ • 다수설× / 판례○

❼ • 당사자가 동의하여도 법원이 진정성을 인정해야 함

▸ 증거동의의 대상 : 증거능력 없는 전문증거
- 임의성 없는 자백, 위법수집증거는 동의 있어도 증거능력 부정
- 유죄증거에 대한 반대증거로 제출된 서류는 증거능력 있으므로 동의의 대상이 아니다(判).

▸ 동의의 방식
- 반드시 공판기일에 할 것을 요하지 않고, 서면 or 구술로써 명시적·묵시적·포괄적 동의도 可
- 가분적인 경우에는 일부동의도 可, 공동피고인 중 동의하지 않은 자에게는 효력 없다.
- 당사자의 동의+법원의 인정

▸ 동의의 효력 : 공판절차의 갱신, 심급을 달리하는 경우에도 효력이 유지되므로 1심에서 한 증거동의를 항소심 · 상고심에서 번복하지 못한다.

제318조의2【증명력을 다투기 위한 증거】❶

❶ • 탄핵증거(자유로운 증명)
• 전문법칙의 적용이 없는 경우

① 제312조부터 제316조까지의 규정에 따라 증거로 할 수 없는 서류나 진술(전문증거 · 진술)이라도 공판준비 또는 공판기일에서의 ㉠피고인 또는 ㉡피고인 아닌 자(공소제기 전에 피고인을 피의자로 ㉢조사하였거나(조사경찰관) 그 조사에 참여하였던 자를 포함한다. 이하 이 조에서 같다)의 진술(+서류)의 증명력을 다투기 위하여 증거로 할 수 있다.❷

❷ • 전문증거라도 탄핵증거로 쓸 수 있다.

❸ • 전문증거를 탄핵증거로 사용할 수 있음에도 (불구하고)

②❸ 제1항에도 불구하고 피고인 또는 피고인이 아닌 자의 진술을 내용으로 하는 영상녹화물은 공판준비 또는 공판기일에 피고인 또는 피고인이 아닌 자가 진술함에 있어서 기억이 명백하지 아니한 사항에 관하여 기억을 환기시켜야 할 필요가(일반적 탄핵증거×) 있다고 인정되는 때에 한하여 피고인 또는 피고인이 아닌 자(검사×)에게 재생하여 시청하게 할 수 있다.❹

❹ • 일방적 청취
: 원진술자-기억환기용

[전문개정 2007.6.1]

▸ 탄핵증거
- 전문법칙의 적용×(예외가 아님)
- 자유심증주의의 보강
- 피고인의 진술이나 자기측 증인의 증언도 탄핵 可
- 증명력을 감쇄 또는 회복시키기 위한 경우에 사용되고, 처음부터 증명력을 지지 · 보강하는 경우에는 적용×
- 성립의 진정 不要
- 임의성 없는 진술 · 자백, 위법수집증거는 ×
- 자유로운 증명

제318조의3【간이공판절차에서의 증거능력에 관한 특례】❺

❺ • 전문법칙에 한함

제286조의2의 결정이 있는 사건의 증거(간이공판절차에서의 전문증거)❻에 관하여는 제310조의2, 제312조 내지 제314조 및 제316조의 규정에 의한 증거에 대하여 제318조 제1항의 동의가 있는 것으로 간주한다.❼ 단, 검사,

❻ • 간이공판절차
(전문법칙 적용×)

❼ • 증거동의 간주
전문법칙의 예외

피고인 또는 변호인이 증거로 함에 이의가 있는 때에는 그러하지 아니하다.

제3절 공판의 재판

❶ • 원칙

제318조의4【판결선고기일】❶

① 판결의 선고는 변론을 종결한 기일에 하여야 한다. 다만, 특별한 사정이 있는 때에는 따로 선고기일을 지정할 수 있다.

② 변론을 종결한 기일에 판결을 선고하는 경우에는 판결의 선고 후에 판결서를 작성할 수 있다.

선고 후 5일 이내

③ 제1항 단서의 선고기일은 변론종결 후 14일 이내로 지정되어야 한다.

훈시규정

제319조【관할위반의 판결】❷

❷ • 형식재판+종국재판
• 확정시 정지되었던 공소시효 진행

결정×

❸ • 소송조건 → 법원직권조사
• 토지 · 사물관할

피고사건이 법원의 관할❸에 속하지 아니한 때에는 판결로써 관할위반의 선고를 하여야 한다. 〈개정 2007.12.21〉

이송× 의무적

제320조【토지관할위반】

① 법원은 피고인의 신청이 없으면 토지관할에 관하여 관할위반의 선고를 하지 못한다.

상대적 소송조건

❹ • 기한부 소송조건

②❹ 관할위반의 신청은 피고사건에 대한 진술 전❺에 하여야 한다.

❺ • 피고인의 모두진술 단계
• 그 이후에는 하자치유

제321조【형선고와 동시에 선고될 사항】

① 피고사건에 대하여 범죄의 증명이 있는 때에는 형의 면제 또는 선고유예의 경우 외에는 판결로써 형을 선고하여야 한다.

형 선고×

❻ • 선고유예×

②❻ 형의 집행유예, 판결 전 구금의 산입일수, 노역장의 유치기간은 형의 선고와 동시에 판결로써 선고하여야 한다.

제322조【형면제 또는 형의 선고유예의 판결】

피고사건에 대하여 형의 면제 또는 선고유예를 하는 때에는 판결로써 선고하여야 한다.

제323조【유죄판결에 명시될 이유】

① 형의 선고를 하는 때에는 판결이유[1]에 범죄될[2] ㉳실, 증거의 ㉴지[3]와 ㉵령의 적용을 명시하여야 한다.[4]
실체형벌법규

②[5] 법률상 범죄의 성립을 조각하는 이유[6] 또는 형의 가중, 감면의 이유[7]되는 사실의 진술이 있은 때에는 이에 대한 판단을 명시하여야 한다.[8]
필요적

제324조【상소에 대한 고지】

형을 선고하는 경우에는 재판장은 피고인에게 상소할 기간과 상소할 법원을 고지하여야 한다.
판결선고일로부터 7일 내
상소장 : 원심법원에 제출

제325조【무죄의 판결】

피고사건이 ㉠범죄로 되지 아니하거나[9] ㉡범죄사실의 증명이 없는 때[10]에는 판결로써 무죄[11]를 선고하여야 한다.

> ※ 헌법재판소의 위헌결정으로 형벌에 관한 법률 또는 법률조항이 소급하여 그 효력을 상실한 경우, 당해 법조를 적용하여 기소한 피고사건은 범죄로 되지 않는 때에 해당하여 무죄

제326조【면소의 판결】[12]

다음 경우에는 판결로써 면소의 선고를 하여야 한다.[13]

1.[14] ㉶정판결이 있은 때[15]

2.[16] ㉳면이 있은 때

3. 공소의 ㉷효가 완성되었을 때

4. 범죄 후의 법령개폐로 형이 ㉸지되었을 때[17]

제327조【공소기각의 판결】[18]

다음 각 호의 경우에는 판결로써 공소기각의 선고를 하여야 한다.[19]

1. 피고인에 대하여 ㉹판권이 없을 때

---

[1] • 판결이유를 기재하는 이유
  -판단의 합리성 보장
  -불복자료의 제공

[2] ① 구성요건해당사실
  ② 처벌조건
  ③ 형의 가중 · 감면사유
  ④ 죄수

[3] • 사전적, 절차적 보상수단
  • 범죄사실의 내용(적극적 증거)

[4] • 위반 : 절대적 항소이유

[5] • 위법성 · 책임조각사유 등 ㊟장

[6] • 위법성조각사유, 책임조각사유

[7] • 단순한 양형사유인 정상에 관한 사실 명시×

[8] • 위반
  ┌절대적 항소이유
  └상대적 항소이유
  → 견해 대립

[9] • 구성요건해당성 · 위법성 · 책임이 조각되는 경우 등

[10] • 형벌권 발생×
  • 증거불충분, 심증형성× 등

[11] • 실체적 종국재판 : 기판력, 구속력(집행력×)

[12] • 제327조 "공소기각판결" 사유와 경합시 → 공소기각판결로써 절차종결
  • 형벌권 발생○ but 소멸

[13] • 실체적 소송조건의 결여, 기판력○

[14] • 유 · 무죄판결, 면소판결

[15] • 약식명령 · 즉결심판 · 소년사건 등 포함 → 외국판결의 확정×
  • 기판력, 일사부재리

[16] • 일반사면(특별사면×) ≠누범(특별사면, 일반사면×)

[17] • 형법 제1조 제2항
  • 判) 동기설(반성적 고려)

[18] • 제327조, 제328조 공소기각사유와 관할위반사유 경합 → 공소기각재판
  • 절차에서 조기해방

[19] • 구두변론, 불복시 항소 · 상고
  • 구속영장 실효
  • 판결확정시부터 공소시효 다시 진행

❶ • 국회의원의 면책특권, 공소사실 또는 피고가 특정되지 않은 경우 등
• 친고죄에서 고소가 없이 공소제기

❷ • 공소취소로 인해서 공소기각결정 → 중요한 증거 발견× → 공소제기

2.[❶] 공소제기의 절차가 ㊖법률의 규정을 위반하여 무효일 때
ex) 위장출석

3. 공소가 제기된 사건에 대하여 다시 공소가 제기되었을 때
협의의 ㊀이중기소

4.[❷] 제329조를 위반하여 공소가 제기되었을 때[❸]

❸ • ㊁재기소

5. 고소가 있어야 공소를 제기할 수 있는 사건에서 고소가 ㊈취소되었을 때
친고죄

6. 피해자의 명시한 의사에 반하여 공소를 제기할 수 없는 사건에서 ㊇처벌을 원하지 아니하는 의사표시가 있거나 처벌을 원하는 의사표시를 철회하였을 때
반의사불벌죄

[전문개정 2020.12.8]

❹ • 공소기각판결(제327조) 과 경합 → 공소기각결정

제328조【공소기각의 결정】[❹]

① 다음 경우에는 결정으로 공소를 기각하여야 한다.[❺]

❺ • 임의적 구두변론

1. ㊆공소가 취소되었을 때

2. 피고인이 ㊅사망하거나 피고인인 법인이 존속하지 아니하게 되었을 때[❻]
공소제기 후 / 법인의 단체성 상실(해산, 합병 등)

❻ • 공소제기 후 당사자능력을 상실한 경우에도 적용

3. 제12조 또는 제13조의 규정에 의하여 재판할 수 없는 때[❼]

❼ • ㊄관할이 경합한 경우 관할권 없게 된 법원

4. 공소장에 기재된 사실이 진실하다 하더라도 범죄가 될 만한 사실이 ㊃포함되지 아니하는 때

② 전항의 결정에 대하여는 즉시항고를 할 수 있다.

제329조【공소취소와 재기소】

공소취소에 의한 공소기각의 결정이 확정된 때에는 공소취소 후 그 범죄사실에 대한 다른 중요한 증거를 발견한 경우에 한하여[❽] 다시 공소를 제기할 수 있다.[❾]

❽ • §208
• 재구속제한사유
• 재정신청 기각결정 후 공소제기

❾ • 위반시 제327조 제4호에 의한 공소기각판결

제330조【피고인의 진술 없이 하는 판결】

피고인이 진술하지 아니하거나 ㉠재판장의 허가 없이 퇴정하거나 재판장의 질서유지를 위한 ㉡퇴정명령을 받은 때에는 피고인의 진술 없이[❿] 판결[⓫]할 수 있다.
무단퇴정

❿ • 궐석재판 可
• 증거동의 의제 (방어권 남용설 – 判)

⓫ • 심리할 수 있다.

제331조【무죄 등 선고와 구속영장의 효력】

무죄, 면소, 형의 면제, 형의 선고유예, 형의 집행유예, 공소기각 또는 벌금이나 과료를 과하는 판결이 선고❶된 때에는 구속영장은 효력을 잃는다.❷

❶ • 판결확정 기다리지 않고 검사는 즉시 석방 지휘

❷ • ≠관할위반판결 → 효력실효×

제332조【몰수의 선고와 압수물】

압수한 서류 또는 물품에 대하여 몰수의 선고가 없는 때에는 압수를 해제한 것으로 간주한다.❸

❸ • 환부

제333조【압수장물의 환부】

① 압수한 장물로서 피해자에게 환부할 이유가 명백한 것은 판결로써 피해자에게 환부하는 선고를 하여야 한다.
(소유권의 다툼×) (피해자: 피고인× 피의자×)

② 전항의 경우에 장물을 처분하였을 때에는 판결로써 그 대가로 취득한 것을 피해자에게 교부하는 선고를 하여야 한다.
(범인의 처분)

③ 가환부한 장물에 대하여 별단의 선고가 없는 때에는 환부의 선고가 있는 것으로 간주한다.

④ 전3항의 규정은 이해관계인이 민사소송절차에 의하여 그 권리를 주장함에 영향을 미치지 아니한다.
(환부받은 자에게 소유권을 인정하는 것은 아님)

제334조【재산형의 가납판결】

① 법원은 벌금, 과료 또는 추징의 선고❹를 하는 경우에 판결의 확정 후에는 집행할 수 없거나 집행하기 곤란할 염려가 있다고 인정한 때에는 직권 또는 검사의 청구에 의하여 피고인에게 벌금, 과료 또는 추징에 상당한 금액의 가납을 명할 수 있다.❺
(재산형)

❹ • 약식명령, 즉결심판 포함

❺ • cf) 부정수표단속법 가납판결(필요적)

② 전항의 재판은 형의 선고와 동시에 판결로써 선고하여야 한다.
(주문에 적는다.)

③ 전항의 판결은 즉시로 집행할 수 있다.❻

❻ • 상소해도 정지×
• 재판확정 전에 可

제335조【형의 집행유예 취소의 절차】

① 형의 집행유예를 취소할 경우에는 검사는 피고인의 현재지 또는 최후의 거주지를 관할하는 법원에 청구하여야 한다.
집행유예를 선고한 법원×

② 전항의 청구를 받은 법원은 피고인 또는 그 대리인의 의견을 물은 후에 결정을 하여야 한다.❶
필요적 절차

③ 전항의 결정에 대하여는 즉시항고를 할 수 있다.

④ 전2항의 규정은 유예한 형을 선고할 경우에 준용한다.
선고유예의 실효 결정

❶ • 선고한 형의 집행

제336조【경합범 중 다시 형을 정하는 절차】

① 「형법」 제36조, 동 제39조 제4항❷ 또는 동 제61조의 규정에
판결선고 후의 누범발각 사후적 경합범
의하여 형을 정할 경우에는 검사는 그 범죄사실에 대한 최종판결을 한 법원에 청구하여야 한다. 단, 「형법」 제61조의 규정에 의하여 유예한 형을 선고할 때에는 제323조에 의하
유죄판결이유 명시
여야 하고 선고유예를 해제하는 이유를 명시하여야 한다.
〈개정 2007.6.1〉

② 전조 제2항의 규정은 전항의 경우에 준용한다.

❷ • 선고유예로 실효결정

제337조【형의 소멸의 재판】

① 「형법」 제81조 또는 동 제82조의 규정에 의한 선고는 그 사건
형의 실효 복권
에 관한 기록이 보관되어 있는 검찰청에 대응하는 법원에 대하여 신청하여야 한다. 〈개정 2007.6.1〉

② 전항의 신청에 의한 선고는 결정으로 한다.

③ 제1항의 신청을 각하하는 결정에 대하여는 즉시항고를 할 수 있다.

제3편 상 소

제1장 통 칙

제338조【상소권자】

① 검사 또는 피고인은 상소를 할 수 있다.❶
변호인○

▸ 상소 : 항소, 상고, 항고(준항고, 검찰항고, 재정신청 등은×)

② 삭제 〈2007.12.21〉

❶ • 고유의 상소권자
• 상소의 이익은 판결주문(이익×)에 따라 판단한다.

제339조【항고권자】

검사 또는 피고인 아닌 자❷가 결정❸을 받은 때에는 항고할 수 있다.

❷ • 증인, 감정인 소송비용 부담, 제3자

❸ • 과태료 결정을 받은 증인·감정인 등

제340조【당사자 이외의 상소권자】

피고인의 법정대리인❹은 피고인을 위하여 상소할 수 있다.❺

❹ • 피고의 명시한 의사에 반할 수 있다.
(∵ 제341조 명시한 의사에 반한다는 규정 없기 때문)

❺ • 대리상소권자

제341조【동 전】

① 피고인의 배우자, 직계친족, 형제자매 또는 원심의 대리인이나 변호인은 피고인을 위하여 상소할 수 있다.❻
독립대리권

② 전항의 상소는 피고인의 명시한 의사에 반하여 하지 못한다.

❻ • 피고인의 상소권 소멸 후에는 상소×

제342조【일부상소】

①❼ 상소는 재판의 일부❽에 대하여 할 수 있다.❾

②❿ 일부에 대한 상소는 그 일부와 불가분의 관계에 있는 부분에 대하여도 효력이 미친다.⓫
전부 불복부분

▸ 일부상소 허용
–경합범 중 일부는 유죄, 다른 부분은 무죄·형면제·형식재판하는 때
–경합범 중 주문에 2개 이상의 다른 형이 병과된 때

❼ • 일부상소○

❽ • 수개 사건이 병합심판된 경우(경합범)

❾ • 불복부분 특정 要, 상소 없는 부분은 재판확정(단순일죄는 예외)

❿ • 상소불가분

⓫ • 일부를 특정 안 하면 전부상소로 됨
• 몰수·추징 부분만 항소해도 유죄판결 전체에 대한 상소로 간주
• 재판의 내용이 불가분인 때에는 일부상소 허용×

–수개의 범죄사실이 확정판결 전후로 분리되어 수개의 형이 선고된 때
–경합범 전부가 무죄인 때

▸ 일부상소 허용×
–일죄의 일부 : 과형상 일죄 포함
–1개의 형이 선고된 경합범
–주형과 일체가 된 부가형

제343조【상소제기기간】

① 상소의 제기는 그 기간 내에 서면으로 한다.❶

② 상소의 제기기간은 재판을 선고❷ 또는 고지❸한 날로부터❹ 진행된다.❺

❶ • 공소제기 : 서면

❷❸ • 선고 : 판결
고지 : 결정 · 명령

❹ • 초일불산입 → 다음 날부터 진행

❺ • 재판서 송달일~×

제344조【재소자에 대한 특칙】

① 교도소 또는 구치소에 있는 피고인이 상소의 제기기간 내에 상소장을 교도소장 또는 구치소장 또는 그 직무를 대리하는 자에게 제출한 때에는 상소의 제기기간 내에 상소한 것으로 간주한다.

② 전항의 경우에 피고인이 상소장을 작성할 수 없는 때에는 교도소장 또는 구치소장은 소속공무원으로 하여금 대서하게 하여야 한다.

▸ 재소자 특칙
–상소제기(제344조)
–상소권회복청구(제355조)
–상소포기 · 취하(제355조)
–상소이유서제출(제361조의3, 제379조)
–재심청구 · 취하(제430조)
→× : 재정신청(제260조)

제345조【상소권회복청구권자】❻

제338조❼부터 제341조❽까지의 규정에 따라 상소할 수 있는 자(상소권자)는 자기 또는 대리인이 책임질 수 없는 사유❾로 상소의 제기기간 내에 상소를 하지 못한 경우❿에는 상소권회복의 청구를 할 수 있다.⓫

[전문개정 2020.12.8]

❻ • 상소대리권자도 可

❼ • 검사, 피고인

❽ • 피고인의 배우자, 직계친족 등
• 상소제기기간 : 7일

❾ • 고의 · 과실이 없는 경우
• 상소포기한 경우는 ×

❿ • 상소권회복청구시 재판집행(임의적 정지)

⓫ • 기판력 배제
–재심(제420조)
–비상상고(제441조)

• 상소권회복청구≠상소

상소권회복사유○ (=책임질 수 없는 사유)	상소권회복사유×
• 공시송달로 판결이 선고되어 그 내용을 모른 경우 • 궐석재판으로 진행되어 피고가 유죄판결 선고된 것을 모른 경우 • 교도소장이 결정정본을 송달받고 1주일 후에야 피고에게 알린 경우	• 피고인 or 대리인의 입원 or 기거불능 • 기망으로 상소권 포기한 것을 기간도과 후에야 알게 된 경우 • 교도소 직원이 재소자에게 회복청구의 편의를 제공하지 않은 경우 • 법정이 소란하여 주문을 알아듣지 못한 경우 • 이혼심판청구가 각하된 사실을 모르고 간통죄 상소포기

• [判] 상고포기
- 상소기간도과×
  → 상고
  (상소권회복청구×)
- 상소기간도과○
  → 상고와 동시에 상소권회복청구한다.

제346조【상소권회복청구의 방식】❶

① 상소권회복을 청구할 때에는 사유가 해소된 날부터 상소 제기기간에 해당하는 기간 내에 서면으로 원심법원❷에 제출하여야 한다.

② 상소권회복을 청구할 때에는 제345조의 책임질 수 없는 사유를 소명하여야 한다.❸

③ 상소권회복을 청구한 자는 그 청구와 동시에 상소를 제기하여야 한다.
별도의 상소제기절차×

[전문개정 2020.12.8]

❶ • 단순추완
cf) 보정적 추완허용×
– 고소의 추완

❷ • 소송기록이 원심이든 상고심이든 항상 원심법원에 제출한다.

❸ • 소명
① 기피신청사유
② 증거보전청구
③ 증인신문청구
④ 증언거부권
⑤ 상소권회복청구
⑥ 정식재판청구권회복

제347조【상소권회복에 대한 결정과 즉시항고】

① 상소권회복의 청구를 받은 법원은 청구의 허부에 관한 결정을 하여야 한다.
기각 · 인용

② 전항의 결정에 대하여는 즉시항고를 할 수 있다.

제348조【상소권회복청구와 집행정지】

① 상소권회복의 청구가 있는 때에는 법원은 전조의 결정을 할 때까지 재판의 집행을 정지하는 결정을 할 수 있다.❹
상소권회복의 결정

〈개정 2007.6.1〉

❹ • 임의적 집행정지

② 전항의 집행정지의 결정을 한 경우에 피고인의 구금을 요하는 때에는 구속영장을 발부하여야 한다. 단, 제70조(구속사유)의 요건이 구비된 때에 한한다.

第349條【상소의 포기, 취하】

검사나 피고인 또는 제339조에 규정한 자(항고권자)는 상소의 포기(상소제기기간 내) 또는 취하(상소제기 후)를 할 수 있다. 단, 피고인 또는 제341조(상소대리권자)에 규정한 자는 사형 또는 무기징역이나 무기금고가 선고된 판결에 대하여는 상소의 포기(불행사와는 다름)를 할 수 없다.❶

❶ • 검사는 상소포기에 제한×
• 취하도 可
"미리 포기 의미"

第350條【상소의 포기 등과 법정대리인의 동의】

법정대리인이 있는 피고인이(무능력자) 상소의 포기 또는 취하를 함에는 법정대리인의 동의를 얻어야 한다.❷ 단, 법정대리인의 사망 기타 사유로 인하여 그 동의를 얻을 수 없는 때에는 예외로 한다.❸

❷ • 반드시 법정대리인 동의를 要한다(×).
└► 사망시 동의×

❸ • 미성년자인 피고가 법정대리인의 동의 없이 상소의 포기 · 취하 不可

第351條【상소의 취하와 피고인의 동의】❹

❹ • 상소포기권자의 범위≠ 상소취하권자의 범위

피고인의 법정대리인 또는 제341조에 규정한 자(대리권자)는 피고인의 동의❺를 얻어 상소를 취하할 수 있다.❻

❺ • 고유권의 예외
(원칙 : 동의 필요×)

❻ • 피고인이 상소를 포기 · 취하하면 변호인은 상소 不可(判)

第352條【상소포기 등의 방식】

① 상소의 포기(상소제기기간 내) 또는 취하❼는 서면으로 하여야 한다. 단, 공판정에서는 구술로써 할 수 있다.❽

❼ • 상소심의 종국재판 전까지

❽ • 공판정 外 : 구술×
└► 서면원칙으로 간다.

② 구술로써 상소의 포기 또는 취하를 한 경우에는 그 사유를 조서에 기재하여야 한다.

第353條【상소포기 등의 관할】

상소의 포기는(상소제기기간 내 언제든지) 원심법원에, 상소의 취하는(상소심의 종국재판이 있기 전까지) 상소법원에 하여야 한다. 단, 소송기록이 상소법원에 송부되지 아니한 때에는 상소의 취하를 원심법원에 제출할 수 있다.

제354조【상소포기 후의 재상소의 금지】

상소를 취하한 자 또는 상소의 포기나 취하에 동의한 자는 그 사건에 대하여 다시 상소를 하지 못한다.
상소권 소멸

▸ 재소자 특칙 적용되는 경우
① 상소제기(제344조)
② 상소의 포기 · 취하, 상소권의 회복(제355조)
③ 상소이유서 제출(제361조의3, 제379조)
④ 재심의 청구와 그 취하(제430조)
⑤ 약식명령에 대한 정식재판청구서 제출(대결 2006.10.13, 2005모552)
⑥ 소송비용 집행면제 신청 · 취하, 재판해석 의의신청 · 취하, 재판집행 이의신청, 취하

❶ • 재정신청 준용 ×

제355조【재소자에 대한 특칙】❶

제344조의 규정은 교도소 또는 구치소에 있는 피고인이 상소권회복의 청구 또는 상소의 포기나 취하를 하는 경우에 준용한다.❷

❷ • 개정 전 상소이유서 제출에 준용되는 것으로 해석되었으나 개정 후 제379조 제1항이 적용됨

제356조【상소포기 등과 상대방의 통지】

상소, 상소의 포기나 취하 또는 상소권회복의 청구가 있는 때에는 법원은 지체 없이 상대방에게 그 사유를 통지하여야 한다.
검사×

제2장 항 소❸

❸ • 항소심에서 공소장변경 허용(判)

제357조【항소할 수 있는 판결】

제1심 법원의 판결에 대하여 불복이 있으면 지방법원 단독판사가 선고한 것은 지방법원 본원 합의부에 항소할 수 있으며 지방법원 합의부가 선고한 것은 고등법원에 항소할 수 있다.

제358조【항소제기기간】

항소의 제기기간은 7일로 한다.❹

❹ • 상고와 동일
• 판결선고일부터 기산
• 기간 내 제기하지 않으면 항소권 소멸

제359조【항소제기의 방식】

항소를 함에는 항소장을 원심법원에 제출하여야 한다.❶
서면

❶ • 원심제출주의
• 항소인의 서명 · 날인 要

제360조【원심법원의 항소기각 결정】

① 항소의 제기가 법률상의 방식에 위반하거나 항소권 소멸 후인 것이 명백한 때에는 원심법원은 결정으로 항소를 기각하여야 한다.

예 구두에 의한 항소제기 항소시간 경과

② 전항의 결정에 대하여는 즉시항고를 할 수 있다.

제361조【소송기록과 증거물의 송부】

제360조의 경우를 제외하고는 원심법원은 항소장을 받은 날부터 14일 이내에 소송기록과 증거물을 항소법원에 송부하여야 한다.

제361조의2【소송기록접수와 통지】

① 항소법원이 기록의 송부를 받은 때에는 즉시 항소인과 상대방에게 그 사유를 통지하여야 한다.

② 전항의 통지 전에 변호인의 선임이 있는 때에는 변호인에게도❷ 전항의 통지를 하여야 한다.
통지 후에는 할 필요가 없다.

❷ cf) 제266조(공소장부본의 송달)

③ 피고인이 교도소 또는 구치소에 있는 경우에는 원심법원에 대응한 검찰청검사는 제1항의 통지를 받은 날부터 14일 이내에 피고인을 항소법원소재지의 교도소 또는 구치소에 이송하여야 한다.

제361조의3【항소이유서와 답변서】❸

❸ • 민소법 : 항소이유서 제출×

①❹ 항소인 또는 변호인은 전조의 통지를 받은 날로부터 20일 이내에 항소이유서❺를 항소법원에 제출하여야 한다. 이 경우 제344조를 준용한다. 〈개정 2007.12.21〉❻

❹ • 항소장에 항소이유기재하면 항소이유서 제출×

❺ • 상대방 수에 2를 더한 부본 첨부

❻ • 재소자특칙○
• 항소장 → 원심제출

② 항소이유서의 제출을 받은 항소법원은 지체 없이 부본 또는

등본을 상대방에게 송달하여야 한다.

③ 상대방은 전항의 송달을 받은 날로부터 10일 이내에 답변서를 항소법원에 제출하여야 한다.❶

❶ • §379④(상고시에도 동일)
• 필요적≠상고 : 임의적

④ 답변서의 제출을 받은 항소법원은 지체 없이 그 부본 또는 등본을 항소인 또는 변호인에게 송달하여야 한다.

제361조의4【항소기각의 결정】

❷ • 항소장의 필요적 기재사항×

①❷ 항소인이나 변호인이 전조 제1항의 기간 내에 항소이유서를 제출하지 아니한 때에는 결정으로 항소를 기각하여야 한다. 단, 직권조사사유가 있거나 항소장에 항소이유의 기재가 있는 때에는 예외로 한다.

② 전항의 결정에 대하여는 즉시항고를 할 수 있다.

제361조의5【항소이유】❸

❸ • 상고이유 §383
• 판결영향
┌ 법령위반
└ 사실오인

다음 사유가 있을 경우에는 원심판결에 대한 항소이유❹로 할 수 있다.❺

❹ • 항소 자체 잘못의 예
: 항소기각결정(원심, 항소법원)
• 有 : 원심파기 → 환송 – 이송 / 지판
• × : 항소기각판결(원심 타당)

❺ • 법률로 제한 → 상소남용억제(제190조, 제361조의2, 제379조, 제383조 소송촉진법 제24조)

1. 판결에 영향을 미친 헌법 · 법률 · 명령 또는 규칙의 위반이 있는 때❻

❻ • 당사자 주장에 대해 판단하지 않은 경우

2. 판결 후 형의 폐지나 변경 또는 사면이 있는 때
3. 관할 또는 관할위반의 인정이 법률에 위반한 때
4. 판결법원의 구성이 법률에 위반한 때
5. 삭제
6. 삭제
7.❼ 법률상 그 재판에 관여하지 못할 판사가 그 사건의 심판에 관여한 때

❼ • 제척사유

8.❽ 사건의 심리에 관여하지 아니한 판사가 그 사건의 판결에 관여한 때

❽ • 직접주의

9.❾ 공판의 공개에 관한 규정에 위반한 때

❾ • 공개주의

10. 삭제

11.[1] 판결에 이유를 붙이지 아니하거나 이유에 모순이 있는 때

12. 삭제

13. 재심청구의 사유가 있는 때

14. 사실의 오인이 있어 판결에 영향을 미칠 때

15. 형의 양정이 부당하다고 인정할 사유가 있는 때

▸ 항소이유
- 법령위반 : 제1호, 제3호~제11호
- 법령위반 외 : 제2호, 제13호~제15호

▸ 절대적 항소이유
- 제2호~제13호, 제15호
- 객관적 사유만 있으면 바로 항소이유

▸ 상대적 항소이유
- 제1호, 제14호
- 당해 사유가 판결에 영향을 미친 경우에 한함

제362조【항소기각의 결정】

① 제360조의 규정에 해당한 경우에 원심법원이 항소기각의 결정을 하지 아니한 때에는 항소법원은 결정으로 항소를 기각하여야 한다.

② 전항의 결정에 대하여는 즉시항고를 할 수 있다.

제363조【공소기각의 결정】

① 제328조 제1항(공소기각결정) 각 호의 규정에 해당한 사유가 있는 때에는 항소법원은 결정으로 공소를 기각(항소를 기각×)하여야 한다.[2]

② 전항의 결정에 대하여는 즉시항고를 할 수 있다.

제364조【항소법원의 심판】

①[3] 항소법원은 항소이유에 포함된 사유에 관하여 심판하여야 한다.[4]

②[5] 항소법원은 판결에 영향을 미친 사유에 관하여는 항소이유

[1] • §323

[2] • 주로 死 경우

[3] • 사후심적 요소

[4] • 당사자주의

[5] • 원칙적 속심

서에 포함되지 아니한 경우에도 직권으로 심판할 수 있다.❶

❶ • 직권주의

③ 제1심 법원에서 증거로 할 수 있었던 증거는 항소법원에서 도 증거로 할 수 있다.❷

❷ • 속심의 성격

④ 항소이유 없다고 인정한 때에는 판결로써 항소를 기각하여야 한다.❸

❸ • 구두변론원칙(제37조)

⑤❹ 항소이유 없음이 명백한 때에는 항소장, 항소이유서 기타의 소송기록에 의하여 변론 없이 판결로써 항소를 기각할 수 있다.❺

❹ • 상소남용 방지규정

❺ • 무변론항소기각
• 공판중심주의의 예외
• 사후심요소

⑥❻ 항소이유가 있다고 인정한 때에는 원심판결을 파기하고 다시 판결을 하여야 한다.❼

❻ • 항소심이 자판하는 경우 구두변론을 거쳐야 한다.

❼ • 파기자판(원칙) 2005.5.26, 2005도130

제364조의2【공동피고인을 위한 파기】

피고인을 위하여❽ 원심판결을 파기하는 경우에 파기의 이유가 항소한 공동피고인❾에게 공통되는 때에는 그 공동피고인에게 대하여도 원심판결을 파기하여야 한다.

❽ • 피고인 + 검사 항소
• 검사가 피고인을 위하여 항소

❾ • 원심에서 공동피고인이었던 자(항소심에서의 병합심리여부 불문)

제365조【피고인의 출정】❿

① 피고인이 공판기일에 출정하지 아니한 때에는 다시 기일을(1회) 정하여야 한다.

② 피고인이 정당한 사유 없이 다시 정한 기일에 출정하지 아니한 때⓫에는 피고인의 진술 없이 판결을 할 수 있다.

❿ • 1심×
• 항소심○, 정식재판청구기일(§458②)○

⓫ • 2회 불출석
• 약식명령 → 정식재판에도 준용

제366조【원심법원에의 환송】⓬

공소기각 또는 관할위반의 재판이 법률에 위반됨을 이유로 원심판결을 파기하는(파기환송) 때에는 판결로써 사건을 원심법원에 환송하여야 한다.

⓬ • 관할위반의 인정이 법률에 위반된 경우

제367조【관할법원에의 이송】⓭

관할인정이 법률에 위반됨을 이유로(파기이송) 원심판결을 파기하는 때에

⓭ • 관할의 인정이 법률에 위반된 경우

는 판결로써 사건을 관할법원에 이송하여야 한다. 단, 항소법원이 그 사건의 제1심 관할권이 있는 때에는 제1심으로 심판하여야 한다.

제368조【불이익변경의 금지】

㉠피고인이 항소한 사건과 ㉡피고인을 위하여 항소한 사건❶에 대해서는 원심판결의 형보다 무거운 형❷을 선고할 수 없다.

[전문개정 2020.12.8]

❷ • 형의 선고에 한한다. 따라서 죄명 · 사실은 무겁게 선고 可. 그러나 형은 무겁게×

❶ ① 항고×
② 소송비용×
③ 파기환송 · 이송된 경우○
④ 재심○
⑤ 약식 · 즉결재판 → 정식재판청구○

불이익변경금지 적용○	불이익변경금지 적용×
• 검사가 피고인 이익을 위해 → 적용○ • 검사와 피고인이 동시에 상소 후 검사의 상소가 기각 · 취하 → 적용○ → 공소기각(검사)	• 검사와 피고인이 동시에 상소 → 적용× • 검사가 상소 → 적용×

▶ 항소심이 1심에서 별개의 사건으로 따로 2개의 형을 선고받고 항소한 피고인에 대해 병합심리한 후 경합범으로 처단하면서 1심의 각 형량보다 무거운 형을 선고한 것은 불이익변경×

제369조【재판서의 기재방식】

항소법원의 재판서에는 항소이유에 대한 판단을 기재하여야 하며 원심판결에 기재한 사실과 증거를 인용할 수 있다.
법령의 적용×

제370조【준용규정】

제2편 중 공판에 관한 규정은 본장에 특별한 규정❸이 없으면 항소의 심판에 준용한다.

❸ • 1심
≠ ┌ 피고인의 출정 : 2회 불출석시 궐석재판 可
└ 증거의 특칙 : 1심에서의 증거는 항소심에서도 사실인정 자료○

제3장 상 고

제371조【상고할 수 있는 판결】

제2심 판결에 대하여 불복이 있으면 대법원에 상고할 수 있다.
법률심, 서면심리원칙

제372조【비약적 상고】

다음 경우에는 제1심 판결(결정×)에 대하여 항소를 제기하지 아니하고 상고를 할 수 있다.❶

• cf) §441 비상상고
• 1심 → 3심(2심 생략)

❶ • 상소권자가 1심 판결 선고 후에 법령해석의 통일 or 피고인의 이익의 조기 회복을 위한 제도

1. 원심판결이 인정한 사실에 대하여 법령을 적용하지 아니하였거나 법령의 적용에 착오가 있는 때
2. 원심판결이 있은 후 형의 폐지나 변경 또는 사면이 있는 때

제373조【항소와 비약적 상고】

제1심 판결에 대한 상고는 그 사건에 대한 항소가 제기된 때에❷는 그 효력을 잃는다. 단, 항소의 취하 또는 항소기각의 결정이 있는 때에는 예외로 한다.

❷ • 심급의 이익을 위함

제374조【상고기간】

❸상고의 제기기간은 7일로 한다.

❸ • 항소와 동일

제375조【상고제기의 방식】

상고를 함에는 상고장을 원심법원(2심(비약상고 : 1심))에 제출하여야 한다.

제376조【원심법원에서의 상고기각 결정】

① 상고의 제기가 법률상의 방식에 위반하거나 상고권 소멸 후인 것이 명백한 때에는 원심법원은 결정으로 상고를 기각하여야 한다.

② 전항의 결정에 대하여는 즉시항고를 할 수 있다.

제377조【소송기록과 증거물의 송부】

제376조의 경우를 제외하고는 원심법원은 상고장을 받은 날부터 14일 이내에 소송기록과 증거물을 상고법원에 송부하여야 한다.

제378조【소송기록접수와 통지】

① 상고법원이 소송기록의 송부를 받은 때에는 즉시 상고인과

상대방에 대하여 그 사유를 통지하여야 한다.

② 전항의 통지 전에 변호인의 선임이 있는 때에는 변호인에 대하여도 전항의 통지를 하여야 한다.
cf) 제266조

제379조【상고이유서와 답변서】

① 상고인 또는 변호인이 전조의 통지를 받은 날로부터 20일 이내에 상고이유서를 상고법원에 제출하여야 한다. 이 경우 제344조를 준용한다. 〈개정 2007.12.21〉❶

❶ • 재소자 특칙 적용○

② 상고이유서에는 소송기록과 원심법원의 증거조사에 표현된 사실을 인용하여 그 이유를 명시하여야 한다.

③ 상고이유서의 제출을 받은 상고법원은 지체 없이 그 부본 또는 등본을 상대방에 송달하여야 한다.

④ 상대방은 전항의 송달을 받은 날로부터 10일 이내에 답변서를 상고법원에 제출할 수 있다.❷

❷ • 임의적≠항소(필요적)

⑤ 답변서의 제출을 받은 상고법원은 지체 없이 그 부본 또는 등본을 상고인 또는 변호인에게 송달하여야 한다.

제380조【상고기각 결정】

① 상고인이나 변호인이 전조제1항의 기간 내에 상고이유서를 제출하지 아니한 때에는 결정으로 상고를 기각하여야 한다. 단, 상고장에 이유의 기재가 있는 때에는 예외로 한다. 〈개정 1961.9.1., 2014.5.14〉

• 상고장+상고이유서
- 제출 : 상고기각판결 → 부적법한 상고이유 : 상고기각결정
- 미제출 : 상고기각결정

② 상고장 및 상고이유서에 기재된 상고이유의 주장이 제383조 각 호의 어느 하나의 사유에 해당하지 아니함이 명백한 때에는 결정으로 상고를 기각하여야 한다. 〈신설 2014.5.14〉

제381조【동 전】

제376조의 규정에 해당한 경우에 원심법원이 상고기각의 결정을 하지 아니한 때에는 상고법원은 결정으로 상고를 기각하여야 한다.

제382조【공소기각의 결정】

제328조 제1항 각 호의 규정에 해당하는 사유가 있는 때에는 상고법원은 결정으로 공소를 기각하여야 한다.

공소기각결정사유

❶ • 원칙 : 사후심
• 상고심 : 법률심(+사실심)

제383조【상고이유】❶

다음 사유가 있을 경우에는 원심판결에 대한 상고이유로 할 수 있다.

1. 판결에 영향을 미친 헌법 · 법률 · 명령 또는 규칙의 위반이 있을 때❷
2. 판결 후 형의 폐지나 변경 또는 사면이 있는 때❸
3. 재심청구의 사유가 있는 때
4. 사형, 무기 또는 10년 이상의 징역이나 금고가 선고된 사건에 있어서 중대한 사실의 오인이 있어 판결에 영향을 미친 때 또는 형의 양정이 심히 부당하다고 인정할 현저한 사유가 있는 때❹

• 항소이유 §361의5

❷ • 항소심판결이 불이익변경금지원칙을 위반한 경우
❸ • 비약적 상고이유

❹ • 피고인만 상고 可 : 검사는 사실오인 or 양형부당을 이유로 상고×
• 상고이유 아닌 경우 : 직권심판×

제384조【심판범위】

상고법원은 상고이유서에 포함된 사유에 관하여 심판하여야 한다. 그러나 전조 제1호 내지 제3호의 경우에는 상고이유서에 포함되지 아니한 때에도 직권으로 심판할 수 있다.

제385조

삭제

제386조【변호인의 자격】

상고심에는 변호사 아닌 자를 변호인으로 선임하지 못한다.❶

변호사인 자만 변론능력○

제387조【변론능력】

상고심에는 변호인 아니면 피고인을 위하여 변론하지 못한다.

피고인 변론×

제388조【변론방식】

검사와 변호인은 상고이유서에 의하여 변론하여야 한다.

제389조【변호인의 불출석 등】

① 변호인의 선임이 없거나 변호인이 공판기일에 출정하지❷ 아니한 때에는 검사의 진술을 듣고 판결을 할 수 있다. 단, 제283조의 규정에 해당한 경우에는 예외로 한다.

필요적 변호사건

② 전항의 경우에 적법한 이유서의 제출이 있는 때에는 그 진술이 있는 것으로 간주한다.

제389조의2【피고인의 소환여부】

상고심의 공판기일에는 피고인의 소환❸을 요하지 아니한다.

제390조【서면심리에 의한 판결】❹

① 상고법원은 상고장, 상고이유서 기타의 소송기록에 의하여 변론 없이 판결할 수 있다. 〈개정 2007.6.1〉

② 상고법원은 필요한 경우에는 특정한 사항에 관하여 변론을 열어 참고인의 진술을 들을 수 있다. 〈개정 2007.6.1〉

제391조【원심판결의 파기】

상고이유가 있는 때에는 판결로써 원심판결을 파기❺하여야 한다.

제392조【공동피고인을 위한 파기】

피고인의 이익을 위하여 원심판결을 파기하는 경우에 파기의 이

❶ • 법률심적 특성

❷ • 서면심리

❸ • 공판기일통지서는 받으나 출석은 不要

❹ • 공판중심주의의 예외

❺ • 원심판결과 동시에 환송, 이송, 자판
└원칙 └예외

❶ • 적법한 상고 있어야 함
┌상고사유서 제출×
└검사가 상고한 경우

유가 상고❶한 공동피고인에 공통되는 때에는 그 공동피고인에 대하여도 원심판결을 파기하여야 한다.

제393조【공소기각과 환송의 판결】

적법한 공소를 기각하였다는 이유로 원심판결 또는 제1심 판결을 파기하는 경우에는 판결로써 사건을 원심법원 또는 제1심 법원에 환송하여야 한다.

제394조【관할인정과 이송의 판결】

관할의 인정이 법률에 위반됨을 이유로 원심판결 또는 제1심 판결을 파기하는 경우에는 판결로써 사건을 관할 있는 법원에 이송하여야 한다.

제395조【관할위반과 환송의 판결】

관할위반의 인정이 법률에 위반됨을 이유로 원심판결 또는 제 1 심 판결을 파기하는 경우에는 판결로써 사건을 원심법원 또는 제1심 법원에 환송하여야 한다.

❷ • 예외적

제396조【파기자판】❷

① 상고법원은 원심판결을 파기한 경우에 그 소송기록과 원심법원과 제1심 법원이 조사한 증거에 의하여 판결하기 충분하다고 인정한 때에는 피고사건에 대하여 직접판결을 할 수 있다.

② 제368조의 규정은 전항의 판결에 준용한다.
불이익변경금지

❸ • 원칙

제397조【환송 또는 이송】❸

전 4조의 경우 외에 원심판결을 파기한 때에는 판결로써 사건을 원심법원에 환송하거나 그와 동등한 다른 법원에 이송하여야 한다.❹

❹ • 불이익변경금지×

제398조【재판서의 기재방식】

❶ • 합의에 의한 대법관 의견도 기재

재판서❶에는 상고의 이유에 관한 판단을 기재하여야 한다.

제399조【준용규정】

전장의 규정은 본장에 특별한 규정이 없으면 상고의 심판에 준용한다.
(전장: 항소)

제400조【판결정정의 신청】❷

❷ • 제척 · 기피사유에 해당×

❸ • 위산, 오기 등 명백한 것에 한정

① 상고법원은 그 판결의 내용에 오류❸가 있음을 발견한 때에는 직권 또는 검사, 상고인이나 변호인의 신청에 의하여 판결로써 정정할 수 있다.
(상고법원: 대법원 / 판결: 결정× / 정정할 수 있다: 항소심에서는 인정×)

② 전항의 신청은 판결의 선고가 있은 날로부터 10일 이내에 하여야 한다.❹

❹ • 직권–기간제한×
• 신청–10일 이내
• 상고심판결 : 선고시 확정

③ 제1항의 신청은 신청의 이유를 기재한 서면으로 하여야 한다.

제401조【정정의 판결】

① 정정의 판결은 변론 없이 할 수 있다.❺

❺ • 필요한 경우 변론을 거칠 수 있다.

② 정정할 필요가 없다고 인정한 때❻에는 지체 없이 결정으로 신청을 기각하여야 한다.

❻ • 예 신청기간 경과

제4장 항 고

제402조【항고할 수 있는 재판】

❼ • 중요한 소송지휘권

법원의 결정❼에 대하여 불복이 있으면 항고❽를 할 수 있다. 단, 이 법률에 특별한 규정이 있는 경우에는 예외로 한다.❾
(법원: 수소법원)

❽ • 임의적 변론
• 보통항고 可
(예 증거보전청구 기각결정)

❾ • 대법원의 결정에는 항고 不可(최종심이므로)

• 지방법원판사의 압수 · 수색영장발부, 체포영장 · 구속영장청구에 대한 재판 → 항고의 대상×

▸ 항고의 종류

- 일반항고
  - 보통항고
  - 즉시항고
    - 명문규정○
    - 7일 이내
    - 집행정지효○
- 특별항고 – 재항고(즉시항고)

제403조【판결 전의 결정에 대한 항고】[1]

① ㉠법원의 관할 또는 ㉡판결 전의 소송절차[2]에 관한 결정[3]에 대하여는 특히 즉시항고를 할 수 있는 경우 외에는 항고하지 못한다.

② 전항의 규정은 ㉠구금[4], 보석[5], ㉡압수[6]나 압수물의 환부[7]에 관한 결정 또는 감정하기 위한 피고인의 유치[8]에 관한 결정에 적용하지 아니한다.[9]

❶ 종국 재판 – 상소○ : 철회 · 변경×
　 종국 전 재판 – 상소× : 철회 · 변경○

❷ • 판결 전 소송절차
- 국선변호인 선임신청 기각
- 공소장변경허가
- 간이공판절차 개시 결정 등

❸ • 불복신청 허용×
　 → 선고(고지)와 동시에 확정
• 절차의 복잡화 방지
　 – 제415조 항고법원 or 고등법원의 결정
　 – 대법원의 결정
　 – 대법원의 판결

❹❺❻❼❽ • 강제처분에 관한 결정

❾ • 보통항고 可 (신속한 구제를 위해)

제404조【보통항고의 시기】

항고는 즉시항고 외에는 언제든지 할 수 있다. 단, 원심결정을 취소하여도 실익이 없게 된 때에는 예외로 한다.[10]

❿ • 보통항고는 실익이 있는 한 언제든지 可

제405조【즉시항고의 제기기간】

즉시항고의 제기기간은 7일로 한다.[11]

〈개정 2019.12.31〉

⓫ • 즉시항고는 규정 있는 경우에만 可
• 재판집행 정지효
　 cf) 민소법 1주일

• 항소 제358조 • 상고 제374조 • 약식명령 제453조 • 즉결심판	7일

▸ 즉시항고 규정

① 집행유예 취소결정(제335조 제3항)
② 공소기각결정(제328조 제2항)
③ 기피신청기각결정(제23조)→간이기각결정 : 집행정지효력×
④ 소송비용부담결정(제192조)
⑤ 상소기각결정(제360조 제2항, 제362조 제2항, 제376조)
⑥ 구속취소(제97조)
⑦ 선고유예 실효결정(제335조 제4항)
⑧ 국민참여재판의 배제결정
⑨ 재판집행에 대한 의의신청, 이의신청(제488조, 제489조)
⑩ 감치결정(제102조 제4항, 제151조 제8항)
⑪ 재심청구기각결정 · 재심개시결정
⑫ 재정신청기각결정(제262조 제4항)

제406조【항고의 절차】

항고[1]를 함에는 항고장을 원심법원에 제출하여야 한다.

[1] • 제기기간
–즉시항고 : 7일
–보통항고 : 제한×
→ 항고이익 있는 한 언제든지
–결정을 고지한 날로부터 기산

제407조【원심법원의 항고기각결정】

① 항고의 제기가 법률상의 방식에 위반하거나 항고권 소멸 후인 것이 명백한 때에는 원심법원은 결정으로 항고를 기각하여야 한다.

② 전항의 결정에 대하여는 즉시항고를 할 수 있다.

제408조【원심법원의 갱신결정】[2]

① 원심법원은 항고가 이유 있다고 인정한 때에는 결정을 경정[3]하여야 한다.

② 항고의 전부 또는 일부가 이유 없다고 인정한 때에는 항고장을 받은 날로부터 3일 이내에 의견서를 첨부하여 항고법원에 송부하여야 한다.[4]

[2] • 보통항고 · 즉시항고(모두 적용)

[3] • 경정결정 → 상소에는 항고에만 존재하는 결정 / 항소에는 경정결정 ×

[4] • 필수적×

제409조【보통항고와 집행정지】

항고는 즉시항고 외에는 재판의 집행을 정지하는 효력이 없다. 단, 원심법원 또는 항고법원은 결정으로 항고에 대한 결정이 있을 때까지 집행을 정지할 수 있다.

제410조【즉시항고와 집행정지의 효력】

즉시항고의 제기기간 내와 그 제기가 있는 때에는 재판의 집행은 정지된다.[5]

보통항고는 정지×

[5] • 예외 : 제23조 제2항(기피신청 기각결정)

제411조【소송기록 등의 송부】

① 원심법원이 필요하다고 인정한 때에는 소송기록과 증거물을 항고법원에 송부하여야 한다.

② 항고법원은 소송기록과 증거물의 송부를 요구할 수 있다.

③ 전2항의 경우에 항고법원이 소송기록과 증거물의 송부를 받은 날로부터 5일 이내에 당사자에게 그 사유를 통지하여야 한다.

제412조【검사의 의견진술】

검사는 항고사건에 대하여 의견을 진술할 수 있다.

제413조【항고기각의 결정】

제407조의 규정에 해당한 경우에 원심법원이 항고기각의 결정을 하지 아니한 때에는 항고법원은 결정으로 항고를 기각하여야 한다.

제414조【항고기각과 항고이유 인정】

① 항고를 이유 없다고 인정한 때에는 결정으로 항고를 기각하여야 한다.

② 항고를 이유 있다고 인정한 때에는 결정으로 원심결정을 취소하고 필요한 경우에는 항고사건에 대하여 직접 재판을 하여야 한다.

제415조【재항고】❶

항고법원 또는 고등법원의 결정에 대하여는 재판에 영향을 미친 헌법 · 법률 · 명령 또는 규칙의 위반이 있음을 이유로 하는 때에 한하여 대법원에 즉시항고를 할 수 있다.

재항고, 특별항고

❶ • 민소법 ┌항고법원
├고등법원
└항소법원
• 원칙 : 보통항고×
• 재항고는 즉시항고이므로 기간 준수 要

제416조【준항고】❷

① 재판장 또는 수명법관❸이 다음 각 호의 1에 해당한 재판을 고지한 경우에 불복이 있으면 그 법관소속의 법원❹에 재판의 취소 또는 변경을 청구할 수 있다.

결정○ 판결×

❷ • ┌집행정지효력×(원칙)
└(예외) 제4호
• 대법원에 재항고 可

❸ • 수임판사×
예외–증거보전청구
기각결정 : 3일 이내 항고

❹ • 상급법원에 구제를 신청하는 것이 아니므로 엄밀한 의미의 상소×

• 수탁판사의 재판 : 보통항고의 문제

1. 기피신청을 기각한 재판❶
2. 구금, 보석, 압수 또는 압수물환부에 관한 재판
3. 감정하기 위하여 피고인의 유치를 명한 재판❷
4. 증인, 감정인, 통역인 또는 번역인에 대하여 과태료 또는 비용의 배상을 명한 재판❸

② 지방법원이 전항의 청구를 받은 때에는 합의부에서 결정을 하여야 한다.

③ 제1항의 청구는 재판의 고지있는 날로부터 7일 이내에 하여야 한다. 〈개정 2019.12.31〉

④ 제1항 제4호의 재판은 전항의 청구기간 내와 청구가 있는 때에는 그 재판의 집행은 정지된다.

❶ • 인용×
• 준항고, 즉시항고

❷ • 구속영장기각결정×
압수영장발부의 재판×

❸ • 재판집행정지

제417조【동 전】(=준항고)❹

검사 또는 사법경찰관(수사기관)의 구금, 압수 또는 압수물의 환부에 관한 처분과 제243조의2(피의자신문)에 따른 변호인의 참여 등에 관한 처분에 대하여 불복이 있으면 그 직무집행지의 관할법원 또는 검사의 소속검찰청에 대응한 법원(준항고의 관할법원)에 그 처분의 취소 또는 변경을 청구할 수 있다. 〈개정 2007.6.1, 2007.12.21〉

❹ • 수사단계에서의 구제수단 : 검사에 대해 준항고
• 기간제한×

제418조【준항고의 방식】

전2조의 청구는 서면으로 관할법원에 제출하여야 한다.

제419조【준용규정】

제409조, 제413조, 제414조, 제415조의 규정은 제416조, 제417조의 청구 있는 경우에 준용한다.❺

❺ • 준항고는 항고규정 준용

제4편 특별소송절차

제1장 재 심 ❶

❶ • 사후적 비상구제절차

제420조 【재심이유】❷

❷ • 유죄확정판결에 대한

재심은 다음 각 호의 어느 하나에 해당하는 이유(사실오인)가 있는 경우에 유죄의 확정판결❸에 대하여 그 선고를 받은 자의 이익을 위하여(불이익×) 청구할 수 있다.

❸ • 대상 : 약식명령, 즉결심판, 항소 · 상고의 기각판결, 특별사면
• 무죄, 면소, 공소기각판결, 관할위반, 결정 : ×

❹ • 원심판결의 증거요지에 인용되어 있는 증거

1. 원판결의 증거❹가 된 서류 또는 증거물이 확정판결에 의하여 위조되거나 변조된 것임이 증명된 때
2. 원판결의 증거(유죄인정증거)가 된 증언,❺ 감정, 통역 또는 번역이 확정판결에 의하여 허위❻ 임이 증명된 때
3. 무고(誣告)로 인하여 유죄를 선고받은 경우에 그 무고의(위증죄×) 죄가 확정판결에 의하여 증명된 때❼
4. 원판결의 증거된 재판이 확정재판에 의하여 변경된 때(형사 · 민사 포함)
5. ❽ 유죄를 선고받은 자에 대하여 무죄 또는 면소를(공소기각×), 형의 선고를 받은 자에 대하여 형의 면제❾ 또는 원판결이 인정한 죄보다 가벼운 죄를 인정할 명백한❿ 증거가 새로 발견⓫된 때
6. 저작권, 특허권, 실용신안권, 디자인권 또는 상표권을 침해한 죄로 유죄의 선고를 받은 사건에 관하여 그 권리에 대한 무효의 심결 또는 무효의 판결이 확정된 때
7. 원판결, 전심판결 또는 그 판결의 기초가 된 조사에 관여한 법관⓬, 공소의 제기 또는 그 공소의 기초가 된 수사에 관여한 검사나 사법경찰관이 그 직무에 관한 죄를 지은 것이 확정판결에 의하여 증명된 때. 다만, 원판결의 선

❺ • 공동피고인의 진술은 포함×

❻ • 증인 등이 위증죄의 판결 확정을 받는 경우 등

❼ • 단순한 수사개시만으로×

❽ • 새로운 증거 ≠ 허위의 증거 (제1, 2, 3, 4, 6 7호)

❾ • 필요적 면제 (임의적 면제×)

❿ • 명백성 – 종합평가 (자유심증만으로×)
• 확정판결을 파기할 고도의 가능성 내지 개연성 要

⓫ • 신규성 ┌ 법원○ └ 피고인○

⓬ • 판결의 선고에만 관여한 경우 : ×

고 전에 법관, 검사 또는 사법경찰관에 대하여 공소가 제기되었을 경우에는 원판결의 법원이 그 사유를 알지 못한 때로 한정한다. [전문개정 2020.12.8]

제421조【동 전】

① 항소 또는 상고의 기각판결[1]에 대하여는 전조 제1호, 제2호, 제7호의 사유 있는 경우에 한하여 그 선고를 받은 자의 이익을 위하여 재심을 청구할 수 있다.

② 제1심 확정판결에 대한 재심청구사건의 판결이 있은 후에는 항소기각판결에 대하여 다시 재심을 청구하지 못한다.

③ 제1심 또는 제2심의 확정판결에 대한 재심청구사건의 판결이 있은 후에는 상고기각판결에 대하여 다시 재심을 청구하지 못한다.[2]

[1] • 원심의 유죄판결 자체에는 재심사유가 없으나, 상소기각판결만으로 재심사유가 있는 경우
• 원심의 유죄판결 확정의 효과

[2] • 재재심 不可

제422조【확정판결에 대신하는 증명】

전2조의 규정에 의하여 확정판결로써 범죄가 증명됨을 재심청구의 이유로 할 경우에 그 확정판결을 얻을 수 없는 때[3]에는 그 사실[4]을 증명하여 재심의 청구를 할 수 있다. 단, 증거가 없다는 이유로 확정판결을 얻을 수 없는 때에는 예외로 한다.

[3] • ㉠ – 범인의 사망 또는 행방불명, 심신상실상태 등
– 공소시효 완성
– 기소유예
– 사면

[4] • 재심사유가 있다는 사실

제423조【재심의 관할】

재심의 청구는 원판결(재심대상판결)의 법원이 관할한다.

제424조【재심청구권자】

다음 각 호의 1에 해당하는 자는 재심의 청구[5]를 할 수 있다.

1.[6] 검사
2. 유죄의 선고를 받은 자
3. 유죄의 선고를 받은 자의 법정대리인
4. 유죄의 선고를 받은 자가 사망하거나 심신장애가 있는 경

[5] • 재심청구서(청구취지 · 이유) + 원판결의 등본 · 증거자료 첨부

[6] • 공익대표자
• 객관의무

• 변호인 선임 可
→ 변호인도 재심청구 可 (2.~4.)

우에는 그 배우자, 직계친족 또는 형제자매

제425조【검사만이 청구할 수 있는 재심】

제420조 제7호의 사유에 의한 재심의 청구는 유죄의 선고를 받은 자가 그 죄를 범하게 한 경우에는 검사가 아니면 하지 못한다.

피고인×

제426조【변호인의 선임】[1]

[1] • 원심의 변호인 ×
• 변호인도 대리권에 의해 재심청구 可

① 검사 이외의 자가 재심의 청구를 하는 경우에는 변호인을 선임할 수 있다.[2]

[2] • 재심청구인도 변호인선임권○

② 전항의 규정에 의한 변호인의 선임은 재심의 판결이 있을 때까지 그 효력이 있다.

제427조【재심청구의 시기】[3]

[3] • 제한× : 유죄판결 받은 자가 사망한 때에도 可

재심의 청구는 형의 집행을 종료하거나 형의 집행을 받지 아니하게 된 때에도 할 수 있다.

제428조【재심과 집행정지의 효력】

재심의 청구는 형의 집행을 정지하는 효력이 없다. 단, 관할법원에 대응한 검찰청검사는 재심청구에 대한 재판이 있을 때까지 형의 집행을 정지할 수 있다.

법원× / 임의적

> 재심개시결정 : 형집행정지 可

제429조【재심청구의 취하】[4]

[4] • ┌ 재심청구 : 구술×
└ 재심청구취하 : 서면 or 구술

① 재심의 청구는 취하할 수 있다.[5]

[5] • 서면 또는 구두 : 재심의 1심 판결선고시까지(多)

② 재심의 청구를 취하한 자는 동일한 이유로써[6] 다시 재심을 청구하지 못한다.

[6] • 다른 이유로는 언제든지 청구 可

제430조【재소자에 대한 특칙】[1]

제344조의 규정은 재심의 청구와 그 취하에 준용한다.

제431조【사실조사】

① 재심의 청구를 받은 법원은 필요하다고 인정한 때에는 합의부원에게 재심청구의 이유에 대한 사실조사를 명하거나 다른 법원판사에게 이를 촉탁할 수 있다.

② 전항의 경우에는 수명법관 또는 수탁판사는 법원 또는 재판장과 동일한 권한이 있다.

제432조【재심에 대한 결정과 당사자의 의견】[2]

재심의 청구에 대하여 결정을 함에는 청구한 자와 상대방의 의견을 들어야 한다.[3] 단, 유죄의 선고를 받은 자의 법정대리인이 청구한 경우에는 유죄의 선고를 받은 자의 의견을 들어야 한다.

구두변론×, 절차공개×

제433조【청구기각 결정】

재심의 청구가 ㉠법률상의 방식에 위반하거나 ㉡청구권의 소멸 후인 것이 명백한 때에는 결정으로 기각하여야 한다.[4]

제434조【동 전】

① 재심의 청구가 ㉢이유 없다고 인정한 때에는 결정으로 기각하여야 한다.[5]

② 전항의 결정이 있는 때에는 누구든지 동일한 이유로써 다시 재심을 청구하지 못한다.[6]

제435조【재심개시의 결정】

① 재심의 청구가 이유 있다고 인정한 때에는 재심개시의 결정을 하여야 한다.[7]

② 재심개시의 결정을 할 때에는 결정으로 형의 집행을 정지할 수 있다.

임의적

[1] • 재정신청은 없음

[2] • 의견진술기회를 주지 않으면 위법하다. but, 기회만 주면 됨

[3] • 결정으로 하므로 임의적 변론이지만 신중한 판단을 위해 의견을 들어야 한다.

[4] • 즉시항고 可

[5] • 즉시항고 可

[6] • 재재심 不可

[7] • 즉시항고 可

❶ • 하급심 법원의 소송절차 종료시까지 소송절차정지

제436조【청구의 경합과 청구기각의 결정】

① 항소기각의 확정판결[1]과 그 판결에 의하여 확정된 제1심 판결에 대하여 재심의 청구가 있는 경우에 제1심 법원이 재심의 판결을 한 때에는 항소법원은 결정으로 재심의 청구를 기각하여야 한다.[2]

❷ • 즉시항고 可
• 상고기각판결 : 보조적

② 제1심 또는 제2심 판결에 대한 상고기각의 판결과 그 판결에 의하여 확정된 제1심 또는 제2심의 판결에 대하여 재심의 청구가 있는 경우에 제1심 법원 또는 항소법원이 재심의 판결을 한 때에는 상고법원은 결정으로 재심의 청구를 기각하여야 한다.

제437조【즉시항고】

제433조, 제434조 제1항, 제435조 제1항과 전조 제1항의 결정에 대하여는 즉시항고를 할 수 있다.

제438조【재심의 심판】

① 재심개시의 결정이 확정한 사건에 대하여는 제436조[3]의 경우 외에는 법원은 그 심급에 따라 다시 심판을 하여야 한다.

재심판결에 대한 상소 可

❸ • 공판절차정지
→ 청구기각 결정

② 다음 경우에는 제306조 제1항, 제328조 제1항 제2호의 규정은 전항의 심판에 적용하지 아니한다.[4]

❹ • 공판절차 정지나 공소기각결정×, 피고인 불출석 시에도 개정가능하나 변호인 출정은 개정요건

1. 사망자 또는 회복할 수 없는 심신장애인을 위하여 재심의 청구가 있는 때
2. 유죄의 선고를 받은 자가 재심의 판결 전에 사망하거나 회복할 수 없는 심신장애인으로 된 때

③ 전항의 경우에는 피고인이 출정하지 아니하여도 심판을 할 수 있다. 단, 변호인이 출정하지 아니하면 개정하지 못한다.

궐석재판 / 필요적 변호사건

④ 전2항의 경우에 재심을 청구한 자가 변호인을 선임하지 아니한 때에는 재판장은 직권으로 변호인을 선임하여야 한다.

국선변호인

▸ 재심에서는 공소취소는 할 수 없으나, 공소장변경은 可
▸ 재심판결이 확정되면 원판결은 당연히 효력 소멸

제439조【불이익변경의 금지】

재심에는 원판결의 형보다 무거운 형을 선고할 수 없다.❶

[전문개정 2020.12.8]

❶ • 이익재심만 可
• 검사가 재심청구한 경우에도 적용

제440조【무죄판결의 공시】❷

❷ • 무죄판결의 필요적 공고

재심에서 무죄의 선고를 한 때에는 그 판결을 관보와 그 법원 소재지의 신문지에 기재하여 공고하여야 한다.❸
다만, 다음 각 호의 어느 하나에 해당하는 사람이 이를 원하지 아니하는 의사를 표시한 경우에는 그러하지 아니하다.❹

❸ • 유죄선고받은 자의 명예회복을 위한 조치

❹ • 피고인의 인격권 보호

1. 제424조 제1호부터 제3호까지의 어느 하나에 해당하는 사람이 재심을 청구한 때에는 재심에서 무죄의 선고를 받은 사람
2. 제424조 제4호에 해당하는 사람이 재심을 청구한 때에는 재심을 청구한 그 사람

[전문개정 2016.5.29]

제2장 비상상고❺

❺ • 법 적용의 통일성 적용 위해 원칙적으로 피고인에게 영향없다.
• 시기제한 ×
㉥ 상고심판결이 불이익변경금지원칙을 위반한 경우

제441조【비상상고이유】

검찰총장❻은 판결이 확정❼한 후 그 사건의 심판이 법령에 위반❽한 것을 발견한 때에는 대법원에 비상상고를 할 수 있다.❾

❻ • 신청권자 : 재심과 차이
❼ • 대상 : 모든 확정판결
항소기각결정○
상고기각결정○

❽ • 실체법 · 절차법상 위법
• 사실오인으로 인한 법령오인도 포함됨

❾ • 목적 : 법령의 해석 · 적용의 통일

제442조【비상상고의 방식】

비상상고를 함에는 그 이유를 기재❿한 신청서(서면)를 대법원에 제출하여야 한다.⓫

❿ • 별도의 이유서×
≠상고

⓫ • 신청기간 : 제한×
• 취하 : 비상상고 판결 전까지 취하 可

제443조【공판기일】

공판기일에는 검사는 신청서에 의하여 진술[1]하여야 한다.[2]
반드시 개정

[1] • 진술의 범위 : 신청서의 기재에 한정
[2] • 피고인 출석 不要

제444조【조사의 범위, 사실의 조사】

① 대법원은 신청서에 포함된 이유에 한하여 조사하여야 한다.

② 법원의 관할, 공소의 수리와 소송절차에 관하여는 사실조사를 할 수 있다.

③ 전항의 경우에는 제431조의 규정을 준용한다.

제445조【기각의 판결】

비상상고가 이유 없다고 인정한 때에는 판결로써 이를 기각하여야 한다.[3]
직권에 의한 파기는 허용×

[3] • 예 – 검찰총장 이외의 검사가 비상상고 신청
– 확정판결이 특정되지 않는 경우
– 신청이유가 기재되지 않은 경우

제446조【파기의 판결】

비상상고가 이유 있다고 인정한 때에는 다음의 구별에 따라 판결을 하여야 한다.[4]

[4] • 피고의 불이익 구제 위함

1. 원판결이 법령에 위반한 때에는 그 위반된 부분을 파기(원칙)하여야 한다. 단, 원판결이 피고인에게 불이익한 때[5]에는 원판결을 파기하고 피고사건에 대하여 다시 판결을 한다.[6]
2. 원심소송절차가 절차의 법령에 위반한 때에는 그 위반된 절차를 파기한다.[7]

[5] • 예 친고죄에서 고소가 취소됐음에도 유죄판결한 경우
[6] • 불이익변경금지와 같은 효과
[7] • 전체 파기×

제447조【판결의 효력】

비상상고의 판결은 전조 제1호 단행의 규정에 의한 판결 외에는 그 효력이 피고인에게 미치지 아니한다.[8]

[8] • 원칙 : 이론적 효력

제3장 약식절차 ❶

❶ • 위법수집증거배제법칙, 자백배제법칙, 자백보강법칙 → 적용○
• 전문법칙 → 적용×
• 지방법원의 관할사건에 대해 검사청구의 자료만으로 서면심리하여 재산형을 과하는 절차
• 공소장일본주의 적용×

제448조【약식명령을 할 수 있는 사건】

① 지방법원은 그 관할에 속한 사건에 대하여 검사의 청구가 있는 때에는 공판절차 없이 약식명령으로 피고인을 벌금, 과료 또는 몰수❷에 처할 수 있다.

(단독 or 합의부 / 선고형 기준)

② 전항의 경우에는 추징 기타 부수의 처분을 할 수 있다.

병과형은×
❷ • 법정형 중 선택형으로 되어 있으면 족하다. (재산형만)
• 재산형의 유죄판결만 가능

▸ 약식절차의 특징
–서면심리에 의한 비공개재판
–전문법칙 적용 안 됨
–공소장변경 안 됨
–무죄선고 또는 형식재판 허용 안 됨
–정식재판 청구시 공소장일본주의 적용

제449조【약식명령의 청구】❸

약식명령의 청구는 공소의 제기와 동시에 서면으로 하여야 한다.

❸ • 구공판…제1회 공판 기일
• 구약식…서면 심리
(공소 제기)

▸ 청구시에 약식명령에 필요한 증거서류 및 증거물도 함께 제출하므로 공소장일본주의 적용 안 된다.
▸ 법원은 약식명령 청구가 있는 날부터 14일 이내에 약식명령을 해야 한다.
▸ 청구서에는 공소장의 필요적 기재사항(§254③) 그대로 기재

제450조【보통의 심판】❹

❹ • 약식명령 자체는 공소장부본송달×
– 약식명령 부적합하여 공판절차 이행시는 공소장부본 송달○
– 약식명령에 대한 불만으로 정식재판 청구시는 공소장부본 송달×

❺약식명령의 청구가 있는 경우에 그 사건이 약식명령으로 할 수 없거나 약식명령으로 하는 것이 적당하지 아니하다고 인정한 때에는 공판절차에 의하여 심판하여야 한다.

❺ • 법정형에 재산형이 없는 경우
• 무죄 또는 형식재판을 해야 하는 경우
• 신중한 심리를 필요로 하는 사건

제451조【약식명령의 방식】

약식명령에는 범죄사실,❻ 적용법령, 주형, 부수처분과 약식명령의 고지를 받은 날로부터 7일 이내에 정식재판❼의 청구를 할 수 있음을 명시하여야 한다.❽

❻ • 단순히 고발장에 기재된 범죄사실 인용×

❼ • 동일심급의 법원에 대해 원재판의 시정을 구하는 것

❽ • 증거요지는 기재×(유죄결임에도 불구하고 명시할 필요없다)

제452조【약식명령의 고지】

약식명령의 고지는 검사와 피고인에 대한 재판서(정본)의 송달에 의하여 한다.❶

❶ • 약식명령서는 공소장부본과 동일한 내용

제453조【정식재판의 청구】

① 검사 또는 피고인(청구권자)은 약식명령의 고지를 받은 날로부터 7일 이내에 정식재판의 청구를 할 수 있다. 단, 피고인은 정식재판의 청구를 포기할 수 없다.❷

② 정식재판의 청구는 약식명령을 한 법원에 서면으로 제출하여야 한다.

③ 정식재판의 청구가 있는 때에는 법원은 지체 없이 검사 또는 피고인에게 그 사유를 통지하여야 한다.❸

❷ • 공권은 포기×
• 검사는 포기○
• 즉결심판 포기○

❸ • 공소장부본 송달×

제454조【정식재판청구의 취하】

정식재판의 청구는 제1심 판결선고 전까지 취하(서면 또는 구두)할 수 있다.

제455조【기각의 결정】

① 정식재판의 청구가 법령상의 방식에 위반하거나 청구권의 소멸 후인 것이 명백한 때에는 결정으로 기각하여야 한다.

② 전항의 결정에 대하여는 즉시항고를 할 수 있다.

③ 정식재판의 청구가 적법한 때에는 공판절차에 의하여 심판하여야 한다.

제456조【약식명령의 실효】

약식명령은 정식재판의 청구에 의한 판결❹이 있는 때에는 그 효력을 잃는다.

❹ • 확정판결
(공소기각의 결정도 포함)

▸ 약식절차에서의 변호인선임의 효력은 정식재판절차에서도 계속 유지
▸ 약식명령한 판사가 1심의 정식재판에 관여한 것은 제척사유가 아니나, 항소심에 관여하면 제척사유

제457조【약식명령의 효력】

약식명령은 정식재판의 청구기간이 경과하거나 그 청구의 취하 또는 청구기각의 결정이 확정한 때에는 확정판결과 동일한 효력이 있다.[1]

제457조의2【형종 상향의 금지 등】[2]

① 피고인이 정식재판을 청구한 사건에 대하여는[3] (약식명령에 대한) 약식명령의 형보다 중한 종류의 형을 선고하지 못한다.

② 피고인이 정식재판을 청구한 사건에 대하여 약식명령의 형보다 중한 형을 선고하는 경우에는 판결서에 양형의 이유를 적어야 한다.

[전문개정 2017.12.19]

제458조【준용규정】

① 제340조 내지 제342조, 제345조 내지 제352조,[4] 제354조[5]의 규정은 정식재판의 청구(서면) 또는 그 취하(서면 또는 구두)에 준용한다.[6]

② 제365조(피고인의 출정)의 규정은 정식재판절차의 공판기일에 정식재판을 청구한 피고인이 출석하지 아니한 경우에 이를 준용한다.[7]

[1] • 집행력 · 기판력 (약식명령 발령시 기준)
• 재심 · 비상상고의 대상

[2] • 상소심에서 다른사건이 병합되어 경합범으로 처단되는 경우에도 피고인이 정식재판 청구한 사건에 대해서는 적용○
• 항소심에서 공소장변경에 의해 공소사실이 추가 · 철회 · 변경된 경우에도 적용○
• 전체적 · 실질적 고려

[3] • 즉결심판에서 정식재판을 청구하는 경우에도 적용○

[4] • 상소권회복청구(소송행위 추완 – 단순추완)

[5] • 취하 후 재청구×

[6] • 검사 · 피고 · 법정대리인은 단독취하할 수 있으나, 그 외의 자는 피고인 or 법정대리인의 동의 要

[7] • 2회 불출석시 궐석재판

제5편 재판의 집행

❶ • 재판의 집행 → 무죄, 공소기각, 관할위반 : 집행력 ×

제459조【재판의 확정과 집행】[1]

재판은 이 법률에 특별한 규정이 없으면 확정한 후(즉시)에 집행한다.

▸ 예외 : 확정 전 집행
- 결정 · 명령(불복 가능한 경우는 제외)
- 벌금형의 가납재판(제334조)

▸ 확정 후 일정기간 경과 후의 집행
- 소송비용 부담재판 : 소송비용 집행면제신청기간 내 또는 그 신청재판확정 전 집행 안 됨
- 노역장 유치 : 재판확정 후 30일 내에는 집행 안 됨
- 사형 : 법무부장관의 명령 없이 집행 안 됨
- 심신장애 또는 사형선고받은 자가 포태 중인 때 : 회복 또는 출산시까지 정지
- 보석허가결정 : 선이행조건 이행 후가 아니면 집행 안 됨

제460조【집행지휘】

① 재판의 집행은 그 재판을 한 법원에 대응한 검찰청검사가 지휘한다. 단, 재판의 성질상 법원 또는 법관이 지휘할 경우에는 예외[2]로 한다.

❷ • 공판절차에서 구속영장집행시 급속을 요하는 경우
• 공판절차에서 압수 · 수색영장의 집행시 필요한 경우
• 법원에서 보관하는 압수장물의 환부
• 법정경찰권에 의한 퇴정명령

② 상소의 재판 또는 상소의 취하로 인하여 하급법원의 재판을 집행할 경우에는 상소법원에 대응한 검찰청검사가 지휘한다. 단, 소송기록이 하급법원 또는 그 법원에 대응한 검찰청에 있는 때에는 그 검찰청검사가 지휘한다.

제461조【집행지휘의 방식】

재판의 집행지휘는 재판서 또는 재판을 기재한 조서의 등본 또는 초본을 첨부한 서면(재판집행지휘서)으로 하여야 한다. 단, 형의 집행을 지휘하는 경우 외에는 재판서의 원본, 등본이나 초본 또는 조서의 등본이나 초본에 인정하는 날인으로 할 수 있다.

제462조【형 집행의 순서】

2 이상의 형을 집행하는 경우에 자격상실, 자격정지, 벌금, 과료와 몰수 외에는 무거운 형을 먼저 집행한다(중형우선의 원칙). 다만, 검사는 소속장관의 허가를 얻어 무거운 형의 집행을 정지하고 다른 형의 집행을 할 수 있다.

▸ 자유형과 벌금형은 동시집행이 가능하나, 노역장에 유치할 경우 검사는 자유형 집행의 정지 可

[전문개정 2020.12.8]

제463조【사형의 집행】

사형은 법무부장관의 명령에 의하여 집행한다.

제464조【사형판결확정과 소송기록의 제출】

사형을 선고한 판결이 확정한 때에는 검사는 지체 없이 소송기록을 법무부장관에게 제출하여야 한다.

제465조【사형집행명령의 시기】

① 사형집행의 명령은 판결이 확정된 날로부터 6월 이내에 하여야 한다.

② 상소권회복의 청구, 재심의 청구 또는 비상상고(재판집행 정지효력은 없다)의 신청이 있는 때에는 그 절차가 종료할 때까지의 기간은 전항의 기간에 산입하지 아니한다.

제466조【사형집행의 기간】

법무부장관이 사형의 집행을 명한 때에는 5일 이내에 집행하여야 한다.[1]

제467조【사형집행의 참여】

①[2] 사형의 집행에는 검사와 검찰청서기관과 교도소장 또는 구치소장이나 그 대리자가 참여하여야 한다.

[1] • 사형수는 구치소 또는 미결수용실에 수용하며, 사형은 교도소 또는 구치소에서 교수하여 집행

[2] • 법원사무관×

② 검사 또는 교도소장 또는 구치소장의 허가가 없으면 누구든지 형의 집행장소에 들어가지 못한다.

제468조【사형집행조서】

사형의 집행에 참여한 검찰청서기관은 집행조서를 작성하고 검사와 교도소장 또는 구치소장이나 그 대리자와 함께 기명날인 또는 서명하여야 한다. 〈개정 2007.6.1〉

제469조【사형집행의 정지】

① 사형선고를 받은 사람이 심신의 장애로 의사능력이 없는 상태이거나 임신 중인 여자인 때에는 법무부장관의 명령으로 집행을 정지한다.

② 제1항에 따라 형의 집행을 정지한 경우에는 심신장애의 회복 또는 출산 후에 법무부장관의 명령에 의하여 형을 집행한다.

[전문개정 2020.12.8]

제470조【자유형집행의 정지】

① 징역, 금고 또는 구류의 선고를 받은 자가 심신의 장애로 의사능력이 없는 상태에 있는 때에는 형을 선고한 법원에 대응한 검찰청검사 또는 형의 선고를 받은 자의 현재지를 관할하는 검찰청검사의 지휘에 의하여 심신장애가 회복될 때까지 형의 집행을 정지한다.❶

재산형×

필요적 집행정지

② 전항의 규정에 의하여 형의 집행을 정지한 경우에는 검사는 형의 선고를 받은 자를 감호의무자 또는 지방공공단체에 인도하여 병원 기타 적당한 장소에 수용하게 할 수 있다.

③ 형의 집행이 정지된 자는 전항의 처분이 있을 때까지 교도소 또는 구치소에 구치하고 그 기간을 형기에 산입한다.

❶ • 검사 지휘(검사장허가 不要 : 필요적이기 때문)

제471조【동 전】

① 징역, 금고 또는 구류의 선고를 받은 자에 대하여 다음 각 호의 1에 해당한 사유가 있는 때에는 형을 선고한 법원에 대응한 검찰청검사 또는 형의 선고를 받은 자의 현재지를 관할하는 검찰청검사의 지휘에 의하여 형의 집행을 정지할 수 있다. 임의적 집행정지 〈개정 2007.12.21〉

1. 형의 집행으로 인하여 현저히 건강을 해하거나 생명을 보전할 수 없을 염려가 있는 때
2. 연령 70세 이상인 때
3. 잉태 후 6월 이상인 때
4. 출산 후 60일을 경과하지 아니한 때
5. 직계존속이 연령 70세 이상 또는 중병이나 장애인으로 보호할 다른 친족이 없는 때 〈개정 2007.12.21〉
6. 직계비속이 유년으로 보호할 다른 친족이 없는 때
7. 기타 중대한 사유가 있는 때

② 검사가 전항의 지휘를 함에는 소속 고등검찰청검사장 또는 지방검찰청검사장의 허가를 얻어야 한다. 〈개정 2007.6.1〉 규정을 간소화

제471조의2【형집행정지 심의위원회】

① 제471조 제1항 제1호의 형집행정지 및 그 연장에 관한 사항을 심의하기 위하여 각 지방검찰청에 형집행정지 심의위원회(이하 이 조에서 "심의위원회"라 한다)를 둔다.

② 심의위원회는 위원장 1명을 포함한 10명 이내의 위원으로 구성하고, 위원은 학계, 법조계, 의료계, 시민단체 인사 등 학식과 경험이 있는 사람 중에서 각 지방검찰청 검사장이 임명 또는 위촉한다.

③ 심의위원회의 구성 및 운영 등 그 밖에 필요한 사항은 법무부령으로 정한다.

[본조신설 2015.7.31., 시행일 2016.2.1]

제472조【소송비용의 집행정지】

제487조에 규정된 신청기간 내와 그 신청이 있는 때에는 소송비용부담의 재판의 집행은 그 신청에 대한 재판이 확정될 때까지 정지된다.

제473조【집행하기 위한 소환】

① 사형, 징역, 금고 또는 구류의 선고를 받은 자가 구금되지 아니한 때에는 검사는 형을 집행하기 위하여 이를 소환하여야 한다.
자유형

② 소환에 응하지 아니한 때에는 검사는 형집행장을 발부❶하여 구인하여야 한다.

③ 제1항의 경우에 형의 선고를 받은 자가 도망하거나 도망할 염려가 있는 때 또는 현재지를 알 수 없는 때에는 소환함이 없이 형집행장을 발부하여 구인할 수 있다.

❶ • 사형 · 자유형의 집행을 위해서
• 영장×, 피고인의 제한×

제474조【형집행장의 방식과 효력】

① 전조의 형집행장에는 형의 선고를 받은 자의 성명, 주거, 연령, 형명, 형기 기타 필요한 사항을 기재하여야 한다.

② 형집행장은 구속영장과 동일한 효력이 있다.❷

❷ • 재구속의 제한×

제475조【형집행장의 집행】

전2조의 규정에 의한 형집행장의 집행에는 제1편 제9장 피고인의 구속에 관한 규정을 준용한다.

제476조【자격형의 집행】

자격상실 또는 자격정지의 선고를 받은 자에 대하여는 이를 수형자원부에 기재하고 지체 없이 그 등본을 형의 선고를 받은 자의 등록기준지와 주거지의 시(구가 설치되지 아니한 시를 말한다. 이하 같다) · 구 · 읍 · 면장(도농복합형태의 시에 있어서는 동지역인 경우에는 시 · 구의 장, 읍 · 면지역인 경우에는 읍 · 면의 장으로 한다)에게 송부하여야 한다. 〈개정 2007.5.17〉

제477조【재산형 등의 집행】

❶ • 재산형

①❶ 벌금, 과료, 몰수, 추징, 과태료, 소송비용, 비용배상 또는 가납의 재판은 검사의 명령에 의하여 집행한다.

② 전항의 명령은 집행력 있는 채무명의와 동일한 효력이 있다.

③ 제1항의 재판의 집행에는 「민사집행법」의 집행에 관한 규정을 준용한다. 단, 집행 전에 재판의 송달을 요하지 아니한다. 〈개정 2007.6.1〉

④ 제3항에도 불구하고 제1항의 재판은 「국세징수법」에 따른 국세체납처분의 예에 따라 집행할 수 있다. 〈신설 2007.6.1〉

⑤ 검사는 제1항의 재판을 집행하기 위하여 필요한 조사를 할 수 있다. 이 경우 제199조 제2항을 준용한다. 〈신설 2007.6.1〉

▸ 재산형의 집행비용은 집행을 받는 자의 부담으로 하고, 집행과 동시에 징수한다.

⑥ 벌금, 과료, 추징, 과태료, 소송비용 또는 비용배상의 분할납부, 납부연기 및 납부대행기관을 통한 납부 등 납부방법에 필요한 사항은 법무부령으로 정한다. 〈신설 2016.1.6, 시행 2018.1.7〉

제478조【상속재산에 대한 집행】

몰수 또는 조세, 전매 기타 공과에 관한 법령에 의하여 재판한 벌금 또는 추징은 그 재판을 받은 자가 재판확정 후 사망한 경우에는 그 상속재산에 대하여 집행할 수 있다.

제479조【합병 후 법인에 대한 집행】

법인에 대하여 벌금, 과료, 몰수, 추징, 소송비용 또는 비용배상을 명한 경우에 법인이 그 재판확정 후 합병에 의하여 소멸한 때에는 합병 후 존속한 법인 또는 합병에 의하여 설립된 법인에 대하여 집행할 수 있다.

제480조【가납집행의 조정】

제1심 가납의 재판을 집행한 후에 제2심 가납의 재판이 있는 때에는 제1심 재판의 집행은 제2심 가납금액의 한도에서 제2심 재판의 집행으로 간주한다.

제481조【가납집행과 본형의 집행】

가납의 재판을 집행한 후 벌금, 과료 또는 추징의 재판이 확정한 때에는 그 금액의 한도에서 형의 집행이 된 것으로 간주한다.

제482조【판결확정 전 구금일수 등의 산입】

① 판결선고 후 판결확정 전 구금일수(판결선고 당일의 구금일수를 포함한다)는 전부를 본형에 산입한다.[❶] 〈개정 2015.7.31〉

② 상소기각 결정시에 송달기간이나 즉시항고기간 중의 미결구금일수는 전부를 본형에 산입한다. 〈개정 2015.7.31〉

③ 제1항 및 제2항의 경우에는 구금일수의 1일을 형기의 1일 또는 벌금이나 과료에 관한 유치기간의 1일로 계산한다. 〈개정 2015.7.31〉

❶ • 刑§57 판결선고 전날까지만, 판결선고일은 형소법에서

제483조【몰수물의 처분】

몰수물은 검사가 처분하여야 한다.

제484조【몰수물의 교부】

① 몰수를 집행한 후 3월 이내에 그 몰수물에 대하여 정당한 권리 있는 자가 몰수물의 교부를 청구한 때에는 검사는 파괴 또는 폐기할 것이 아니면 이를 교부하여야 한다.

② 몰수물을 처분한 후 전항의 청구가 있는 경우에는 검사는 공매에 의하여 취득한 대가를 교부하여야 한다.

제485조【위조 등의 표시】

①[1] 위조 또는 변조한 물건을 환부하는 경우에는 그 물건의 전부 또는 일부에 위조나 변조인 것을 표시하여야 한다.

[1] • 법원의 몰수선고가 있은 후 검사 환부○

② 위조 또는 변조한 물건이 압수되지 아니한 경우에는 그 물건을 제출하게 하여 전항의 처분을 하여야 한다. 단, 그 물건이 공무소에 속한 것인 때에는 위조나 변조의 사유를 공무소에 통지하여 적당한 처분을 하게 하여야 한다.

제486조【환부불능과 공고】

① 압수물의 환부를 받을 자의 소재가 불명하거나 기타 사유로 인하여 환부를 할 수 없는 경우에는 검사는 그 사유를 관보에 공고하여야 한다.

②[2] 공고한 후 3월 이내에 환부의 청구가 없는 때에는 그 물건은 국고에 귀속한다.

[2] • 법원의 몰수선고 없더라도 국고 귀속되는 경우

③ 전항의 기간 내에도 가치 없는 물건은 폐기할 수 있고 보관하기 어려운 물건은 공매하여 그 대가를 보관할 수 있다.

〈개정 2007.6.1〉

제487조【소송비용의 집행면제의 신청】

소송비용부담의 재판을 받은 자가 빈곤으로 인하여 이를 완납할
불이익변경금지의적용×
수 없는 때에는 그 재판의 확정 후 10일[3] 이내에 재판을 선고한

[3] • 경과 후 집행 (확정 후 즉시집행 不可)

법원에 소송비용의 전부 또는 일부에 대한 재판의 집행면제를 신청할 수 있다.

구별

제488조【의의신청】

형의 선고를 받은 자는 집행에 관하여 재판의 해석에 대한 의의가 있는 때에는 재판을 선고한 법원에 의의신청을 할 수 있다.

제489조【이의신청】

재판의 집행을 받은 자 또는 그 법정대리인이나 배우자는 집행에 관한 검사의 처분이 부당함을 이유로 재판을 선고한 법원에 이의신청을 할 수 있다.

집행종료 후 이의신청 : 실익×

제490조【신청의 취하】

① 전3조의 신청은 법원의 결정이 있을 때까지 취하할 수 있다.

② 제344조의 규정은 전3조의 신청과 그 취하에 준용한다.

제491조【즉시항고】

① 제487조 내지 제489조의 신청이 있는 때에는 법원은 결정을 하여야 한다.

② 전항의 결정에 대하여는 즉시항고를 할 수 있다.

제492조【노역장유치의 집행】

벌금 또는 과료를 완납하지 못한 자에 대한 노역장유치의 집행에는 형의 집행에 관한 규정을 준용[1]한다.

18세 미만자에게는 ×

제493조【집행비용의 부담】

제477조 제1항의 재판집행비용은 집행을 받은 자의 부담으로 하고 「민사집행법」의 규정에 준하여 집행과 동시에 징수하여야 한다. 〈개정 2007.6.1〉

[1] • 제459조(재판의 확정과 집행), 제460조(집행지휘) 등

부칙

제1조(시행일) 이 법은 공포한 날부터 시행한다.

제2조(공소시효가 완성한 것으로 간주하기 위한 기간의 정지에 관한 적용례) 제253조제4항의 개정규정은 이 법 시행 전에 공소가 제기된 범죄로서 이 법 시행 당시 공소시효가 완성한 것으로 간주되지 아니한 경우에도 적용한다. 이 경우 해당 개정규정에 따라 정지되는 기간에는 이 법 시행 전에 피고인이 형사처분을 목적으로 국외에 있던 기간을 포함한다.

PART 05

형사법전

高기능성 법전 시리즈

형사소송법 관련 부속법령

1. 형사소송규칙
2. 소송촉진 등에 관한 특례법
3. 소송촉진 등에 관한 특례규칙
4. 국민의 형사재판 참여에 관한 법률
5. 검찰청법
6. 경찰관직무집행법
7. 검사와 사법경찰관의 상호협력과 일반적 수사준칙에 관한 규정

PART 05

형사소송법 관련 부속법령

1. 형사소송규칙

[시행 2022.1.1.] [대법원규칙 제3016호, 2021.12.31., 일부개정]

제1편 총 칙

제1조【목 적】 이 규칙은 「형사소송법」(다음부터 "법"이라 한다)이 대법원규칙에 위임한 사항, 그 밖에 형사소송절차에 관하여 필요한 사항을 규정함을 목적으로 한다.

[전문개정 2007.10.29.]

제1장 법원의 관할

제2조【토지관할의 병합심리 신청 등】 ① 법 제6조의 규정에 의한 신청을 함에는 그 사유를 기재한 신청서를 공통되는 직근 상급법원에 제출하여야 한다.

② 검사의 신청서에는 피고인의 수에 상응한 부본을, 피고인의 신청서에는 부본 1통을 각 첨부하여야 한다.

③ 법 제6조의 신청을 받은 법원은 지체 없이 각 사건계속법원에 그 취지를 통지하고 제2항의 신청서 부본을 신청인의 상대방에게 송달하여야 한다.

④ 사건계속법원과 신청인의 상대방은 제3항의 송달을 받은 날로부터 3일 이내에 의견서를 제1항의 법원에 제출할 수 있다.

- 선착수의 원칙 : 동일사건이 사물관할을 같이 하는 수개의 법원에 계속된 때에는 먼저 공소를 받은 법원이 심판한다.

제3조【토지관할의 병합심리절차】 ① 법 제6조의 신청을 받은 법원이 신청을 이유 있다고 인정한 때에는 관련사건을 병합심리할 법원을 지정하여 그 법원으로 하여금 병합심리하게 하는 취지의 결정을, 이유 없다고 인정한 때에는 신청을 기각하는 취지의 결정을 각하고, 그 결정등본을 신청인과 그 상대방에게 송달하고 사건계속법원에 송부하여야 한다.

② 제1항의 결정에 의하여 병합심리하게 된 법원 이외의 법원은 그 결정등본을 송부받은 날로부터 7일 이내에 소송기록과 증거물을 병합심리하게 된 법원에 송부하여야 한다.

제4조【사물관할의 병합심리】 ① 법 제10조의 규정은 법원합의부와 단독판사에 계속된 각 사건이 토지관할을 달리하는 경우에도 이를 적용한다.

② 단독판사는 그가 심리 중인 사건과 관련된 사건이

합의부에 계속된 사실을 알게 된 때에는 즉시 합의부의 재판장에게 그 사실을 통지하여야 한다.

③ 합의부가 법 제10조의 규정에 의한 병합심리 결정을 한 때에는 즉시 그 결정등본을 단독판사에게 송부하여야 하고, 단독판사는 그 결정등본을 송부받은 날로부터 5일 이내에 소송기록과 증거물을 합의부에 송부하여야 한다.

제4조의2【항소사건의 병합심리】 ① 사물관할을 달리하는 수개의 관련항소사건이 각각 고등법원과 지방법원본원합의부에 계속된 때에는 고등법원은 결정으로 지방법원본원합의부에 계속한 사건을 병합하여 심리할 수 있다. 수개의 관련항소사건이 토지관할을 달리하는 경우에도 같다.

② 지방법원본원합의부의 재판장은 그 부에서 심리 중인 항소사건과 관련된 사건이 고등법원에 계속된 사실을 알게 된 때에는 즉시 고등법원의 재판장에게 그 사실을 통지하여야 한다.

③ 고등법원이 제1항의 규정에 의한 병합심리결정을 한 때에는 즉시 그 결정등본을 지방법원본원합의부에 송부하여야 하고, 지방법원본원합의부는 그 결정등본을 송부받은 날로부터 5일 이내에 소송기록과 증거물을 고등법원에 송부하여야 한다.

- 관할의 지정–1심법원에 공통되는 직상급법원에 제출
- 관할의 이전–직근상급 법원에 제출

제5조【관할지정 또는 관할이전의 신청 등】 ① 법 제16조 제1항의 규정에 의하여, 검사가 관할지정 또는 관할이전의 신청서를 제출할 때에는 피고인 또는 피의자의 수에 상응한 부본을, 피고인이 관할이전의 신청서를 제출할 때에는 부본 1통을 각 첨부하여야 한다.

신청은 공소제기 전후를 불문한다.

② 제1항의 신청서를 제출받은 법원은 지체 없이 검사의 신청서 부본을 피고인 또는 피의자에게 송달하여야 하고, 피고인의 신청서 부본을 검사에게 송달함과 함께 공소를 접수한 법원에 그 취지를 통지하여야 한다.

③ 검사, 피고인 또는 피의자는 제2항의 신청서 부본을 송부받은 날로부터 3일 이내에 의견서를 제2항의 법원에 제출할 수 있다.

제6조【관할지정 또는 관할이전의 결정에 의한 처리 절차】

① 공소제기 전의 사건에 관하여 관할지정 또는 관할이전의 결정을 한 경우 결정을 한 법원은 결정등본을 검사와 피의자에게 각 송부하여야 하며, 검사가 그 사건에 관하여 공소를 제기할 때에는 공소장에 그 결정등본을 첨부하여야 한다.

② 공소가 제기된 사건에 관하여 관할지정 또는 관할이전의 결정을 한 경우 결정을 한 법원은 결정등본을 검사와 피고인 및 사건계속법원에 각 송부하여야 한다.

③ 제2항의 경우 사건계속법원은 지체 없이 소송기록과 증거물을 제2항의 결정등본과 함께 그 지정 또는 이전된 법원에 송부하여야 한다. 다만, 사건계속법원이 관할법원으로 지정된 경우에는 그러하지 아니하다.

제7조【소송절차의 정지】 법원은 그 계속 중인 사건에 관하여 토지관할의 병합심리신청, 관할지정신청 또는 관할이전신청이 제기된 경우에는 그 신청에 대한 결정이 있기까지 소송절차를 정지하여야 한다. 다만, 급속을 요하는 경우에는 그러하지 아니하다.

제8조【소송기록 등의 송부방법 등】 ① 제3조 제2항, 제4조 제3항, 제4조의2 제3항 또는 제6조 제3항의 각 규정에 의하여 또는 법 제8조의 규정에 의한 이송결정에 의하여 소송기록과 증거물을 다른 법원으로 송부할 때에는 이를 송부받을 법원으로 직접 송부한다.

② 제1항의 송부를 한 법원 및 송부를 받은 법원은 각각 그 법원에 대응하는 검찰청 검사 또는 고위공직자범죄수사처에 소속된 검사(이하 "수사처검사"라고 한다)에게 그 사실을 통지하여야 한다. 〈개정 2021.1.29〉

제2장 법원직원의 기피

제9조【기피신청의 방식 등】 ① 법 제18조의 규정에 의한 기피신청을 함에 있어서는 기피의 원인되는 사실을 구체적으로 명시하여야 한다.

② 제1항에 위배된 기피신청의 처리는 법 제20조 제1항의 규정에 의한다.

• 간이기각결정, 기피신청의 간이기각결정사유
• 체포구속적부심사의 경우에도 기능
① 소송지연을 목적으로 함이 명백
② 신청방식 위배
③ 기피시유 3일 이니 소명×
• 간이기각결정사유
cf) 기피신청의 간이기각결정에 대한 불복방법과 다르게 이 경우에 대해서는 항고×
① 청구권자가 아닌 자가 청구
② 동일한 체포영장 또는 구속영장의 발부에 대한 재청구
③ 수사방해의 목적임이 명백
• 불복하기 위한 즉시항고가능 but 즉시항고하면 집행의 정지효가 발생하지만 이 경우에는 예외로 정지효는 인정되지 않는다.
cf) 불출석 증인에 대한 과태료 감치 처분에 대한 즉시항고도 정지되지 않는다.
① 소송지연을 목적으로 함이 명백 ② 신청방식 위배
③ 기피사유 3일 이내 소명×

제3장 소송행위의 대리와 보조

제10조【피의자의 특별대리인 선임청구사건의 관할】 법 제28조 제1항 후단의 규정에 의한 피의자의 특별대리인 선임청구는 그 피의사건을 수사 중인 검사 또는 사법경찰관이 소속된 관서의 소재지를 관할하는 지방법원에 이를 하여야 한다.

• 일정한 신분관계에 기한 정의에 의하여 피고인 또는 피의자의 이익을 보호하는 보조자

제11조【보조인의 신고】 ① 법 제29조 제2항에 따른 보조인의 신고는 보조인이 되고자 하는 자와 피고인 또는 피의자 사이의 신분관계를 소명하는 서면을 첨부하여 이를 하여야 한다.

〈개정 2007.10.29.〉

• 형소법상 소명해야 되는 경우
① 기피신청 ② 증거보전청구
③ 수사절차상 증인신문청구
④ 정식재판청구권 회복
⑤ 증언거부사유 ⑥ 상소권회복청구

② 공소제기 전의 보조인 신고는 제1심에도 그 효력이 있다.

제4장 변 호

제12조【법정대리인 등의 변호인 선임】 법 제30조 제2항에 규정한 자가 변호인을 선임하는 때에는 그 자와 피고인 또는 피의자와의 신분관계를 소명하는 서면을 법 제32조 제1항의 서면에 첨부하여 제출하여야 한다.

제13조【사건이 병합되었을 경우의 변호인 선임의 효력】 하나의 사건에 관하여 한 변호인 선임은 동일법원의 동일피고인에 대하여 병합된 다른 사건에 관하여도 그 효력이 있다. 다만, 피고인 또는 변호인이 이와 다른 의사표시를 한 때에는 그러하지 아니하다.

제13조의2【대표변호인 지정 등의 신청】 대표변호인의 지정, 지정의 철회 또는 변경의 신청은 그 사유를 기재한 서면으로 한다. 다만, 공판기일에서는 구술로 할 수 있다.

• 대표변호인은 3인까지 지정가능
cf) 서면 또는 구두로 할 수 있는것(병행주의)
① 변론분리와 병합신청 ② 증거조사 이의신청
③ 재판장처분에 대한 이의신청 ④ 정식재판청구 취하
⑤ 고소 · 고발 및 취소 ⑥ 기피신청
⑦ 공소취소 ⑧ 상소포기 · 취하
⑨ 증거신청 ⑩ 증거동의 ⑪ 공소장 변경신청

제13조의3【대표변호인의 지정 등의 통지】 대표변호인의 지정, 지정의 철회 또는 변경은 피고인 또는 피의자의 신청에 의한 때에는 검사 및 대표변호인에게, 변호인의 신청에 의하거나 직권에 의한 때에는 피고인 또는 피의자 및 검사에게 이를 통지하여야 한다.

〈개정 2007.10.29.〉

제13조의4【기소 전 대표변호인 지정의 효력】 법 제32조의2 제5항에 의한 대표변호인의 지정은 기소 후에도 그 효력이 있다.

검사가 지정

제13조의5【준용규정】 제13조의 규정은 대표변호인의 경우에 이를 준용한다.

제14조【국선변호인의 자격】 ① 국선변호인은 법원의 관할구역 안에 사무소를 둔 변호사, 그 관할구역 안에서 근무하는 공익법무관에 관한 법률에 의한 공익법무관(법무부와 그 소속기관 및 각급 검찰청에서 근무하는 공익법무관을 제외한다. 이하 "공익법무관"이라 한다) 또는 그 관할구역 안에서 수습 중인 사법연수생 중에서 이를 선정한다.

• 제18조 제1항의 국선변호인 필요적 취소사유 중 제2호의 자격상실규정에 해당하는 자격

② 제1항의 변호사, 공익법무관 또는 사법연수생이 없거나 기타 부득이한 때에는 인접한 법원의 관할구역 안에 사무소를 둔 변호사, 그 관할구역 안에서 근무하는 공익법무관 또는 그 관할구역 안에서 수습 중인 사법연수생 중에서 이를 선정할 수 있다.

③ 제1항 및 제2항의 변호사, 공익법무관 또는 사법연수생이 없거나 기타 부득이한 때에는 법원의 관할구역 안에서 거주하는 변호사 아닌 자 중에서 이를 선정할 수 있다.

• 판례는 법원사무관을 국선변호인으로 선정하였다고 해도 위법한 것은 아니라고 판시하고 있다(특별변호인). 단, 상고심은 허용×(∵ 법률심)

제15조【변호인의 수】 ① 국선변호인은 피고인 또는 피의자마다 1인을 선정한다. 다만, 사건의 특수성에 비추어 필요하다고 인정할 때에는 1인의 피고인 또는 피의자에게 수인의 국선변호인을 선정할 수 있다.

② 피고인 또는 피의자 수인 간에 이해가 상반되지 아니할 때에는 그 수인의 피고인 또는 피의자를 위하여 동일한 국선변호인을 선정할 수 있다.

제15조의2【국선전담변호사】 법원은 기간을 정하여 법원의 관할구역 안에 사무소를 둔 변호사(그 관할구역 안에 사무소를 둘 예정인 변호사를 포함한다) 중에서 국선변호를 전담하는 변호사를 지정할 수 있다.

• ①항 정리 : 피의자 신분에서 변호인이 없을 경우 국선변호인선정해야 하는 절차
① 구속영장실질심사 ② 체포 · 구속 적부심사

제16조【공소가 제기되기 전의 국선변호인 선정】 ① 법 제201조의2에 따라 심문할 피의자에게 변호인이 없거나 법 제214조의2에 따라 체포 또는 구속의 적부심사가 청구된 피의자에게 변호인이 없는 때에는 법원 또는 지방법원 판사는 지체 없이 국선변호인을 선정하고, 피의자와 변호인에게 그 뜻을 고지하여야 한다.
〈개정 2007.10.29.〉

• 피의자에게 국선변호인이 선정되면 그 국선변호인은 1심까지 효력이 있다.
• 구속전 피의자 심문(사전적 구제제도이며 필요적 심문) = 구속영장실질심사(체포영장의 경우 서면으로 형식심사만 하기 때문에 영장실질심사는 하지 않는다)

② 제1항의 경우 국선변호인에게 피의사실의 요지 및 피의자의 연락처 등을 함께 고지할 수 있다.
〈개정 2007.10.29.〉

• 서면 또는 구두로도 할 수 있다 (어떻게든 고지는 해야 됨).

③ 제1항의 고지는 서면 이외에 구술 · 전화 · 모사전송 · 전자우편 · 휴대전화 문자전송 그 밖에 적당한 방법으로 할 수 있다.

④ 구속영장이 청구된 후 또는 체포 · 구속의 적부심사를 청구한 후에 변호인이 없게 된 때에도 제1항 및 제2항의 규정을 준용한다.

[제목개정 2007.10.29.]

제16조의2【국선변호인 예정자명부의 작성】 ① 지방법원 또는 지원은 국선변호를 담당할 것으로 예정한 변호사, 공익법무관, 사법연수생 등을 일괄 등재한 국선변호인 예정자명부(이하 '명부'라고 한다)를 작성할 수 있다. 이 경우 국선변호 업무의 내용 및 국선변호 예정일자를 미리 지정할 수 있다.

② 지방법원 또는 지원의 장은 제1항의 명부작성에 관하여 관할구역 또는 인접한 법원의 관할구역 안에 있는 지방변호사회장에게 협조를 요청할 수 있다.

③ 지방법원 또는 지원은 제1항의 명부를 작성한 후 지체 없이 국선변호인 예정자에게 명부의 내용을 고지하여야 한다. 이 경우 제16조 제3항의 규정을 적용한다.

④ 제1항의 명부에 기재된 국선변호인 예정자는 제3항의 고지를 받은 후 3일 이내에 명부의 변경을 요청할 수 있다.

⑤ 제1항의 명부가 작성된 경우 법원 또는 지방법원

판사는 특별한 사정이 없는 한 명부의 기재에 따라 국선변호인을 선정하여야 한다.

제17조【공소제기의 경우 국선변호인의 선정 등】

① 재판장은 공소제기가 있는 때에는 변호인 없는 피고인에게 다음 각 호의 취지를 고지한다. • 고지의무

1. 법 제33조 제1항 제1호 내지 제6호의 어느 하나에 해당하는 때에는 변호인 없이 개정할 수 없는 취지와 피고인 스스로 변호인을 선임하지 아니할 경우에는 법원이 국선변호인을 선정하게 된다는 취지
2. 법 제33조 제2항에 해당하는 때에는 법원에 대하여 국선변호인의 선정을 청구할 수 있다는 취지 (빈곤 그 밖의 기타사유)
3. 법 제33조 제3항에 해당하는 때에는 법원에 대하여 국선변호인의 선정을 희망하지 아니한다는 의사를 표시할 수 있다는 취지

• cf) 공소제기 전의 국선변호인 선정과의 차이점 (서면 이외에도 구술 등의 방법이 있다)

② 제1항의 고지는 서면으로 하여야 한다.

③ 법원은 제1항의 고지를 받은 피고인이 변호인을 선임하지 아니한 때 및 법 제33조 제2항의 규정에 의하여 국선변호인 선정청구가 있거나 같은 조 제3항에 의하여 국선변호인을 선정하여야 할 때에는 지체 없이 국선변호인을 선정하고, 피고인 및 변호인에게 그 뜻을 고지하여야 한다.

④ 공소제기가 있은 후 변호인이 없게 된 때에도 제1항 내지 제3항의 규정을 준용한다.

제17조의2【국선변호인 선정청구 사유의 소명】 법 제33조 제2항에 의하여 국선변호인 선정을 청구하는 경우 피고인은 소명자료를 제출하여야 한다. 다만, 기록에 의하여 그 사유가 소명되었다고 인정될 때에는 그러하지 아니하다.

제18조【선정취소】 ① 법원 또는 지방법원 판사는 다음 각 호의 어느 하나에 해당하는 때에는 국선변호인의 선정을 취소하여야 한다. (필요적 취소 사유규정)

1. 피고인 또는 피의자에게 변호인이 선임된 때
2. 국선변호인이 제14조 제1항 및 제2항에 규정한 자격을 상실한 때
3. 법원 또는 지방법원 판사가 제20조의 규정에 의하여 국선변호인의 사임을 허가한 때

② 법원 또는 지방법원 판사는 다음 각 호의 어느 하나에 해당하는 때에는 국선변호인의 선정을 취소할 수 있다. (임의적 취소사유규정)

1. 국선변호인이 그 직무를 성실하게 수행하지 아니하는 때
2. 피고인 또는 피의자의 국선변호인 변경 신청이 상당하다고 인정하는 때
3. 그 밖에 국선변호인의 선정결정을 취소할 상당한 이유가 있는 때

③ 법원이 국선변호인의 선정을 취소한 때에는 지체 없이 그 뜻을 해당되는 국선변호인과 피고인 또는 피의자에게 통지하여야 한다.

• 국선변호인이 법정에 불출석하는 경우

제19조【법정에서의 선정 등】 ① 제16조 제1항 또는 법 제283조의 규정에 의하여 국선변호인을 선정할 경우에 이미 선임된 변호인 또는 선정된 국선변호인이 출석하지 아니하거나 퇴정한 경우에 부득이한 때에는 피고인 또는 피의자의 의견을 들어 재정 중인 변호사 등 제14조에 규정된 사람을 국선변호인으로 선정할 수 있다.

② 제1항의 경우에는 이미 선정되었던 국선변호인에 대하여 그 선정을 취소할 수 있다.

③ 국선변호인이 공판기일 또는 피의자 심문기일에 출석할 수 없는 사유가 발생한 때에는 지체 없이 법원 또는 지방법원 판사에게 그 사유를 소명하여 통지하여야 한다.

제20조【사 임】 국선변호인은 다음 각 호의 어느 하나에

해당하는 경우에는 법원 또는 지방법원 판사의 허가를 얻어 사임할 수 있다.

• 변호인선임 법적성질에 관한 재판소의 논거 → 재판설을 취하고 있다.

1. 질병 또는 장기여행으로 인하여 국선변호인의 직무를 수행하기 곤란할 때
2. 피고인 또는 피의자로부터 폭행, 협박 또는 모욕을 당하여 신뢰관계를 지속할 수 없을 때
3. 피고인 또는 피의자로부터 부정한 행위를 할 것을 종용받았을 때
4. 그 밖에 국선변호인으로서의 직무를 수행하는 것이 어렵다고 인정할 만한 상당한 사유가 있을 때

제21조【감 독】 법원은 국선변호인이 그 임무를 해태하여 국선변호인으로서의 불성실한 사적이 현저하다고 인정할 때에는 그 사유를 대한변호사협회장 또는 소속 지방변호사회장에게 통고할 수 있다.

제22조 삭제

제23조 삭제 〈2007.10.29.〉

제5장 재 판

제24조【결정, 명령을 위한 사실조사】 ① 결정 또는 명령을 함에 있어 법 제37조 제3항의 규정에 의하여 사실을 조사하는 때 필요한 경우에는 법 및 이 규칙의 정하는 바에 따라 증인을 신문하거나 감정을 명할 수 있다.

② 제1항의 경우에는 검사, 피고인, 피의자 또는 변호인을 참여하게 할 수 있다.

제25조【재판서의 경정】 ① 재판서에 잘못된 계산이나 기재, 그 밖에 이와 비슷한 잘못이 있음이 분명한 때에는 법원은 직권으로 또는 당사자의 신청에 따라 경정결정(更正決定)을 할 수 있다.

〈개정 2007.10.29.〉

② 경정결정은 재판서의 원본과 등본에 덧붙여 적어야 한다. 다만, 등본에 덧붙여 적을 수 없을 때에는 경정결정의 등본을 작성하여 재판서의 등본을 송달받은 자에게 송달하여야 한다.

• cf) 상소에 있어서 경정결정은 항고에 대해서만 인정한다. 항소는 이유를 판단하지 않기 때문에

〈개정 2007.10.29.〉

③ 경정결정에 대하여는 즉시 항고를 할 수 있다. 다만, 재판에 대하여 적법한 상소가 있는 때에는 그러하지 아니하다.

→ • 판례) 대결 1981.5.14, 81모8 재판은 선고 · 고지에 의하여 효력이 발생하는 것이지 재판서에 의하여 효력이 발생하는 것은 아니므로 선고 · 고지된 내용에 따라 효력이 발생한다. 따라서 공판정에서 선고한 형과 판결서에 기재된 형이 다른 경우에는 공판정에서 선고한 형을 집행해야 한다.

제25조의2【기명날인할 수 없는 재판서】 법 제41조 제3항에 따라 서명날인에 갈음하여 기명날인할 수 없는 재판서는 판결과 각종 영장(감정유치장 및 감정처분허가장을 포함한다)을 말한다.

[본조신설 2007.10.29.]

제26조【재판서의 등, 초본 청구권자의 범위】 ① 법 제45조에 규정한 기타의 소송관계인이라 함은 검사, 변호인, 보조인, 법인인 피고인의 대표자, 법 제28조의 규정에 의한 특별대리인, 법 제340조 및 제341조 제1항의 규정에 의한 상소권자를 말한다.

② 고소인, 고발인 또는 피해자는 비용을 납입하고 재판서 또는 재판을 기재한 조서의 등본 또는 초본의 교부를 청구할 수 있다. 다만, 그 청구하는 사유를 소명하여야 한다.

제27조【소송에 관한 사항의 증명서의 청구】 피고인과 제26조 제1항에 규정한 소송관계인 및 고소인, 고발인 또는 피해자는 소송에 관한 사항의 증명서의 교부를 청구할 수 있다. 다만, 고소인, 고발인 또는 피해자의 청구에 관하여는 제26조 제2항 단서의 규정을 준용한다.

제28조【등, 초본 등의 작성방법】 법 제45조에 규정한 등본, 초본(제26조 제2항에 규정한 등본, 초본을 포함한

다) 또는 제27조에 규정한 증명서를 작성함에 있어서는 담당 법원서기관, 법원사무관, 법원주사, 법원주사보(이하 "법원사무관 등"이라 한다)가 등본, 초본 또는 소송에 관한 사항의 증명서라는 취지를 기재하고 기명날인하여야 한다.

• 단, 부득이한 경우에는 등본에 의하여 작성할 수 있다. (법률에 규정된 부득이한 경우란 원본이 멸실된 경우 등을 의미)

제6장 서 류

제29조【조서에의 인용】 ① 조서에는 서면, 사진, 속기록, 녹음물, 영상녹화물, 녹취서 등 법원이 적당하다고 인정한 것을 인용하고 소송기록에 첨부하거나 전자적 형태로 보관하여 조서의 일부로 할 수 있다. 〈개정 2014.12.30.〉

② 제1항에 따라 속기록, 녹음물, 영상녹화물, 녹취서를 조서의 일부로 한 경우라도 재판장은 법원사무관 등으로 하여금 피고인, 증인, 그 밖의 소송관계인의 진술 중 중요한 사항을 요약하여 조서의 일부로 기재하게 할 수 있다. 〈신설 2014.12.30.〉

[전문개정 2012.5.29.]

제29조의2【변경청구나 이의제기가 있는 경우의 처리】 공판조서의 기재에 대하여 법 제54조 제3항에 따른 변경청구나 이의제기가 있는 경우, 법원사무관 등은 신청의 연월일 및 그 요지와 그에 대한 재판장의 의견을 기재하여 조서를 작성한 후 당해 공판조서 뒤에 이를 첨부하여야 한다. [본조신설 2007.10.29.]

제30조【공판조서의 낭독 등】 법 제55조 제2항에 따른 피고인의 낭독청구가 있는 때에는 재판장의 명에 의하여 법원사무관 등이 낭독하거나 녹음물 또는 영상녹화물을 재생한다.

[전문개정 2012.5.29.]

제30조의2【속기 등의 신청】 ① 속기, 녹음 또는 영상녹화(녹음이 포함된 것을 말한다. 다음부터 같다)의 신청은 공판기일 · 공판준비기일을 열기 전까지 하여야 한다. 〈개정 2014.12.30.〉

② 피고인, 변호인 또는 검사의 신청이 있음에도 불구하고 특별한 사정이 있는 때에는 속기, 녹음 또는 영상녹화를 하지 아니하거나 신청하는 것과 다른 방법으로 속기, 녹음 또는 영상녹화를 할 수 있다. 다만, 이 경우 재판장은 공판기일에 그 취지를 고지하여야 한다.

[전문개정 2007.10.29.]

제31조 삭제 〈2007.10.29.〉

제32조 삭제 〈2007.10.29.〉

제33조【속기록에 대한 조치】 속기를 하게 한 경우에 재판장은 법원사무관 등으로 하여금 속기록의 전부 또는 일부를 조서에 인용하고 소송기록에 첨부하여 조서의 일부로 하게 할 수 있다.

[전문개정 2007.10.29.]

제34조【진술자에 대한 확인 등】 속기를 하게 한 경우 법 제48조 제3항 또는 법 제52조 단서에 따른 절차의 이행은 법원사무관 등 또는 법원에 소속되어 있거나 법원이 선정한 속기능력소지자(다음부터 "속기사 등"이라고 한다)로 하여금 속기록의 내용을 읽어주게 하거나 진술자에게 속기록을 열람하도록 하는 방법에 의한다. [전문개정 2007.10.29.]

제35조 삭제 〈2007.10.29.〉

제36조 삭제 〈2007.10.29.〉

제37조 삭제 〈2007.10.29.〉

제38조【녹취서의 작성등】 ① 재판장은 필요하다고 인정하는 때에는 법원사무관 등 또는 속기사 등에게 녹

음 또는 영상녹화된 내용의 전부 또는 일부를 녹취할 것을 명할 수 있다.

〈개정 2007.10.29.〉

② 재판장은 법원사무관 등으로 하여금 제1항에 따라 작성된 녹취서의 전부 또는 일부를 조서에 인용하고 소송기록에 첨부하여 조서의 일부로 하게 할 수 있다.

〈개정 2007.10.29.〉

제38조의2【속기록, 녹음물 또는 영상녹화물의 사본교부】 ① 재판장은 법 제56조의2 제3항에도 불구하고 피해자 또는 그 밖의 소송관계인의 사생활에 관한 비밀 보호 또는 신변에 대한 위해 방지 등을 위하여 특히 필요하다고 인정하는 경우에는 속기록, 녹음물 또는 영상녹화물의 사본의 교부를 불허하거나 그 범위를 제한할 수 있다.

검사 · 피고인 또는 변호인의 사본 청구

〈개정 2014.12.30.〉

② 법 제56조의2 제3항에 따라 속기록, 녹음물 또는 영상녹화물의 사본을 교부받은 사람은 그 사본을 당해 사건 또는 관련 소송의 수행과 관계 없는 용도로 사용하여서는 아니 된다.

[본조신설 2007.10.29.]

제39조【속기록 등의 보관과 폐기】 속기록, 녹음물, 영상녹화물 또는 녹취서는 전자적 형태로 이를 보관할 수 있으며, 재판이 확정되면 폐기한다. 다만 속기록, 녹음물, 영상녹화물 또는 녹취서가 조서의 일부가 된 경우에는 그러하지 아니하다.

〈개정 2012.5.29.〉

[전문개정 2007.10.29.]

공판조서와 별도로 보관

제40조 삭제 〈2007.10.29.〉

제40조의2 [종전 제40조의2는 제40조로 이동]

제41조【서명의 특칙】 공무원이 아닌 자가 서명날인을 하여야 할 경우에 서명을 할 수 없으면 타인이 대서한다. 이 경우에는 대서한 자가 그 사유를 기재하고 기명날인 또는 서명하여야 한다. 〈개정 2007.10.29〉

[제목개정 2007.10.29.]

제7장 송 달

제42조【법 제60조에 의한 법원소재지의 범위】 법 제60조 제1항에 규정한 법원소재지는 당해 법원이 위치한 특별시, 광역시, 시 또는 군(다만, 광역시 내의 군은 제외)으로 한다.

• 최초의 공시송달 : 2주일
• 제2회 이후 공시송달 : 5일 경과

제43조【공시송달을 명하는 재판】 법원은 공시송달의 사유가 있다고 인정한 때에는 직권으로 결정에 의하여 공시송달을 명한다.

• ① 피고인의 주거와 사무소 현재지를 알 수 없을 때
② 재판권이 미치지 아니하는 장소에 있는 경우
• 최초의 공시송달 : 2주일, 제2회 이후 공시송달 : 5일 경과

제8장 기 간

• 법원 · 검사에 대한 행위기간만 가능함
예 ① 즉시항고의 제출기간 ② 상고기간
③ 항소이유서와 상고이유서 제출기간

제44조【법정기간의 연장】 ① 소송행위를 할 자가 국내에 있는 경우 주거 또는 사무소의 소재지와 법원 또는 검찰청 또는 고위공직자범죄수사처(이하 "수사처"라고 한다) 소재지와의 거리에 따라 해로는 100킬로미터, 육로는 200킬로미터마다 각 1일을 부가한다. 그 거리의 전부 또는 잔여가 기준에 미달할지라도 50킬로미터 이상이면 1일을 부가한다. 다만, 법원은 홍수, 천재지변 등 불가피한 사정이 있거나 교통통신의 불편정도를 고려하여 법정기간을 연장함이 상당하다고 인정하는 때에는 이를 연장할 수 있다. 〈개정 2021.1.29.〉

• cf) 불행위기간 : 일정한 기간 내에는 소송행위를 할 수 없는 기간
예 제1회 공판기일 유예기간 → 5일

② 소송행위를 할 자가 외국에 있는 경우의 법정기간에는 그 거주국의 위치에 따라 다음 각 호의 기간을 부가한다.

1. 아시아주 및 오세아니아주 : 15일
2. 북아메리카주 및 유럽주 : 20일
3. 중남아메리카주 및 아프리카주 : 30일

제9장 피고인의 소환, 구속

제45조【소환의 유예기간】 피고인에 대한 소환장은 법 제269조의 경우를 제외하고는 늦어도 출석할 일시 12시간 이전에 송달하여야 한다. 다만, 피고인이 이의를 하지 아니하는 때에는 그러하지 아니하다.

제45조의2【비디오 등 중계장치에 의한 구속사유 고지】
① 법 제72조의2 제2항에 따른 절차를 위한 기일의 통지는 서면 이외에 전화 · 모사전송 · 전자우편 · 휴대전화 문자전송 그 밖에 적당한 방법으로 할 수 있다. 이 경우 통지의 증명은 그 취지를 조서에 기재함으로써 할 수 있다.

법원의 피고인 구속시 사전청문

영장사전청문절차 신설

② 법 제72조의2 제2항에 따른 절차 진행에 관하여는 제123조의13 제1항 내지 제4항과 제6항 내지 제8항을 준용한다.

[본조신설 2021.10.29.]

제46조【구속영장의 기재사항】 구속영장에는 법 제75조에 규정한 사항 외에 피고인의 주민등록번호(외국인인 경우에는 외국인등록번호, 위 번호들이 없거나 이를 알 수 없는 경우에는 생년월일 및 성별, 다음부터 '주민등록번호 등'이라 한다) · 직업 및 법 제70조 제1항 각 호에 규정한 구속의 사유를 기재하여야 한다.
〈개정 2007.10.29.〉

제47조【수탁판사 또는 재판장 등의 구속영장 등의 기재요건】 수탁판사가 법 제77조 제3항의 규정에 의하여 구속영장을 발부하는 때나 재판장 또는 합의부원이 법 제80조의 규정에 의하여 소환장 또는 구속영장을 발부하는 때에는 그 취지를 소환장 또는 구속영장에 기재하여야 한다.

• 피고인의 구속영장 발부
cf) 피의자의 경우에는 수임판사가 발부

제48조【검사에 대한 구속영장의 송부】 검사의 지휘에 의하여 구속영장을 집행하는 경우에는 구속영장을 발부한 법원이 그 원본을 검사에게 송부하여야 한다.

제49조【구속영장집행 후의 조치】 ① 구속영장집행사무를 담당한 자가 구속영장을 집행한 때에는 구속영장에 집행일시와 장소를, 집행할 수 없었을 때에는 그 사유를 각 기재하고 기명날인하여야 한다.
② 구속영장의 집행에 관한 서류는 집행을 지휘한 검사 또는 수탁판사를 경유하여 구속영장을 발부한 법원에 이를 제출하여야 한다.
③ 삭제 〈2007.10.29.〉

• 인치 후 구금의 필요성이 없으면 24시간 이내에 석방

제49조의2【구인을 위한 구속영장 집행 후의 조치】 구인을 위한 구속영장의 집행에 관한 서류를 제출받은 법원의 재판장은 법원사무관 등에게 피고인이 인치된 일시를 구속영장에 기재하게 하여야 하고, 법 제71조의2에 따라 피고인을 유치할 경우에는 유치할 장소를 구속영장에 기재하고 서명날인하여야 한다.
[본조신설 2007.10.29.]

제50조【구속영장등본의 교부청구】 ① 피고인, 변호인, 피고인의 법정대리인, 법 제28조에 따른 피고인의 특별대리인, 배우자, 직계친족과 형제자매는 구속영장을 발부한 법원에 구속영장의 등본의 교부를 청구할 수 있다.
〈개정 2007.10.29.〉
② 제1항의 경우에 고소인, 고발인 또는 피해자에 대하여는 제26조 제2항의 규정을 준용한다.

제51조【구속의 통지】 ① 피고인을 구속한 때에 그 변호

인이나 법 제30조 제2항에 규정한 자가 없는 경우에는 피고인이 지정하는 자 1인에게 법 제87조 제1항에 규정한 사항을 통지하여야 한다.

② 구속의 통지는 구속을 한 때로부터 늦어도 24시간 이내에 서면으로 하여야 한다. 제1항에 규정한 자가 없어 통지를 하지 못한 경우에는 그 취지를 기재한 서면을 기록에 철하여야 한다.

③ 급속을 요하는 경우에는 구속되었다는 취지 및 구속의 일시 · 장소를 전화 또는 모사전송기 기타 상당한 방법에 의하여 통지할 수 있다. 다만, 이 경우에도 구속통지는 다시 서면으로 하여야 한다.

제52조【구속과 범죄사실 등의 고지】 법원 또는 법관은 법 제72조 및 법 제88조의 규정에 의한 고지를 할 때에는 법원사무관 등을 참여시켜 조서를 작성하게 하거나 피고인 또는 피의자로 하여금 확인서 기타 서면을 작성하게 하여야 한다.

제53조【보석 등의 청구】 ① 보석청구서 또는 구속 취소 청구서에는 다음 사항을 기재하여야 한다.

1. 사건번호
2. 구속된 피고인의 성명, 주민등록번호 등, 주거
3. 청구의 취지 및 청구의 이유
4. 청구인의 성명 및 구속된 피고인과의 관계

② 보석의 청구를 하거나 검사 아닌 자가 구속취소의 청구를 할 때에는 그 청구서의 부본을 첨부하여야 한다.

③ 법원은 제1항의 보석 또는 구속취소에 관하여 검사의 의견을 물을 때에는 제2항의 부본을 첨부하여야 한다.

• 검사의 의견을 묻는 경우
① 보석 결정 ② 구속취소 결정
③ 구속집행정지 결정
④ 간이공판절차 취소 결정
⑤ 공판절차 정지 결정

[전문개정 2007.10.29.]

제53조의2【진술서 등의 제출】 ① 보석의 청구인은 적합한 보석조건에 관한 의견을 밝히고 이에 관한 소명자료를 낼 수 있다.

② 보석의 청구인은 보석조건을 결정함에 있어 법 제99조 제2항에 따른 이행가능한 조건인지 여부를 판단하기 위하여 필요한 범위 내에서 피고인(피고인이 미성년자인 경우에는 그 법정대리인 등)의 자력 또는 자산 정도에 관한 서면을 제출하여야 한다.

[전문개정 2007.10.29.]

제54조【기록 등의 제출】 ① 검사는 법원으로부터 보석, 구속취소 또는 구속집행정지에 관한 의견요청이 있을 때에는 의견서와 소송서류 및 증거물을 지체 없이 법원에 제출하여야 한다. 이 경우 특별한 사정이 없는 한 의견요청을 받은 날의 다음 날까지 제출하여야 한다.

〈개정 2007.10.29.〉

② 보석에 대한 의견요청을 받은 검사는 보석허가가 상당하지 아니하다는 의견일 때에는 그 사유를 명시하여야 한다.

③ 제2항의 경우 보석허가가 상당하다는 의견일 때에는 보석조건에 대하여 의견을 나타낼 수 있다.

〈개정 2007.10.29.〉

제54조의2【보석의 심리】 ① 보석의 청구를 받은 법원은 지체 없이 심문기일을 정하여 구속된 피고인을 심문하여야 한다. 다만, 다음 각 호의 어느 하나에 해당하는 때에는 그러하지 아니하다.

〈개정 2007.10.29.〉

• 피고인, 피고인의 변호인, 법정대리인, 배우자, 직계친족, 형제자매, 가족, 동거인, 고용주

1. 법 제94조에 규정된 청구권자 이외의 사람이 보석을 청구한 때
2. 동일한 피고인에 대하여 중복하여 보석을 청구하거나 재청구한 때
3. 공판준비 또는 공판기일에 피고인에게 그 이익되는 사실을 진술할 기회를 준 때
4. 이미 제출한 자료만으로 보석을 허가하거나 불허가할 것이 명백한 때

② 제1항의 규정에 의하여 심문기일을 정한 법원은 즉시 검사, 변호인, 보석청구인 및 피고인을 구금하고 있는 관서의 장에게 심문기일과 장소를 통지하여야 하고, 피고인을 구금하고 있는 관서의 장은 위 심문기일에 피고인을 출석시켜야 한다.

③ 제2항의 통지는 서면외에 전화 · 모사전송 · 전자우편 · 휴대전화 문자전송 그 밖에 적당한 방법으로 할 수 있다. 이 경우 통지의 증명은 그 취지를 심문조서에 기재함으로써 할 수 있다.

〈개정 2007.10.29.〉

④ 피고인, 변호인, 보석청구인은 피고인에게 유리한 자료를 낼 수 있다.

〈개정 2007.10.29.〉

⑤ 검사, 변호인, 보석청구인은 제1항의 심문기일에 출석하여 의견을 진술할 수 있다.

⑥ 법원은 피고인, 변호인 또는 보석청구인에게 보석조건을 결정함에 있어 필요한 자료의 제출을 요구할 수 있다.

〈신설 2007.10.29.〉

⑦ 법원은 피고인의 심문을 합의부원에게 명할 수 있다.

〈신설 2007.10.29.〉

제55조【보석 등의 결정기한】 법원은 특별한 사정이 없는 한 보석 또는 구속취소의 청구를 받은날부터 7일 이내에 그에 관한 결정을 하여야 한다.

훈시규정

[전문개정 2007.10.29.]

• ① 보석결정에 대한 불복방법 → 보통항고
② 구속취소결정에 대한 불복방법 → 즉시항고

제55조의2【불허가 결정의 이유】 보석을 허가하지 아니하는 결정을 하는 때에는 결정이유에 법 제95조 각 호 중 어느 사유에 해당하는지를 명시하여야 한다.

제55조의3【보석석방 후의 조치】 ① 법원은 법 제98조 제3호의 보석조건으로 석방된 피고인이 보석조건을 이행함에 있어 피고인의 주거지를 관할하는 경찰서장에게 피고인이 주거제한을 준수하고 있는지 여부 등에 관하여 조사할 것을 요구하는 등 보석조건의 준수를 위하여 적절한 조치를 취할 것을 요구할 수 있다.

주거의 제한

② 법원은 법 제98조 제6호의 보석조건을 정한 경우 출입국사무를 관리하는 관서의 장에게 피고인에 대한 출국을 금지하는 조치를 취할 것을 요구할 수 있다.

법원의 허가 없는 해외출국 금지

③ 법 제100조 제5항에 따라 보석조건 준수에 필요한 조치를 요구받은 관공서 그 밖의 공사단체의 장은 그 조치의 내용과 경과 등을 법원에 통지하여야 한다.

관공서나 봉사단체의 적절한 조치

[본조신설 2007.10.29.]

[종전 제55조의3은 제55조의4로 이동 〈2007.10.29.〉]

제55조의4【보석조건 변경의 통지】 법원은 보석을 허가한 후에 보석의 조건을 변경하거나 보석조건의 이행을 유예하는 결정을 한 경우에는 그 취지를 검사에게 지체 없이 통지하여야 한다.

〈개정 2007.10.29.〉

[제55조의3에서 이동 〈2007.10.29.〉]

제55조의5【보석조건의 위반과 피고인에 대한 과태료 등】 ① 법 제102조 제3항 · 제4항에 따른 과태료 재판의 절차에 관하여는 비송사건절차법 제248조, 제250조(다만, 검사에 관한 부분을 제외한다)를 준용한다.

1천만원 이하의 과태료, 20일 이내의 감치

② 법 제102조 제3항에 따른 감치재판절차는 법원의 감치재판개시결정에 따라 개시된다. 이 경우 감치사유가 있은 날부터 20일이 지난 때에는 감치재판개시결정을 할 수 없다.

• 보석조건 위반시
① 1천만원 이하의 과태료
② 20일 이내의 감치

③ 법원은 감치재판절차를 개시한 이후에도 감치에 처함이 상당하지 아니하다고 인정되는 때에는 불처벌의 결정을 할 수 있다.

④ 제2항의 감치재판개시결정과 제3항의 불처벌결정에 대하여는 불복할 수 없다.

⑤ 제2항부터 제4항까지 및 법 제102조 제3항 · 제4항에 따른 감치절차에 관하여는 「법정 등의 질서유지

를 위한 재판에 관한 규칙」 제3조, 제6조, 제7조의2, 제8조, 제10조, 제11조, 제13조, 제15조, 제16조, 제18조, 제19조, 제21조부터 제23조, 제25조 제1항을 준용한다.
[본조신설 2007.10.29.]

• 영장 새로 발부할 필요×(영장의 효력은 유효하기 때문에)

제56조【보석 등의 취소에 의한 재구금절차】 ① 법 제102조 제2항에 따른 보석취소 또는 구속집행정지취소의 결정이 있는 때 또는 기간을 정한 구속집행정지결정의 기간이 만료된 때에는 검사는 그 취소결정의 등본 또는 기간을 정한 구속집행 정지결정의 등본에 의하여 피고인을 재구금하여야 한다. 다만, 급속을 요하는 경우에는 재판장, 수명법관 또는 수탁판사가 재구금을 지휘할 수 있다. 〈개정 2007.10.29.〉
② 제1항 단서의 경우에는 법원사무관 등에게 그 집행을 명할 수 있다. 이 경우에 법원사무관 등은 그 집행에 관하여 필요한 때에는 사법경찰관리 또는 교도관에게 보조를 요구할 수 있으며 관할구역 외에서도 집행할 수 있다.

제57조【상소 등과 구속에 관한 결정】 ① 상소기간 중 또는 상소 중의 사건에 관한 피고인의 구속, 구속기간갱신, 구속취소, 보석, 보석의 취소, 구속집행정지와 그 정지의 취소의 결정은 소송기록이 상소법원에 도달하기까지는 원심법원이 이를 하여야 한다.
② 이송, 파기환송 또는 파기이송 중의 사건에 관한 제1항의 결정은 소송기록이 이송 또는 환송 법원에 도달하기까지는 이송 또는 환송한 법원이 이를 하여야 한다.

제10장 압수와 수색

• 물건의 점유를 취득하는 강제처분을 압수라 한다.

제58조【압수수색영장의 기재사항】 압수수색영장에는 압수수색의 사유를 기재하여야 한다.

-점유취득과정 자체에 강제력을 행사하는 압류
-점유보관에서 강제력을 사용하는 영치
-일정한 물건의 제출을 명하는 제출명령(수사기관×, 영장×)

제59조【준용규정】 제48조의 규정은 압수수색영장에 이를 준용한다.

제60조【압수와 수색의 참여】 ① 법원이 압수수색을 할 때에는 법원사무관 등을 참여하게 하여야 한다.
② 법원사무관 등 또는 사법경찰관리가 압수수색영장에 의하여 압수수색을 할 때에는 다른 법원사무관 등 또는 사법경찰관리를 참여하게 하여야 한다.

제61조【수색증명서, 압수품목록의 작성 등】 법 제128조에 규정된 증명서 또는 법 제129조에 규정된 목록은 제60조 제1항의 규정에 의한 압수수색을 한 때에는 참여한 법원사무관 등이 제60조 제2항의 규정에 의한 압수수색을 한 때에는 그 집행을 한 자가 각 작성 교부한다.

제62조【압수수색조서의 기재】 압수수색에 있어서 제61조의 규정에 의한 증명서 또는 목록을 교부하거나 법 제130조의 규정에 의한 처분을 한 경우에는 압수수색의 조서에 그 취지를 기재하여야 한다.

제63조【압수수색영장 집행 후의 조치】 압수수색영장의 집행에 관한 서류와 압수한 물건은 압수수색영장을 발부한 법원에 이를 제출하여야 한다. 다만, 검사의 지휘에 의하여 집행된 경우에는 검사를 경유하여야 한다.

제11장 검 증

제64조【피고인의 신체검사 소환장의 기재사항】 피고인에 대한 신체검사를 하기 위한 소환장에는 신체검사를 하기 위하여 소환한다는 취지를 기재하여야 한다.
원칙적으로 검증의 성질
[본조신설 2007.10.29.]

제65조【피고인 아닌 자의 신체검사의 소환장의 기재사항】 피고인이 아닌 자에 대한 신체검사를 하기 위한 소환

장에는 그 성명 및 주거, 피고인의 성명, 죄명, 출석일시 및 장소와 신체검사를 하기 위하여 소환한다는 취지를 기재하고 재판장 또는 수명법관이 기명날인하여야 한다.

제12장 증인신문

제66조【신문사항 등】 재판장은 피해자 · 증인의 인적사항의 공개 또는 누설을 방지하거나 그 밖에 피해자 · 증인의 안전을 위하여 필요하다고 인정할 때에는 증인의 신문을 청구한 자에 대하여 사전에 신문사항을 기재한 서면의 제출을 명할 수 있다.

[전문개정 2007.10.29.]

제67조【결정의 취소】 법원은 제66조의 명을 받은 자가 신속히 그 서면을 제출하지 아니한 경우에는 증거결정을 취소할 수 있다.

〈개정 2007.10.29.〉

제67조의2【증인의 소환방법】 ① 법 제150조의2 제1항에 따른 증인의 소환은 소환장의 송달, 전화, 전자우편, 모사전송, 휴대전화 문자전송 그 밖에 적당한 방법으로 할 수 있다. — • 서면×

② 증인을 신청하는 자는 증인의 소재, 연락처와 출석 가능성 및 출석 가능 일시 그 밖에 증인의 소환에 필요한 사항을 미리 확인하는 등 증인 출석을 위한 합리적인 노력을 다하여야 한다.

협력의무

[본조신설 2007.10.29.]

제68조【소환장·구속영장의 기재사항】 ① 증인에 대한 소환장에는 그 성명, 피고인의 성명, 죄명, 출석일시 및 장소, 정당한 이유 없이 출석하지 아니할 경우에는 과태료에 처하거나 출석하지 아니함으로써 생긴 비용의 배상을 명할 수 있고 또 구인할 수 있음을 기재하고 재판장이 기명날인하여야 한다.

500만원

② 증인에 대한 구속영장에는 그 성명, 주민등록번호(주민등록번호가 없거나 이를 알 수 없는 경우에는 생년월일), 직업 및 주거, 피고인의 성명, 죄명, 인치할 일시 및 장소, 발부 연월일 및 유효기간과 그 기간이 경과한 후에는 집행에 착수하지 못하고 구속영장을 반환하여야 한다는 취지를 기재하고 재판장이 서명날인하여야 한다.

• 불이행시에는 증인출석의무를 위반한 것이 되어서 제재당하게 됨
cf) 증인출석의무는 제1회 공판기일 이후의 준비절차를 말한다. 공판준비절차와 증거보전절차의 증인신문 소환받은 증인에게도 적용

제68조의2【불출석의 신고】 증인이 출석요구를 받고 기일에 출석할 수 없을 경우에는 법원에 바로 그 사유를 밝혀 신고하여야 한다.

[본조신설 2007.10.29.]

제68조의3【증인에 대한 과태료 등】 법 제151조 제1항에 따른 과태료와 소송비용 부담의 재판절차에 관하여는 「비송사건절차법」 제248조, 제250조(다만, 제248조 제3항 후문과 검사에 관한 부분을 제외한다)를 준용한다.

[본조신설 2007.10.29.]

• 7일 이내, 이 경우는 과태료재판을 받고도 정당한 이유 없이 다시 출석하지 않을 경우 결정으로 감치처분

제68조의4【증인에 대한 감치】 ① 법 제151조 제2항부터 제8항까지의 감치재판절차는 법원의 감치재판개시결정에 따라 개시된다. 이 경우 감치사유가 발생한 날부터 20일이 지난 때에는 감치재판개시결정을 할 수 없다.

증인이 출석하지 아니한 경우의 과태료 등

② 감치재판절차를 개시한 후 감치결정 전에 그 증인이 증언을 하거나 그 밖에 감치에 처하는 것이 상당하지 아니하다고 인정되는 때에는 법원은 불처벌결정을 하여야 한다.

③ 제1항의 감치재판개시결정과 제2항의 불처벌결정에 대하여는 불복할 수 없다.

→ • 감치처분결정에 대해서는 즉시항고 가능(집행의정지효×–예외)
=기피신청의 간이기각결정에 대한 즉시항고

④ 법 제151조 제7항의 규정에 따라 증인을 석방한 때

에는 재판장은 바로 감치시설의 장에게 그 취지를 서면으로 통보하여야 한다.

⑤ 제1항부터 제4항 및 법 제151조 제2항부터 제8항까지에 따른 감치절차에 관하여는 「법정 등의 질서유지를 위한 재판에 관한 규칙」 제3조, 제6조부터 제8조까지, 제10조, 제11조, 제13조, 제15조부터 제19조까지, 제21조부터 제23조까지 및 제25조 제1항(다만, 제23조 제8항 중 "감치의 집행을 한 날"은 "법 제151조 제5항의 규정에 따른 통보를 받은 날"로 고쳐 적용한다)을 준용한다. [본조신설 2007.10.29.]

제69조【준용규정】 제48조, 제49조, 제49조의2 전단의 규정은 증인의 구인에 이를 준용한다.
〈개정 2007.10.29.〉

제70조【소환의 유예기간】 증인에 대한 소환장은 늦어도 출석할 일시 24시간 이전에 송달하여야 한다. 다만, 급속을 요하는 경우에는 그러하지 아니하다.

제70조의2【소환장이 송달불능된 때의 조치】 제68조에 따른 증인에 대한 소환장이 송달불능된 경우 증인을 신청한 자는 재판장의 명에 의하여 증인의 주소를 서면으로 보정하여야 하고, 이때 증인의 소재, 연락처와 출석가능성 등을 충분히 조사하여 성실하게 기재하여야 한다. [본조신설 2007.10.29.]

제71조【증인의 동일성 확인】 재판장은 증인으로부터 주민등록증 등 신분증을 제시받거나 그 밖의 적당한 방법으로 증인임이 틀림없음을 확인하여야 한다.

제72조【선서취지의 설명】 증인이 선서의 취지를 이해할 수 있는가에 대하여 의문이 있는 때에는 선서 전에 그 점에 대하여 신문하고, 필요하다고 인정할 때에는 선서의 취지를 설명하여야 한다.

• 선서의 취지를 이해하지 못하는 자 → 정신능력결함으로 선서의 뜻을 알지 못하는 자를 의미 cf) 선서무능력자에게 선서시키고 증언한 경우 → 선서의 효력 없으며 위증죄 성립× but 증언자체는 효력○

제73조【서면에 의한 신문】 증인이 들을 수 없는 때에는 서면으로 묻고 말할 수 없는 때에는 서면으로 답하게 할 수 있다.

제74조【증인신문의 방법】 ① 재판장은 증인신문을 행함에 있어서 증명할 사항에 관하여 가능한 한 증인으로 하여금 개별적이고 구체적인 내용을 진술하게 하여야 한다.

② 다음 각 호의 1에 규정한 신문을 하여서는 아니된다. 다만, 제2호 내지 제4호의 신문에 관하여 정당한 이유가 있는 경우에는 그러하지 아니하다.

1. 위협적이거나 모욕적인 신문
2. 전의 신문과 중복되는 신문
3. 의견을 묻거나 의논에 해당하는 신문
4. 증인이 직접 경험하지 아니한 사항에 해당하는 신문

제75조【주신문】 ① 법 제161조의2 제1항 전단의 규정에 의한 신문(이하 "주신문"이라 한다)은 증명할 사항과 이에 관련된 사항에 관하여 한다.

증인을 신청한 당사자가 하는 신문

② 주신문에 있어서는 유도신문을 하여서는 아니된다. 다만, 다음 각 호의 1의 경우에는 그러하지 아니하다.

원칙은 유도신문×, 각 호의 규정은 예외

1. 증인과 피고인과의 관계, 증인의 경력, 교우관계 등 실질적인 신문에 앞서 미리 밝혀둘 필요가 있는 준비적인 사항에 관한 신문의 경우
2. 검사, 피고인 및 변호인 사이에 다툼이 없는 명백한 사항에 관한 신문의 경우
3. 증인이 주신문을 하는 자에 대하여 적의 또는 반감을 보일 경우
4. 증인이 종전의 진술과 상반되는 진술을 하는 때에 그 종전진술에 관한 신문의 경우

5. 기타 유도신문을 필요로 하는 특별한 사정이 있는 경우

③ 재판장은 제2항 단서의 각 호에 해당하지 아니하는 경우의 유도신문은 이를 제지하여야 하고, 유도신문의 방법이 상당하지 아니하다고 인정할 때에는 이를 제한할 수 있다.

제76조【반대신문】 ① 법 제161조의2 제1항 후단의 규정에 의한 신문(이하 "반대신문"이라 한다)은 주신문에 나타난 사항과 이에 관련된 사항에 관하여 한다.

주신문 후에 반대당사자가 하는 신문

② 반대신문에 있어서 필요할 때에는 유도신문을 할 수 있다.

- 원칙적으로 유도심문 허용
  ① 증인과 우호관계가 없기 때문에
  ② 주신문에서의 왜곡된 증언을 바로잡고 전체적인 진상을 밝히는 역할

③ 재판장은 유도신문의 방법이 상당하지 아니하다고 인정할 때에는 이를 제한할 수 있다.

④ 반대신문의 기회에 주신문에 나타나지 아니한 새로운 사항에 관하여 신문하고자 할 때에는 재판장의 허가를 받아야 한다.

⑤ 제4항의 신문은 그 사항에 관하여는 주신문으로 본다.

제77조【증언의 증명력을 다투기 위하여 필요한 사항의 신문】 ① 주신문 또는 반대신문의 경우에는 증언의 증명력을 다투기 위하여 필요한 사항에 관한 신문을 할 수 있다.

② 제1항에 규정한 신문은 증인의 경험, 기억 또는 표현의 정확성 등 증언의 신빙성에 관한 사항 및 증인의 이해관계, 편견 또는 예단 등 증인의 신용성에 관한 사항에 관하여 한다. 다만, 증인의 명예를 해치는 내용의 신문을 하여서는 아니 된다.

제78조【재 주신문】 ① 주신문을 한 검사, 피고인 또는 변호인은 반대신문이 끝난 후 반대신문에 나타난 사항과 이와 관련된 사항에 관하여 다시 신문(이하 "재 주신문"이라 한다)을 할 수 있다.

② 재 주신문은 주신문의 예에 의한다.

③ 제76조 제4항, 제5항의 규정은 재 주신문의 경우에 이를 준용한다.

- if) 재반대신문 이후에도 재판장의 허가가 있는 때에는 재재 주신문과 재재 반대신문도 가능

제79조【재판장의 허가에 의한 재신문】 검사, 피고인 또는 변호인은 주신문, 반대신문 및 재 주신문이 끝난 후에도 재판장의 허가를 얻어 다시 신문을 할 수 있다.

재반대신문

제80조【재판장에 의한 신문순서 변경의 경우】 ① 재판장이 법 제161조의2 제3항 전단의 규정에 의하여 검사, 피고인 및 변호인에 앞서 신문을 한 경우에 있어서 그 후에 하는 검사, 피고인 및 변호인의 신문에 관하여는 이를 신청한 자와 상대방의 구별에 따라 제75조 내지 제79조의 규정을 각 준용한다.

② 재판장이 법 제161조의2 제3항 후단의 규정에 의하여 신문순서를 변경한 경우의 신문방법은 재판장이 정하는 바에 의한다.

제81조【직권에 의한 증인의 신문】 법 제161조의2 제4항에 규정한 증인에 대하여 재판장이 신문한 후 검사, 피고인 또는 변호인이 신문하는 때에는 반대신문의 예에 의한다.

제82조【서류 또는 물건에 관한 신문】 ① 증인에 대하여 서류 또는 물건의 성립, 동일성 기타 이에 준하는 사항에 관한 신문을 할 때에는 그 서류 또는 물건을 제시할 수 있다.

② 제1항의 서류 또는 물건이 증거조사를 마치지 않은 것일 때에는 먼저 상대방에게 이를 열람할 기회를 주어야 한다. 다만, 상대방이 이의하지 아니할 때에는 그러하지 아니한다.

第83條【기억의 환기가 필요한 경우】 ① 증인의 기억이 명백치 아니한 사항에 관하여 기억을 환기시켜야 할 필요가 있을 때에는 재판장의 허가를 얻어 서류 또는 물건을 제시하면서 신문할 수 있다.

② 제1항의 경우에는 제시하는 서류의 내용이 증인의 진술에 부당한 영향을 미치지 아니하도록 하여야 한다.

③ 제82조 제2항의 규정은 제1항의 경우에 이를 준용한다.

第84條【증언을 명확히 할 필요가 있는 경우】 ① 증인의 진술을 명확히 할 필요가 있을 때에는 도면, 사진, 모형, 장치 등을 이용하여 신문할 수 있다.

② 제83조 제2항의 규정은 제1항의 경우에 이를 준용한다.

第84條의2【증인의 증인신문조서열람 등】 증인은 자신에 대한 증인신문조서 및 그 일부로 인용된 속기록, 녹음물, 영상녹화물 또는 녹취서의 열람, 등사 또는 사본을 청구할 수 있다.

[전문개정 2012.5.29.]

第84條의3【신뢰관계에 있는 사람의 동석】 ① 법 제163조의2에 따라 피해자와 동석할 수 있는 신뢰관계에 있는 사람은 피해자의 배우자, 직계친족, 형제자매, 가족, 동거인, 고용주, 변호사, 그 밖에 피해자의 심리적 안정과 원활한 의사소통에 도움을 줄 수 있는 사람을 말한다.

피해자가 13세 미만 or 의사결정능력 미약

〈개정 2012.5.29.〉

② 법 제163조의2 제1항에 따른 동석 신청에는 동석하고자 하는 자와 피해자 사이의 관계, 동석이 필요한 사유 등을 명시하여야 한다.

③ 재판장은 법 제163조의2 제1항 또는 제2항에 따라 동석한 자가 부당하게 재판의 진행을 방해하는 때에는 동석을 중지시킬 수 있다.

임의적 규정

• 형소법 163조의2 제2항 규정 중 부득이한 경우에 해당될 수 있다.
• cf) 피의자의 신뢰관계에 있는 자의 동석규정에는 필요적 규정은 ×

[본조신설 2007.10.29.] [제목개정 2012.5.29.]

第84條의4【비디오 등 중계장치 등에 의한 신문 여부의 결정】 ① 법원은 신문할 증인이 법 제165조의2 제1항에서 정한 자에 해당한다고 인정될 경우, 증인으로 신문하는 결정을 할 때 비디오 등 중계장치에 의한 중계시설 또는 차폐시설을 통한 신문 여부를 함께 결정하여야 한다. 이때 증인의 연령, 증언할 당시의 정신적 · 심리적 상태, 범행의 수단과 결과 및 범행 후의 피고인이나 사건관계인의 태도 등을 고려하여 판단하여야 한다.

아동, 청소년, 심리적인 부담자

② 법원은 증인신문 전 또는 증인신문 중에도 비디오 등 중계장치에 의한 중계시설 또는 차폐시설을 통하여 신문할 것을 결정할 수 있다.

[본조신설 2007.10.29.]

第84條의5【비디오 등 중계장치에 의한 신문의 실시】 제123조의13 제1항 내지 제4항과 제6항 내지 제8항은 법 제165조의2 제1항, 제2항에 따라 비디오 등 중계장치에 의한 중계시설을 통하여 증인신문을 하는 경우에 준용한다.

영상증인신문절차 신설

[전문개정 2021.10.29.]

第84條의6【심리의 비공개】 ① 법원은 법 제165조의2 제1항에 따라 비디오 등 중계장치에 의한 중계시설 또는 차폐시설을 통하여 증인을 신문하는 경우, 증인의 보호를 위하여 필요하다고 인정하는 경우에는 결정으로 이를 공개하지 아니할 수 있다. 〈개정 2021.10.29.〉

② 증인으로 소환받은 증인과 그 가족은 증인보호 등의 사유로 증인신문의 비공개를 신청할 수 있다.

③ 재판장은 제2항의 신청이 있는 때에는 그 허가 여부 및 공개, 법정 외의 장소에서의 신문 등 증인의 신문방식 및 장소에 관하여 결정하여야 한다.

④ 제1항의 결정을 한 경우에도 재판장은 적당하다고 인정되는 자의 재정을 허가할 수 있다.

[본조신설 2007.10.29.]

第84조의7【중계시설의 동석 등】 ① 법원은 비디오 등 중계장치에 의한 중계시설을 통하여 증인신문을 하는 경우, 법 제163조의2의 규정에 의하여 신뢰관계에 있는 자를 동석하게 할 때에는 제84조의5에 정한 비디오 등 중계장치에 의한 중계시설에 동석하게 한다. 〈개정 2021.10.29〉

② 법원은 법원 직원이나 비디오 등 중계장치에 의한 중계시설을 관리하는 사람으로 하여금 비디오 등 중계장치의 조작과 증인신문 절차를 보조하게 할 수 있다. 〈개정 2021.10.29.〉

[본조신설 2007.10.29.]

第84조의8【증인을 위한 배려】 ① 법 제165조의2 제1항에 따라 증인신문을 하는 경우, 증인은 증언을 보조할 수 있는 인형, 그림 그 밖에 적절한 도구를 사용할 수 있다. 〈개정 2021.10.29〉

② 제1항의 증인은 증언을 하는 동안 담요, 장난감, 인형 등 증인이 선택하는 물품을 소지할 수 있다.

[본조신설 2007.10.29.]

第84조의9【차폐시설】 ① 법원은 법 제165조의2 제1항에 따라 차폐시설을 설치함에 있어 피고인과 증인이 서로의 모습을 볼 수 없도록 필요한 조치를 취하여야 한다. 〈개정 2021.10.29〉

② 법 제165조의2 제1항에 따라 비디오 등 중계장치에 의한 중계시설을 통하여 증인신문을 할 때 중계장치를 통하여 증인이 피고인을 대면하거나 피고인이 증인을 대면하는 것이 증인의 보호를 위하여 상당하지 않다고 인정되는 경우 재판장은 검사, 변호인의 의견을 들어 증인 또는 피고인이 상대방을 영상으로 인식할 수 있는 장치의 작동을 중지시킬 수 있다. 〈신설 2021.10.29〉

퇴정명령과 같은 취지

비디오 중계장치 작동중지 가능

[본조신설 2007.10.29.]

[제목개정 2021.10.29.]

第84조의10【증인지원시설의 설치 및 운영】 ① 법원은 특별한 사정이 없는 한 예산의 범위 안에서 증인의 보호 및 지원에 필요한 시설을 설치한다.

② 법원은 제1항의 시설을 설치한 경우, 예산의 범위 안에서 그 시설을 관리·운영하고 증인의 보호 및 지원을 담당하는 직원을 둔다.

[본조신설 2012.5.29.]

제13장 감 정

第85조【감정유치장의 기재사항 등】 ① 감정유치장에는 피고인의 성명, 주민등록번호 등, 직업, 주거, 죄명, 범죄사실의 요지, 유치할 장소, 유치기간, 감정의 목적 및 유효기간과 그 기간 경과후에는 집행에 착수하지 못하고 영장을 반환하여야 한다는 취지를 기재하고 재판장 또는 수명법관이 서명날인하여야 한다. — 기명날인 〈개정 2007.10.29.〉

② 감정유치기간의 연장이나 단축 또는 유치할 장소의 변경 등은 결정으로 한다. — 재정기간

第86조【간수의 신청방법】 법 제172조 제5항의 규정에 의한 신청은 피고인의 간수를 필요로 하는 사유를 명시하여 서면으로 하여야 한다.

감정유치시, 피고인의 간수

第87조【비용의 지급】 ① 법원은 감정하기 위하여 피고인을 병원 기타 장소에 유치한 때에는 그 관리자의 청구에 의하여 입원료 기타 수용에 필요한 비용을 지급하여야 한다.

② 제1항의 비용은 법원이 결정으로 정한다.

第88조【준용규정】 구속에 관한 규정은 이 규칙에 특별한 규정이 없는 경우에는 감정하기 위한 피고인의 유치에 이를 준용한다. 다만, 보석에 관한 규정은 그러하지 아니하다.

보석은 허용×

제89조【감정허가장의 기재사항】 ① 감정에 필요한 처분의 허가장에는 법 제173조 제2항에 규정한 사항 외에 감정인의 직업, 유효기간을 경과하면 허가된 처분에 착수하지 못하며 허가장을 반환하여야 한다는 취지 및 발부연월일을 기재하고 재판장 또는 수명법관이 서명날인하여야 한다.

② 법원이 감정에 필요한 처분의 허가에 관하여 조건을 붙인 경우에는 제1항의 허가장에 이를 기재하여야 한다.

제89조의2【감정자료의 제공】 재판장은 필요하다고 인정하는 때에는 감정인에게 소송기록에 있는 감정에 참고가 될 자료를 제공할 수 있다.

제89조의3【감정서의 설명】 ① 법 제179조의2 제2항의 규정에 의하여 감정서의 설명을 하게 할 때에는 검사, 피고인 또는 변호인을 참여하게 하여야 한다.

감정의 촉탁시

② 제1항의 설명의 요지는 조서에 기재하여야 한다.

• 법원 또는 재판장과 동일한 권한 존재
(예 법원이 공판정에서 하는 증인신문과 같은 권한)

제90조【준용규정】 제12장의 규정은 구인에 관한 규정을 제외하고는 감정, 통역과 번역에 이를 준용한다.

감정인의 신문은 증거조사의 성질을 가지기 때문

제14장 증거보전

제91조【증거보전처분을 하여야 할 법관】 ① 증거보전의 청구는 다음 지역을 관할하는 지방법원판사에게 하여야 한다.

수임판사

1. 압수에 관하여는 압수할 물건의 소재지
2. 수색 또는 검증에 관하여는 수색 또는 검증할 장소, 신체 또는 물건의 소재지
3. 증인신문에 관하여는 증인의 주거지 또는 현재지
4. 감정에 관하여는 감정대상의 소재지 또는 현재지

② 감정의 청구는 제1항 제4호의 규정에 불구하고 감정함에 편리한 지방법원판사에게 할 수 있다.

제92조【청구의 방식】 ① 증거보전청구서에는 다음 사항을 기재하여야 한다. — • 서면으로 그 사유를 소명해야 됨

1. 사건의 개요
2. 증명할 사실
3. 증거 및 보전의 방법
4. 증거보전을 필요로 하는 사유

② 삭제

제15장 소송비용

제92조의2【듣거나 말하는 데 장애가 있는 사람을 위한 비용 등】 듣거나 말하는 데 장애가 있는 사람을 위한 통역 · 속기 · 녹음 · 녹화 등에 드는 비용은 국고에서 부담하고, 형사소송법 제186조부터 제194조까지에 따라 피고인 등에게 부담하게 할 소송비용에 산입하지 아니한다.

[본조신설 2020.6.26.]

제2편 제1심

제1장 수 사

제93조【영장청구의 방식】 ① 영장의 청구는 서면으로 하여야 한다. ─ • 수임판사에게 청구

② 체포영장 및 구속영장의 청구서에는 범죄사실의 요지를 따로 기재한 서면 1통(수통의 영장을 청구하는 때에는 그에 상응하는 통수)을 첨부하여야 한다.

〈개정 2007.10.29.〉

③ 압수 · 수색 · 검증영장의 청구서에는 범죄사실의 요지, 압수 · 수색 · 검증의 장소 및 대상을 따로 기재한 서면 1통(수통의 영장을 청구하는 때에는 그에 상응하는 통수)을 첨부하여야 한다.

〈신설 2007.10.29.〉

• 청구권자 – 검사 cf) 사경관은 검사에게 신청한다.

제94조【영장의 방식】 검사의 청구에 의하여 발부하는 영장에는 그 영장을 청구한 검사의 성명과 그 검사의 청구에 의하여 발부한다는 취지를 기재하여야 한다. (피의자구속영장)

• 피고인구속영장에는 기재사항은 아니다.

제95조【체포영장청구서의 기재사항】 체포영장의 청구서에는 다음 각 호의 사항을 기재하여야 한다.

1. 피의자의 성명(분명하지 아니한 때에는 인상, 체격, 그 밖에 피의자를 특정할 수 있는 사항), 주민등록번호 등, 직업, 주거
2. 피의자에게 변호인이 있는 때에는 그 성명
3. 죄명 및 범죄사실의 요지
4. 7일을 넘는 유효기간을 필요로 하는 때에는 그 취지 및 사유 (영장의 유효기간)
5. 여러 통의 영장을 청구하는 때에는 그 취지 및 사유
6. 인치구금할 장소
7. 법 제200조의2 제1항에 규정한 체포의 사유
8. 동일한 범죄사실에 관하여 그 피의자에 대하여 전에 체포영장을 청구하였거나 발부받은 사실이 있는 때에는 다시 체포영장을 청구하는 취지 및 이유
9. 현재 수사 중인 다른 범죄사실에 관하여 그 피의자에 대하여 발부된 유효한 체포영장이 있는 경우에는 그 취지 및 그 범죄사실

[전문개정 2007.10.29.]

제95조의2【구속영장청구서의 기재사항】 구속영장의 청구서에는 다음 각 호의 사항을 기재하여야 한다.

1. 제95조 제1호부터 제6호까지 규정한 사항
2. 법 제70조 제1항 각 호에 규정한 구속의 사유
3. 피의자의 체포여부 및 체포된 경우에는 그 형식
   • 긴급체포, 현행범인 체포, 체포영장에 의한 체포
4. 법 제200조의6, 법 제87조에 의하여 피의자가 지정한 사람에게 체포이유 등을 알린 경우에는 그 사람의 성명과 연락처

[본조신설 2007.10.29.]

제96조【자료의 제출 등】 ① 체포영장의 청구에는 체포의 사유 및 필요를 인정할 수 있는 자료를 제출하여야 한다. ─ • 모든 영장청구시 동일

② 체포영장에 의하여 체포된 자 또는 현행범인으로 체포된 자에 대하여 구속영장을 청구하는 경우에는 법 제201조 제2항에 규정한 자료 외에 다음 각 호의 자료를 제출하여야 한다.

1. 피의자가 체포영장에 의하여 체포된 자인 때에는 체포영장
2. 피의자가 현행범인으로 체포된 자인 때에는 그 취지와 체포의 일시 및 장소가 기재된 서류

③ 법 제214조의2 제1항에 규정한 자는 체포영장 또는 구속영장의 청구를 받은 판사에게 유리한 자료를 제출할 수 있다.

④ 판사는 영장 청구서의 기재사항에 흠결이 있는 경우에는 전화 기타 신속한 방법으로 영장을 청구한 검사에게 그 보정을 요구할 수 있다.

• 체포의 필요성
체포의 적극적 요건이 아니라, 그 부존재가 명백한 경우에 한하여 체포를 하지 않게 하는 소극적 요건에 불과. 따라서 필요성이 의심스러운 경우에도 체포할 수 있다.

제96조의2【체포의 필요】 체포영장의 청구를 받은 판사는 체포의 사유가 있다고 인정되는 경우에도 피의자의 연령과 경력, 가족관계나 교우관계, 범죄의 경중 및 태양 기타 제반 사정에 비추어 피의자가 도망할 염려가 없고 증거를 인멸할 염려가 없는 등 명백히 체포의 필요가 없다고 인정되는 때에는 체포영장의 청구를 기각하여야 한다.

제96조의3【인치·구금할 장소의 변경】 검사는 체포영장을 발부받은 후 피의자를 체포하기 이전에 체포영장을 첨부하여 판사에게 인치 · 구금할 장소의 변경을 청구할 수 있다.

[종전 제96조의3은 제96조의5로 이동]

제96조의4【체포영장의 갱신】 검사는 체포영장의 유효기간을 연장할 필요가 있다고 인정하는 때에는 그 사유를 소명하여 다시 체포영장을 청구하여야 한다.

(7일) (체포기간을 갱신한다는 의미×)

제96조의5【영장전담법관의 지정】 지방법원 또는 지원의 장은 구속영장청구에 대한 심사를 위한 전담법관을 지정할 수 있다.

[제96조의3에서 이동, 종전 제96조의5는 제96조의12 로 이동]

제96조의6 삭제 〈2007.10.29.〉

제96조의7 삭제 〈2007.10.29.〉

제96조의8 삭제 〈2007.10.29.〉

제96조의9 삭제 〈2007.10.29.〉

제96조의10 삭제 〈2007.10.29.〉

제96조의11【구인피의자의 유치 등】 ① 구인을 위한 구속영장의 집행을 받아 인치된 피의자를 법원에 유치한 경우에 법원사무관 등은 피의자의 도망을 방지하기 위한 적절한 조치를 취하여야 한다.

② 제1항의 피의자를 법원 외의 장소에 유치하는 경우에 판사는 구인을 위한 구속영장에 유치할 장소를 기재하고 서명날인하여 이를 교부하여야 한다.

제96조의12【심문기일의 지정, 통지】 ① 삭제 〈2007.10.29.〉

② 체포된 피의자 외의 피의자에 대한 심문기일은 관계인에 대한 심문기일의 통지 및 그 출석에 소요되는 시간 등을 고려하여 피의자가 법원에 인치된 때로부터 가능한 한 빠른 일시로 지정하여야 한다.

(체포사유가 없어 체포되지 않은 피의자)
• 구인을 위한 구속영장을 발부하여 피의자를 구인 후 신문

③ 심문기일의 통지는 서면 이외에 구술 · 전화 · 모사전송 · 전자우편 · 휴대전화 문자전송 그 밖에 적당한 방법으로 신속하게 하여야 한다. 이 경우 통지의 증명은 그 취지를 심문조서에 기재함으로써 할 수 있다.

〈개정 2007.10.29.〉

[제96조의5에서 이동]

• 영장실질심사
(필요적 피의자 심문제도)

제96조의13【피의자의 심문절차】 ① 판사는 피의자가 심문기일에의 출석을 거부하거나 질병 그 밖의 사유로 출석이 현저하게 곤란하고, 피의자를 심문법정에 인치할 수 없다고 인정되는 때에는 피의자의 출석 없이 심문절차를 진행할 수 있다.

• 의견진술의 기회일 뿐이므로 불출석하면 서면심사한다.

② 검사는 피의자가 심문기일에의 출석을 거부하는 때에는 판사에게 그 취지 및 사유를 기재한 서면을 작성 제출하여야 한다.

③ 제1항의 규정에 의하여 심문절차를 진행할 경우에는 출석한 검사 및 변호인의 의견을 듣고, 수사기록 그 밖에 적당하다고 인정하는 방법으로 구속사유의 유무를 조사할 수 있다.

[전문개정 2007.10.29.]

제96조의14【심문의 비공개】 피의자에 대한 심문절차는

(시간적으로 수사단계이므로)

공개하지 아니한다. 다만, 판사는 상당하다고 인정하는 경우에는 피의자의 친족, 피해자 등 이해관계인의 방청을 허가할 수 있다.

[제96조의7에서 이동]

제96조의15【심문장소】 피의자의 심문은 법원청사 내에서 하여야 한다. 다만, 피의자가 출석을 거부하거나 질병 기타 부득이한 사유로 법원에 출석할 수 없는 때에는 경찰서, 구치소 기타 적당한 장소에서 심문할 수 있다.

[제96조의8에서 이동]

• 진술거부권 고지

제96조의16【심문기일의 절차】 ① 판사는 피의자에게 구속영장청구서에 기재된 범죄사실의 요지를 고지하고, 피의자에게 일체의 진술을 하지 아니하거나 개개의 질문에 대하여 진술을 거부할 수 있으며, 이익되는 사실을 진술할 수 있음을 알려주어야 한다.

② 판사는 구속 여부를 판단하기 위하여 필요한 사항에 관하여 신속하고 간결하게 심문하여야 한다. 증거인멸 또는 도망의 염려를 판단하기 위하여 필요한 때에는 피의자의 경력, 가족관계나 교우관계 등 개인적인 사항에 관하여 심문할 수 있다.

③ 검사와 변호인은 판사의 심문이 끝난 후에 의견을 진술할 수 있다. 다만, 필요한 경우에는 심문 도중에도 판사의 허가를 얻어 의견을 진술할 수 있다.

④ 피의자는 판사의 심문 도중에도 변호인에게 조력을 구할 수 있다.

⑤ 판사는 구속 여부의 판단을 위하여 필요하다고 인정하는 때에는 심문장소에 출석한 피해자 그 밖의 제3자를 심문할 수 있다.

⑥ 구속영장이 청구된 피의자의 법정대리인, 배우자, 직계친족, 형제자매나 가족, 동거인 또는 고용주는 판사의 허가를 얻어 사건에 관한 의견을 진술할 수 있다.

⑦ 판사는 심문을 위하여 필요하다고 인정하는 경우에는 호송경찰관 기타의 자를 퇴실하게 하고 심문을 진행할 수 있다.

[전문개정 2007.10.29.]

제96조의17 삭제 〈2007.10.29.〉

제96조의18【처리시각의 기재】 구속영장을 청구받은 판사가 피의자심문을 한 경우 법원사무관 등은 구속영장에 구속영장청구서 · 수사관계서류 및 증거물을 접수한 시각과 이를 반환한 시각을 기재하여야 한다. 다만, 체포된 피의자 외의 피의자에 대하여는 그 반환시각을 기재한다.

• 발부한 결정이나 기각한 결정에 대한 불복방법은 없다(수임판사의 재판이기 때문).

제96조의19【영장발부와 통지】 ① 법 제204조의 규정에 의한 통지는 다음 각 호의 1에 해당하는 사유가 발생한 경우에 이를 하여야 한다.

1. 피의자를 체포 또는 구속하지 아니하거나 못한 경우
2. 체포 후 구속영장 청구기간이 만료하거나 구속 후 구속기간이 만료하여 피의자를 석방한 경우
3. 체포 또는 구속의 취소로 피의자를 석방한 경우
4. 체포된 국회의원에 대하여 헌법 제44조의 규정에 의한 석방요구가 있어 체포영장의 집행이 정지된 경우
5. 구속집행정지의 경우

② 제1항의 통지서에는 다음 각 호의 사항을 기재하여야 한다.

1. 피의자의 성명
2. 제1항 각 호의 사유 및 제1항 제2호 내지 제5호에 해당하는 경우에는 그 사유발생일
3. 영장 발부 연월일 및 영장번호

③ 제1항 제1호에 해당하는 경우에는 체포영장 또는 구속영장의 원본을 첨부하여야 한다.

• if) 심문할 피의자에게 변호인이 없을 경우 지방법원판사는 직권으로 변호인 선정

제96조의20【변호인의 접견 등】 ① 변호인은 구속영장

이 청구된 피의자에 대한 심문 시작 전에 피의자와 접견할 수 있다. — • 신문 도중에는 방해우려가 있으므로 시작 전에 접견

② 지방법원 판사는 심문할 피의자의 수, 사건의 성격 등을 고려하여 변호인과 피의자의 접견 시간을 정할 수 있다.

③ 지방법원 판사는 검사 또는 사법경찰관에게 제1항의 접견에 필요한 조치를 요구할 수 있다.

제96조의21【구속영장청구서 및 소명자료의 열람】

① 피의자 심문에 참여할 변호인은 지방법원판사에게 제출된 구속영장청구서 및 그에 첨부된 고소 · 고발장, 피의자의 진술을 기재한 서류와 피의자가 제출한 서류를 열람할 수 있다. — • 고소장 · 피신조서는 등사도 가능(判)

② 검사는 증거인멸 또는 피의자나 공범 관계에 있는 자가 도망할 염려가 있는 등 수사에 방해가 될 염려가 있는 때에는 지방법원 판사에게 제1항에 규정된 서류(구속영장청구서는 제외한다)의 열람 제한에 관한 의견을 제출할 수 있고, 지방법원판사는 검사의 의견이 상당하다고 인정하는 때에는 그 전부 또는 일부의 열람을 제한할 수 있다. 〈개정 2011.12.30.〉

③ 지방법원 판사는 제1항의 열람에 관하여 그 일시, 장소를 지정할 수 있다.

제96조의22【심문기일의 변경】 판사는 지정된 심문기일에 피의자를 심문할 수 없는 특별한 사정이 있는 경우에는 그 심문기일을 변경할 수 있다.

[본조신설 2007.10.29.]

제97조【구속기간연장의 신청】 ① 구속기간연장의 신청은 서면으로 하여야 한다. (검사만 가능)

• 국가보안법상의 죄에 대한 구속기간연장(제3조~제10조)
① 사법경찰관-1회 연장 가능
② 검사는 2회 연장 가능
③ 연장의 제한-찬양고무죄, 불고지죄는 연장×(위헌판결)
-특수직무유기죄, 무고 · 날조죄는 당연 안 됨(제11조, 제12조)

② 제1항의 서면에는 수사를 계속하여야 할 상당한 이유와 연장을 구하는 기간을 기재하여야 한다.

제98조【구속기간연장기간의 계산】 구속기간연장허가결정이 있은 경우에 그 연장기간은 법 제203조의 규정에 의한 구속기간만료 다음 날로부터 기산한다.

• 1. 재체포제한×
긴급체포만 제한ㅇ – 동일인을 다시 체포할 시에는 영장 필요
2. 재구속의 경우 피의자만 제한ㅇ(피고인 제한×)
→ 다른 중요한 증거발견의 경우에만 재구속 가능

제99조【재체포 · 재구속영장의 청구】 ① 재체포영장의 청구서에는 재체포영장의 청구라는 취지와 법 제200조의2 제4항에 규정한 재체포의 이유 또는 법 제214조의3에 규정한 재체포의 사유를 기재하여야 한다.

② 재구속영장의 청구서에는 재구속영장의 청구라는 취지와 법 제208조 제1항 또는 법 제214조의3에 규정한 재구속의 사유를 기재하여야 한다. (수임판사가 다른 중요한 증거를 확인하기 위하여)

③ 제95조, 제95조의2, 제96조, 제96조의2 및 제96조의4의 규정은 재체포 또는 재구속의 영장의 청구 및 그 심사에 이를 준용한다. 〈신설 2007.10.29.〉

제100조【준용규정】 ① 제46조, 제49조 제1항 및 제51조의 규정은 검사 또는 사법경찰관의 피의자 체포 또는 구속에 이를 준용한다. 다만, 체포영장에는 법 제200조의2 제1항에서 규정한 체포의 사유를 기재하여야 한다.

② 체포영장에 의하여 체포되었거나 현행범으로 체포된 피의자에 대하여 구속영장청구가 기각된 경우에는 법 제200조의4 제2항의 규정을 준용한다.

③ 제96조의3의 규정은 구속영장의 인치 · 구금할 장소의 변경 청구에 준용한다. 〈신설 2020.12.28.〉

• 체포 · 구속적부심사 청구권자 = 피의자만 제외하고는 보석청구권자와 동일

제101조【체포 · 구속적부심사청구권자의 체포 · 구속영장등본 교부청구 등】 구속영장이 청구되거나 체포 또는 구속된 피의자, 그 변호인, 법정대리인, 배우자, 직계친족, 형제자매나 동거인 또는 고용주는 긴급체포서, 현행범인체포서, 체포영장, 구속영장 또는 그 청구서를 보관하고 있는 검사, 사법경찰관 또는 법원사무관 등에

게 그 등본의 교부를 청구할 수 있다. 〈개정 2007.10.29.〉

서면심사

제102조【체포·구속적부심사청구서의 기재사항】 체포 또는 구속의 적부심사청구서에는 다음 사항을 기재하여야 한다.

1. 체포 또는 구속된 피의자의 성명, 주민등록번호 등, 주거
2. 체포 또는 구속된 일자
3. 청구의 취지 및 청구의 이유
4. 청구인의 성명 및 체포 또는 구속된 피의자와의 관계

제103조 삭제 〈2007.10.29.〉

제104조【심문기일의 통지 및 수사관계서류 등의 제출】 ① 체포 또는 구속의 적부심사의 청구를 받은 법원은 지체 없이 청구인, 변호인, 검사 및 피의자를 구금하고 있는 관서(경찰서, 교도소 또는 구치소 등)의 장에게 심문기일과 장소를 통지하여야 한다.
〈개정 2007.10.29.〉

② 사건을 수사 중인 검사 또는 사법경찰관은 제1항의 심문기일까지 수사관계서류와 증거물을 법원에 제출하여야 하고, 피의자를 구금하고 있는 관서의 장은 위 심문기일에 피의자를 출석시켜야 한다. 법원사무관 등은 체포적부심사청구사건의 기록표지에 수사관계서류와 증거물의 접수 및 반환의 시각을 기재하여야 한다.

피의자 출석은 개시 요건

③ 제54조의2 제3항의 규정은 제1항에 따른 통지에 이를 준용한다. 〈개정 2007.10.29.〉

제104조의2【준용규정】 제96조의21의 규정은 체포·구속의 적부심사를 청구한 피의자의 변호인에게 이를 준용한다.

제105조【심문기일의 절차】 ① 법 제214조의2 제9항에 따라 심문기일에 출석한 검사·변호인·청구인은 법원의 심문이 끝난 후 의견을 진술할 수 있다. 다만, 필요한 경우에는 심문 도중에도 판사의 허가를 얻어 의견을 진술할 수 있다.

② 피의자는 판사의 심문 도중에도 변호인에게 조력을 구할 수 있다.

③ 체포 또는 구속된 피의자, 변호인, 청구인은 피의자에게 유리한 자료를 낼 수 있다.

④ 법원은 피의자의 심문을 합의부원에게 명할 수 있다.

[전문개정 2007.10.29.]

제106조【결정의 기한】 체포 또는 구속의 적부심사청구에 대한 결정은 체포 또는 구속된 피의자에 대한 심문이 종료된 때로부터 24시간 이내에 이를 하여야 한다.

구속된 피의자만 가능(체포된 피의자×)

항고× ① 기각결정
② 석방결정 → 도망 또는 증거인멸하는 경우에만 재체포 구속 가능
항고○ ③ 보증금 납입조건 피의자 석방 결정(법원의 재량≠피고인보석)

제107조【압수, 수색, 검증 영장청구서의 기재사항】 ① 압수, 수색 또는 검증을 위한 영장의 청구서에는 다음 각 호의 사항을 기재하여야 한다.
〈개정 2011.12.30.〉

1. 제95조 제1호부터 제5호까지에 규정한 사항
2. 압수할 물건, 수색 또는 검증할 장소, 신체나 물건
3. 압수, 수색 또는 검증의 사유
   • 별도의 야간압수·수색·검증영장은 없다.
4. 일출 전 또는 일몰 후에 압수, 수색 또는 검증을 할 필요가 있는 때에는 그 취지 및 사유
5. 법 제216조 제3항에 따라 청구하는 경우에는 영장 없이 압수, 수색 또는 검증을 한 일시 및 장소
6. 법 제217조 제2항에 따라 청구하는 경우에는 체포한 일시 및 장소와 영장 없이 압수, 수색 또는 검증을 한 일시 및 장소
7. 「통신비밀보호법」 제2조 제3호에 따른 전기통신을 압수·수색하고자 할 경우 그 작성기간

② 신체검사를 내용으로 하는 검증을 위한 영장의 청구서에는 제1항 각 호의 사항 외에 신체검사를 필요로 하는 이유와 신체검사를 받을 자의 성별, 건강상태를

기재하여야 한다.

제108조【자료의 제출】 ① 법 제215조의 규정에 의한 청구를 할 때에는 피의자에게 범죄의 혐의가 있다고 인정되는 자료와 압수, 수색 또는 검증의 필요 및 해당 사건과의 관련성을 인정할 수 있는 자료를 제출하여야 한다.
〈개정 2011.12.30.〉
② 피의자 아닌 자의 신체, 물건, 주거 기타 장소의 수색을 위한 영장의 청구를 할 때에는 압수하여야 할 물건이 있다고 인정될 만한 자료를 제출하여야 한다.

제109조【준용규정】 제58조, 제62조의 규정은 검사 또는 사법경찰관의 압수, 수색에 제64조, 제65조의 규정은 검사 또는 사법경찰관의 검증에 각 이를 준용한다.

제110조【압수, 수색, 검증의 참여】 검사 또는 사법 경찰관이 압수, 수색, 검증을 함에는 법 제243조에 규정한 자를 각 참여하게 하여야 한다.
피의자신문시 참여자

• ① 검사만 가능
② 제1회 공판기일 이후에는 불가
→ 모두절차가 끝날 때

제111조【제1회 공판기일 전 증인신문청구서의 기재사항】 법 제221조의2에 따른 증인신문 청구서에는 다음 각 호의 사항을 기재하여야 한다.
1. 증인의 성명, 직업 및 주거
2. 피의자 또는 피고인의 성명
3. 죄명 및 범죄사실의 요지
4. 증명할 사실
5. 신문사항
6. 증인신문청구의 요건이 되는 사실
7. 피의자 또는 피고인에게 변호인이 있는 때에는 그 성명

[전문개정 2007.10.29.]

제112조【증인신문 등의 통지】 판사가 법 제221조의2에 따른 증인신문을 실시할 경우에는 피고인, 피의자 또는 변호인에게 신문기일과 장소 및 증인 신문에 참여할 수 있다는 취지를 통지하여야 한다. 〈개정 2007.10.29.〉
• 원칙적으로 피고인 · 피의자 또는 변호인의 참여권이 인정되기 때문

제113조【감정유치청구서의 기재사항】 법 제221조의3에 따른 감정유치청구서에는 다음 각 호의 사항을 기재하여야 한다.
〈개정 2007.10.29.〉
1. 제95조 제1호부터 제5호까지에 규정한 사항
2. 유치할 장소 및 유치기간
3. 감정의 목적 및 이유
4. 감정인의 성명, 직업

제114조【감정에 필요한 처분허가청구서의 기재사항】 법 제221조의4의 규정에 의한 처분허가청구서에는 다음 각 호의 사항을 기재하여야 한다.
1. 법 제173조 제2항에 규정한 사항. 다만, 피의자의 성명이 분명하지 아니한 때에는 인상, 체격 기타 피의자를 특정할 수 있는 사항을 기재하여야 한다.
2. 제95조 제2호 내지 제5호에 규정한 사항
3. 감정에 필요한 처분의 이유

제115조【준용규정】 제85조, 제86조 및 제88조의 규정은 법 제221조의3에 규정한 유치처분에, 제89조의 규정은 법 제221조의4에 규정한 허가장에 각 이를 준용한다.

제116조【고소인의 신분관계 자료제출】 ① 법 제225조 내지 제227조의 규정에 의하여 고소할 때에는 고소인과 피해자와의 신분관계를 소명하는 서면을, 법 제229조에 의하여 고소할 때에는 혼인의 해소 또는 이혼소송의 제기사실을 소명하는 서면을 각 제출하여야 한다.

② 법 제228조의 규정에 의하여 검사의 지정을 받은 고소인이 고소할 때에는 그 지정받은 사실을 소명하는 서면을 제출하여야 한다.

제2장 공 소

제117조【공소장의 기재요건】 ① 공소장에는 법 제254조 제3항에 규정한 사항 외에 다음 각 호의 사항을 기재하여야 한다.

〈개정 2007.10.29.〉

1. 피고인의 주민등록번호 등, 직업, 주거 및 등록기준지. 다만, 피고인이 법인인 때에는 사무소 및 대표자의 성명과 주소
2. 피고인이 구속되어 있는지 여부 — • 필요적 기재사항

② 제1항 제1호에 규정한 사항이 명백하지 아니할 때에는 그 취지를 기재하여야 한다.

• 예단을 줄 염려가 없는 서류 → 공소장일본주의에 반하지 않음

제118조【공소장의 첨부서류】 ① 공소장에는 공소제기 전에 변호인이 선임되거나 보조인의 신고가 있는 경우 그 변호인선임서 또는 보조인신고서를, 공소제기 전에 특별대리인의 선임이 있는 경우 그 특별대리인 선임결정등본을, 공소제기 당시 피고인이 구속되어 있거나, 체포 또는 구속된 후 석방된 경우 체포영장, 긴급체포서, 구속영장 기타 구속에 관한 서류를 각 첨부하여야 한다.

② 공소장에는 제1항에 규정한 서류 외에 사건에 관하여 법원에 예단이 생기게 할 수 있는 서류 기타 물건을 첨부하거나 그 내용을 인용하여서는 아니 된다.

공소장일본주의(예단배제, 당사자주의)

첨부금지 인용금지

※ 인용금지 예외
문서를 수단으로 한 협박 · 공갈 · 명예훼손 등의 사건에 있어 문서의 기재내용-그 자체가 범죄구성요건에 해당하는 중요한 요소이기 때문에 공소사실을 특정하기 위해 인용하는 것은 적법

제119조 삭제 〈2007.10.29.〉

제120조【재정신청인에 대한 통지】 법원은 재정신청서를 송부받은 때에는 송부받은 날로부터 10일 이내에 피의자 이외에 재정신청인에게도 그 사유를 통지하여야 한다.

고발인 · 고소인

[전문개정 2007.10.29.]

제121조【재정신청의 취소방식 및 취소의 통지】 ① 법 제264조 제2항에 규정된 취소는 관할고등법원에 서면으로 하여야 한다. 다만, 기록이 관할고등법원에 송부되기 전에는 그 기록이 있는 검찰청 검사장 또는 지청장에게 하여야 한다.

② 제1항의 취소서를 제출받은 고등법원의 법원사무관 등은 즉시 관할 고등검찰청 검사장 및 피의자에게 그 사유를 통지하여야 한다.

〈개정 2007.10.29.〉

제122조【재정신청에 대한 결정과 이유의 기재】 법 제262조 제2항 제2호에 따라 공소제기를 결정하는 때에는 죄명과 공소사실이 특정될 수 있도록 이유를 명시하여야 한다.

[전문개정 2007.10.29.]

제122조의2【국가에 대한 비용부담의 범위】 법 제262조의3 제1항에 따른 비용은 다음 각 호에 해당하는 것으로 한다. 〈개정 2020.6.26.〉

1. 증인 · 감정인 · 통역인(듣거나 말하는 데 장애가 있는 사람을 위한 통역인을 제외한다) · 번역인에게 지급되는 일당 · 여비 · 숙박료 · 감정료 · 통역료 · 번역료
2. 현장검증 등을 위한 법관, 법원사무관 등의 출장경비
3. 그 밖에 재정신청 사건의 심리를 위하여 법원이 지출한 송달료 등 절차진행에 필요한 비용

[본조신설 2007.10.29.]

제122조의3【국가에 대한 비용부담의 절차】 ① 법 제262조의3 제1항에 따른 재판의 집행에 관하여는 법 제477

조의 규정을 준용한다.

② 제1항의 비용의 부담을 명하는 재판에 그 금액을 표시하지 아니한 때에는 집행을 지휘하는 검사가 산정한다.

[본조신설 2007.10.29.]

제122조의4【피의자에 대한 비용지급의 범위】 ① 법 제262조의3 제2항과 관련한 비용은 다음 각 호에 해당하는 것으로 한다.

1. 피의자 또는 변호인이 출석함에 필요한 일당·여비·숙박료
2. 피의자가 변호인에게 부담하였거나 부담하여야 할 선임료
3. 기타 재정신청 사건의 절차에서 피의자가 지출한 비용으로 법원이 피의자의 방어권행사에 필요하다고 인정한 비용

② 제1항 제2호의 비용을 계산함에 있어 선임료를 부담하였거나 부담할 변호인이 여러 명이 있은 경우에는 그중 가장 고액의 선임료를 상한으로 한다.

③ 제1항 제2호의 변호사 선임료는 사안의 성격·난이도, 조사에 소요된 기간 그 밖에 변호인의 변론활동에 소요된 노력의 정도 등을 종합적으로 고려하여 상당하다고 인정되는 금액으로 정한다.

[본조신설 2007.10.29.]

제122조의5【피의자에 대한 비용지급의 절차】 ① 피의자가 법 제262조의3 제2항에 따른 신청을 할 때에는 다음 각 호의 사항을 기재한 서면을 재정신청사건의 관할 법원에 제출하여야 한다.

1. 재정신청 사건번호
2. 피의자 및 재정신청인
3. 피의자가 재정신청절차에서 실제 지출하였거나 지출하여야 할 금액 및 그 용도
4. 재정신청인에게 지급을 구하는 금액 및 그 이유

② 피의자는 제1항의 서면을 제출함에 있어 비용명세서 그 밖에 비용액을 소명하는 데 필요한 서면과 고소인 수에 상응하는 부본을 함께 제출하여야 한다.

③ 법원은 제1항 및 제2항의 서면의 부본을 재정신청인에게 송달하여야 하고, 재정신청인은 위 서면을 송달받은 날로부터 10일 이내에 이에 대한 의견을 서면으로 법원에 낼 수 있다.

④ 법원은 필요하다고 인정하는 경우에는 피의자 또는 변호인에게 비용액의 심리를 위하여 필요한 자료의 제출 등을 요구할 수 있고, 재정신청인, 피의자 또는 변호인을 심문할 수 있다.

⑤ 비용지급명령에는 피의자 및 재정신청인, 지급을 명하는 금액을 표시하여야 한다. 비용지급명령의 이유는 특히 필요하다고 인정되는 경우가 아니면 이를 기재하지 아니한다.

⑥ 비용지급명령은 피의자 및 재정신청인에게 송달하여야 하고, 법 제262조의3 제3항에 따른 즉시항고기간은 피의자 또는 재정신청인이 비용지급명령서를 송달받은 날부터 진행한다.

⑦ 확정된 비용지급명령정본은 「민사집행법」에 따른 강제집행에 관하여는 민사절차에서의 집행력 있는 판결정본과 동일한 효력이 있다. [본조신설 2007.10.29.]

제3장 공 판

제1절 공판준비와 공판절차

제123조【제1회공판기일소환장의 송달시기】 피고인에 대한 제1회 공판기일소환장은 법 제266조의 규정에 의한 공소장부본의 송달 전에는 이를 송달하여서는 아니된다.

• 공소제기가 있는 때에는 지체없이 송달. 단, 제1회 공판기일 5일 전까지 송달

제123조의2【공소제기 후 검사가 보관하는 서류 등의 열람·등사 신청】 법 제266조의3 제1항의 신청은 다음 사항을 기재한 서면으로 하여야 한다.

1. 사건번호, 사건명, 피고인
2. 신청인 및 피고인과의 관계
3. 열람 또는 등사할 대상

[본조신설 2007.10.29.]

제123조의3【영상녹화물과 열람·등사】 법 제221조·법 제244조의2에 따라 작성된 영상녹화물에 대한 법 제266조의3의 열람·등사는 원본과 함께 작성된 부본에 의하여 이를 행할 수 있다. [본조신설 2007.10.29.]

제123조의4【법원에 대한 열람·등사 신청】 ① 법 제266조의4 제1항의 신청은 다음 사항을 기재한 서면으로 하여야 한다.

1. 열람 또는 등사를 구하는 서류 등의 표목
2. 열람 또는 등사를 필요로 하는 사유

② 제1항의 신청서에는 다음 각 호의 서류를 첨부하여야 한다.

1. 제123조의2의 신청서 사본
2. 검사의 열람·등사 불허 또는 범위 제한 통지서. 다만 검사가 서면으로 통지하지 않은 경우에는 그 사유를 기재한 서면
3. 신청서 부본 1부

③ 법원은 제1항의 신청이 있는 경우, 즉시 신청서 부본을 검사에게 송부하여야 하고, 검사는 이에 대한 의견을 제시할 수 있다.

④ 제1항, 제2항 제1호·제3호의 규정은 법 제266조의11 제3항에 따른 검사의 신청에 이를 준용한다. 법원은 검사의 신청이 있는 경우 즉시 신청서 부본을 피고인 또는 변호인에게 송부하여야 하고, 피고인 또는 변호인은 이에 대한 의견을 제시할 수 있다.

[본조신설 2007.10.29.]

제123조의5【공판준비기일 또는 공판기일에서의 열람·등사】 ① 검사, 피고인 또는 변호인은 공판준비 또는 공판기일에서 법원의 허가를 얻어 구두로 상대방에게 법 제266조의3·제266조의11에 따른 서류 등의 열람 또는 등사를 신청할 수 있다.

② 상대방이 공판준비 또는 공판기일에서 서류 등의 열람 또는 등사를 거부하거나 그 범위를 제한한 때에는 법원은 법 제266조의4 제2항의 결정을 할 수 있다.

• 거부하면 증거로 사용×

③ 제1항, 제2항에 따른 신청과 결정은 공판준비 또는 공판기일의 조서에 기재하여야 한다.

[본조신설 2007.10.29.]

제123조의6【재판의 고지 등에 관한 특례】 법원은 서면 이외에 전화·모사전송·전자우편·휴대전화 문자전송 그 밖에 적당한 방법으로 검사·피고인 또는 변호인에게 공판준비와 관련된 의견을 요청하거나 결정을 고지할 수 있다. [본조신설 2007.10.29.]

제123조의7【쟁점의 정리】 ① 사건이 공판준비절차에 부쳐진 때에는 검사는 증명하려는 사실을 밝히고 이를 증명하는 데 사용할 증거를 신청하여야 한다.

② 피고인 또는 변호인은 검사의 증명사실과 증거신청에 대한 의견을 밝히고, 공소사실에 관한 사실상·법률상 주장과 그에 대한 증거를 신청하여야 한다.

③ 검사·피고인 또는 변호인은 필요한 경우 상대방의 주장 및 증거신청에 대하여 필요한 의견을 밝히고, 그에 관한 증거를 신청할 수 있다. • 증거조사는×

[본조신설 2007.10.29.]

제123조의8【심리계획의 수립】 ① 법원은 사건을 공판준비절차에 부친 때에는 집중심리를 하는 데 필요한 심리계획을 수립하여야 한다.

② 검사·피고인 또는 변호인은 특별한 사정이 없는 한 필요한 증거를 공판준비절차에서 일괄하여 신청하여야 한다.

③ 법원은 증인을 신청한 자에게 증인의 소재, 연락

처, 출석 가능성 및 출석이 가능한 일시 등 증인의 신문에 필요한 사항의 준비를 명할 수 있다.

[본조신설 2007.10.29.]

제123조의9【기일외 공판준비】 ① 재판장은 검사 · 피고인 또는 변호인에게 기한을 정하여 공판준비절차의 진행에 필요한 사항을 미리 준비하게 하거나 그 밖에 공판준비에 필요한 명령을 할 수 있다.

② 재판장은 기한을 정하여 법 제266조의6 제2항에 규정된 서면의 제출을 명할 수 있다.

공판준비를 위한 서면을 제출

③ 제2항에 따른 서면에는 필요한 사항을 구체적이고 간결하게 기재하여야 하고, 증거로 할 수 없거나 증거로 신청할 의사가 없는 자료에 기초하여 법원에 사건에 대한 예단 또는 편견을 발생하게 할 염려가 있는 사항을 기재하여서는 아니 된다.

④ 피고인이 제2항에 따른 서면을 낼 때에는 1통의 부본을, 검사가 제2항에 따른 서면을 낼 때에는 피고인의 수에 1을 더한 수에 해당하는 부본을 함께 제출하여야 한다. 다만, 여러 명의 피고인에 대하여 동일한 변호인이 선임된 경우에는 검사는 변호인의 수에 1을 더한 수에 해당하는 부본만을 낼 수 있다.

[본조신설 2007.10.29.]

제123조의10【공판준비기일의 변경】 검사 · 피고인 또는 변호인은 부득이한 사유로 공판준비기일을 변경할 필요가 있는 때에는 그 사유와 기간 등을 구체적으로 명시하여 공판준비기일의 변경을 신청할 수 있다.

[본조신설 2007.10.29.]

• 공판준비기일지정신청도 가능
cf) 공판기일의 경우에는 변경신청권만 있다.

제123조의11【공판준비기일이 지정된 사건의 국선변호인 선정】 ① 법 제266조의7에 따라 공판준비기일이 지정된 사건에 관하여 피고인에게 변호인이 없는 때에는 법원은 지체 없이 국선변호인을 선정하고, 피고인 및 변호인에게 그 뜻을 고지하여야 한다.

1심까지 효력발생

② 공판준비기일이 지정된 후에 변호인이 없게 된 때에도 제1항을 준용한다.

[본조신설 2007.10.29.]

제123조의12【공판준비기일조서】 ① 법원이 공판준비기일을 진행한 경우에는 참여한 법원사무관 등이 조서를 작성하여야 한다.

② 제1항의 조서에는 피고인, 증인, 감정인, 통역인 또는 번역인의 진술의 요지와 쟁점 및 증거에 관한 정리결과 그 밖에 필요한 사항을 기재하여야 한다.

③ 제1항, 제2항의 조서에는 재판장 또는 법관과 참여한 법원사무관 등이 기명날인 또는 서명하여야 한다.

[본조신설 2007.10.29.]

제123조의13【비디오 등 중계장치 등에 의한 공판준비기일】

영상공판준비기일절차

① 법 제266조의17 제1항에 따른 공판준비기일(이하 "영상공판준비기일"이라 한다)은 검사, 변호인을 비디오 등 중계장치에 의한 중계시설에 출석하게 하거나 인터넷 화상장치를 이용하여 지정된 인터넷주소에 접속하게 하고, 영상과 음향의 송수신에 의하여 법관, 검사, 변호인이 상대방을 인식할 수 있는 방법으로 한다.

비디오 중계장치 / 인터넷 화상장치

② 제1항의 비디오 등 중계장치에 의한 중계시설은 법원 청사 안에 설치하되, 필요한 경우 법원 청사 밖의 적당한 곳에 설치할 수 있다.

③ 법원은 제2항 후단에 따라 비디오 등 중계장치에 의한 중계시설이 설치된 관공서나 그 밖의 공사단체의 장에게 영상공판준비기일의 원활한 진행에 필요한 조치를 요구할 수 있다.

④ 영상공판준비기일에서의 서류 등의 제시는 비디오 등 중계장치에 의한 중계시설이나 인터넷 화상장치를 이용하거나 모사전송, 전자우편, 그 밖에 이에 준하는 방법으로 할 수 있다.

⑤ 인터넷 화상장치를 이용하는 경우 영상공판준비기일에 지정된 인터넷 주소에 접속하지 아니한 때에는

인터넷 주소 미접속=불출석

불출석한 것으로 본다. 다만, 당사자가 책임질 수 없는 사유로 접속할 수 없었던 때에는 그러하지 아니하다.
⑥ 통신불량, 소음, 서류 등 확인의 불편, 제3자 관여 우려 등의 사유로 영상공판준비기일의 실시가 상당하지 아니한 당사자가 있는 경우 법원은 기일을 연기 또는 속행하면서 그 당사자가 법정에 직접 출석하는 기일을 지정할 수 있다.
⑦ 법원조직법 제58조제2항에 따른 명령을 위반하는 행위, 같은 법 제59조에 위반하는 행위, 심리방해행위 또는 재판의 위신을 현저히 훼손하는 행위가 있는 경우 감치 또는 과태료에 처하는 재판에 관하여는 법정등의질서유지를위한재판에관한규칙에 따른다.
⑧ 영상공판준비기일을 실시한 경우 그 취지를 조서에 적어야 한다.
[본조신설 2021.10.29.]

제124조【공판개정시간의 구분 지정】 재판장은 가능한 한 각 사건에 대한 공판개정시간을 구분하여 지정하여야 한다.

제124조의2【일괄 기일 지정과 당사자의 의견 청취】 재판장은 법 제267조의2 제3항의 규정에 의하여 여러 공판기일을 일괄하여 지정할 경우에는 검사, 피고인 또는 변호인의 의견을 들어야 한다.
집중심리
[본조신설 2007.10.29.]

제125조【공판기일 변경신청】 법 제270조 제1항에 규정한 공판기일 변경신청에는 공판기일의 변경을 필요로 하는 사유와 그 사유가 계속되리라고 예상되는 기간을 명시하여야 하며 진단서 기타의 자료로써 이를 소명하여야 한다.

제125조의2【변론의 방식】 공판정에서의 변론은 구체적이고 명료하게 하여야 한다.
[본조신설 2007.10.29.]

제126조【피고인의 대리인의 대리권】 피고인이 법 제276조 단서 또는 법 제277조에 따라 공판기일에 대리인을 출석하게 할 때에는 그 대리인에게 대리권을 수여한 사실을 증명하는 서면을 법원에 제출하여야 한다.
〈개정 2007.10.29.〉

제126조의2【신뢰관계 있는 자의 동석】 ① 법 제276조의2 제1항에 따라 피고인과 동석할 수 있는 신뢰관계에 있는 자는 피고인의 배우자, 직계 친족, 형제자매, 가족, 동거인, 고용주 그 밖에 피고인의 심리적 안정과 원활한 의사소통에 도움을 줄 수 있는 자를 말한다.
② 법 제276조의2 제1항에 따른 동석 신청에는 동석하고자 하는 자와 피고인 사이의 관계, 동석이 필요한 사유 등을 밝혀야 한다.
③ 피고인과 동석한 신뢰관계에 있는 자는 재판의 진행을 방해하여서는 아니 되며, 재판장은 동석한 신뢰관계 있는 자가 부당하게 재판의 진행을 방해하는 때에는 동석을 중지시킬 수 있다.
[본조신설 2007.10.29.] [종전 제126조의2는 제126조의4로 이동 〈2007.10.29.〉]

• ① 장기 3년 이하의 징역 또는 금고
② 다액 500만원을 초과하는 벌금 · 구류

제126조의3【불출석의 허가와 취소】 ① 법 제277조 제3호에 규정한 불출석허가신청은 공판기일에 출석하여 구술로 하거나 공판기일 외에서 서면으로 할 수 있다.
② 법원은 피고인의 불출석허가신청에 대한 허가 여부를 결정하여야 한다.
• 허가하더라도 인정신문에는 출석해야 됨
③ 법원은 피고인의 불출석을 허가한 경우에도 피고인의 권리보호 등을 위하여 그 출석이 필요하다고 인정되는 때에는 불출석 허가를 취소할 수 있다.
[본조신설 2007.10.29.] [종전 제126조의3은 제126조의5로 이동]

제126조의4【출석거부의 통지】 법 제277조의2의 사유가 발생하는 경우에는 교도소장은 즉시 그 취지를 법원에 통지하여야 한다.

피고인의 출석거부

[제126조의2에서 이동, 종전 제126조의4는 제126조의6으로 이동 〈2007.10.29.〉]

제126조의5【출석거부에 관한 조사】 ① 법원이 법 제277조의2에 따라 피고인의 출석 없이 공판절차를 진행하고자 하는 경우에는 미리 그 사유가 존재하는가의 여부를 조사하여야 한다.

〈개정 2007.10.29.〉

② 법원이 제1항의 조사를 함에 있어서 필요하다고 인정하는 경우에는 교도관리 기타 관계자의 출석을 명하여 진술을 듣거나 그들로 하여금 보고서를 제출하도록 명할 수 있다.

〈개정 2007.10.29.〉

③ 법원은 합의부원으로 하여금 제1항의 조사를 하게 할 수 있다.

[제126조의3에서 이동 〈2007.10.29.〉]

[제목개정 2007.10.29.]

제126조의6【피고인 또는 검사의 출석 없이 공판절차를 진행한다는 취지의 고지】 법 제277조의2의 규정에 의하여 피고인의 출석 없이 공판절차를 진행하는 경우 또는 법 제278조의 규정에 의하여 검사의 2회 이상 불출석으로 공판절차를 진행하는 경우에는 재판장은 공판정에서 소송관계인에게 그 취지를 고지하여야 한다.

[제126조의4에서 이동 〈2007.10.29.〉]

• 278조 후단 규정인 판결만을 선고하는 때는 해당×
cf) 피고인은 판결선고할 때에는 출석해야 한다.

제126조의7【전문심리위원의 지정】 법원은 전문심리위원규칙에 따라 정해진 전문심리위원 후보자 중에서 전문심리위원을 지정하여야 한다.

[본조신설 2007.12.31.]

제126조의8【기일 외의 전문심리위원에 대한 설명 등의 요구와 통지】 재판장이 기일 외에서 전문심리위원에 대하여 설명 또는 의견을 요구한 사항이 소송관계를 분명하게 하는 데 중요한 사항일 때에는 법원사무관 등은 검사, 피고인 또는 변호인에게 그 사항을 통지하여야 한다.

[본조신설 2007.12.31.]

제126조의9【서면의 사본 송부】 전문심리위원이 설명이나 의견을 기재한 서면을 제출한 경우에는 법원사무관 등은 검사, 피고인 또는 변호인에게 그 사본을 보내야 한다.

[본조신설 2007.12.31.]

제126조의10【전문심리위원에 대한 준비지시】 ① 재판장은 전문심리위원을 소송절차에 참여시키기 위하여 필요하다고 인정한 때에는 쟁점의 확인 등 적절한 준비를 지시할 수 있다.

② 재판장이 제1항의 준비를 지시한 때에는 법원사무관 등은 검사, 피고인 또는 변호인에게 그 취지를 통지하여야 한다.

[본조신설 2007.12.31.]

제126조의11【증인신문기일에서의 재판장의 조치】 재판장은 전문심리위원의 말이 증인의 증언에 영향을 미치지 않게 하기 위하여 필요하다고 인정할 때에는 직권 또는 검사, 피고인 또는 변호인의 신청에 따라 증인의 퇴정 등 적절한 조치를 취할 수 있다.

[본조신설 2007.12.31.]

제126조의12【조서의 기재】 ① 전문심리위원이 공판준비기일 또는 공판기일에 참여한 때에는 조서에 그 성명을 기재하여야 한다.

② 전문심리위원이 재판장, 수명법관 또는 수탁판사의 허가를 받아 소송관계인에게 질문을 한 때에는 조

서에 그 취지를 기재하여야 한다.

[본조신설 2007.12.31.]

제126조의13【전문심리위원 참여 결정의 취소 신청 방식 등】 ① 법 제279조의2 제1항에 따른 결정의 취소 신청은 기일에서 하는 경우를 제외하고는 서면으로 하여야 한다.

② 제1항의 신청을 할 때에는 신청 이유를 밝혀야 한다. 다만, 검사와 피고인 또는 변호인이 동시에 신청할 때에는 그러하지 아니하다.

[본조신설 2007.12.31.]

제126조의14【수명법관 등의 권한】 수명법관 또는 수탁판사가 소송절차를 진행하는 경우에는 제126조의10부터 제126조의12까지의 규정에 따른 재판장의 직무는 그 수명법관이나 수탁판사가 행한다.

[본조신설 2007.12.31.]

제127조【피고인에 대한 진술거부권 등의 고지】 재판장은 법 제284조에 따른 인정신문을 하기 전에 피고인에게 진술을 하지 아니하거나 개개의 질문에 대하여 진술을 거부할 수 있고, 이익 되는 사실을 진술할 수 있음을 알려 주어야 한다. [전문개정 2007.10.29.]

제127조의2【피고인의 모두진술】 ① 재판장은 법 제285조에 따른 검사의 모두진술 절차를 마친 뒤에 피고인에게 공소사실을 인정하는지 여부에 관하여 물어야 한다.

② 피고인 및 변호인은 공소에 관한 의견 그 밖에 이익이 되는 사실 등을 진술할 수 있다.

[본조신설 2007.10.29.]

제128조 삭제 〈2007.10.29.〉

제129조 삭제 〈2007.10.29.〉

제130조 삭제 〈2007.10.29.〉

제131조【간이공판절차의 결정전의 조치】 법원이 법 제286조의2의 규정에 의한 결정을 하고자 할 때에는 재판장은 이미 피고인에게 간이공판절차의 취지를 설명하여야 한다.

제132조【증거의 신청】 검사·피고인 또는 변호인은 특별한 사정이 없는 한 필요한 증거를 일괄하여 신청하여야 한다. — • 효율적인 공판준비를 위해서

당사자의 신청에 의한 증거조사가 원칙

[본조신설 2007.10.29.] [종전 제132조는 제132조의2로 이동 〈2007.10.29.〉]

제132조의2【증거신청의 방식】 ① 검사, 피고인 또는 변호인이 증거신청을 함에 있어서는 그 증거와 증명하고자 하는 사실과의 관계를 구체적으로 명시하여야 한다.

서면 또는 구두

② 피고인의 자백을 보강하는 증거나 정상에 관한 증거는 보강증거 또는 정상에 관한 증거라는 취지를 특히 명시하여 그 조사를 신청하여야 한다.

③ 서류나 물건의 일부에 대한 증거신청을 함에 있어서는 증거로 할 부분을 특정하여 명시하여야 한다.

④ 법원은 필요하다고 인정할 때에는 증거신청을 한 자에게, 신문할 증인, 감정인, 통역인 또는 번역인의 성명, 주소, 서류나 물건의 표목 및 제1항 내지 제3항에 규정된 사항을 기재한 서면의 제출을 명할 수 있다.

⑤ 제1항 내지 제4항의 규정에 위반한 증거신청은 이를 기각할 수 있다.

[제132조에서 이동, 종전 제132조의2는 제132조의3으로 이동 〈2007.10.29.〉]

제132조의3【수사기록의 일부에 대한 증거신청방식】 ① 법 제311조부터 법 제315조까지 또는 법 제318조에 따라 증거로 할 수 있는 서류나 물건이 수사기록의 일부인 때에는 검사는 이를 특정하여 개별적으로 제출함으로써 그 조사를 신청하여야 한다. 수사기록의 일부인 서

류나 물건을 자백에 대한 보강증거나 피고인의 정상에 관한 증거로 낼 경우 또는 법 제274조에 따라 공판기일 전에 서류나 물건을 낼 경우에도 이와 같다.
〈개정 2007.10.29.〉

② 제1항의 규정에 위반한 증거신청은 이를 기각할 수 있다.

[제132조의2에서 이동, 종전 제132조의3은 제132조의 4로 이동 〈2007.10.29.〉]

제132조의4【보관서류에 대한 송부요구】 ① 법 제272조에 따른 보관서류의 송부요구신청은 법원, 검찰청, 수사처, 기타의 공무소 또는 공사단체(이하 "법원 등"이라고 한다)가 보관하고 있는 서류의 일부에 대하여도 할 수 있다.

공무소 등에 대한 조회

〈개정 2007.10.29., 2021.1.29.〉

② 제1항의 신청을 받은 법원이 송부요구신청을 채택하는 경우에는 서류를 보관하고 있는 법원 등에 대하여 그 서류 중 신청인 또는 변호인이 지정하는 부분의 인증등본을 송부하여 줄 것을 요구할 수 있다.

③ 제2항의 규정에 의한 요구를 받은 법원 등은 당해서류를 보관하고 있지 아니하거나 기타 송부요구에 응할 수 없는 사정이 있는 경우를 제외하고는 신청인 또는 변호인에게 당해서류를 열람하게 하여 필요한 부분을 지정할 수 있도록 하여야 하며 정당한 이유 없이 이에 대한 협력을 거절하지 못한다.

④ 서류의 송부요구를 받은 법원 등이 당해서류를 보관하고 있지 아니하거나 기타 송부요구에 응할 수 없는 사정이 있는 때에는 그 사유를 요구법원에 통지하여야 한다.

[제132조의3에서 이동 〈2007.10.29.〉]

[제목개정 2007.10.29.]

제132조의5【민감정보 등의 처리】 ① 법원은 재판업무 및 그에 부수하는 업무의 수행을 위하여 필요한 경우 「개인정보 보호법」 제23조의 민감정보, 제24조의 고유식별정보 및 그 밖의 개인정보를 처리할 수 있다.
〈개정 2014.8.6.〉

② 법원은 필요하다고 인정하는 경우 법 제272조에 따라 법원 등에 대하여 제1항의 민감정보, 고유식별정보 및 그 밖의 개인정보가 포함된 자료의 송부를 요구할 수 있다. 〈개정 2014.8.6.〉

③ 제2항에 따른 송부에 관하여는 제132조의4 제2항부터 제4항까지의 규정을 준용한다.

[본조신설 2012.5.29.]

제133조【증거신청의 순서】 증거신청은 검사가 먼저 이를 한 후 다음에 피고인 또는 변호인이 이를 한다.

증거조사의 순서는 변경할 수 있다.

제134조【증거결정의 절차】 ① 법원은 증거결정을 함에 있어서 필요하다고 인정할 때에는 그 증거에 대한 검사, 피고인 또는 변호인의 의견을 들을 수 있다.

② 법원은 서류 또는 물건이 증거로 제출된 경우에 이에 관한 증거결정을 함에 있어서는 제출한 자로 하여금 그 서류 또는 물건을 상대방에게 제시하게 하여 상대방으로 하여금 그 서류 또는 물건의 증거능력 유무에 관한 의견을 진술하게 하여야 한다. 다만, 법 제318조의3의 규정에 의하여 동의가 있는 것으로 간주되는 경우에는 그러하지 아니하다.

동의가 있다는 말은 반대신문권을 포기한다는 의미

③ 삭제 〈2021.12.31.〉

• 사유 ① 증거신청이 법령에 위반
② 신청된 증거가 증거능력이 없거나 사건과 관련성×
③ 증거조사가 법률상 또는 사실상 불가능한 경우

④ 법원은 증거신청을 기각·각하하거나, 증거 신청에 대한 결정을 보류하는 경우, 증거신청인으로부터 당해 증거서류 또는 증거물을 제출받아서는 아니 된다.
〈신설 2007.10.29.〉

제134조의2【영상녹화물의 조사 신청】 ① 검사는 피고인이 아닌 피의자의 진술을 영상녹화한 사건에서 피고

인이 아닌 피의자가 그 조서에 기재된 내용이 자신이 진술한 내용과 동일하게 기재되어 있음을 인정하지 아니하는 경우 그 부분의 성립의 진정을 증명하기 위하여 영상녹화물의 조사를 신청할 수 있다.

〈개정 2020.12.28.〉

• 증거로 사용×, 정황증거×
기억환기용으로 사용 가능

② 삭제 〈개정 2020.12.28.〉

③ 제1항의 영상녹화물은 조사가 개시된 시점부터 조사가 종료되어 피의자가 조서에 기명날인 또는 서명을 마치는 시점까지 전과정이 영상녹화된 것으로, 다음 각 호의 내용을 포함하는 것이어야 한다.

피의자 동의×

1. 피의자의 신문이 영상녹화되고 있다는 취지의 고지
2. 영상녹화를 시작하고 마친 시각 및 장소의 고지
3. 신문하는 검사와 참여한 자의 성명과 직급의 고지
4. 진술거부권 · 변호인의 참여를 요청할 수 있다는 점 등의 고지
5. 조사를 중단 · 재개하는 경우 중단 이유와 중단 시각, 중단 후 재개하는 시각
6. 조사를 종료하는 시각

④ 제1항의 영상녹화물은 조사가 행해지는 동안 조사실 전체를 확인할 수 있도록 녹화된 것으로 진술자의 얼굴을 식별할 수 있는 것이어야 한다.

⑤ 제1항의 영상녹화물의 재생 화면에는 녹화 당시의 날짜와 시간이 실시간으로 표시되어야 한다.

⑥ 삭제 〈2020.12.28.〉

제134조의3【제3자의 진술과 영상녹화물】 ① 검사는 피의자가 아닌 자가 공판준비 또는 공판기일에서 조서가 자신이 검사 또는 사법경찰관 앞에서 진술한 내용과 동일하게 기재되어 있음을 인정하지 아니하는 경우 그 부분의 성립의 진정을 증명하기 위하여 영상녹화물의 조사를 신청할 수 있다.

영상녹화를 할 경우 동의 필요

② 검사는 제1항에 따라 영상녹화물의 조사를 신청하는 때에는 피의자가 아닌 자가 영상녹화에 동의하였다는 취지로 기재하고 기명날인 또는 서명한 서면을 첨부하여야 한다.

③ 제134조의2 제3항 제1호부터 제3호, 제5호, 제6호, 제4항, 제5항은 검사가 피의자가 아닌 자에 대한 영상녹화물의 조사를 신청하는 경우에 준용한다.

[본조신설 2007.10.29.]

제134조의4【영상녹화물의 조사】 ① 법원은 검사가 영상녹화물의 조사를 신청한 경우 이에 관한 결정을 함에 있어 원진술자와 함께 피고인 또는 변호인으로 하여금 그 영상녹화물이 적법한 절차와 방식에 따라 작성되어 봉인된 것인지 여부에 관한 의견을 진술하게 하여야 한다.

② 삭제 〈2020.12.28.〉

③ 법원은 공판준비 또는 공판기일에서 봉인을 해체하고 영상녹화물의 전부 또는 일부를 재생하는 방법으로 조사하여야 한다. 이때 영상녹화물은 그 재생과 조사에 필요한 전자적 설비를 갖춘 법정 외의 장소에서 이를 재생할 수 있다.

④ 재판장은 조사를 마친 후 지체 없이 법원사무관 등으로 하여금 다시 원본을 봉인하도록 하고, 원진술자와 함께 피고인 또는 변호인에게 기명 날인 또는 서명하도록 하여 검사에게 반환한다. 다만, 피고인의 출석 없이 개정하는 사건에서 변호인이 없는 때에는 피고인 또는 변호인의 기명 날인 또는 서명을 요하지 아니한다.

[본조신설 2007.10.29.]

제134조의5【기억 환기를 위한 영상녹화물의 조사】 ① 법 제318조의2 제2항에 따른 영상녹화물의 재생은 검사의 신청이 있는 경우에 한하고, 기억의 환기가 필요한 피고인 또는 피고인 아닌 자에게만 이를 재생하여 시청하게 하여야 한다.

증거로서 사용×

② 제134조의2 제3항부터 제5항까지와 제134조의4는 검사가 법 제318조의2 제2항에 의하여 영상녹화물의

재생을 신청하는 경우에 준용한다.

[본조신설 2007.10.29.]

제134조의6【증거서류에 대한 조사방법】 ① 법 제292조 제3항에 따른 증거서류 내용의 고지는 그 요지를 고지하는 방법으로 한다.

원칙은 신청인이 낭독

② 재판장은 필요하다고 인정하는 때에는 법 제292조 제1항 · 제2항 · 제4항의 낭독에 갈음하여 그 요지를 진술하게 할 수 있다.

[본조신설 2007.10.29.]

제134조의7【컴퓨터용디스크 등에 기억된 문자정보 등에 대한 증거조사】 ① 컴퓨터용디스크 그 밖에 이와 비슷한 정보저장매체(다음부터 이 조문 안에서 이 모두를 "컴퓨터디스크 등"이라 한다)에 기억된 문자정보를 증거자료로 하는 경우에는 읽을 수 있도록 출력하여 인증한 등본을 낼 수 있다.

② 컴퓨터디스크 등에 기억된 문자정보를 증거로 하는 경우에 증거조사를 신청한 당사자는 법원이 명하거나 상대방이 요구한 때에는 컴퓨터디스크 등에 입력한 사람과 입력한 일시, 출력한 사람과 출력한 일시를 밝혀야 한다.

③ 컴퓨터디스크 등에 기억된 정보가 도면 · 사진 등에 관한 것인 때에는 제1항과 제2항의 규정을 준용한다.

[본조신설 2007.10.29.]

제134조의8【음성 · 영상자료 등에 대한 증거조사】 ① 녹음 · 녹화테이프, 컴퓨터용디스크, 그 밖에 이와 비슷한 방법으로 음성이나 영상을 녹음 또는 녹화(다음부터 이 조문 안에서 "녹음 · 녹화 등"이라 한다)하여 재생할 수 있는 매체(다음부터 이 조문 안에서 "녹음 · 녹화매체 등"이라 한다)에 대한 증거조사를 신청하는 때에는 음성이나 영상이 녹음 · 녹화 등이 된 사람, 녹음 · 녹화 등을 한 사람 및 녹음 · 녹화 등을 한 일시 · 장소를 밝혀야 한다.

② 녹음 · 녹화매체 등에 대한 증거조사를 신청한 당사자는 법원이 명하거나 상대방이 요구한 때에는 녹음 · 녹음매체 등의 녹취서, 그 밖에 그 내용을 설명하는 서면을 제출하여야 한다.

③ 녹음 · 녹화매체 등에 대한 증거조사는 녹음 · 녹화매체 등을 재생하여 청취 또는 시청하는 방법으로 한다.

[본조신설 2007.10.29.]

제134조의9【준용규정】 도면 · 사진 그 밖에 정보를 담기 위하여 만들어진 물건으로서 문서가 아닌 증거의 조사에 관하여는 특별한 규정이 없으면 법 제292조, 법 제292조의2의 규정을 준용한다.

[본조신설 2007.10.29.]

제134조의10【피해자 등의 의견진술】 ① 법원은 필요하다고 인정하는 경우에는 직권으로 또는 법 제294조의2 제1항에 정한 피해자 등(이하 이 조 및 제134조의11에서 '피해자 등'이라 한다)의 신청에 따라 피해자 등을 공판기일에 출석하게 하여 법 제294조의2 제2항에 정한 사항으로서 범죄사실의 인정에 해당하지 않는 사항에 관하여 증인신문에 의하지 아니하고 의견을 진술하게 할 수 있다.

② 재판장은 재판의 진행상황 등을 고려하여 피해자 등의 의견진술에 관한 사항과 그 시간을 미리 정할 수 있다.

③ 재판장은 피해자 등의 의견진술에 대하여 그 취지를 명확하게 하기 위하여 피해자 등에게 질문할 수 있고, 설명을 촉구할 수 있다.

④ 합의부원은 재판장에게 알리고 제3항의 행위를 할 수 있다.

⑤ 검사, 피고인 또는 변호인은 피해자 등이 의견을 진

술한 후 그 취지를 명확하게 하기 위하여 재판장의 허가를 받아 피해자 등에게 질문할 수 있다.

⑥ 재판장은 다음 각 호의 어느 하나에 해당하는 경우에는 피해자 등의 의견진술이나 검사, 피고인 또는 변호인의 피해자 등에 대한 질문을 제한할 수 있다.

1. 피해자 등이나 피해자 변호사가 이미 해당 사건에 관하여 충분히 진술하여 다시 진술할 필요가 없다고 인정되는 경우
2. 의견진술 또는 질문으로 인하여 공판절차가 현저하게 지연될 우려가 있다고 인정되는 경우
3. 의견진술과 질문이 해당 사건과 관계없는 사항에 해당된다고 인정되는 경우
4. 범죄사실의 인정에 관한 것이거나, 그 밖의 사유로 피해자 등의 의견진술로서 상당하지 아니하다고 인정되는 경우

⑦ 제1항의 경우 법 제163조의2 제1항, 제3항 및 제84조의3을 준용한다.

[본조신설 2015.6.29.]

제134조의11【의견진술에 갈음한 서면의 제출】 ① 재판장은 재판의 진행상황, 그 밖의 사정을 고려하여 피해자 등에게 제134조의10 제1항의 의견진술에 갈음하여 의견을 기재한 서면을 제출하게 할 수 있다.

② 피해자 등의 의견진술에 갈음하는 서면이 법원에 제출된 때에는 검사 및 피고인 또는 변호인에게 그 취지를 통지하여야 한다.

③ 제1항에 따라 서면이 제출된 경우 재판장은 공판기일에서 의견진술에 갈음하는 서면의 취지를 명확하게 하여야 한다. 이 경우 재판장은 상당하다고 인정하는 때에는 그 서면을 낭독하거나 요지를 고지할 수 있다.

④ 제2항의 통지는 서면, 전화, 전자우편, 모사 전송, 휴대전화 문자전송 그 밖에 적당한 방법으로 할 수 있다.

[본조신설 2015.6.29.]

제134조의12【의견진술·의견진술에 갈음한 서면】 제134조의10 제1항에 따른 진술과 제134조의11 제1항에 따른 서면은 범죄사실의 인정을 위한 증거로 할 수 없다.

[본조신설 2015.6.29.]

제135조【자백의 조사 시기】 법 제312조 및 법 제313조에 따라 증거로 할 수 있는 피고인 또는 피고인 아닌 자의 진술을 기재한 조서 또는 서류가 피고인의 자백 진술을 내용으로 하는 경우에는 범죄사실에 관한 다른 증거를 조사한 후에 이를 조사하여야 한다.

자백조사의 보충성

[본조신설 2007.10.29.] [종전 제135조는 제135조의2 로 이동 〈2007.10.29.〉]

제135조의2【증거조사에 관한 이의신청의 사유】 법 제296조 제1항의 규정에 의한 이의신청은 법령의 위반이 있거나 상당하지 아니함을 이유로 하여 이를 할 수 있다. 다만, 법 제295조의 규정에 의한 결정에 대한 이의신청은 법령의 위반이 있음을 이유로 하여서만 이를 할 수 있다. [제135조에서 이동 〈2007.10.19.〉]

증거조사절차+조사단계에서 행하여지는 모든 처분

- 서면 또는 구두 가능
- 원칙 : 법원의 소송지휘권 ∴ ×

제136조【재판장의 처분에 대한 이의신청의 사유】 법 제304조 제1항의 규정에 의한 이의신청은 법령의 위반이 있음을 이유로 하여서만 이를 할 수 있다.

서면 또는 구두 가능

제137조【이의신청의 방식과 시기】 제135조 및 제136조에 규정한 이의신청(이하 이 절에서는 "이의신청"이라 한다)은 개개의 행위, 처분 또는 결정시마다 그 이유를 간결하게 명시하여 즉시 이를 하여야 한다.

제138조【이의신청에 대한 결정의 시기】 이의신청에 대한 법 제296조 제2항 또는 법 제304조 제2항의 결정은 이의신청이 있은 후 즉시 이를 하여야 한다.

제139조【이의신청에 대한 결정의 방식】 ① 시기에 늦은 이의신청, 소송지연만을 목적으로 하는 것임이 명백한 이의신청은 결정으로 이를 기각하여야 한다. 다만, 시기에 늦은 이의신청이 중요한 사항을 대상으로 하고 있는 경우에는 시기에 늦은 것만을 이유로 하여 기각하여서는 아니 된다.

② 이의신청이 이유 없다고 인정되는 경우에는 결정으로 이를 기각하여야 한다.

③ 이의신청이 이유 있다고 인정되는 경우에는 결정으로 이의신청의 대상이 된 행위, 처분 또는 결정을 중지, 철회, 취소, 변경하는 등 그 이의신청에 상응하는 조치를 취하여야 한다.

④ 증거조사를 마친 증거가 증거능력이 없음을 이유로 한 이의신청을 이유있다고 인정할 경우에는 그 증거의 전부 또는 일부를 배제한다는 취지의 결정을 하여야 한다.

제140조【중복된 이의신청의 금지】 이의신청에 대한 결정에 의하여 판단이 된 사항에 대하여는 다시 이의신청을 할 수 없다.

제140조의2【피고인신문의 방법】 피고인을 신문함에 있어서 그 진술을 강요하거나 답변을 유도하거나 그 밖에 위압적 · 모욕적 신문을 하여서는 아니 된다.

[본조신설 2007.10.29.]

제140조의3【재정인의 퇴정】 재판장은 피고인이 어떤 재정인의 앞에서 충분한 진술을 할 수 없다고 인정한 때에는 그 재정인을 퇴정하게 하고 진술하게 할 수 있다.

[본조신설 2007.10.29.]

제141조【석명권 등】 ① 재판장은 소송관계를 명료하게 하기 위하여 검사, 피고인 또는 변호인에게 사실상과 법률상의 사항에 관하여 석명을 구하거나 입증을 촉구할 수 있다.

재판장의 소송지휘권

判) 의무로 간주

② 합의부원은 재판장에게 고하고 제1항의 조치를 할 수 있다.

③ 검사, 피고인 또는 변호인은 재판장에 대하여 제1항의 석명을 위한 발문을 요구할 수 있다.

• 서면 또는 구두 가능
원칙 예외

제142조【공소장의 변경】 ① 검사가 법 제298조 제1항에 따라 공소장에 기재한 공소사실 또는 적용 법조의 추가, 철회 또는 변경(이하 "공소장의 변경"이라 한다)을 하고자 하는 때에는 그 취지를 기재한 공소장변경허가신청서를 법원에 제출하여야 한다. — • 서면으로 가능

〈개정 2007.10.29.〉

② 제1항의 공소장변경허가신청서에는 피고인의 수에 상응한 부본을 첨부하여야 한다.

③ 법원은 제2항의 부본을 피고인 또는 변호인에게 즉시 송달하여야 한다.

④ 공소장의 변경이 허가된 때에는 검사는 공판기일에 제1항의 공소장변경허가신청서에 의하여 변경된 공소사실 · 죄명 및 적용법조를 낭독하여야 한다. 다만, 재판장은 필요하다고 인정하는 때에는 공소장변경의 요지를 진술하게 할 수 있다. 〈개정 2007.10.29.〉

⑤ 법원은 제1항의 규정에도 불구하고 피고인이 재정하는 공판정에서는 피고인에게 이익이 되거나 피고인이 동의하는 경우 구술에 의한 공소장 변경을 허가할 수 있다.

제143조【공판절차정지 후의 공판절차의 갱신】 공판개정 후 법 제306조 제1항의 규정에 의하여 공판절차가 정지된 경우에는 그 정지사유가 소멸한 후의 공판기일에 공판절차를 갱신하여야 한다.

협의의 공판절차, 즉 공판기일의 절차만 해당

제144조【공판절차의 갱신절차】 ① 법 제301조, 법 제301조의2 또는 제143조에 따른 공판절차의 갱신은 다음 각 호의 규정에 의한다.

1. 재판장은 제127조의 규정에 따라 피고인에게 진술거부권 등을 고지한 후 법 제284조에 따른 인정신문을 하여 피고인임에 틀림없음을 확인하여야 한다.
2. 재판장은 검사로 하여금 공소장 또는 공소장변경허가신청서에 의하여 공소사실, 죄명 및 적용법조를 낭독하게 하거나 그 요지를 진술하게 하여야 한다.
3. 재판장은 피고인에게 공소사실의 인정 여부 및 정상에 관하여 진술할 기회를 주어야 한다.
4. 재판장은 갱신 전의 공판기일에서의 피고인이나 피고인이 아닌 자의 진술 또는 법원의 검증결과를 기재한 조서에 관하여 증거조사를 하여야 한다.
5. 재판장은 갱신 전의 공판기일에서 증거조사된 서류 또는 물건에 관하여 다시 증거조사를 하여야 한다. 다만, 증거능력 없다고 인정되는 서류 또는 물건과 증거로 함이 상당하지 아니하다고 인정되고 검사, 피고인 및 변호인이 이의를 하지 아니하는 서류 또는 물건에 대하여는 그러하지 아니하다.

② 재판장은 제1항 제4호 및 제5호에 규정한 서류 또는 물건에 관하여 증거조사를 함에 있어서 검사, 피고인 및 변호인의 동의가 있는 때에는 그 전부 또는 일부에 관하여 법 제292조 · 제292조의2 · 제292조의3에 규정한 방법에 갈음하여 상당하다고 인정하는 방법으로 이를 할 수 있다. [전문개정 2007.10.29.]

제145조【변론시간의 제한】 재판장은 필요하다고 인정하는 경우 검사, 피고인 또는 변호인의 본질적인 권리를 해치지 아니하는 범위 내에서 법 제302조 및 법 제303조의 규정에 의한 의견진술의 시간을 제한할 수 있다.

증거조사후의 검사의 의견진술
피고인의 최후진술

제2절 공판의 재판

제146조【판결서의 작성】 변론을 종결한 기일에 판결을 선고하는 경우에는 선고 후 5일 내에 판결서를 작성하여야 한다. [전문개정 2007.10.29.]

훈시기간

제147조【판결선고시의 훈계】 ① 재판장은 판결을 선고할 때 피고인에게 이유의 요지를 말이나 판결서 등본 또는 판결서 초본의 교부 등 적절한 방법으로 설명한다. — • 판결선고시 이유 설명 要

② 재판장은 판결을 선고하면서 피고인에게 적절한 훈계를 할 수 있다. [전문개정 2016.6.27.]

제147조의2【보호관찰의 취지 등의 고지, 보호처분의 기간】 ① 재판장은 판결을 선고함에 있어서 피고인에게 형법 제59조의2, 형법 제62조의2의 규정에 의하여 보호관찰, 사회봉사 또는 수강(이하 "보호관찰 등"이라고 한다)을 명하는 경우에는 그 취지 및 필요하다고 인정하는 사항이 적힌 서면을 교부하여야 한다. 〈개정 2016.2.19.〉 — • 서면 교부 要

② 법원은 판결을 선고함에 있어 형법 제62조의2의 규정에 의하여 사회봉사 또는 수강을 명하는 경우에는 피고인이 이행하여야 할 총 사회봉사시간 또는 수강시간을 정하여야 한다. 이 경우 필요하다고 인정하는 때에는 사회봉사 또는 수강할 강의의 종류나 방법 및 그 시설 등을 지정할 수 있다.

③ 「형법」 제62조의2 제2항의 사회봉사명령은 500시간, 수강명령은 200시간을 각 초과할 수 없으며, 보호관찰관이 그 명령을 집행함에는 본인의 정상적인 생활을 방해하지 아니하도록 한다.

④ 「형법」 제62조의2 제1항의 보호관찰 · 사회봉사 · 수강명령은 둘 이상 병과할 수 있다.

⑤ 사회봉사 · 수강명령이 보호관찰과 병과하여 부과된 때에는 보호관찰기간 내에 이를 집행하여야 한다.

제147조의3【보호관찰의 판결 등의 통지】 ① 보호관찰 등을 조건으로 한 판결이 확정된 때에 당해 사건이 확정된 법원의 법원사무관 등은 3일 이내에 판결문등본을 대상자의 주거지를 관할하는 보호관찰소의 장에게 송부하여야 한다.

② 제1항의 서면에는 법원의 의견 기타 보호관찰 등의 자료가 될 만한 사항을 기재한 서면을 첨부할 수 있다.

제147조의4【보호관찰 등의 성적보고】 보호관찰 등을 명한 판결을 선고한 법원은 보호관찰 등의 기간 중 보호관찰소장에게 보호관찰 등을 받고 있는 자의 성적에 관하여 보고를 하게 할 수 있다.

• 구속피고인의 편의를 위한 은혜적 규정에 불과. 송달하지 않아도 재판결과에 영향 × 법령위반 ×

제148조【피고인에 대한 판결서 등본 등의 송달】

① 법원은 피고인에 대하여 판결을 선고한 때에는 선고일부터 7일 이내에 피고인에게 그 판결서 등본을 송달하여야 한다. 다만, 피고인이 동의하는 경우에는 그 판결서 초본을 송달할 수 있다.

14일 → 7일

② 제1항에 불구하고 불구속 피고인과 법 제331조의 규정에 의하여 구속영장의 효력이 상실된 구속 피고인에 대하여는 피고인이 송달을 신청하는 경우에 한하여 판결서 등본 또는 판결서 초본을 송달한다.

[전문개정 2016.6.27.]

제149조【집행유예취소청구의 방식】 법 제335조 제1항의 규정한 형의 집행유예취소청구는 취소의 사유를 구체적으로 기재한 서면으로 하여야 한다.

제149조의2【자료의 제출】 형의 집행유예취소청구를 한 때에는 취소의 사유가 있다는 것을 인정할 수 있는 자료를 제출하여야 한다.

제149조의3【청구서부본의 제출과 송달】 ①「형법」제64조 제2항의 규정에 의한 집행유예취소청구를 한 때에는 검사는 청구와 동시에 청구서의 부본을 법원에 제출하여야 한다.

② 법원은 제1항의 부본을 받은 때에는 지체 없이 집행유예의 선고를 받은 자에게 송달하여야 한다.

제150조【출석명령】 형의 집행유예취소청구를 받은 법원은 법 제335조 제2항의 규정에 의한 의견을 묻기 위하여 필요하다고 인정할 경우에는 집행유예의 선고를 받은 자 또는 그 대리인의 출석을 명할 수 있다.

제150조의2【준용규정】 제149조 내지 제150조의 규정은「형법」제61조 제2항의 규정에 의하여 유예한 형을 선고하는 경우에 준용한다.

제151조【경합범 중 다시 형을 정하는 절차 등에의 준용】 제149조, 제149조의2 및 제150조의 규정은 법 제336조에 규정한 절차에 이를 준용한다.

제3편 상 소

• 재소자 특칙
재소자 특칙 적용
① 상소 제기
② 상소권회복청구
③ 상소의 포기 · 취하
④ 재심청구 및 취하
⑤ 상소이유서 제출

제1장 통 칙

제152조【재소자의 상소장 등의 처리】 ① 교도소장, 구치소장 또는 그 직무를 대리하는 자가 법 제344조 제1항의 규정에 의하여 상소장을 제출받은 때에는 그 제출받은 연월일을 상소장에 부기하여 즉시 이를 원심법원에 송부하여야 한다.

② 제1항의 규정은 교도소장, 구치소장 또는 그 직무를 대리하는 자가 법 제355조에 따라 정식재판청구나 상소권회복청구 또는 상소의 포기나 취하의 서면 및 상소이유서를 제출받은 때 및 법 제487조부터 법 제489조까지의 신청과 그 취하에 이를 준용한다.

〈개정 2007.10.29.〉

제153조【상소의 포기 또는 취하에 관한 동의서의 제출】

사형 · 무기징역이나 무기금고가 선고된 판결은 가능×

① 법 제350조에 규정한 피고인이 상소의 포기 또는 취하를 할 때에는 법정대리인이 이에 동의하는 취지의 서면을 제출하여야 한다.

② 피고인의 법정대리인 또는 법 제341조에 규정한 자가 상소의 취하를 할 때에는 피고인이 이에 동의하는 취지의 서면을 제출하여야 한다.

제154조【상소의 포기 또는 취하의 효력을 다투는 절차】

① 상소의 포기 또는 취하가 부존재 또는 무효임을 주장하는 자는 그 포기 또는 취하당시 소송기록이 있었던 법원에 절차속행의 신청을 할 수 있다.

상소권회복청구자 — • 원심법원
청구와 동시에 상소제기해야됨

② 제1항의 신청을 받은 법원은 신청이 이유 있다고 인정하는 때에는 신청을 인용하는 결정을 하고 절차를 속행하여야 하며, 신청이 이유 없다고 인정하는 때에는 결정으로 신청을 기각하여야 한다.

• 결정할 때까지 재판의 집행을 정지하는 결정을 할 수 있다.

③ 제2항 후단의 신청기각결정에 대하여는 즉시항고 할 수 있다.

제2장 항 소

제155조【항소이유서, 답변서의 기재】 항소이유서 또는 답변서에는 항소이유 또는 답변내용을 구체적으로 간결하게 명시하여야 한다.

• 항소이유서 20일 이내 제출(항소법원에)
답변서는 10일 이내 제출(항소법원에)

제156조【항소이유서, 답변서의 부본제출】 항소이유서 또는 답변서에는 상대방의 수에 2를 더한 수의 부본을 첨부하여야 한다.

상고의 경우 상대방의 수에 4를 더한 수의 부본 첨부

제156조의2【국선변호인의 선정 및 소송기록접수통지】

① 기록의 송부를 받은 항소법원은 법 제33조 제1항 제1호부터 제6호까지의 필요적 변호사건에 있어서 변호인이 없는 경우에는 지체 없이 변호인을 선정한 후 그 변호인에게 소송기록접수통지를 하여야 한다. 법 제33조 제3항에 의하여 국선변호인을 선정한 경우에도 그러하다.

② 항소법원은 항소이유서 제출기간이 도과하기 전에 피고인으로부터 법 제33조 제2항의 규정에 따른 국선변호인 선정청구가 있는 경우에는 지체 없이 그에 관한 결정을 하여야 하고, 이때 변호인을 선정한 경우에는 그 변호인에게 소송기록접수통지를 하여야 한다.

③ 제1항, 제2항의 규정에 따라 국선변호인 선정결정을 한 후 항소이유서 제출기간 내에 피고인이 책임질 수 없는 사유로 그 선정결정을 취소하고 새로운 국선변호인을 선정한 경우에도 그 변호인에게 소송기록접수통지를 하여야 한다.

④ 항소법원이 제2항의 국선변호인 선정청구를 기각한 경우에는 피고인이 국선변호인 선정청구를 한 날로부터 선정청구기각결정등본을 송달받은 날까지의 기간을 법 제361조의3 제1항이 정한 항소이유서 제출기

간에 산입하지 아니한다. 다만, 피고인이 최초의 국선변호인 선정청구기각결정을 받은 이후 같은 법원에 다시 선정청구를 한 경우에는 그 국선변호인 선정청구일로부터 선정청구기각결정등본 송달일까지의 기간에 대해서는 그러하지 아니하다.

제156조의3【항소이유 및 답변의 진술】 ① 항소인은 그 항소이유를 구체적으로 진술하여야 한다.

② 상대방은 항소인의 항소이유 진술이 끝난 뒤에 항소이유에 대한 답변을 구체적으로 진술하여야 한다.

③ 피고인 및 변호인은 이익이 되는 사실 등을 진술할 수 있다. [본조신설 2007.10.29.]

제156조의4【쟁점의 정리】 법원은 항소이유와 답변에 터잡아 해당 사건의 사실상 · 법률상 쟁점을 정리하여 밝히고 그 증명되어야 하는 사실을 명확히 하여야 한다. [본조신설 2007.10.29.]

제156조의5【항소심과 증거조사】 ① 재판장은 증거조사 절차에 들어가기에 앞서 제1심의 증거관계와 증거조사 결과의 요지를 고지하여야 한다.

• 증거로 쓸 수 있는 증거는 항소심에서도 증거능력 인정됨

② 항소심 법원은 다음 각 호의 어느 하나에 해당하는 경우에 한하여 증인을 신문할 수 있다.

1. 제1심에서 조사되지 아니한 데에 대하여 고의나 중대한 과실이 없고, 그 신청으로 인하여 소송을 현저하게 지연시키지 아니하는 경우
2. 제1심에서 증인으로 신문하였으나 새로운 중요한 증거의 발견 등으로 항소심에서 다시 신문하는 것이 부득이하다고 인정되는 경우
3. 그 밖에 항소의 당부에 관한 판단을 위하여 반드시 필요하다고 인정되는 경우

[본조신설 2007.10.29.]

제156조의6【항소심에서의 피고인 신문】 ① 검사 또는 변호인은 항소심의 증거조사가 종료한 후 항소이유의 당부를 판단함에 필요한 사항에 한하여 피고인을 신문할 수 있다.

② 재판장은 제1항에 따라 피고인 신문을 실시하는 경우에도 제1심의 피고인 신문과 중복되거나 항소이유의 당부를 판단하는 데 필요 없다고 인정하는 때에는 그 신문의 전부 또는 일부를 제한 할 수 있다.

③ 재판장은 필요하다고 인정하는 때에는 피고인을 신문할 수 있다. [본조신설 2007.10.29.]

제156조의7【항소심에서의 의견진술】 ① 항소심의 증거조사와 피고인 신문절차가 종료한 때에는 검사는 원심판결의 당부와 항소이유에 대한 의견을 구체적으로 진술하여야 한다.

② 재판장은 검사의 의견을 들은 후 피고인과 변호인에게도 제1항의 의견을 진술할 기회를 주어야 한다.

[본조신설 2007.10.29.]

제157조【환송 또는 이송판결이 확정된 경우 소송기록 등의 송부】 법 제366조 또는 법 제367조 본문의 규정에 의한 환송 또는 이송판결이 확정된 경우에는 다음 각 호의 규정에 의하여 처리하여야 한다. 〈개정 2021.1.29.〉

1. 항소법원은 판결확정일로부터 7일 이내에 소송기록과 증거물을 환송 또는 이송받을 법원에 송부하고, 항소법원에 대응하는 검찰청 검사 또는 수사처 검사에게 그 사실을 통지하여야 한다.
2. 제1호의 송부를 받은 법원은 지체 없이 그 법원에 대응한 검찰청 검사 또는 수사처 검사에게 그 사실을 통지하여야 한다.
3. 피고인이 교도소 또는 구치소에 있는 경우에는 항소법원에 대응한 검찰청 검사 또는 수사처 검사는 제1호의 통지를 받은 날로부터 10일 이내에 피고인을 환송 또는 이송받을 법원소재지의 교도소나 구치소에 이감한다.

제158조【변호인 선임의 효력】 원심법원에서의 변호인 선임은 법 제366조 또는 법 제367조의 규정에 의한 환송 또는 이송이 있은 후에도 효력이 있다.
변호권의 공백방지

제159조【준용규정】 제2편 중 공판에 관한 규정은 항소법원의 공판절차에 이를 준용한다.

제3장 상 고

제160조【상고이유서, 답변서의 부본 제출】 상고이유서 또는 답변서에는 상대방의 수에 4를 더한 수의 부본을 첨부하여야 한다.

제161조【피고인에 대한 공판기일의 통지등】 ① 법원사무관 등은 피고인에게 공판기일통지서를 송달하여야 한다.
② 상고심에서는 공판기일을 지정하는 경우에도 피고인의 이감을 요하지 아니한다.
③ 상고한 피고인에 대하여 이감이 있는 경우에는 검사는 지체 없이 이를 대법원에 통지하여야 한다.

제161조의2【참고인 의견서 제출】 ① 국가기관과 지방자치단체는 공익과 관련된 사항에 관하여 대법원에 재판에 관한 의견서를 제출할 수 있고, 대법원은 이들에게 의견서를 제출하게 할 수 있다.
② 대법원은 소송관계를 분명하게 하기 위하여 공공단체 등 그 밖의 참고인에게 의견서를 제출하게 할 수 있다. [본조신설 2015.1.28.]

제162조【대법관전원합의체사건에 관하여 부에서 할 수 있는 재판】 대법관전원합의체에서 본안재판을 하는 사건에 관하여 구속, 구속기간의 갱신, 구속의 취소, 보석, 보석의 취소, 구속의 집행정지, 구속의 집행정지의 취소를 함에는 대법관 3인 이상으로써 구성된 부에서 재판할 수 있다.

제163조【판결정정신청의 통지】 법 제400조 제1항에 규정한 판결정정의 신청이 있는 때에는 즉시 그 취지를 상대방에게 통지하여야 한다.
상고심 절차에서만 가능
직권 또는 검사, 상고인, 변호인

제164조【준용규정】 제155조, 제156조의2, 제157조 제1호, 제2호의 규정은 상고심의 절차에 이를 준용한다.

제4장 항 고

제165조【항고법원의 결정등본의 송부】 항고법원이 법 제413조 또는 법 제414조에 규정한 결정을 한 때에는 즉시 그 결정의 등본을 원심법원에 송부하여야 한다.

제4편 특별소송절차

제1장 재 심

제166조【재심청구의 방식】 재심의 청구를 함에는 재심청구의 취지 및 재심청구의 이유를 구체적으로 기재한 재심청구서에 원판결의 등본 및 증거자료를 첨부하여 관할법원에 제출하여야 한다.

제167조【재심청구 취하의 방식】 ① 재심청구의 취하는 서면으로 하여야 한다. 다만, 공판정에서는 구술로 할 수 있다.
② 구술로 재심청구의 취하를 한 경우에는 그 사유를 조서에 기재하여야 한다.

제168조【준용규정】 제152조의 규정은 재심의 청구와 그 취하에 이를 준용한다.

제169조【청구의 경합과 공판절차의 정지】 ① 항소기각의 확정판결과 그 판결에 의하여 확정된 제1심판결에

대하여 각각 재심의 청구가 있는 경우에 항소법원은 결정으로 제1심법원의 소송절차가 종료할 때까지 소송절차를 정지하여야 한다.

② 상고기각의 판결과 그 판결에 의하여 확정된 제1심 또는 제2심의 판결에 대하여 각각 재심의 청구가 있는 경우에 상고법원은 결정으로 제1심 법원 또는 항소법원의 소송절차가 종료할 때까지 소송절차를 정지하여야 한다.

제2장 약식절차

제170조【서류 등의 제출】 검사는 약식명령의 청구와 동시에 약식명령을 하는 데 필요한 증거서류 및 증거물을 법원에 제출하여야 한다.

- 공소장 일본주의의 예외
  ① 약식명령 → 정식재판 청구시에는 적용
  ② 즉결심판 → 정식재판 청구시에도 부적용

제171조【약식명령의 시기】 약식명령은 그 청구가 있은 날로부터 14일 내에 이를 하여야 한다.

제172조【보통의 심판】 ① 법원사무관 등은 약식명령의 청구가 있는 사건을 법 제450조의 규정에 따라 공판절차에 의하여 심판하기로 한 때에는 즉시 그 취지를 검사에게 통지하여야 한다.

② 제1항의 통지를 받은 검사는 5일 이내에 피고인 수에 상응한 공소장 부본을 법원에 제출하여야 한다.

③ 법원은 제2항의 공소장 부본에 관하여 법 제266조에 규정한 조치를 취하여야 한다.

제173조【준용규정】 제153조의 규정은 정식재판청구의 취하에 이를 준용한다.

제5편 재판의 집행

제174조【소송비용의 집행면제 등의 신청 등】 ① 법 제487조 내지 법 제489조의 규정에 의한 신청 및 그 취하는 서면으로 하여야 한다.

② 제152조의 규정은 제1항의 신청과 그 취하에 이를 준용한다.

제175조【소송비용의 집행면제 등의 신청 등의 통지】 법원은 제174조 제1항에 규정한 신청 또는 그 취하의 서면을 제출받은 경우에는 즉시 그 취지를 검사에게 통지하여야 한다.

제6편 보 칙

제176조【신청 기타 진술의 방식】 ① 법원 또는 판사에 대한 신청 기타 진술은 법 및 이 규칙에 다른 규정이 없으면 서면 또는 구술로 할 수 있다.

② 구술에 의하여 신청 기타의 진술을 할 때에는 법원사무관 등의 면전에서 하여야 한다.

③ 제2항의 경우에 법원사무관 등은 조서를 작성하고 기명날인하여야 한다.

제177조【재소자의 신청 기타 진술】 교도소장, 구치소장 또는 그 직무를 대리하는 자는 교도소 또는 구치소에 있는 피고인이나 피의자가 법원 또는 판사에 대한 신청 기타 진술에 관한 서면을 작성 하고자 할 때에는 그 편의를 도모하여야 하고, 특히 피고인이나 피의자가 그 서면을 작성할 수 없을 때에는 법 제344조 제2항의 규정에 준하는 조치를 취하여야 한다.

제177조의2【기일 외 주장 등의 금지】 ① 소송관계인은

기일 외에서 구술, 전화, 휴대전화 문자전송, 그 밖에 이와 유사한 방법으로 신체구속, 공소사실 또는 양형에 관하여 법률상 · 사실상 주장을 하는 등 법령이나 재판장의 지휘에 어긋나는 절차와 방식으로 소송행위를 하여서는 아니 된다.

② 재판장은 제1항을 어긴 소송관계인에게 주의를 촉구하고 기일에서 그 위반사실을 알릴 수 있다.

[본조신설 2016.9.6.]

제178조【영장의 유효기간】 영장의 유효기간은 7일로 한다. 다만, 법원 또는 법관이 상당하다고 인정하는 때에는 7일을 넘는 기간을 정할 수 있다.
재정기간

제179조【소년형사사건의 공판기일 지정】 삭제 〈2016.11.29.〉

2. 소송촉진 등에 관한 특례법

[시행 2024.4.17.] [법률 제20006호, 2024.1.16., 일부개정]

제1장 총 칙

제1조【목 적】 이 법은 소송의 지연(遲延)을 방지하고, 국민의 권리 · 의무의 신속한 실현과 분쟁처리의 촉진을 도모함을 목적으로 한다.
[전문개정 2009.11.2.]

제2조【특례의 범위】 이 법은 제1조의 목적을 달성하기 위하여 법정이율(法定利率)과 독촉절차 및 형사소송에 관한 특례를 규정한다. 〈개정 2014.10.15.〉
[전문개정 2009.11.2.]

제2장 법정이율에 관한 특례

제3조【법정이율】 ① 금전채무의 전부 또는 일부의 이행을 명하는 판결(심판을 포함한다. 이하 같다)을 선고할 경우, 금전채무 불이행으로 인한 손해배상액 산정의 기준이 되는 법정이율은 그 금전채무의 이행을 구하는 소장(訴狀) 또는 이에 준하는 서면(書面)이 채무자에게 송달된 날의 다음 날부터는 연 100분의 40 이내의 범위에서 「은행법」에 따른 은행이 적용하는 연체금리 등 경제 여건을 고려하여 대통령령으로 정하는 이율에 따른다. 다만, 「민사소송법」 제251조에 규정된 소(訴)에 해당하는 경우에는 그러하지 아니하다.
〈개정 2010.5.17.〉
② 채무자에게 그 이행의무가 있음을 선언하는 사실심(事實審) 판결이 선고되기 전까지 채무자가 그 이행의무의 존재 여부나 범위에 관하여 항쟁(抗爭)하는 것이 타당하다고 인정되는 경우에는 그 타당한 범위에서 제1항을 적용하지 아니한다.
[전문개정 2009.11.2.]

제3장 삭제 〈1990.1.13.〉

제4조 삭제 〈1990.1.13.〉
제5조 삭제 〈1990.1.13.〉
제6조 삭제 〈1990.1.13.〉
제7조 삭제 〈1990.1.13.〉
제8조 삭제 〈1990.1.13.〉
제9조 삭제 〈1990.1.13.〉
제10조 삭제 〈1990.1.13.〉
제11조 삭제 〈1990.1.13.〉
제12조 삭제 〈1990.1.13.〉
제13조 삭제 〈1990.1.13.〉
제14조 삭제 〈1990.1.13.〉
제15조 삭제 〈1990.1.13.〉
제16조 삭제 〈1990.1.13.〉

제4장 삭제 〈1990.1.13.〉

제17조 삭제 〈1990.1.13.〉
제18조 삭제 〈1990.1.13.〉
제19조 삭제 〈1990.1.13.〉
제20조 삭제 〈1990.1.13.〉

제5장 독촉절차에 관한 특례

제20조의2【공시송달에 의한 지급명령】 ① 다음 각 호의 어느 하나에 해당하는 자가 그 업무 또는 사업으로 취

득하여 행사하는 대여금, 구상금, 보증금 및 그 양수금 채권에 대하여 지급명령을 신청하는 경우에는 「민사소송법」 제462조 단서 및 같은 법 제466조 제2항 중 공시송달에 관한 규정을 적용하지 아니한다.
〈개정 2015.12.22., 2016.3.29., 2016.5.29., 2017.10.31., 2019.11.26., 2021.7.20., 2023.3.28.〉

1. 「은행법」에 따른 은행
2. 「중소기업은행법」에 따른 중소기업은행
3. 「한국산업은행법」에 따른 한국산업은행
4. 「농업협동조합법」에 따른 조합과 그 중앙회 및 농협은행
5. 「농업협동조합의 구조개선에 관한 법률」에 따른 농업협동조합자산관리회사
6. 「수산업협동조합법」에 따른 조합과 그 중앙회 및 수협은행

6의2. 「상호저축은행법」에 따른 상호저축은행

7. 「신용협동조합법」에 따른 신용협동조합 및 신용협동조합중앙회
8. 「새마을금고법」에 따른 금고 및 중앙회
9. 「보험업법」에 따른 보험회사
10. 「여신전문금융업법」에 따른 여신전문금융회사
11. 「기술보증기금법」에 따른 기술보증기금
12. 「신용보증기금법」에 따른 신용보증기금
13. 「산림조합법」에 따른 지역조합 · 전문조합과 그 중앙회
14. 「지역신용보증재단법」에 따른 신용보증재단 및 신용보증재단중앙회
15. 「한국주택금융공사법」에 따른 한국주택금융공사
16. 「한국자산관리공사 설립 등에 관한 법률」에 따른 한국자산관리공사
17. 「예금자보호법」에 따른 예금보험공사 및 정리금융회사
18. 「자산유동화에 관한 법률」에 따라 제1호부터 제6호까지, 제6호의2, 제7호부터 제17호까지의 어느 하나에 해당하는 자가 청구 채권의 자산보유자인 유동화전문회사
19. 「주택도시기금법」에 따른 주택도시보증공사
20. 「중소기업진흥에 관한 법률」에 따른 중소벤처기업진흥공단
21. 「소상공인 보호 및 지원에 관한 법률」에 따른 소상공인시장진흥공단
22. 그 밖에 제1호부터 제6호까지, 제6호의2, 제7호부터 제21호까지에 준하는 자로서 대법원규칙으로 정하는 자

② 제1항의 채권자는 지급명령을 공시송달에 의하지 아니하고는 송달할 수 없는 경우 청구원인을 소명하여야 한다.

③ 제2항에 따른 청구원인의 소명이 없는 때에는 결정으로 그 신청을 각하하여야 한다. 청구의 일부에 대하여 지급명령을 할 수 없는 때에 그 일부에 대하여도 또한 같다.

④ 제3항의 결정에 대하여는 불복할 수 없다.

⑤ 제1항에 따라 지급명령이 공시송달의 방법으로 송달되어 채무자가 이의신청의 기간을 지킬 수 없었던 경우 「민사소송법」 제173조 제1항에서 정한 소송행위의 추후보완 사유가 있는 것으로 본다.

[본조신설 2014.10.15.]

제6장 형사소송에 관한 특례

• 형사소송법에 규정되어 있다×

제21조【판결 선고기간】 판결의 선고는 제1심에서는 공소가 제기된 날부터 6개월 이내에, 항소심(抗訴審) 및 상고심(上告審)에서는 기록을 송부받은 날부터 4개월 이내에 하여야 한다.

[전문개정 2009.11.2.]

제22조【약식명령기간】 약식명령(略式命令)은 「형사소송법」 제450조의 경우를 제외하고는 그 청구가 있은 날

부터 14일 이내에 하여야 한다.

[전문개정 2009.11.2.]

제23조【제1심 공판의 특례】 제1심 공판절차에서 피고인에 대한 송달불능보고서(送達不能報告書)가 접수된 때부터 6개월이 지나도록 피고인의 소재(所在)를 확인할 수 없는 경우에는 대법원규칙으로 정하는 바에 따라 피고인의 진술 없이 재판할 수 있다. 다만, 사형, 무기 또는 장기(長期) 10년이 넘는 징역이나 금고에 해당하는 사건의 경우에는 그러하지 아니하다.

〈개정 2009.12.29.〉

[전문개정 2009.11.2.]

소송촉진 등에 관한 특례규칙

제19조【불출석피고인에 대한 재판】 ① 피고인에 대한 송달불능보고서가 접수된 때로부터 6월이 경과하도록 제18조 제2항 및 제3항의 규정에 의한 조치에도 불구하고 피고인의 소재가 확인되지 아니한 때에는 그 후 피고인에 대한 송달은 공시송달의 방법에 의한다.

② 피고인이 제1항의 규정에 의한 공판기일의 소환을 2회 이상 받고도 출석하지 아니한 때에는 법 제23조의 규정에 의하여 피고인의 진술 없이 재판할 수 있다.

공시송달에 의한 2회 소환 후 불출석재판

• 항소심법원에도 재심청구 유추적용(判例)

제23조의2【재 심】 ① 제23조 본문에 따라 유죄판결을 받고 그 판결이 확정된 자가 책임을 질 수 없는 사유로 공판절차에 출석할 수 없었던 경우 「형사소송법」 제424조에 규정된 자는 그 판결이 있었던 사실을 안 날부터 14일 이내[재심청구인(再審請求人)이 책임을 질 수 없는 사유로 위 기간에 재심청구를 하지 못한 경우에는 그 사유가 없어진 날부터 14일 이내]에 제1심 법원에 재심을 청구할 수 있다.

② 제1항에 따른 청구가 있을 때에는 법원은 재판의 집행을 정지하는 결정을 하여야 한다.

③ 제2항에 따른 집행정지 결정을 한 경우에 피고인을 구금할 필요가 있을 때에는 구속영장을 발부하여야 한다. 다만, 「형사소송법」 제70조의 요건을 갖춘 경우로 한정한다.

④ 재심청구인은 재심청구서에 송달 장소를 적고, 이를 변경하는 경우에는 지체 없이 그 취지를 법원에 신고하여야 한다.

⑤ 재심청구인이 제4항에 따른 기재 또는 신고를 하지 아니하여 송달을 할 수 없는 경우에는 「형사소송법」 제64조에 따른 공시송달(公示送達)을 할 수 있다.

⑥ 재심 개시 결정이 확정된 후 공판기일에 재심청구인이 출석하지 아니한 경우에는 「형사소송법」 제365조를 준용한다.

⑦ 이 법에 따른 재심에 관하여는 「형사소송법」 제426조, 제427조, 제429조부터 제434조까지, 제435조 제1항, 제437조부터 제440조까지의 규정을 준용한다.

[전문개정 2009.11.2.]

제24조 삭제 〈2012.1.17.〉

제25조【배상명령】 ① 제1심 또는 제2심의 형사공판 절차에서 다음 각 호의 죄 중 어느 하나에 관하여 유죄판결을 선고할 경우, 법원은 직권에 의하여 또는 피해자나 그 상속인(이하 "피해자"라 한다)의 신청에 의하여 피고사건의 범죄행위로 인하여 발생한 직접적인 물적(物的) 피해, 치료비 손해 및 위자료의 배상을 명할 수 있다.

약식명령 · 즉결심판 · 소년보호 사건은 배상신청을 할 수 없다○

존속폭행치사상의 죄에 대하여는 배상신청을 할 수 없다○

유죄판결 및 면소판결 선고×

법원 직권 가능○

손해배상청구의 집행권원이 있는 경우 배상신청을 할 수 있다×

물적 피해와 치료비 손해에 한정된다×

〈개정 2012.1.17., 2012.12.18., 2016.1.6.〉

1. 「형법」 제257조 제1항, 제258조 제1항 및 제2항, 제

258조의2 제1항(제257조 제1항의 죄로 한정한다) · 제2항(제258조 제1항 · 제2항의 죄로 한정한다), 제259조 제1항, 제262조(존속폭행치사상의 죄는 제외한다), 같은 법 제26장, 제32장(제304조의 죄는 제외한다), 제38장부터 제40장까지 및 제42장에 규정된 죄

2. 「성폭력범죄의 처벌 등에 관한 특례법」 제10조부터 제14조까지, 제15조(제3조부터 제9조까지의 미수범은 제외한다), 「아동 · 청소년의 성보호에 관한 법률」 제12조 및 제14조에 규정된 죄
3. 제1호의 죄를 가중처벌하는 죄 및 그 죄의 미수범을 처벌하는 경우 미수의 죄

② 법원은 제1항에 규정된 죄 및 그 외의 죄에 대한 피고사건에서 피고인과 피해자 사이에 합의된 손해배상액에 관하여도 제1항에 따라 배상을 명할 수 있다.

③ 법원은 다음 각 호의 어느 하나에 해당하는 경우에는 배상명령을 하여서는 아니 된다.

1. 피해자의 성명 · 주소가 분명하지 아니한 경우
2. 피해 금액이 특정되지 아니한 경우
3. 피고인의 배상책임의 유무 또는 그 범위가 명백하지 아니한 경우
4. 배상명령으로 인하여 공판절차가 현저히 지연될 우려가 있거나 형사소송 절차에서 배상명령을 하는 것이 타당하지 아니하다고 인정되는 경우

[전문개정 2009.11.2.]

제25조의2【배상신청의 통지】 검사는 제25조 제1항에 규정된 죄로 공소를 제기한 경우에는 지체 없이 피해자 또는 그 법정대리인(피해자가 사망한 경우에는 그 배우자 · 직계친족 · 형제자매를 포함한다)에게 제26조 제1항에 따라 배상신청을 할 수 있음을 통지하여야 한다. [본조신설 2009.11.2.]

제26조【배상신청】 ① 피해자는 제1심 또는 제2심 공판의 변론이 종결될 때까지 사건이 계속(係屬)된 법원에 제25조에 따른 피해배상을 신청할 수 있다. 이 경우 신청서에 인지(印紙)를 붙이지 아니한다.

② 피해자는 배상신청을 할 때에는 신청서와 상대방 피고인 수만큼의 신청서 부본(副本)을 제출하여야 한다.

③ 신청서에는 다음 각 호의 사항을 적고 신청인 또는 대리인이 서명 · 날인하여야 한다.

1. 피고사건의 번호, 사건명 및 사건이 계속된 법원
2. 신청인의 성명과 주소
3. 대리인이 신청할 때에는 그 대리인의 성명과 주소
4. 상대방 피고인의 성명과 주소
5. 배상의 대상과 그 내용
6. 배상 청구 금액

④ 신청서에는 필요한 증거서류를 첨부할 수 있다.

⑤ 피해자가 증인으로 법정에 출석한 경우에는 말로써 배상을 신청할 수 있다. 이때에는 공판조서(公判調書)에 신청의 취지를 적어야 한다.

⑥ 신청인은 배상명령이 확정되기 전까지는 언제든지 배상신청을 취하(取下)할 수 있다.

⑦ 피해자는 피고사건의 범죄행위로 인하여 발생한 피해에 관하여 다른 절차에 따른 손해배상청구가 법원에 계속 중일 때에는 배상신청을 할 수 없다.

⑧ 배상신청은 민사소송에서의 소의 제기와 동일한 효력이 있다.

[전문개정 2009.11.2.]

제27조【대리인】 ① 피해자는 법원의 허가를 받아 그의 배우자, 직계혈족(直系血族) 또는 형제자매에게 배상신청에 관하여 소송행위를 대리하게 할 수 있다.

② 피고인의 변호인은 배상신청에 관하여 피고인의 대리인으로서 소송행위를 할 수 있다.

[전문개정 2009.11.2.]

제28조【피고인에 대한 신청서 부본의 송달】 법원은 서면에 의한 배상신청이 있을 때에는 지체 없이 그 신청서

부본을 피고인에게 송달하여야 한다. 이 경우 법원은 직권 또는 신청인의 요청에 따라 신청서 부본상의 신청인 성명과 주소 등 신청인의 신원을 알 수 있는 사항의 전부 또는 일부를 가리고 송달할 수 있다.
〈개정 2016.1.19.〉
[전문개정 2009.11.2.]

제29조【공판기일 통지】 ① 법원은 배상신청이 있을 때에는 신청인에게 공판기일을 알려야 한다.
② 신청인이 공판기일을 통지받고도 출석하지 아니하였을 때에는 신청인의 진술 없이 재판할 수 있다.
[전문개정 2009.11.2.]
• 배상신청을 취하한 것으로 본다×, 반드시 다시 공판기일을 지정×

제30조【기록의 열람과 증거조사】 ① 신청인 및 그 대리인은 공판절차를 현저히 지연시키지 아니하는 범위에서 재판장의 허가를 받아 소송기록을 열람할 수 있고, 공판기일에 피고인이나 증인을 신문(訊問)할 수 있으며, 그 밖에 필요한 증거를 제출할 수 있다.
② 제1항의 허가를 하지 아니한 재판에 대하여는 불복(不服)을 신청하지 못한다. • 불복신청이 가능하다×
[전문개정 2009.11.2.]

제31조【배상명령의 선고 등】 ① 배상명령은 유죄판결의 선고와 동시에 하여야 한다.
긴급을 요하는 경우 유죄판결선고 이전에도 할 수 있다×
② 배상명령은 일정액의 금전 지급을 명함으로써 하고 배상의 대상과 금액을 유죄판결의 주문(主文)에 표시하여야 한다. 배상명령의 이유는 특히 필요하다고 인정되는 경우가 아니면 적지 아니한다.
③ 배상명령은 가집행(假執行)할 수 있음을 선고할 수 있다.
④ 제3항에 따른 가집행선고에 관하여는 「민사소송법」 제213조 제3항, 제215조, 제500조 및 제501조를 준용한다.
⑤ 배상명령을 하였을 때에는 유죄판결서의 정본을 피고인과 피해자에게 지체 없이 송달하여야 한다.
[전문개정 2009.11.2.]

제32조【배상신청의 각하】 ① 법원은 다음 각 호의 어느 하나에 해당하는 경우에는 결정(決定)으로 배상신청을 각하(却下)하여야 한다.
1. 배상신청이 적법하지 아니한 경우
2. 배상신청이 이유 없다고 인정되는 경우
3. 배상명령을 하는 것이 타당하지 아니하다고 인정되는 경우
② 유죄판결의 선고와 동시에 제1항의 재판을 할 때에는 이를 유죄판결의 주문에 표시할 수 있다.
③ 법원은 제1항의 재판서에 신청인 성명과 주소 등 신청인의 신원을 알 수 있는 사항의 기재를 생략할 수 있다. 〈신설 2016.1.19.〉
④ 배상신청을 각하하거나 그 일부를 인용(認容)한 재판에 대하여 신청인은 불복을 신청하지 못하며, 다시 동일한 배상신청을 할 수 없다. 〈개정 2016.1.19.〉
신청인은 항고를 할 수 있다×
[전문개정 2009.11.2.]

제33조【불 복】 ① 유죄판결에 대한 상소가 제기된 경우에는 배상명령은 피고사건과 함께 상소심(上訴審)으로 이심(移審)된다.
② 상소심에서 원심(原審)의 유죄판결을 파기하고 피고사건에 대하여 무죄, 면소(免訴) 또는 공소기각(公訴棄却)의 재판을 할 때에는 원심의 배상명령을 취소하여야 한다. 이 경우 상소심에서 원심의 배상명령을 취소하지 아니한 경우에는 그 배상명령을 취소한 것으로 본다.
③ 원심에서 제25조 제2항에 따라 배상명령을 하였을 때에는 제2항을 적용하지 아니한다.
④ 상소심에서 원심판결을 유지하는 경우에도 원심의 배상명령을 취소하거나 변경할 수 있다.
⑤ 피고인은 유죄판결에 대하여 상소를 제기하지 아니하고 배상명령에 대하여만 상소 제기기간에 「형사소

송법」에 따른 즉시항고를 할 수 있다. 다만, 즉시항고 제기 후 상소권자의 적법한 상소가 있는 경우에는 즉시항고는 취하된 것으로 본다.

배상명령에 대해서만 즉시항고 할 수 없다×

[전문개정 2009.11.2.]

제34조【배상명령의 효력과 강제집행】 ① 확정된 배상명령 또는 가집행선고가 있는 배상명령이 기재된 유죄판결서의 정본은 「민사집행법」에 따른 강제집행에 관하여는 집행력 있는 민사판결 정본과 동일한 효력이 있다.

② 이 법에 따른 배상명령이 확정된 경우 피해자는 그 인용된 금액의 범위에서 다른 절차에 따른 손해배상을 청구할 수 없다.

③ 지방법원이 민사지방법원과 형사지방법원으로 분리 설치된 경우에 배상명령에 따른 청구에 관한 이의의 소는 형사지방법원의 소재지를 관할하는 민사지방법원을 제1심 판결법원으로 한다.

④ 청구에 대한 이의의 주장에 관하여는 「민사집행법」 제44조 제2항에 규정된 제한에 따르지 아니한다.

[전문개정 2009.11.2.]

제35조【소송비용】 배상명령의 절차비용은 특별히 그 비용을 부담할 자를 정한 경우를 제외하고는 국고의 부담으로 한다.

[전문개정 2009.11.2.]

제36조【민사상 다툼에 관한 형사소송 절차에서의 화해】 ① 형사피고사건의 피고인과 피해자 사이에 민사상 다툼(해당 피고사건과 관련된 피해에 관한 다툼을 포함하는 경우로 한정한다)에 관하여 합의한 경우, 피고인과 피해자는 그 피고사건이 계속 중인 제1심 또는 제2심 법원에 합의 사실을 공판조서에 기재하여 줄 것을 공동으로 신청할 수 있다.

② 제1항의 합의가 피고인의 피해자에 대한 금전 지불을 내용으로 하는 경우에 피고인 외의 자가 피해자에 대하여 그 지불을 보증하거나 연대하여 의무를 부담하기로 합의하였을 때에는 제1항의 신청과 동시에 그 피고인 외의 자는 피고인 및 피해자와 공동으로 그 취지를 공판조서에 기재하여 줄 것을 신청할 수 있다.

③ 제1항 및 제2항에 따른 신청은 변론이 종결되기 전까지 공판기일에 출석하여 서면으로 하여야 한다.

④ 제3항에 따른 서면에는 해당 신청과 관련된 합의 및 그 합의가 이루어진 민사상 다툼의 목적인 권리를 특정할 수 있는 충분한 사실을 적어야 한다.

⑤ 합의가 기재된 공판조서의 효력 및 화해비용에 관하여는 「민사소송법」 제220조 및 제389조를 준용한다.

[전문개정 2009.11.2.]

제37조【화해기록】 ① 제36조 제1항 또는 제2항에 따른 신청에 따라 공판조서에 기재된 합의를 한 자나 이해관계를 소명(疎明)한 제3자는 「형사소송법」 제55조에도 불구하고 대법원규칙으로 정하는 바에 따라 법원서기관, 법원사무관, 법원주사 또는 법원주사보(이하 "법원사무관 등"이라 한다)에게 다음 각 호의 사항을 신청할 수 있다.

1. 다음 각 목에 해당하는 서류(이하 "화해기록"이라 한다)의 열람 또는 복사
   가. 해당 공판조서(해당 합의 및 그 합의가 이루어진 민사상 다툼의 목적인 권리를 특정할 수 있는 충분한 사실이 기재된 부분으로 한정한다)
   나. 해당 신청과 관련된 제36조 제3항에 따른 서면
   다. 그 밖에 해당 합의에 관한 기록
2. 조서의 정본 · 등본 또는 초본의 발급
3. 화해에 관한 사항의 증명서의 발급

② 제1항에 따라 신청하는 자는 대법원규칙으로 정하는 바에 따라 수수료를 내야 한다.

③ 제1항 각 호의 신청에 관한 법원사무관 등의 처분에 대한 이의신청은 「민사소송법」 제223조의 예에 따르고, 화해기록에 관한 비밀보호를 위한 열람 등의 제

한 절차는 같은 법 제163조의 예에 따른다.

④ 화해기록은 형사피고사건이 종결된 후에는 그 피고사건의 제1심 법원에서 보관한다.

[전문개정 2009.11.2.]

제38조【화해 절차 당사자 등에 관한 「민사소송법」의 준용】 제36조 및 제37조에 따른 민사상 다툼에 관한 형사소송 절차에서의 화해 절차의 당사자 및 대리인에 관하여는 그 성질에 반하지 아니하면 「민사소송법」 제1편 제2장 제1절(선정당사자 및 특별대리인에 관한 규정은 제외한다) 및 제4절을 준용한다.

[전문개정 2009.11.2.]

제39조【집행문 부여의 소 등에 대한 관할 특칙】 제36조에 따른 민사상 다툼에 관한 형사소송 절차에서의 화해에 관련된 집행문 부여의 소, 청구에 관한 이의의 소 또는 집행문 부여에 대한 이의의 소에 대하여는 「민사집행법」 제33조, 제44조 제1항 및 제45조에도 불구하고 해당 피고사건의 제1심 법원의 관할에 전속한다.

[전문개정 2009.11.2.]

제40조【위임규정】 배상명령의 절차에 관하여 이 법에 특별한 규정이 없는 사항은 대법원규칙으로 정하는 바에 따르고, 제36조부터 제39조까지의 규정에서 정하는 것 외에 민사상 다툼에 관한 형사소송 절차에서의 화해에 관하여 필요한 사항은 대법원규칙으로 정한다.

[전문개정 2009.11.2.]

부칙 〈법률 제13767호, 2016.1.19.〉

이 법은 공포한 날부터 시행한다.

부칙 〈법률 제14971호, 2017.10.31.〉

제1조【시행일】 이 법은 공포 후 3개월이 경과한 날부터 시행한다.

제2조【경과조치】 이 법 시행 전에 접수된 독촉사건에 대하여는 종전의 규정에 따른다.

3. 소송촉진 등에 관한 특례규칙

[시행 2022.1.21.] [대법원규칙 제2999호, 2021.9.30., 일부개정]

제1장 총 칙

제1조【목 적】 ① 이 규칙은 「소송촉진 등에 관한 특례법」(이하 "법"이라 한다)에 의하여 대법원규칙에 위임된 사항 및 기타 이 법 시행에 관하여 필요한 사항을 규정함을 목적으로 한다. 〈개정 2006.6.14.〉

② 삭제 〈1990.8.21.〉

제2장 삭제 〈1990.8.21.〉

제2조 삭제 〈1990.8.21.〉

제3조 삭제 〈1990.8.21.〉

제4조 삭제 〈1990.8.21.〉

제5조 삭제 〈1990.8.21.〉

제6조 삭제 〈1990.8.21.〉

제7조 삭제 〈1990.8.21.〉

제8조 삭제 〈1990.8.21.〉

제9조 삭제 〈1990.8.21.〉

제10조 삭제 〈1990.8.21.〉

제11조 삭제 〈1990.8.21.〉

제12조 삭제 〈1990.8.21.〉

제13조 삭제 〈1990.8.21.〉

제14조 삭제 〈1990.8.21.〉

제15조 삭제 〈1990.8.21.〉

제16조 삭제 〈1990.8.21.〉

제3장 삭제 〈1990.8.21.〉

제17조 삭제 〈1990.8.21.〉

제4장 독촉절차

제17조의2【공시송달에 의한 지급명령】 법 제20조의2 제1항 제21호에서 "대법원규칙으로 정하는 자"란 다음 각 호의 자를 말한다. 〈개정 2016.10.4., 2018.1.31., 2021.9.30〉

1. 법 제20조의2 제1항 제16호의 한국자산관리공사가 자산관리자인 주식회사 국민행복기금
2. 「서민의 금융생활 지원에 관한 법률」에 따른 서민금융진흥원 및 동 법인이 운영하거나 지원 · 감독하는 신용대출사업자
3. 「자산유동화에 관한 법률」에 따라 법 제20조의2 제1항 제18호 또는 제21호에 해당하는 자가 청구채권의 자산보유자인 유동화전문회사

[본조신설 2014.11.27.]

제5장 불출석피고인에 대한 형사재판

제18조【주소의 보고와 보정】 ① 재판장은 피고인에 대한 인정신문을 마친 뒤 피고인에 대하여 그 주소의 변동이 있을 때에는 이를 법원에 보고할 것을 명하고, 피고인의 소재가 확인되지 않는 때에는 그 진술없이 재판할 경우가 있음을 경고하여야 한다.

② 피고인에 대한 송달이 불능인 경우에 재판장은 그 소재를 확인하기 위하여 소재조사촉탁, 구인장의 발부 기타 필요한 조치를 취하여야 한다.

③ 공소장에 기재된 피고인의 주소가 특정되어 있지 아니하거나 그 기재된 주소에 공소제기 당시 피고인이 거주하지 아니한 사실이 인정된 때에는 재판장은 검사

에게 상당한 기간을 정하여 그 주소를 보정할 것을 요구하여야 한다.

제19조【불출석피고인에 대한 재판】 ① 피고인에 대한 송달불능보고서가 접수된 때로부터 6월이 경과하도록 제18조 제2항 및 제3항의 규정에 의한 조치에도 불구하고 피고인의 소재가 확인되지 아니한 때에는 그 후 피고인에 대한 송달은 공시송달의 방법에 의한다.
② 피고인이 제1항의 규정에 의한 공판기일의 소환을 2회 이상 받고도 출석하지 아니한 때에는 법 제23조의 규정에 의하여 피고인의 진술 없이 재판할 수 있다.

제6장 형사소송절차에 있어서의 배상명령

제20조【배상신청인 등의 좌석】 법 제26조의 규정에 의하여 피해배상을 신청한 자(다음부터 "배상신청인"이라 한다) 또는 그 대리인은 법관의 정면에 위치한다.
[전문개정 2007.10.29.]

제21조【배상신청인 등의 확인】 재판장은 공판을 개정한 때에는 배상신청인 및 그 대리인을 호명하여 출석여부와 배상신청인의 성명, 연령, 주거 및 직업 등을 확인하여야 한다.

제22조【배상신청인의 퇴석】 ① 출석한 배상신청인은 언제든지 재판장의 허가를 받고 퇴석할 수 있다.
② 재판장은 공판기일의 심리가 배상명령과 관계없는 경우에는 출석한 배상신청인을 퇴석하게 할 수 있다.

제23조【공판조서의 기재요건】 공판조서에 배상신청인의 성명, 출석여부 및 신청서의 진술에 관한 사항을 기재하여야 한다.

제24조【증거조사】 ① 법원은 필요한 때에는 언제든지 피고인의 배상책임 유무와 그 범위를 인정함에 필요한 증거를 조사할 수 있다.
② 법원은 피고사건의 범죄사실에 관한 증거를 조사할 경우 피고인의 배상책임 유무와 그 범위에 관련된 사실을 함께 조사할 수 있다.
③ 피고사건의 범죄사실을 인정할 증거는 피고인의 배상책임 유무와 그 범위를 인정할 증거로 할 수 있다.
④ 제3항에 규정된 증거 이외의 증거를 조사할 경우 증거조사의 방식 및 증거능력에 관하여는 「형사소송법」의 관계규정에 의한다. 〈개정 2006.6.14.〉

제25조【즉시항고와 기록송부】 ① 피고인이 법 제33조 제5항의 규정에 의하여 즉시항고를 제기한 때에는 원심법원은 소송기록과 증거물을 14일 이내에 항고법원에 송부하여야 한다. 다만, 피고인에 대하여 사형을 선고한 판결이 확정된 때에는 그러하지 아니하다.
② 제1항의 규정은 재항고의 경우에 이를 준용한다.

제26조【재판 정본의 보관】 ① 배상명령이 확정된 때에는 제1심판결법원은 확정된 유죄판결 등의 정본을 보관하여야 한다.
② 배상명령이 제1심판결법원 이외의 법원에서 확정된 때에는 그 법원은 확정된 재판의 정본을 제1심판결법원에 지체 없이 송부하여야 한다.
③ 제1심판결법원이 제2항의 규정에 의하여 확정된 재판의 정본을 송부받은 때에는 형사공판 사건부의 비고란에 그 취지를 기재하여야 한다.
④ 제1항의 규정에 의한 정본의 보존기간은 「법원재판사무처리규칙」 제29조 [별표 2]에 규정된 [영구]로 한다.
〈개정 2002.6.28., 2006.6.14.〉

제27조【재판 정본의 교부】 ① 배상명령이 확정된 경우, 제1심판결법원 또는 소송기록을 보관한 상급심법원은

「민사집행법」이 규정한 집행력 있는 정본의 부여절차에 의하여 확정된 유죄판결 등의 정본을 교부한다.
〈개정 2002.6.28., 2006.6.14.〉

② 가집행선고부 배상명령이 있는 때에는 소송기록을 보관한 법원이 제1항에 규정된 절차에 의하여 유죄판결 등의 정본을 교부한다.

제7장 민사상 다툼에 관한 형사소송절차에서의 화해

제28조【화해신청서의 기재사항】 법 제36조 제3항의 서면에는 다음 각 호의 사항을 기재하고 신청인 또는 대리인이 기명날인 또는 서명하여야 한다.

1. 형사피고사건의 번호, 사건명 및 사건이 계속된 법원
2. 신청인의 성명 및 주소
3. 대리인이 신청할 때에는 그 성명 및 주소
4. 신청인이 당해 형사피고사건의 피고인일 때는 그 취지
5. 신청인이 법 제36조 제2항에서 규정하는 피고인의 금전지불을 보증하거나 연대하여 의무를 부담하기로 한 사람일 때는 그 취지
6. 당해 신청과 관련된 합의 및 그 합의가 이루어진 민사상 다툼의 목적인 권리를 특정함에 충분한 사실

[본조신설 2006.6.14.]

제29조【공판기일에서의 절차】 법 제36조 제3항에 따라 신청인이 공판기일에 출석한 경우 그 성질에 반하지 않는 한 제20조 내지 제22조의 규정을 준용한다.
[본조신설 2006.6.14.]

제30조【공판조서의 기재사항 등】 ① 법 제36조 제1항 또는 제2항의 규정에 의한 신청이 있는 경우 공판조서에는 그 신청사실을 기재하여야 한다.

②법 제36조 제1항 또는 제2항의 규정에 의한 신청에 따른 합의를 공판조서에 기재하는 조치를 취한 경우에 해당기일조서에는 합의가 있다는 취지만을 기재하고, 다음 각 호의 사항을 기재한 화해조서를 작성한다.

1. 사건의 표시
2. 법관과 법원사무관 등의 성명
3. 신청인의 성명 및 주소
4. 출석한 신청인 및 대리인의 성명
5. 당해 신청과 관련된 합의 및 그 합의가 이루어진 민사상 다툼의 목적인 권리를 특정함에 충분한 사실

③ 화해조서의 말미에는 법원사무관 등과 재판장이 기명날인한다.

④ 법원사무관 등은 제2항의 화해조서의 정본을 화해가 있는 날로부터 7일 안에 신청인에게 송달하여야 한다.
[본조신설 2006.6.14.]

제31조【화해기록의 작성 및 보관】 ① 법 제37조에 따른 화해기록은 형사피고사건기록과 구별하여 별책으로 편성한다.

② 항소심에서 제1항의 화해기록을 작성한 경우에는 형사피고사건이 확정되거나 상고장이 접수된 후 14일 이내에 그 화해기록을 당해 피고사건의 제1심 법원으로 송부한다.

③ 법 제37조 제4항에 따라 제1심 법원이 화해기록을 보관할 경우에 그 보존방식과 보존기간 등은 민사소송절차에서의 제소전화해사건기록의 보존에 준한다.
[본조신설 2006.6.14.]

제32조【준용규정】 법 제36조 및 제37조에서 규정하는 민사상 다툼에 관한 형사소송절차에서의 화해절차에 있어서는 「민사소송규칙」 제1편 제3장(제13조 제2항 및 제14조를 제외한다) 및 제38조의 규정을 준용한다.
[본조신설 2006.6.14.]

4. 국민의 형사재판 참여에 관한 법률

[시행 2017.7.26.] [법률 제14839호, 2017.7.26., 타법개정]

제1장 총 칙

제1조【목 적】 이 법은 사법의 민주적 정당성과 신뢰를 높이기 위하여 국민이 형사재판에 참여하는 제도를 시행함에 있어서 참여에 따른 권한과 책임을 명확히 하고, 재판절차의 특례와 그 밖에 필요한 사항에 관하여 규정함을 목적으로 한다.

제2조【정 의】 이 법에서 사용하는 용어의 정의는 다음과 같다.

1. "배심원"이란 이 법에 따라 형사재판에 참여하도록 선정된 사람을 말한다.
2. "국민참여재판"이란 배심원이 참여하는 형사재판을 말한다.

제3조【국민의 권리와 의무】 ① 누구든지 이 법으로 정하는 바에 따라 국민참여재판을 받을 권리를 가진다.

② 대한민국 국민은 이 법으로 정하는 바에 따라 국민참여재판에 참여할 권리와 의무를 가진다.

제4조【다른 법령과의 관계】 국민참여재판에 관하여 이 법에 특별한 규정이 없는 때에는 「법원조직법」·「형사소송법」 등 다른 법령을 적용한다.

제2장 대상사건 및 관할

제5조【대상사건】 ① 다음 각 호에 정하는 사건을 국민참여재판의 대상사건(이하 "대상사건"이라 한다)으로 한다. 〈개정 2012.1.17.〉

1. 「법원조직법」 제32조 제1항(제2호 및 제5호는 제외한다)에 따른 합의부 관할 사건
제2심×, 살인죄에 한하여 실시×
2. 제1호에 해당하는 사건의 미수죄·교사죄·방조죄·예비죄·음모죄에 해당하는 사건
3. 제1호 또는 제2호에 해당하는 사건과 「형사소송법」 제11조에 따른 관련 사건으로서 병합하여 심리하는 사건

② 피고인이 국민참여재판을 원하지 아니하거나 제9조 제1항에 따른 배제결정이 있는 경우는 국민참여재판을 하지 아니한다.
피고인에게 선택권 부여○

국민의 형사재판 참여에 관한 규칙

제3조의2【단독판사 관할사건에 대한 피고인 의사의 확인】 ① 법원은 지방법원이나 그 지원의 단독판사 관할사건의 피고인에 대하여도 국민참여재판을 원하는지 여부에 관한 의사를 서면 등의 방법으로 확인할 수 있다.

② 제1항에 따른 피고인 의사의 확인절차에 관하여는 대상사건에 대한 피고인 의사의 확인절차에 관한 법 제8조 제2항부터 제4항까지 및 이 규칙 제3조, 제4조를 각각 준용한다. 이 경우 법 제8조 제4항의 "공판준비기일"과 "제1회 공판기일"은 "법원조직법 제32조 제1항 제1호의 결정(이하, '재정합의결정'이라 한다)으로 대상사건이 된 이후의 공판준비기일"과 "재정합의결정으로 대상사건이 된 이후의첫 공판기일"로, 이 규칙 제4조 제1항의 "법 제8조 제1항"은 "이 규칙 제3조의2 제1항"으로 각각 본다.

③ 제1항, 제2항에 따라 피고인의 의사를 확인할 단

독판사 관할사건의 구체적인 범위, 그 밖에 필요한 사항은 대법원예규로 정한다.

[본조신설 2015.6.2.]

단독판사 대상사건 피고인에게도 참여재판 희망의사 확인 가능(이후 재정합의결정에 의한 참여재판 가능)

제6조【공소사실의 변경 등】 ① 법원은 공소사실의 일부 철회 또는 변경으로 인하여 대상사건에 해당하지 아니하게 된 경우에도 이 법에 따른 재판을 계속 진행한다. 다만, 법원은 심리의 상황이나 그 밖의 사정을 고려하여 국민참여재판으로 진행하는 것이 적당하지 아니하다고 인정하는 때에는 결정으로 당해 사건을 지방법원 본원 합의부가 국민참여재판에 의하지 아니하고 심판하게 할 수 있다.

국민참여재판을 할 수 없다×

② 제1항 단서의 결정에 대하여는 불복할 수 없다.

③ 제1항 단서의 결정이 있는 경우에는 당해 재판에 참여한 배심원과 예비배심원은 해임된 것으로 본다.

④ 제1항 단서의 결정 전에 행한 소송행위는 그 결정 이후에도 그 효력에 영향이 없다.

• 결정 전에 행한 소송행위는 결정 이후 그 효력이 소급적으로 소멸한다×

제7조【필요적 국선변호】 이 법에 따른 국민참여재판에 관하여 변호인이 없는 때에는 법원은 직권으로 변호인을 선정하여야 한다.

피고인의 신청에 의하여 변호인을 선정×

제8조【피고인 의사의 확인】 ① 법원은 대상사건의 피고인에 대하여 국민참여재판을 원하는지 여부에 관한 의사를 서면 등의 방법으로 반드시 확인하여야 한다. 이 경우 피고인 의사의 구체적인 확인 방법은 대법원규칙으로 정하되, 피고인의 국민참여재판을 받을 권리가 최대한 보장되도록 하여야 한다.

국민참여재판은 피고인이 신청한 경우에 실시한다○

② 피고인은 공소장 부본을 송달받은 날부터 7일 이내에 국민참여재판을 원하는지 여부에 관한 의사가 기재된 서면을 제출하여야 한다. 이 경우 피고인이 서면을 우편으로 발송한 때, 교도소 또는 구치소에 있는 피고인이 서면을 교도소장·구치소장 또는 그 직무를 대리하는 자에게 제출한 때에 법원에 제출한 것으로 본다.

14일 이내에×

③ 피고인이 제2항의 서면을 제출하지 아니한 때에는 국민참여재판을 원하지 아니하는 것으로 본다.

④ 피고인은 제9조 제1항의 배제결정 또는 제10조 제1항의 회부결정이 있거나 공판준비기일이 종결되거나 제1회 공판기일이 열린 이후에는 종전의 의사를 바꿀 수 없다.

• 의사확인서를 제출하지 않은 피고인도 제1회 공판기일 전까지는 국민참여재판을 신청할 수 있다○

제9조【배제결정】 ① 법원은 공소제기 후부터 공판 준비기일이 종결된 다음 날까지 다음 각 호의 어느 하나에 해당하는 경우 국민참여재판을 하지 아니하기로 하는 결정을 할 수 있다. 〈개정 2012.1.17.〉

제1심 판결 선고 전까지×, 공판준비기일이 종결된 날까지×

1. 배심원·예비배심원·배심원후보자 또는 그 친족의 생명·신체·재산에 대한 침해 또는 침해의 우려가 있어서 출석의 어려움이 있거나 이 법에 따른 직무를 공정하게 수행하지 못할 염려가 있다고 인정되는 경우
2. 공범 관계에 있는 피고인들 중 일부가 국민참여재판을 원하지 아니하여 국민참여재판의 진행에 어려움이 있다고 인정되는 경우
3. 「성폭력범죄의 처벌 등에 관한 특례법」 제2조의 범죄로 인한 피해자(이하 "성폭력범죄 피해자"라 한다) 또는 법정대리인이 국민참여재판을 원하지 아니하는 경우
4. 그 밖에 국민참여재판으로 진행하는 것이 적절하지 아니하다고 인정되는 경우

② 법원은 제1항의 결정을 하기 전에 검사·피고인 또는 변호인의 의견을 들어야 한다.

③ 제1항의 결정에 대하여는 즉시항고를 할 수 있다.

제10조【지방법원 지원 관할 사건의 특례】 ① 제8조에 따라 피고인이 국민참여재판을 원하는 의사를 표시한 경우 지방법원 지원 합의부가 제9조 제1항의 배제결정을 하지 아니하는 경우에는 국민참여재판절차 회부결정을 하여 사건을 지방법원 본원 합의부로 이송하여야 한다.

② 지방법원 지원 합의부가 심판권을 가지는 사건 중 지방법원 지원 합의부가 제1항의 회부결정을 한 사건에 대하여는 지방법원 본원 합의부가 관할권을 가진다.

제11조【통상절차 회부】 ① 법원은 피고인의 질병 등으로 공판절차가 장기간 정지되거나 피고인에 대한 구속기간의 만료, 성폭력범죄 피해자의 보호, 그 밖에 심리의 제반 사정에 비추어 국민참여재판을 계속 진행하는 것이 부적절하다고 인정하는 경우에는 직권 또는 검사 · 피고인 · 변호인이나 성폭력범죄 피해자 또는 법정대리인의 신청에 따라 결정으로 사건을 지방법원 본원 합의부가 국민참여재판에 의하지 아니하고 심판하게 할 수 있다.

〈개정 2012.1.17.〉

② 법원은 제1항의 결정을 하기 전에 검사 · 피고인 또는 변호인의 의견을 들어야 한다.

③ 제1항의 결정에 대하여는 불복할 수 없다.

④ 제1항의 결정이 있는 경우에는 제6조 제3항 및 제4항을 준용한다.

제3장 배심원

제1절 총 칙

제12조【배심원의 권한과 의무】 ① 배심원은 국민참여재판을 하는 사건에 관하여 사실의 인정, 법령의 적용 및 형의 양정에 관한 의견을 제시할 권한이 있다.

② 배심원은 법령을 준수하고 독립하여 성실히 직무를 수행하여야 한다.

③ 배심원은 직무상 알게 된 비밀을 누설하거나 재판의 공정을 해하는 행위를 하여서는 아니 된다.

제13조【배심원의 수】 ① 법정형이 사형 · 무기징역 또는 무기금고에 해당하는 대상사건에 대한 국민참여재판에는 9인의 배심원이 참여하고, 그 외의 대상사건에 대한 국민참여재판에는 7인의 배심원이 참여한다. 다만, 법원은 피고인 또는 변호인이 공판준비절차에서 공소사실의 주요내용을 인정한 때에는 5인의 배심원이 참여하게 할 수 있다.

② 법원은 사건의 내용에 비추어 특별한 사정이 있다고 인정되고 검사 · 피고인 또는 변호인의 동의가 있는 경우에 한하여 결정으로 배심원의 수를 7인과 9인 중에서 제1항과 달리 정할 수 있다.

제14조【예비배심원】 ① 법원은 배심원의 결원 등에 대비하여 5인 이내의 예비배심원을 둘 수 있다.

② 이 법에서 정하는 배심원에 대한 사항은 그 성질에 반하지 아니하는 한 예비배심원에 대하여 준용한다.

제15조【여비 · 일당 등】 대법원규칙으로 정하는 바에 따라 배심원 · 예비배심원 및 배심원후보자에게 여비 · 일당 등을 지급한다.

제2절 배심원의 자격

제16조【배심원의 자격】 배심원은 만 20세 이상의 대한민국 국민 중에서 이 법으로 정하는 바에 따라 선정된다.

제17조【결격사유】 다음 각 호의 어느 하나에 해당 하는 사람은 배심원으로 선정될 수 없다. 〈개정 2016.1.19.〉

1. 피성년후견인 또는 피한정후견인
2. 파산선고를 받고 복권되지 아니한 사람
3. 금고 이상의 실형을 선고받고 그 집행이 종료(종료된 것으로 보는 경우를 포함한다)되거나 집행이 면

제된 후 5년을 경과하지 아니한 사람
4. 금고 이상의 형의 집행유예를 선고받고 그 기간이 완료된 날부터 2년을 경과하지 아니한 사람
5. 금고 이상의 형의 선고유예를 받고 그 선고유예기간 중에 있는 사람
6. 법원의 판결에 의하여 자격이 상실 또는 정지된 사람

제18조【직업 등에 따른 제외사유】 다음 각 호의 어느 하나에 해당하는 사람을 배심원으로 선정하여서는 아니 된다. 〈개정 2016.5.29.〉
1. 대통령
2 국회의원 · 지방자치단체의 장 및 지방의회의원
3. 입법부 · 사법부 · 행정부 · 헌법재판소 · 중앙선거관리위원회 · 감사원의 정무직 공무원
4. 법관 · 검사
5. 변호사 · 법무사
6. 법원 · 검찰 공무원
7. 경찰 · 교정 · 보호관찰 공무원
8. 군인 · 군무원 · 소방공무원 또는 「예비군법」에 따라 동원되거나 교육훈련의무를 이행 중인 예비군

제19조【제척사유】 다음 각 호의 어느 하나에 해당하는 사람은 당해 사건의 배심원으로 선정될 수 없다.
1. 피해자
2. 피고인 또는 피해자의 친족이나 이러한 관계에 있었던 사람
3. 피고인 또는 피해자의 법정대리인
4. 사건에 관한 증인 · 감정인 · 피해자의 대리인
5. 사건에 관한 피고인의 대리인 · 변호인 · 보조인
6. 사건에 관한 검사 또는 사법경찰관의 직무를 행한 사람
7. 사건에 관하여 전심 재판 또는 그 기초가 되는 조사 · 심리에 관여한 사람

제20조【면제사유】 법원은 직권 또는 신청에 따라 다음 각 호의 어느 하나에 해당하는 사람에 대하여 배심원 직무의 수행을 면제할 수 있다.
1. 만 70세 이상인 사람
2. 과거 5년 이내에 배심원후보자로서 선정기일에 출석한 사람
3. 금고 이상의 형에 해당하는 죄로 기소되어 사건이 종결되지 아니한 사람
4. 법령에 따라 체포 또는 구금되어 있는 사람
5. 배심원 직무의 수행이 자신이나 제3자에게 위해를 초래하거나 직업상 회복할 수 없는 손해를 입게 될 우려가 있는 사람
6. 중병 · 상해 또는 장애로 인하여 법원에 출석하기 곤란한 사람
7. 그 밖의 부득이한 사유로 배심원 직무를 수행하기 어려운 사람

제21조【보고 · 서류송부 요구】 지방법원장 또는 재판장은 국가, 지방자치단체, 공공단체, 그 밖의 법인 · 단체에 배심원후보자 · 배심원 · 예비배심원의 선정 또는 해임에 관한 판단을 위하여 필요한 사항의 보고 또는 그 보관서류의 송부를 요구할 수 있다.

제3절 배심원의 선정

제22조【배심원후보예정자명부의 작성】 ① 지방법원장은 배심원후보예정자명부를 작성하기 위하여 행정안전부장관에게 매년 그 관할 구역 내에 거주하는 만 20세 이상 국민의 주민등록정보에서 일정한 수의 배심원후보예정자의 성명 · 생년월일 · 주소 및 성별에 관한 주민등록정보를 추출하여 전자파일의 형태로 송부하여 줄 것을 요청할 수 있다.
〈개정 2012.1.17, 2013.3.23, 2014.11.19, 2017.7.26.〉
② 제1항의 요청을 받은 행정안전부장관은 30일 이내

에 주민등록자료를 지방법원장에게 송부하여야 한다. 〈개정 2012.1.17, 2013.3.23, 2014.11.19, 2017.7.26.〉

③ 지방법원장은 매년 주민등록자료를 활용하여 배심원후보예정자명부를 작성한다.
법무부장관×

제23조【배심원후보자의 결정 및 출석통지】 ① 법원은 배심원후보예정자명부 중에서 필요한 수의 배심원후보자를 무작위 추출 방식으로 정하여 배심원과 예비배심원의 선정기일을 통지하여야 한다.

② 제1항의 통지를 받은 배심원후보자는 선정기일에 출석하여야 한다.

③ 법원은 제1항의 통지 이후 배심원의 직무 종사 예정기간을 마칠 때까지 제17조부터 제20조까지에 해당하는 사유가 있다고 인정되는 배심원후보자에 대하여는 즉시 그 출석통지를 취소하고 신속하게 당해 배심원후보자에게 그 내용을 통지하여야 한다.

제24조【선정기일의 진행】 ① 법원은 합의부원으로 하여금 선정기일의 절차를 진행하게 할 수 있다. 이 경우 수명법관은 선정기일에 관하여 법원 또는 재판장과 동일한 권한이 있다.

② 선정기일은 공개하지 아니한다.

③ 선정기일에서는 배심원후보자의 명예가 손상되지 아니하고 사생활이 침해되지 아니하도록 배려하여야 한다.

④ 법원은 선정기일의 속행을 위하여 새로운 기일을 정할 수 있다. 이 경우 선정기일에 출석한 배심원후보자에 대하여 새로운 기일을 통지한 때에는 출석통지서의 송달이 있었던 경우와 동일한 효력이 있다.

제25조【질문표】 ① 법원은 배심원후보자가 제28조 제1항에서 정하는 사유에 해당하는지의 여부를 판단하기 위하여 질문표를 사용할 수 있다.

② 배심원후보자는 정당한 사유가 없는 한 질문표에 기재된 질문에 답하여 이를 법원에 제출하여야 한다.

제26조【후보자명부 송부 등】 ① 법원은 선정기일의 2일 전까지 검사와 변호인에게 배심원후보자의 성명 · 성별 · 출생연도가 기재된 명부를 송부하여야 한다.

② 법원은 선정절차에 질문표를 사용하는 때에는 선정기일을 진행하기 전에 배심원후보자가 제출한 질문표 사본을 검사와 변호인에게 교부하여야 한다.

제27조【선정기일의 참여자】 ① 법원은 검사 · 피고인 또는 변호인에게 선정기일을 통지하여야 한다.

② 검사와 변호인은 선정기일에 출석하여야 하며, 피고인은 법원의 허가를 받아 출석할 수 있다.
선정기일에는 검사 · 피고인 · 변호인이 출석하여야 한다×

③ 법원은 변호인이 선정기일에 출석하지 아니한 경우 국선변호인을 선정하여야 한다.

제28조【배심원후보자에 대한 질문과 기피신청】 ① 법원은 배심원후보자가 제17조부터 제20조까지의 사유에 해당하는지 여부 또는 불공평한 판단을 할 우려가 있는지 여부 등을 판단하기 위하여 배심원후보자에게 질문을 할 수 있다. 검사 · 피고인 또는 변호인은 법원으로 하여금 필요한 질문을 하도록 요청할 수 있고, 법원은 검사 또는 변호인으로 하여금 직접 질문하게 할 수 있다.

② 배심원후보자는 제1항의 질문에 대하여 정당한 사유 없이 진술을 거부하거나 거짓진술을 하여서는 아니 된다.

③ 법원은 배심원후보자가 제17조부터 제20조까지의 사유에 해당하거나 불공평한 판단을 할 우려가 있다고 인정되는 때에는 직권 또는 검사 · 피고인 · 변호인의 기피신청에 따라 당해 배심원후보자에 대하여 불선정 결정을 하여야 한다. 검사 · 피고인 또는 변호인의 기

피신청을 기각하는 경우에는 이유를 고지하여야 한다.

제29조【이의신청】 ① 제28조 제3항의 기피신청을 기각하는 결정에 대하여는 즉시 이의신청을 할 수 있다.
② 제1항의 이의신청에 대한 결정은 기피신청 기각결정을 한 법원이 한다.
③ 이의신청에 대한 결정에 대하여는 불복할 수 없다.

제30조【무이유부기피신청】 ① 검사와 변호인은 각자 다음 각 호의 범위 내에서 배심원후보자에 대하여 이유를 제시하지 아니하는 기피신청(이하 "무이유부기피신청"이라 한다)을 할 수 있다.
1. 배심원이 9인인 경우는 5인
2. 배심원이 7인인 경우는 4인
3. 배심원이 5인인 경우는 3인
② 무이유부기피신청이 있는 때에는 법원은 당해 배심원후보자를 배심원으로 선정할 수 없다.
③ 법원은 검사 · 피고인 또는 변호인에게 순서를 바꿔가며 무이유부기피신청을 할 수 있는 기회를 주어야 한다.

제31조【선정결정 및 불선정결정】 ① 법원은 출석한 배심원후보자 중에서 당해 재판에서 필요한 배심원과 예비배심원의 수에 해당하는 배심원후보자를 무작위로 뽑고 이들을 대상으로 직권, 기피신청 또는 무이유부기피신청에 따른 불선정결정을 한다.
② 제1항의 불선정결정이 있는 경우에는 그 수만큼 제1항의 절차를 반복한다.
③ 제1항 및 제2항의 절차를 거쳐 필요한 수의 배심원과 예비배심원 후보자가 확정되면 법원은 무작위의 방법으로 배심원과 예비배심원을 선정한다. 예비배심원이 2인 이상인 경우에는 그 순번을 정하여야 한다.
④ 법원은 배심원과 예비배심원에게 누가 배심원으로 선정되었는지 여부를 알리지 아니할 수 있다.

제4절 배심원의 해임 등

제32조【배심원의 해임】 ① 법원은 배심원 또는 예비배심원이 다음 각 호의 어느 하나에 해당하는 때에는 직권 또는 검사 · 피고인 · 변호인의 신청에 따라 배심원 또는 예비배심원을 해임하는 결정을 할 수 있다.
1. 배심원 또는 예비배심원이 제42조 제1항의 선서를 하지 아니한 때
2. 배심원 또는 예비배심원이 제41조 제2항 각 호의 의무를 위반하여 그 직무를 담당하게 하는 것이 적당하지 아니하다고 인정되는 때
3. 배심원 또는 예비배심원이 출석의무에 위반하고 계속하여 그 직무를 행하는 것이 적당하지 아니한 때
4. 배심원 또는 예비배심원에게 제17조부터 제20조까지의 사유에 해당하는 사실이 있거나 불공평한 판단을 할 우려가 있는 때
5. 배심원 또는 예비배심원이 질문표에 거짓 기재를 하거나 선정절차에서의 질문에 대하여 정당한 사유 없이 진술을 거부하거나 거짓의 진술을 한 것이 밝혀지고 계속하여 그 직무를 행하는 것이 적당하지 아니한 때
6. 배심원 또는 예비배심원이 법정에서 재판장이 명한 사항을 따르지 아니하거나 폭언 또는 그 밖의 부당한 언행을 하는 등 공판절차의 진행을 방해한 때
② 제1항의 결정을 함에 있어서는 검사 · 피고인 또는 변호인의 의견을 묻고 출석한 당해 배심원 또는 예비배심원에게 진술기회를 부여하여야 한다.
③ 제1항의 결정에 대하여는 불복할 수 없다.

제33조【배심원의 사임】 ① 배심원과 예비배심원은 직무를 계속 수행하기 어려운 사정이 있는 때에는 법원에 사임을 신청할 수 있다.
② 법원은 제1항의 신청에 이유가 있다고 인정하는 때에는 당해 배심원 또는 예비배심원을 해임하는 결정을

할 수 있다.

③ 제2항의 결정을 함에 있어서는 검사·피고인 또는 변호인의 의견을 들어야 한다.

④ 제2항의 결정에 대하여는 불복할 수 없다.

제34조【배심원의 추가선정 등】 ① 제32조 및 제33조에 따라 배심원이 부족하게 된 경우 예비배심원은 미리 정한 순서에 따라 배심원이 된다. 이때 배심원이 될 예비배심원이 없는 경우 배심원을 추가로 선정한다.

② 국민참여재판 도중 심리의 진행 정도에 비추어 배심원을 추가선정하여 재판에 관여하게 하는 것이 부적절하다고 판단되는 경우 법원은 다음 각 호의 구분에 따라 남은 배심원만으로 계속하여 국민참여재판을 진행하는 결정을 할 수 있다. 다만, 배심원이 5인 미만이 되는 경우에는 그러하지 아니하다.

1. 1인의 배심원이 부족한 때에는 검사·피고인 또는 변호인의 의견을 들어야 한다.
2. 2인 이상의 배심원이 부족한 때에는 검사·피고인 또는 변호인의 동의를 받아야 한다.

제35조【배심원 등의 임무 종료】 배심원과 예비배심원의 임무는 다음 각 호의 어느 하나에 해당하면 종료한다.
배심원의 임무는 유·무죄에 대한 평결을 함으로서 종결된다×

1. 종국재판을 고지한 때
2. 제6조 제1항 단서 또는 제11조에 따라 통상절차 회부결정을 고지한 때

제4장 국민참여재판의 절차

제1절 공판의 준비

제36조【공판준비절차】 ① 재판장은 제8조에 따라 피고인이 국민참여재판을 원하는 의사를 표시한 경우에 사건을 공판준비절차에 부쳐야 한다. 다만, 공판준비절차에 부치기 전에 제9조 제1항의 배제결정이 있는 때에는 그러하지 아니하다.
국민참여재판의 공판준비절차는 임의적 절차이다×

② 공판준비절차에 부친 이후 피고인이 국민참여재판을 원하지 아니하는 의사를 표시하거나 제9조 제1항의 배제결정이 있는 때에는 공판준비절차를 종결할 수 있다.

③ 지방법원 본원 합의부가 지방법원 지원 합의부로부터 제10조 제1항에 따라 이송받은 사건에 대하여는 이미 공판준비절차를 거친 경우에도 필요한 때에는 공판준비절차에 부칠 수 있다.

④ 검사·피고인 또는 변호인은 증거를 미리 수집·정리하는 등 공판준비절차가 원활하게 진행되도록 협력하여야 한다.

제37조【공판준비기일】 ① 법원은 주장과 증거를 정리하고 심리계획을 수립하기 위하여 공판준비기일을 지정하여야 한다.

② 법원은 합의부원으로 하여금 공판준비기일을 진행하게 할 수 있다. 이 경우 수명법관은 공판준비기일에 관하여 법원 또는 재판장과 동일한 권한이 있다.

③ 공판준비기일은 공개한다. 다만, 법원은 공개함으로써 절차의 진행이 방해될 우려가 있는 때에는 공판준비기일을 공개하지 아니할 수 있다.

④ 공판준비기일에는 배심원이 참여하지 아니한다.
배심원은 공판준비기일에 참여할 수 있다×

제2절 공판절차

제38조【공판기일의 통지】 공판기일은 배심원과 예비배심원에게 통지하여야 한다.

제39조【소송관계인의 좌석】 ① 공판정은 판사·배심원·예비배심원·검사·변호인이 출석하여 개정한다.

② 검사와 피고인 및 변호인은 대등하게 마주 보고 위치한다. 다만, 피고인신문을 하는 때에는 피고인은 증인석에 위치한다.

③ 배심원과 예비배심원은 재판장과 검사 · 피고인 및 변호인의 사이 왼쪽에 위치한다.

④ 증인석은 재판장과 검사 · 피고인 및 변호인의 사이 오른쪽에 배심원과 예비배심원을 마주 보고 위치한다.

제40조【공판정에서의 속기·녹취】 ① 법원은 특별한 사정이 없는 한 공판정에서의 심리를 속기사로 하여금 속기하게 하거나 녹음장치 또는 영상 녹화장치를 사용하여 녹음 또는 영상녹화하여야 한다.

② 제1항에 따른 속기록 · 녹음테이프 또는 비디오테이프는 공판조서와는 별도로 보관되어야 하며, 검사 · 피고인 또는 변호인은 비용을 부담하고 속기록 · 녹음테이프 또는 비디오테이프의 사본을 청구할 수 있다.

제41조【배심원의 절차상 권리와 의무】 ① 배심원과 예비배심원은 다음 각 호의 행위를 할 수 있다.

1. 피고인 · 증인에 대하여 필요한 사항을 신문하여 줄 것을 재판장에게 요청하는 행위
2. 필요하다고 인정되는 경우 재판장의 허가를 받아 각자 필기를 하여 이를 평의에 사용하는 행위

② 배심원과 예비배심원은 다음 각 호의 행위를 하여서는 아니 된다.

1. 심리 도중에 법정을 떠나거나 평의 · 평결 또는 토의가 완결되기 전에 재판장의 허락 없이 평의 · 평결 또는 토의 장소를 떠나는 행위
2. 평의가 시작되기 전에 당해 사건에 관한 자신의 견해를 밝히거나 의논하는 행위
3. 재판절차 외에서 당해 사건에 관한 정보를 수집하거나 조사하는 행위
4. 이 법에서 정한 평의 · 평결 또는 토의에 관한 비밀을 누설하는 행위

제42조【선서 등】 ① 배심원과 예비배심원은 법률에 따라 공정하게 그 직무를 수행할 것을 다짐하는 취지의 선서를 하여야 한다.

② 재판장은 배심원과 예비배심원에 대하여 배심원과 예비배심원의 권한 · 의무 · 재판절차, 그 밖에 직무수행을 원활히 하는 데 필요한 사항을 설명하여야 한다.

검사가 아직 공소장에 의하여 낭독하지 아니한 공소사실 등은 포함된다고 볼 수 없다○

제43조【간이공판절차 규정의 배제】 국민참여재판에는 「형사소송법」 제286조의2를 적용하지 아니한다.

• 국민참여재판 대상사건이라도 간이공판절차에 부칠 수 있다×

제44조【배심원의 증거능력 판단 배제】 배심원 또는 예비배심원은 법원의 증거능력에 관한 심리에 관여할 수 없다.

제45조【공판절차의 갱신】 ① 공판절차가 개시된 후 새로 재판에 참여하는 배심원 또는 예비배심원이 있는 때에는 공판절차를 갱신하여야 한다.

② 제1항의 갱신절차는 새로 참여한 배심원 또는 예비배심원이 쟁점 및 조사한 증거를 이해할 수 있도록 하되, 그 부담이 과중하지 아니하도록 하여야 한다.

제3절 평의·평결·토의 및 판결 선고

제46조【재판장의 설명·평의·평결·토의 등】 ① 재판장은 변론이 종결된 후 법정에서 배심원에게 공소사실의 요지와 적용법조, 피고인과 변호인 주장의 요지, 증거능력, 그 밖에 유의할 사항에 관하여 설명하여야 한다. 이 경우 필요한 때에는 증거의 요지에 관하여 설명할 수 있다.

② 심리에 관여한 배심원은 제1항의 설명을 들은 후 유 · 무죄에 관하여 평의하고, 전원의 의견이 일치하면 그에 따라 평결한다. 다만, 배심원 과반수의 요청이 있으면 심리에 관여한 판사의 의견을 들을 수 있다.

③ 배심원은 유 · 무죄에 관하여 전원의 의견이 일치하지 아니하는 때에는 평결을 하기 전에 심리에 관여

한 판사의 의견을 들어야 한다. 이 경우 유 · 무죄의 평결은 다수결의 방법으로 한다. 심리에 관여한 판사는 평의에 참석하여 의견을 진술한 경우에도 평결에는 참여할 수 없다.

④ 제2항 및 제3항의 평결이 유죄인 경우 배심원은 심리에 관여한 판사와 함께 양형에 관하여 토의하고 그에 관한 의견을 개진한다. 재판장은 양형에 관한 토의 전에 처벌의 범위와 양형의 조건 등을 설명하여야 한다.

⑤ 제2항부터 제4항까지의 평결과 의견은 법원을 기속하지 아니한다.

⑥ 제2항 및 제3항의 평결결과와 제4항의 의견을 집계한 서면은 소송기록에 편철한다.

제47조【평의 등의 비밀】 배심원은 평의 · 평결 및 토의 과정에서 알게 된 판사 및 배심원 각자의 의견과 그 분포 등을 누설하여서는 아니 된다.

제48조【판결선고기일】 ① 판결의 선고는 변론을 종결한 기일에 하여야 한다. 다만, 특별한 사정이 있는 때에는 따로 선고기일을 지정할 수 있다.

② 변론을 종결한 기일에 판결을 선고하는 경우에는 판결서를 선고 후에 작성할 수 있다.

③ 제1항 단서의 선고기일은 변론종결 후 14일 이내로 정하여야 한다.

④ 재판장은 판결선고 시 피고인에게 배심원의 평결결과를 고지하여야 하며, 배심원의 평결결과와 다른 판결을 선고하는 때에는 피고인에게 그 이유를 설명하여야 한다.

제49조【판결서의 기재사항】 ① 판결서에는 배심원이 재판에 참여하였다는 취지를 기재하여야 하고, 배심원의 의견을 기재할 수 있다.

② 배심원의 평결결과와 다른 판결을 선고하는 때에는 판결서에 그 이유를 기재하여야 한다.

이유를 기재하여야 하는 것은 아니다×

(이하 생략)

5. 검찰청법

[시행 2022.9.10.] [법률 제18861호, 2022.5.9., 일부개정]

제1장 총 칙

제1조【목 적】 이 법은 검찰청의 조직, 직무 범위 및 인사와 그 밖에 필요한 사항을 규정함을 목적으로 한다.
[전문개정 2009.11.2.]

제2조【검찰청】 ① 검찰청은 검사(檢事)의 사무를 총괄한다.
② 검찰청은 대검찰청, 고등검찰청 및 지방검찰청으로 한다.
[전문개정 2009.11.2.]

제3조【검찰청의 설치와 관할구역】 ① 대검찰청은 대법원에, 고등검찰청은 고등법원에, 지방검찰청은 지방법원과 가정법원에 대응하여 각각 설치한다.
② 지방법원 지원(支院) 설치지역에는 이에 대응하여 지방검찰청 지청(支廳)(이하 "지청"이라 한다)을 둘 수 있다.
③ 대검찰청의 위치와 대검찰청 외의 검찰청(이하 "각급 검찰청"이라 한다) 및 지청의 명칭과 위치는 대통령령으로 정한다.
④ 각급 검찰청과 지청의 관할구역은 각급 법원과 지방법원 지원의 관할구역에 따른다.
[전문개정 2009.11.2.]

제4조【검사의 직무】 ① 검사는 공익의 대표자로서 다음 각 호의 직무와 권한이 있다. 〈개정 2020.2.4., 2022.5.9.〉

1. 범죄수사, 공소의 제기 및 그 유지에 필요한 사항. 다만, 검사가 수사를 개시할 수 있는 범죄의 범위는 다음 각 목과 같다.
   가. 부패범죄, 경제범죄 등 대통령령으로 정하는 중요 범죄
   • 6대범죄→2대범죄로 축소: 검사의 직접 수사개시 범위에 관한 규정(대통령령)
   나. 경찰공무원(다른 법률에 따라 사법경찰관리의 직무를 행하는 자를 포함한다) 및 고위공직자범죄수사처 소속 공무원(「고위공직자범죄수사처 설치 및 운영에 관한 법률」에 따른 파견공무원을 포함한다)이 범한 범죄
   다. 가목 · 나목의 범죄 및 사법경찰관이 송치한 범죄와 관련하여 인지한 각 해당 범죄와 직접 관련성이 있는 범죄
2. 범죄수사에 관한 특별사법경찰관리 지휘 · 감독
3. 법원에 대한 법령의 정당한 적용 청구
4. 재판 집행 지휘 · 감독
5. 국가를 당사자 또는 참가인으로 하는 소송과 행정소송 수행 또는 그 수행에 관한 지휘 · 감독
6. 다른 법령에 따라 그 권한에 속하는 사항

② 검사는 자신이 수사개시한 범죄에 대하여는 공소를 제기할 수 없다. 다만, 사법경찰관이 송치한 범죄에 대하여는 그러하지 아니하다. 〈신설 2022.5.9.〉
검사 직접수사개시범죄의 경우 수사검사와 기소검사의 분리
사경송치범죄는 예외
③ 검사는 그 직무를 수행할 때 국민 전체에 대한 봉사자로서 헌법과 법률에 따라 국민의 인권을 보호하고 적법절차를 준수하며, 정치적 중립을 지켜야 하고 주어진 권한을 남용하여서는 아니 된다. 〈개정 2020.12.8., 2022.5.9.〉

[전문개정 2009.11.2.]

제5조【검사의 직무관할】 검사는 법령에 특별한 규정이 있는 경우를 제외하고는 소속 검찰청의 관할구역에서 직무를 수행한다. 다만, 수사에 필요할 때에는 관할구역이 아닌 곳에서 직무를 수행할 수 있다.

[전문개정 2009.11.2.]

제6조【검사의 직급】 검사의 직급은 검찰총장과 검사로 구분한다.

[전문개정 2009.11.2.]

제7조【검찰사무에 관한 지휘·감독】 ① 검사는 검찰사무에 관하여 소속 상급자의 지휘·감독에 따른다.

② 검사는 구체적 사건과 관련된 제1항의 지휘·감독의 적법성 또는 정당성에 대하여 이견이 있을 때에는 이의를 제기할 수 있다.

[전문개정 2009.11.2.]

제7조의2【검사 직무의 위임·이전 및 승계】 ① 검찰총장, 각급 검찰청의 검사장(檢事長) 및 지청장은 소속 검사로 하여금 그 권한에 속하는 직무의 일부를 처리하게 할 수 있다.

② 검찰총장, 각급 검찰청의 검사장 및 지청장은 소속 검사의 직무를 자신이 처리하거나 다른 검사로 하여금 처리하게 할 수 있다.

직무승계·직무이전의 권한 → 검사동일체원칙

[전문개정 2009.11.2.]

제8조【법무부장관의 지휘·감독】 법무부장관은 검찰사무의 최고 감독자로서 일반적으로 검사를 지휘·감독하고, 구체적 사건에 대하여는 검찰총장만을 지휘·감독한다.

[전문개정 2009.11.2.]

제9조【직무 집행의 상호원조】 검찰청의 공무원은 검찰청의 직무 집행과 관련하여 서로 도와야 한다.

[전문개정 2009.11.2.]

제10조【항고 및 재항고】 ① 검사의 불기소처분에 불복하는 고소인이나 고발인은 그 검사가 속한 지방검찰청 또는 지청을 거쳐 서면으로 관할 고등검찰청 검사장에게 항고할 수 있다. 이 경우 해당 지방검찰청 또는 지청의 검사는 항고가 이유 있다고 인정하면 그 처분을 경정(更正)하여야 한다.

검사의 불기소처분에 대한 불복 : 검찰항고전치주의의 원칙

② 고등검찰청 검사장은 제1항의 항고가 이유 있다고 인정하면 소속 검사로 하여금 지방검찰청 또는 지청 검사의 불기소처분을 직접 경정하게 할 수 있다. 이 경우 고등검찰청 검사는 지방검찰청 또는 지청의 검사로서 직무를 수행하는 것으로 본다.

③ 제1항에 따라 항고를 한 자[「형사소송법」 제260조에 따라 재정신청(裁定申請)을 할 수 있는 자는 제외한다. 이하 이 조에서 같다]는 그 항고를 기각하는 처분에 불복하거나 항고를 한 날부터 항고에 대한 처분이 이루어지지 아니하고 3개월이 지났을 때에는 그 검사가 속한 고등검찰청을 거쳐 서면으로 검찰총장에게 재항고할 수 있다. 이 경우 해당 고등검찰청의 검사는 재항고가 이유 있다고 인정하면 그 처분을 경정하여야 한다.

- 검찰항고를 고검장이 기각한 경우 : 재정신청권자(고소인, 일부 고발인)는 재정신청, 이외는 재항고

④ 제1항의 항고는 「형사소송법」 제258조 제1항에 따른 통지를 받은 날부터 30일 이내에 하여야 한다.

⑤ 제3항의 재항고는 항고기각 결정을 통지받은 날 또는 항고 후 항고에 대한 처분이 이루어지지 아니하고 3개월이 지난 날부터 30일 이내에 하여야 한다.

⑥ 제4항과 제5항의 경우 항고 또는 재항고를 한 자가 자신에게 책임이 없는 사유로 정하여진 기간 이내에 항고 또는 재항고를 하지 못한 것을 소명하면 그 항고 또는 재항고 기간은 그 사유가 해소된 때부터 기산한다.

⑦ 제4항 및 제5항의 기간이 지난 후 접수된 항고 또

는 재항고는 기각하여야 한다. 다만, 중요한 증거가 새로 발견된 경우 고소인이나 고발인이 그 사유를 소명하였을 때에는 그러하지 아니하다.

[전문개정 2009.11.2.]

제11조【위임규정】 검찰청의 사무에 관하여 필요한 사항은 법무부령으로 정한다.

제2장 대검찰청

제12조【검찰총장】 ① 대검찰청에 검찰총장을 둔다.

② 검찰총장은 대검찰청의 사무를 맡아 처리하고 검찰사무를 총괄하며 검찰청의 공무원을 지휘 · 감독한다.

③ 검찰총장의 임기는 2년으로 하며, 중임할 수 없다.

[전문개정 2009.11.2.]

제13조【차장검사】 ① 대검찰청에 차장검사를 둔다.

② 차장검사는 검찰총장을 보좌하며, 검찰총장이 부득이한 사유로 직무를 수행할 수 없을 때에는 그 직무를 대리한다.

[전문개정 2009.11.2.]

제14조【대검찰청 검사】 대검찰청에 대검찰청 검사를 둔다.

[전문개정 2009.11.2.]

제15조【검찰연구관】 ① 대검찰청에 검찰연구관을 둔다.

② 검찰연구관은 검사로 보하며, 고등검찰청이나 지방검찰청의 검사를 겸임할 수 있다.

③ 검찰연구관은 검찰총장을 보좌하고 검찰사무에 관한 기획 · 조사 및 연구에 종사한다.

[전문개정 2009.11.2.]

제16조【직 제】 ① 대검찰청에 부(部)와 사무국을 두고, 부와 사무국에 과를 두며, 부 · 사무국 및 과의 설치와 분장사무(分掌事務)에 관한 사항은 대통령령으로 정한다.

② 제1항의 부, 사무국 및 과에는 각각 부장, 사무국장 및 과장을 두며, 부장은 검사로, 사무국장은 고위공무원단에 속하는 일반직공무원으로, 과장은 검찰부이사관 · 정보통신부이사관 · 검찰수사서기관 · 정보통신서기관 또는 공업서기관으로 보한다. 다만, 부의 과장은 검사로 보할 수 있다.

③ 제2항의 부장, 사무국장 및 과장은 상사의 명을 받아 소관 부, 국 또는 과의 사무를 처리하며 소속 공무원을 지휘 · 감독한다.

④ 대검찰청에는 대통령령으로 정하는 바에 따라 차장검사 또는 부장 밑에 정책의 기획, 계획의 입안, 연구 · 조사, 심사 · 평가 및 홍보를 통하여 그를 직접 보좌하는 담당관을 둘 수 있다. 이 경우 그 담당관은 3급 상당 또는 4급 상당 별정직국가공무원으로 보하되, 특히 필요하다고 인정될 때에는 검사로 보할 수 있다.

[전문개정 2009.11.2.]

제3장 고등검찰청

제17조【고등검찰청 검사장】 ① 고등검찰청에 고등검찰청 검사장을 둔다.

② 고등검찰청 검사장은 그 검찰청의 사무를 맡아 처리하고 소속 공무원을 지휘 · 감독한다.

[전문개정 2009.11.2.]

제18조【고등검찰청 차장검사】 ① 고등검찰청에 차장검사를 둔다.

② 차장검사는 소속 검사장을 보좌하며, 소속 검사장이 부득이한 사유로 직무를 수행할 수 없을 때에는 그 직무를 대리한다.

[전문개정 2009.11.2.]

제18조의2【고등검찰청 부장검사】 ① 고등검찰청에 사무를 분장하기 위하여 부를 둘 수 있다.
② 고등검찰청의 부에 부장검사를 둔다.
③ 부장검사는 상사의 명을 받아 그 부의 사무를 처리한다.
[전문개정 2009.11.2.]

제19조【고등검찰청 검사】 ① 고등검찰청에 검사를 둔다.
② 법무부장관은 고등검찰청의 검사로 하여금 그 관할구역의 지방검찰청 소재지에서 사무를 처리하게 할 수 있다.
[전문개정 2009.11.2.]

제20조【직 제】 ① 고등검찰청에 사무국을 두고, 사무국에 과를 두며, 과의 설치와 분장사무에 관한 사항은 대통령령으로 정한다.
② 고등검찰청의 부에 과를 둘 수 있으며 과의 설치와 분장사무에 관한 사항은 대통령령으로 정한다.
③ 제1항과 제2항의 사무국 및 과에는 각각 사무국장 및 과장을 두고, 사무국장은 고위공무원단에 속하는 일반직공무원으로, 과장은 검찰부이사관 · 검찰수사서기관 · 정보통신서기관 · 검찰사무관 · 수사사무관 · 마약수사사무관 · 전기사무관 또는 통신사무관으로 보한다.
④ 제3항의 사무국장과 과장은 상사의 명을 받아 소관 국 또는 과의 사무를 처리하며 소속 공무원을 지휘 · 감독한다.
[전문개정 2009.11.2.]

제4장 지방검찰청 및 지청

제21조【지방검찰청 검사장】 ① 지방검찰청에 지방검찰청 검사장을 둔다.
② 지방검찰청 검사장은 그 검찰청의 사무를 맡아 처리하고 소속 공무원을 지휘 · 감독한다.
[전문개정 2009.11.2.]

제22조【지청장】 ① 지청에 지청장을 둔다.
② 지청장은 지방검찰청 검사장의 명을 받아 소관 사무를 처리하고 소속 공무원을 지휘 · 감독한다.
[전문개정 2009.11.2.]

제23조【지방검찰청과 지청의 차장검사】 ① 지방검찰청과 대통령령으로 정하는 지청에 차장검사를 둔다.
② 차장검사는 소속 지방검찰청 검사장 또는 지청장을 보좌하며, 소속 지방검찰청 검사장 또는 지청장이 부득이한 사유로 직무를 수행할 수 없을 때에는 그 직무를 대리한다.
[전문개정 2009.11.2.]

제24조【부장검사】 ① 지방검찰청과 지청에 사무를 분장하기 위하여 부를 둘 수 있다.
② 지방검찰청과 지청의 부에 부장검사를 둔다.
③ 부장검사는 상사의 명을 받아 그 부의 사무를 처리한다.
④ 검찰총장은 제4조 제1항 제1호 가목의 범죄에 대한 수사를 개시할 수 있는 부의 직제 및 해당 부에 근무하고 있는 소속 검사와 공무원, 파견 내역 등의 현황을 분기별로 국회에 보고하여야 한다. 〈신설 2022.5.9.〉
[전문개정 2009.11.2.]

제25조【지방검찰청과 지청의 검사】 지방검찰청과 지청에 각각 검사를 둔다.
[전문개정 2009.11.2.]

제26조【직 제】 ① 지방검찰청과 대통령령으로 정하는 지청에 사무국을 두고 사무국에 과를 두며, 과의 설치와 분장사무에 관한 사항은 대통령령으로 정한다.
② 사무국을 두지 아니하는 지청에 과를 두며, 과의 설

치와 분장사무에 관한 사항은 대통령령으로 정한다.

③ 지방검찰청과 지청의 부에 과를 둘 수 있으며, 과의 설치와 분장사무에 관한 사항은 대통령령으로 정한다.

④ 제1항부터 제3항까지의 사무국 및 과에는 각각 사무국장과 과장을 두고, 사무국장은 고위공무원단에 속하는 일반직공무원 · 검찰부이사관 또는 검찰수사서기관으로, 과장은 검찰부이사관 · 검찰수사서기관 · 정보통신서기관 · 검찰사무관 · 수사사무관 · 마약수사사무관 · 전기사무관 또는 통신사무관으로 보한다.

⑤ 제4항의 사무국장과 과장은 상사의 명을 받아 소관국 또는 과의 사무를 처리하며 소속 공무원을 지휘 · 감독한다.

[전문개정 2009.11.2.]

제5장 검　사

제27조【검찰총장의 임명자격】 검찰총장은 15년 이상 다음 각 호의 직위에 재직하였던 사람 중에서 임명한다.

1. 판사, 검사 또는 변호사
2. 변호사 자격이 있는 사람으로서 국가기관, 지방자치단체, 국 · 공영기업체, 「공공기관의 운영에 관한 법률」 제4조에 따른 공공기관 또는 그 밖의 법인에서 법률에 관한 사무에 종사한 사람
3. 변호사 자격이 있는 사람으로서 대학의 법률학 조교수 이상으로 재직하였던 사람

[전문개정 2009.11.2.]

제28조【대검찰청 검사급 이상 검사의 보직기준】 고등검찰청 검사장, 대검찰청 차장검사 등 대통령령으로 정하는 대검찰청 검사급 이상 검사는 10년 이상 제27조 각 호의 직위에 재직하였던 사람 중에서 임용한다.

[전문개정 2009.11.2.]

제28조의2【감찰담당 대검찰청 검사의 임용에 관한 특례】

① 감찰에 관한 사무를 담당하는 대검찰청 검사(이하 "감찰담당 대검찰청 검사"라 한다)는 검찰청 내부 또는 외부를 대상으로 공개모집 절차를 통하여 적격자를 임용한다.

② 감찰담당 대검찰청 검사는 10년 이상 제27조 각 호의 직위에 재직하였던 사람 중에서 임용한다.

③ 제35조의 검찰인사위원회는 제1항에 따라 공개모집에 응모한 사람이 임용 적격자인지를 심의하고, 3명 이내의 임용후보자를 선발하여 법무부장관에게 추천한다.

④ 제3항의 추천을 받은 법무부장관은 검찰총장의 의견을 들어 검찰인사위원회가 추천한 임용후보자 중 1명을 대통령에게 임용 제청한다. 이 경우 임용 당시 검사는 전보의 방법으로 임용 제청하고, 임용 당시 검사가 아닌 사람은 신규 임용의 방법으로 임용 제청한다.

⑤ 감찰담당 대검찰청 검사의 임기는 2년으로 하며, 연임할 수 있다.

[전문개정 2009.11.2.]

제28조의3【감찰담당 대검찰청 검사의 전보】 ① 전보의 방법으로 임용된 감찰담당 대검찰청 검사는 다음 각 호의 어느 하나에 해당하는 경우를 제외하고는 본인의 의사에 반하여 다른 직위로 전보되지 아니한다.

1. 「검사징계법」 제2조 각 호의 징계 사유 중 어느 하나에 해당하는 경우
2. 직무수행 능력이 현저히 떨어지는 경우

② 법무부장관은 전보의 방법으로 임용된 감찰담당 대검찰청 검사가 제1항 각 호의 어느 하나에 해당하게 되었을 때에는 제35조의 검찰인사위원회의 심의를 거친 후 검찰총장의 의견을 들어 대통령에게 그 검사를 다른 직위에 임용할 것을 제청할 수 있다.

[전문개정 2009.11.2.]

제28조의4【감찰담당 대검찰청 검사의 퇴직】 ① 신규 임용의 방법으로 임용된 감찰담당 대검찰청 검사는 연임하지 아니할 때에는 그 임기가 끝나면 당연히 퇴직한다.
② 법무부장관은 신규 임용의 방법으로 임용된 감찰담당 대검찰청 검사가 직무수행 능력이 현저히 떨어지는 등 검사로서 정상적인 직무수행이 어렵다고 인정하는 경우에는 제39조에 따른 적격심사를 거쳐 대통령에게 그 검사에 대한 퇴직명령을 제청할 수 있다.
③ 제2항의 적격심사에 관하여 제39조를 적용하는 경우 같은 조 제1항 중 "임명 후 7년마다"는 "법무부장관이 필요하다고 인정하는 경우에는"으로 본다.
[전문개정 2009.11.2.]

제29조【검사의 임명자격】 검사는 다음 각 호의 사람 중에서 임명한다.
1. 사법시험에 합격하여 사법연수원 과정을 마친 사람
2. 변호사 자격이 있는 사람
[전문개정 2009.11.2.]

제30조【고등검찰청 검사 등의 임용】 제28조에 해당하는 검사를 제외한 고등검찰청 검사, 지방검찰청과 지청의 차장검사·부장검사 및 지청장은 7년 이상 제27조 각 호의 직위에 재직하였던 사람 중에서 임용한다.
[전문개정 2009.11.2.]

제31조【재직연수의 합산】 제27조·제28조 및 제30조를 적용할 때 2개 이상의 직위에 재직하였던 사람은 그 재직연수(在職年數)를 합산한다.
[전문개정 2009.11.2.]

제32조【검사의 직무대리】 ① 검찰총장은 사법연수원장이 요청하면 사법연수생으로 하여금 일정 기간 지방검찰청 또는 지청 검사의 직무를 대리할 것을 명할 수 있다.
② 검찰총장은 필요하다고 인정하면 검찰수사서기관, 검찰사무관, 수사사무관 또는 마약수사사무관으로 하여금 지방검찰청 또는 지청 검사의 직무를 대리하게 할 수 있다.
③ 제1항이나 제2항에 따라 검사의 직무를 대리하는 사람은 「법원조직법」에 따른 합의부의 심판사건은 처리하지 못한다.
④ 제2항에 따른 검사 직무대리의 직무 범위와 그 밖에 검사 직무대리의 운영 등에 필요한 사항은 대통령령으로 정한다.
[전문개정 2009.11.2.]

제33조【결격사유】 다음 각 호의 어느 하나에 해당하는 사람은 검사로 임용될 수 없다.
1. 「국가공무원법」 제33조 각 호의 어느 하나에 해당하는 사람
2. 금고 이상의 형을 선고받은 사람
3. 탄핵결정에 의하여 파면된 후 5년이 지나지 아니한 사람
4. 대통령비서실 소속의 공무원으로서 퇴직 후 2년이 지나지 아니한 사람
[전문개정 2009.11.2.]

제34조【검사의 임명 및 보직 등】 ① 검사의 임명과 보직은 법무부장관의 제청으로 대통령이 한다. 이 경우 법무부장관은 검찰총장의 의견을 들어 검사의 보직을 제청한다.
② 대통령이 법무부장관의 제청으로 검찰총장을 임명할 때에는 국회의 인사청문을 거쳐야 한다.
[전문개정 2009.11.2.]

제34조의2【검찰총장후보추천위원회】 ① 법무부장관이 제청할 검찰총장 후보자의 추천을 위하여 법무부에 검찰총장후보추천위원회(이하 "추천위원회"라 한다)를 둔다.

② 추천위원회는 법무부장관이 검찰총장 후보자를 제청할 때마다 위원장 1명을 포함한 9명의 위원으로 구성한다.

③ 위원장은 제4항에 따른 위원 중에서 법무부장관이 임명하거나 위촉한다.

④ 위원은 다음 각 호의 어느 하나에 해당하는 사람을 법무부장관이 임명하거나 위촉한다.

1. 제28조에 따른 대검찰청 검사급 이상 검사로 재직하였던 사람으로서 사회적 신망이 높은 사람
2. 법무부 검찰국장
3. 법원행정처 차장
4. 대한변호사협회장
5. 사단법인 한국법학교수회 회장
6. 사단법인 법학전문대학원협의회 이사장
7. 학식과 덕망이 있고 각계 전문 분야에서 경험이 풍부한 사람으로서 변호사 자격을 가지지 아니한 사람 3명. 이 경우 1명 이상은 여성이어야 한다.

⑤ 추천위원회는 법무부장관의 요청 또는 위원 3분의 1 이상의 요청이 있거나 위원장이 필요하다고 인정할 때 위원장이 소집하고, 재적위원 과반수의 찬성으로 의결한다.

⑥ 추천위원회는 검찰총장 후보자로 3명 이상을 추천하여야 한다.

⑦ 법무부장관은 검찰총장 후보자를 제청하는 경우에는 추천위원회의 추천 내용을 존중한다.

⑧ 추천위원회가 제6항에 따라 검찰총장 후보자를 추천하면 해당 위원회는 해산된 것으로 본다.

⑨ 그 밖에 추천위원회의 구성과 운영 등에 필요한 사항은 대통령령으로 정한다.

[본조신설 2011.7.18.]

제35조【검찰인사위원회】 ① 검사의 임용, 전보, 그 밖의 인사에 관한 중요 사항을 심의하기 위하여 법무부에 검찰인사위원회(이하 "인사위원회"라 한다)를 둔다.

② 인사위원회는 위원장 1명을 포함한 11명의 위원으로 구성하고, 위원장은 제3항에 따른 위원 중에서 법무부장관이 임명하거나 위촉한다.

③ 위원은 다음 각 호의 어느 하나에 해당하는 사람을 법무부장관이 임명하거나 위촉하되 임기는 1년으로 한다.

1. 검사 3명. 다만, 제28조 및 제30조에 해당하는 자격을 가진 검사를 제외한 검사가 1명 이상이어야 한다.
2. 법원행정처장이 추천하는 판사 2명. 다만, 제4항 제2호의 검사의 신규 임명에 관한 심의에만 참여한다.
3. 대한변호사협회장이 추천하는 변호사 2명
4. 사단법인 한국법학교수회 회장과 사단법인 법학전문대학원협의회 이사장이 각각 1명씩 추천하는 법학교수 2명
5. 학식과 덕망이 있고 각계 전문 분야에서 경험이 풍부한 사람으로서 변호사 자격을 가지지 아니한 사람 2명

④ 인사위원회는 다음 각 호의 사항을 심의한다.

1. 검찰인사행정에 관한 기본계획의 수립 및 검찰인사 관계 법령의 개정·폐지에 관한 사항
2. 검사의 임용·전보의 원칙과 기준에 관한 사항
3. 검사의 사건 평가와 관련하여 무죄사건이나 사회적 이목을 끈 사건으로 위원 3분의 1 이상이 심의를 요청한 사항
4. 그 밖에 법무부장관이 심의를 요청하는 인사에 관한 사항

⑤ 인사위원회는 재적위원 과반수의 찬성으로 의결한다.

⑥ 그 밖에 인사위원회의 구성과 운영 등에 필요한 사항은 대통령령으로 정한다.

[전문개정 2009.11.2.]

제35조의2【근무성적 등의 평정】 ① 법무부장관은 검사에 대한 근무성적과 자질을 평정하기 위하여 공정한 평정기준을 마련하여야 한다.

② 제1항의 자질 평정기준에는 성실성, 청렴성 및 친

절성 등이 포함되어야 한다.

③ 법무부장관은 제1항의 평정기준에 따라 검사에 대한 평정을 실시하고 그 결과를 보직, 전보 등의 인사관리에 반영한다.

④ 그 밖에 근무성적과 자질 평정에 필요한 사항은 법무부령으로 정한다.

[본조신설 2011.7.18.]

제36조【정원·보수 및 징계】 ① 검사는 특정직공무원으로 하고 그 정원, 보수 및 징계에 관하여 필요한 사항은 따로 법률로 정한다.

② 검사의 지위는 존중되어야 하며, 그 보수는 직무와 품위에 상응하도록 정하여야 한다.

③ 제32조 제1항에 따라 검사의 직무를 대리하는 사법연수생에게는 대통령령으로 정하는 바에 따라 실비(實費)를 지급한다.

[전문개정 2009.11.2.]

제37조【신분보장】 검사는 탄핵이나 금고 이상의 형을 선고받은 경우를 제외하고는 파면되지 아니하며, 징계처분이나 적격심사에 의하지 아니하고는 해임·면직·정직·감봉·견책 또는 퇴직의 처분을 받지 아니한다.

[전문개정 2009.11.2.]

제38조【휴 직】 ① 법무부장관은 검사가 다음 각 호의 어느 하나의 사유에 해당하면 휴직을 명하여야 한다.

1. 병역 복무를 위하여 징집되거나 소집되었을 때
2. 법률에 따른 의무를 수행하기 위하여 직무를 이탈하게 되었을 때

② 법무부장관은 검사가 다음 각 호의 어느 하나의 사유로 휴직을 청원하는 경우에 그 청원 내용이 충분한 이유가 있다고 인정하면 휴직을 허가할 수 있다.

1. 국내외의 법률연구기관이나 대학 등에서 법률연수를 하게 되었을 때
2. 본인의 질병으로 인한 요양 등이 필요할 때

③ 제1항 및 제2항의 경우 휴직 기간의 보수 지급 등 필요한 사항은 대통령령으로 정한다.

[전문개정 2009.11.2.]

제38조의2【휴직 기간】 검사의 휴직 기간은 다음 각 호와 같다.

1. 제38조 제1항에 따른 휴직 기간은 그 복무 기간이 끝날 때까지로 한다.
2. 제38조 제2항 제1호에 따른 휴직 기간은 2년 이내로 한다.
3. 제38조 제2항 제2호에 따른 휴직 기간은 1년(「공무원 재해보상법」에 따른 공무상 부상 또는 질병으로 인한 휴직 기간은 3년) 이내로 한다.

[본조신설 2009.11.2.]

제39조【검사 적격심사】 ① 검사(검찰총장은 제외한다)에 대하여는 임명 후 7년마다 적격심사를 한다.

② 제1항의 심사를 위하여 법무부에 다음 각 호의 위원 9명으로 구성하는 검사적격심사위원회(이하 "위원회"라 한다)를 둔다.

1. 대법원장이 추천하는 법률전문가 1명
2. 대한변호사협회장이 추천하는 변호사 1명
3. 교육부장관이 추천하는 법학교수 1명
4. 사법제도에 관하여 학식과 경험을 가진 사람으로서 법무부장관이 위촉하는 사람 2명
5. 법무부장관이 지명하는 검사 4명

③ 제2항 제1호부터 제3호까지의 위원은 해당 추천기관의 추천을 받아 법무부장관이 위촉한다.

④ 위원회는 검사가 직무수행 능력이 현저히 떨어지는 등 검사로서 정상적인 직무수행이 어렵다고 인정하는 경우에는 재적위원 3분의 2 이상의 의결을 거쳐 법무부장관에게 그 검사의 퇴직을 건의한다.

⑤ 위원회는 제4항에 따른 의결을 하기 전에 해당 검사에게 위원회에 출석하여 충분한 진술을 할 수 있는 기회를 주어야 한다.

⑥ 법무부장관은 제4항에 따른 퇴직 건의가 타당하다고 인정하면 대통령에게 그 검사에 대한 퇴직명령을 제청한다.

⑦ 제2항 각 호의 위원의 자격기준과 임기 및 위원회의 조사 · 심의 방식, 그 밖에 운영에 필요한 사항은 대통령령으로 정한다.

[전문개정 2009.11.2.]

제39조의2【심신장애로 인한 퇴직】 검사가 중대한 심신상의 장애로 인하여 직무를 수행할 수 없을 때 대통령은 법무부장관의 제청에 의하여 그 검사에게 퇴직을 명할 수 있다.

[전문개정 2009.11.2.]

제40조【명예퇴직】 ① 20년 이상 근속한 검사가 정년 전에 스스로 퇴직하는 경우에는 명예퇴직수당을 지급할 수 있다.

② 제1항의 명예퇴직수당의 금액과 그 밖에 지급에 관하여 필요한 사항은 대통령령으로 정한다.

[전문개정 2009.11.2.]

제41조【정 년】 검찰총장의 정년은 65세, 검찰총장 외의 검사의 정년은 63세로 한다.

[전문개정 2009.11.2.]

제42조 삭제 〈2004.1.20.〉

제43조【정치운동 등의 금지】 검사는 재직 중 다음 각 호의 행위를 할 수 없다.

1. 국회 또는 지방의회의 의원이 되는 일
2. 정치운동에 관여하는 일
3. 금전상의 이익을 목적으로 하는 업무에 종사하는 일
4. 법무부장관의 허가 없이 보수를 받는 직무에 종사하는 일

[전문개정 2009.11.2.]

제44조【검사의 겸임】 법무부와 그 소속 기관의 직원으로서 검사로 임명될 자격이 있는 사람은 검사를 겸임할 수 있다. 이 경우 그 중 보수가 더 많은 직위의 보수를 받으며, 그 겸직 검사의 수는 제36조의 검사 정원에 포함하지 아니한다.

[전문개정 2009.11.2.]

제44조의2【검사의 파견 금지 등】 ① 검사는 대통령비서실에 파견되거나 대통령비서실의 직위를 겸임할 수 없다.

② 검사로서 퇴직 후 1년이 지나지 아니한 사람은 대통령비서실의 직위에 임용될 수 없다.

[전문개정 2009.11.2.]

제6장 검찰청 직원

제45조【검찰청 직원】 검찰청에는 고위공무원단에 속하는 일반직공무원, 검찰부이사관, 검찰수사서기관, 검찰사무관, 수사사무관, 마약수사사무관, 검찰주사, 마약수사주사, 검찰주사보, 마약수사주사보, 검찰서기, 마약수사서기, 검찰서기보, 마약수사서기보 및 별정직공무원을 둔다.

[전문개정 2009.11.2.]

제46조【검찰수사서기관 등의 직무】 ① 검찰수사서기관, 검찰사무관, 검찰주사, 마약수사주사, 검찰주사보, 마약수사주사보, 검찰서기 및 마약수사서기는 다음 각 호의 사무에 종사한다.

1. 검사의 명을 받은 수사에 관한 사무

2. 형사기록의 작성과 보존
3. 국가를 당사자 또는 참가인으로 하는 소송과 행정소송의 수행자로 지정을 받은 검사의 소송 업무 보좌 및 이에 관한 기록, 그 밖의 서류의 작성과 보존에 관한 사무
4. 그 밖에 검찰행정에 관한 사무

② 검찰수사서기관, 수사사무관 및 마약수사사무관은 검사를 보좌하며 「형사소송법」 제245조의9 제2항에 따른 사법경찰관으로서 검사의 지휘를 받아 범죄수사를 한다.

③ 검찰서기, 마약수사서기, 검찰서기보 및 마약수사서기보는 검찰수사서기관, 검찰사무관, 수사사무관, 마약수사사무관, 검찰주사, 마약수사주사, 검찰주사보 또는 마약수사주사보를 보좌한다.

④ 검찰수사서기관, 검찰사무관, 검찰주사, 마약수사주사, 검찰주사보, 마약수사주사보, 검찰서기 및 마약수사서기는 수사에 관한 조서 작성에 관하여 검사의 의견이 자기의 의견과 다른 경우에는 조서의 끝 부분에 그 취지를 적을 수 있다.

[전문개정 2009.11.2.]

제47조【사법경찰관리로서의 직무수행】 ① 검찰주사, 마약수사주사, 검찰주사보, 마약수사주사보, 검찰서기, 마약수사서기, 검찰서기보 또는 마약수사서기보로서 검찰총장 또는 각급 검찰청 검사장의 지명을 받은 사람은 소속 검찰청 또는 지청에서 접수한 사건에 관하여 다음 각 호의 구분에 따른 직무를 수행한다.
1. 검찰주사, 마약수사주사, 검찰주사보 및 마약수사주사보: 「형사소송법」 제245조의9 제2항에 따른 사법경찰관의 직무
2. 검찰서기, 마약수사서기, 검찰서기보 및 마약수사서기보: 「형사소송법」 제245조의9 제3항에 따른 사법경찰리의 직무

② 별정직공무원으로서 검찰총장 또는 각급 검찰청 검사장의 지명을 받은 공무원은 다음 각 호의 구분에 따른 직무를 수행한다.
1. 5급 상당부터 7급 상당까지의 공무원: 「형사소송법」 제245조의9 제2항에 따른 사법경찰관의 직무
2. 8급 상당 및 9급 상당 공무원: 「형사소송법」 제245조의9 제3항에 따른 사법경찰리의 직무

[전문개정 2009.11.2.]

제48조【검찰총장 비서관】 ① 대검찰청에 검찰총장 비서관 1명을 둔다.

② 비서관은 검찰수사서기관이나 4급 상당 별정직국가공무원으로 보하고 검찰총장의 명을 받아 기밀에 관한 사항을 맡아 처리한다.

[전문개정 2009.11.2.]

제49조【통역공무원 및 기술공무원】 ① 검찰청에 통역 및 기술 분야의 업무를 담당하는 공무원을 둘 수 있다.

② 제1항의 공무원은 상사의 명을 받아 번역 · 통역 또는 기술에 관한 사무에 종사한다. 다만, 전산사무관, 방송통신사무관, 전산주사, 방송통신주사, 전산주사보, 방송통신주사보, 전산서기, 방송통신서기, 전산서기보, 방송통신서기보로서 검찰총장 또는 각급 검찰청 검사장의 지명을 받은 사람은 소속 검찰청 또는 지청에서 접수한 사건에 관하여 다음 각 호의 구분에 따른 직무를 수행한다.
1. 전산사무관, 방송통신사무관, 전산주사, 방송통신주사, 전산주사보, 방송통신주사보: 「형사소송법」 제245조의9 제2항에 따른 사법경찰관의 직무
2. 전산서기, 방송통신서기, 전산서기보, 방송통신서기보: 「형사소송법」 제245조의9 제3항에 따른 사법경찰리의 직무

[전문개정 2009.11.2.]

제50조【검찰청 직원의 보직】 ① 검찰청 직원의 보직은 법무부장관이 행한다. 다만, 이 법 또는 다른 법률에 특별한 규정이 있는 경우에는 그러하지 아니하다.

② 법무부장관은 제1항에 따른 권한의 일부를 검찰총장이나 각급 검찰청의 검사장에게 위임할 수 있다.

③ 다음 각 호의 어느 하나에 해당하는 사람은 검찰청 직원으로 임용될 수 없다.

1. 「국가공무원법」 제33조 각 호의 어느 하나에 해당하는 사람
2. 금고 이상의 형을 선고받은 사람

[전문개정 2009.11.2.]

제51조【검찰청 직원의 겸임】 법무부 직원은 이 법에 따른 검찰청 직원의 직위를 겸임할 수 있다. 이 경우 그 보수에 관하여는 제44조 후단을 준용한다.

[전문개정 2009.11.2.]

제52조【검찰청 직원의 정원】 검찰청 직원의 정원은 대통령령으로 정한다.

[전문개정 2009.11.2.]

제7장 사법경찰관리의 지휘 · 감독

제53조 삭제 〈2011.7.18.〉

제54조【교체임용의 요구】 ① 서장이 아닌 경정 이하의 사법경찰관리가 직무 집행과 관련하여 부당한 행위를 하는 경우 지방검찰청 검사장은 해당 사건의 수사 중지를 명하고, 임용권자에게 그 사법경찰관리의 교체임용을 요구할 수 있다.

② 제1항의 요구를 받은 임용권자는 정당한 사유가 없으면 교체임용을 하여야 한다.

지검장의 수사중지명령 · 교체임용요구권

6. 경찰관 직무집행법

• 경찰작용일반법
• 조직 → 경찰법

[시행 2024.7.31.] [법률 제20153호, 2024.1.30., 일부개정]

제1조【목 적】 ① 이 법은 국민의 자유와 권리 및 모든 개인이 가지는 불가침의 기본적 인권을 보호하고 사회공공의 질서를 유지하기 위한 경찰관(경찰공무원만 해당한다. 이하 같다)의 직무 수행에 필요한 사항을 규정함을 목적으로 한다.

〈개정 2020.12.22.〉

• 경찰공무원법상의 경찰공무원, 전투경찰대설치법상의 작전 전경의무경찰, 해양경찰의 직무수행 + 경비구역 내에서의 청원경찰의 직무수행 포함

② 이 법에 규정된 경찰관의 직권은 그 직무 수행에 필요한 최소한도 내에서 행사되어야 하며 이를 남용하여서는 아니 된다.

경찰 비례원칙의 명시적 규정

[전문개정 2014.5.20.]

• 한국의경직법 = 대륙법계적요소+영미법계적요소
– 국민의 생명 · 신체재산의 보호가 직무범위에 규정
– 범죄의 수사가 경찰의 직무범위에 해당

제2조【직무의 범위】 경찰관은 다음 각 호의 직무를 수행한다. 〈개정 2018.4.17, 2020.12.22.〉

직무의 범위를 경찰법과 경찰관 직무집행법 모두 규정

1. 국민의 생명 · 신체 및 재산의 보호
   • 경찰법에서만 규정했던 국민의 생명 · 신체 및 재산의 보호를 경찰관 직무집행법에서도 규정함으로써 경찰관 직무집행법상 직무범위에 포함됨
   • 영미법계의 영향
2. 범죄의 예방 · 진압 및 수사 — • 영미법계의 영향

2의2. 범죄피해자 보호

3. 경비, 주요 인사(人士) 경호 및 대간첩 · 대테러 작전수행 (정책×)
   – 범죄첩보의 수집 ×
   – 정책정보 ×
4. 공공안녕에 대한 위험의 예방과 대응을 위한 정보의 수집 · 작성 및 배포
5. 교통단속과 교통위해(危害)의 방지
6. 외국 정부 기관 및 국제 기구와의 국제협력
7. 그 밖에 공공의 안녕과 질서 유지

[전문개정 2014.5.20.]

• 형사책임능력×
– 어린이나 심신상실자도 불심검문의 대상○
• 대인적 즉시강제

제3조【불심검문】 ① 경찰관은 다음 각 호의 어느 하나에 해당하는 사람을 정지시켜 질문할 수 있다.

1. 수상한 행동이나 그 밖의 주위 사정을 합리적으로 판단하여 볼 때 어떠한 죄를 범하였거나 범하려 하고 있다고 의심할 만한 상당한 이유가 있는 사람
   • 객관적 합리성 필요
   • 답변 강요 불가
2. 이미 행하여진 범죄나 행하여지려고 하는 범죄행위에 관한 사실을 안다고 인정되는 사람

② 경찰관은 제1항에 따라 같은 항 각 호의 사람을 정지시킨 장소에서 질문을 하는 것이 그 사람에게 불리하거나 교통에 방해가 된다고 인정될 때에는 질문을 하기 위하여 가까운 경찰서 · 지구대 · 파출소 또는 출장소(지방해양경찰관서를 포함하며, 이하 "경찰관서"라 한다)로 동행할 것을 요구할 수 있다. 이 경우 동행을 요구받은 사람은 그 요구를 거절할 수 있다.

③ 경찰관은 제1항 각 호의 어느 하나에 해당하는 사람에게 질문을 할 때에 그 사람이 흉기를 가지고 있는지를 조사할 수 있다.

일반소지품 명문규정(×)

④ 경찰관은 제1항이나 제2항의 따라 질문을 하거나 동행을 요구할 경우 자신의 신분을 표시하는 증표를 제시하면서 소속과 성명을 밝히고 질문이나 동행의 목적과 이유를 설명하여야 하며, 동행을 요구하는 경우에는 동행 장소를 밝혀야 한다.

• 누가봐도 경찰이고 공무집행 중인 것을 안다면 제시 안 해도 위법×

⑤ 경찰관은 제2항에 따라 동행한 사람의 가족이나 친지 등에게 동행한 경찰관의 신분, 동행장소, 동행 목적과 이유를 알리거나 본인으로 하여금 즉시 연락할 수 있는 기회를 주어야 하며, 변호인의 도움을 받을 권리가 있음을 알려야 한다.

⑥ 경찰관은 제2항에 따라 동행한 사람을 6시간을 초과하여 경찰관서에 머물게 할 수 없다.

6시간 동안×

⑦ 제1항부터 제3항까지의 규정에 따라 질문을 받거나 동행을 요구받은 사람은 형사소송에 관한 법률에 따르지 아니하고는 신체를 구속당하지 아니하며, 그 의사에 반하여 답변을 강요당하지 아니한다.

[전문개정 2014.5.20.]

제4조【보호조치 등】 ① 경찰관은 수상한 행동이나 그 밖의 주위 사정을 합리적으로 판단해 볼 때 다음 각 호의 어느 하나에 해당하는 것이 명백하며 응급구호가 필요하다고 믿을 만한 상당한 이유가 있는 사람(이하 "구호대상자"라 한다)을 발견하였을 때에는 보건의료기관이나 공공구호기관에 긴급구호를 요청하거나 경찰관서에 보호하는 등 적절한 조치를 할 수 있다. 하여야 한다×

강제 대상자

1. 정신착란을 일으키거나 술에 취하여 자신 또는 다른 사람의 생명 · 신체 · 재산에 위해를 끼칠 우려가 있는 사람
2. 자살을 시도하는 사람
3. 미아 · 병자 · 부상자 등으로서 적당한 보호자가 없으며 응급구호가 필요하다고 인정되는 사람. 다만, 본인이 구호를 거절하는 경우에는 제외한다.

임의대상자(거절시 의무×)

가출인 → 보호조치 대상×

② 제1항에 따라 긴급구호를 요청받은 보건의료기관이나 공공구호기관은 정당한 이유 없이 긴급구호를 거절할 수 없다. — • 경직법 처벌규정×

③ 경찰관은 제1항의 조치를 하는 경우에 구호대상자가 휴대하고 있는 무기 · 흉기 등 위험을 일으킬 수 있는 것으로 인정되는 물건을 경찰관서에 임시로 영치(領置)하여 놓을 수 있다.

④ 경찰관은 제1항의 조치를 하였을 때에는 지체 없이 구호대상자의 가족, 친지 또는 그 밖의 연고자에게 그 사실을 알려야 하며, 연고자가 발견되지 아니할 때에는 구호대상자를 적당한 공중보건의료기관이나 공공구호기관에 즉시 인계하여야 한다.

⑤ 경찰관은 제4항에 따라 구호대상자를 공중보건의료기관 또는 공공구호기관에 인계하였을 때에는 즉시 그 사실을 소속 경찰서장이나 해양경찰서장에게 보고하여야 한다. 〈개정 2014.11.19., 2017.7.26.〉

⑥ 제5항에 따라 보고를 받은 소속 경찰서장이나 해양경찰서장은 대통령령으로 정하는 바에 따라 구호대상자를 인계한 사실을 지체 없이 해당 공중보건의료기관 또는 공공구호기관의 장 및 그 감독행정청에 통보하여야 한다. 〈개정 2014.11.19., 2017.7.26.〉

⑦ 제1항에 따라 구호대상자를 경찰관서에서 보호하는 기간은 24시간을 초과할 수 없고, 제3항에 따라 물건을 경찰관서에 임시로 영치하는 기간은 10일을 초과할 수 없다. — • 임시영치도 강제조치

[전문개정 2014.5.20.]

제5조【위험 발생의 방지 등】 ① 경찰관은 사람의 생명 또는 신체에 위해를 끼치거나 재산에 중대한 손해를 끼칠 우려가 있는 천재(天災), 사변(事變), 인공구조물의 파손이나 붕괴, 교통사고, 위험물의 폭발, 위험한 동물 등의 출현, 극도의 혼잡, 그 밖의 위험한 사태가 있을 때에는 다음 각 호의 조치를 할 수 있다.

1. 그 장소에 모인 사람, 사물(事物)의 관리자 그 밖의 관계인에게 필요한 경고를 하는 것
2. 매우 긴급한 경우에는 위해를 입을 우려가 있는 사람을 필요한 한도에서 억류하거나 피난시키는 것
3. 그 장소에 있는 사람, 사물의 관리자, 그 밖의 관계인에게 위해를 방지하기 위하여 필요하다고 인정되는 조치를 하게 하거나 직접 그 조치를 하는 것

• 직접적인 위험방지조치

② 경찰관서의 장은 대간첩 작전의 수행이나 소요(騷擾)사태의 진압을 위하여 필요하다고 인정되는 상당한 이유가 있을 때에는 대간첩 작전지역이나 경찰관서 · 무기고 등 국가중요시설에 대한 접근 또는 통행을 제한하거나 금지할 수 있다.

• 파출소장 이상의 각급 경찰관서의 장만 가능

③ 경찰관은 제1항의 조치를 한 때에는 지체 없이 그 사실을 소속 경찰관서의 장에게 보고하여야 한다.

• 보고의 의무
• 경직법상 보고
–임의동행
–임시영치] 24시간 이내 보고
–나머지 –지체 없이 보고

④ 제2항의 조치를 하거나 제3항의 보고를 받은 경찰관서의 장은 관계 기관의 협조를 구하는 등 적절한 조치를 하여야 한다.

[전문개정 2014.5.20.]

• 경고나 제지의 목적 : 범죄를 예방하기 위하여

제6조【범죄의 예방과 제지】 경찰관은 범죄행위가 목전(目前)에 행하여지려고 하고 있다고 인정될 때에는 이를 예방하기 위하여 관계인에게 필요한 경고를 하고, 그 행위로 인하여 사람의 생명 · 신체에 위해를 끼치거나 재산에 중대한 손해를 끼칠 우려가 있는 긴급한 경우에는 그 행위를 제지할 수 있다.

대인적 즉시강제
제지의 형태에는 제한이 없음

[전문개정 2014.5.20.]

• 대가택적 강제수단
• 범죄수사를 위한 출입×
• 영장 없이 가능

제7조【위험 방지를 위한 출입】 ① 경찰관은 제5조 제1항 · 제2항 및 제6조에 따른 위험한 사태가 발생하여 사람의 생명 · 신체 또는 재산에 대한 위해가 임박한 때에 그 위해를 방지하거나 피해자를 구조하기 위하여 부득이하다고 인정하면 합리적으로 판단하여 필요한 한도에서 다른 사람의 토지 · 건물 · 배 또는 차에 출입할 수 있다.

② 흥행장(興行場), 여관, 음식점, 역, 그 밖에 많은 사람이 출입하는 장소의 관리자나 그에 준하는 관계인은 경찰관이 범죄나 사람의 생명 · 신체 · 재산에 대한 위해를 예방하기 위하여 해당 장소의 영업시간이나 해당 장소가 일반인에게 공개된 시간에 그 장소에 출입하겠다고 요구하면 정당한 이유 없이 그 요구를 거절할 수 없다.

• 예방출입

• 상대 동의의무○
• 공개시간 · 장소 아니면 거절 가능

③ 경찰관은 대간첩 작전 수행에 필요할 때에는 작전지역에서 제2항에 따른 장소를 검색할 수 있다.

• 상대방의 동의, 시간 · 장소불문

④ 경찰관은 제1항부터 제3항까지의 규정에 따라 필요한 장소에 출입할 때에는 그 신분을 표시하는 증표를 제시하여야 하며, 함부로 관계인이 하는 정당한 업무를 방해해서는 아니 된다.

[전문개정 2014.5.20.]

• 범죄관련×
• 형사처벌×

제8조【사실의 확인 등】 ① 경찰관서의 장은 직무 수행에 필요하다고 인정되는 상당한 이유가 있을 때에는 국가기관이나 공사(公私)단체 등에 직무 수행에 관련된 사실을 조회할 수 있다. 다만, 긴급한 경우에는 소속 경찰관으로 하여금 현장에 나가 해당 기관 또는 단체의 장의 협조를 받아 그 사실을 확인하게 할 수 있다.

임의적 사실행위

• 형사처벌을 위한 교통사고 조사상의 사실확인=형사소송법상 출석요구

② 경찰관은 다음 각 호의 직무를 수행하기 위하여 필요하면 관계인에게 출석하여야 하는 사유 · 일시 및 장소를 명확히 적은 출석 요구서를 보내 경찰관서에 출석할 것을 요구할 수 있다.

1. 미아를 인수할 보호자 확인
2. 유실물을 인수할 권리자 확인
3. 사고로 인한 사상자(死傷者) 확인
4. 행정처분을 위한 교통사고 조사에 필요한 사실 확인

형사처분×

[전문개정 2014.5.20.]

제8조의2【정보의 수집 등】 ① 경찰관은 범죄 · 재난 · 공공갈등 등 공공안녕에 대한 위험의 예방과 대응을 위한 정보의 수집 · 작성 · 배포와 이에 수반되는 사실의 확인을 할 수 있다.

② 제1항에 따른 정보의 구체적인 범위와 처리 기준, 정보의 수집 · 작성 · 배포에 수반되는 사실의 확인 절차와 한계는 대통령령으로 정한다.

[본조신설 2020.12.22.]

[종전 제8조의2는 제8조의3으로 이동 〈2020.12.22.〉]

제8조의3【국제협력】 경찰청장 또는 해양경찰청장은 이 법에 따른 경찰관의 직무수행을 위하여 외국 정부기관, 국제기구 등과 자료 교환, 국제협력 활동 등을 할 수 있다. 〈개정 2014.11.19, 2017.7.26.〉

해야 한다(×)

[본조신설 2014.5.20.]

[제8조의2에서 이동 〈2020.12.22.〉]

제9조【유치장】 법률에서 정한 절차에 따라 체포·구속된 사람 또는 신체의 자유를 제한하는 판결이나 처분을 받은 사람을 수용하기 위하여 경찰서와 해양경찰서에 유치장을 둔다. 〈개정 2014.11.19, 2017.7.26.〉

유치장의 설치근거법

[전문개정 2014.5.20.]

제10조【경찰장비의 사용 등】 ① 경찰관은 직무수행 중 경찰장비를 사용할 수 있다. 다만, 사람의 생명이나 신체에 위해를 끼칠 수 있는 경찰장비(이하 이 조에서 "위해성 경찰 장비"라 한다)를 사용할 때에는 필요한 안전교육과 안전검사를 받은 후 사용하여야 한다.

→ • 대인적 즉시강제

② 제1항 본문에서 "경찰장비"란 무기, 경찰장구(警察裝具), 경찰착용기록장치, 최루제(催淚劑)와 그 발사장치, 살수차, 감식기구(鑑識機具), 해안 감시기구, 통신기기, 차량·선박·항공기 등 경찰이 직무를 수행할 때 필요한 장치와 기구를 말한다.

③ 경찰관은 경찰장비를 함부로 개조하거나 경찰장비에 임의의 장비를 부착하여 일반적인 사용법과 달리 사용함으로써 다른 사람의 생명·신체에 위해를 끼쳐서는 아니 된다.

④ 위해성 경찰장비는 필요한 최소한도에서 사용하여야 한다. — • 비례원칙

⑤ 경찰청장은 위해성 경찰장비를 새로 도입하려는 경우에는 대통령령으로 정하는 바에 따라 안전성 검사를 실시하여 그 안전성 검사의 결과보고서를 국회 소관 상임위원회에 제출하여야 한다. 이 경우 안전성 검사에는 외부 전문가를 참여시켜야 한다.

⑥ 위해성 경찰장비의 종류 및 그 사용기준, 안전교육·안전검사의 기준 등은 대통령령으로 정한다.

[전문개정 2014.5.20.]

제10조의2【경찰장구의 사용】 ① 경찰관은 다음 각 호의 직무를 수행하기 위하여 필요하다고 인정되는 상당한 이유가 있을 때에는 그 사태를 합리적으로 판단하여 필요한 한도에서 경찰장구를 사용할 수 있다.

1. 현행범이나 사형·무기 또는 장기 3년 이상의 징역이나 금고에 해당하는 죄를 범한 범인의 체포 또는 도주 방지

   3년이 넘는×, 미만×

2. 자신이나 다른 사람의 생명·신체의 방어 및 보호
3. 공무집행에 대한 항거(抗拒) 제지

② 제1항에서 "경찰장구"란 경찰관이 휴대하여 범인검거와 범죄진압 등 직무 수행에 사용하는 수갑, 포승(捕繩), 경찰봉, 방패 등을 말한다. — • 족쇄×

수갑/포승/경찰봉/충격기

[전문개정 2014.5.20.]

제10조의3【분사기 등의 사용】 경찰관은 다음 각 호의 직무를 수행하기 위하여 부득이한 경우에는 현장책임자가 판단하여 필요한 최소한의 범위에서 분사기(「총포·도검·화약류 등의 안전관리에 관한 법률」에 따른 분사기를 말하며, 그에 사용하는 최루 등의 작용제를 포함한다. 이하 같다) 또는 최루탄을 사용할 수 있다. 〈개정 2015.1.6.〉

보충성 / 비례성

• 최루탄 발사기 = 각도 30°이상
• 가스차 · 살수차 = 각도 15°이상

1. 범인의 체포 또는 범인의 도주 방지
2. 불법집회·시위로 인한 자신이나 다른 사람의 생명·신체·재산 및 공공시설 안전에 대한 현저한 위해의 발생 억제

[전문개정 2014.5.20.]

제10조의4【무기의 사용】 ① 경찰관은 범인의 체포, 범인의 도주 방지, 자신이나 다른 사람의 생명·신체의

방어 및 보호, 공무집행에 대한 항거의 제지를 위하여 필요하다고 인정되는 상당한 이유가 있을 때에는 그 사태를 합리적으로 판단하여 필요한 한도에서 무기를 사용할 수 있다. 다만, 다음 각 호의 어느 하나에 해당할 때를 제외하고는 사람에게 위해를 끼쳐서는 아니 된다.

1. 「형법」에 규정된 정당방위와 긴급피난에 해당할 때 (자구행위×)
2. 다음 각 목의 어느 하나에 해당하는 때에 그 행위를 방지하거나 그 행위자를 체포하기 위하여 무기를 사용하지 아니하고는 다른 수단이 없다고 인정되는 상당한 이유가 있을 때
   가. 사형 · 무기 또는 장기 3년 이상의 징역이나 금고에 해당하는 죄를 범하거나 범하였다고 의심할 만한 충분한 이유가 있는 사람이 경찰관의 직무집행에 항거하거나 도주하려고 할 때 (중범죄) (단기×)
   나. 체포 · 구속영장과 압수 · 수색영장을 집행하는 과정에서 경찰관의 직무집행에 항거하거나 도주하려고 할 때 — • 영장집행시
   다. 제3자가 가목 또는 나목에 해당하는 사람을 도주시키려고 경찰관에게 항거할 때
   라. 범인이나 소요를 일으킨 사람이 무기 · 흉기 등 위험한 물건을 지니고 경찰관으로부터 3회 이상 물건을 버리라는 명령이나 항복하라는 명을 받고도 따르지 아니하면서 계속 항거할 때 (• 위험한 물건 소지항거)
3. 대간첩 작전 수행 과정에서 무장간첩이 항복하라는 경찰관의 명령을 받고도 따르지 아니할 때

② 제1항에서 "무기"란 사람의 생명이나 신체에 위해를 끼칠 수 있도록 제작된 권총 · 소총 · 도검 등을 말한다.

③ 대간첩 · 대테러 작전 등 국가안전에 관련되는 작전을 수행할 때에는 개인화기(個人火器) 외에 공용화기(共用火器)를 사용할 수 있다.

[전문개정 2014.5.20.]

제10조의5【경찰착용기록장치의 사용】 ① 경찰관은 다음 각 호의 어느 하나에 해당하는 직무 수행을 위하여 필요한 경우에는 필요한 최소한의 범위에서 경찰착용기록장치를 사용할 수 있다.

1. 경찰관이 「형사소송법」 제200조의2, 제200조의3, 제201조 또는 제212조에 따라 피의자를 체포 또는 구속하는 경우
2. 범죄 수사를 위하여 필요한 경우로서 다음 각 목의 요건을 모두 갖춘 경우
   가. 범행 중이거나 범행 직전 또는 직후일 것
   나. 증거보전의 필요성 및 긴급성이 있을 것
3. 제5조제1항에 따른 인공구조물의 파손이나 붕괴 등의 위험한 사태가 발생한 경우
4. 경찰착용기록장치에 기록되는 대상자(이하 이 조에서 "기록대상자"라 한다)로부터 그 기록의 요청 또는 동의를 받은 경우
5. 제4조제1항 각 호에 해당하는 것이 명백하고 응급구호가 필요하다고 믿을 만한 상당한 이유가 있는 경우
6. 제6조에 따라 사람의 생명 · 신체에 위해를 끼치거나 재산에 중대한 손해를 끼칠 우려가 있는 범죄행위를 긴급하게 예방 및 제지하는 경우
7. 경찰관이 「해양경비법」 제12조 또는 제13조에 따라 해상검문검색 또는 추적 · 나포하는 경우
8. 경찰관이 「수상에서의 수색 · 구조 등에 관한 법률」에 따라 같은 법 제2조제4호의 수난구호 업무 시 수색 또는 구조를 하는 경우
9. 그 밖에 제1호부터 제8호까지에 준하는 경우로서 대통령령으로 정하는 경우

② 이 법에서 "경찰착용기록장치"란 경찰관이 신체에 착용 또는 휴대하여 직무수행 과정을 근거리에서 영상 · 음성으로 기록할 수 있는 기록장치 또는 그 밖에 이와 유사한 기능을 갖춘 기계장치를 말한다.

[본조신설 2024.1.30.]

제10조의6【경찰착용기록장치의 사용 고지 등】 ① 경찰관이 경찰착용기록장치를 사용하여 기록하는 경우로서 이동형 영상정보처리기기로 사람 또는 그 사람과 관련된 사물의 영상을 촬영하는 때에는 불빛, 소리, 안내판 등 대통령령으로 정하는 바에 따라 촬영 사실을 표시하고 알려야 한다.

② 제1항에도 불구하고 제10조의5제1항 각 호에 따른 경우로서 불가피하게 고지가 곤란한 경우에는 제3항에 따라 영상음성기록을 전송 · 저장하는 때에 그 고지를 못한 사유를 기록하는 것으로 대체할 수 있다.

③ 경찰착용기록장치로 기록을 마친 영상음성기록은 지체 없이 제10조의7에 따른 영상음성기록정보 관리체계를 이용하여 영상음성기록정보 데이터베이스에 전송 · 저장하도록 하여야 하며, 영상음성기록을 임의로 편집 · 복사하거나 삭제하여서는 아니 된다.

④ 그 밖에 경찰착용기록장치의 사용기준 및 관리 등에 필요한 사항은 대통령령으로 정한다.

[본조신설 2024.1.30.]

제10조의7【영상음성기록정보 관리체계의 구축 · 운영】 경찰청장 및 해양경찰청장은 경찰착용기록장치로 기록한 영상 · 음성을 저장하고 데이터베이스로 관리하는 영상음성기록정보 관리체계를 구축 · 운영하여야 한다.

[본조신설 2024.1.30.]

제11조【사용기록의 보관】 제10조 제2항에 따른 살수차, 제10조의3에 따른 분사기, 최루탄 또는 제10조의4에 따른 무기를 사용하는 경우 그 책임자는 사용일시 · 장소 · 대상 · 현장책임자 · 종류 · 수량 등을 기록하여 보관하여야 한다.

[전문개정 2014.5.20.]

제11조의2【손실보상】 ① 국가는 경찰관의 적법한 직무집행으로 인하여 다음 각 호의 어느 하나에 해당하는 손실을 입은 자에 대하여 정당한 보상을 하여야 한다.

〈개정 2018.12.24.〉

1. 손실발생의 원인에 대하여 책임이 없는 자가 생명 · 신체 또는 재산상의 손실을 입은 경우(손실발생의 원인에 대하여 책임이 없는 자가 경찰관의 직무집행에 자발적으로 협조하거나 물건을 제공하여 생명 · 신체 또는 재산상의 손실을 입은 경우를 포함한다)
2. 손실발생의 원인에 대하여 책임이 있는 자가 자신의 책임에 상응하는 정도를 초과하는 생명 · 신체 또는 재산상의 손실을 입은 경우

② 제1항에 따른 보상을 청구할 수 있는 권리는 손실이 있음을 안 날부터 3년, 손실이 발생한 날부터 5년간 행사하지 아니하면 시효의 완성으로 소멸한다.

③ 제1항에 따른 손실보상신청 사건을 심의하기 위하여 손실보상심의위원회를 둔다.

④ 경찰청장 또는 시 · 도경찰청장은 제3항의 손실보상심의위원회의 심의 · 의결에 따라 보상금을 지급하고, 거짓 또는 부정한 방법으로 보상금을 받은 사람에 대하여는 해당 보상금을 환수하여야 한다.

〈개정 2018.12.24, 2020.12.22〉

⑤ 보상금이 지급된 경우 손실보상심의위원회는 대통령령으로 정하는 바에 따라 국가경찰위원회에 심사자료와 결과를 보고하여야 한다. 이 경우 국가경찰위원회는 손실보상의 적법성 및 적정성 확인을 위하여 필요한 자료의 제출을 요구할 수 있다.

〈신설 2018.12.24, 2020.12.22.〉

⑥ 경찰청장 또는 시 · 도경찰청장은 제4항에 따라 보상금을 반환하여야 할 사람이 대통령령으로 정한 기한까지 그 금액을 납부하지 아니한 때에는 국세 체납처분의 예에 따라 징수할 수 있다.

〈신설 2018.12.24, 2020.12.22.〉

⑦ 제1항에 따른 손실보상의 기준, 보상금액, 지급 절차 및 방법, 제3항에 따른 손실보상심의위원회의 구성 및 운영, 제4항 및 제6항에 따른 환수절차, 그 밖에 손

실보상에 관하여 필요한 사항은 대통령령으로 정한다. 〈신설 2018.12.24.〉
[본조신설 2013.4.5.]

제11조의3【범인검거 등 공로자 보상】 ① 경찰청장, 시·도경찰청장 또는 경찰서장은 다음 각 호의 어느 하나에 해당하는 사람에게 보상금을 지급할 수 있다. 〈개정 2020.12.22〉
1. 범인 또는 범인의 소재를 신고하여 검거하게 한 사람
2. 범인을 검거하여 경찰공무원에게 인도한 사람
3. 테러범죄의 예방활동에 현저한 공로가 있는 사람
4. 그 밖에 제1호부터 제3호까지의 규정에 준하는 사람으로서 대통령령으로 정하는 사람

② 경찰청장, 시·도경찰청장 및 경찰서장은 제1항에 따른 보상금 지급의 심사를 위하여 대통령령으로 정하는 바에 따라 각각 보상금심사위원회를 설치·운영하여야 한다. 〈개정 2020.12.22〉

③ 제2항에 따른 보상금심사위원회는 위원장 1명을 포함한 5명 이내의 위원으로 구성한다.

④ 제2항에 따른 보상금심사위원회의 위원은 소속 경찰공무원 중에서 경찰청장, 시·도경찰청장 또는 경찰서장이 임명한다. 〈개정 2020.12.22〉

⑤ 경찰청장, 시·도경찰청장 또는 경찰서장은 제2항에 따른 보상금심사위원회의 심사·의결에 따라 보상금을 지급하고, 거짓 또는 부정한 방법으로 보상금을 받은 사람에 대하여는 해당 보상금을 환수한다. 〈개정 2020.12.22〉

⑥ 경찰청장, 시·도경찰청장 또는 경찰서장은 제5항에 따라 보상금을 반환하여야 할 사람이 대통령령으로 정한 기한까지 그 금액을 납부하지 아니한 때에는 국세 체납처분의 예에 따라 징수할 수 있다. 〈개정 2018.12.24, 2020.12.22〉

⑦ 제1항에 따른 보상 대상, 보상금의 지급 기준 및 절차, 제2항 및 제3항에 따른 보상금심사위원회의 구성 및 심사사항, 제5항 및 제6항에 따른 환수절차, 그 밖에 보상금 지급에 관하여 필요한 사항은 대통령령으로 정한다. 〈신설 2018.12.24.〉
[본조신설 2016.1.27.]
[제목개정 2018.12.24.]

제11조의4【소송 지원】 경찰청장과 해양경찰청장은 경찰관이 제2조 각 호에 따른 직무의 수행으로 인하여 민·형사상 책임과 관련된 소송을 수행할 경우 변호인 선임 등 소송 수행에 필요한 지원을 할 수 있다.
[본조신설 2021.10.19.]

제11조의5【직무 수행으로 인한 형의 감면】 다음 각 호의 범죄가 행하여지려고 하거나 행하여지고 있어 타인의 생명·신체에 대한 위해 발생의 우려가 명백하고 긴급한 상황에서, 경찰관이 그 위해를 예방하거나 진압하기 위한 행위 또는 범인의 검거 과정에서 경찰관을 향한 직접적인 유형력 행사에 대응하는 행위를 하여 그로 인하여 타인에게 피해가 발생한 경우, 그 경찰관의 직무수행이 불가피한 것이고 필요한 최소한의 범위에서 이루어졌으며 해당 경찰관에게 고의 또는 중대한 과실이 없는 때에는 그 정상을 참작하여 형을 감경하거나 면제할 수 있다.

경찰관 직무수행 시 고의·중과실 없는 경우 임의적 감면 신설

1. 「형법」 제2편 제24장 살인의 죄, 제25장 상해와 폭행의 죄, 제32장 강간과 추행의 죄 중 강간에 관한 범죄, 제38장 절도와 강도의 죄 중 강도에 관한 범죄 및 이에 대하여 다른 법률에 따라 가중처벌하는 범죄
2. 「가정폭력범죄의 처벌 등에 관한 특례법」에 따른 가정폭력범죄, 「아동학대범죄의 처벌 등에 관한 특례법」에 따른 아동학대범죄

[본조신설 2022.2.3.]

• 직권남용에 대한 벌칙규정

제12조【벌 칙】 이 법에 규정된 경찰관의 의무에 위반하거나 직권을 남용하여 다른 사람에게 해를 끼친 사람

은 1년 이하의 징역이나 금고 또는 300만원 이하의 벌금에 처한다.

[전문개정 2014.5.20.]

제13조 삭제 〈2014.5.20.〉

7. 검사와 사법경찰관의 상호협력과 일반적 수사준칙에 관한 규정

[시행 2023.11.1.] [대통령령 제33806호, 2023.10.7., 일부개정]

제1장 총 칙

제1조【목 적】 이 영은 「형사소송법」 제195조에 따라 검사와 사법경찰관의 상호협력과 일반적 수사준칙에 관한 사항을 규정함으로써 수사과정에서 국민의 인권을 보호하고, 수사절차의 투명성과 수사의 효율성을 보장함을 목적으로 한다.

제2조【적용 범위】 검사와 사법경찰관의 협력관계, 일반적인 수사의 절차와 방법에 관하여 다른 법령에 특별한 규정이 있는 경우를 제외하고는 이 영이 정하는 바에 따른다.

제3조【수사의 기본원칙】 ① 검사와 사법경찰관은 모든 수사과정에서 헌법과 법률에 따라 보장되는 피의자와 그 밖의 피해자 · 참고인 등(이하 "사건관계인"이라 한다)의 권리를 보호하고, 적법한 절차에 따라야 한다.

② 검사와 사법경찰관은 예단(豫斷)이나 편견 없이 신속하게 수사해야 하고, 주어진 권한을 자의적으로 행사하거나 남용해서는 안 된다.

③ 검사와 사법경찰관은 수사를 할 때 다음 각 호의 사항에 유의하여 실체적 진실을 발견해야 한다.

1. 물적 증거를 기본으로 하여 객관적이고 신빙성 있는 증거를 발견하고 수집하기 위해 노력할 것
2. 과학수사 기법과 관련 지식 · 기술 및 자료를 충분히 활용하여 합리적으로 수사할 것
3. 수사과정에서 선입견을 갖지 말고, 근거 없는 추측을 배제하며, 사건관계인의 진술을 과신하지 않도록 주의할 것

④ 검사와 사법경찰관은 다른 사건의 수사를 통해 확보된 증거 또는 자료를 내세워 관련이 없는 사건에 대한 자백이나 진술을 강요해서는 안 된다.

제4조【불이익 금지】 검사와 사법경찰관은 피의자나 사건관계인이 인권침해 신고나 그 밖에 인권 구제를 위한 신고, 진정, 고소, 고발 등의 행위를 하였다는 이유로 부당한 대우를 하거나 불이익을 주어서는 안 된다.

제5조【형사사건의 공개금지 등】 ① 검사와 사법경찰관은 공소제기 전의 형사사건에 관한 내용을 공개해서는 안 된다.

② 검사와 사법경찰관은 수사의 전(全) 과정에서 피의자와 사건관계인의 사생활의 비밀을 보호하고 그들의 명예나 신용이 훼손되지 않도록 노력해야 한다.

③ 제1항에도 불구하고 법무부장관, 경찰청장 또는 해양경찰청장은 무죄추정의 원칙과 국민의 알권리 등을 종합적으로 고려하여 형사사건 공개에 관한 준칙을 정할 수 있다.

제2장 협 력

제6조【상호협력의 원칙】 ① 검사와 사법경찰관은 상호 존중해야 하며, 수사, 공소제기 및 공소유지와 관련하여 협력해야 한다.

② 검사와 사법경찰관은 수사와 공소제기 및 공소유지를 위해 필요한 경우 수사 · 기소 · 재판 관련 자료를 서로 요청할 수 있다.

③ 검사와 사법경찰관의 협의는 신속히 이루어져야

하며, 협의의 지연 등으로 수사 또는 관련 절차가 지연되어서는 안 된다.

제7조【중요사건 협력절차】 ① 검사와 사법경찰관은 다음 각 호의 어느 하나에 해당하는 사건(이하 "중요사건"이라 한다)의 경우에는 송치 전에 수사할 사항, 증거 수집의 대상, 법령의 적용, 범죄수익 환수를 위한 조치 등에 관하여 상호 의견을 제시·교환할 것을 요청할 수 있다. 이 경우 검사와 사법경찰관은 특별한 사정이 없으면 상대방의 요청에 응해야 한다.

1. 공소시효가 임박한 사건
2. 내란, 외환, 대공(對共), 선거(정당 및 정치자금 관련 범죄를 포함한다), 노동, 집단행동, 테러, 대형참사 또는 연쇄살인 관련 사건
3. 범죄를 목적으로 하는 단체 또는 집단의 조직·구성·가입·활동 등과 관련된 사건
4. 주한 미합중국 군대의 구성원·외국인군무원 및 그 가족이나 초청계약자의 범죄 관련 사건
5. 그 밖에 많은 피해자가 발생하거나 국가적·사회적 피해가 큰 중요한 사건

② 제1항에도 불구하고 검사와 사법경찰관은 다음 각 호의 어느 하나에 따른 공소시효가 적용되는 사건에 대해서는 공소시효 만료일 3개월 전까지 제1항 각 호 외의 부분 전단에 규정된 사항 등에 관하여 상호 의견을 제시·교환해야 한다. 다만, 공소시효 만료일 전 3개월 이내에 수사를 개시한 때에는 지체 없이 상호 의견을 제시·교환해야 한다.

1. 「공직선거법」 제268조
2. 「공공단체등 위탁선거에 관한 법률」 제71조
3. 「농업협동조합법」 제172조제4항
4. 「수산업협동조합법」 제178조제5항
5. 「산림조합법」 제132조제4항
6. 「소비자생활협동조합법」 제86조제4항
7. 「염업조합법」 제59조제4항
8. 「엽연초생산협동조합법」 제42조제5항
9. 「중소기업협동조합법」 제137조제3항
10. 「새마을금고법」 제85조제6항
11. 「교육공무원법」 제62조제5항

제8조【검사와 사법경찰관의 협의】 ① 검사와 사법경찰관은 수사와 사건의 송치, 송부 등에 관한 이견의 조정이나 협력 등이 필요한 경우 서로 협의를 요청할 수 있다. 이 경우 특별한 사정이 없으면 상대방의 협의 요청에 응해야 한다.

② 제1항에 따른 협의에도 불구하고 이견이 해소되지 않는 경우로서 다음 각 호의 어느 하나에 해당하는 경우에는 해당 검사가 소속된 검찰청의 장과 해당 사법경찰관이 소속된 경찰관서(지방해양경찰관서를 포함한다. 이하 같다)의 장의 협의에 따른다.

1. 중요사건에 관하여 상호 의견을 제시·교환하는 것에 대해 이견이 있거나 제시·교환한 의견의 내용에 대해 이견이 있는 경우
2. 「형사소송법」 제197조의2제2항 및 제3항에 따른 정당한 이유의 유무에 대해 이견이 있는 경우
3. 법 제197조의4제2항 단서에 따라 사법경찰관이 계속 수사할 수 있는지 여부나 사법경찰관이 계속 수사할 수 있는 경우 수사를 계속할 주체 또는 사건의 이송 여부 등에 대해 이견이 있는 경우
4. 법 제245조의8제2항에 따른 재수사의 결과에 대해 이견이 있는 경우

제9조【수사기관협의회】 ① 대검찰청, 경찰청 및 해양경찰청 간에 수사에 관한 제도 개선 방안 등을 논의하고, 수사기관 간 협조가 필요한 사항에 대해 서로 의견을 협의·조정하기 위해 수사기관협의회를 둔다.

② 수사기관협의회는 다음 각 호의 사항에 대해 협의·조정한다.

1. 국민의 인권보호, 수사의 신속성·효율성 등을 위한

제도 개선 및 정책 제안

2. 국가적 재난 상황 등 관련 기관 간 긴밀한 협조가 필요한 업무를 공동으로 수행하기 위해 필요한 사항
3. 그 밖에 제1항의 어느 한 기관이 수사기관협의회의 협의 또는 조정이 필요하다고 요구한 사항

③ 수사기관협의회는 반기마다 정기적으로 개최하되, 제1항의 어느 한 기관이 요청하면 수시로 개최할 수 있다.

④ 제1항의 각 기관은 수사기관협의회에서 협의 · 조정된 사항의 세부 추진계획을 수립 · 시행해야 한다.

⑤ 제1항부터 제4항까지의 규정에서 정한 사항 외에 수사기관협의회의 운영 등에 필요한 사항은 수사기관협의회에서 정한다.

제3장 수 사

제1절 통 칙

제10조【임의수사 우선의 원칙과 강제수사 시 유의사항】 ① 검사와 사법경찰관은 수사를 할 때 수사 대상자의 자유로운 의사에 따른 임의수사를 원칙으로 해야 하고, 강제수사는 법률에서 정한 바에 따라 필요한 경우에만 최소한의 범위에서 하되, 수사 대상자의 권익 침해의 정도가 더 적은 절차와 방법을 선택해야 한다.

② 검사와 사법경찰관은 피의자를 체포 · 구속하는 과정에서 피의자 및 현장에 있는 가족 등 지인들의 인격과 명예를 침해하지 않도록 유의해야 한다.

③ 검사와 사법경찰관은 압수 · 수색 과정에서 사생활의 비밀, 주거의 평온을 최대한 보장하고, 피의자 및 현장에 있는 가족 등 지인들의 인격과 명예를 침해하지 않도록 유의해야 한다.

제11조【회 피】 검사 또는 사법경찰관리는 피의자나 사건관계인과 친족관계 또는 이에 준하는 관계가 있거나 그 밖에 수사의 공정성을 의심 받을 염려가 있는 사건에 대해서는 소속 기관의 장의 허가를 받아 그 수사를 회피해야 한다.

제12조【수사 진행상황의 통지】 ① 검사 또는 사법경찰관은 수사에 대한 진행상황을 사건관계인에게 적절히 통지하도록 노력해야 한다.

② 제1항에 따른 통지의 구체적인 방법 · 절차 등은 법무부장관, 경찰청장 또는 해양경찰청장이 정한다.

제13조【변호인의 피의자신문 참여·조력】 ① 검사 또는 사법경찰관은 피의자신문에 참여한 변호인이 피의자의 옆자리 등 실질적인 조력을 할 수 있는 위치에 앉도록 해야 하고, 정당한 사유가 없으면 피의자에 대한 법적인 조언 · 상담을 보장해야 하며, 법적인 조언 · 상담을 위한 변호인의 메모를 허용해야 한다.

② 검사 또는 사법경찰관은 피의자에 대한 신문이 아닌 단순 면담 등이라는 이유로 변호인의 참여 · 조력을 제한해서는 안 된다.

③ 제1항 및 제2항은 검사 또는 사법경찰관의 사건관계인에 대한 조사 · 면담 등의 경우에도 적용한다.

제14조【변호인의 의견진술】 ① 피의자신문에 참여한 변호인은 검사 또는 사법경찰관의 신문 후 조서를 열람하고 의견을 진술할 수 있다. 이 경우 변호인은 별도의 서면으로 의견을 제출할 수 있으며, 검사 또는 사법경찰관은 해당 서면을 사건기록에 편철한다.

② 피의자신문에 참여한 변호인은 신문 중이라도 검사 또는 사법경찰관의 승인을 받아 의견을 진술할 수 있다. 이 경우 검사 또는 사법경찰관은 정당한 사유가 있는 경우를 제외하고는 변호인의 의견진술 요청을 승인해야 한다. — • 원칙적 승인의무

③ 피의자신문에 참여한 변호인은 제2항에도 불구하고 부당한 신문방법에 대해서는 검사 또는 사법경찰관의 승인 없이 이의를 제기할 수 있다.

④ 검사 또는 사법경찰관은 제1항부터 제3항까지의 규정에 따른 의견진술 또는 이의제기가 있는 경우 해당 내용을 조서에 적어야 한다.

제15조【피해자 보호】 ① 검사 또는 사법경찰관은 피해자의 명예와 사생활의 평온을 보호하기 위해 「범죄피해자 보호법」 등 피해자 보호 관련 법령의 규정을 준수해야 한다.

② 검사 또는 사법경찰관은 피의자의 범죄수법, 범행 동기, 피해자와의 관계, 언동 및 그 밖의 상황으로 보아 피해자가 피의자 또는 그 밖의 사람으로부터 생명 · 신체에 위해를 입거나 입을 염려가 있다고 인정되는 경우에는 직권 또는 피해자의 신청에 따라 신변보호에 필요한 조치를 강구해야 한다.

제2절 수사의 개시

제16조【수사의 개시】 ① 검사 또는 사법경찰관이 다음 각 호의 어느 하나에 해당하는 행위에 착수한 때에는 수사를 개시한 것으로 본다. 이 경우 검사 또는 사법경찰관은 해당 사건을 즉시 입건해야 한다.

1. 피혐의자의 수사기관 출석조사
2. 피의자신문조서의 작성
3. 긴급체포
4. 체포 · 구속영장의 청구 또는 신청
5. 사람의 신체, 주거, 관리하는 건조물, 자동차, 선박, 항공기 또는 점유하는 방실에 대한 압수 · 수색 또는 검증영장(부검을 위한 검증영장은 제외한다)의 청구 또는 신청

② 검사 또는 사법경찰관은 수사 중인 사건의 범죄 혐의를 밝히기 위한 목적으로 관련 없는 사건의 수사를 개시하거나 수사기간을 부당하게 연장해서는 안 된다.

③ 검사 또는 사법경찰관은 입건 전에 범죄를 의심할 만한 정황이 있어 수사 개시 여부를 결정하기 위한 사실관계의 확인 등 필요한 조사를 할 때에는 적법절차를 준수하고 사건관계인의 인권을 존중하며, 조사가 부당하게 장기화되지 않도록 신속하게 진행해야 한다.

④ 검사 또는 사법경찰관은 제3항에 따른 조사 결과 입건하지 않는 결정을 한 때에는 피해자에 대한 보복범죄나 2차 피해가 우려되는 경우 등을 제외하고는 피혐의자 및 사건관계인에게 통지해야 한다.

⑤ 제4항에 따른 통지의 구체적인 방법 및 절차 등은 법무부장관, 경찰청장 또는 해양경찰청장이 정한다.

⑥ 제3항에 따른 조사와 관련한 서류 등의 열람 및 복사에 관하여는 제69조 제1항, 제3항, 제5항(같은 조 제1항 및 제3항을 준용하는 부분으로 한정한다. 이하 이 항에서 같다) 및 제6항(같은 조 제1항, 제3항 및 제5항에 따른 신청을 받은 경우로 한정한다)을 준용한다.

제16조의2【고소 · 고발 사건의 수리 등】 ① 검사 또는 사법경찰관은 고소 또는 고발을 받은 경우에는 이를 수리해야 한다.

② 검사 또는 사법경찰관은 고소 또는 고발에 따라 범죄를 수사하는 경우에는 고소 또는 고발을 수리한 날부터 3개월 이내에 수사를 마쳐야 한다.

제17조【변사자의 검시 등】 ① 사법경찰관은 변사자 또는 변사한 것으로 의심되는 사체가 있으면 변사사건 발생사실을 검사에게 통보해야 한다.

② 검사는 법 제222조 제1항에 따라 검시를 했을 경우에는 검시조서를, 검증영장이나 같은 조 제2항에 따라 검증을 했을 경우에는 검증조서를 각각 작성하여 사법경찰관에게 송부해야 한다.

③ 사법경찰관은 법 제222조 제1항 및 제3항에 따라 검시를 했을 경우에는 검시조서를, 검증영장이나 같은 조 제2항 및 제3항에 따라 검증을 했을 경우에는 검증조서를 각각 작성하여 검사에게 송부해야 한다.

④ 검사와 사법경찰관은 법 제222조에 따라 변사자의 검시를 한 사건에 대해 사건 종결 전에 수사할 사항 등

에 관하여 상호 의견을 제시 · 교환해야 한다.

제18조【검사의 사건 이송 등】 ① 검사는 「검찰청법」 제4조제1항제1호 각 목에 해당되지 않는 범죄에 대한 고소 · 고발 · 진정 등이 접수된 때에는 사건을 검찰청 외의 수사기관에 이송해야 한다.

② 검사는 다음 각 호의 어느 하나에 해당하는 때에는 사건을 검찰청 외의 수사기관에 이송할 수 있다.

1. 법 제197조의4 제2항 단서에 따라 사법경찰관이 범죄사실을 계속 수사할 수 있게 된 때
2. 그 밖에 다른 수사기관에서 수사하는 것이 적절하다고 판단되는 때

③ 검사는 제1항 또는 제2항에 따라 사건을 이송하는 경우에는 관계 서류와 증거물을 해당 수사기관에 함께 송부해야 한다.

④ 검사는 제2항제2호에 따른 이송을 하는 경우에는 특별한 사정이 없으면 사건을 수리한 날부터 1개월 이내에 이송해야 한다

제3절 임의수사

제19조【출석요구】 ① 검사 또는 사법경찰관은 피의자에게 출석요구를 할 때에는 다음 각 호의 사항을 유의해야 한다.

1. 출석요구를 하기 전에 우편 · 전자우편 · 전화를 통한 진술 등 출석을 대체할 수 있는 방법의 선택 가능성을 고려할 것
2. 출석요구의 방법, 출석의 일시 · 장소 등을 정할 때에는 피의자의 명예 또는 사생활의 비밀이 침해되지 않도록 주의할 것
3. 출석요구를 할 때에는 피의자의 생업에 지장을 주지 않도록 충분한 시간적 여유를 두도록 하고, 피의자가 출석 일시의 연기를 요청하는 경우 특별한 사정이 없으면 출석 일시를 조정할 것
4. 불필요하게 여러 차례 출석요구를 하지 않을 것

② 검사 또는 사법경찰관은 피의자에게 출석요구를 하려는 경우 피의자와 조사의 일시 · 장소에 관하여 협의해야 한다. 이 경우 변호인이 있는 경우에는 변호인과도 협의해야 한다.

③ 검사 또는 사법경찰관은 피의자에게 출석요구를 하려는 경우 피의사실의 요지 등 출석요구의 취지를 구체적으로 적은 출석요구서를 발송해야 한다. 다만, 신속한 출석요구가 필요한 경우 등 부득이한 사정이 있는 경우에는 전화, 문자메시지, 그 밖의 상당한 방법으로 출석요구를 할 수 있다.

④ 검사 또는 사법경찰관은 제3항 본문에 따른 방법으로 출석요구를 했을 때에는 출석요구서의 사본을, 같은 항 단서에 따른 방법으로 출석요구를 했을 때에는 그 취지를 적은 수사보고서를 각각 사건기록에 편철한다.

⑤ 검사 또는 사법경찰관은 피의자가 치료 등 수사관서에 출석하여 조사를 받는 것이 현저히 곤란한 사정이 있는 경우에는 수사관서 외의 장소에서 조사할 수 있다.

⑥ 제1항부터 제5항까지의 규정은 피의자 외의 사람에 대한 출석요구의 경우에도 적용한다.

제20조【수사상 임의동행 시의 고지】 검사 또는 사법경찰관은 임의동행을 요구하는 경우 상대방에게 동행을 거부할 수 있다는 것과 동행하는 경우에도 언제든지 자유롭게 동행 과정에서 이탈하거나 동행 장소에서 퇴거할 수 있다는 것을 알려야 한다.

제21조【심야조사 제한】 ① 검사 또는 사법경찰관은 조사, 신문, 면담 등 그 명칭을 불문하고 피의자나 사건관계인에 대해 오후 9시부터 오전 6시까지 사이에 조사(이하 "심야조사"라 한다)를 해서는 안 된다. 다만, 이미 작성된 조서의 열람을 위한 절차는 자정 이전까지 진행할 수 있다.

② 제1항에도 불구하고 다음 각 호의 어느 하나에 해당하는 경우에는 심야조사를 할 수 있다. 이 경우 심야

조사의 사유를 조서에 명확하게 적어야 한다.

1. 피의자를 체포한 후 48시간 이내에 구속영장의 청구 또는 신청 여부를 판단하기 위해 불가피한 경우
2. 공소시효가 임박한 경우
3. 피의자나 사건관계인이 출국, 입원, 원거리 거주, 직업상 사유 등 재출석이 곤란한 구체적인 사유를 들어 심야조사를 요청한 경우(변호인이 심야조사에 동의하지 않는다는 의사를 명시한 경우는 제외한다)로서 해당 요청에 상당한 이유가 있다고 인정되는 경우
4. 그 밖에 사건의 성질 등을 고려할 때 심야조사가 불가피하다고 판단되는 경우 등 법무부장관, 경찰청장 또는 해양경찰청장이 정하는 경우로서 검사 또는 사법경찰관의 소속 기관의 장이 지정하는 인권보호 책임자의 허가 등을 받은 경우

제22조【장시간 조사 제한】 ① 검사 또는 사법경찰관은 조사, 신문, 면담 등 그 명칭을 불문하고 피의자나 사건관계인을 조사하는 경우에는 대기시간, 휴식시간, 식사시간 등 모든 시간을 합산한 조사시간(이하 "총조사시간"이라 한다)이 12시간을 초과하지 않도록 해야 한다. 다만, 다음 각 호의 어느 하나에 해당하는 경우에는 예외로 한다.

1. 피의자나 사건관계인의 서면 요청에 따라 조서를 열람하는 경우
2. 제21조 제2항 각 호의 어느 하나에 해당하는 경우

② 검사 또는 사법경찰관은 특별한 사정이 없으면 총조사시간 중 식사시간, 휴식시간 및 조서의 열람시간 등을 제외한 실제 조사시간이 8시간을 초과하지 않도록 해야 한다.

③ 검사 또는 사법경찰관은 피의자나 사건관계인에 대한 조사를 마친 때부터 8시간이 지나기 전에는 다시 조사할 수 없다. 다만, 제1항 제2호에 해당하는 경우에는 예외로 한다.

제23조【휴식시간 부여】 ① 검사 또는 사법경찰관은 조사에 상당한 시간이 소요되는 경우에는 특별한 사정이 없으면 피의자 또는 사건관계인에게 조사 도중에 최소한 2시간마다 10분 이상의 휴식시간을 주어야 한다.

② 검사 또는 사법경찰관은 조사 도중 피의자, 사건관계인 또는 그 변호인으로부터 휴식시간의 부여를 요청받았을 때에는 그때까지 조사에 소요된 시간, 피의자 또는 사건관계인의 건강상태 등을 고려해 적정하다고 판단될 경우 휴식시간을 주어야 한다.

③ 검사 또는 사법경찰관은 조사 중인 피의자 또는 사건관계인의 건강상태에 이상 징후가 발견되면 의사의 진료를 받게 하거나 휴식하게 하는 등 필요한 조치를 해야 한다.

제24조【신뢰관계인의 동석】 ① 법 제244조의5에 따라 피의자와 동석할 수 있는 신뢰관계에 있는 사람과 법 제221조 제3항에서 준용하는 법 제163조의2에 따라 피해자와 동석할 수 있는 신뢰관계에 있는 사람은 피의자 또는 피해자의 직계친족, 형제자매, 배우자, 가족, 동거인, 보호·교육시설의 보호·교육담당자 등 피의자 또는 피해자의 심리적 안정과 원활한 의사소통에 도움을 줄 수 있는 사람으로 한다.

② 피의자, 피해자 또는 그 법정대리인이 제1항에 따른 신뢰관계에 있는 사람의 동석을 신청한 경우 검사 또는 사법경찰관은 그 관계를 적은 동석신청서를 제출받거나 조서 또는 수사보고서에 그 관계를 적어야 한다.

제25조【자료·의견의 제출기회 보장】 ① 검사 또는 사법경찰관은 조사과정에서 피의자, 사건관계인 또는 그 변호인이 사실관계 등의 확인을 위해 자료를 제출하는 경우 그 자료를 수사기록에 편철한다.

② 검사 또는 사법경찰관은 조사를 종결하기 전에 피의자, 사건관계인 또는 그 변호인에게 자료 또는 의견을 제출할 의사가 있는지를 확인하고, 자료 또는 의견

을 제출받은 경우에는 해당 자료 및 의견을 수사기록에 편철한다.

제26조【수사과정의 기록】 ① 검사 또는 사법경찰관은 법 제244조의4에 따라 조사(신문, 면담 등 명칭을 불문한다. 이하 이 조에서 같다) 과정의 진행경과를 다음 각 호의 구분에 따른 방법으로 기록해야 한다.

1. 조서를 작성하는 경우 : 조서에 기록(별도의 서면에 기록한 후 조서의 끝부분에 편철하는 것을 포함한다)
2. 조서를 작성하지 않는 경우: 별도의 서면에 기록한 후 수사기록에 편철

② 제1항에 따라 조사과정의 진행경과를 기록할 때에는 다음 각 호의 구분에 따른 사항을 구체적으로 적어야 한다.

1. 조서를 작성하는 경우에는 다음 각 목의 사항
    가. 조사 대상자가 조사장소에 도착한 시각
    나. 조사의 시작 및 종료 시각
    다. 조사 대상자가 조사장소에 도착한 시각과 조사를 시작한 시각에 상당한 시간적 차이가 있는 경우에는 그 이유
    라. 조사가 중단되었다가 재개된 경우에는 그 이유와 중단 시각 및 재개 시각
2. 조서를 작성하지 않는 경우에는 다음 각 목의 사항
    가. 조사 대상자가 조사장소에 도착한 시각
    나. 조사 대상자가 조사장소를 떠난 시각
    다. 조서를 작성하지 않는 이유
    라. 조사 외에 실시한 활동
    마. 변호인 참여 여부

제4절 강제수사

제27조【긴급체포】 ① 사법경찰관은 법 제200조의3제2항에 따라 긴급체포 후 12시간 내에 검사에게 긴급체포의 승인을 요청해야 한다. 다만, 다음 각 호의 어느 하나에 해당하는 경우에는 긴급체포 후 24시간 이내에 긴급체포의 승인을 요청해야 한다.

1. 제51조제1항제4호가목에 따른 피의자중지 또는 제52조제1항제3호에 따른 기소중지 결정이 된 피의자를 소속 경찰관서가 위치하는 특별시 · 광역시 · 특별자치시 · 도 또는 특별자치도 외의 지역에서 긴급체포한 경우
2. 「해양경비법」 제2조제2호에 따른 경비수역에서 긴급체포한 경우

② 제1항에 따라 긴급체포의 승인을 요청할 때에는 범죄사실의 요지, 긴급체포의 일시 · 장소, 긴급체포의 사유, 체포를 계속해야 하는 사유 등을 적은 긴급체포 승인요청서로 요청해야 한다. 다만, 긴급한 경우에는 「형사사법절차 전자화 촉진법」 제2조 제4호에 따른 형사사법정보시스템(이하 "형사사법정보시스템"이라 한다) 또는 팩스를 이용하여 긴급체포의 승인을 요청할 수 있다.

③ 검사는 사법경찰관의 긴급체포 승인 요청이 이유있다고 인정하는 경우에는 지체 없이 긴급체포 승인서를 사법경찰관에게 송부해야 한다.

④ 검사는 사법경찰관의 긴급체포 승인 요청이 이유없다고 인정하는 경우에는 지체 없이 사법경찰관에게 불승인 통보를 해야 한다. 이 경우 사법경찰관은 긴급체포된 피의자를 즉시 석방하고 그 석방 일시와 사유 등을 검사에게 통보해야 한다.

제28조【현행범인 조사 및 석방】 ① 검사 또는 사법경찰관은 법 제212조 또는 제213조에 따라 현행범인을 체포하거나 체포된 현행범인을 인수했을 때에는 조사가 현저히 곤란하다고 인정되는 경우가 아니면 지체 없이 조사해야 하며, 조사 결과 계속 구금할 필요가 없다고 인정할 때에는 현행범인을 즉시 석방해야 한다.

② 검사 또는 사법경찰관은 제1항에 따라 현행범인을 석방했을 때에는 석방 일시와 사유 등을 적은 피의자 석방서를 작성해 사건기록에 편철한다. 이 경우 사법

경찰관은 석방 후 지체 없이 검사에게 석방 사실을 통보해야 한다.

제29조【구속영장의 청구·신청】 ① 검사 또는 사법경찰관은 구속영장을 청구하거나 신청하는 경우 법 제209조에서 준용하는 법 제70조 제2항의 필요적 고려사항이 있을 때에는 구속영장 청구서 또는 신청서에 그 내용을 적어야 한다.

② 검사 또는 사법경찰관은 체포한 피의자에 대해 구속영장을 청구하거나 신청할 때에는 구속영장 청구서 또는 신청서에 체포영장, 긴급체포서, 현행범인 체포서 또는 현행범인 인수서를 첨부해야 한다.

제30조【구속 전 피의자 심문】 사법경찰관은 법 제201조의2 제3항 및 같은 조 제10항에서 준용하는 법 제81조 제1항에 따라 판사가 통지한 피의자 심문 기일과 장소에 체포된 피의자를 출석시켜야 한다.

제31조【체포·구속영장의 재청구·재신청】 검사 또는 사법경찰관은 동일한 범죄사실로 다시 체포·구속영장을 청구하거나 신청하는 경우(체포·구속영장의 청구 또는 신청이 기각된 후 다시 체포·구속영장을 청구하거나 신청하는 경우와 이미 발부받은 체포·구속영장과 동일한 범죄사실로 다시 체포·구속영장을 청구하거나 신청하는 경우를 말한다)에는 그 취지를 체포·구속영장 청구서 또는 신청서에 적어야 한다.

제32조【체포·구속영장 집행 시의 권리 고지】 ① 검사 또는 사법경찰관은 피의자를 체포하거나 구속할 때에는 법 제200조의5(법 제209조에서 준용하는 경우를 포함한다)에 따라 피의자에게 피의사실의 요지, 체포·구속의 이유와 변호인을 선임할 수 있음을 말하고, 변명할 기회를 주어야 하며, 진술거부권을 알려주어야 한다. — • 체포 구속시 진술거부권 고지의무

② 제1항에 따라 피의자에게 알려주어야 하는 진술거부권의 내용은 법 제244조의3 제1항 제1호부터 제3호까지의 사항으로 한다.

③ 검사와 사법경찰관이 제1항에 따라 피의자에게 그 권리를 알려준 경우에는 피의자로부터 권리 고지 확인서를 받아 사건기록에 편철한다.

제32조의2【체포·구속영장 사본의 교부】 ① 검사 또는 사법경찰관은 영장에 따라 피의자를 체포하거나 구속하는 경우에는 법 제200조의6 또는 제209조에서 준용하는 법 제85조제1항 또는 제4항에 따라 피의자에게 반드시 영장을 제시하고 그 사본을 교부해야 한다.

② 검사 또는 사법경찰관은 제1항에 따라 피의자에게 영장을 제시하거나 영장의 사본을 교부할 때에는 사건관계인의 개인정보가 피의자의 방어권 보장을 위해 필요한 정도를 넘어 불필요하게 노출되지 않도록 유의해야 한다.

③ 검사 또는 사법경찰관은 제1항에 따라 피의자에게 영장의 사본을 교부한 경우에는 피의자로부터 영장 사본 교부 확인서를 받아 사건기록에 편철한다.

④ 피의자가 영장의 사본을 수령하기를 거부하거나 영장 사본 교부 확인서에 기명날인 또는 서명하는 것을 거부하는 경우에는 검사 또는 사법경찰관이 영장 사본 교부 확인서 끝 부분에 그 사유를 적고 기명날인 또는 서명해야 한다.

제33조【체포·구속 등의 통지】 ① 검사 또는 사법경찰관은 피의자를 체포하거나 구속하였을 때에는 법 제200조의6 또는 제209조에서 준용하는 법 제87조에 따라 변호인이 있으면 변호인에게, 변호인이 없으면 법 제30조 제2항에 따른 사람 중 피의자가 지정한 사람에게 24시간 이내에 서면으로 사건명, 체포·구속의 일시·장소, 범죄사실의 요지, 체포·구속의 이유와 변호인을 선임할 수 있음을 통지해야 한다.

② 검사 또는 사법경찰관은 제1항에 따른 통지를 하였을 때에는 그 통지서 사본을 사건기록에 편철한다. 다만, 변호인 및 법 제30조 제2항에 따른 사람이 없어서 체포 · 구속의 통지를 할 수 없을 때에는 그 취지를 수사보고서에 적어 사건기록에 편철한다.

③ 제1항 및 제2항은 법 제214조의2 제2항에 따라 검사 또는 사법경찰관이 같은 조 제1항에 따른 자 중에서 피의자가 지정한 자에게 체포 또는 구속의 적부심사를 청구할 수 있음을 통지하는 경우에도 준용한다.

제34조【체포 · 구속영장 등본의 교부】 검사 또는 사법경찰관은 법 제214조의2 제1항에 따른 자가 체포 · 구속영장 등본의 교부를 청구하면 그 등본을 교부해야 한다.

제35조【체포 · 구속영장의 반환】 ① 검사 또는 사법경찰관은 체포 · 구속영장의 유효기간 내에 영장의 집행에 착수하지 못했거나, 그 밖의 사유로 영장의 집행이 불가능하거나 불필요하게 되었을 때에는 즉시 해당 영장을 법원에 반환해야 한다. 이 경우 체포 · 구속영장이 여러 통 발부된 경우에는 모두 반환해야 한다.

② 검사 또는 사법경찰관은 제1항에 따라 체포 · 구속영장을 반환하는 경우에는 반환사유 등을 적은 영장반환서에 해당 영장을 첨부하여 반환하고, 그 사본을 사건기록에 편철한다.

③ 제1항에 따라 사법경찰관이 체포 · 구속영장을 반환하는 경우에는 그 영장을 청구한 검사에게 반환하고, 검사는 사법경찰관이 반환한 영장을 법원에 반환한다.

제36조【피의자의 석방】 ① 검사 또는 사법경찰관은 법 제200조의2제5항 또는 제200조의4제2항에 따라 구속영장을 청구하거나 신청하지 않고(사법경찰관이 구속영장의 청구를 신청하였으나 검사가 그 신청을 기각한 경우를 포함한다) 체포 또는 긴급체포한 피의자를 석방하려는 때에는 다음 각 호의 구분에 따른 사항을 적은 피의자 석방서를 작성해야 한다.

1. 체포한 피의자를 석방하려는 때: 체포 일시 · 장소, 체포 사유, 석방 일시 · 장소, 석방 사유 등
2. 긴급체포한 피의자를 석방하려는 때: 법 제200조의4 제4항 각 호의 사항

② 사법경찰관은 제1항에 따라 피의자를 석방한 경우 다음 각 호의 구분에 따라 처리한다.

1. 체포한 피의자를 석방한 때: 지체 없이 검사에게 석방사실을 통보하고, 그 통보서 사본을 사건기록에 편철한다.
2. 긴급체포한 피의자를 석방한 때: 즉시 검사에게 석방 사실을 보고하고, 그 보고서 사본을 사건기록에 편철한다.

제37조【압수 · 수색 또는 검증영장의 청구·신청】 검사 또는 사법경찰관은 압수 · 수색 또는 검증영장을 청구하거나 신청할 때에는 압수 · 수색 또는 검증의 범위를 범죄 혐의의 소명에 필요한 최소한으로 정해야 하고, 수색 또는 검증할 장소 · 신체 · 물건 및 압수할 물건 등을 구체적으로 특정해야 한다. 이 경우 수사기밀이나 사건관계인의 개인정보가 압수 · 수색 또는 검증을 필요로 하는 사유의 소명에 필요한 정도를 넘어 불필요하게 노출되지 않도록 유의해야 한다.

제38조【압수 · 수색 또는 검증영장의 제시 · 교부】 ① 검사 또는 사법경찰관은 법 제219조에서 준용하는 법 제118조에 따라 영장을 제시할 때에는 처분을 받는 자에게 법관이 발부한 영장에 따른 압수 · 수색 또는 검증이라는 사실과 영장에 기재된 범죄사실 및 수색 또는 검증할 장소 · 신체 · 물건, 압수할 물건 등을 명확히 알리고, 처분을 받는 자가 해당 영장을 열람할 수 있도록

해야 한다. 이 경우 처분을 받는 자가 피의자인 경우에는 해당 영장의 사본을 교부해야 한다.

② 압수·수색 또는 검증의 처분을 받는 자가 여럿인 경우에는 모두에게 개별적으로 영장을 제시해야 한다. 이 경우 피의자에게는 개별적으로 해당 영장의 사본을 교부해야 한다.

③ 검사 또는 사법경찰관은 제1항 및 제2항에 따라 피의자에게 영장을 제시하거나 영장의 사본을 교부할 때에는 사건관계인의 개인정보가 피의자의 방어권 보장을 위해 필요한 정도를 넘어 불필요하게 노출되지 않도록 유의해야 한다.

④ 검사 또는 사법경찰관은 제1항 후단 및 제2항 후단에 따라 피의자에게 영장의 사본을 교부한 경우에는 피의자로부터 영장 사본 교부 확인서를 받아 사건기록에 편철한다.

⑤ 피의자가 영장의 사본을 수령하기를 거부하거나 영장 사본 교부 확인서에 기명날인 또는 서명하는 것을 거부하는 경우에는 검사 또는 사법경찰관이 영장 사본 교부 확인서 끝 부분에 그 사유를 적고 기명날인 또는 서명해야 한다.

제39조【압수·수색 또는 검증영장의 재청구·재신청 등】 압수·수색 또는 검증영장의 재청구·재신청(압수·수색 또는 검증영장의 청구 또는 신청이 기각된 후 다시 압수·수색 또는 검증영장을 청구하거나 신청하는 경우와 이미 발부받은 압수·수색 또는 검증영장과 동일한 범죄사실로 다시 압수·수색 또는 검증영장을 청구하거나 신청하는 경우를 말한다)과 반환에 관해서는 제31조 및 제35조를 준용한다.

제40조【압수조서와 압수목록】 검사 또는 사법경찰관은 증거물 또는 몰수할 물건을 압수했을 때에는 압수의 일시·장소, 압수 경위 등을 적은 압수조서와 압수물건의 품종·수량 등을 적은 압수목록을 작성해야 한다. 다만, 피의자신문조서, 진술조서, 검증조서에 압수의 취지를 적은 경우에는 그렇지 않다.

제41조【전자정보의 압수·수색 또는 검증 방법】 ① 검사 또는 사법경찰관은 법 제219조에서 준용하는 법 제106조 제3항에 따라 컴퓨터용디스크 및 그 밖에 이와 비슷한 정보저장매체(이하 이 항에서 "정보저장매체 등"이라 한다)에 기억된 정보(이하 "전자정보"라 한다)를 압수하는 경우에는 해당 정보저장매체 등의 소재지에서 수색 또는 검증한 후 범죄사실과 관련된 전자정보의 범위를 정하여 출력하거나 복제하는 방법으로 한다.

② 제1항에도 불구하고 제1항에 따른 압수 방법의 실행이 불가능하거나 그 방법으로는 압수의 목적을 달성하는 것이 현저히 곤란한 경우에는 압수·수색 또는 검증 현장에서 정보저장매체 등에 들어 있는 전자정보 전부를 복제하여 그 복제본을 정보저장매체 등의 소재지 외의 장소로 반출할 수 있다.

③ 제1항 및 제2항에도 불구하고 제1항 및 제2항에 따른 압수 방법의 실행이 불가능하거나 그 방법으로는 압수의 목적을 달성하는 것이 현저히 곤란한 경우에는 피압수자 또는 법 제123조에 따라 압수·수색영장을 집행할 때 참여하게 해야 하는 사람(이하 "피압수자 등"이라 한다)이 참여한 상태에서 정보저장매체 등의 원본을 봉인(封印)하여 정보저장매체 등의 소재지 외의 장소로 반출할 수 있다.

제42조【전자정보의 압수·수색 또는 검증 시 유의사항】 ① 검사 또는 사법경찰관은 전자정보의 탐색·복제·출력을 완료한 경우에는 지체 없이 피압수자 등에게 압수한 전자정보의 목록을 교부해야 한다.

② 검사 또는 사법경찰관은 제1항의 목록에 포함되지 않은 전자정보가 있는 경우에는 해당 전자정보를 지체 없이 삭제 또는 폐기하거나 반환해야 한다. 이 경우 삭제·폐기 또는 반환확인서를 작성하여 피압수자 등에

게 교부해야 한다.

③ 검사 또는 사법경찰관은 전자정보의 복제본을 취득하거나 전자정보를 복제할 때에는 해시값(파일의 고유값으로서 일종의 전자지문을 말한다)을 확인하거나 압수 · 수색 또는 검증의 과정을 촬영하는 등 전자적 증거의 동일성과 무결성(無缺性)을 보장할 수 있는 적절한 방법과 조치를 취해야 한다.

④ 검사 또는 사법경찰관은 압수 · 수색 또는 검증의 전 과정에 걸쳐 피압수자 등이나 변호인의 참여권을 보장해야 하며, 피압수자 등과 변호인이 참여를 거부하는 경우에는 신뢰성과 전문성을 담보할 수 있는 상당한 방법으로 압수 · 수색 또는 검증을 해야 한다.

⑤ 검사 또는 사법경찰관은 제4항에 따라 참여한 피압수자 등이나 변호인이 압수 대상 전자정보와 사건의 관련성에 관하여 의견을 제시한 때에는 이를 조서에 적어야 한다.

제43조【검증조서】 검사 또는 사법경찰관은 검증을 한 경우에는 검증의 일시 · 장소, 검증 경위 등을 적은 검증조서를 작성해야 한다.

제44조【영장심의위원회】 법 제221조의5에 따른 영장심의위원회의 위원은 해당 업무에 전문성을 가진 중립적 외부 인사 중에서 위촉해야 하며, 영장심의위원회의 운영은 독립성 · 객관성 · 공정성이 보장되어야 한다.

제5절 시정조치요구

제45조【시정조치 요구의 방법 및 절차 등】 ① 검사는 법 제197조의3 제1항에 따라 사법경찰관에게 사건기록 등본의 송부를 요구할 때에는 그 내용과 이유를 구체적으로 적은 서면으로 해야 한다.

② 사법경찰관은 제1항에 따른 요구를 받은 날부터 7일 이내에 사건기록 등본을 검사에게 송부해야 한다.

③ 검사는 제2항에 따라 사건기록 등본을 송부받은 날부터 30일(사안의 경중 등을 고려하여 10일의 범위에서 한 차례 연장할 수 있다) 이내에 법 제197조의3 제3항에 따른 시정조치 요구 여부를 결정하여 사법경찰관에게 통보해야 한다. 이 경우 시정조치 요구의 통보는 그 내용과 이유를 구체적으로 적은 서면으로 해야 한다.

④ 사법경찰관은 제3항에 따라 시정조치 요구를 통보받은 경우 정당한 이유가 있는 경우를 제외하고는 지체 없이 시정조치를 이행하고, 그 이행 결과를 서면에 구체적으로 적어 검사에게 통보해야 한다.

⑤ 검사는 법 제197조의3 제5항에 따라 사법경찰관에게 사건송치를 요구하는 경우에는 그 내용과 이유를 구체적으로 적은 서면으로 해야 한다.

⑥ 사법경찰관은 제5항에 따라 서면으로 사건송치를 요구받은 날부터 7일 이내에 사건을 검사에게 송치해야 한다. 이 경우 관계 서류와 증거물을 함께 송부해야 한다.

⑦ 제5항 및 제6항에도 불구하고 검사는 공소시효 만료일의 임박 등 특별한 사유가 있을 때에는 제5항에 따른 서면에 그 사유를 명시하고 별도의 송치기한을 정하여 사법경찰관에게 통지할 수 있다. 이 경우 사법경찰관은 정당한 이유가 있는 경우를 제외하고는 통지받은 송치기한까지 사건을 검사에게 송치해야 한다.

제46조【징계요구의 방법 등】 ① 검찰총장 또는 각급 검찰청 검사장은 법 제197조의3 제7항에 따라 사법경찰관리의 징계를 요구할 때에는 서면에 그 사유를 구체적으로 적고 이를 증명할 수 있는 관계 자료를 첨부하여 해당 사법경찰관리가 소속된 경찰관서의 장(이하 "경찰관서장"이라 한다)에게 통보해야 한다.

② 경찰관서장은 제1항에 따른 징계요구에 대한 처리 결과와 그 이유를 징계를 요구한 검찰총장 또는 각급 검찰청 검사장에게 통보해야 한다.

제47조【구제신청 고지의 확인】 사법경찰관은 법 제197

조의3 제8항에 따라 검사에게 구제를 신청할 수 있음을 피의자에게 알려준 경우에는 피의자로부터 고지 확인서를 받아 사건기록에 편철한다. 다만, 피의자가 고지 확인서에 기명날인 또는 서명하는 것을 거부하는 경우에는 사법경찰관이 고지 확인서 끝부분에 그 사유를 적고 기명날인 또는 서명해야 한다.

제6절 수사의 경합

제48조【동일한 범죄사실 여부의 판단 등】 ① 검사와 사법경찰관은 법 제197조의4에 따른 수사의 경합과 관련하여 동일한 범죄사실 여부나 영장(「통신비밀보호법」 제6조 및 제8조에 따른 통신제한조치허가서 및 같은 법 제13조에 따른 통신사실 확인자료제공 요청 허가서를 포함한다. 이하 이 조에서 같다) 청구 · 신청의 시간적 선후관계 등을 판단하기 위해 필요한 경우에는 그 필요한 범위에서 사건기록의 상호 열람을 요청할 수 있다.

② 제1항에 따른 영장 청구 · 신청의 시간적 선후관계는 검사의 영장청구서와 사법경찰관의 영장신청서가 각각 법원과 검찰청에 접수된 시점을 기준으로 판단한다.

③ 검사는 제2항에 따른 사법경찰관의 영장신청서의 접수를 거부하거나 지연해서는 안 된다.

제49조【수사경합에 따른 사건송치】 ① 검사는 법 제197조의4 제1항에 따라 사법경찰관에게 사건송치를 요구할 때에는 그 내용과 이유를 구체적으로 적은 서면으로 해야 한다.

② 사법경찰관은 제1항에 따른 요구를 받은 날부터 7일 이내에 사건을 검사에게 송치해야 한다. 이 경우 관계 서류와 증거물을 함께 송부해야 한다.

제50조【중복수사의 방지】 검사는 법 제197조의4 제2항 단서에 따라 사법경찰관이 범죄사실을 계속 수사할 수 있게 된 경우에는 정당한 사유가 있는 경우를 제외하고는 그와 동일한 범죄사실에 대한 사건을 이송하는 등 중복수사를 피하기 위해 노력해야 한다.

제4장 사건송치와 수사종결

제1절 통 칙

제51조【사법경찰관의 결정】 ① 사법경찰관은 사건을 수사한 경우에는 다음 각 호의 구분에 따라 결정해야 한다.

1. 법원송치
2. 검찰송치 (검찰송치사건)
3. 불송치 (고소인등이의신청사건) — • 1차적 수사종결권 부여
   가. 혐의없음
      1) 범죄인정안됨
      2) 증거불충분
   나. 죄가안됨
   다. 공소권없음
   라. 각하
4. 수사중지
   가. 피의자중지
   나. 참고인중지
5. 이송

② 사법경찰관은 하나의 사건 중 피의자가 여러 사람이거나 피의사실이 여러 개인 경우로서 분리하여 결정할 필요가 있는 경우 그중 일부에 대해 제1항 각 호의 결정을 할 수 있다.

③ 사법경찰관은 제1항제3호나목 또는 다목에 해당하는 사건이 다음 각 호의 어느 하나에 해당하는 경우에는 해당 사건을 검사에게 이송한다.

1. 「형법」 제10조 제1항에 따라 벌할 수 없는 경우
2. 기소되어 사실심 계속 중인 사건과 포괄일죄를 구성하는 관계에 있거나 「형법」 제40조에 따른 상상적 경합 관계에 있는 경우

④ 사법경찰관은 제1항 제4호에 따른 수사중지 결정을

한 경우 7일 이내에 사건기록을 검사에게 송부해야 한다. 이 경우 검사는 사건기록을 송부받은 날부터 30일 이내에 반환해야 하며, 그 기간 내에 법 제197조의3에 따라 시정조치요구를 할 수 있다.
⑤ 사법경찰관은 제4항 전단에 따라 검사에게 사건기록을 송부한 후 피의자 등의 소재를 발견한 경우에는 소재 발견 및 수사 재개 사실을 검사에게 통보해야 한다. 이 경우 통보를 받은 검사는 지체 없이 사법경찰관에게 사건기록을 반환해야 한다.

제52조【검사의 결정】 ① 검사는 사법경찰관으로부터 사건을 송치받거나 직접 수사한 경우에는 다음 각 호의 구분에 따라 결정해야 한다.
1. 공소제기
2. 불기소
   가. 기소유예
   나. 혐의없음
      1) 범죄인정안됨
      2) 증거불충분
   다. 죄가안됨
   라. 공소권없음
   마. 각하
3. 기소중지
4. 참고인중지
5. 보완수사요구
6. 공소보류
7. 이송
8. 소년보호사건 송치
9. 가정보호사건 송치
10. 성매매보호사건 송치
11. 아동보호사건 송치

② 검사는 하나의 사건 중 피의자가 여러 사람이거나 피의사실이 여러 개인 경우로서 분리하여 결정할 필요가 있는 경우 그중 일부에 대해 제1항 각 호의 결정을 할 수 있다.

제53조【수사 결과의 통지】 ① 검사 또는 사법경찰관은 제51조 또는 제52조에 따른 결정을 한 경우에는 그 내용을 고소인 · 고발인 · 피해자 또는 그 법정대리인(피해자가 사망한 경우에는 그 배우자 · 직계친족 · 형제자매를 포함한다. 이하 "고소인등"이라 한다)과 피의자에게 통지해야 한다. 다만, 다음 각 호의 어느 하나에 해당하는 경우에는 고소인등에게만 통지한다.
1. 제51조제1항제4호가목에 따른 피의자중지 결정 또는 제52조제1항제3호에 따른 기소중지 결정을 한 경우
2. 제51조제1항제5호 또는 제52조제1항제7호에 따른 이송(법 제256조에 따른 송치는 제외한다) 결정을 한 경우로서 검사 또는 사법경찰관이 해당 피의자에 대해 출석요구 또는 제16조제1항 각 호의 어느 하나에 해당하는 행위를 하지 않은 경우

② 고소인 등은 법 제245조의6에 따른 통지를 받지 못한 경우 사법경찰관에게 불송치 통지서로 통지해 줄 것을 요구할 수 있다.
③ 제1항에 따른 통지의 구체적인 방법 · 절차 등은 법무부장관, 경찰청장 또는 해양경찰청장이 정한다.

제54조【수사중지 결정에 대한 이의제기 등】 ① 제53조에 따라 사법경찰관으로부터 제51조 제1항 제4호에 따른 수사중지 결정의 통지를 받은 사람은 해당 사법경찰관이 소속된 바로 위 상급경찰관서의 장에게 이의를 제기할 수 있다.
② 제1항에 따른 이의제기의 절차 · 방법 및 처리 등에 관하여 필요한 사항은 경찰청장 또는 해양경찰청장이 정한다.
③ 제1항에 따른 통지를 받은 사람은 해당 수사중지

결정이 법령위반, 인권침해 또는 현저한 수사권 남용이라고 의심되는 경우 검사에게 법 제197조의3 제1항에 따른 신고를 할 수 있다.
④ 사법경찰관은 제53조에 따라 고소인 등에게 제51조 제1항 제4호에 따른 수사중지 결정의 통지를 할 때에는 제3항에 따라 신고할 수 있다는 사실을 함께 고지해야 한다.

제55조【소재수사에 관한 협력 등】 ① 검사와 사법경찰관은 소재불명(所在不明)인 피의자나 참고인을 발견한 때에는 해당 사실을 통보하는 등 서로 협력해야 한다.
② 검사는 법 제245조의5 제1호 또는 법 제245조의7 제2항에 따라 송치된 사건의 피의자나 참고인의 소재 확인이 필요하다고 판단하는 경우 피의자나 참고인의 주소지 또는 거소지 등을 관할하는 경찰관서의 사법경찰관에게 소재수사를 요청할 수 있다. 이 경우 요청을 받은 사법경찰관은 이에 협력해야 한다.
③ 검사 또는 사법경찰관은 제51조 제1항 제4호 또는 제52조 제1항 제3호 · 제4호에 따라 수사중지 또는 기소중지 · 참고인중지된 사건의 피의자 또는 참고인을 발견하는 등 수사중지 결정 또는 기소중지 · 참고인중지 결정의 사유가 해소된 경우에는 즉시 수사를 진행해야 한다.

제56조【사건기록의 등본】 ① 검사 또는 사법경찰관은 사건 관계 서류와 증거물을 분리하여 송부하거나 반환할 필요가 있으나 해당 서류와 증거물의 분리가 불가능하거나 현저히 곤란한 경우에는 그 서류와 증거물을 등사하여 송부하거나 반환할 수 있다.
② 검사 또는 사법경찰관은 제45조 제1항, 이 조 제1항 등에 따라 사건기록 등본을 송부받은 경우 이를 다른 목적으로 사용할 수 없으며, 다른 법령에 특별한 규정이 있는 경우를 제외하고는 그 사용 목적을 위한 기간이 경과한 때에 즉시 이를 반환하거나 폐기해야 한다.

제57조【송치사건 관련 자료 제공】 검사는 사법경찰관이 송치한 사건에 대해 검사의 공소장, 불기소결정서, 송치결정서 및 법원의 판결문을 제공할 것을 요청하는 경우 이를 사법경찰관에게 지체 없이 제공해야 한다.

제2절 사건송치와 보완수사요구

제58조【사법경찰관의 사건송치】 ① 사법경찰관은 관계 법령에 따라 검사에게 사건을 송치할 때에는 송치의 이유와 범위를 적은 송치 결정서와 압수물 총목록, 기록목록, 범죄경력 조회 회보서, 수사경력 조회 회보서 등 관계 서류와 증거물을 함께 송부해야 한다.
② 사법경찰관은 피의자 또는 참고인에 대한 조사과정을 영상녹화한 경우에는 해당 영상녹화물을 봉인한 후 검사에게 사건을 송치할 때 봉인된 영상녹화물의 종류와 개수를 표시하여 사건기록과 함께 송부해야 한다.
③ 사법경찰관은 사건을 송치한 후에 새로운 증거물, 서류 및 그 밖의 자료를 추가로 송부할 때에는 이전에 송치한 사건명, 송치 연월일, 피의자의 성명과 추가로 송부하는 서류 및 증거물 등을 적은 추가송부서를 첨부해야 한다.

• 검사 직접 보완수사 or 사경에게 요구 원칙

제59조【보완수사요구의 대상과 범위】 ① 검사는 사법경찰관으로부터 송치받은 사건에 대해 보완수사가 필요하다고 인정하는 경우에는 직접 보완수사를 하거나 법 제197조의2제1항제1호에 따라 사법경찰관에게 보완수사를 요구할 수 있다. 다만, 송치사건의 공소제기 여부 결정에 필요한 경우로서 다음 각 호의 어느 하나에 해당하는 경우에는 특별히 사법경찰관에게 보완수사를 요구할 필요가 있다고 인정되는 경우를 제외하고는 검사가 직접 보완수사를 하는 것을 원칙으로 한다.
1. 사건을 수리한 날(이미 보완수사요구가 있었던 사건의 경우 보완수사 이행 결과를 통보받은 날을 말한다)부터 1개월이 경과한 경우
2. 사건이 송치된 이후 검사가 해당 피의자 및 피의사

실에 대해 상당한 정도의 보완수사를 한 경우
3. 법 제197조의3제5항, 제197조의4제1항 또는 제198조의2제2항에 따라 사법경찰관으로부터 사건을 송치받은 경우
4. 제7조 또는 제8조에 따라 검사와 사법경찰관이 사건 송치 전에 수사할 사항, 증거수집의 대상 및 법령의 적용 등에 대해 협의를 마치고 송치한 경우

② 검사는 법 제197조의2제1항에 따른 보완수사요구 여부를 판단하는 경우 필요한 보완수사의 정도, 수사 진행 기간, 구체적 사건의 성격에 따른 수사 주체의 적합성 및 검사와 사법경찰관의 상호 존중과 협력의 취지 등을 종합적으로 고려한다

③ 검사는 법 제197조의2제1항제1호에 따라 사법경찰관에게 송치사건 및 관련사건(법 제11조에 따른 관련 사건 및 법 제208조제2항에 따라 간주되는 동일한 범죄사실에 관한 사건을 말한다. 다만, 법 제11조제1호의 경우에는 수사기록에 명백히 현출(現出)되어 있는 사건으로 한정한다)에 대해 다음 각 호의 사항에 관한 보완수사를 요구할 수 있다.

1. (현행과 같음)
2. 증거 또는 범죄사실 증명에 관한 사항
3. (현행과 같음)
4. 양형 자료에 관한 사항
5. (현행과 같음)
6. 그 밖에 송치받은 사건의 공소제기 여부를 결정하는 데 필요하거나 공소유지와 관련해 필요한 사항

④ 검사는 사법경찰관이 신청한 영장(「통신비밀보호법」 제6조 및 제8조에 따른 통신제한조치허가서 및 같은 법 제13조에 따른 통신사실 확인자료 제공 요청 허가서를 포함한다. 이하 이 항에서 같다)의 청구 여부를 결정하기 위해 필요한 경우 법 제197조의2제1항제2호에 따라 사법경찰관에게 보완수사를 요구할 수 있다. 이 경우 보완수사를 요구할 수 있는 범위는 다음 각 호와 같다.

1. 범인에 관한 사항
2. 증거 또는 범죄사실 소명에 관한 사항
3. 소송조건 또는 처벌조건에 관한 사항
4. 해당 영장이 필요한 사유에 관한 사항
5. 죄명 및 범죄사실의 구성에 관한 사항
6. 법 제11조(법 제11조제1호의 경우는 수사기록에 명백히 현출되어 있는 사건으로 한정한다)와 관련된 사항
7. 그 밖에 사법경찰관이 신청한 영장의 청구 여부를 결정하기 위해 필요한 사항

제60조【보완수사요구의 방법과 절차】 ① 검사는 법 제197조의2 제1항에 따라 보완수사를 요구할 때에는 그 이유와 내용 등을 구체적으로 적은 서면과 관계 서류 및 증거물을 사법경찰관에게 함께 송부해야 한다. 다만, 보완수사 대상의 성질, 사안의 긴급성 등을 고려하여 관계 서류와 증거물을 송부할 필요가 없거나 송부하는 것이 적절하지 않다고 판단하는 경우에는 해당 관계 서류와 증거물을 송부하지 않을 수 있다.

② 보완수사를 요구받은 사법경찰관은 제1항 단서에 따라 송부받지 못한 관계 서류와 증거물이 보완수사를 위해 필요하다고 판단하면 해당 서류와 증거물을 대출하거나 그 전부 또는 일부를 등사할 수 있다.

③ 사법경찰관은 법 제197조의2제1항에 따른 보완수사요구가 접수된 날부터 3개월 이내에 보완수사를 마쳐야 한다.

④ 사법경찰관은 법 제197조의2제2항에 따라 보완수사를 이행한 경우에는 그 이행 결과를 검사에게 서면으로 통보해야 하며, 제1항 본문에 따라 관계 서류와 증거물을 송부받은 경우에는 그 서류와 증거물을 함께 반환해야 한다. 다만, 관계 서류와 증거물을 반환할 필요가 없는 경우에는 보완수사의 이행 결과만을 검사에게 통보할 수 있다.

⑤ 사법경찰관은 법 제197조의2제1항제1호에 따라 보

완수사를 이행한 결과 법 제245조의5제1호에 해당하지 않는다고 판단한 경우에는 제51조제1항제3호에 따라 사건을 불송치하거나 같은 항 제4호에 따라 수사중지할 수 있다.

제61조【직무배제 또는 징계 요구의 방법과 절차】 ① 검찰총장 또는 각급 검찰청 검사장은 법 제197조의2 제3항에 따라 사법경찰관의 직무배제 또는 징계를 요구할 때에는 그 이유를 구체적으로 적은 서면에 이를 증명할 수 있는 관계 자료를 첨부하여 해당 사법경찰관이 소속된 경찰관서장에게 통보해야 한다.
② 제1항의 직무배제 요구를 통보받은 경찰관서장은 정당한 이유가 있는 경우를 제외하고는 그 요구를 받은 날부터 20일 이내에 해당 사법경찰관을 직무에서 배제해야 한다.
③ 경찰관서장은 제1항에 따른 요구의 처리 결과와 그 이유를 직무배제 또는 징계를 요구한 검찰총장 또는 각급 검찰청 검사장에게 통보해야 한다.

제3절 사건불송치와 재수사요청

제62조【사법경찰관의 사건불송치】 ① 사법경찰관은 법 제245조의5 제2호 및 이 영 제51조 제1항 제3호에 따라 불송치 결정을 하는 경우 불송치의 이유를 적은 불송치 결정서와 함께 압수물 총목록, 기록목록 등 관계 서류와 증거물을 검사에게 송부해야 한다.
② 제1항의 경우 영상녹화물의 송부 및 새로운 증거물 등의 추가 송부에 관하여는 제58조 제2항 및 제3항을 준용한다.

제63조【재수사요청의 절차 등】 ① 검사는 법 제245조의8에 따라 사법경찰관에게 재수사를 요청하려는 경우에는 법 제245조의5 제2호에 따라 관계 서류와 증거물을 송부받은 날부터 90일 이내에 해야 한다. 다만, 다음 각 호의 어느 하나에 해당하는 경우에는 관계 서류와 증거물을 송부받은 날부터 90일이 지난 후에도 재수사를 요청할 수 있다.

1. 불송치 결정에 영향을 줄 수 있는 명백히 새로운 증거 또는 사실이 발견된 경우
2. 증거 등의 허위, 위조 또는 변조를 인정할 만한 상당한 정황이 있는 경우

② 검사는 제1항에 따라 재수사를 요청할 때에는 그 내용과 이유를 구체적으로 적은 서면으로 해야 한다. 이 경우 법 제245조의5 제2호에 따라 송부받은 관계 서류와 증거물을 사법경찰관에게 반환해야 한다.
③ 검사는 법 제245조의8에 따라 재수사를 요청한 경우 그 사실을 고소인 등에게 통지해야 한다.
④ 사법경찰관은 법 제245조의8제1항에 따른 재수사의 요청이 접수된 날부터 3개월 이내에 재수사를 마쳐야 한다.

제64조【재수사 결과의 처리】 ① 사법경찰관은 법 제245조의8 제2항에 따라 재수사를 한 경우 다음 각 호의 구분에 따라 처리한다.

1. 범죄의 혐의가 있다고 인정되는 경우: 법 제245조의5 제1호에 따라 검사에게 사건을 송치하고 관계 서류와 증거물을 송부
2. 기존의 불송치 결정을 유지하는 경우: 재수사 결과서에 그 내용과 이유를 구체적으로 적어 검사에게 통보

② 검사는 사법경찰관이 제1항제2호에 따라 재수사 결과를 통보한 사건에 대해서 다시 재수사를 요청하거나 송치 요구를 할 수 없다. 다만, 검사는 사법경찰관이 사건을 송치하지 않은 위법 또는 부당이 시정되지 않아 사건을 송치받아 수사할 필요가 있는 다음 각 호의 경우에는 법 제197조의3에 따라 사건송치를 요구할 수 있다.

• 검사 재수사 요청→사경 불송치결정 유지→검사 재재수사 요청, 송치요구 불가 원칙

1. 관련 법령 또는 법리에 위반된 경우
2. 범죄 혐의의 유무를 명확히 하기 위해 재수사를 요

청한 사항에 관하여 그 이행이 이루어지지 않은 경우. 다만, 불송치 결정의 유지에 영향을 미치지 않음이 명백한 경우는 제외한다.

3. 송부받은 관계 서류 및 증거물과 재수사 결과만으로도 범죄의 혐의가 명백히 인정되는 경우
4. 공소시효 또는 형사소추의 요건을 판단하는 데 오류가 있는 경우

③ 검사는 제2항 각 호 외의 부분 단서에 따른 사건송치 요구 여부를 판단하기 위해 필요한 경우에는 사법경찰관에게 관계 서류와 증거물의 송부를 요청할 수 있다. 이 경우 요청을 받은 사법경찰관은 이에 협력해야 한다.

④ 검사는 재수사 결과를 통보받은 날(제3항에 따라 관계 서류와 증거물의 송부를 요청한 경우에는 관계 서류와 증거물을 송부받은 날을 말한다)부터 30일 이내에 제2항 각 호 외의 부분 단서에 따른 사건송치 요구를 해야 하고, 그 기간 내에 사건송치 요구를 하지 않을 경우에는 송부받은 관계 서류와 증거물을 사법경찰관에게 반환해야 한다.

제65조【재수사 중의 이의신청】 사법경찰관은 법 제245조의8 제2항에 따라 재수사 중인 사건에 대해 법 제245조의7 제1항에 따른 이의신청이 있는 경우에는 재수사를 중단해야 하며, 같은 조 제2항에 따라 해당 사건을 지체 없이 검사에게 송치하고 관계 서류와 증거물을 송부해야 한다.

제5장 보 칙

제66조【재정신청 접수에 따른 절차】 ① 사법경찰관이 수사 중인 사건이 법 제260조 제2항 제3호에 해당하여 같은 조 제3항에 따라 지방검찰청 검사장 또는 지청장에게 재정신청서가 제출된 경우 해당 지방검찰청 또는 지청 소속 검사는 즉시 사법경찰관에게 그 사실을 통보해야 한다.

② 사법경찰관은 제1항의 통보를 받으면 즉시 검사에게 해당 사건을 송치하고 관계 서류와 증거물을 송부해야 한다.

③ 검사는 제1항에 따른 재정신청에 대해 법원이 법 제262조 제2항 제1호에 따라 기각하는 결정을 한 경우에는 해당 결정서를 사법경찰관에게 송부해야 한다. 이 경우 제2항에 따라 송치받은 사건을 사법경찰관에게 이송해야 한다.

제67조【형사사법정보시스템의 이용】 검사 또는 사법경찰관은 「형사사법절차 전자화 촉진법」 제2조 제1호에 따른 형사사법업무와 관련된 문서를 작성할 때에는 형사사법정보시스템을 이용해야 하며, 그에 따라 작성한 문서는 형사사법정보시스템에 저장 · 보관해야 한다. 다만, 다음 각 호의 어느 하나에 해당하는 문서로서 형사사법정보시스템을 이용하는 것이 곤란한 경우는 그렇지 않다.

1. 피의자나 사건관계인이 직접 작성한 문서
2. 형사사법정보시스템에 작성 기능이 구현되어 있지 않은 문서
3. 형사사법정보시스템을 이용할 수 없는 시간 또는 장소에서 불가피하게 작성해야 하거나 형사사법정보시스템의 장애 또는 전산망 오류 등으로 형사사법정보시스템을 이용할 수 없는 상황에서 불가피하게 작성해야 하는 문서

제68조【사건 통지 시 주의사항 등】 검사 또는 사법경찰관은 제12조에 따라 수사 진행상황을 통지하거나 제53조에 따라 수사 결과를 통지할 때에는 해당 사건의 피의자 또는 사건관계인의 명예나 권리 등이 부당하게 침해되지 않도록 주의해야 한다.

제69조【수사서류 등의 열람·복사】 ① 피의자, 사건관계

인 또는 그 변호인은 검사 또는 사법경찰관이 수사 중인 사건에 관한 본인의 진술이 기재된 부분 및 본인이 제출한 서류의 전부 또는 일부에 대해 열람 · 복사를 신청할 수 있다.

② 피의자, 사건관계인 또는 그 변호인은 검사가 불기소 결정을 하거나 사법경찰관이 불송치 결정을 한 사건에 관한 기록의 전부 또는 일부에 대해 열람 · 복사를 신청할 수 있다.

③ 피의자 또는 그 변호인은 필요한 사유를 소명하고 고소장, 고발장, 이의신청서, 항고장, 재항고장(이하 "고소장 등"이라 한다)의 열람 · 복사를 신청할 수 있다. 이 경우 열람 · 복사의 범위는 피의자에 대한 혐의사실 부분으로 한정하고, 그 밖에 사건관계인에 관한 사실이나 개인정보, 증거방법 또는 고소장 등에 첨부된 서류 등은 제외한다.

④ 체포 · 구속된 피의자 또는 그 변호인은 현행범인체포서, 긴급체포서, 체포영장, 구속영장의 열람 · 복사를 신청할 수 있다.

⑤ 피의자 또는 사건관계인의 법정대리인, 배우자, 직계친족, 형제자매로서 피의자 또는 사건관계인의 위임장 및 신분관계를 증명하는 문서를 제출한 사람도 제1항부터 제4항까지의 규정에 따라 열람 · 복사를 신청할 수 있다.

⑥ 검사 또는 사법경찰관은 제1항부터 제5항까지의 규정에 따른 신청을 받은 경우에는 해당 서류의 공개로 사건관계인의 개인정보나 영업비밀이 침해될 우려가 있거나 범인의 증거인멸 · 도주를 용이하게 할 우려가 있는 경우 등 정당한 사유가 있는 경우를 제외하고는 열람 · 복사를 허용해야 한다.

제70조【영의 해석 및 개정】 ① 이 영을 해석하거나 개정하는 경우에는 법무부장관은 행정안전부장관과 협의하여 결정해야 한다.

② 제1항에 따른 해석 및 개정에 관한 법무부장관의 자문에 응하기 위해 법무부에 외부전문가로 구성된 자문위원회를 둔다.

제71조【민감정보 및 고유식별정보 등의 처리】 검사 또는 사법경찰관리는 범죄 수사 업무를 수행하기 위해 불가피한 경우 「개인정보 보호법」 제23조에 따른 민감정보, 같은 법 시행령 제19조에 따른 주민등록번호, 여권번호, 운전면허의 면허번호 또는 외국인등록번호나 그 밖의 개인정보가 포함된 자료를 처리할 수 있다.

형사법전

高기능성 법전 시리즈

부록

검 · 경 수사권 조정 개정법령 핵심조문

검·경 수사권 조정 개정법령 핵심조문

1. 형사소송법

[시행 2021.1.1.] [법률 제16924호, 2020.2.4., 일부개정]

[형사소송법]

제195조【검사와 사법경찰관의 관계 등】 ① 검사와 사법경찰관은 수사, 공소제기 및 공소유지에 관하여 서로 협력하여야 한다.

② 제1항에 따른 수사를 위하여 준수하여야 하는 일반적 수사준칙에 관한 사항은 대통령령으로 정한다.

[본조신설 2020.2.4.]

[검사와 사법경찰관의 상호협력과 일반적 수사준칙에 관한 규정]

제1조【목 적】 이 영은 「형사소송법」 제195조에 따라 검사와 사법경찰관의 상호협력과 일반적 수사준칙에 관한 사항을 규정함으로써 수사과정에서 국민의 인권을 보호하고, 수사절차의 투명성과 수사의 효율성을 보장함을 목적으로 한다.

[형사소송법]

제196조【검사의 수사】 검사는 범죄의 혐의 있다고 사료하는 때[1]에는 범인, 범죄사실과 증거를 수사한다.

수사의무 → 실체진실주의

• 시기제한 × – 공소제기 후의 수사 ○ (보강수사)

[1] • 주관적 혐의
• 구체적 혐의

[본조신설 2020.2.4.] — • 2022.5.9. 개정

[형사소송법]

❶ • 일반사법경찰관

제197조【사법경찰관리】❶ ① 경무관, 총경, 경정, 경감, 경위는 사법경찰관으로서 범죄의 혐의가 있다고 사료하는 때에는 범인, 범죄사실과 증거를 수사한다. 〈개정 2020.2.4〉

② 경사, 경장, 순경은 사법경찰리로서 수사의 보조를 하여야 한다. 〈개정 2020. 2.4〉

③ 삭제 〈2020.2.4〉

④ 삭제 〈2020.2.4〉

⑤ 삭제 〈2020.2.4〉

⑥ 삭제 〈2020.2.4〉

[형사소송법]

제197조의2【보완수사요구】 ① 검사는 다음 각 호의 어느 하나에 해당하는 경우에 사법경찰관에게 보완수사를 요구할 수 있다.

1. 송치사건의 공소제기 여부 결정 또는 공소의 유지에 관하여 필요한 경우
2. 사법경찰관이 신청한 영장의 청구 여부 결정에 관하여 필요한 경우

② 사법경찰관은 제1항의 요구가 있는 때에는 정당한 이유가 없는 한 지체 없이 이를 이행하고, 그 결과를 검사에게 통보하여야 한다.

③ 검찰총장 또는 각급 검찰청 검사장은 사법경찰관이 정당한 이유 없이 제1항의 요구에 따르지 아니하는 때에는 권한 있는 사람에게 해당 사법경찰관의 직무배제 또는 징계를 요구할 수 있고, 그 징계 절차는 「공무원 징계령」 또는 「경찰공무원 징계령에 따른다.

[본조신설 2020.2.4]

[검사와 사법경찰관의 상호협력과 일반적 수사준칙에 관한 규정]

제8조【검사와 사법경찰관의 협의】 ① 검사와 사법경찰관은 수사와 사건의 송치, 송부 등에 관한 이견의 조정이나 협력 등이 필요한 경우 서로 협의를 요청할 수 있다. 이 경우 특별한 사정이 없으면 상대방의 협의 요청에 응해야 한다.

② 제1항에 따른 협의에도 불구하고 이견이 해소되지 않는 경우로서 다음 각 호의 어느 하나에 해당하는 경우에는 해당 검사가 소속된 검

찰청의 장과 해당 사법경찰관이 소속된 경찰관서(지방해양경찰관서를 포함한다. 이하 같다)의 장의 협의에 따른다.

1. 중요사건에 관하여 상호 의견을 제시 · 교환하는 것에 대해 이견이 있거나 제시 · 교환한 의견의 내용에 대해 이견이 있는 경우
2. 「형사소송법」 제197조의2제2항 및 제3항에 따른 정당한 이유의 유무에 대해 이견이 있는 경우 — • 보완수사요구에 대한 이행
3. 법 제197조의4제2항 단서에 따라 사법경찰관이 계속 수사할 수 있는지 여부나 사법경찰관이 계속 수사할 수 있는 경우 수사를 계속할 주체 또는 사건의 이송 여부 등에 대해 이견이 있는 경우
4. 법 제245조의8제2항에 따른 재수사의 결과에 대해 이견이 있는 경우

제59조 【보완수사요구의 대상과 범위】 ① 검사는 사법경찰관으로부터 송치받은 사건에 대해 보완수사가 필요하다고 인정하는 경우에는 직접 보완수사를 하거나 법 제197조의2제1항제1호에 따라 사법경찰관에게 보완수사를 요구할 수 있다. 다만, 송치사건의 공소제기 여부 결정에 필요한 경우로서 다음 각 호의 어느 하나에 해당하는 경우에는 특별히 사법경찰관에게 보완수사를 요구할 필요가 있다고 인정되는 경우를 제외하고는 검사가 직접 보완수사를 하는 것을 원칙으로 한다.

1. 사건을 수리한 날(이미 보완수사요구가 있었던 사건의 경우 보완수사 이행 결과를 통보받은 날을 말한다)부터 1개월이 경과한 경우
2. 사건이 송치된 이후 검사가 해당 피의자 및 피의사실에 대해 상당한 정도의 보완수사를 한 경우
3. 법 제197조의3제5항, 제197조의4제1항 또는 제198조의2제2항에 따라 사법경찰관으로부터 사건을 송치받은 경우
4. 제7조 또는 제8조에 따라 검사와 사법경찰관이 사건 송치 전에 수사할 사항, 증거수집의 대상 및 법령의 적용 등에 대해 협의를 마치고 송치한 경우

② 검사는 법 제197조의2제1항에 따른 보완수사요구 여부를 판단하는 경우 필요한 보완수사의 정도, 수사 진행 기간, 구체적 사건의 성격에 따른 수사 주체의 적합성 및 검사와 사법경찰관의 상호 존중과 협력의 취지 등을 종합적으로 고려한다.

③ 검사는 법 제197조의2제1항제1호에 따라 사법경찰관에게 송치사건 및 관련사건(법 제11조에 따른 관련사건 및 법 제208조제2항에 따라 간주되는 동일한 범죄사실에 관한 사건을 말한다. 다만, 법 제11조제1호의 경우에는 수사기록에 명백히 현출(現出)되어 있는 사건으로 한정한다)에 대해 다음 각 호의 사항에 관한 보완수사를 요구할 수 있다.

1. 범인에 관한 사항
2. 증거 또는 범죄사실 증명에 관한 사항
3. 소송조건 또는 처벌조건에 관한 사항
4. 양형 자료에 관한 사항
5. 죄명 및 범죄사실의 구성에 관한 사항
6. 그 밖에 송치받은 사건의 공소제기 여부를 결정하는 데 필요하거나 공소유지와 관련해 필요한 사항

④ 검사는 사법경찰관이 신청한 영장(「통신비밀보호법」 제6조 및 제8조에 따른 통신제한조치허가서 및 같은 법 제13조에 따른 통신사실 확인자료 제공 요청 허가서를 포함한다. 이하 이 항에서 같다)의 청구 여부를 결정하기 위해 필요한 경우 법 제197조의2제1항제2호에 따라 사법경찰관에게 보완수사를 요구할 수 있다. 이 경우 보완수사를 요구할 수 있는 범위는 다음 각 호와 같다.

1. 범인에 관한 사항
2. 증거 또는 범죄사실 소명에 관한 사항
3. 소송조건 또는 처벌조건에 관한 사항
4. 해당 영장이 필요한 사유에 관한 사항
5. 죄명 및 범죄사실의 구성에 관한 사항
6. 법 제11조(법 제11조제1호의 경우는 수사기록에 명백히 현출되어 있는 사건으로 한정한다)와 관련된 사항
7. 그 밖에 사법경찰관이 신청한 영장의 청구 여부를 결정하기 위해 필요한 사항

제60조【보완수사요구의 방법과 절차】 ① 검사는 법 제197조의2 제1항에 따라 보완수사를 요구할 때에는 그 이유와 내용 등을 구체적으로 적은 서면과 관계 서류 및 증거물을 사법경찰관에게 함께 송부해야 한다. 다만, 보완수사 대상의 성질, 사안의 긴급성 등을 고려하여 관계 서류와 증거물을 송부할 필요가 없거나 송부하는 것이 적절하지

않다고 판단하는 경우에는 해당 관계 서류와 증거물을 송부하지 않을 수 있다.

② 보완수사를 요구받은 사법경찰관은 제1항 단서에 따라 송부받지 못한 관계 서류와 증거물이 보완수사를 위해 필요하다고 판단하면 해당 서류와 증거물을 대출하거나 그 전부 또는 일부를 등사할 수 있다.

③ 사법경찰관은 법 제197조의2제1항에 따른 보완수사요구가 접수된 날부터 3개월 이내에 보완수사를 마쳐야 한다.

④ 사법경찰관은 법 제197조의2제2항에 따라 보완수사를 이행한 경우에는 그 이행 결과를 검사에게 서면으로 통보해야 하며, 제1항 본문에 따라 관계 서류와 증거물을 송부받은 경우에는 그 서류와 증거물을 함께 반환해야 한다. 다만, 관계 서류와 증거물을 반환할 필요가 없는 경우에는 보완수사의 이행 결과만을 검사에게 통보할 수 있다.

⑤ 사법경찰관은 법 제197조의2제1항제1호에 따라 보완수사를 이행한 결과 법 제245조의5제1호에 해당하지 않는다고 판단한 경우에는 제51조제1항제3호에 따라 사건을 불송치하거나 같은 항 제4호에 따라 수사중지할 수 있다.

제61조【직무배제 또는 징계 요구의 방법과 절차】 ① 검찰총장 또는 각급 검찰청 검사장은 법 제197조의2 제3항에 따라 사법경찰관의 직무배제 또는 징계를 요구할 때에는 그 이유를 구체적으로 적은 서면에 이를 증명할 수 있는 관계 자료를 첨부하여 해당 사법경찰관이 소속된 경찰관서장에게 통보해야 한다.

② 제1항의 직무배제 요구를 통보받은 경찰관서장은 정당한 이유가 있는 경우를 제외하고는 그 요구를 받은 날부터 20일 이내에 해당 사법경찰관을 직무에서 배제해야 한다.

③ 경찰관서장은 제1항에 따른 요구의 처리 결과와 그 이유를 직무배제 또는 징계를 요구한 검찰총장 또는 각급 검찰청 검사장에게 통보해야 한다.

[형사소송법]

제197조의3【시정조치요구 등】 ① 검사는 사법경찰관리의 수사과정에서 법령위반, 인권침해 또는 현저한 수사권 남용이 의심되는 사실의 신고가 있거나 그러한 사실을 인식하게 된 경우에는 사법경찰관에게 사건기록 등본의 송부를 요구할 수 있다.

② 제1항의 송부 요구를 받은 사법경찰관은 지체 없이 검사에게 사건기록 등본을 송부하여야 한다.
③ 제2항의 송부를 받은 검사는 필요하다고 인정되는 경우에는 사법경찰관에게 시정조치를 요구할 수 있다.
④ 사법경찰관은 제3항의 시정조치 요구가 있는 때에는 정당한 이유가 없으면 지체 없이 이를 이행하고, 그 결과를 검사에게 통보하여야 한다.
⑤ 제4항의 통보를 받은 검사는 제3항에 따른 시정조치 요구가 정당한 이유 없이 이행되지 않았다고 인정되는 경우에는 사법경찰관에게 사건을 송치할 것을 요구할 수 있다.
⑥ 제5항의 송치 요구를 받은 사법경찰관은 검사에게 사건을 송치하여야 한다.
⑦ 검찰총장 또는 각급 검찰청 검사장은 사법경찰관리의 수사과정에서 법령위반, 인권침해 또는 현저한 수사권 남용이 있었던 때에는 권한 있는 사람에게 해당 사법경찰관리의 징계를 요구할 수 있고, 그 징계 절차는 「공무원 징계령」 또는 「경찰공무원 징계령」에 따른다.
⑧ 사법경찰관은 피의자를 신문하기 전에 수사과정에서 법령위반, 인권침해 또는 현저한 수사권 남용이 있는 경우 검사에게 구제를 신청할 수 있음을 피의자에게 알려주어야 한다.
[본조신설 2020.2.4]

[검사와 사법경찰관의 상호협력과 일반적 수사준칙에 관한 규정]

제45조【시정조치 요구의 방법 및 절차 등】 ① 검사는 법 제197조의3 제1항에 따라 사법경찰관에게 사건기록 등본의 송부를 요구할 때에는 그 내용과 이유를 구체적으로 적은 서면으로 해야 한다.
② 사법경찰관은 제1항에 따른 요구를 받은 날부터 7일 이내에 사건기록 등본을 검사에게 송부해야 한다.
③ 검사는 제2항에 따라 사건기록 등본을 송부받은 날부터 30일(사안의 경중 등을 고려하여 10일의 범위에서 한 차례 연장할 수 있다) 이내에 법 제197조의3 제3항에 따른 시정조치 요구 여부를 결정하여 사법경찰관에게 통보해야 한다. 이 경우 시정조치 요구의 통보는 그 내용과 이유를 구체적으로 적은 서면으로 해야 한다.
④ 사법경찰관은 제3항에 따라 시정조치 요구를 통보받은 경우 정당한 이유가 있는 경우를 제외하고는 지체 없이 시정조치를 이행하고,

그 이행 결과를 서면에 구체적으로 적어 검사에게 통보해야 한다.

⑤ 검사는 법 제197조의3 제5항에 따라 사법경찰관에게 사건송치를 요구하는 경우에는 그 내용과 이유를 구체적으로 적은 서면으로 해야 한다.

⑥ 사법경찰관은 제5항에 따라 서면으로 사건송치를 요구받은 날부터 7일 이내에 사건을 검사에게 송치해야 한다. 이 경우 관계 서류와 증거물을 함께 송부해야 한다.

⑦ 제5항 및 제6항에도 불구하고 검사는 공소시효 만료일의 임박 등 특별한 사유가 있을 때에는 제5항에 따른 서면에 그 사유를 명시하고 별도의 송치기한을 정하여 사법경찰관에게 통지할 수 있다. 이 경우 사법경찰관은 정당한 이유가 있는 경우를 제외하고는 통지받은 송치기한까지 사건을 검사에게 송치해야 한다.

제46조【징계요구의 방법 등】 ① 검찰총장 또는 각급 검찰청 검사장은 법 제197조의3 제7항에 따라 사법경찰관리의 징계를 요구할 때에는 서면에 그 사유를 구체적으로 적고 이를 증명할 수 있는 관계 자료를 첨부하여 해당 사법경찰관리가 소속된 경찰관서의 장(이하 "경찰관서장"이라 한다)에게 통보해야 한다.

② 경찰관서장은 제1항에 따른 징계요구에 대한 처리 결과와 그 이유를 징계를 요구한 검찰총장 또는 각급 검찰청 검사장에게 통보해야 한다.

제47조【구제신청 고지의 확인】 사법경찰관은 법 제197조의3 제8항에 따라 검사에게 구제를 신청할 수 있음을 피의자에게 알려준 경우에는 피의자로부터 고지 확인서를 받아 사건기록에 편철한다. 다만, 피의자가 고지 확인서에 기명날인 또는 서명하는 것을 거부하는 경우에는 사법경찰관이 고지 확인서 끝부분에 그 사유를 적고 기명날인 또는 서명해야 한다.

[형사소송법]

제197조의4【수사의 경합】 ① 검사는 사법경찰관과 동일한 범죄사실을 수사하게 된 때에는 사법경찰관에게 사건을 송치할 것을 요구할 수 있다.

② 제1항의 요구를 받은 사법경찰관은 지체 없이 검사에게 사건을 송

치하여야 한다. 다만, 검사가 영장을 청구하기 전에 동일한 범죄사실에 관하여 사법경찰관이 영장을 신청한 경우에는 해당 영장에 기재된 범죄사실을 계속 수사할 수 있다.

[본조신설 2020.2.4]

[검사와 사법경찰관의 상호협력과 일반적 수사준칙에 관한 규정]

제8조【검사와 사법경찰관의 협의】 ① 검사와 사법경찰관은 수사와 사건의 송치, 송부 등에 관한 이견의 조정이나 협력 등이 필요한 경우 서로 협의를 요청할 수 있다. 이 경우 특별한 사정이 없으면 상대방의 협의 요청에 응해야 한다.

② 제1항에 따른 협의에도 불구하고 이견이 해소되지 않는 경우로서 다음 각 호의 어느 하나에 해당하는 경우에는 해당 검사가 소속된 검찰청의 장과 해당 사법경찰관이 소속된 경찰관서(지방해양경찰관서를 포함한다. 이하 같다)의 장의 협의에 따른다.

3. 법 제197조의4제2항 단서에 따라 사법경찰관이 계속 수사할 수 있는지 여부나 사법경찰관이 계속 수사할 수 있는 경우 수사를 계속할 주체 또는 사건의 이송 여부 등에 대해 이견이 있는 경우

• 수사의 경합

제18조【검사의 사건 이송 등】

(중략)

② 검사는 다음 각 호의 어느 하나에 해당하는 때에는 사건을 검찰청 외의 수사기관에 이송할 수 있다.

1. 법 제197조의4 제2항 단서에 따라 사법경찰관이 범죄사실을 계속 수사할 수 있게 된 때
2. 그 밖에 다른 수사기관에서 수사하는 것이 적절하다고 판단되는 때

③ 검사는 제1항 또는 제2항에 따라 사건을 이송하는 경우에는 관계 서류와 증거물을 해당 수사기관에 함께 송부해야 한다.

제48조【동일한 범죄사실 여부의 판단 등】 ① 검사와 사법경찰관은 법 제197조의4에 따른 수사의 경합과 관련하여 동일한 범죄사실 여부나 영장(「통신비밀보호법」 제6조 및 제8조에 따른 통신제한조치허가서 및 같은 법 제13조에 따른 통신사실 확인자료제공 요청 허가서를 포함한다. 이하 이 조에서 같다) 청구·신청의 시간적 선후관계 등을 판

단하기 위해 필요한 경우에는 그 필요한 범위에서 사건기록의 상호 열람을 요청할 수 있다.

② 제1항에 따른 영장 청구·신청의 시간적 선후관계는 검사의 영장 청구서와 사법경찰관의 영장신청서가 각각 법원과 검찰청에 접수된 시점을 기준으로 판단한다.

③ 검사는 제2항에 따른 사법경찰관의 영장신청서의 접수를 거부하거나 지연해서는 안 된다.

제49조【수사경합에 따른 사건송치】 ① 검사는 법 제197조의4 제1항에 따라 사법경찰관에게 사건송치를 요구할 때에는 그 내용과 이유를 구체적으로 적은 서면으로 해야 한다.

② 사법경찰관은 제1항에 따른 요구를 받은 날부터 7일 이내에 사건을 검사에게 송치해야 한다. 이 경우 관계 서류와 증거물을 함께 송부해야 한다.

제50조【중복수사의 방지】 검사는 법 제197조의4 제2항 단서에 따라 사법경찰관이 범죄사실을 계속 수사할 수 있게 된 경우에는 정당한 사유가 있는 경우를 제외하고는 그와 동일한 범죄사실에 대한 사건을 이송하는 등 중복수사를 피하기 위해 노력해야 한다.

[형사소송법]

제221조의5【사법경찰관이 신청한 영장의 청구 여부에 대한 심의】 ① 검사가 사법경찰관이 신청한 영장을 정당한 이유 없이 판사에게 청구하지 아니한 경우 사법경찰관은 그 검사 소속의 지방검찰청 소재지를 관할하는 고등검찰청에 영장 청구 여부에 대한 심의를 신청할 수 있다.

② 제1항에 관한 사항을 심의하기 위하여 각 고등검찰청에 영장심의위원회(이하 이 조에서 "심의위원회"라 한다)를 둔다.

③ 심의위원회는 위원장 1명을 포함한 10명 이내의 외부 위원으로 구성하고, 위원은 각 고등검찰청 검사장이 위촉한다.

④ 사법경찰관은 심의위원회에 출석하여 의견을 개진할 수 있다.

⑤ 심의위원회의 구성 및 운영 등 그 밖에 필요한 사항은 법무부령으로 정한다.

[본조신설 2020.2.4]

[검사와 사법경찰관의 상호협력과 일반적 수사준칙에 관한 규정]

제44조【영장심의위원회】 법 제221조의5에 따른 영장심의위원회의 위원은 해당 업무에 전문성을 가진 중립적 외부 인사 중에서 위촉해야 하며, 영장심의위원회의 운영은 독립성 · 객관성 · 공정성이 보장되어야 한다.

[형사소송법]

제245조의5【사법경찰관의 사건송치 등】❶ 사법경찰관은 고소 · 고발 사건을 포함하여 범죄를 수사한 때에는 다음 각 호의 구분에 따른다.

❶ • 사경의 1차적 수사종결권

1.❷ 범죄의 혐의가 있다고 인정되는 경우에는 지체 없이 검사에게 사건을 송치하고, 관계 서류와 증거물을 검사에게 송부하여야 한다.

❷ • 검찰송치결정

2.❸ 그 밖의 경우에는 그 이유를 명시한 서면과 함께 관계 서류와 증거물을 지체 없이 검사에게 송부하여야 한다. 이 경우 검사는 송부받은 날부터 90일 이내에 사법경찰관에게 반환하여야 한다.

❸ • 사건불송치결정

[본조신설 2020.2.4]

[검사와 사법경찰관의 상호협력과 일반적 수사준칙에 관한 규정]

제51조【사법경찰관의 결정】 ① 사법경찰관은 사건을 수사한 경우에는 다음 각 호의 구분에 따라 결정해야 한다.

1. 법원송치
2. 검찰송치❶
3. 불송치❷ — • 1차적 수사종결권 부여
   가. 혐의없음
      1) 범죄인정안됨
      2) 증거불충분
   나. 죄가안됨
   다. 공소권없음
   라. 각하
4. 수사중지
   가. 피의자중지
   나. 참고인중지
5. 이송

❶ • 검찰송치사건

❷ • 고소인등이의신청사건

② 사법경찰관은 하나의 사건 중 피의자가 여러 사람이거나 피의사실이 여러 개인 경우로서 분리하여 결정할 필요가 있는 경우 그중 일부

에 대해 제1항 각 호의 결정을 할 수 있다.

③ 사법경찰관은 제1항제3호나목 또는 다목에 해당하는 사건이 다음 각 호의 어느 하나에 해당하는 경우에는 해당 사건을 검사에게 이송한다.

1. 「형법」 제10조 제1항에 따라 벌할 수 없는 경우
2. 기소되어 사실심 계속 중인 사건과 포괄일죄를 구성하는 관계에 있거나 「형법」 제40조에 따른 상상적 경합 관계에 있는 경우

④ 사법경찰관은 제1항 제4호에 따른 수사중지 결정을 한 경우 7일 이내에 사건기록을 검사에게 송부해야 한다. 이 경우 검사는 사건기록을 송부받은 날부터 30일 이내에 반환해야 하며, 그 기간 내에 법 제197조의3에 따라 시정조치요구를 할 수 있다.

⑤ 사법경찰관은 제4항 전단에 따라 검사에게 사건기록을 송부한 후 피의자 등의 소재를 발견한 경우에는 소재 발견 및 수사 재개 사실을 검사에게 통보해야 한다. 이 경우 통보를 받은 검사는 지체 없이 사법경찰관에게 사건기록을 반환해야 한다.

제55조【소재수사에 관한 협력 등】 ① 검사와 사법경찰관은 소재불명(所在不明)인 피의자나 참고인을 발견한 때에는 해당 사실을 통보하는 등 서로 협력해야 한다.

② 검사는 법 제245조의5 제1호 또는 법 제245조의7 제2항에 따라 송치된 사건의 피의자나 참고인의 소재 확인이 필요하다고 판단하는 경우 피의자나 참고인의 주소지 또는 거소지 등을 관할하는 경찰관서의 사법경찰관에게 소재수사를 요청할 수 있다. 이 경우 요청을 받은 사법경찰관은 이에 협력해야 한다.

③ 검사 또는 사법경찰관은 제51조 제1항 제4호 또는 제52조 제1항 제3호 · 제4호에 따라 수사중지 또는 기소중지 · 참고인중지된 사건의 피의자 또는 참고인을 발견하는 등 수사중지 결정 또는 기소중지 · 참고인중지 결정의 사유가 해소된 경우에는 즉시 수사를 진행해야 한다.

제59조【보완수사요구의 대상과 범위】 ① 검사는 사법경찰관으로부터 송치받은 사건에 대해 보완수사가 필요하다고 인정하는 경우에는 직접 보완수사를 하거나 법 제197조의2제1항제1호에 따라 사법경찰관에게 보완수사를 요구할 수 있다. 다만, 송치사건의 공소제기 여부

결정에 필요한 경우로서 다음 각 호의 어느 하나에 해당하는 경우에는 특별히 사법경찰관에게 보완수사를 요구할 필요가 있다고 인정되는 경우를 제외하고는 검사가 직접 보완수사를 하는 것을 원칙으로 한다.

1. 사건을 수리한 날(이미 보완수사요구가 있었던 사건의 경우 보완수사 이행 결과를 통보받은 날을 말한다)부터 1개월이 경과한 경우
2. 사건이 송치된 이후 검사가 해당 피의자 및 피의사실에 대해 상당한 정도의 보완수사를 한 경우
3. 법 제197조의3제5항, 제197조의4제1항 또는 제198조의2제2항에 따라 사법경찰관으로부터 사건을 송치받은 경우
4. 제7조 또는 제8조에 따라 검사와 사법경찰관이 사건 송치 전에 수사할 사항, 증거수집의 대상 및 법령의 적용 등에 대해 협의를 마치고 송치한 경우

(이하 생략)

제60조【보완수사요구의 방법과 절차】

(중략)

⑤ 사법경찰관은 법 제197조의2제1항제1호에 따라 보완수사를 이행한 결과 법 제245조의5제1호에 해당하지 않는다고 판단한 경우에는 제51조제1항제3호에 따라 사건을 불송치하거나 같은 항 제4호에 따라 수사중지할 수 있다.

제62조【사법경찰관의 사건불송치】 ① 사법경찰관은 법 제245조의5 제2호 및 이 영 제51조 제1항 제3호에 따라 불송치 결정을 하는 경우 불송치의 이유를 적은 불송치 결정서와 함께 압수물 총목록, 기록목록 등 관계 서류와 증거물을 검사에게 송부해야 한다.

② 제1항의 경우 영상녹화물의 송부 및 새로운 증거물 등의 추가 송부에 관하여는 제58조 제2항 및 제3항을 준용한다.

제63조【재수사요청의 절차 등】 ① 검사는 법 제245조의8에 따라 사법경찰관에게 재수사를 요청하려는 경우에는 법제245조의5 제2호에 따라 관계 서류와 증거물을 송부받은 날부터 90일 이내에 해야 한다. 다만, 다음 각 호의 어느 하나에 해당하는 경우에는 관계 서류와 증거

물을 송부받은 날부터 90일이 지난 후에도 재수사를 요청할 수 있다.

1. 불송치 결정에 영향을 줄 수 있는 명백히 새로운 증거 또는 사실이 발견된 경우
2. 증거 등의 허위, 위조 또는 변조를 인정할 만한 상당한 정황이 있는 경우

(이하 생략)

[형사소송법]

❶ • 사건불송치 이유 통지

제245조의6[고소인 등에 대한 송부통지]❶ 사법경찰관은 제245조의5 제2호의 경우에는 그 송부한 날부터 7일 이내에 서면으로 고소인 · 고발인 · 피해자 또는 그 법정대리인(피해자가 사망한 경우에는 그 배우자 · 직계친족 · 형제자매를 포함한다)에게 사건을 검사에게 송치하지 아니하는 취지와 그 이유를 통지하여야 한다.
[본조신설 2020.2.4]

[검사와 사법경찰관의 상호협력과 일반적 수사준칙에 관한 규정]

제53조【수사 결과의 통지】 ① 검사 또는 사법경찰관은 제51조 또는 제52조에 따른 결정을 한 경우에는 그 내용을 고소인 · 고발인 · 피해자 또는 그 법정대리인(피해자가 사망한 경우에는 그 배우자 · 직계친족 · 형제자매를 포함한다. 이하 "고소인등"이라 한다)과 피의자에게 통지해야 한다. 다만, 다음 각 호의 어느 하나에 해당하는 경우에는 고소인등에게만 통지한다.

1. 제51조제1항제4호가목에 따른 피의자중지 결정 또는 제52조제1항제3호에 따른 기소중지 결정을 한 경우
2. 제51조제1항제5호 또는 제52조제1항제7호에 따른 이송(법 제256조에 따른 송치는 제외한다) 결정을 한 경우로서 검사 또는 사법경찰관이 해당 피의자에 대해 출석요구 또는 제16조제1항 각 호의 어느 하나에 해당하는 행위를 하지 않은 경우

② 고소인등은 법 제245조의6에 따른 통지를 받지 못한 경우 사법경찰관에게 불송치 통지서로 통지해 줄 것을 요구할 수 있다.

③ 제1항에 따른 통지의 구체적인 방법 · 절차 등은 법무부장관, 경찰청장 또는 해양경찰청장이 정한다.

[형사소송법]

❶ • 사건불송치 이의신청권

제245조의7【고소인 등의 이의신청】❶ ① 제245조의6의 통지를 받은 사람은 해당 사법경찰관의 소속 관서의 장에게 이의를 신청❷할 수 있다.

❷ • 고발인 제외(후술)

② 사법경찰관은 제1항의 신청이 있는 때에는 지체 없이 검사에게 사건을 송치하고 관계 서류와 증거물을 송부하여야 하며, 처리결과와 그 이유를 제1항의 신청인에게 통지하여야 한다.❸

❸ • 사경의 수사종결권 : 제한적 수사종결권

[본조신설 2020.2.4]

[검사와 사법경찰관의 상호협력과 일반적 수사준칙에 관한 규정]

제55조【소재수사에 관한 협력 등】

(중략)

② 검사는 법 제245조의5 제1호 또는 법 제245조의7 제2항에 따라 송치된 사건의 피의자나 참고인의 소재 확인이 필요하다고 판단하는 경우 피의자나 참고인의 주소지 또는 거소지 등을 관할하는 경찰관서의 사법경찰관에게 소재수사를 요청할 수 있다. 이 경우 요청을 받은 사법경찰관은 이에 협력해야 한다.

(이하 생략)

제65조【재수사 중의 이의신청】 사법경찰관은 법 제245조의8 제2항에 따라 재수사 중인 사건에 대해 법 제245조의7 제1항에 따른 이의신청이 있는 경우에는 재수사를 중단해야 하며, 같은 조 제2항에 따라 해당 사건을 지체 없이 검사에게 송치하고 관계 서류와 증거물을 송부해야 한다.

[형사소송법]

제245조의8【재수사요청 등】❹ ① 검사는 제245조의5 제2호의 경우에 사법경찰관이 사건을 송치하지 아니한 것이 위법 또는 부당한 때에는 그 이유를 문서로 명시하여 사법경찰관에게 재수사를 요청할 수 있다.

❹ • 사건불송치 재수사요청권

② 사법경찰관은 제1항의 요청이 있는 때에는 사건을 재수사하여야 한다.

[본조신설 2020.2.4]

[검사와 사법경찰관의 상호협력과 일반적 수사준칙에 관한 규정]

제8조【검사와 사법경찰관의 협의】 ① 검사와 사법경찰관은 수사와 사

건의 송치, 송부 등에 관한 이견의 조정이나 협력 등이 필요한 경우 서로 협의를 요청할 수 있다. 이 경우 특별한 사정이 없으면 상대방의 협의 요청에 응해야 한다.

② 제1항에 따른 협의에도 불구하고 이견이 해소되지 않는 경우로서 다음 각 호의 어느 하나에 해당하는 경우에는 해당 검사가 소속된 검찰청의 장과 해당 사법경찰관이 소속된 경찰관서(지방해양경찰관서를 포함한다. 이하 같다)의 장의 협의에 따른다.

4. 법 제245조의8제2항에 따른 재수사의 결과에 대해 이견이 있는 경우 – · 재수사요청에 따른 재수사

제63조【재수사요청의 절차 등】 ① 검사는 법 제245조의8에 따라 사법경찰관에게 재수사를 요청하려는 경우에는 법제245조의5 제2호에 따라 관계 서류와 증거물을 송부받은 날부터 90일 이내에 해야 한다. 다만, 다음 각 호의 어느 하나에 해당하는 경우에는 관계 서류와 증거물을 송부받은 날부터 90일이 지난 후에도 재수사를 요청할 수 있다.

1. 불송치 결정에 영향을 줄 수 있는 명백히 새로운 증거 또는 사실이 발견된 경우
2. 증거 등의 허위, 위조 또는 변조를 인정할 만한 상당한 정황이 있는 경우

② 검사는 제1항에 따라 재수사를 요청할 때에는 그 내용과 이유를 구체적으로 적은 서면으로 해야 한다. 이 경우 법 제245조의5 제2호에 따라 송부받은 관계 서류와 증거물을 사법경찰관에게 반환해야 한다.

③ 검사는 법 제245조의8에 따라 재수사를 요청한 경우 그 사실을 고소인등에게 통지해야 한다.

④ 사법경찰관은 법 제245조의8제1항에 따른 재수사의 요청이 접수된 날부터 3개월 이내에 재수사를 마쳐야 한다.

제64조【재수사 결과의 처리】 ① 사법경찰관은 법 제245조의8 제2항에 따라 재수사를 한 경우 다음 각 호의 구분에 따라 처리한다.

1. 범죄의 혐의가 있다고 인정되는 경우: 법 제245조의5 제1호에 따라 검사에게 사건을 송치하고 관계 서류와 증거물을 송부
2. 기존의 불송치 결정을 유지하는 경우: 재수사 결과서에 그 내용과 이유를 구체적으로 적어 검사에게 통보

② 검사는 사법경찰관이 제1항제2호에 따라 재수사 결과를 통보한 사

건에 대해서 다시 재수사를 요청하거나 송치 요구를 할 수 없다.[1] 다만, 검사는 사법경찰관이 사건을 송치하지 않은 위법 또는 부당이 시정되지 않아 사건을 송치받아 수사할 필요가 있는 다음 각 호의 경우에는 법 제197조의3에 따라 사건송치를 요구할 수 있다.

1. 관련 법령 또는 법리에 위반된 경우
2. 범죄 혐의의 유무를 명확히 하기 위해 재수사를 요청한 사항에 관하여 그 이행이 이루어지지 않은 경우. 다만, 불송치 결정의 유지에 영향을 미치지 않음이 명백한 경우는 제외한다.
3. 송부받은 관계 서류 및 증거물과 재수사 결과만으로도 범죄의 혐의가 명백히 인정되는 경우
4. 공소시효 또는 형사소추의 요건을 판단하는 데 오류가 있는 경우

③ 검사는 제2항 각 호 외의 부분 단서에 따른 사건송치 요구 여부를 판단하기 위해 필요한 경우에는 사법경찰관에게 관계 서류와 증거물의 송부를 요청할 수 있다. 이 경우 요청을 받은 사법경찰관은 이에 협력해야 한다.

④ 검사는 재수사 결과를 통보받은 날(제3항에 따라 관계 서류와 증거물의 송부를 요청한 경우에는 관계 서류와 증거물을 송부받은 날을 말한다)부터 30일 이내에 제2항 각 호 외의 부분 단서에 따른 사건송치 요구를 해야 하고, 그 기간 내에 사건송치 요구를 하지 않을 경우에는 송부받은 관계 서류와 증거물을 사법경찰관에게 반환해야 한다.

[1] • 검사 재수사 요청 → 사경 불송치결정 유지 → 검사 재재수사 요청, 송치 요구 불가 원칙

제65조【재수사 중의 이의신청】 사법경찰관은 법 제245조의8 제2항에 따라 재수사 중인 사건에 대해 법 제245조의7 제1항에 따른 이의신청이 있는 경우에는 재수사를 중단해야 하며, 같은 조 제2항에 따라 해당 사건을 지체 없이 검사에게 송치하고 관계 서류와 증거물을 송부해야 한다.

[형사소송법]

제245조의9【검찰청 직원】 ① 검찰청 직원으로서 사법경찰관리의 직무를 행하는 자와 그 직무의 범위는 법률로 정한다.

② 사법경찰관의 직무를 행하는 검찰청 직원은 검사의 지휘를 받아 수사하여야 한다.

③ 사법경찰리의 직무를 행하는 검찰청 직원은 검사 또는 사법경찰관

의 직무를 행하는 검찰청 직원의 수사를 보조하여야 한다.

④ 사법경찰관리의 직무를 행하는 검찰청 직원에 대하여는 제197조의2부터 제197조의4까지, 제221조의5, 제245조의5부터 제245조의8까지의 규정을 적용하지 아니한다.

[본조신설 2020.2.4]

[형사소송법]

제245조의10【특별사법경찰관리】 ① 삼림, 해사, 전매, 세무, 군수사기관, 그 밖에 특별한 사항에 관하여 사법경찰관리의 직무를 행할 특별사법경찰관리와 그 직무의 범위는 법률로 정한다.

② 특별사법경찰관은 모든 수사에 관하여 검사의 지휘를 받는다.

③ 특별사법경찰관은 범죄의 혐의가 있다고 인식하는 때에는 범인, 범죄사실과 증거에 관하여 수사를 개시·진행하여야 한다.

④ 특별사법경찰관리는 검사의 지휘가 있는 때에는 이에 따라야 한다. 검사의 지휘에 관한 구체적 사항은 법무부령으로 정한다.

⑤ 특별사법경찰관은 범죄를 수사한 때에는 지체 없이 검사에게 사건을 송치하고, 관계 서류와 증거물을 송부하여야 한다.

⑥ 특별사법경찰관리에 대하여는 제197조의2부터 제197조의4까지, 제221조의5, 제245조의5부터 제245조의8까지의 규정을 적용하지 아니한다.

[본조신설 2020.2.4]

[형사소송법]

제312조【검사 또는 사법경찰관의 조서 등】❶ ① 검사가 작성한 피의자신문조서는 적법한 절차와 방식에 따라 작성된 것으로서 공판준비, 공판기일에 그 피의자였던 피고인 또는 변호인이 그 내용을 인정할 때에 한정하여 증거로 할 수 있다. 〈개정 2020.2.4〉

엄격하게 해석(수사단계)

② 삭제 〈2020.2.4〉❷

(이하 생략)

❶ • 전문조서의 예외적 인정

❷ • 제1항의 개정에 따라 제2항 삭제

2. 형사소송법

[시행 2022.9.10.] [법률 제18862호, 2022.5.9., 일부개정]

[형사소송법]

제196조【검사의 수사】 ① 검사❶는 범죄의 혐의 있다고 사료하는 때❷에는 범인, 범죄사실과 증거를 수사한다.❸ 〈개정 2022.5.9〉

수사의무 → 실체진실주의

• 시기제한 × – 공소제기 후의 수사 ○ (보강수사)

❶ • 수사의 주재자
• 재판의 집행

❷ • 주관적 혐의
• 구체적 혐의

❸ • 직권수사

② 검사는 제197조의3 제6항, 제198조의2 제2항 및 제245조의7 제2항❹에 따라 사법경찰관으로부터 송치받은 사건에 관하여는 해당 사건과 동일성을 해치지 아니하는 범위 내에서 수사할 수 있다. 〈신설 2022.5.9〉

[본조신설 2020.2.4.]

❹ • 위법 · 부당수사 송치
• 위법체포 · 수사 송치
• 불송치 이의신청 송치
→ 동일성 범위 내 수사
≠수사종결 검찰송치 시 보완수사요구에 불과

[형사소송법]

제198조【준수사항】

(중략)

④ 수사기관은 수사 중인 사건의 범죄 혐의를 밝히기 위한 목적으로 합리적인 근거 없이 별개의 사건을 부당하게 수사하여서는 아니 되고,❺ 다른 사건의 수사를 통하여 확보된 증거 또는 자료를 내세워 관련 없는 사건에 대한 자백이나 진술을 강요하여서도 아니 된다.❻ 〈신설 2022.5.9〉

❺ • 별건 부당수사 금지

❻ • 별건 증거에 의한 자백 · 진술 강요 금지

[형사소송법]

제245조의7【고소인 등의 이의신청】❼ ① 제245조의6의 통지를 받은 사람(고발인을 제외한다❽)은 해당 사법경찰관의 소속 관서의 장에게 이의를 신청할 수 있다. 〈개정 2022.5.9〉

② 사법경찰관은 제1항의 신청이 있는 때에는 지체 없이 검사에게 사건을 송치하고 관계 서류와 증거물을 송부하여야 하며, 처리결과와 그 이유를 제1항의 신청인에게 통지하여야 한다.❾

[본조신설 2020.2.4]

❼ • 사건불송치 이의신청권

❽ • 고발인 이의신청권 배제

❾ • 사경의 수사종결권
: 제한적 수사종결권

3. 검찰청법

[시행 2022.9.10.] [법률 제18861호, 2022.5.9., 일부개정]

[검찰청법]

제4조【검사의 직무】 ① 검사는 공익의 대표자로서 다음 각 호의 직무와 권한이 있다. 〈개정 2020. 2.4., 2022.5.9.〉

1. 범죄수사, 공소의 제기 및부패범죄, 경제범죄 그 유지에 필요한 사항. 다만, 검사가 수사를 개시할 수 있는 범죄의 범위는 다음 각 목과 같다.

   가. 부패범죄, 경제범죄[1] 등 대통령령으로 정하는 중요 범죄

   나. 경찰공무원(다른 법률에 따라 사법경찰관리의 직무를 행하는 자를 포함한다) 및 고위공직자범죄수사처 소속 공무원(「고위공직자범죄수사처 설치 및 운영에 관한 법률」에 따른 파견공무원을 포함한다)이 범한 범죄

   다. 가목 · 나목의 범죄 및 사법경찰관이 송치한 범죄와 관련하여 인지한 각 해당 범죄와 직접 관련성이 있는 범죄

2. 범죄수사에 관한 특별사법경찰관리 지휘 · 감독
3. 법원에 대한 법령의 정당한 적용 청구
4. 재판 집행 지휘 · 감독
5. 국가를 당사자 또는 참가인으로 하는 소송과 행정소송 수행 또는 그 수행에 관한 지휘 · 감독
6. 다른 법령에 따라 그 권한에 속하는 사항

② 검사는 자신이 수사개시한 범죄에 대하여는 공소를 제기할 수 없다.[2] 다만, 사법경찰관이 송치한 범죄에 대하여는 그러하지 아니하다.[3] 〈신설 2022.5.9.〉

③ 검사는 그 직무를 수행할 때 국민 전체에 대한 봉사자로서 헌법과 법률에 따라 국민의 인권을 보호하고 적법절차를 준수하며, 정치적 중립을 지켜야 하고 주어진 권한을 남용하여서는 아니 된다. 〈개정 2020.12.8., 2022.5.9.〉

[전문개정 2009.11.2.]

❶ • 6대범죄→2대범죄로 축소(단, 선거범죄는 2022.12.31.까지 유지) : 검사의 직접 수사개시 범위에 관한 규정

❷ • 검사 직접수사개시범죄의 경우 수사검사와 기소검사 분리

❸ • 사경송치범죄는 예외

[검사와 사법경찰관의 상호협력과 일반적 수사준칙에 관한 규정]

제18조【검사의 사건 이송 등】 ① 검사는 「검찰청법」 제4조제1항제1호

각 목에 해당되지 않는 범죄에 대한 고소 · 고발 · 진정 등이 접수된 때에는 사건을 검찰청 외의 수사기관에 이송해야 한다.

(중략)

③ 검사는 제1항 또는 제2항에 따라 사건을 이송하는 경우에는 관계 서류와 증거물을 해당 수사기관에 함께 송부해야 한다.

④ 검사는 제2항제2호에 따른 이송을 하는 경우에는 특별한 사정이 없으면 사건을 수리한 날부터 1개월 이내에 이송해야 한다.

[검찰청법]

제24조【부장검사】 ① 지방검찰청과 지청에 사무를 분장하기 위하여 부를 둘 수 있다.

② 지방검찰청과 지청의 부에 부장검사를 둔다.

③ 부장검사는 상사의 명을 받아 그 부의 사무를 처리한다.

④ 검찰총장은 제4조 제1항 제1호 가목의 범죄에 대한 수사를 개시할 수 있는 부의 직제 및 해당 부에 근무하고 있는 소속 검사와 공무원, 파견 내역 등의 현황을 분기별로 국회에 보고하여야 한다. 〈신설 2022.5.9.〉

[전문개정 2009.11.2.]

MEMO